YAD

BAŞÛRÊ KURDISTANÊ Û ŞOREŞA ŞÊX MEHMÛD

REFÎQ HILMÎ

Kurmanciya wê: Ziya Avci

YADAŞT - BAŞÛRÊ KURDISTANÊ Û ŞOREŞA ŞÊX MEHMÛD

LÊKOLÎNÊN KURDE**WAR**: 97 / 6
PIRTUKXANEYA ESLÎXAN YILDIRIM: 2

Gerînendeyê Weşanê
Lal Laleş

Kurmaciya wê
Ziya Avci

Edîtor
Berken Bereh

Derhênerê Dîtbarî
Şener Özmen

Mîzanpaj
LÎS

Çapa Yekemîn
Sermawez 2010

Çap
Barış Matbaa-Mücellit / Ali Laçin (Sertifika No: 12037)
Davutpaşa Cad. Güven San. Sitesi,
C Blok, No: 291, Topkapı-İstanbul
Tel: 0 212 674 85 28 - Fax: 0 212 674 85 29

ISBN: 978-605-5683-30-6

Navnîşan
LÎS BASIN-YAYIN PAZARLAMA
ORGANİZASYON REHBERLİK ve DANIŞMANLIK
Ofis Akkoyunlu 4. Sokak, Feza Apt.
No: 1/1 Yenişehir / Diyarbakır
Tel-Fax 0 412 228 97 76
e-mail: wesanenlis@yahoo.com

YADAŞT

BAŞÛRÊ KURDISTANÊ Û ŞOREŞA ŞÊX MEHMÛD

•

REFÎQ HILMÎ

Refîq Hilmî
(1898-1960)

Refîq Hilmî, di sala 1898an de li Kerkûkê hatiye dinê. Piştî xwendina xwe ya li Silêmanî û Bexdayê, ji bo xwendina xwe ya di Akademiya Eskerî û Zanîngeha Bilind a Teknîkî de diçe Stenbolê. Di esnayê Şerê Cîhanê yê Yekem de xwendina xwe temam dike û beriya Tevgera Şêx Mehmûd dest pê bike, vedigere Silêmaniyê û li wir rawêjkariya Şêx Mehmûd dike. Ew yek ji wan şahidê herî nêzîk ê Tevgera Şêx Mehmûd e.

Refîq Hilmî, dîrokzan, nivîsar û siyasetmedarekî bi nav û deng ê Başûrê Kurdistanê ye. Ew di sala 1938an de Partiya Hêwa dadimezrîne û dibe sekokê wê. Wî gelek kitêb di derbarê dîrok û zimanê Kurdî de nivîsandine.

Refîq Hilmî, di serdema hukumdariya Şêx Mehmûd de, di rojnameya Rojî Kurdistan û rojnameya berdevkê hukumeta Şêx Mehmûd, Bangî Kurdistanê de kar kiriye û di van herdu rojnameyan de nivîsandiye.

Refîq Hilmî, rexnegirekî edebiyatê yê herî naskirî yê Başûrê Kurdistanê ye. Wekî li jorê hat gotin, damezrênerê Partîya Hêwa (1938) ya veşartî ye (îllegal). Ev partî pêşî li Kerkûkê tê organîzekirin û pişt re belavî ciyên din ên Başûrê Kurdistanê dibe. Kesên rewşenbîr û karmendên Kurdistanê yên wî wextî di vê partiyê de cih girtine. Ev partî xwediyê programeke neteweyî ya daxwaza serxwebûniya Kurdistana Iraqê bûye. Piraniya endamên wê xwediyê bîr û baweriya çep bûne.

Partiya Hêwa, bi Komeleya Jêkafê (Komeleya Jiyanneweyî Kurdistan) ya di bin serokatiya Ebdurrehman Zebîhî de hatiye damezrandin, pêwendî danîye. Wê ji bo alîkarî û amadebûna di demazirandina JÊKAFê (1942) de, wezîfe daye du endamên xwe yên herî hêja yên zabitên ji artêşa Iraqê, Mistefa Xoşnaw û Mîr Hac Ehmed.

Refîq Hilmî, di gelek karên resmî yên dewleta Iraqê de jî xebitiye. Bi kar û barên perwerdeyê yê li Silêmaniyê re mijûl bûye. Di sala 1954an de, bûye alîkarvanê waliyê Bexdayê. Di sala 1959an de jî bûye ataşeyê kulturî yê Iraqê li Enqereyê. Refîq Hilmî di sala 1960 de çû ye ser dilovaniya xwe.

Çend berhemên ji aliyê mamoste Refîq Hilmî ve hatine nivîsandin ev in:
1- *Kurd Le Seretayî Mêjûwewe Ta Ku 1920.*
2- *Şiîra Kurdî û Edebiyat, Cild: I,* 1941
3- *Şiîra Kurdî û Edebiyat, Cild: II,* 1956.
4- *Dîroka Kurdistanê.*
5- *Yaddaşt û Şoreşa Şêx Mehmûd,* 6 cild, Weşanên Lîs, 2010

NAVEROK

Diyarî ye ji ruhê Kurdekî ku heta mirinê ji bo Kurdan jiya;
Ji ruhê mîrê ku negihîşt armanca xwe, Celadet Alî Bedirxan re!

PÊŞGOTINA KURMANCÎYA WÊ

Ev kitêba di destê we de, bîranînên mamoste Refîq Hilmî yên dema yekê û duduyan a hukûmdartiya Şêx Mehmûdê nemir e. Mamoste Refîq Hilmî di van herdu demên hukûmdartiya Şêx Mehmûd de kesekî herî nêzîk ê li derûdora Şêx Mehmûd bûye. Ji ber vê yekê, em dikarin bêjin ku şahîdê hemî bûyer û pêwendiyên di navbera Şêx Mehmûd û Ingilîzan, Şêx Mehmûd û Tirkan, terefdarên Tirkan ên li başûrê Kurdistanê, Şêx Mehmûd û Simko de ye.

Di van bîranînan de gelek bûyerên balkêş û girîng hene. Piştî heştê salan, yanî nêzîkî sedsalek, dema ku mirov îro jî li bûyerên başûrê Kurdistanê diqewimin, ew merheleya ku ew tê re derbas dibin û têkiliyan dinêre, mirov dikare bêje, tarîx dixwaze cardin tekerrûr bike. Lêbelê, di ciyê eşîret û malbatên wê çaxê de, yên ku serweriya tevgerê dikirin, niha partî û grubên siyasî hene, qasî ku dixuye civata Kurd pêş ve çûye û wasiteyên têkoşînê jî guherîne, lê, cardin ew dekûdolab û fendên wê çaxê li hemberî gelê Kurd hatine gerandin, îro jî dixwazin bên dubare kirin. Em hêvîdar in ku dê tarîx tekerrûr neke û ji xalên esasî yên bûne sebebê neserkeftina tevgera Şêx Mehmûd wek ders bên wergirtin û bibin guhar bikevin guhê me.

Qasî mirov ji nota di dawiya cilda sisiyan ya ji aliyê keça mamoste Refîq Hilmî, Dr. Pakîze Refîq Hilmî ve hatiye nivîsandin derdixe, bîranînên Refîq Hilmî li vir naqedin. Ew dibêje ku: *"Wek tê dîtin piştî vê dest bi deftereke din kiriye û Yadaşt bi vî awayî bi nîvî nehiştiye. Çunkî di sala 1952ê zayînî de dest bi vê defterê kiriye, yanî pênc sal berî wefata xwe. Ji ber vê nakeve aqilê mirov ku pênc salan vê rêza han a netemamkirî bi vî awayî nîvçe hiştibe."* Ji rêzên piştî vê yên ji aliyê Pakîze Refîq Hilmî ve hatine nivîsandin, mirov derdixe ku defterek an çend defterên din li ba keçeke din a Refîq Hilmî mane û heta niha nehatine weşandin. Ez hêvîdar im ku qismên mayî yên vê berhema hêja, ji alîyê kes û nasên mamoste Refîq Hilmî ve bên weşandin û em xwendewan û nemaze dîroknasên Kurdistanê bikarin jê îstîfade werbigrin.

Di vê cilda sisiyan a ji aliyê keça mamoste Refîq Hilmî ve hatî weşandin de, çend mijar hene ku tekrar in. Ji ber vê min nexwest ez wan careke din dubare bikim. Wekî nimûne, hatina Şêx Mehmûd ya Bexdayê û ya Simko li Silêmaniyê.

Amadekirina kurmanciya van bîranînan perçeyek ji projeya xebata ku min dixwest ez bimeşînim û ger mecal hebe ez niha jî dixwazim berdewam bikim, bû. Yanî weşandina kurmanciya bîranînên wan kesên ku di dema Şêx Mehmûdê nemir de xwedî rol û şahîdên bûyerên wê serdemê bûn. Ez hêvîdar im ku wext û mecal hebe ez yên din jî bigihînim destê xwendevanên kurmancîaxêv.

Ez dixwazim li vir bi kurtî jî be, çend gotin li ser çapa wê ya Tirkî ya duduyan a di sala 1995an û meha tîrmehê de, ji aliyê "Nûjen Yayincilik" ve hatiye weşandin bêjim. Navê wergêr tune, lê pêşgotina wê ji aliyê M. Kalman ve hatiye nivîsandin. Ez nizanim ka gelo wergêr jî ew e yan na.

Di wergerê de gelek şaşî hene. Gelek nav şaş hatine nivîsandin. Ji bilî van, xala herî girîng ji serî heta binî bi dehan ciyan bi ser hevokan re gav daye. Ew wernegerandine. Li gor baweriya min ev tiştekî gelek şaş e. Dema mirov bixwaze berhema camêrekî, ew jî karekî wekî bîranînan wergerîne, tu mafê mirov tune ku mirov bi ser hevokan re gav bide û ew wernegerîne. Em bêjin mirov hinek hevok newergerandin, ku nekirina wê şaş e, qet nebe mirov îşareta dewama wê heye datîne dawiya hevokê, ku kesên xwendavan bizanin, belê li vir hevokek hebûye lê ew nehatiye wergerandin. Di wergera Tirkî de tiştek wiha nayê dîtin.

Şaşiya duduyan, mamoste Refîq Hilmî van bîranînên xwe ji ruhê Mîr Celadet Alî Bedirxan re diyarî kiriye, ew gotinên ku ew atfê ruhê wî dike, di destpêka kitêbê de ne. Wî, wekî ku di destpêka kitêbê de jî tê dîtin wiha gotiye:

"Diyarî ye ji ruhê Kurdekî ku heta mirinê ji bo Kurdan jiya;
Ji ruhê mîrê ku negihişt armanca xwe, Celadet Alî Bedirxan re!"

Mixabin wergêrê kitêbê, van rêzan dabelandiye û kes nizane ka çi lê kiriye. Belê, ji hemî şehîdên Kurdistanê re rêz û siyaneta me heye, lê nabe ku ew kesê xwediyê kitêbê bi xwe kitêba xwe ji ruhê wî re diyarî kiribe, ji binî ve bê rakirin û navê kesekî/keseke din bê nivîsandin. Herî zêde mirov dikare wergera xwe ji ruhê kesê mirov bixwaze re diyarî bike.

Ji ber vê, ez Kurmanciya vê bîranînê, ji bo pêncîsalîya koça dawî ya mamoste Refîq Hilmî, diyariyê ruhê wî dikim. Ez li ser navê xwe gelek spasdar im ku bi saya wî camêrî û têkoşerê dilsoz, ez gelek tişt ji van bîranînan hîn bûm. Bila ciyê te buhuşt be, Mamoste Refîq Hilmî! Ez dixwazim li vir spasê hemî awa alîkariyên kevnehevalê xwe Zinarê Xamo bikim, bila mala wî sed carî ava be.

Bi hêviya ku ev berhema hêja yê mamoste Refîq Hilmî kêrî xwendevanên kurmancîaxêv bê û em dersên mezin ji van çand rûpelên dîroka xwe wergirin.

Ziya Avci

CILDA YEKAN

BEŞA YEKAN

DESTPÊK

Di sala 1934an de, ez li Mûsilê mamosteyê matematîkê yê 'Edadiyê bûm. Dr. Mecîd Hidurî, hevalê min ê gelek hêja û bi qîmet, ku pişt re dev ji Iraqê berda û çû Emerîkayê, wê çaxê di dibistana me de mamosteyê sosyolojiyê bû. Em herdu jî endamê Komeleya Zanistî ya Mûsilê bûn. Wî kitêbek bi navê El-Meseletu'l-Sûriye (Meseleyên Sûriyê) nivîsandibû û wekî diyarî nusxayek wê ya çapkirî jî ji min re şandibû. Dema ku min li kitêbê nêrî, min dît ku mesela Sûriyê û ya Feyselê Yekem, gelek li mesela Şêx Mehmûd û ya Kurdistanê diçin. Ez jî, ji bo ku kesekî gelek nêzîkê Şêx Mehmûd û karbidestên Ingilîzan ên derûdora Şêx Mehmûd bûm, min hê wê çaxê ji bo bîranînên xwe gelek tişt ba xwe not girtibûn û nivîsandibûn. Ji ber vê, min fikra nivîsandina mesela Şêx Mehmûd û Kurdistana Iraqê kir serê xwe. Lê hat xuyakirin ku pêwîstiya min bi gelek tiştan heye. Yanî wekî çend kitêbên taybetî ên li ser mesela Kurdî û lêkolînên kûr ên di derbarê mesele û serpêhatiyên Kurdan de yên bi zimanên biyanî hatine nivîsandin. Dostên min û birayên min ên Kurd di vî warî de destê xwe dirêjê min kirin, qet tu texsîratî nekirin, kêm û zêde gelek alîkariya min kirin. Hinek ji birayên 'Ereb jî gelek bi mêranî alîkariya min kirin û çi kitêbên diket destê wan bi awakî xweşik ji min re dişandin. Ji birayên 'Ereb ên wekî: Dr. Mecîd Hidurî yê navê wî derbas bû, Q. Silêman Saix, mamoste Derwêş Miqeddadî û Dr. Fadil Huseyîn alîkariyek wan a baş gihîşt min. Ji birayên min ên Kurd jî mamoste Nacî 'Ebbas, 'Ebdulqadir Qezzaz, Fayîq Kakemînî (Xwedê jê razî be), kek Edîb Arif, Reîs 'Ebdulwahid, mamoste Giyw û kek Şakir Mucrim alîkariya wan ji min re ciyê spasên taybeti ne. Hewce ye ji ber sebebê îstîfadeyên bi qîmet ku bi riya lêkolînên nivîsandî yên çapkirî yên gelek hêja û bi qîmet ve ketin destê min, ez spasê mamosteyên hêja û biqedir Emîn Zekî Beg, Emîr Celadet Bedirxan, Huznî Mukriyanî (Xwedê ji wan razî be), mamoste Maruf Ciyawuk, Dr. Bleç Şîrguh, Mele Cemîl Bendî Rojbeyanî bikim, ku her yek ji wan dîroknivîsên bi nav û deng an nivîskarên bi qîmet ên Kurd in, gelek e em her wext wan bi bîr bînin û ji bîr nekin.

Vêca min bi saya van alîkariyên bi qîmet û hêja, karîbû dest bavêjim nivîsandina van bîranên xwe, ku ji demên kevin heta tê digehe roja me, behsa beşa piraniya serpêhatiyên Kurdan dikin û bi taybetî behşa dîroka temamê mesela Şêx Mehmûd û Kurdistana Iraqê tê de ye.

Ez di vir de naxwazim xizmeta keça xwe Nahîde jî ji bîr bikim. Ji ber ew nivîsên min ji kitêbên Ingilîzî wergirtin û wê jî bi wergera wan xwe gelek êşand, heqê wê li ser min heye. Ji bilî vê, wekî hemî caran vê carê jî ji xwendevanên hêja ricaya min ev e ku kilûkêmasiyên min bibexşînin, ger şaşiyek min hebe, bila li min biborin û ji ber sebebê sermaya kêm û armanca pak, bila bi ser re gav bidin.

Refîq Hilmî
Bexda
25.07.1956

-1-

Şerê Cîhanê Yê Yekem

Şerê Cîhanê yê Yekem xelas bûbû, lê di navbera pênc salan de nêzîkî ji sisiyan yekê beşdarên vî şerî têk çûn. Belê di riya nexweşiya wekî ta'un (weba) û rîşan de, di vî Şerê ne pîroz de bi hezaran lawên ciwan û nûgihiştî telef bûn û gelek lawên şêrîn li ser vê zemîna han bi top, firoke, tang, yanî bi berên şaristaniyetê yan bi berên zanistî û fenê hatin kuştin û çînî-çînî bûn, ku hejmara wan nayê kirin. Hinek ji wan bûn nîşanên gulebaranan an hatin îdamkirin, ji firokan ketin xwarê, di nav agir de şewitîn an di avên deryan de xeniqîn. Hinek ji wan jî ji ber sebebê qewimîna vî Şerê bêmeymenet qirr ket nav wan, ji birçîna, ji bêdermanî û bêçaretiyê mirin. Dema ku em van hemî têkin ser hev, hejmara kesên têkçûyî û fewitî digihîje 34 milyonan.

Vêca bi vî awayî, piştî vî Şerê han ê mezin, mal neman şîn neketê, bajar wêran bûn û di dawiyê de dinya bû cehennemek bi mij û muran û di muddetê van pênc salên han de agirê vê cehennema han hestiyê însanan keland û li ser ruyê erdê qebrîstaneke bêsînor anî holê. Bi vî awayî belgeyek mezin da destê wan kesan, ku ji rastî, xêrî û bêrî û şaristaniyeta çerxa bîstan biguman bûn. Belê di dawiya van hemî bûyeran de, pişt re dewletên sondxwarî di 11ê çirya paşî ya sala 1918an de li Wersaillesê berhev bûn, şertên aştiyê îmza kirin û dinyayê nefesek rehet sitand...

-2-

Piştî Sekinandina Şer Rewşa Dewleta Osmanî

Ji ber ku beşek zêde Kurd û Kurdistan û bi taybetî axa Kurdên Iraqê, heta Şerê Cîhanê yê Yekem di bin hakîmiyeta Dewleta Osmanî de bû, ez pêwîst dizanim ku hinek li ser rewşa vê dewletê ya piştî sekinandina şer bisekinim.

Piştî sekinandina şer û di sala 1918an de li Mondrosê îmzakirina şertên aştiyê bi Tirkan re, dewletên sondxwarî eskerên xwe şandin Stenbolê û ew îşgal kirin. Vêca di rewşek wiha de hûn bi xwe halê rûniştî û bajarê Stenbolê bînin ber çavê xwe. Qasek serleşker, zabit û mezinên Tirkan ên ku li Stenbolê bûn, meb'usên xwîngerm û lawên Tirkan ên welatparêz, şaîrên mezin û nivîskarên bi navûdeng ên wê rojê bînin ber çavê xwe ku pênûs di destê wan de şikestibû. Wan Tirkan bînin bîra xwe ku bi zelîlî ketibûn bin çengê leşkerên dewletên sondxwarî û di paytext û nîvê cergê welatê xwe de bûbûn dîl (esîr).

Ew Tirkên dewleta wan ew tama kiribûn ku bi Almanan re bikevin şer û biserkevin, bi girtina "Sancaqa Şerîf" dê ji Ingilîzan bibin û berê hemî misilmanên dinyayê bidine xwe. Lê paytextê wan ê hêja û şêrîn ji aliyê dijminên wan ve hatibû îşgal kirin, bi sernizmî û pozşikestî ketibûn bin hukmê "teyrê hilo" yê leşkerên sondxwarî û bi taybetî leşkerê Ingilîzan. Ew kesên esker, bi zabit û berpirsiyarên xwe ve ji tirsa rûswabûnî kincên xwe guherîbûn yan xwe veşartibûn...

Dewletên sondxwarî li hemberî Tirkan, bi "hikmetek" din hereket nekirin. Gurur û hewayê wan a serkeftina di şer de perdeke reş kêşabû ser çavê wan. Ji heddê zêdetir Tirk dixistin tengiyê û têgihîştiyên wan bi carekê sivik û bêqedir dihatin ber çavê wan. Destdirêjiya eskerê dewletên sondxwarî û derketina wan ji perdeyê şerm û edebê, hêdî hêdî Tirkan bihêz dikir, divejenand. Tu rê û çareya zabitan, xwendevanên bilind û meb'usên welatparêz nema û ji ber vê jî xwe nêzîkê hev kirin. Pê hesiyan ku mirin ji vê jiyanê xweştir e. Ji ber vê gelek bi ser de derbas nebû, xwîngerm û welatparêzan biryar dan ku serî hildin. Wan dizanî ku netîceya vê serhildanê ne sehl e, lê tu tam jî di wî awayî jiyana wê rojê de nema bû. Gelek Tirk ji mirinê re amade bûn. Madem wiha bû ji bo çi ji mirinê bitirsiyana.Bi taybetî mirinek ku di riya şeref û rizgariya welat de be. Eger hat nekarîn welat û şerefa xwe rizgar bikin, riya bimirin a rizgariya ji dîlîtî û bindestiyê nehatibû xitimandin. Milletê Tirk ewqas tenê xwîn tê de mabû ku hîs bi vê bêşerefiyê bike û ji dîrokên derbasbûyî îlham bistîne. Ji bo jiyaneke bi şeref û di riya azadiya qewmê xwe de ji xwe fedakirinê paş de nehêle, bi wê xwîna ku di demarê lawên wan ên esker de maye, ew leka qirêj a ser eniya wan hatiye nivîsandin paqij bike. Êdî ew di wê rewşê de nebûn ku mulahezeya netîceya vê tevgera han bikin. Ez nizanim çi tevger di pêşî de netîceya serhildana xwe zaniye. Kê bi hemî awayî bi "tedbîr" û bi aqil hemî karê xwe biriye serî.Ji kîjan zanayê mezin re hemî carê dahatî ronî bûye, yan bi aqil û hiş bi ser her bûyerê de serketiye. Kê kariye bibe durûstkerê dahatuya xwe. Gelo ji ber sebebên şer nebûya, kêm an zêde kê dikarî bûyerên rojên dahatî bizaniya.Ger wiha bûya, ji roja dinê avabûye heta îro tu kesekî şaşîtî, çewtî û xerabiyek dikir.Eşkere ye na. Madem wiha ye ew "îllet" û sebebên em tînin, ew hemî hesabên dûrûdirêj ên ku em dikin, her tenê ji bo wê ye ku gunehên kirinên xwe em têxin situyê xwe. Her wekî ku em netîceya başiya hinek kirinên xwe dibin digihînin bi aqilî û tedbîrên xwe û pê îftîxarê dikin, ev jî wisan. Ji xwe em dizanin aqil û tedbîr çiqas ji bo rêxistiniya çavkaniyên fikir û kirinên me bi feyde ne û ew nikarin bên înkarkirin. Cardin em nikarin bêjin ku hemî kirinên di dawiya fikir, melheze û bikaranîna aqil û tedbîran de, netîceyên baş jê pêda dibin. Her wekî bi eksê van em nikarin bêjin ku her kirinên di cih de yên bi lezûbez û bêyî fikirkirinek dûr û dirêj, encama wan xerab e û hemî kirinên eksê van jî bi ser dikevin û netîceyên wan baş in. Vêca ji ber vê bû ku piştî van bûyeran li Stenbol tu çareyek Tirkan nema û kirinên nelirê û nerewa yên eskerê dewletên sondxwarî çare li wan birî û xedir û neheqiya karbidestên wan tesîr li mejî û dilê wan kir. Tirk gihîştibûn derecek zelîlî û perîşaniyek wisan ku ji bo rizgariya ji vê rewşê penayê mirinê dikirin. Dema melheze û fikirkirina dûr û dirêj nebû. Hevsarê tedbîrê ji dest derketibû. Xwe ber bi pêlên hedîsan ve berdabûn. Tu şik tê de nîn e ku ew kesên bi vî awayî hereket dikin, bêyî li ser fikirkirina mantiqa tevgerê, gav diavêjin, ger hat: serkeftin bi dest xistin û riya rizgariyê li ber wan vebû, di qonaxa azadî û serxwebûnê de ji bo hemî kirinên xwe tefsîrekê dibînin û netîceyên pala baş ên hemî kirinên xwe didin ber felsefe yan mantiqekê. Vêca nivîskar, şaîr û dîroknivîsên durû, ku heta do ew bi bêaqilî û serberedayî binav dikirin û gelek caran jî bêperwa ew dijminê millet, bi xiyanetî û nepakiyê îtham dikirin, dikevin metih û senaya serkeftinê û behsa welatparêziya wan.

Piştî sekinandina Şerê Cîhanê yê Yekem û di neserketina hêzên Tirkan û îşgalkirina beşên din ên welatê Osmanî ji aliyê leşkerên sondxwarî ve û danesekinandina şer (mutareke), tevgera Tirkan ji nû ve dest bi xwe amadekirina ji bo şerekî din bi hemî dewletên sondxwarî re kir. Bi tenê serê xwe û bêyî alîkariya dostekî taybetî û ciyê baweriyê, ev cure tevgerên han jî, ku me li jorê behs kir, bi aqil û mantiqî bi rê nakeve, dest avêt domandina vî şerî. Lê zelîlî û derdê millet, sivikî û jariya leşkerê neserketî yê Dewleta Osmanî gihîştibû noqta dawiyê. Ji ber vê wan ber bi mirinê ve gav avêtin. Vêca melekê talihê hêviya hêvîdaran bicih anî. Bi vî awayî tevgera wan di cîhanê de bû destan...

-3-

Mustefa Kemal (Atatûrk)

Wekî me got, piştî şersekinandinê (mutareke) xelkê Stenbolê di nav tengiyek giran de bû. Ji ber vê, dema ku wan biryara tevgerê dan, ji vê pêve tu çareke wan nemabû. Vêca xwendewarên rewşenbîr û welatparêz biryar dan ku Anadoluyê ji tevgera xwe re bikin bingeh û agirê şoreşê ji wir hil bikin. Çunkî Stenbol ji aliyê leşkerê dewletên sondxwarî ve hatibû îşgalkirin, mecala vêxistina agirê şoreşê tê de nemabû. Ji ber li Stenbolê hebûna eskerê çend dewletên dijmin, sefîrên hukumetên biyanî û gelên eqaliyat ên ne Tirk, zelîlî û bêhêviya wan Tirkên bêçek û bêdesthilat ku li Stenbolê diman, her yek ji van astengên girîng bûn li ser riya serkeftina vê tevgerê. Di vê dema bêhêvîtî û fikirkirina bêfeyde de, çirîskekê ji nişka ve dilê welatparêzan ronî kir. Hukumeta Stenbolê, yek ji wan zabitên xwîngerm derxist pêş ku di bin de hevpêmanê wan bû û fikra rizgarkirina qewmê xwe ji bin çengê dewletên sondxwarî yên dijminê Tirkan dikir. Ev zabitê han ê xwîngerm û welatparêz, Mustefa Kemal bû. Hukumeta Stenbolê şaştî kir ku Mustefa Kemal kir Mufettişê Umumî yê Leşkerê Tirkan li Anadoluyê.

Li gor vê "wezîfê"yê, berhev kirin û rêxistiniya hemî leşkerên Osmanî yên li Anadoluyê ketibû stûyê Mustefa Kemal. Ji ber vê jî dema ku ev wezîfeya han jê re hat dan, gelek bi dil û can biryar da ku biçe Anadoluyê. Bi vî awayî di 15ê gulana sala 1919an de ji Stenbolê derket û çû ser karê xwe. Dema ku gihîşt Anadoluyê zabit û mezinên leşkerî di bin çav re derbas kirin. Bi dizî bi fermanderên wan re ket nav axaftin û sohbetan û ew bi armanca di dilê xwe de têgîhandin. Tevan bi xwînek germ û bi giyanek pak û paqij welatparêziya xwe jê re dan diyar kirin. Wisan dixuya ku gelek ji wan daxwaza tevgerekê dikirin û alîkarvanê ber bi fikra çûna mirinê ve bûn û bi wî awayî Mustefa Kemal jî bi dil baweriya xwe bi wan anî.

Ji ber vê, berê hemî tiştê ji bo pêşî lêgirtin û rawestandina leşkerên Yunaniyan, bi Nureddîn Paşa re lihev kir. Pişt re çû Erzirumê. Zabitên li wir bûn dîtin û wan guftûgoyên rêxistinî û ji nû ve vejîna eskerên xwe pê re kirin û biryar dan ku careke din perwerdekirina eskerî bi leşkerên xwe bidin kirin. Lê Hukumeta Stenbolê ku di bin çavdêrî û kontrola dewletên sondxwarî de bû, ji van kirinên han ket tirsê û di cih de daxwaza vegera Mustefa Kemal ya Stenbolê kir. Vêca Mustefa Kemal piştî guftûgo û girêdana peymanê bi fermander û mezinên leşkerî re, biryar da ku neçe Stenbolê û li hemberî hukumeta xelîfe bisekine.

Piştî dijderketina Mustefa Kemal, li pê hev li Erzirumê û Sîwasê du caran civîn hatin çêkirin. Di van civînan de gelek ji endamên "Meclîsa Meb'usan ên Stenbolê jî hazir bûn. Wan biryar dan ku Hukumeta Stenbolê hukumeteke meşru qebûl nakin û ji ber ku ev hukumeta han di bin nifûza dewletên sondxwarî yên dijmin û biyaniyan de ye û bila kesek jî guhê xwe nede fermanên wê. Ji bo vê jî pêwîst zanîn ku li Anadoluyê ji nû ve dest bavêjin berhevkirina meclîseke nû û ji bo vê meclîsê helbijartina nûnerên xelkê Anadoluyê (Hezîran 1919).

Di milekî din de, di eynî wextî de, tevgerek gelek bi tirs û sawm li Stenbolê pêda bû û Hukumeta Stenbolê bi tevayî ket nav endîşeyê. Ew endamên Meclîsa Meb'usan ku li Stenbolê bûn, rewş gelek xerab dihat ber çavê wan. Ji vê rewşê gelek bi şik û bi tirs bûn. Ji ber vê wan jî pêwistî zanîn ku fikra dahatuyê bikin û netîceya welatê xwe bigrin ber çavê xwe. Li ser vê, di 20ê kanûna paşî ya sala 1920'an de berhev bûn û piştî muzakereke dûr û dirêj, bin navê "Mîsaqê Millî ya Tirk" biryar dan û Meclîs belav kirin. Li gor benda yekem a vê mîsaqa dîrokî, Dewleta Osmanî dev ji hemî wan ciyan berde ku beşa piraniya rûniştiyên li wir 'Ereb bûn, awayê îdare û rêvebiriya kar û barên van welatan ji 'Ereban bi xwe re hiştin.

Di benda sisiyan a vê mîsaqê de jî behsa qaîde û usûla îdareya eqaliyatên di welatê Tirkan de diman, dihat kirin. Lê di vir de şertek hatibû danîn û hewce bû ku ew misilmanên eqaliyat ên di wan welatên biyanî yên xeyrîmuslim de jî ji aliyê van dewletan ve li gor vê qaîde û usûlê bên îdarekirin.

Lê di nav vê mîsaqê de Kurd û Kurdistan tunebûn û ew binberk kiribûn.Wisan diyar bû Tirkan ji aliyê dîn, ziman, ûrf û adet ve Kurd û Tirk yek dihesibandin û ferqiyetek di navbera van herdu qewman de nedidîtin. Hebûna Ermeniyan jî tenê li wilayeta Qersê, Batumê û Erdehanê qebûl kirin, bi ser vê de jî wekî ku baweriya wan bi wê tunebe, ku Ermeniyên li van her sê wilayetan naxwazin ji Tirkan cihê bin, di benda pêncê mîsaqa xwe de şertek danîbûn, ku ji bo vê di rojên dahatî de ji Ermeniyan bi xwe bipirsin, ka gelo meyla wan a cihêbûnê ji Tirkan heye an na.

Ev karê han ê Meclîsa Meb'usan a Stenbolê, li milekî navê xebata Mustefa Kemal li Anadoluyê roj bi roj germ û desthilata wê qewî kir û li milekî din jî, bi tevayî hukumeta xelîfe ya li Stenbolê bêqîmet, sivik û bêhêz kir. Ji ber vê, xelkê hêdî hêdî pişta xwe dan vê hukumetê, ku li Stenbolê di bin destê rêveberiya hêza dewletên sondxwarî de bû. Hemî bûyeran didan xuyakirin ku tevgera Mustefa Kemal dê bibe sebebê jiyana milletê Tirk û ji hemî milî wê tevger dest pê bike û bibe sebebê serbilindî û alîgiriya tevgera Mustefa Kemal.

Vê hal û rewşa han Hukumeta Stenbolê xistibû tengiyê û ew di nav destpêka bêhêzî û ji holêrabûnê de bû. Hêzên dewletên sondxwarî jî ji ketina tengasiya hukumeta xelîfe û handana wê li ser Mustefa Kemal paşde nediman. Wan dixwest ku Stenbol, di cih de leşker bişîne ser Mustefa Kemal û hê ku xurt nebûye û belavî hemî milekî nebûye. Bi çi mercê dibe bila bibe yan Mustefa Kemal bêtesîr bike yan ji holê rake.

Bi xwe jî, yanî hukumetên sondxwarî di bin fermanderiya General Millîn de hêzeke din şandin Stenbolê û bi tevayî kirin bin hukmê eskerî û nifûza xwe (16yê adara 1920an).

Piştî vê, hukumeta "sîvîl" jî kirin bin destê xwe û li ber çavê xelîfe ji mezinên eskerî û sîvîl 66 kes girtin û ew bi zor, bi dîl şandin Maltayê. Yên ku endamên Komeleya Îttîhad û Terakkî ya hukumeta pêşî bûn û piştî mutarekê jî li Stenbolê mabûn, di işgala yekem de ew girtibûn û şandibûn Maltayê. Vêca dema ku karwanê Tirkên esîr ên duduyan gihîşt Maltayê, bi guruba pêşî re bûn yek û xem û kulên esîrtiyê danîn milekî û hinekî geştir bûn.

Wezareta Damad Ferîd Paşa û Mustefe Kemal

Piştî ku General Möln bi leşkerên xwe ve hat Stenbolê, Meclîsa Meb'usan a Osmanî di 19yê adara sala 1920an de bi resmî civiya û biryar da ku îmkana wan a karkirinê nemaye û Meclîsê bi temamî belav bikin. Endamên vê Meclîsê yên neketin bin çengê hêzên dewletên sondxwarî, derbas bûn û berê xwe dan Anadoluyê û xwe gîhandin Mustefa Kemal.

Bi vî awayî welatparêzên Tirk ên xwîngerm hêviyek mezin pêda kirin û ketin nav rewşek din. Mustefa Kemal jî bi vê hêzê piştstor bû û xwînek nû sitand. Tam vê navê re di nav Hukumeta Stenbolê de jî bûyerek welatparêzî qewimî. 'Elî Riza Paşa yê Sedrezem nekarî xwe li hemberî bûyerên serbixwe û kirinên ne di cih de yên hêzên dewletên sondxwarî rabigire û bi awakî azad û mêrane derket pêş û daxwaz ji xelîfe kir ku wî ji riyaseta hukumetê azad bike. Sultan Wehdeddîn ê xelîfê wê demê, ku bi tevayî riyê xwe dabû destê hêzên dewletên sondxwarî, di cih de rîcaya 'Elî Riza Paşa qebûl kir û ew ji riyasetê azad kir (30ê nîsan 1920). Di ciyê wî de ji bo damezirandina hukumeta nû daxwaz ji Damad Ferîd Paşa kir.

Bi vî awayî di bin serokwezîrtiya Ferîd de hukumeteke bêxwîn û jar li dijî welatparêzan hat danîn, ku ji bo her fermaneke Wehdeddîn amade be û tu carî nekare li hemberî gotina hêzên dewletên sondxwarî dengê xwe bike.

Yekem îcraata Ferîd Paşa ew bû, ku leşker bişîne ser Mustefa Kemal. Lê Ferîd dixwest vê kirina han bi awakî wisan bike, "neheq" neyê nîşandan. Egerekê jê re bibîne û nebe sebebê propaganda li dijî hukumetê. Ji ber ku alîgirên Mustefa Kemal jî û yên rikê (toreyî) wan ji sondxwaran û Hukumeta Stenbolê dihat, dikarîn vê yekê "destrija" xwe bihesibînin. Ji ber vê, fetwaya Şeyxulîslam ji wezareta xwe re derxist û da belav kirin ku li gor vê fetwaya han ceza kirin û ji holê rakirina Mustefa Kemal wacib e (11yê nîsan 1920) û piştre leşkerên xwe ber bi Anadoluyê ve şand.

Li milekî din jî Hukumeta Stenbolê di bin serokatiya Mustefa Paşa yê Kurd de meclîsek eskerî danî û piştre vê meclîsa han dest bi muhakemeya Mustefa Kemal û welatparêzan kir. Ji du milan ve, yanî bi hêz û qanûn, ku di bin tesîra siyasetê de bû, dest avêtin şikandina manewiyata welatparêzan û çavtirsandina wan. Hêzên eskerî yên xelîfe li Anadoluyê û qanûna Dîwana Ûrfî li Stenbolê, ketin hewlê tefandina vî agirê han. Herdû hêz jî ku bi pereyê hêzên sondxwaran hatibûn danîn, ketin giyanê ew kesên ku serî li ber neheqî û xedriya dijminên welat û hêzên dagîrker ên biyanî netewandibûn. Bi taybetî yên ketin ber destê Dîwana Ûrfî xwediyê serê xwe nebûn. Hinek ji wan hatin îmha kirin. 20ê gulana sala 1920an de vê dîwana han hukmê îdama Mustefa Kemal û gelek kesên bi nav û deng ên Tirk jî da.

-4-

Şerîf Paşa

Wê demê li Stenbolê ji rûyê vê siyasetê û van kirinan sawmek gelek bi tirs hebû, xelk di nav şînê de bû. Vê navê re Pêmana Sewrê jî ji aliyê sondxwaran ve, bi dewletên di şer de neserkevtî û bi Hukumeta Osmanî re hat îmzakirin (10ê tebaxa sala 1920an). Di vê peymana han de ku îskeleta pişta Tirkiyê pê şikest, di warê serxwebûna welatê Kurdan û azadiya qewmê Kurd de sê bend tê de bi cih kiribûn. Ew jî bi netîceya hewildanên Şerîf Paşa yê siyasetvanê Kurd pêk hatibû. Her çend ji ber sebebê astengî derxistina Ingilîzan, nûnerên Şêx Mehmûd li Helebê ji aliyê hêzên Fransayê yên di Sûriyê de bûn, hatin rawestandin û rê nedan ku ew biçin Parîsê û mezbeta Şêx Mehmûd ya li ser navê Kurdên Iraqê şandibû, bigihîje destê Şerîf Paşa. Lê cardin Kurdên Tirkiyê û gurubek siyasetmedarên Kurd ên li Stenbolê, karîn ser navê xwe û yên hemî Kurdan wekaletnameyekê ji Şerîf Paşa re bişînin û wî di nezdê Konferansa Aştiyê de ji xwe re nûner hilbijêrin. Vêca Şerîf Paşa di derbarê doz û huquqê neteweyê Kurd de, di tarîxa 22yê adara sala 1919an de, di bin navê: Memorandum Sur Les Revendications du Pewple Kurde, bi Fransizî pêşkêşî kongreyê kir. Ji bilî vê di vê riyê de hewil û xebatek baş jî kir, ku van hersê madeyên han ên di derbarê serxwebuna Kurd û Kurdistanê de têke nav Pêmana Sewrê.

-5-

Rewşa Kurdan

Ev gavek mezin bû ku ber bi îstîklal û serxwebûna Kurdistanê ve hatibû avêtin. Lê gelek mixabin Kurdan ji vê firsetê qet îstîfade nekirin. Çunkî gêjîtî û serêşiyên siyaseta wan rojan gelek dewlet ji bin axê derxist ser rûyê erdê û di ciyê wan dewletên hilweşayî de jî hinek dewletên nû ajardan. Lê di nav gêjîtiyek bi vî awayî ji nişka ve û giran de, xweragirtin û li ser dar û kewaşên avahiyên hilweşiyayî, bi azane û bi tundî damezirandina bingehê hukumeteke nû, karekî sivik nebû. Ji ber ku ev karê han ê girîng û zehmet, pêwîstî çelengî, pisporî, zanistî û serhildaneke azane bû. Mirovên rast û têgihiştî, zîrek, siyasetvan û welatparêz jê re dixwest. Yên nû hîşyar bûbûn hê çavê wan gelek nevebûbû û bi tundî xwe nedan pêş. Wisan bi zû hişê wan nehat serê wan û tiştek ji derûdora xwe fam nedikirin. Wan nezanî ka gelo di nav van toz û xubaran de çi qewimî? Yan jî başî û qenciyê tê de "bibînin" û ji hev veqetînin. Ji ber vê nekarîn xwe ji şer û xerabiyan biparêzin. Dema ku toz û xubar nema û wenda bû û wan çavê xwe vekirin û lê nêrîn, lê êdî navnîşana başiyê tê de nema bû. Çi tiştê baş û bi feyde bû di navbera çavvekiriyan de hatibû parvekirin û ji bo nîvhişyar û terkexeman jî ji zincîra esîrtiyê pêve tiştek nema bû. Ev zincîra han jî ku di dawiyê de bi hêsanî û rehetî kirin situyê wan, bi qeyd û lele hatin tehkîmkirin û ev jî hê zêdetir bû sebebê hinek din hişkiya "girêya kor" ku li gerdena wan alandibûn. Ev yeka han gihîşt dereceke wisan ku êdî ciyê baweriyê nebû ku ev zincîra han ji situyê wan bê vekirin. Yek ji van neteweyên nîvhişyar, terkexem û çarereş, gelek mixabin neteweyê Kurd bû.

-6-

Mustefa Kemal

Mustefa Kemal û welatparêzên Tirk ne ji Muahedeya Sewrê tirsiyan û ne jî bi hatina leşkerên xelîfe silikiyan. Damezirandina Dîwana Ûrfî û danîna darên feleqeyê çavê lawên xwîngerim ên Stenbolê netirsand. Ew hêza ku Ferîd Paşa di bin serokatiya Ehmed Anzawur Paşa yê Çerkez de şandibû ser Anadoluyê, ji aliyê hêzên Mustefa Kemal ve xerab hatin şikandin û belav bûn. Ferîd Paşa jî li ser şikandina vê hêzê ji çenk û peran ket û xelkê Anadoluyê ber bi wî ve nehatin. Li ser van bûyeran hêzên ihtilal ketin nav hinek planên din. Fikra bikaranîna siyaseteke nû kirin. Ferîd Paşa ji serokwezîrtiyê dûr xistin û di bin serokwezîrtiya Tewfîq Paşa de wezaretek nû danîn. Endamên vê wezareta han kesên hêmin ên bi nav û deng û serbixwe yên wê demê bûn. Ji ber vê di herdu milan de (Stenbol û Mustefa Kemal) jî hêviya aştî û lihevkirinê hat dîtin...

Em ê mesela Mustefa Kemal û zindîkirina rêxistin û hêza Tirkan di Anadoluyê de li vir bihêlin û bên ser mesela Kurd û Kurdistanê...

-7-

Mesela Kurd û Kurdistanê

Pêmana Yekîtiya Di Navbera Mîrektiyên Kurdan û Sultan Selîmê Osmanî de û Netîceya Vê Yekîtiya Han:

Piştî ku mîrektiyên Kurdan bi hewildan û xebateke gelek zêde ya zanayê mezin Idrîsê Bedlîsî çûn bin fermana Sultan Selîmê Yekem, peymanek bi rênîşandan û tedbîra Idrîsê Bedlîsî di navbera Yawuz û mîrên Kurdan de hat çêkirin. Li gor vê peymanê, mîrektiyên Kurdistanê tenê li ser siyaseta derve yekîti bi Tirkan re qebûl kiribûn û bi Dewleta Osmanî re yekîtî çêkiribûn. Piştî vê, mîrên Kurdan bi xwe û bi leşkerên xwe ve pişta Sultan Selîm girtin û bi Ismaîlê Sefewî yê Şahê Îranê re ketin şer. Ev bûyera han di şerê bi nav û deng ê Çaldiranê de bû sebebê serkeftina Selîm û şikestina Şah Îsmaîlê Sefewî. Pişt re destana vî Şerê han ê girîng û bi sawm di nav rûpelên dîroka Osmanî de ciyekî taybetî girt û milletê Tirk heta îro jî pê îftîxarê dike.

Ji wê rojê heta îro, ew Kurdên ku di warê bûyerên girîng ên dinyayê de xwediyê gelek tecrube û bîr û bawerî ne, tûşî hemî cure tengî û zehmetiyan bûne û ji gelek astengên mezin xwe rizgar kirine, xwîna xwe dane rêtin û xwîn rijandine, lê cardin destê wan di nav destê birayê wan ê Tirk de, di rojhilat û di rojava de, di riya şan û şerefa Dewleta Osmanî de xwe ji fedakirinê paş ve nedane, qasê mûyekî xerabî jê sadir nebûye. Bi mal, can, çek û xwîna xwe ve alîkariya Tirkan kirine. Tu guman tê de nîn e ku di nav wan qebristan yên kuştiyên leşkerên Osmanî de, ku li 'Erebîstanê û Afrîkayê yan li Ewropayê li ber burc û surhên Viyanayê car û carnan tên dîtin, giyanê gelek lawê Kurdan jî tê de ne. Lê Tirkan ev yeka han jibîr kirin ku neteweyê Kurd berê ku bi Tirkan re yekîtiyê çêke, serxwebûnî û azadî tam kiribû, bi xweşî û serbestî jiyabû û nedizanî ka gelo esîrtî çiye? Bi ser vê de jî paqij û dilpakên mezin û têgihîştiyên Kurdan nebûne ciyê rizamendî û baweriya Tirkan. Heta îro jî xwîna xwe di riya wan de feda kirin û xwîna xwe rêtin, lê hê zêdetir di çavê wan de sivik bûn û hê zêdetir bûn bindest û ketin nav tengiyê. Di ciyê ku bi çavekî sitayîş li wan mîrên Kurdan binêrin, qedrê wan bigrin û qîmetekê bidin birayetiya wan, riya têgihîştiniyê li ber wan negrin û mecala pêşveçûn û pêşkeftineke temam bidin wan, tam eksê vê, ketin destavêtina nav îdareya hundurî ya emaretan û mijûlê pêdakirina dubendiyan di navbera wan de bûn û ew li dijî yekûdu dan rakirin.

Ji bo van armancên xwe, hemî awayî têkoşan, ji tu tiştekî xwe neparastin. Şerm nekirin û qebehet nezanîn ku bira berdin pêsîra birayê û kur berdin giyanê bavê. Di xerakirina mîrektiyên Kurdan de, negihîştin armanca xwe. Ji ber vê li ser siyaseta Makyavelî meşiyan û qîmet nedan tu desturek din. Ev siyaseta han hê di dema Sultan Suleymanê kurê Yawuz de destpê kir û ku jê re Qanûnî digotin. Ev sultanê han ku qewmê Tirk xwe bi wî dipîve û di rêza padîşahên mezin de dihesibînin, yek ji wan bû ku ji xwînrijandinê zewq distand. Her wekî bi handana jina xwe ya biyanî, ji ber bahana ku çavê wî li ciyê bavê wî ye, kurê xwe yê mezin, perçê ji dilê xwe û welîehdê sultanê Osmanî li ber çavê xwe bi celladan da xeniqandin. Wî her roj fitnek dixist nav mîrên Kurdan. Di netîceya daxistina hemî fitnek de, dibû alikariya wî mîrî bike ku bêhêz û kêm desthilat dihat dîtin û bi vî awayî bêsekin, yek û bi yek mîrên Kurdan ên bi hêz û mezin ji hêz û taqetê xist û bi neheqî xwîna Kurdên bêguneh rêt. Kurdan ji vê xemek nexwarin û hişê wan nehate serê wan. Ji ber vê, sultanên piştî Qanûnî jî karîn ser vê siyasetê bimeşin û yek bi yek mîrektiyên Kurdan ji holê rakin.

Bi taybetî Sultan Mehmûdê Duduyan di vê siyasetê de bi yek carê dest bi bêperwayetiyê kir û bi eşkere ket fikra qirkirina Kurdan. Li ser vê ji du milan: ji Botan û ji Rewandizê (1870ê zayînî) rabûn piyan. Lê di netîceya van herdu şoreşên mezin de jî, ji ber sebebê hinek nepakiyên hindurî yên Kurdan, ev herdu mîrektiyên mezin û bi hêz jî bi tevayî hilweşiyan û di sala 1847an de êdî tu mîrektîyeke Kurdan di saheyê de nema û hemî welatê Kurdistanê raste rast ket bin hukmê Tirkan.

-8-

Îttîhad û Terakkî

Piştî wê tarîxa me behis kir jî (1847), cardin Tirkan dev ji Kurdan bernedan û bêsekin ji bo ji holêrakirina bawerî, dîn, ziman, ûrf û adetên wan têkoşan û mijûlê fewtandina wan bûn. Lê vê siyaseta han di dawiyê de, yanî di qonaxa pêdabûna hêza Îttîhad û Terakkî de, rengekî zelaltir wergirt. Çunkî ev partiya han siyaseta Turanî ji xwe re kiribû "dîn" û li gor programa wan di welatê Osmanî de ji bilî Tirkan kesekî din ê xwedî maf tunebû.

Li gel vê jî, dema ku hatin ser hukum, di destpêkê de xwe nêzîkî Kurdan kirin, kesên di dema 'Ebdulhemîd de hatibûn durxistin, vegeriyan Stenbolê û rê dan wan ku li Stenbolê komeleke Kurdî damezrînin. Lê -em ê di ciyê wê de behis bikin- vê demek kurt domand, pişt re ketin planên paqijkirina welat ji ew kesên ku bi nîjada xwe Tirk nebûn. Wan fikra danîna dewleteke sade ya tenê ji nijada Tirk pêkhatî dikirin û dixwestin gotina "Osmanî" ji ortê rakin. Vêca dijminatiya navbera Tirk û Kurdan, ku bi saya siyaseta sultanên Osmanî û ji dema Qanûnî Silêman ve dest pê kiribû, di 1908an de, yanî piştî hatina Komeleya Îttîhad û Terakkî li ser hukum û hatina endamên vê komeleyê yên dîktator li ser kar, bi tevayî eşkere bû û siyaseta Turanî her wekî bû sebebê nesazî û nakokî di navbera Tirkan û hemî neteweyên xeyrê Tirk de. Di netîceyê de bû sebebê bêhêzî û lawaziya Dewleta Osmanî û telefî û ji holêrabûna mezin û serokatiya komeleyê jî...

-9-

Piştî Şerê Cîhanê Yê Yekem Kurdistana Başûr

Hukumeta Ingilîstanê, di sala 1914an de, yanî di destpêka Şerê Cîhanê yê Yekem de, ji başûrê Iraqê ve dest avêt êrîşanîna ser sînorê Iraqê. Di sala 1915an de Besrayê û 1917an de jî wilayeta Bexdayê îşgal kir. Di sala duduyan a vî şerî de, êdî gav avêtibû nav Wilayeta Mûsilê jî. Di wan dewran de, di rûyê xerabî, zulim û kirinên nerewa yên karbidestên Hukumeta Osmanî û nerastî û nepakiya beşa piraniya memûrên eskerî û sîvil de, xelkê bi carekê berê xwe ji hukumetê guhertibû. Ji bilî vê jî bi navê îaşa eskerî çi tiştê xwarinê û zexîrên feqîr û hejaran hebû -bi taybetî yên gundiyan- her roj bi navê tiştekî, yanî carek bi navê mubayî'e û carek din bi navê alîkariyê zebt û talan dikirin. Beşa piraniya van di navbera karbidest û mirovên mezin ên neqenc û nepak de dihatin parvekirin û beşek gelek kêm ji vê diçû diket enbara dewletê, ku ew jî didan eskeran an bi ser jin, zarok û malên memûr û ew zabitên ku di sînoran de sîngê xwe didan ber gulleyan. Eşkere ye feydek bi wî awayî jê nedihat wergirtin û çi ahalî û çi esker roj bi roj diketin nav halekî xerabtir, birçîtir û rûttir dibûn û kesên dilkevir jî gunehê wan bi wan dihat.

Rik û kîna tebîetê jî ji vê rewşê re bû serbar; di van salan de ku ji ber şer, kar û barên çandiniyê yê cotkaran di destê kal û pîrên bêtaqet de mabû, li erdê ma. Bi ser van tevan de nebarîna baranê, ev hemî ser hev bûn sebebê hê zêdetir bargiraniya xelkê û dilê xelkê kul û hişk kir. Dilê tebîetê yê req jî nerim nebû û qet nebe ji bo rizgariya feqîrên bêguneh ji birçîtî û nexweşiyê, dilopek baran nebarî.

Bi vî awayî nebûna bêrehmî û bêmerhemetiya tebîetê ji feqîr û hejaran re li milekî, li milekî din jî nepakî, zulim û zordariya karbidestên Xwedanenasan, bû sebebê xela û qirreke bêdad û malwêranî. Bi awakî wisan ku hoqqeyek arvanê têkel ê wekî xweliyê, derket lîreyekê. Qasê çend mehan, ji bilî wan kesên ku dewlemend û desthilatdar bûn an ji hukumetê zexîre û xwarin distandin, ku ew jî piştî xelkê ketin nav tengasî û sixletek wisan de ku êdî nepirse. Xwarinên wekî arvanê birincê, mewîjên reş, tûyên hişk jî neman û bi dest nediketin.

Piştî vê, vêca ketin xwarina arvanê berrûyan. Libên pembuyê jî bûn xwarina kesên herî belengaz û lêqewimî yên feqîr û hejarên lîwaya Silêmaniyê. Eşkere ye ev rewşa han jî bû sebebê pêdabûna gelek cure nexweşiyan. Navek re ku xwarin, heta nanê hişk û baqle jî bûbûn derman û tenê destê xwedî talihan -ew jî bi degmen- diket, derman, destê wan biketaya jî ji wê nebû bê bîra wan an carên wisan hebû ku bikarin bikirrin.

Ji ber vê, hemî nexweşî namzedên mirinê bûn. Xwedê bike berê ku ber çavê dinyayê bibin îbret, zû dimirin. Lê piraniya beşa van nexweşan derdekî wan tunebû, di rûyê xwarinên xerab, laşên mirarbûyî yên hinek teyr, mirîşk û dîkan weya ji ber xwarina arvanê berrûyê yan tûyê hişk û libên pembuyê bûn. Demek berê mirina xwe bi tevayî req û hişk dibûn, vêca çav, rû, dest û piyên wan diwerimîn, pirçên ser, çav û simbêlê wan digemirîn û çavê wan diçûn kort û dimirin. Ne tenê mêr, ji ber ku jinên bêkes û keçên ciwan jî, ku rût û tazî mabûn, nedikarîn laşên xwe bigrin. Vêca zivistanê dest pê kir, lê zivistaneke giran û bi eksê tunebûna dexil û dan, zivistaneke yekcarî sar, serma û baran. Êdî ew kesên ku Xwedê pariyek nan jî dabû wan, bi jiyaneke tehl û tirş têr dibûn, ji ber hawar û qêrîna bêhêzî û dengê fîxan û hawara jin, zarok, pîrejin û pîremêrên nexweş ên ji dest û piyan ketî, ku di bin baran, reşeba û sermaya zemheriya şevên zivistanê de ji kulanan dihatin guhê wan, aramî bi ser wan de dibirî û bêdeshilat dest bi girînê dikirin. Hê ji vê re jî şikur. Roj tunebû ku di bajarekî wekî Silêmaniyê de, ji birçiyan an ji ber nexweşiyê, ku ew jî di rûyê birçîtiyê de bû, ji deh kesan kêmtir jê nemrin. Ev hejmara han a herî kêm bû, hinek roj hebû ku gelek ji vê hejmarê zêdetir jî dimirin. Êdî veşartina laşên miriyan ji çarçeveya îmkana herêmê derketibû. Bi taybetî piştî ku gelek roj bi ser cenazeyên li kulanan diman derbas dibû, ziravê xelqê diteqiya. Vêca qasek bi ser re derbas bû, neveşartina cenazeyan destpê kir. Êdî ji bo çend seet xew, xelkê berê xwe dida mizgeftan an kulanek xalî yan jî bikare serê xwe têxe qoncekî, çavê xwe li ciyekî xalî digerandin. Bêguman serê her gavekê laşek rût û hêşînbûyî diket ber çav, ku însanan ditirsand û disilikand. Çavlêgirtina vê dêmena han û xemxarinî feyde nedikir, xweveşartin, rizgariya ji dûrketina van wênên tijî îbret, ku kizîn ji dilê mirov dianî û dilê mirov diqirmiçand, dest nediket.

Exlaq û mîzaca bilind wenda bûbû, dilsozî û dilpakî di nav piraniya beşa xelkê de rabûbû. Bi kurtî exlaqekî pak di ferhenga beşer de nemabû û hatibû maliştin. Pîsîtî û kêmterkexemî di warê namûs de gihîştibû dereceyek wisan qet nehatibû dîtin. Her di eynî wextî de ji Îranê jî kom kom xelk bi pê kes û kusên xwe yên raqewirî ve hatin Silêmaniyê û ji van beşek heta demek din bikare bijî û ji bo jiyaneke nemir û nejî, bi firotina laşê xwe, xwe îdare dikirin.

Ew kesên dewlemend ên ne ji xelkê bajaran bûn, weya îdareya jiyana wan di destê wan de nebû, yan jî ji wan kesan nebûn ku bikevin bazara bêşermiyê û kesp bi laşên xwe bikin, hêdî hêdî bi wêneyek wisan dilşewitî heliyan û di qelşên erdê de çûn xwarê ku mirov nikare heta hetayê tu carî jibîr bike...

-10-

Jiyana Şêx Mehmûd

Şêx Mehmûd, kurê Şêx Se'îdê Hefîd ê (Xwedê jê razî be) kurê Kak Ehmedê Şêx e. Dîroka vê xanedana han nêzîkî 150 sal berê niha destpê dike, ku bi taybetî teqabulê dewra hukumeta "Bebe" dike. Kak Ehmedê Şêx kurê Şêx Marufê Nûdî ye. Ev zatê han murşid û mezinê Terîqeta Qadirî bû. Bi Xwedanasî, Xwedaperestî û başiyê hatibû naskirin. Ji ber vê, xelkê Kurdistanê bi çavekî hurmet û prestîj lê dinêrî û gelekî jî jê hez dikirin. Bi dereceyek wisan ku gelek ji wan, bi taybetî xelkê gundan û eşîretan, bi "keşf û keramet"ên wî ve hatibûn girêdan û bi serê wî sond dixwarin. Merqeda Şêx Ehmed a bajarê Silêmaniyê bûbû ziyaretgaha piraniya xelkê. Ji ber vê, nesla Kak Ehmed (Hilmî) ji meqamê dînî yê bav û bapîrên xwe parek mezin wergirtibû û di rêza nesleke pîroz de dihat hesibandin. Ji bo vê, li Kurdistanê xwediyê nav û şohreteke mezin bû... Ev xoşewîstî û prestîja han ji Kak Ehmedê Şêx re ji kur û neviyên wî re, bi tayebtî ji Şêx Mistefayê Neqîb û Şêx Seîdê bavê Şêx Mehmûd re mabû. Jîrî û hêjatiya Şêx Mehmûd her di piçûktiya wî de hatibû dîtin û nav û dengê wî di nav gund û eşîretên Kurdistanê de belav bûbû. Ji bo ku ji bingeh de bi rehim û şewqet û azayetî navê wî belav bûbû û şohreta bav û bapîrên wî û nifûza xanedana wî ya dînî gelek kêrê wî hatibû û gihîştibû dereceya herî bilind. Ji ber van sebeban êdî ew jî gav bi gav pêş ket û heta di cîhana siyasetê de jî kêm û zêde wekî navekî naskirî ket ser ziman. Hê lawekî nû yê têgihiştî bû ku carekê li dijî Eşîreta Cafan a mezin û carek din jî li dijî eşîreta dirr û aza Hemawend sekinî bû.

Bi kurtî çi di hêla azayetî û leşkerî de û çi di hêla ji ber sebebê nifûza dînî ya bav û bapîrên xwe de, nifûza Şêx Mehmûd a dînî û dinyayî çiqas diçû ber bi geşbûnê ve diçû û stêrka bextê wî jî roj bi roj bilind dibû.

Ji bilî vê, Sultan 'Ebdulhemîdê Duduyan ê Osmanî li gor rê û siyaseta dabû ber xwe û li ser dimeşiya, Şêx Se'îdê Hefîd ê Kak Ehmed dawetê Stenbolê kir, Şêx Se'îd ji derveyê hinek xizm û kesên derûdora xwe, Şêx Mehmûdê kurê xwe jî bi xwe re biribû. Bi vî awayî Şêx Mehmûd di temenê xwe yê zaroktiyê de, demekê jî bûbû mêvanê padîşahê Osmanî û koşk û seraya saltanatê.

Wî çavê xwe di jiyaneke bilind a arîstokratî û gelek debdebe de vekiribû.

Sultan 'Ebdulhemîd her wekî ku ji dûr ve nav û deng û şohreta Kak Ehmed baş sehkiribû, wisan dixuya ku bi çûna Şêx Seîdê Hefîd ya Stenbolê, xwe nêzîkkirina vê xanedana han hê zêdetir kiribû serê xwe. Ji ber vê, berî ku ew vegerin Silêmaniyê her yek ji wan kesên derûdora Şêx Se'îd bi berat û bexşîş perrû kiribû. Ji derveyê vê jî şifreya muxaberata dizî dabû Şêx Se'îd, ku di wextê tengî û pêwistiyê de bikare bi telgrafê pê re muxaberatê bike. Ev mezintirîn perrû bû ku sultanekî Osmanî yê wekî 'Ebdulhemîd dabû re'yetekî xwe. Her wekî ji aliyê padîşahekî ve dayîna vê, belgeyek mezin jî bû ji cih û meqamê bilind ê Hefîdê Kak Ehmed re. Ji ber vê, ew muteserrif û serokleşkerên ku li Silêmaniyê bûn an dişandin wir, bêguman xwe ji xezeb û xeyda Şêx Se'îd diparastin û diketin bin nifûza wî. Hinek ji van diketin nav rewşek wisan ku bê pirs û raya Hefîd pê xwe nediavêtin avahiyên xwe.

Vêca tu şik di vê de tune ku memûrên biçûk bûbûn leyîstika Şêxan û beşek bêqîmet ên ji xelkê ji bo qazanc û merama karên xwe bi bê berat û bê bexşîş diketin nav rêzên nukeran. Lê tucar û axa dijminê vê xanedana han bûn û di bin re şûrê xwe ji wan re tûj dikirin.

Çirayê kê heta hetayê vêketî maye? Her wekî ku çawan ew cih û meqamê bilind heta hetayê ji 'Ebdulhemîd re nema, bi wî re çirîskên bextê vê xanedana han jî ber bi jariyê ve çûn. Dema ku li Tirkiyê şoreşa 1908an qewimî, leşkerên Mehmûd Şewket Paşa ji Selanîkê meşiyan ser Sultan 'Ebdulhemîd û Stenbol girtin. 'Ebdulhemîd ji ser textê padîşahtiyê rakirin û şandin Selanîkê. Vêca Komeleya Yekîtî û Pêşkevtin (Îttîhad û Terakkî Cem'iyetî) hat ser kar û hukum kir destê xwe. Piştî vê ji bo qahîmkirina ciyê piyê xwe, li seranserê welatê Osmanî, bi taybetî ew kesên ji xelkê yên dijminê derûdora 'Ebdulhemîd bûn, berhev kirin û bi wan şubeyên (liqên) Îttîhad û Terakkîyê dan avakirin. Tu şik tê de nîn e ku avakirina van şubeyên Ittihad û Terakkiyê di welatên dûr de, bêhêzkirin û nehîştina wan kesan bû ku meyêldarê 'Ebdulhemîd bûn.

Şubeya Îttîhad û Terakkîyê ya Silêmaniyê jî, ku bi taybetî ji nexwazên xanedana Şêx Se'îd, yanî bi destê hinek tucar û zabitên ku nû ji dibistana herbiyê derketibûn hatibû avakirin, meyla azadî û dijîtiya kesên xwedî nifûz dikirin. Ji ber vê, bi cebheya Şêxan re ketin dijminatiyê û dest avêtin hukumetê li dijî wan han dan. Vêca gelek bi ser re derbas nebû, bi riya şube û karbidestên wê re, ku endamê komeleyê bûn, bahane derxistin û Şêx Seîdê Hefîd û hinek kes û derûdora wî bi Şêx Mehmûdê qehremanê vê behsa han, di bin çavdêriya hêzeke mezin a hukumetê de anîn Mûsilê.

Li Mûsilê heta demekê wextê xwe rehet derbas kirin. Her dem li hêviya wê bûn ku dewr biguhere û vegerin Silêmaniyê. Wan nedizanî ku ji bo rojên bên bext û taliheki tarîtir ji wan re hatiye amadekirin û gelek bûyerên din li pêşiya rojên wan ên mayî hene.

Karbidestên Îttîhad û Terakkîyê yên Mûsilê, li firseteke digeriyan ku ji kuştina Şêx Se'îd re bikin bahane. Ji ber vê, di destpêkê de hewil didan û dixebitîn ku berê xelkê Mûsilê ji wan veqetînin, wekî dihat gotin, gelek tiştên nerewa û derew bi wan ve girê didan û di nav xelkê de belav dikirin. şûmî û siya rojên bedbextiyê li wan nêzîktir kirin. Gelek bi ser de derbas nebû, bajarê Mûsilê di derbarê van xerîb û lêqewimiyan de agirê fitneke mezin hilkirin...

-11-

Fitneya Musilê

Kuştina Şêx Se'îdê Hefîd û Şêx Ehmedê Kurê Wî

Di sala 1326ê hicrî de (destpêka sala 1908ê zayînî) roja duduyan ê Cejna Qurbanê[1], Şêx Mehmûd, Şêx Ehmedê birayê wî û Baha Efendî[2] yê hevalê wan, li mala Mustefa Beg ê qaymeqamê eskerî mêvan bûn. Mala Mustefa Beg li ser Meydana Babu'l-Tuwab bû, ku wê çaxê ciyê seyran û civînan bû.

Dema ku ew ji mala Mustefa Beg derdikevin ji meydanê derbas dibin, li gor gotinan, Baha Efendî serxweş dibe û li jineke nav temaşevanan dabanceyê dikişîne. Lê jinik dest bi qêjîn û hawarê dike. Li ser vê hinek ji temaşevanên ji xelkê Mûsilê digihîjin hawara jinikê. Bi Baha re dest bi şer dikin û dixwazin wî bikujin. Vêca Şêx Ehmed û hevriyên wî jî dikevin nav şer û şer diçe digihîje kêşana xencer û dabanceyan. Di vê navê de çend kes birîndar dibin. Li ser vê, xelkê Mûsilê hêdî hêdî kom dibin û dest ji kar û barên xwe berdidin. Heşameteke gelek zêde li derûdora Şêx Ehmed û hevriyên wî berhev dibin û wan dixin tengiyê. Wê navê re ku hinek cendirmeyên Kurd li wir hazirbûne, alîkariya wan dikin. Dewriyên siwarî (siwarê devan) yên ku gelek ji wan Kurd bûne, bi ser vê bûyerê de tên. Şer giran dibe û ji herdu milan jî hinek kes tên kuştin û birîndar kirin. Li ser vê, hejmara xelkê berhevbûyî hê zêdetir dibe û beşa piraniya xelkê dest diavêjin çekan û derûdora cendirman digrin. Dema ku şev bi ser de tê, cendirme xwe digihînin qonaxa hukumetê. Roja din sibê xelk cardin nasekinin, bi çek dimeşin ser qonaxa hukumetê û ji bo toleya xwe vekin daxwaza cendirman ji walî dikin. Walî cendirman nade destê wan. Vêca daxwaza Şêx Ehmed û hevriyên wî jê dikin. Wî wextî walî[(3)] di ciyê ku tedbîreke ji tefandina vî agirî re bibîne, ji xelkê re dibêje: "ew ne li vir in, herin û bi xwe wan bibînin". Vêca ev heşameta han davêje ser mala Şêx Se'îd[(4)] û derûdora wê digrin. Walî vê navê re careke din bi benzînê diçe ser agirî. Di ciyê tedbîrekê bistîne û vê heşameta han belav bike û agirê fitne û fesadiyê bitefîne, sê kesên bi nav û deng ên ji xelkê Mûsilê dibijêre[(5)] û wan dişîne pê Şêx Se'îd û bi navê parastina wî li "ciyekî" bangî ba xwe dike. Şêx Se'îd jî baweriya xwe pê tîne û bi wan re berê xwe dide qonaxa hukumetê.

Vê navê re bi navê parêzgeriyê gurubek esker jî didin balê. Lê li gel vê jî, dema ku digihîn ber deriyê qonaxa hukumetê, bi emrê Tabur Axasî[(6)] deriyê qonaxa hukumetê tê girtin û Şêx Se'îd ji der ve dimîne. Tam vê navê re mirovek ji nav vê heşameta han kevirekî mezin li serê Şêx Se'îd dixe û dikuje.

Piştî vê bûyerê çend kesên din jî êrîşê dibin ser wî kesî ku tenê bi serê xwe bi Şêx re bûye û bi xencer wî jî dikujin. Bi vê jî ev agir nayê tefandin. Ev heşameta han vêca berê xwe dide mala Şêx Se'îd. Ew kesên di hindurê xanî de wekî şêran li hember vê êrîşa han a dirinde û wehşane disekinin. Lê di netîceyê de Şêx Ehmed jî dikujin. Pişt re berê xwe didin ew xaniyê ku mirovên Şêx Se'îd li wir in. Deriyê xanî dişkînin û dikevin hindur û çi kêsên li wir dibînin, dikujin. Baha Efendî, ji ber agirê vê fitne û fesadiyê hê roja ewil xwe diveşêre û rizgar dibe.

Lê, li vir noqteya herî girîng a hewceyê îzahetê ye, behsa tunebûna Şêx Mehmûd e. Di nav van hemî bûyeran de çawan navê wî tune? Min bi xwe jê seh kiriye ku ew di nav van bûyeran de nebûye. Lê çawan û ji ber çi? Mamoste Xulamî li El-Duhaya El-Selas de dibêje ku, Şêx Mehmûd jî li mala Mustefa Beg bû. Lê piştî vê ne di bûyera Babu'l-Tuwap û ya li ber deriyê qonaxa hukumetê, ku bavê wî tê de hat kuştin û ne jî wextê êrîşanîna heşameta xelkê ser mala Şêx Se'îd û kuştina Şêx Ehmedê birayê wî, navê Şêx Mehmûd derbas dibe. Ev yek jî me digihîne vê qeneetê ku wekî min bi xwe jê seh kiriye, ew di vê bûyera han de tunebûye. Xwediyê Muqedderatû'l-Iraqû'l-Siyasiyye, ku wisan dixuyê gelek kîna wî ji Şêxan re hebûye û bi taybetî di derbarê Şêx Mehmûd de nekariye xwe ji zimandirêjiyê biparêze, ev herzekariya ku ji Baha li hemberî jinekê qewimiye, îzafeyê Şêx Mehmûd dike.

Lê diyar e ku karekî bi vî awayî zaroktî ji însanekî bêemsal û hêja yê yekî wekî Şêx Mehmûd gelek dûr e û Şêx Mehmûd kesekî wisan bû ku hê di zaroktiya xwe de çavê xwe kiribû mezintî û seroktiyê. Em vê jî deynin milekî; em çawan dikarin bawer bikin ku ew bi xwe bibe sebebê fitneyek wiha û pişt re bav û birayê xwe di nav wî agirî de bihêle û xwe veşêre? Belê wekî mamoste Xulamî dibêje: mimkûn e ku Şêx Mehmûd berî vê bûyera han ji mal derketibe û çûbe mala Xidir Hemawendî[7] û di wextê bûyerê de nekaribe yan wî nehîştibe vegere ba birayê xwe. Lê tu carê û tu wextê nayê bîra kesekî ku qehremanekî wekî Şêx Mehmûd, di esnayê vê bûyerê de ji bo xelasiya serê xwe çûbe mala Mehmûd Xidir û xwe veşartibe[8]. Çunkî Şêx Mehmûd, di hemî qonexek jiyana xwe de bi azayetî navê wî derbas bûye û di meydana hemî bûyer û serpêhatiyan de bi camêrî, netirsî û nebezî hatiye naskirin.

Lê rastî çi dibe bila bibe, bi vî awayî hovîtiyê, piştî qewimandina vê bûyera han a xwînavî, di dîroka bajarê bi nav û deng a Mûsilê de rûpeleke reş a herî qirêj hat nivîsandin ku tu carî neyê jibîrkirin...

-12-

Vegera Şêx Mehmûd Ya Silêmaniyê

Dengê kuştina Şêx Seîdê Hefîd û Şêx Ehmedê kurê wî ya li Mûsilê, li hemî milekî Iraqê û heta li seranserê axa Osmanî, tesîreke gelek giran û mezin kir ser xelkê, bi taybetî ser xelkê Silêmaniyê, Kerkûk û bajarê din ên Kurdistanê.

Ji ber vê, tirs ket dilê Hukumeta Mûsilê û Şêx Mehmûd û darûdestên wî ragirtin û nehîştin ji Mûsilê derkevin. Dema ku eşîret bi vê bûyerê hesiyan, xwestin pêşî hukumet hêmin bibe û pişt re bi riya mezinên Kerkûkê daxwaza Şêx Mehmûd û birayên wî bikin. Wan ev daxwazî gîhandin hukumetê û gotin ku, eger ew neyên berdan û ew venegerin Silêmaniyê, dê eşîret bimeşin ser Mûsilê û tola Şêx Se'îd û Şêx Ehmed ji xelkê wî bistînin. Li ser vê, wilayetê biryara berdana Şêx Mehmûd û birayên wî û şandina wan da. Wan rojan kelîneke mezin ket nav ehlê bajarê Hewlêrê û Kerkûkê. Eşîretên derûdora Kerkûk û Silêmaniyê ketibûn nav nerehetiyek bêbinî. Jin, mêr, mezin û biçûk vê bûyera han diaxiftin. Tu behs û meselek din nemabû.

Li her ciyê dengbêjan bi Kurdî, Tirkî û Farisî kilamên şîn û girînê yên gelek bi kul û derd distran û xwenda û zarokan jî ev ji ber kiribûn û bi dilûcan ji hev re dixwendin. Eşayîr û ahalî mijûlê xweamadekirinê bûn ku li pê Şêx Mehmûd biçin. Bi rastî bûyera Kerbelayê nû bûbû. Xelkê Mûsilê bûbûn zindîq. Dema ku xeberê nêzîkbûna Şêxan li Kerkûkê belav bû, wê şevê heta beyanî xew neket çavê gelek kesan. Eşîretên derûdora Kerkûkê jî hişk bûbûn û mabûn. Jin, mêr, kur, keç, mezin û biçûk, efendî, mela, Şêxên terîqetê, derwêş, kesên nav bazaran, memûrên hukumetê ref bi ref di hatin û çûnê de bûn. Bi hezaran fîlama û def amade kiribûn. Ez bi xwe di wan rojan de li Kerkûkê xwendewanekî Hucreya Mele Teqî bûm. Min pê danîbû salên xwe yên dehan. Mamostê me şaîr bû. Marşeke gelek dirêj bi me dabû jiber kirin. Berê gihîştina Şêxan min ji ew kesên berhevbûyî yên hejmara wan bi hezaran re xwend. Ew roja Şêx Mehmûd gihîşt Kerkûkê temamê xelkê û piraniya eşîretan ji serê beyana sibê bi piyan û siwarî ketin rê û qasê çend seetan ber bi pêşewaziya wî ve çûn. Dengê allahuekber û gurmîna çepik û defan têkilî nav girîn û şînê bûbû.

Bi rastî dêmena wê deştê ya wê rojê wêneyek ji mehşerê bû. Tekya Şêx 'Eliyê Talebanî û ya Seyîd Ehmed van mêvanan di navbera xwe de parve kirin. Şêx Mehmûd çû tekyayê û Şêx Qadirê birayê wî li xaneqayê ma. Dema ku Şêx Mehmûd gihîşte Kerkûkê hejmara eşîretan du carî zêdetir bû û fikra berpakirina şoreşekê kirin serê xwe. Di vî halî de Reşîd Paşa kirin waliyê Mûsilê. Tenê rojek li wir ma û pişt re xwe gîhande Kerkûkê. Dilê Şêx Mehmûd xweş kir û bi hêzeke mezin ve bi xwe re bir Silêmaniyê.

Di rojek wiha de hatina Reşîd Paşa feydek mezin bû. Lê li gel vê jî, dema ew vegeriya Mûsilê dest avêt girtina wan kesan ku tiliya wan di kuştina Şêx Se'îd de hebû û gelek ji wan bi kuştin an xeniqandinê tawanbar kir.(9) Pişt re jî cardin di nav re gelek bûyerên biçûk û mezin qewimîn û Kerkûk û Silêmanî her ji wan rojan şûn de ji têkelhevî û şoreşê rizgar nebûn...

-12-

Piştî Vegera Şêx Mehmûd Ya Silêmaniyê

Muddetek piştî ku Şêx vegeriyan Silêmaniyê, li Kifrê bavê Baha Efendî hat kuştin. Qewitiya vê kuştina han dikirin ser Şêx Mehmûd. Li ser vê, hukmê sê sal ceza jê re hat dan. Lê Şêx Mehmûd xwe neda dest û li derûdora Silêmaniyê û li gundan dima. Hukumet jî bi rastî nediket pê û çavê xwe ji vê veşartinê û nehatina wî bajêr digirt û lê nedigeriya. Li gel vê jî nifûza Şêx Mehmûd roj bi roj ber bi xurtbûnê ve diçû û stêrka bextê wî ji nû ve ber bi serkeftin û ronahiyê ve diçû.

Ji ber vê, hukumet hêdî hêdî jê ket şikê û tirsa wê yekê jê dikir ku ew dê bi riya eşîretan re muqawemetekê pêk bîne û toleya bûyera Mûsilê bistîne...

-13-

Şerê Cîhanê Yê Yekem û Şêx Mehmûd

Wekî tê zanîn, Şerê Cîhanê yê Yekem di rûyê welîehdê Awusturya û Macarîstanê de hilket. Ev welîehdê han, ku bi xwe û jina xwe ve ji bo ziyaret çûbûn Sirbîstanê (Yoguslavya) li wir ji aliyê wan kesan ve hat kuştin ku dijminê Awusturya û Macarîstanê bûn û li Sirbîstanê rêveberiya siyaseta wan dewletan dikirin.

Vêca ji ber kuştina welîehd, Hukumeta Awusturya û Macarîstanê bi Sirbîstanê re ketin şer (1914) û ev Şerê han hêdî hêdî fireh bû û nêzîkî hemî dinyayê da ber xwe. Dema ku Hukumeta Osmanî têkelî vî şerî bû, ji bo ku ew beşek ji welatê Osmanî bû, şer ket Iraqê jî. Ingilîzan ji Besrayê dest pê kirin û di pê yekûdu de 'Omare, Kût û Bexdayê girtin û di sala 1918an de gihîştin Kerkûkê. Lê berî ku bigihîjin sînorê lîwaya Kûtê, siwarê eşîretên Kurdan û 'Ereban li Şu'eybeyê şerek û du şer bi Ingilîzan re kirin. Şêx Mehmûd bi xwe û bi leşkerekî ji hezar siwarên Kurd pêkhatî, alîkariya leşkerên Tirkan kirin. Reşîd Paşa yê xelkê Silêmaniyê û muteserrifê kevin ê mintiqê û çend mirovên Kurd ên bi nav û deng di vî şerî de hatin kuştin. Çi di van şeran de û çi jî di Şerê hêzên Tirk ê li dora Pencuyîn bi Rûsan re, Şêx Mehmûd mêranî û azayetiya xwe dabû nîşan û Rûsan ji sînorê Iraqê dûr xistibû û kiribû milê din yê Îranê. Bi vî awayî piştî Şerê Cîhanê yê Yekem, nav û dengê Şêx Mehmûd gelek belav bû û ji aliyê gelek kesan ve dihat naskirin. Lê di Şerê Tirkan û Rûsan de, careke din Tirkan Şêx Mehmûd qehirandin. Serleşkerê Tirk, piştî ku di şer de bi alîkariya Şêx Mehmûd û hêzên eşîretên Kurdan biserketin û Rûs şikandin û heta nav axa Îranê birin, Kurdan bi tuhmeta talanê tawanbar kirin û çend serokeşîretan dan ber şeştîran. Li ser vê bûyerê, Şêx Mehmûd li dijî serokleşkerê Tirkan rabû û bi xwe û bi leşkerên Kurdan ve vegeriya nav sînorê Silêmaniyê. Piştî vê, Tirk carek din tûşî êrîşa Rûsan bûn û vê carê nekarîn xwe li ber wan ragirin. Êdî ji wir şûn de sînorê Iraqê bê parastin ma û Şêx Mehmûd jî vegeriya ser sînor û êdî paşde nevegeriya Silêmaniyê û li gundê xwe li derveyê bajêr bicih bû. Vê bûyerê Tirkan xist nav endîşe û tengiyê. Lê wan rojan gelek bêhêz bûbûn û nedixwestin deriyekî din ê serêşiyê li ber wan vebe. Ji derveyê vê jî di 7ê nîsana sala 1918an de di bin serokatiya General Marchal de hêzeke Ingilîzan gihîşt Kerkûkê. Şêx Mehmûd bi Tirkan re bi tevayî têk çûbû û tu hêviyek wî ji wan nemabû. Ji ber vê, Şêx Mehmûd xwest ku berê gihîştina Ingilîzan li Silêmaniyê, ji wext û firsetê îstîfade bike. Pêşî, bi mirovên bi nav û deng ên wê rojê yên Silêmaniyê re lihev kir û namek bi dizî ji Nilson û mezinên hêza Ingilîzan re şand Kerkûkê. Di vê nameya xwe de daxwaz ji wan kir ku di navçeya Silêmaniyê de bi hinek îmtiyazan ve bîryara damezirandina hukumeteke Kurdî bidin. Bi xwe jî (yanî Şêx Mehmûd) bîryar da ku li ser navê Ingilîzan û di bin çavdêriya wan de serokatiya vê hukumetê bike.

Wilson, bersîva Şêx Mehmûd dide û dixwaze di vî warî de beyanekê belav bike.[10] Di vî halê han de û piştî bicîhîştina Kerkûkê çend rojan, leşkerê Tirkan vedigerin Kerkûkê. Behsa nameya Şêx Mehmûd, bi riya yek ji wan mezinê xelkê Kerkûkê re digihîje serleşkerê Tirkan. Li ser vê, Tirk qewîtiyê li Mustefa Beg ê qaymeqamê eskerî û serokleşkerê Tirk yê li Silêmaniyê dikin ku li hemberî Şêx Mehmûd komployekê amade bike. Mustefa Beg, bi fêl û fendan û bi bahana hinek mesele û tedbîran, Şêx Mehmûd bangî ba xwe dike û pişt re wî digre û di bin çavdêriya hêzeke mezin de dişîne Kerkûkê. Şêx Mehmûd li wir dikin hepisxaneyê û piştî dadgeheke şiklî ya eskerî û li ser qewîtiya taybetî ya serleşkerê giştî yê hemî hêzên Dewleta Osmanî ya Iraqê, bi cezayê îdamê tawanbar dikin. Lê vê carê jî ji mirinê rizgar dibe. Çunkî Tirk berî her tiştî di îdamkirina Şêx Mehmûd de dudil bûn. Mulahezeya rojên bên, rojên teng û reş dikirin. Wan sebebê vekişîna leşkerên Ingilîzan ji Kerkûkê didan ba leşkerên sondxwaran a li cepheya Fransayê û bihêvî bûn ku leşkerên Ingilîzan hêdî hêdî, ne tenê ji Kerkûkê, belkê ji hemî Iraqê paş de bikişe. Wan ev yeka han jî xeyal dikirin û dixwestin ku hemî ciyên ji destê wan derketî yên berê, cardin têxin destê xwe. Ew ji wê ditirsan ku çerx ber bi barek din ve vegere, ew (yanî Tirk) careke din jî û bêyî êdî ji Iraqê derkevin, tê de bi cih bibin. Vêca di rojek wiha reş de, dûr nebû ku bi bahaneya tolestandina îdama Şêx Mehmûd, eşîretên Kurdan pê leşkerên şikestî yên Tirkan bikevin û wan şerpeze bikin. Li gel vê jî, gelek ji Tirkan dûr nebû ku piştî hinek ih û mih û anîn û li ha û li wir, ji nişkave Şêx Mehmûd îdam bikin. Lê bextê wî alîkariya wî kir, 'Elî Ihsan Paşa ku nû hatibû ciyê Xelîl Paşa û bûbû serleşkerê Leşkerê Şeşan li Iraqê, fikir kir ku di rojek wiha de ji Şêx Mehmûd îstîfade bike. Çunkî ev 'Elî Ihsan Paşayê han, yek ji wan serleşkerê mezin û yê herî bi nav û deng ê Tirk bû ku li Îranê li hemberî Rûsan çend şerên gelek azayane kiribûn û di dema jarî, şikestî û bêhêziya leşkerên Tirk de jî şandibûn Iraqê. Li ser pêwîst bû bi hiş û bi siyaset hereket bike, ji ber vê ji Mûsilê Şêx Mehmûd bangî ba xwe kir.

Li wir dilê wî vekirî û wî aş kir. Armanca wî ew bû ku di wan rojan de, heta bi xwe bi leşkerê xwe ve li hemberî Ingilîzan mijûl bibe, Şêx Mehmûd di herêma Silêmaniyê de bi eşîretên Kurdan ve teniştê rojhilata hêzên Tirkan biparêze û Silêmaniyê nede dest û heta di wextê pêwîstiyê de jî bikare bi xwe û bi eşîretên Kurdan ve alîkariya leşkerê Tirkan bike. Ji ber vê, piştî mêvandariyeke baş û bi gelek xelat û beratan ve, ew kir serleşkerê milîsan û bi qewîtî û talîmateke pêwîst şand Silêmaniyê. Ji bo vî karî û rêxistina hêzên eşîretan, bêşeke ji 5000 lîreyê zêr a Osmanî pêkhatî jî dayê. Ji derveyê vê, 'Elî Ihsan emir da serleşkerê Tirk ê li Silêmaniyê ku çi çek û sîlehên bikare pêwîstê Şêx Mehmûd be bidê. Vêca piştî hemî van bûyeran, li ser qewl û biryaran bi 'Elî Ihsan Paşa re, Şêx Mehmûd di çirya paşî ya sala 1918 an de vegeriya Silêmaniyê û dest bi cihkirina ew karên jê re hatibûn sipartin kir...

Vegera Ingilîzan ya Kerkûkê

Cara yekem dema ku Ingilîz hatin Kerkûkê û ew girtin, qet neketibû bîra Şêx Mehmûd ku dê careke din Tirk vegerin û Kerkûkê bigrin. Ji ber vê, wekî me li jorê got, nameyek ji Wilson re şandibû. Di vê nameyê de ji bilî ew tiştên ku me behs kirin, ev yek jî gotibû: Kurd gelek bi serkeftina Ingilîzan xweş in û hêviya wan ev e ku ji bin hukmê Tirkan rizgar bibin û bi saya Hukumeta Ingilîz dilxweş bibin û ew jî wekî 'Ereban bikevin nav xweşiyê. Ev rîcaya han jî ji wî kiriye ku êdî bi tu awayî rê nedin Tirkan ku ew careke din vegerin vî welatî. Eynî wan rojan reîsên Hemawendî jî nameyek ji Ingilîzan re nivîsandibûn û tê de gotibûn ku bi pêşkêşkirina heywan û dexil ew amadene alîkariya leşkerên Ingilîzan bikin. Çunkî wê çaxê, bi rastî goşt û nan baştirîn diyarî bûn ji îhtiyaciyan re. Lê vegera Tirkan li Kerkûkê bû sebebê têkçûna hemî tiştî. Şêx Mehmûd wekî ku me got, li Silêmaniyê girtin û şandin Kerkûkê. Gelek ji wan ku bi şandina nameya berê re hemfikir bûn, avêtin bendîxanan an tawanbar kirin. Hinekan jî bazdan û Silêmaniyê terk kirin. Hemawendî jî dev ji Ingilîzan berdan û dijminatiya wan kirin. Bi vî awayî piştî girtina Kerkûkê çend rojan vegera Ingilîzan û paşdekêşana leşkerên wan ji wir, ji xelkê li wir re bû sebebê gelek xerabiyan. Bi taybetî Şêx Mehmûd û Kurd, bi vê yekê ketibûn davikeke mezin.

Çi nav deng û şohretek Ingilîzan hebû, bi vê paşdekêşanê re wenda kirin, wekî Hemawendan gelek kesên din pişta xwe dan wan. Gotinek din jî dihat gotin ku di cepheyên din ên şer de, bi taybetî li Fransayê leşkerên sondxwaran li hemberî Almanan xerab şikestine û paşde kêşane. Ji ber vê, wisan dihat hêzirkirin ku dê leşkerên Ingilîz jî ji Iraqê paşde bikişe û biçe cepheyek din. Ji Ingilîzan re eşkere bû ku bi vê paşdekêşanê navê wan xera bû û li Kurdistanê û li Iraqê qîmetek wan nema. Ji vê yekê ketin tirsê ku ji hemî milan ve berê xwe bidin wan û li hemberî wan şoreş û têkelheviyek mezin a gelemperî rakin. Ji ber vê, bîryar dan ku xwe hazir bikin û ji bo paşde standina îtîbara xwe, bi çi awayî dibe bila bibe Kerkûkê bistînin. Vêca tam di van rojan de bû ku dewletên sondxwarî mutarekek belav kirin û şer dan sekinandin. Lê dema ku di cebheyên din de şer sekinî, êdî tirsa hêzên Ingilîzan nema û di cepheya Iraqê de xwestin ji zeman îstîfade bikin û di hengama muzakereyên aştiyê de leşkerên xwe di cebheyên şer de -bi taybetî li Wilayeta Mûsilê- gavek zêdetir pêş de bînin. Ji ber vê, êrîş anîn ser Kerkûk û Hewlêrê û bê şer ew girtin. Piştî vê di cih de dest avêtin anîna ew dexil, dan, pez û dewarên ku leşkerên Tirkan berhev kiribûn û lê pêra negihîştibûn ku bigihin ser û bixwin. Dema ku 'Elî Ihsan Paşa ji nişkave xeberên mutarekeyê seh kirin, nehatibû bîrê û fewcek (boluk) eskerê xwe li Silêmaniyê hiştibû û nekêşabû Mûsilê. Wî wisan hêzir dikir ku ev fewca eskerî ji wir dûr ketiye. Çunkî ew di wê baweriyê de nebû ku bi awakî zû Ingilîz vegerin Kerkûkê û wê bigrin. Li milekî din jî li hêviya Şêx Mehmûd bûn ku ji milê rojhilat ve, yanî ji milê Silêmaniyê ve û bi hêzên eşîretan ve êrîşê bîne ser hêzên Ingilîzan û firsetê nede wan bên pêş ve. Eger vê jî nekare yan mecal nekevê, bila tenê rabe û vê tenişta wî biparêze û Silêmanîyê nede dest. Bi vî awayî dixwest ku heta netîceyek bê standin, cih di pê cihan de bên terkkirin û Kerkûk di destê hêzên Tirk û Ingilîzan de bimîne. Pişt re jî dê rewş li ser qerarekê bisekine û bi milekî re li hev dike, herêma Silêmaniyê di destê Tirkan de bimîne û nekeve destê Ingilîzan. Eynî van rojan bû ku bi hêviya nûkirina dostayetiyê bi Şêx Mehmûd re, unvana "Neqîb"tiyê danê û navê Şêx Mehmûd bû Şêx Mehmûd Neqîb.

Lê wekî me di pêş de got, ji nişkave di 31ê çirya pêşî ya sala 1918an de mutareke hat imzakirin. Êdî tu çara 'Elî Ihsan Paşa nema û bi telgrafê emir da muteserrifê Silêmaniyê ku îdareya lîwayê bide destê Şêx Mehmûd û bi xwe jî bê Mûsilê.

Şêx Mehmûd bi vî awayî bû muteserrifê Silêmaniyê û bi navê Hukumeta Osmanî îdareyê girt destê xwe. Muteserrifê Tirkan yê wan rojan ê Silêmaniyê 'Elî Riza Begê xelkê Konyayê bû. Bi wî re, mirovên dewletê yên Tirk û xeyrê Kurd Silêmaniyê terk kirin û çûn Mûsilê. Fewceke eskerên Tirk û hinek cendirmeyên di bin fermandertiya Salih Beg ê tabur axasî de, hê li Silêmaniyê bûn. Lê dema ku rewş gihîşt vê dereceyê, Şêx Mehmûd careke din destê xwe ji Tirkan şûşt û hêviya wî ya vegera wan nema. Ji ber vê, dev ji rêxistina wê hêzê (hêza milîs) berda û vegeriya ser sewdayê berê. Vê carê jî fikirî ku di muqabilê hinek qewl û îmtiyazan de, Silêmaniyê teslîmê Ingilîzan bike. Lê nameya vê carê raste rast bi Izzet Topçî (Izzet Fate) û Ehmed Fayîq (Fayîq Tapo) re şand Kifrê. Di muqabilê ew îmtiyazên ku ji bo xwe û Kurdan şert danîbûn, Ingilîzan ew dawetê Silêmanîyê kirin. Ingilîz ku ji tertîbata 'Elî Ihsan Paşa ya bi Şêx Mehmûd re agahdar bûn, bi xwe re ne didîtin û nedixwestin ku heta dema wê neyê biçin Silêmaniyê. Ji ber vê, bi vê nameya Şêx Mehmûd gelek kêfxweş bûn û ji Wilson re şandin. Bi xwe jî bersîva "belêtî"yê nedanê û jê daxwaz kirin ku çaveriya emrê Wilson ê hakimê 'am be...

-14-

Hatina Major Noel Ya Silêmaniyê

Nameya Şêx Mehmûd ya vê carê ji aliyê Ingilîzên Kifrê ve, ji Wilson ê hakimê 'am ê Iraqê (nûnerê Dewleta Britanyayê li Iraqê) re hat şandin. Ji ber vê, Wilson şand pê Major Noel ê ku yek ji wan zabitên Ingilîzan ê şarezayê herêma Kurdistanê bû. Wilson, ew li ser navê xwe û bi qewîtiyên taybetî ve şand Silêmaniyê. Noel, bi heyeteke biçûk[11] û di riya çiyayê navbera Kifrê û Çemçemalê re berê xwe da Darakelê[12]. Dema ku behsa çûna Noel ya Darakelê, li Silêmaniyê belav bû, ew fewca eskerî ya Tirkan ku li Silêmaniyê mabû, çi Kurdên tê de bûn fewcê terk kirin û kincên Kurdî li xwe kirin. Hinekên din jî ji tirsan xwe veşartin. Yên Tirk û xeyrê Kurd jî bûn, ketin tirsê û nedizanîn ka dê çi bikin.

Şêx Mehmûd, bi temamê mirovên maqul ên naskirî yên cure cure yên wê dewrê yên Silêmaniyê re, di mala xwe de civînek çêkir û ew têgîhandin ku heyeteke Ingilîzan bi rê de ye û tê Silêmaniyê. Ji wan daxwaz kir ku di nav xwe de çend mirovan bijêrin û ji bo pêşwaziya wan bişînin. Piştî munaqeşe û raberizîneke kurt, heyetek rê xistin û çûn pêşwaziya Ingilîzan. Ingilîzan di destpêkê de nexwestin bên nav Silêmanriyê. Tirsa wan ji wê fewca eskerî ya Tirk ya Silêmaniyê hebû. Çunkî wan tu hêzek bi xwe re neanîbûn. Hêvî bûn ku Şêx Mehmûd li Darakelê bibînin. Lê dema ku Şêx Mehmûd heyet şand, ew îkna bûn û hatin Silêmaniyê...

-15-

Hukumdarê Kurdistanê

Dema ku M. Noel bi vî awayî bi hêsanî, bêdeng û asteng hat Silêmaniyê, di cih de bi alîkariya Şêx Mehmûd, dest pê kir eskerên Tirk şand Mûsilê ba 'Elî Ihsan Paşa. Piştî vê, M. Noel li gor wê qewîtiya ji Wilson sitandibû, di roja yekem a çirya paşî ya sala 1918an de, li ber deriyê qonaxa hukumetê (dergayê seray) civînek mezin çêkir û xelk, eşraf, mezin, tucar, serokên eşîretan û ji hemî sinif û tebeqeyên xelkê tê de beşdarbûn. Bi navê nûnerê Dewleta Britanya yê li Iraqê (yanî bi navê hakimê 'am) bi Farisî gotareke dûr û dirêj xwend[13] û di vê gotara xwe de îlan kir ku Şêx Mehmûd ji aliyê nûnerê Dewleta Britanyayê ya Iraqê ve Hukumdarê Kurdistanê hatiye naskirin.

Noel û Wilson dixwestin ji nifûza Şêx Mehmûd îstîfade bikin, di vê herêmê de bê hêzeke eskerî nifûza Ingilîzan rûne û bi saya Şêx Mehmûd siyaseta Hukumeta Britanyayê îdare bikin...

Her eynî êvara wê rojê ahalî û mezinên bajêr li mala Şêx Mehmûd berhev bûn û hukumdar hat pîroz kirin. Ez bi xwe (nivîskarê vê bîranînê) bi Ehmed Axayê Kerkûkîzade re di vê pîrozkirina han de hazir bûm. Ji bilî vê, bîryar hat dan ku Noel di bajarên Kurdistanê yên din de jî (Kurdistana Iraqê) dest bi avakirina teşkîlatan bike û ji bo rêxistinî û îdareya van bajaran ji Kurdistana nû re çi pêwîst be bike. Mehê 15.000 rupiye maaş ji hukumdar re hat tespît kirin.[14] Biryar hat dan ku li Silêmaniyê teşkîlateke wekî teşkîlata berê ya lîwayî damezrînin. Seyîd Omer ê mamê Şêx Mehmûd bikin muteserrif, mamê wî yê din Hacî Seyîd Hesen jî bû hakim an bi gotinek din "Reîsê şer'î. Şêx Qadirê birayê wî jî bû serfermanderê leşker. Seyîd 'Elî (Bismillah) jî nehatibû bêpar kirin, ew jî bû komîser. Bi vî awayî, beşa piraniya xizim, kes û mirovên hukumdar û derûdora Şêxan, her yek bi awayekî li gor rewşa wan, karek an maaşek ji wan re hat dayîn.

M. Noel, navê Hakimê Siyasî li xwe kir. Di avahiya mekteba 'edadî ya zemanê Tirkan de rûdinişt. Ji sînorê der helîm, selîm, hêmin û şarezayê ûrf û adetên xelkê Kurd bû. Bêsînor hurmeta hukumdar digirt, ji xwe re katibekî biçûk an xizmetkarekî jî bê emir û rizayê Şêx Mehmûd tayîn nedikir. Wan deman Silêmanî ji boşahiya xelkê bûbû wekî mehşerê. Hejmareke gelek zêde ji siwarên eşîretan, gelek gundî û xelkê derûdora Silêmaniyê û gundiyên Şêx Mehmûd, rêz bi rêz û ji her milî ve berê xwe didan vî bajarê han ê biçûk. Kulan, çay-xane, bazar, malê mezin û dewlemendên Silêmaniyê ber bi boşahiya xelkê ketibûn. Birinc û genim ên enbarên dewletê, ku ji Tirkan mabûn, hemî zexîreya ku di enbarên Şêx Mehmûd de hebûn, dikirin xwarin û zat û bi riya aşçîxana hukumdar li xelkê dihat belav kirin. Li milekî din jî, M. Noel mijûlê çareserkirina giranî û birçîtiyê bû. Hêdî hêdî ji Kerkûkê û ji Bexdayê şekir, çay û arvan digîhand Silêmaniyê û belaş li feqîr, hejar û memûran belav dikir. Ev tiştên han ên xwarinê, wê çaxê li Silêmaniyê kêm bûn û bi dest nediketin. Ji ber vê, her çi tiştên ku ji feqîr, hejar û memûran paş de dima, bi riya belediyeya bajêr dikirin nav bazarê û bi bahayekî kêm ji xelkê din ên mayî re dihat dan. Bi vî awayî xelkê bajêr û gundan, feqîr, hejar û lêqewimî ketin di nav xweşî û jiyaneke hinek baş de. Noel bi vê tenê nema. Ji ber ku hinek rupiye, banqinot û qederek zêde lîreyê Tirk ê zêr jî rijand nav Silêmaniyê û bi bê destlerzîn bi ser serokeşîretan û derûdora hukumdar de belav kir. Vêca qet nepirse; xulaman, xizmetkaran û karkeran, dayîkan, maman û xidaman serê xwe bilind kirin û ji xwe re pê kêf kirin. Her yek bi navê tiştekî maaş, berat û pêwîstiyên wan hatin tespît kirin. Xulam bi xenceran ve, dayîk û xidam bi germiya xişrên xwe ve ketin nav pozbilindiyê. Şarwal û miradxanî, poşî û egalên bi sûrme, hevrîşmên şêxan û derûdora wan, dîmenek din dabûn Silêmaniyê. Piştî dewrek rût, tazî û birçîtiyek mirinî, jiyaneke wiha têr û tijî û dêmenên têr û tesel, xweşî û şahî -her çendîn jê bexîlî kirin jî tê de hebû- lê cardin ciyê spasê bû. Çunkî, qet nebe, bîranîna hejarî, rûtî, birçîtî û kesên xwîn ji wan zûwabiyan, termên hêşînbûyî yên miriyên nav mizgeftan, kavil û wêraniyên do ji bîra wan dibir û hêviyên jiyana wan nû dikir. Lê wekî Kurd dibêjin: derûdora nefam ber bi xeyîdiyê ve çûn û ji heddê xwe derketin. Hukumdarê Kurdistanê jî li gor wê hewayê dimeşiya. Bi roj bi revdên xulaman û derûdora xwe re berê xwe dida Deşta Kanêskanê û bi seyran, henek û kêf rojên xwe derbas dikir. Bi hêvî bû ku dê ev dem heta hetayê bi vî awayî bimeşe. Xwedê bi qudreta xwe dê Kurdistana mezin jê re çêke û ew jî taca hukumdartiyê dayne serê xwe!!

-16-

Şêx Mehmûd û Konferansa Aştiyê

Şêx Mehmûd tenê tiştekî baş ji Kurdistanê re kir, ew jî ew bû ku mezbeteyek bi xelkê û eşîretên vê herêmê da îmza kirin û Şerîf Paşayê Kurd ji bo doza hiqûqê Kurdan di nezdê Konferansa Aştî ya Parîsê de berpirsiyarê Kurdan da xuyakirin . Nivîsandin û rêxistina mezbetê li mala hukumdar pêk hat. Ji bilî hukumdar, çend serokeşîretên bi nav û deng, hinek ji xwendevanên têgihiştî û M. Noel û Ingilîzekî din jî li wir bûn. Lê gelek mixabin min navê wî nenivîsandiye û nayê bîra min. Ez bi xwe, nivîskarê mezbetê û ya nameya taybetî bûm ku ji Şerîf Paşa re dê bihatiya şandin. Ew dê ji Parîsê re bi Reşîd Kaban(15) û Seyîd Ehmedê Berzencî(16) re bihatiya şandin. Ev, ji bo Kurd û Kurdistanê di nezdê Konferansa Aştiyê de karekî siyasî yê Şêx Mehmûd bû. Lê gelek mixabin, ku em ê di dawiyê de behs bikin, vê jî ciyê xwe negirt û netîcek neda. Çunkî ev heyeta han nekarîbû biçe Parîsê û name û mezbete negihîştin destê Şerîf Paşa...

-17-

DEMA HUKUMDARTIYA ŞÊX MEHMÛD A YEKAN Û REWŞA SILÊMANIYÊ

Piştî ku Şêx Mehmûd bû Hukumdarê Kurdistanê, rûbirûyê astengek girîng bû. Di kar û barê huukumetê de kêm tecrube û di meydana siyasetê de bêkes bû.

Azayetî, bêtirsî û kêmterkexemiya wî jî ji wan sebeban bûn ku kir ew ber bi şaşiyê ve biçe. Ji ber vê, stêrka bextê wî zû ber bi jariyê ve çû. Çunkî rê û xeta ku di meşandina kar û barên eşîratî de li ser meşiyabû, kêrî meşandina kar û barên hukumetê nedihat. Kesên ku dixwestin xwe nêzîkî hukumdar bikin, rewşa wan bi vî awayî bû: derûdora nefam û nexwendewar, kes û gurubên çavbirçî û yên pê talanan diketin, xulamên xencer li pişta wan û eşîretên tiving li milê wan bûn. Her çendîn ji Bexdayê û ji Tirkiyê hinek zabitên Kurd hatibûn Silêmaniyê û wê çaxê hinek xwendevanên baş û welatparêz li wir bûn û wan dixwestin ku destê xwe têkin nav destê wî û têbikoşin û alîkariya hukumdar bikin. Lê rêxistina gurubên derûdora hukumdar û yên din li hev nedikirin û guruba yekem di navbera hukumdar û guruba duduyan de bi xencer û dabance dîwarek ava kiribûn. Eger hukumdar bi xwe bixwesta, dikarîbû vê dîwara han hilweşîne û xwe nêzîkî zabit û rewşenbîran bike. Lê wekî me got, netirsiya wî ji rojên bên, azayetî û kêmterkexemiya wî li milekî, têkelhevkirina girêyek nefsî ku li hemberî zabit û rewşenbîran çêkiribû li milekî din, berxedana wê yekê bû ku şeqek di dîwarê xencer û dabancê de vekir û bîra wî xist ku xwe bigihîne xwendevanên baş. Di nav rewşenbîr û zabitên Kurdan de, bi rastî yên baş û welatparêz hebûn û hemî ji wan nebûn ku bixwazin illa bila Şêx Mehmûd gotina wan bike. Lê wekî me got, girêyek nefsî li wî milê dîwarê bi xencer û dabance Şêx Mehmûd ragirtibû û dabû sekinandin. Û astenga wî ya herî mezin, xwenêzîkkirina zabitan bû. Ev yeka han jî girêyek nû nebû. Ji ber ku, ji wan rojên ku şubeya Komeleya Îttîhad û Terakkî ya Silêmaniyê hatibû damezirandin destpê kiribû. Ev komeleya han ji beşa piraniya ew cure zabitan pêkhatibû ku bûbûn sebebê raqewirandina neviyê Kak Ehmed li Silêmaniyê. Ev raqewirandina han, ku ji kuştina Şêx Se'îdê babê Şêx Mehmûd û Şêx Ehmedê birayê wî dawî lê hatibû û bûbû sebebê bêhêzî, derbederî û malwêraniya wan.

Destûpêwendên wî yên nefama vê yeka han baş dizanîn û ji bo daxwaza kar û qazanca xwe jê îstîfade dikirin. Seetekê xwe ji handana hukumdar paş nedixistin û bêsekin rewşenbîr û zabitan li ber çavên wî dixistin û ew sivik dikirin. Di nav van de tenê Izzet Fate û Fayîq Tapo karîn xwe nêzîkî Şêx Mehmûd bikin û heta demekê pê re bimînin. Lê zû jê veqetiyan û xwe nêzîkê Ingilîzan kirin. Fayîq, dixwest xizmeta Kurdan bike. Gelekên din jî bi hêvî bûn ku heta dawiyê bi Şêx Mehmûd re bin û heta dawiyê alîkariya wî bikin. Lê gelek mixabin daxwaza wan neçû serî...

M. Noel ji bo rêxistina kar û barê bajarên din û bi cihkirina nifûza Şêx Mehmûd heta Rewandizê çû û ji bo yekîtiya van bajaran bi Hukumeta Silêmaniyê (Kurdistan re gelek xebitî. Lê dema ku vegeriya Silêmaniyê, Şêx Mehmûd di nav wêneyek din de dît. Wisan jê re xuya bû ku di hewayekê din de ye û dike ku riya xwe biguhere. Li gel vê jî, wî ev yek neda rûyê wî. Ingilîzekî gelek zêde şarazeyê Kurdan bû. Muddeta ku li Silêmaniyê ma firset neda tu bûyer biqewimin. Hewil dida ku şaşiyan rast bike. Armanca wî bahane girtin nebû. Ji ber ku wî dixwest Şêx Mehmûd tê bigihîne û ji hukumdariya rojên bê re amade bike. Li gor baweriya min, eger zeman li gorê dilê Noel bimeşiya, tu şik tê de nîn e ku dê bingehê Kurdistana mezin damezirandа... Bi emrê Şêx Mehmûd, min di warê tercumeyê de[17] alîkariya wî dikir û bi şev jî min dersa Kurdî jê re digot. Piştî dersê bi min re diket nav meselên Kurdistanê. Her wan rojan di xeyala sefereke li Kurdistana Tirkiyê de bû. Wî dixwest bi riya Kurdên bi nav û deng ên Tirkiyê şarezatiya xwe zêde bike. Behsa Bedirxaniyan, kurên Cemîl Paşa û Baban ên Stenbolê dikir. Ji min re ronî bû ku ew ji min şarezatir e. Bi ser vê de jî hê dipirsî. Lê di van behsan de qazanca min zêdetir bû. Wî dixwest min bi xwe re bibe Tirkiyê, ji bo ku bi Kurdên li wir re, bi welatparêzan û mezinan re ji bo doza Kurdan têbikoşe û ji bo Hukumeta Kurdistanê ya Şêx Mehmûd piştivaniyê û terefdaran pêda bike. Ji ber vê xwe ji Şêx Mehmûd nedixeyîdand û nedixwest dest jê berde.

Bi vî awayî, bi vê siyaseta nerm û zîrekane karîbû heta demeke baş kolonel Wilson ê hakimê ʻam ji Şêx Mehmûd nede xeyidandin. Qasî ku ez pê dizanim, li ser armancên xwe yên di derbarê Kurdistanek rojên bên de bi dizî teqrîrek jî jê re nivîsand. Lê bajarên wekî Kerkûkê, Kifrê û hinek serokên Kurdan ên din nedixwestin bikevin bin hukmê Şêx Mehmûd. Wî jî ev helwesta han ji Ingilîzan dizanî û baweriya wî bi wan nemabû. Bi kurtî Şêx Mehmûd bi igilîzan re li hev nekir û dilê wî li wan rûnenişt. Ji ber vê, hewl û xebata Noel feyde neda û dijîtî ket navbera Wilson û Şêx Mehmûd. Wilson, her di destpêkê de bi çavekî baş li Şêx Mehmûd nedinêrî û wî dixwest dawî bi hukmê wî bîne. Vêca biryar da ku raste rast destê xwe dirêjê nav kar û barê Hukumeta Silêmaniyê bike. Ji ber vê bangê Noel kir û di bin serokatiya xwe (serokatiya Wilson) de Lichmen, Soane û Gordenwager civand û piştî guftûgoyeke dûr û dirêj, M. Noel bi rizayê dilê xwe dev ji musteşariya Şêx Mehmûd berda û biryar hat dan ku Major Soane di ciyê wî de bibe musteşar an hakimê siyasî[18]. Noel jî gihîşt armanca xwe û ji aliyê Hukumeta Britanyayê ve wezîfeyek din jê re hat sipartin û şandin Kurdistana Tirkiyê...

-18-

Sefera Major Noel û Fayîq Tapo [19] Ya Tirkiyê

Berî çûna Noel ya Tirkiyê, ez nexweş ketim û ez gelek di halekî xerab de bûm. Noel, dîrektîv dabû, her roj du caran doktorekî Ingilîzan dihat li min dinêriya û derman dida min an derzî li min dixist. Vêca rojekê Noel bi xwe bi doktor ve hat mala min û jê re got ku divê ew li min agahdar be û baş li min binêre. Piştî vê ziyareta min, Fayîq girt û di riya Rewandiz û Mûsilê re çû Tirkiyê (Sibata sala 1919an).

Programa Noel qasê ez pê dizanim ew bû, ku Kurdên Kurdistana Tirkiyê û bi taybetî welatparêzên mezin bibîne û bîra wan bêxe ku armanca ketina Britanyayê di Şerê Cîhanê yê Yekem de ew bû ku neteweyên biçûk ên bêdesthilat û bindest, ji bin destê dewletên biyanî yên mezin û bihêz derîne û ew mafên xwe yên jiyan û neteweyî bigrin destê xwe û bi xwe birêve bibin. Wî dixwest bi wan welatparêzên mezin ên Kurd re, di derbarê Kurdistanê de biaxive, bi bîr û baweriya wan têbigihe û eger rê bikeve hewil ji bo damezirandina Kurdistaneke mezin bê dan û programekê ji bo vî karê han rêbixe. Wê demê li gelek ciyên Tirkiyê, heta Stenbol jî di bin destê hêzên sondxwaran de bû. Ji ber vê Noel û Fayîq bêtirs ketin nav axa Tirkiyê û bi eşkere û li ber çavê xelkê ketin nav Kurdan. Ji kesên Kurd ên siyasî jî MîrCeladet Bedirxan û du Kurdên din jî gihîştin wan û bi Noel û Fayîq re bûn yek. Çaxê ku ew di nav Kurdên Xerputê, Diyarbekirê û navçeyên din de digeriyan û di derbarê Kurd û Kurdistanê de muzakere dikirin, Mustefa Kemal ê Mufettişê Umumî yê leşkerên Tirk jî, ji aliyê Xelîfe ve bangî Stenbolê hatibû kirin. Hukumeta xelîfe ya Stenbolê ku di destê hêzên sondxwaran de leyîstokek bû, ji bûyerên Stenbolê yên wan rojan ketibû tirsê. Meclîsa Meb'usan belav dibû û ji xelîfe diqehirîn, zabit û xwendevanên bilind ketibûn lêgerîn û li pê çareyan û berê xwe didan Anadoluyê ba Mustefa Kemal. Sedrazem li hemberî destdirêjî û kirinên hêzên sondxwaran ên li Stenbolê, bi azayane xwe vedikişandin û îstîfa dikirin. Lê, li milê din jî bi qewîtiya sondxwaran Hukumeta Stenbolê ji tirsa ku şoreşek çêke, Mustefa Kemal bangî navçeyê kirin. Leşkerên Yunanîstanê êrîş birin ser Îzmîrê û ew îşgal kirin û niyeta wan ew bû ku heta Edeneyê û Enqereyê nesekinin û wan bistînin. Yanî Tirkiye, bi rastî di rewşeke xerab de bû û di astengek teng re derbas dibû. Êdî dahatiya welat û qedera milletê Tirk di destê Mustefa Kemal de bû.

Eger Mustefa Kemal yek ji wan kesên ku qederê digrin destê xwe û agahdarê neteweyê xwe nebûya, yanî li dijî emrê xelîfe û hukumeta navçeyê ranebûya û vegeriya Stenbolê û Anadolu bi cih bihişta, îro mimkûn bû ku dîrokê navê "Atatürk" seh nedikir, îhtîmaleke mezin bû ku di Asya Biçûk de li ciyê Cumhuriyeta Tirkiyê ya îro, dewleteke mezin û serbixwe ya Kurd dabimezraya û xeyalên Noel û welatparêzên Kurd bi cih bûbûna. Eger hewl û xebatên komeleyên siyasî yên Kurd û Şerîf Paşa yên di nezdê Konferansa Aştiyê de bêfeyde neçûna û Pêmana Sewrê biserketa, eşkere ye ku dîrok dê ev firseta han bi awakî din binivîsanda. Tê bîra mirov ku mirov ji xwe bipirse, erê çi bi Tirkan hatibû û ji bo çi biserketin? Lê ji bo çi em vê jibîr dikin ku ew ji Rojhilata Dûr hatin, eşîreteke 400 siwar bûn, raqewirî bûn û xwe avêtibûn vî welatî, hêdî hêdî bûn mîratxwerê Selçukiyan û cînişînê wan. Vêca piştî hukmekî xwînavî yê 600 salan, ji bo çi nedibû bikêşin nav navçeyek biçûk û mîrektiyeke serbixwe ji xwe re damezrînin? Mîrektiyek wisan ku têra mîrekî wekî Wehdeddîn bike û ji serê wî jî zêde be.

Lê gelo ji bo çi em evqas li pê xeyalan dikevin? Ka em van berdin û vegerin ser ew tiştên ku bûn. Yanî em vegerin ser heqîqet û realîteyê. Mustefa Kemal, serê xwe li ber emrê xelîfe netewand û venegeriya Stenbolê. Dest ji hemî rutbe û nîşanên xwe berda û li Anadoluyê ma. Ji ber ku wekî xelîfe nekeve bin destê hêzên sondxwaran, li dijî xelîfe serî hilda. Li wir ma ku bikare li hemberî sondxwaran bisekine. Rê li ber leşkerê Yunaniyan bigre. Welat û di netîceyê de Stenbolê jî ji bin destê dijmin derîne û ji esîrtî û zelîliyê rizgar bike. Belê, ji bo vê li Anadoluyê ma ku şerefa Tirkan xelas bike û bibe qehremanê rizgarî yê Tirkiya nû...

Mustefa Kemal, vê yekê bi dînîtî nekiribû. Ji ber ku, li Anadoluyê tenê bi serê xwe nebû û hêzên Tirk ên li Diyarbekrê pê re bûn û ketibûn bin fermana wî. Ji ber vê, ji bo girtina Noel, Fayîq û hevriyên wan, emir da Kenan Beg ê Serfermanderê Erkanê yê Cebheya Diyarbekrê û gurubek esker xist pê wan. Lê bi alîkariya Kurdên wê navçeyê ew ji astengê rizgar bûn û xwe gîhandin Helebê û pişt re ji Helebê jî çûn Stenbolê.

-19-

Piştî Çûna Noel Rewşa Silêmanîyê

Piştî Noel çû Kurdistana Tirkiyê, hêdî hêdî Ingilîzan derûdora xwe ya cure cure rijandin nav Silêmaniyê. Evên han 'Ecem, Hindî, 'Ereb, Afxanî, Cûhî û Ermenî, bi kurtî tu regez û eşîret nema ku tê de tunebe. Dayîre, çi yên hakimê siyasî û çi jî yên eskerî, maliye, gumruk û yên din her yek ji wan alîkarvanan muşawirekî Ingilîz hat ser... Hinek kefîspî, pirçbadayî û pirçlûleyî, singreş û lingzirav bi ser hemî dayîreyan de belav bûbûn. Vêca li milekî derûdora taxima Şêxan û xizmetkarên xencer û dabance li pişt, li milekî din jî ji seyîsan bigre heta xulam û aşçiyan, derûdora Ingilîzan û heta yên hinduyî ku xwedî simbêlên situr û luleyî bûn; bi çek û sîlehên nefehmî û eşayîrî û bi zimanê bed û durûtiyê, zend û baskên xwe radan û ketin ser canê xelkê Silêmaniyê. Ji vê jî hê dildaxtir ev bû, ku hinek bê'esil û xwenenas ên xelkê bajaran jî bûbûn polîs û nûkerên Ingilîzan û ji casûsiyê (sîxuriyê) îftîxar dikirin. Milletê belengaz, ku hê felaketa Şerê Cîhanê yê Yekem, derdê nexweşî û birçîtiyê li ber çavan bû û jibîra wan neçûbû û li hêvî bûn ku qasekî rehet bin û bêxem bijîn, ketin nav halekî wisan ku xweziya xwe bi rojên borî bînin û hesreta wan rojan bikêşin.

Ez nû ji nexweşiyê rabûbûm. Jinikan digotin janaser (aspek) e daye serê min. Hêz û taqeta min a karkirinê tunebû. Bi ser vê rewşa xwe de jî ez gelek bêsebir bûbûm. Min bîryar da ku ez biçim Kerkûkê mala mamên xwe. Ez rastî Greenhouse yê wekîlê Noel hatim. Ji min re got: Kapitan (captain-bînbaşî) Bill dixwaze te bibîne. Kapitan Bill alîkarvanê hakim bû û nû hatibû Silêmaniyê. Hê min ew nas nedikir. Dema ku ez çûm balê û min xwe pê da nasîn, ji min re bi Fransizî got: ez dixwazim Farisî hîn bibim. Geleke tu hînê min bikî. Diyar bû ku wekî şarezayekî bi min re diaxift. Lê min xwest ez wî têbigihînim ku ez nexweş im û ev karê han ji taqeta min der e. Ez gelek pê mijûl bûm, lê di dawiyê de bi naçarî min bîryar da ku ez Farisî hînê wî bikim. Min wisan dizanî ku ez ê wî hînê axaftinê bikim. Lê min dît ku kitêba Gulistan li pêşî ye. Wî dixwest Gulistanê bixwîne. Bi rastî ev karekî girîng bû. Se'dî, Gulistan ji bo wan kesan nenivîsandibû ku nû hînê Farisiyê dibûn. Bi Fransiziya yekî wekî min dê Ingilîzek çawan têbigihîştiya? Min xwest ez fikra Bill biguherim û bi riya axaftinî û li gor "Qaîdeya Berlîç" wî hîn bikim. Lê min nekarî wî îkna bikim. Bi naçarî min du rêz ji Gulistanê jê re xwendin. Ez ne bi hêvî bûm ku min Bill razî kiriye. Lê di dawiya dersê de, gelek kêfxweş bû û bi awakî germ ricaya dersa sibê ji min kir. Bi rastî ez wê rojê gelek aciz bûm. Tenê min fikir kir ku ez ê di pêş de xwe ji dersê re amade bikim ku barê min sivik be. Ji bilî vê feyda min jî tê de hebû. Min bi Fransizî diaxift û ji ber wê dê bûbûya sebebê pêşdeçûna Fransiziya min. Bill, Fransizî gelek baş dizanîbû, lê ji bo ku ez di dibistana idadiye de mamosteyê Fransiziyê bûm û ez di xwendin, têgihîştin û gramatîkê de xerab nebûm, lê di axiftinê de ewqas pratîka min tunebû.

Piştî xwendina vê dersê, ez çûm ew oda ku Bill ji min re texsîs kiribû. Li ser riya min tijî hindo bûn. Odên din jî eynî bi wî awayî bûn. Li serbanê jî kursî û mase danîbûn, hinduyek an Asûriyêk her tim li wir bûn. Wisan dixuya ku cih ji rûniştima min re tunebû. Ez rast çûm mala xwe. Êvarê ez çûm dîtina Şêx Mehmûd û min ev yek jê re got. Seyîd Ehmedê Berzencî balê bû. Got: gelek baş e, dersê bidê. Belkê tu bikarî wî bikî "xakenaz". Ev dihat wê me'neyê ku Şêx Mehmûd jî bi vê raya han re bû. Lê gelek bi ser de neçû, ez ji vê mamostetiyê sar bûm. Çunkî piştî çend rojan diyar bû ku "xwendevanê sinifa yekem" bi çavekî din li min dinêre. Wî dixwest wekî bi hinduyên lingrût re çawan hereket dike, bi min re jî wisan hereket bike. Çend caran dilê min şikand. Kîbrek gelek zêde pê re hebû. Hêvî bû min bîne rê û min nerm bike. Jê dixeyîdî ku ez wekî hindo û Asuriyan nakim, belko ez xwe tiştek an însanek dizanim. Çiqas ji min dihat min xwe radigirt û çavê xwe ji hinek tiştan re digirt. Ez li firsetek wisan digeriyam ku di ciyê xwe de be û jê îstîfade bikim. Di dawiyê de wî ev firseta han da destê min. Rojekê cardin min ders jê re digot, Mîranê Qadir Beg, Reşîd Begê birayê wî û serokên din ên Xoşnawetî yên Şeqlaweyê hatibûn ba Şêx Mehmûd û xwestibûn serek jî bidin Ingilîzan û hatibûn Bill ziyaret bikin. Çay ji wan re hat û vexwarin. Şoşeyên wan di destê wan de ma. Ciyek an masek tunebû ku deynin ser. Çunkî wê çaxê hê mase, kursî û tiştên din temam ne bûbûn. Xizmetkarê Bill jî ji bo karekî wî çûbû derve. Vêca "xwendevanê" sinifa yekem emir da min ku ez şoşan ji destê wan bigrim. Eger wî emir nekiriya, min dikir ku ez bi xwe ji ber mêvandariyê şoşan ji destê wan bigrim û deynim ciyekî. Lê bi emir ji min re ar bû ku ez vî karê han ê sivik bicih bînim. Ji bilî vê, demek bû ez ji kirinên Bill dilşikestî bûm. Ji ber vê, min bersîva wî neda û min xwe ji ciyê xwe neleqand. Carek din jî ji min re got, cardin min xwe lê nekir xwedî. Wisan dixuya mêvan jî hinek tê gihîştin. Awir da min û şoşan bir danî pencereya pişt xwe.

Lê Bill li ser vê rengek da û yek sitand. Min ji wî xerabtir. Hê tesîra nexweşiyê li ser min hebû. Ez gelek jî betilî bûm. Baş bû mêvan zû rabûn û çûn. Bill, piştî ku çend saniyan melheze kir, got: te ji bo çi birsîva min neda? Min jê re got: tu dixwazî ez rast bersîva vê pirsa te bidim? Ji min re got: belê. Min got, ez ji te re dersê dibêjim û tu xwendevanê ber destê min î. Ji ber vê ez tê nagihîjim, tu çawan emrekî wiha didî min? Dema ku birsîv neda min, hewce bû van gotinên min bersîv bihesibîne. Ez ji ser û rûyê wî pê hesiyam ku van gotinên han tesîrê wî kiribû. Min vê yekê firset zanî. Min xwest ez bi tevayî pêwendiyên xwe jê qut bikim. Vêca min jê re got: Eger tu van gotinên min rast nahesibînî, ewçax dibê tu min xizmetkarê xwe hesêb bikî. Madem wiha ye, ez ji te rîca dikim ku tu min ji vê xizmetkariya han azad bikî. Li ser van gotinên min hinek sekinî û bêdeng bû, pişt re ji nişkave rabû ser piyan û bi me'dekî xweş û berken destê min girt. Min jî spasê wî kir û ez çûm mal. Dema ku Noel li Silêmaniyê bû, min hîs ji kibrî û eyba Ingilîzan nekiribû, çunkî ew gelek bi ber dilê min diket û bi çavekî berz û bi rêz li min dinêrî. Çend roj piştî vê bûyera han, Bill şand pê min û gelek ber dilê min ket.

Vêca ji min re got, ku dibê ji bo sefereke nav eşîretên Silêmanîyê, Hewlêr û Kerkûkê ez pê re biçim. Piştî hewildan û hêviyeke zêde, min sozê çûna pê re da. Vêca gelek li ber dilê min diket û dixwest min nerim bike û bûyerên berê bi min bide jibîr kirin. Bi tevayî bi çavê hevalekî li min dinêriya. Di vê sefera xwe de xerîteke teqrîbî ya herêma eşîretan çêdikir û cih, riyên hemî eşîretan û gundên wan li ser datanî. Regez û bingehê van eşîretan, bav, bapîr, kur, nevî û navê mezin û serokên wan, xizmatî û mirovatiya di navbera eşîretan de, hejmara siwar û pêyayên her yek ji wan eşîretan dipirsî û dikola. Di derbarê dijminatî û dijîtî, sebebê van dijminatiyan, derece û nifûz û destdirêjiya hemî axa, beg û serokeşîretan, dixwest rewşa navbera wan û Şêx Mehmûd hîn be û gelek bi hostatî li ser bersîva van pirsên han disekinî û pişt re dikoliya. Li ser tivingên wan disekinî, tîpa wan, nûtî û kevintiya wan dikola û hinek caran diteqandin jî.

Li cil û bergê axa û xizmetkaran û yên zarokan difikirî û hinek caran serî li nav malan dida û hal û tedbîra wan dipirsî. Bi dîqqet li heywanên sitûr û pez dinêrî û seviya hêz û desthilata wan ê şer û awayê jiyan û îdareya wan a dema aştiyê difikirî, yek û bi yek ba xwe dinivîsand. Ji tevan ecêbtir ew bû ku wekî leyîstika zarokan, ew kesên ji Şêx Mehmûd hez nedikirin, dihatin veqetandin û dibûn axa, muxtar an reîs. Tu kesekî li hemberî vê leyîstika han a zarokan serî hilneda û deng jê derneket.

Min tev wan pirsan, lêkolînan û zimandirêjiyan tercume dikir. Ez ji hêza çene û zimandirêjiya Bill, ji axiftinên pûç, vala û bêtam ên gundî û eşîretan bêhal û bêhêz bûbûm û dilê min diêşiya. Li gel vê jî min xwe nexeyîdand û min meyla xwe ya di derbarê têgihîştinî û ser sekinîna wî ya ev cure pirs û lêkolînan de neda hîs kirin. Bill, ji bilî min miroveki din bi xwe re anîbû. Bi gotin "katib"ê wî bû. Lê ne tenê tiştek pê neda nivîsandin, heta min nedît ku pê re jî biaxive. Qasek şûn de - her çendîn min bawer jî nekir- ji min re hat gotin ku casûs bûye. Piştî vê geşta dûr û dirêj em vegeriyan Silêmaniyê. Ne hewce ye ez bêjim ku ev lêkolîna han a ji aliyê Bill ve hat kirin, ji karbidestê hukumeteke siyasî re xezineke zanyariyê ya gelek bi qîmet û bi feyde bû...

-20-

Şêx Mehmûd û Kesên Derûdora Wî Çi Dikirin?

Wekî me di pêş de behs kiribû, Şêx Mehmûd ji bo danîna bingehekî baş û bi hêz ji bo vê hukumeta han a nû hewil û xebateke temam û bi feyde neda; qet nebe ji bo parastina cih û navçeya xwe jî faaliyeteke bi wî awayî ne dihat dîtin. Ne rêxistineke îdarî ya rêk û pêkî, ne danîna nîzamek û riyeke taybetî ji bo kar û barên hukumetê nehatin kirin!... Ji ber vê, Ingilîzan ew navçe û herêmên ku pêwistiya kar û bar û mesleheta wan pê hebû, raste rast bi kêfa xwe û bi pêwistiya mesleheta xwe, mirovên xwe danîbûn ser û dimeşandin. Destûpêwendên hukumdar jî ew warên ku Ingilîz pê re nedigihîştin an di ew daîreyên ku mirovên xwe nedanîbûn ser, li gor kêfa xwe û pêwistiya qazanc û armanca xwe destdirêjî tê de dikirin. Eşkere ye ku ji aliyê Ingilîzan û karbidestên tagirê Ingilîzan ve, ji van kirinan re çav dihat girtin û tûşî tu awayî asteng û dijitiyekê nedihatin. Hukumdar bi xwe bi xelat û berat çend serokeşîretan nêzîkî xwe kiribû û bi girêdana maaş ji çend kesên din ên bi nifûz û navdar, hinek dost û terefdar ji xwe re pêda kiribûn. Wisan hêvî dikir ku dê heta hetayê dostanî û pêwistiya van serokên han bistîne û ji wan îstîfade bike. Qasek şûn de, dema ku Ingilîz bi tevayî damezran û ciyê xwe girtin, şarezayê hemî milê eşîratî û xelkên din ên welat bûn û bi taybetî bi tebî'etê Şêx Mehmûd baş şareza bûn, ji wan re derket ku plan û programeke wî ya ji bo rojên bên tune û tenê rojane dijî. Ji bilî van, piştî ku Noel çû Tirkiyê û Şêx Mehmûd ji rênîşanderekî wekî wî hêmin, bihiş û alîgirê Şêx Mehmûd dûr ket û di rêvebirinî û îdareya kar û baran de kilûkêmasî derketin û dengê nerizayiyê ji çar aliyan de bilind bûn. Ingilîz, êdî dikarîn li ser piyên xwe bisekinin û bihêvî bûn ku dest ji ber Şêx Mehmûd bikêşin û dawî bi hukmê wî bînin. Şêx Mehmûd jî, ku dengê nerizayî û mirremirra xelkê seh dikir û bi taybetî ew kesên derûdora wî yên nefama, di ciyê ku ji bo rastkirina çewtiyan alîkariya wî bikin, di riya qazanca xwe û mezinên xwe de, ji hinek destdirêjî û zimandirêjiyan xwe bidin alîkî, dan û standinên xwe jê dibrîn û bi eksê wî dimeşiyan û bi ser van tevan de jî, ji bo birrîna dengê xelkê û nîşandana heybeta xwe, hukumdar han didan û dibûn sebebê zêdebûna têkelhevî û astengan. Li milekî din jî, Ingilîzan bi awakî eşkere di bin serokatiya Şêx Qadirê birayê hukumdar de, yan jî em bêjin a herî rast; di bin çavdêrî û fermana Major Danlis de mijûlê danîna hêzeke siwarî û pêyade bûn. Ji ber vê, pêwistiya wan bi hejmarek gelek zêde zabitê Kurdan hebû. Li ser vê, baş û xerab çi zabitên li Silêmaniyê hebûn tevan girtin nav vê rêxistina han. Ew zabitên ku ji ber sebebê handana der û dorên xwe di vê rêxistina han de amade bûn, piraniya wan ew kes bûn ku pêwendiya wan bi Şêx Mehmûd re hinek zivir bû yan jî jê dûr ketibûn, wan ev yek firset dîtin û piraniya wan çûn û ketin nav vê rêxistinê. Yanî ketin bin destê M. Danlis. Bi vî awayî gelek ji zabit û xwendevanan pê re neman û ji ber çavê nûker û xwefiroşan wenda bûn. Di ciyê wan de, hukumdar hinek beqal û çeqalên[20] nav bazarê li derûdora xwe berhev kirin. Ji derveyê vê jî, ew kesên ku sermiyanekî baş di destê wan de tunebûya yan kar û kespekî serbixwe û azad ji wan re li hev nedihat an jî ji ber bêbazariyê dikanên xwe digirtin, xencerek dikirin ber pişta xwe û bi bêerk diketin nav rêzên nûkeran.

Teyar Efendî ku di dema Tirkan de tehsîldar bû, kiribûn mudurê polîsan. Ev mirovê han, ku ji korexetekê pê ve qet sermiyanekî wî yan zanyariyeke wî tunebû, (Xwedê jê razî be) xwediyê kîbrek mezin û qelsê zikê xwe jî bû. Ji ber vê, wî jî qederê taqet û nefamiya xwe, mijûlê têkdana dezge û dikana Hukumeta Şêx Mehmûd bû. Xelkê jî hê ewqas Ingilîzan nas nedikirin û şarezayê wan nebûn. Ji ber vê, tam dema desthildana Major Soane hatibû. Vêca hêdî hêdî dest bi bahane û destdirêjiyan kir û ket tekbîra belavkirina derûdora hukumdar...

-21-

Bi Kapitan Bill re Sefera Min Ya Koyeyê

Belê tam vê navê re Kapitan Bill bû hakimê Koyeyê. Vê carê jî gelek ket pê min ku ez pê re biçim Koyeyê. Min jî hewil da ku ez neçim. Lê feyde nekir û dev ji min berneda û bi zimanekî şêrîn ez xapandim. Vêca ez çûm ba Şêx Mehmûd û min pirs ji wî jî kir. Diyar e ku tu astengek neda pêşî, belko bi eksê vê pê xweş bû ku yekî wekî min, kesekî hişyar û bi wî bawer, bi Ingilîzan re be. Bi taybetî min jî tu wextê bi serê xwe bê pirsa Şêx Mehmûd, nedixwest ez tiştekî bikim. Çunkî min xwe yek ji wan kesê baweriya wî pê dihat dizanî û min hez bi serkeftina wî dikir. Vêca ku min zanî Şêx Mehmûd pê raziye, di tarixa 20ê sibata sala 1919an de bi navê wezîfeya alîkarvan (assistant), lê di rastî de tercuman (drogman) ez bi Bill re çûm Koyeyê. Ew zivistan sar, serma, baran û felaketeke bê eman bû. Bêsekin baran dibarî. Bi suwarî ji Silêmaniyê heta Koyeyê, yek nefes bê baran derbas nebû û ava baranê di laşê me û yên heywanên me de wekî kanî der be dihat xwarê. Ez, ku di eslê xwe de gelek sar û hêmin nehatime afirandin, eger ez li vir tiştekî îtîraf bikim û bêjim, bila qet derew neyê zanîn. Ez tu wextî hînê durûtî û riyakariyê nebûm. Berê niha ku cara yekem bû bi Ingilîzekî gelek hêmin û hişyar û şarezayê di derbarê ûrf û adetên Kurdî û eşayîrî de, yanî bi yekê centîlmen ê wekî Noel re nasîna min çêbûbû. Ji ber vê, ez ji kîbîr û fixra Bill kerixî bûm. Ji bilî vê, min qedrê xwe digirt û min hez ji rastiyê dikir. Min nedizanî ez destê xwe li ber mizbidim û zimanê min jî ne diziviriya ku wekî kesên din, jê re bêjim: "ezbenî". Van tevan îştahê vî Ingilîzê han ê kolonyalîst vedikir. Lê çi heye wekî ku Kurd dibêjin: "Mûyên bedena min bûbûn wekî rûtan û jê venedibûn".

Li gel vê jî, Bill di vê sefera han de ji carên din ên pêşî gelek hatibû guhertin, aş bûbû, heta dixwest dilê min xweş bike. Lê car û caran kil û kêmasiyên wî çêdibûn û kêm caran sarîtî ket navbera me. Bill, piştî her sarîtiyek an kil û kêmasiyekê, di ciyê ku ez ozrê xwe jê bixwazim an wan tişt û kirinan bidim alîkî ku ew pê tûre dibû, wekî ku min ji qestî ew kiribin û ji bo jê dûrketinê êz bahanan bigerim, min xwe jê acîz dikir û îzna vegera xwe jê dixwest. Lê bi eksê vê, dema ku bîra wî diket, Bill jî riya cihêbûnê nedida ber min û her carê bi awayekî wî ez aş dikirim. Lê ez êdî ji netîceya vê hevrêtiya han ketibûm şikê, ez ditirsam ku careke bigihîje kopê serî û min ber bi astengek de bibe. Xwedê wisan lêrast anî ku piştî em gihîştin Koyeyê, heta demek dirêj dilê min xweş dikir û bi vê jî wî ez bi tevayî sist kiribûm yan ew bi xwe sist bûbû. Min jî wê navê re heta karîbû xizmeta xelkê kir, di saya Bill de qenciya min gihîşt gelek kesan. Bi vî awayî min bi hinek dost û mirovên bi qîmet re wexteke gelek xweş derbas kir û di çavê xelkê de û ba wan du-sê Ingilîzên li Koyeyê jî bûn, ez bi qedir û bi rêz bûm.

Bill, dijminê rûniştin û seknê bû. Bêsekin kar dikir û ji ser pişta hespê nedihat xwarê. Di nav hemî gund û eşîretên Koye, Ranye û Rewandizê de digeriya. Eşkere ye ku dibû ez jî pê re bim. Ew tim mijûlê pirsîn û nivîsandinê, ez jî mijûlê tercume û çenewestandê bûm. Lê, ne, ev nayê wê me'neyê ku karê min ê nivîsandinê tunebû, bi eksê vê çend car ji axaftinan zêdetir jî min nameyên wî yên ji serokên eşîretan û xelkê re û yên serokên eşîretan û xelkê ji wî re, ji Bill re tercume dikirin. Wî bi xwe name bi Fransizî dinivîsand û min jê re dikir Kurdî yan Farisî. Ew nameyên ji serokan an ji xelkê jê re dihatin, min jê re tercumeyê Fransizî dikir. Vêca werin seyra ew name û şikayetên ecêb û rengîn, ez dikarim bêjim, tiştên wisan tê de hebûn ku di "barê tu etarekî de tunebûn". Li ser van tevan vêca karên daîre û Hukumeta Koyeyê. Di wan rojan de rêxistina îdareya Koyeyê, dima rêxistina qezayên îro. Lê ji qaymeqamê qezan re "hakimê bajêr" dihat gotin. Navê qadî (hakim) "hakimê şer'î" û yê mudurê şurtan "mudurê polîs" bû. Alîkarvanê (muawên) hakimê bajêr jî hebû, ku jê re "naîb hakimê şar" dihat gotin. Di îdareya kar û barên hukumetê de armanc bi vê rêxistina han, zêdetir parvekirina nifûza hukumetê di navbera xanedanên bi nav û deng de bû.

Wê çaxê di Koyeyê de du xanedanên herî zêde naskirî hebûn: Xafurî û Hewîzî. Vêca serokê xanedana Xafurî ku Heme Axa bû, kesekî herî bi nav û deng ê derûdora xwe bû û ew kiribûn hakimê bajêr. Cemîl Axayê Hewîzî(21) jî kiribûn alîkarvanê hakim. Mele Mihemmed Efendiyê Celîlzade jî, ku yek ji wan zanayê bi qîmet û bi nav û deng ê wê dewrê bû, bûbû hakimê şer'î (qadî).

Fettah Axayê 'Ebdullah Axayê Hewîzî serokê belediyê û Mele Ehmed Axa mudurtiya polîsan dikirin. Heme Axa (Xwedê jê razî be), ku wê çaxê kalekî salên wî di pêş de bû, ji ber cih û meqamê birêzî ev navê han lê kiribûn. Hekene yekî wisan nebû ku di riya hukumetê re pê nav û deng an qazanc û nifûzê bikeve. Nav û dengê wî têra wî hebû. Çavê wî li malê dinyayê jî nebû. Çunkî ewqas xwedî waridat bû ku hed û hesaba wê tunebû û mesrefa rojekê dîwanxaneya wî ji maaşê mehek a hakimê bajêr zêdetir nebûya kêmtir nebû. Li milekî din jî rêxistina siyasî ya Ingilîzan hemî kar û barê qeza û herêma Koyeyê kiribûn bin destê xwe û ji bo îdareya bajêr an qezayê tiştek wisan nemabû.

Cemîl Axayê Hewîzî, ku hê salên wî zêde nebûn, di kar û barên eşîratî û Kurdewarî de bi rastî alîkarvanê (naîbê) Heme Axa bû. Dilşikestinan dixiste ser milê Heme Axa. Ranye jî wan dewran qeza bû û qaymeqamtî li wir danîbûn. Lê ji aliyê îdareya giştî ve bi Hukumeta Siyasî ya Koyeyê ve hatibû girêdan. Tu pêwistiyek wê ya bi îdareya bajêr ve tunebû, dereceya qaymeqamtiya Ranyeyê di seviya hakimê bajêr yê Koyeyê de bû. Ji ber vê, kar û barekî zêde yê Hukumeta Siyasî ya Koyeyê hebû, barê giraniya van hemî karên han, piştî Kapitan Bill û alîkarvanê wî yê Ingilîz, diketin ser milê min. Li gel vê jî, ez gelek spasî vê rêkxistina han dikim ku nesîbê min bûbû. Çunkî min di gelek waran de feydek mezin jê dît. Eziyeta şev û rojan û hewildana bêsînor, min di vê xebatê de qal û tekûz kiribû. Ew dem, di jiyana min de dewreke taybetî bû, ku di nav rûpelên wê de car û carnan çend rêzên bi qîmet û komek bûyerên bijarte derbas bûn, yên xwarê çend ji wan in ku min nivîsandine:

Em rojekê di nav eşîretekê de mêvanê serokeşîretekî bûn. Bill, perçek şekirê çayê kir devê xwe û devê xwe de girt. Şixarte (kibrît) tunebû. Axa, ji nav guriya agirê ba xwe bi maşê pelek agir hilda û xwest ku şekirê devê wî de vêxe. Bill, jê re got: "tenkiyo". Axa destê xwe paşde kêşa û berê xwe da min, ji min re got: "çi dibêje?" Min jê re got: "dibêje ez spas dikim." Cara duduyan agir ber bi wî ve bir. Vêca Bill berê xwe da min û got: "Qu'est-ce Qu'il dit?" Vêca min Bill jî tê gihand. Lê ev pirsîn û bersîv bi wî awayî bi sivik û zû nehat birîn û dawî pê nehat. Ji ber ku çend carek dubare kir û heta min karîbû ez riyek jê re bibînim û ji pirsan rizgar bibim...

Bill "Xezeb"ekî Seyr Bû û Nedima Kesekî

Ez û Bill di odekê de bi hev re rudiniştin. Rojekê miroveki ku Ingilîzî dizanî hat balê û raste rast berê xwe da wî û pê re dest bi axaftina Ingilîzî kir. Lê Bill bersîva wî neda. Ji min re got ku jê re bêje: "bi min re biaxive û ez ê ji Bill re bêjim." Dema min ev ji wî mirovî re got, ji min re got: "tu Ingilîzî nizanî, madem ez Ingilîzî dizanim ji bo çi ez bi xwe raste rast pê re neaxivim û ji te re bêjim û tu jî jê re wergerînî Fransizî? Mimkûn e ku ez ji te baştir wî tê bigihînim." Min ev gotinên wî ji Bill re gotin. Lê wî ewqas xwe bi gotinên wî xeyîdand ku mirov di ciyê xwe de hişk bû. Bill, ji min re got: "Jê re bêje heqê wî tune van gotinan bike. Heqê wî tenê heye gotinên xwe ji te re bêje. Ez baştir bi têgihandina te yan tênegihandina te dizanim. Madem wiha ye bila derkeve û li pêş çavê min nesekine." Vêca li ser vê, mêrik ji naçarî gotinên xwe ji min re got û min jî jê re wergerande Fransizî.

-22-

Jarbûna Nifûza Şêx Mehmûd Di Nav Eşîretan de

Nifûza Şêx Mehmûd, di destpêkê de bi taybetî li Silêmaniyê tunebû. Piştî ku Wilson guftûgo bi serokeşîretan û kesên bi nav û deng ên di nav xelkê de kir û di 1ê çirya paşî ya sala 1918an de bi navê Hukumeta Britanyayê Şêx Mehmûd hukumdar îlan kir, wê çaxê, ji bilî beşeke Cafan û li Pîşder Babekirê Selîm Axa, ku ew jî di bin re dostê Ingilîzan bû, xelkê din hemî bi hev re û bi eşîretan ve biryara sozeke temam dan ku bi Şêx Mehmûd re bin û ji bin fermana wî dernekevin. Pişt re bi navê 40 mezin û serokên Kurdan li Silêmaniyê mezbeteyek pêşkêşî Kolonel Wilson ê hakimê 'am kirin. Di nav serokan de gelek serokeşîretên Îranê jî hebûn Wan di bin hukmê Şêx Mehmûd de daxwaza yekîtiya Kurdistana Îran û Iraqê dikirin. Çi serokê Kurdên Îranê û çi jî yên Iraqê, di bin re dostê Şêx Mehmûd bûn. Vê carê bi vê peymana han dostayetî û yekîtiya xwe cereke din bi wî re nû kirin. Ji ber vê bicihanîna vê siyaseta han ku qasek berê niha ji Soane re hatibû sipartin, karekî ewqas sivik nebû. Yanî Soane, dema ku di sala 1919an de hat Silêmaniyê û dest bi şerfirotina bi Şêx Mehmûd re kir, tê gihîşt ku bi hêsanî nikare diranê xwe tê de bibe û qewîtiyên Wilson bê eziyetên mezin naçin serî. Ji ber ku bi vî awayî dê di vî karê girîng de tûşî gelek dijîtiyan bê û girê û astengên mezin dê derkevin ser riya wî...

-23-

Şêx Emînê Sindulanî

Yekem têkoşîna Ingilîzan a ji bo şikandina nifûza Şêx Mehmûd ji Ranye destpê kir. Hewildana Ingilîzan a di vî warî de her çendîn gihîşt netîceyek û armanca wan bi cih bû, lê ev yeka han gelek giran li ser wan runişt. Gelek mixabin, me tevan dizanî ku berê danîna Meclîsên Nayab û Ayan, karbidestên Ingilîzan, kesên bi nav û deng û serokeşîretan bi pere û maaş an bi hinek tiştên din dixapandin û ew dikirin dost û terefdarên xwe. Ji ber vê, heta bi Şêx Mehmûd re neketin di nav dubendiyê û îtîmada wan bi Şêx nema, pere û xelateke zêde bi ser xizm û destûpêwendên wî de belav dikirin. Ji hinekan re jî bi navê wezîfe maaş girêdidan. Şêx Emînê Sindulanî, ku xizmekî Şêx Mehmûd bû, yek ji van kesan bû. Ew kiribûn qaymeqamê Ranyeyê û maaşekî gelek zêde didanê. Ji bilî vê, li ser navê 20 polîsan jî mehê 400 rûpiyên din jî distand. Vêca dibû qet nebe ev pereyê han belavî xulamên xwe bike. Lê Şêx Emîn, ev yek jî nekir û pereyan ba xwe girtin. Li gel vê jî meh bi meh kaxezê maaşê (bordro) 20 polîsan amade dikir û dida hukumetê. Eşkere ye ku Ingilîzan vê baş dizanîn, lê xwe lênedikirin xwedî. Wekî vê ji gelek tiştên wiha re jî çavê xwe digirtin. Vêca dema ku gihîştin wê qeneetê ku nifûza Şêx Mehmûd kêm bikin, bi bahana ev cure tiştan ketin ser dilê derûdora wî û çi tiştên ku çavê xwe lê girtibûn eşkere kirin û raxistin ber çavan. Xelkê li dijî kesên wiha han didan û berê djiminên wan didan wan.

Ez bi Bill re ji bo tehqîqatê çûm Ranyeyê. Alîkarvanekî

(muawên) Ingilîz ê navê wî Kapitan Barker jî bi me re bû. Berê em bigihîjin wir, Şêx Emîn Ranye terk kiribû û çûbû gundê xwe Sindulan. Ji ber vê, Bill xwest ji vê rewşê îstîfade bike û Şêx Emîn ji qaymeqamtiyê bavêje. Vêca wê çaxê avêtina qaymeqamek ne ewqas hêsan bû. Çunkî pêwîstî bi fermana hukumdar bû. Em li Ranye li mala Fettah Beg(22) mêvan bûn. Bill, ji hemî serokeşîrên qezayê Ranye re name nivîsandin. Yanî ji serokeşîrên Mangur, Mameş, Bilbas, Akuyan, Pîşder û Navdeşt re. Bi vî awayî di ciyekî wekî Ranye de nêzîkî 400 suwaran berhev kirin. Hesen Axayê kurê Bayîz Paşa yê bi nav û deng ê serokê Manguran, Xefurxanê Navdeştî, Memendê Sor, Balûl Axa û Suwar Axa di nav van axayan de bûn. Fettah Beg ê xwediyê malê yek ji wan kesan bû ku diwxest piştî çûna Şêx Emîn wî bikin qaymeqam(23). Ji ber vê mêvandariyeke bi qîmet û giranbiha dikir.

Bill, dixwest ev kesên han biryar bidin ku Şêx Emîn miroveki ne layîqê qaymeqamtiyê ye û bi kêrê vî karî nayê. Ji bo vê jî mezbeteyek amade bikin û muhur bikin û di destê Bill de be, ew jî vê ji bo hildana Şêx Emîn ji wezîfeya qaymeqamtiyê bikar bîne. Lê ev mezbete nehat nivîsandin. Di navbera sê rojan de Bill û Barker, bi her awayî hewildan û xebitîn, lê bi ser neketin. Gerimtirîn serokatiya li dijî nivîsandina vê mezbetê ji aliyê Xefurxanê Navdeştî ve hat kirin. Gelek bi azayane birsîva Ingilîzan dida û sebebê van girê û astengên han netîceya kirin û kiryarên Ingilîzan dihesiband. Bi zimanekî rast û rewan û bi uslubek agirîn bersîv dida û ji wan re digot: "Me ji Şêx Mehmûd re sond xwariye û me ew ji xwe re hukumdar qebûl kiriye. Hûn jî bi vê dizanin û raya we bi xwe jî ev bû. Ji ber vê, Şêx Emîn baş be an xerab be em nikarin biryara hildana wezîfeya qaymeqamtiya wî bidin û ji me re ne baş e em bi mezbete daxwaza hildana wî bikin. Çunkî ev karê han dê bibe sebebê dilêşiya hukumdar ji me. Ji bilî vê, bi rastî me tu xerabiyeke Şêx Emîn nedîtiye. Eger karekî xerab û nerewa kiribe, hûn bi xwe hukumdar agahdar bikin. Mimkûn e hukumdar bi xwe wî ji ser wezîeyfê bigre û kirineke ne di ciyê xwe de ji me dernekeve". Li milekî din jî Xefurxan yek bi yek serokeşîretên din didît, bi hemî hêz û îmkanên xwe ve hewil dida ku vê mezbeteya han îmza nekin. Ji axan re digot: "Min nedigot, bawerî bi van Ingilîzê han nayê kirin, gelek bi ser de naçe, dê ew ji bo têkdana wan esasên ku danîne hewil bidin û dudilî û dijîtî bixin navbera me. Yek bi pê yekê re berra me din. Va gotinên min derketin. Werin em li ser merdîtiya xwe bisekinin û xwedîtiya merdîtiya xwe bikin, heta ku ji me re nebêjin, ev Kurdên han ne xwediyê qewl û şerefa xwe nin. Hov in, ehmeq in û tenê ji bo şexsê xwe û qazanca xwe têdikoşin. Werin em li ser qewil û qerara xwe bisekinin û li hemberî van kafiran pişta Şêx Mehmûd bernedin".

Min cara yekem bû ku êdî nekarî ez xwe lêbigrim û min li dijî wacibên ku li ser min bûn, hereket kir. Yanî, li gel ku ez di rewşek nazik de bûm û nêzîkî tirs û xeteriyê bûm, cardin min jî roleke qasî rola Xefurxan leyîst. Dema ku Bill û Barker bi dijderketina serokeşîretan li hemberî bîr û fikrên xwe seh kirin û ji wan re eşkere bû ku ew naxwazin mezbetê îmza bikin, wan xwest yek bi yek serokeşîretan bibînin û bi wan re biaxivin. Bi vê, armanca wan ew bû ku qet nebe hinekan bixapînin û ber bi xwe ve bikişînin û bi vî awayî dubendiyê têxin navbera wan. Ji bo vê jî ji min alîkarî xwestin. Wan dixwest ku berê ez wan yek bi yek bibînim û wan tê bigihînim ku ev rewşa wan a li hemberî Ingilîzan ne baş e û netîceya vê dê ji wan re xerab bibe. Bi vî awayî wisan li wan bikim ku berê lib lib biçin ba Bill, kêm an zêde ji bîr û fikrên xwe paşde vegerin. Lê, min sedî sed li dijî van gotinan hereket kir û min wisan li wan kir ku serê xwe li hemberî vê axaftina tek û tekî netewînin. Lê gelek mixabin di dawiya van hemî hewildan û xebatan de, Bill karîbû bi riya hakimê siyasî yê Silêmaniyê telgrafekê ji Şêx Mehmûd re binivîse ku gelek serokeşîr li dij dernekevin û biryara rakirina Şêx Emîn bidin. Vêca piştî vê bûyerê wan belav kir û herkes vegeriya ciyê xwe. Eşkere ye ku tu şik tûnebû kirinên min ji aliyê Bill ve dihatin zanîn û wî kirinên min gihandibûnê...

Beşa yekan xelas bû. Beşa duduyan dê van nêzikan de derkeve.

2/8/1956

CILDA YEKAN

BEŞA DUDUYAN

DESTPÊK

Do, beşa yekan a vê "Bîranîn"a han ji çapê derket. Ez ê îro beşa duduyan ji çapê re amade bikim. Ez dixwazim serpêhatiyên behs û bûyeran yek li pê yekê û bi rêzê ve bigihînim xwendevanên hêja. Ji bo ku navbir nekeve navbera beşan. Çunkî ger hinek asteng nebûyana dê min hemî bi carekê çap bikira. Lê lihev nehat. Madem wiha ye, ez ê hewlê wê bidim ku navbir nekeve navberê û li pê hev û bi rêzê ve bidim çap kirin. Vêca di vir de ricayek min heye ku xwendevanên hêja yên birêz, her wekî ku çawan min ew hînê çavgirtin û lêborînê kir, vê carê jî xwe li min bigrin, heta ku ez bigihîjim dawiyê. Zû li ser bîr û bawerî û di derbarê min de qerar nedin. Çunkî bi nivîsandina cilda duduyan a kitêba Şi'ir û Edebiyata Kurdî, wisan ji min re derket ku hinek ji wan kesên min behsa wan kiribûn, gelek bi dilê wan nebû. Mafê wan di destê wan de ye. Dilê hemî kesekî ji îftîxarê zêde xweş dibe. Lê ba min wisa ye ku îftîxareke bi wî awayî xizmê kul û keserê ye. Nemaze ger ew kesê ku behsa wî tê kirin Kurd be. Ji ber vê, îftîxara zêde dibe sebebê xwe bilinddîtinê.

Vêca ka em bên ser behsa xwe, vê bîranîna han. Cardin li gor cih û rewşan min rexne nedaye alîkî. Lê ev yeka han li ber çavê min e ku hemî xwendevan bi yek zaviyê li ser van rexnan nasekinin. Ji ber vê heta min karîbû, min hewil da ku xwendevanên hêja di zaviyekê de berhev bikim an bêxim seviyekê ku di zaviyeke îbret standinê de bigihîjin rexnan. Ji bilî vê, ez ji sînorê edeb û zimanpakiyê derneketim der. Çunkî armanc ne ew e ku kil û kêmasiyên vî û wî kesî rayêxim ber çavan. Hewce ye em li wê bigerin ku sebebê serpêhatiyên xwe bizanin û derdên civakî ji me re wenda nebin û neyên veşartin. Ez cardin jî rîcaya vê yekê dubare dikim, ku şaşiyên min biborin û baş bizanin ku ez ne yek ji wan kesan im ku nizanin insan şaşiyan nakin.

Êdî bila Yezdan bi rastan re be û piştivanê neteweyê Kurd be.

6/9/1956

-24-

JI BO ŞIKANDINA NIFÛZA ŞÊX MEHMÛD WÊNEYEK DIN JI KIRINÊN INGILÎZAN

Ehmed Nurî (24) yê Mufettişê Poste û Telgrafê

Kapitan Bill bi yek gotinê, Ingilîzekî kolonyalîst bû. Her wekî ku me berê jî behis kiribû, bêhed û bêhesap ji qalikê sînorê xwe derketibû der. Dema ku em ji Ranye vegeriyan, di cih de daxwaza Ehmed Nurî kir, ku wê çaxê mufettişê Poste û Telgrafê bû û ew ji Bexdayê ji bo teftîşê hatibû Koyeyê. Berî em biçin Ranyeyê hatibû ba Bill û serî lê dabû. Bill, şand pê Ehmed Efendî. Lê min ne dizanî Bill ji bo çi bangî wî dike. Qasek neçû, Ehmed Efendî hat. Min xwest em hinek bi hev re rûnin. Lê Bill firseta vê yekê neda. Heta bersîva silava wî jî neda. Ji min re got: "Jê bipirse, dema ku em çûbûn Ranyeyê û li vir nebûn, tu telgraf ji Şêx Mehmûd re nivîsandine?" Dema min ji Ehmed Nurî pirsî, wî got: "Belê min nivîsandiye". Min jî gotinên wî ji Bill re got. Wê çaxê Bill, bi awayekî gelek bême'ne berê xwe dayê û jê re got: "Me'neya wê çî ye dema ku ez li vir hakim im, tu ji bo kesp û karê li vir ji Şêx Mehmûd re dinivîsî? Tu dixwazî Şêx Mehmûd te bike qaymeqam? Şêx Mehmûd kî ye? Çawan dikare destê xwe dirêjî nav kar û barê li vir bike?.."

Di ciyê bersîva van pirsan de Ehmed Nurî jê re got: "Me Şêx Mehmûd nekir hukumdar. We bi xwe ew kir hukumdar û we ji me xwest ku em wî ji xwe re hukumdar qebûl bikin. Niha eger we fikra xwe guherandiye û hûn poşmam bûne, heqê we yê ji me gilî û gazindan nîne. Min seh kir ku Ranye bê qaymeqam e û vêca ji bo ku Şêx Mehmûd hevalê min ê zaroktiyê ye, min xwest ez xwe bibîra wî bînim, eger bikare û ji destê wî bê, min bike qaymeqam. Vêca eger di vê de tiştekî xerab heye, va ez poşman dibim"... Eşkere ye tiştek di van gotinan de tunebû ku bibe sebebê dilmayîn û xeydê. Lê çi heye Bill, di ciyê hêmin bibe û neçe ser vê yekê, bi hemî hêza xwe ve dest bi xeydê kir û jê re got: "Dibê tu derhal a niha Koyeyê terk bikî, yanî li Mûsilê jî ranewestî". Ehmed Nurî jê re got: "Baş e ez ê biçim." Bill jî lê vegerand û got: "Dibê tu niha ji vir bikevî rê." Dema ku Ehmed Nurî bersîva wî da û got: "Nexo hewce ye ez heywanekê ji xwe re pêda bikim." Vêca Bill bi hemî hêz û taqeta xwe ve qîriya û got: "Ev gotinên han ji bo çi ne? Dibê tu bi piyan biçî." Pişt re bêyî ku Bill pê agahdar be, min wisan kir ku Ehmed Nurî bi dilfirehî û bi hêminî kar û barên xwe bimeşîne û vegere Bexdayê. Ev terz kirinên Bill gelek tesîr li min kirin. Min bi hemî awayî dixwest ku rojeke zûtir jê cihê bibim. Ji ber vê, çend roj piştî vê bûyerê xwest min bike qaymeqamê Ranyeyê. Min qebûl nekir. Seît Fewzî, yê ku bi navê "Başkatib" dihat naskirin, bi vê yekê agahdar bû. Heta Bill got: "Ez ê Kapitan Barker bikim hakimê siyasî yê Ranyeyê û bila di îdarekirina kar de alîkariya te bike û nehêle tu tûşî girê û astengekê bibî." Min got: "Tirsa min ji vê nîn e ku ez nekarim vî karê han birêve bibim. Lê dilê min di kirina wezîfeyek wiha de tune. Eger musaeda te hebe, ez dixwazim ji te re spas bikim û îzna min bide ez vegerim Silêmaniyê." Êdî tu bersîvek neda min û bêdeng bû...

-25-

Destpêka Şoreşa Şêx Mehmûd

Şêx Mehmûd bi meseleyê gihîştibû û ji Ingilîzan sar bûbû. Êdî tu hêviyeke wî bi wan nemabû. Ji ber vê, ew jî di bin re bi wan serokeşîretan re mijûl bû ku dixwestin pê re hereket bikin. Li milekî din jî, ew kesên ku baweriya xwe pê dianî, bi dizî dişand ciyên cihê cihê yên Iraqê. Meyla mezin û serokeşîretan diceriband. Li nehezê Ingilîzan digeriya. Dixwest bizane ku fikra xelkê bajaran li hemberî Ingilîzan çawan e. Hakimê Ingilîzan li hemî cihekî ji xwe re dijmin çêkiribûn. Her du seet carekê yekî dikûştin. Di rûyê derûdora xerab, nexwendewar, sîxurên bêxîret û bêşeref de, çi kesê hinek famdar û têgihiştî, hinek xwîngerm û xwedî xîret bûn, tevan ji hukumetê dabûn milekî. Ev daxa li ser dilan li hemî milekî bêtirs û bêyî fikra dahatî bikin, ketibûn ser laşê Ingilîzan.

Di piraniya bajarên Iraqê de bi dizî komel hatibûn çêkirin û roj bi roj ber bi zêdebûn û firehbûnê de bûn. Istîfade ji ew kesên ku bi çûna Tirkan ji Iraqê kêfxweş bûn dikirin ku wisan dizanîn Ingilîz rizgarkerê neteweyên biçûk ên bêdesthilat ên di bin destê dewletên mezin de nin û hatine ku asayîşê têxin welat, birçîtî nemîne, rastî û maf belav bikin. Ew kesên di van baweriyan de bûn, hêdî hêdî fikra wan guherî bû û fetil dabûn xwe. Yanî bûbûn dilxwazên Tirkan[25] û hemî curek propagande ji bo Tirkan dikirin. Ev yek gihîştibû seviyek wisan ku êdî gelek kesan nediwêrîn behsa Kurdayetiyê bikin. Çunkî ew ji aliyê dilxwazên Tirkan ve Ingilîz dihatin hesibandin, an ew bi xayînî û sîxuriyê tawanbar dikirin.

Major Soane yê hakimê nû yê Silêmaniyê, ku demek berê Şerê Cîhanê yê Yekem, bi tebdîlê qiyafet û bi kincên "xefyan" hatibû Kurdistanê[26], yek ji wan kesê herî şareza yê hevalê Kurdan dihat hesabkirin -mixabin- di rûyê kîbirî û pozbilindiya xwe de, riyakarî û durûtiya bi xelkê re, hêdî hêdî hevsarê hukim ji destê wî derket û ji xeyîd, hepis û cezayê pê ve riyek îdareyê jê re nemabû. Ji ber vê, gelek kes kiribû dijminê xwe. Wekî din jî, ji ber vekirina kulanan û çêkirina riyan, hejmareke gelek zêde Kurd, 'Ereb û 'Ecem kiribû bin destê Ezîzxanê Feylî û bi navê muhendisî û çavdêriyê karker belavê herçar aliyên Silêmaniyê kiribû.

Ezîzxan, ji bo ku nexwendayekî pozbilind û cahîl bû, êdî ber piyên xwe nedidît û piştî Soane xwe dihesiband...

Di nav ew kesên çavdêr de jî kesên wisan hebûn ku tenê bi zehmet dikarîbûn navê xwe binivîsin. Van kesan rê çêdikirin û li ser co û şîveavên kort û newalên çiyan piran ava dikirin. Perekî gelek zêde ji bo van riyan hatin xerckirin. Lê para piraniya van pereyan ku wekî şeta avê ji sandoqa dewletê derdiket, di riya wekîlan re diket bin xizmeta Ezîzxan û ji wir jî ber bi jor ve diçû. Qasî min sehkirî, diçû cêba Major Soane yê hakimê bêşirîk ê herêma Silêmaniyê. Soane, bi vê yekê tenê nema. Qasî ku dixuya, dixwest van bûyeran ji xelkê veşêre. Ji ber vê, bûbû belayekî bêpêsîr li ser serê têgihîştî û welatparêzan û mîna îdareya xwe ya li Misrê, Silêmaniyê jî bi wî awayî îdare bike.(27) Tu şik tê de tune ku xelkê li hemberî van kirinan dengê xwe nedikirin û lêvên xwe ji ser hev ranedikirin. Lê ji bilî gurubên durû û bêxîret, kes nemabû ku rastî vî halî neyê. Bajarê Silêmaniyê di bin de wekî dîzmencela savara ser agirî dikeliya. Ji ber ku Soane ket daxistina şer bi Şêx Mehmûd re û xwest serî lê bitewîne. Ji ber vê jî li hemberî van kirinan, Şêx Mehmûd tenê karîbû bi lez desthilîne û şoreşekê berpa bike...

-26-

Bi Bill re Çûna Min a Rewandizê

Ez, di seferek xwe ya Hewlêrê de, li ber çavê yek-du hakimên Ingilîzan bi Soane re xerab têkçûm û min li ber hakimên pozbilind hinek gotinên giran kirin. Ji ber vê, ez ketim endîşeyê û piştî vegera xwe li Koyeyê, ez neçûm daîreyê. Serê sibê Bill şand pê min. Dema ku ez çûm balê, min rîca jê kir ku musaeda min bide û ez vegerim Silêmaniyê. Lê Bill gelek bi hêminî û bi sebir bersîva min da. Ji min re got: “Gelek nema, ez ê ji Iraqê vegerim Londrayê. Ji ber vê ez naxwazim tu di dawiyê de bi dilşikestî ji min cihê bibî. Divê sibê jî em bi hev re biçin Rewandizê. Wekîltiya hakimê li wir sipartine min. Ev sefera me dê nêzîkî panzdeh rojan bikêşe. Vê carê jî bi min re were. Vêca dema ku em vegerin û ev sefera han bi te xweş hat, ewçax em ê bi hev re heta Bexdayê jî biçin. Li wir çend rojan li ser hesaba min (yanî li ser hesaba Bill) bimîne. Piştî vê ez ê vegerim Londrayê û tu jî wê çaxê çawan dixwazî wisan bike”. Piştî van gotinan min berê xwe dayê û jê re got: “Lê ez naxwazim ku cereke din wekî li Hewlêrê gotinan seh bikim û mecbûr bimînim û bersîva te bidim”(28). Piştî çend rojan em bi hev re çûn Rewandizê. Di rê de em çûn Batasê mêvandariya 'Ebdullah Paşayê bavê Se'îd Begê bavê Ismaîl Beg û me şeveke xweş di bin xêwetên bi qîmet û hêja de derbas kir. Ismaîl Beg, wê çaxê hê di salên xortaniya xwe de bû, nû dikemilî û têdigihîşt. Wê şevê me yekûdu bi wasiteya Yehya Muxlis Beg naskir.

Ismaîl Beg, di pêş de mirovên xwe şandibû û li Rewandizê li mala xwe cih ji me re dabû amade kirin. Wê rojê em di Geliyê 'Elî Begê re û ber bi şirrîna şîpa (sûle-şirav) Bêxalê re çûn Rewandizê. Em li ber vê şirava han nêzîkî seetekê sekinîn û me nan xwar. Ew şi'ira ku min bi Tirkî bi navê "Vatan" (welat) nivîsand, berhemê îlhama vê şirava sîhravî û belavkerê kul û xeman e.

Piştî em gihîştin Rewandizê, hê gelek bi ser re neçûbû û rojek ez beyaneke zû çûm dayireyê. Fîncana qehwa min li ber min bû û hê min venexwaribû ku Bill ket hindur û di pê wî de poste hat û telgrafek anî û da destan. Bi xwendina telgrafê re rengê wî bizirî û qasekê melheze kir û pişt re berê xwe da min û got:

"Gelo tu şarezatiya te li ser Eşîreta Dizilê heye? Min got: "Nexêr". Vêca telgraf dirêjî min kir. Telgraf bi Ingilîzî hatibû nivîsandin. Lê qasî ku ez bi telgrafê bigihim min Ingilîzî dizanî. Kurdiya wê bi vî awayî bû: "Do, Eşîreta Dizilê ji bo bahaneya ziyareta Kak Ehmedê Şêx hat Silêmaniyê. Hukumetê xwest rê nede wan, lê bi zorê ketin bajêr. Ingilîz hatine girtin. Fikra Şêx Mehmûd nayê zanîn.

"Mendubê Samî, vê beyana han bi firokê heta nêzîkî Silêmaniyê çûye û ji serhilderan re bi teyarê belavok avêtiye û daxwaza dîtina bi wan re kiriye. Em ê te ji netîceyê agahdar bikin"...

-27-

Şoreşa Şêx Mehmûd a Yekem û Netîceya Wê

Dema ku Ingilîz di hemî milan de mijûlê şikandina nifûz û desthilata Şêx Mehmûd bûn, dest avêtin bi pere, bi xelat û bi xapandin, mirovan ji xwe re çêkirin û heta têdikoşan ku bikarin dilsozên Şêx Mehmûd jî jê dûr bixin û berê wan bidin wî. Di vê navê re, Şêx Mehmûd jî li gel hinek axa, serokeşîret, serkar, muxtar û heta bi gurubek zabit û rewşenbîran re di nav dan û standinê de bû û bi wan re ji bo girêdana girêyên bi hev re rêketinê, paşde nemabû û dixebitî. Kerîm Beg ê Fettah Begê serokê Hemawendan, 'Ebbas Mehmûd Axa yê serokê Pîşderan û Mehmûd Xanê mezinê Diziliyan di nav sondxwarên Şêx Mehmûd de bûn. Nerizayiyên piraniya bajarên Iraqê û eşîretan, ji ber kirinên Ingilîzan dilwxaziya Şêx Mehmûd dikirin. Di vê navê re hilketina agirê şoreşê ji aliyê Eşîreta Goyan a Kurd ve, bi tevayî fikra Şêx Mehmûd ber bi daxistina serhildenekê ve bir(29).

Ji ber vê, bi dizî biryar da ku Mehmûd Xanê Dizilî bi bahana ziyareta Kak Ehmed bişîne Silêmaniyê û Silêmaniyê bigre. Mehmûd Xan bi 300 kesên çekdar ve di 21ê gulanê de hat Silêmaniyê û bajar girt.

Heta Mehmûd Xan xwe nêzîkî Silêmaniyê kir, M. Soane bi tiştekî agahdar nebû. Ji ber ku ji nişka ve bi hatina Mehmûd Xan hesiya, ket tengiyê û xwest bi wê hêza ku di bin fermanderiya Danlis de ye, rê li wan bigre û firsetê nede wan bikevin nav bajêr (23ê gulanê). Hêzên Danlis 2000 peyade û 400 siwarî bûn. Lê piştî çend teqeyek û kuştina Reşîd Efendi yê mulazim (Reşîdê Asyexan) û du zabitan, sefên Ingilîzan şikestin û belav bûn. Beşa piraniya neferan, ku Kurd bûn, bi hêzên Mehmûd Xan re bûn yek. Major Danlis bi xwe jî esîr hat girtin. Di eynî rojê de, karwanek esker ku çek û sîlahên gelek zêde bi wan re bû û ji Kerkûkê dihatin Silêmaniyê, ji aliyê Kurdan ve hatin talankirin. Berî ku Mehmûd Xan bigihîje nav bajêr, Soane daxwaz ji Şêx Mehmûd kir ku bajêr li hemberî leşkerên Mehmûd Xan biparêze û nehêle bikevin nav bajêr. Lê Şêx Mehmûd jê re dibêje: "Min nekiriye adet ku ew kesên ji bo ziyareta Kak Ehmed tên, ez rê li wan bigrim." Piştî girtina Silêmaniyê ji aliyê Kurdan ve, Şêx Mehmûd bi bahana parêzgeriya wan ji destdirêjiya Kurdan, Ingilîz berhev kirin û ew di leşkergehê de asê kirin.

Soane, berî gihîştina Mehmûd Xan ya nav bajêr, Greenhouse kir alîkarvanê xwe û xwe bi otomobîlê gîhand Kerkûkê (21ê gulana 1919an). Berî vê bûyera han xetên Kerkûkê hatibûn birîn. Ji ber vê, xeberên şoreşê û girtina Silêmaniyê, piştî du rojan bi riya Helebçe û

Xaneqînê gihîştin Bexdayê. Wilson bi firokeyê hat Silêmaniyê û bi ser leşkergehê re firiya û belavokek jî ji Şêx Mehmûd re bi firokeyê avêt. Di wê belavokê de daxwaz ji Şêx Mehmûd dikir ku ji bo dîtina Wilson û guftûgoyê biçe Bexdayê. Şêx Mehmûd, bi saya ew Ingilîzên ku di leşkergehê de hatibûn girtin, ji bo guftûgoyê hinek şert tespît kiribûn, lê ev şertên han ji Wilson re dest nedidan. Piştî vê Wilson çû Helebçeyê. Hakimê wir jî ji aliyê Hawramiyan ve hatibû girtin. Wilson nekarî alîkariya vî hakimê bike. Lê qasek şûn de bi alîkariya xanima Osman Paşa ji esîrtiyê rizgar bû û çû Xaneqînê. Xanim jî di muqabilê vê xizmetê de bû "Xan Bahadir".

Şêx Mehmûd, îdareya Silêmaniyê bitevayî girt destê xwe, ji bilî hêzên Mehmûd Xanê Dizilî, beşeke zêde eşîret û hemî polîsên Silêmaniyê û hêzên perwerdikirî yên Major Danlis jî ketin bin fermana wî.

Min dizanî û ji derve jî bi nehênî min seh dikir ku Tirk di hatin û çûnê de ne. Lê heta wê çaxê, min ne ji Şêx Mehmûd û ne jî ji derûdora wî behsa Tirkan seh nekiribû. Şêx Mehmûd, ku li gor qeneeta min gelek bi min bawer bû, hemî tiştên di vî warî de ji min veşartibûn. Wisan dixuya ku me destûpêwendê xwe dizanî û bi me bawer kiribû. Wekî din jî min dijminê Tirkan dihesiband. Ez jî heta ciyê wê nehatiba, min nedixwest ez dîtin û nêrînên xwe bêjim û bidim pêş.

Guftûgoya Şeva Nîvê Şevê Bi Şêx Mehmûd û Simko re

Dem hê zivistan bû. Ez bi aîleke ji sê kesan pêkhatî di xaniyekî biçûk ê yekqat ê Salih Hoste (Salih Çayçî) de dimam. Wan çaxan xelk gelek li malan digeriyan. Şeveke ji wan şevan, ez ji ber sar û sermayê derneketim ji derve. Ez di odeya xwe ya biçûk de û çaya min li ber min, li ber çirayê rûniştibûm û min kitêb dixwend. Ez hê nû zewicî bûm û zarokên me jî tunebûn. Lê wê digot di rê de ye. Wisan dixuya ku şev gelek dereng bû. Navek re min lênêrî ku maliya min di xew re çûye. Tekana xuşka min ku em bi hev re diman, di odeya din de raketibû û deriyê odeya wê vedibû nav odeya me. Ez rabûm û bêpêjin û bêdeng çûm hewşa xanî. Ewrekî reş bi ser asîmanan de girtîbû û dinya kiribû nav tarî û tarîstanekê. Çirpîna dengê baranê bû. Ji bilî vê çirpînê te derzî biavêta erdê mirov seh dikir.

Ez hê nû vegeriyabûm hindur û kitêba min di destê min de bû, min dît ku li mala tenişta me bi dengekî nizm û hêdî bangî min dikin. Min deng nas kir. Dengê jina Xurşîd Beg ê qolçiyê gumrukê bû. Xurşîd Beg, gelek nebû ku çûbû rehmetê. Jina wî bi çend zarokên xwe ve li mala tenişta me rûdiniştin. Dîwarekî nizm û tenik di navbera me de hebû. Bi dengê wê, maliya min ji xew hişyar bû. Min jê re got, "zû rabe binêre ka çi li mala Xurşîd qewimiye?" Bi lez çû der ve û bêsekin vegeriya. Lê gelek tirsiyabû û rengê wê bizirîbû. Bi dest û çavên xwe xwest min têbigihîne. Min jê pirs kir û xwest hîn bibim ka çiye. Dema ku dest bi axaftinê kir, destê xwe danî ser devê min û got: "bersîv nede. Mala Xurşîd Beg ji min re gotin ku hûn di vê taxê de rûnanin û vaye çend roj e we ji vir barkiriye." Min jê re got: "ji ber çi?" Ji min re gotin: "gelo vê şeva han karê sê kesên bi tiving bi me çiye?". Bi rastî dem ne ew dem bû ku însan bitirse. Lê wextê min ê fikir kirin û mulahezeyan tunebû. Careke din li deriyê me xistin. Ber bi derîlêxistinê Uso Axa[30] bang kir: "Refîq Efendî! Ez im, Usoyê xulamê te." Vî dengî, hiş anî serê me û em hîşyar kirin. Min got: "yeqqîn Şêx Mehmûd bangî min dike" û ez çûm min derî vekir. Du kesên din ên bi tiving jî bi Uso re bûn, ji min re gotin: "Kerem bike em herin, Melik bangî te dike." Ez vegeriyam hindur, min paltoyê xwe û fenera destan girt. Min dabanca xwe bê qilif kir cêba xwe. Xwîşka min rabûbû. Seet nêzîkî duwanzdehê şevê bû. Xwîşka min û maliya min di şikê de bûn ku vî nîvê şefê ez ê herim ba Şêx Mehmûd. Lê min ew îqna kirin û ez vegeriyam ba Uso. Melik, li rexê xaniyê nû yê îro yê Mîrza Tewfîq, di xaniyê Mîrza Fettah ê li hemberî mala Hacî Emînê Kake Heme de rûdinişt. Dema ku ez gihîştim mala Melik, gelek mirovên çekdar ên Şêx Mehmûd ên taybetî heresî dikirin. Tivingdarên gelek zêde ji eşîretan jî cih cih sekinîbûn an rûniştibûn, hinekên din jî ba dilê xwe, di xew re diçûn an di xew re çûbûn. Bi vî awayî, li meydana ber deriyê derve heta deriyê jorê yê cihê runiştina Melik, bihûstek cih nemabû û hemî cih bi tivingdaran hatibû dagirtin. Em di nav tevan re derbas bûn û çûn serê jorê ber deriyê odeya Melik. Uso Axa ji milê derve bang kir û got: "Qurban, Refîq Efendî hat, li vir e. Emir bike bila bê jorê." Wê çaxê Letîfê kurê wî li dora heft-heşt salî bû, lê hişyar û xwediyê gotinên gir bû. Ber bi min ve hat û em bi hev re ketin hindur. Simko li milê rastê yê Şêx Mehmûd bû û Teyarê Emîn Efendî jî li milê din li hemberî Şêx Mehmûd rûniştibû. Min silav kir. Qasê ku ez dizanim bersîva min nedan. Ji bo rûniştina min jî tiştek negotin. Ez li ser piyan mam. Ev yek di resmiyet û adetê Şêx Mehmûd de tunebû. Wî rêz ji hemî mêvanekî re digirt û ji ber zarokekî ve jî radibû piyan. Bi taybetî wî ez zêde ji xelkê din cihê dikirim û bi çavekî din li min dinêriya. Heta ji hinek kil û kêmasiyên min jî diboriya. Wekî mîsal: Wê çaxê, êvaran wekî hemî xortan min jî carnan bi vexwarinê wextê xwe derbas dikir. Şêx Mehmûd vê dizanî. Lê carekê ji caran rûyê xwe li min neqirmiçand. Hinek şevan dema ku ez diçûm balê, dihat û devê min bihên dikir. Gelek caran jî ez bê vexwarin diçûm balê. Lê cardin wî sohbet û henekên xwe dikirin. Hinek caran jî min jê re Ruba'iyên Xeyam û şi'irên Hafiz dixwend. Wê şevê jî ji ber arsimê (persîv, zekem) min qet venexwaribû. Min xwest wekî hemî caran devê min bihên bike. Lê çi heye nekir. Bi me'de û xemgîn bû, kifş bû ku tiştek di dilê wî de hebû.

Bi tundî berê xwe da min û ji min re got: "tu li ku bû?" Min jê re got: "ez li mal bûm". Li milê din derî Uso Axa bersîv da û jê re got: "qurban bi serê te li mal bû...". Min seh kir ku îşev civînek we hebû. Min got: "yanî çi?". Ji min re got: "tu bi xwe dizanî." Êdî nehîşt ez biaxivim an bersîvê bidim, got: "Heta niha Mustefa Paşayek hebû. Niha hûn hemî bi hev re li ser serê min bûne Mustefa Paşa. Êdî taqeta min nema û ez nikarim ji vê zêdetir çavê xwe li we bigrim. Dibê yan hûn yan ez. We çiyê xwe daye min û hûn dixwazin çi bikin?" Her çendîn min xwest ez bersîv bidim û tiştekî bêjim, lê wekî ku armanca wî birrîna gotinên min be, firset ne dida min û gotinên xwe yek di pê yekê de dirijandin. Car caran dengê xwe bilind dikir û bi awakî qîrîn digot: "bêj e ez bizanim! Hûn çi diwxazin bikin, armanca we çiye? Dê hûn min xayîn û dijminê Kurdan îlan bikin? Ez ne Kurd im? Simaîl Axa (mebesta wî Simko bû) ne Kurd e? Hûn Kurd in û ji bo Kurdistanê dixebitin, ne wisan e? Dê hûn Kurdistanê çêkin an dê Ingilîz ji we re çêkin? Mustefa Paşayê dostê Ingilîzan, ji bo çi dengê xwe nake û Kurdistanê bi Ingilîzan nade çêkirin?" Cardin min hewil da, min xwest ez biaxivim. Lê firset neda min. Got: "Ji ber çavê min wenda bin, herin Kerkûkê, herin Bexdayê. Li wir bi Mustefa Paşa re, bi hemî kesê ku bi dilê we ye û hûn dixwazin bi hev re daxwazê ji Ingilîzan bikin û Kurdistanê pê bidin damezirandin!..

Ez ji van gotinan ecêbmayî mam û devê min wekî davikê ket hev. Kevir ber piyan nekeve, Simko hat hawara min, berê xwe da Şêx Mehmûd û got: "Tu navbirekê nadê? Ka bila ew jî biaxive û bersîva te bide. Ev ji min re firsetek baş bû. Min taqet bir ber xwe û dest bi axaftinê kir. Min got: "Qurban! Eger tu rastiyê bixwazî, min ev mesele fehim nekir û ez qet tênegihîştim. Ez înkar nakim ku ez Kurd im û armanca min a dawiyê serxwebûniya Kurdan e. Lê tu bi xwe jî dizanî ez bi pê kesî neketime û nakevim jî. Ez ne Ozdemir Paşa nas dikim û ne jî mirovê Mustefa Paşa me. Rast e, Cem'iyetî Kurdistan hat danîn û ez jî bûm endamê wê. Lê ez heywan nîn im ku hevsarê min di destê xelkê de be. Ez ebdê wî kesî me ku Kurd be û ji bo Kurdîtiyê têbikoşe. Paşayê min û taca serê min, ew e ku Kurd be. Ez di wê baweriyê de me ku tu Kurd î û tu ji bo Kurdan têdikoşî. Eger tu min Kurd nahesibînî û şika te ji min heye, ez pê îftîxar dikim ku tu min derêxî û ez ji vî bajarî biçim." Hê bi tevayî min gotinên xwe xelas nekiribûn, Simko rabû piyan û berê xwe da Şêx Mehmûd û got: "Min erzê we kiribû ku ji wê roja çavê min bi Refîq ket heta îro, ez têgihîştim ku kurekî bê'eyb e û ciyê baweriyê ye." Şêx Mehmûd rabû piyan û navçavên min maçî kir. Destpê kir: "fermo Refîq. Wisan nezane ku rastî bû. Bi qebra Kak Ehmed min sohbet bi te re dikir". Vêca destê min girt û bir di navbera xwe û Simko de da rûniştandin. Her çendîn zivistan bû, lê ode gelek germ kiribûn. Ez jî gelek betilî bûm û xwîdan di nav ser û çavê min de dihat xwarê. Şûşeyek çay ji min re anîn. Min avek xwest. Vêca Şêx Letîf bi destê xwe şûşeke şerbet ji min re anî û min vexwar.

Di Derbarê Tirkan de Guftûgoyên Nehênî Yên Şêx Mehmûd û Simko Bi Min re

Piştî rûniştin û vexwarina şerbet û qehweya tehl, hinek sohbetên Şêx Mehmûd li gor adetên wî û henek, xweşûbêşî û pirskirina halê Simko, Şêx Mehmûd berê xwe da min û got: "Refiq, dibê tu ji min re sond bixwî ku guftûgoyên nehênî yên vê şeva me dernekevin der ve". Min jê re got: "tu tenê emir bike. Tu dikarî baş emîn bibî ku guftûgoyên vê şeva han ji vê odeyê dernakevin û naçin guhê tu kesekî..." Lê, Şêx Mehmûd nehîşt ez gotinên xwe temam bikim û ji Teyar Efendî re got here milê din ba mêvanan. Serê sibê ez pê hesiyam ku mêvanên milên din Fewzî Beg û hevalên wî ne. Piştî çûna Teyar, Şêx Mehmûd ji min re got: "fermo gotinên xwe temam bike". Min got: "tu gotinên min tune, kerem bikin hûn emir bikin." Wê çaxê destê xwe avêt torbekî hilgirt û da destê min, ew tiji kaxez û name bûn. Ji min re got: "bixwîne!" Ji bo ku hemî name bi Tirkî hatibûn nivîsandin, îhtîmalek mezin bû ku hemî ew bûn name ku di navbera Silêmaniyê û Rewandizê de, yanî di navbera ^êx Mehmûd û Ozdemir de, çûbûn hatibûn. Min çavê xwe li ser sernaman û îmzayan gerand, ew nameyên min girîng zanî, min ji bo xwendinê cihê kirin. Di nav pakêtekê de çend nameyên din bi taybetî hatibûn pêçandin. Evên han ew name bûn ku di derbarê Şêx Mehmûd de, ji aliyê Ozdemir ve ji hinek mezinên Tirkan û yan jî ji wan mezinan ji Ozdemir re hatibûn nivîsandin. Nameke Melik Feyselê Yekem jî di nav de bû û bi Tirkî ji Şêx Mehmûd bi xwe re nivîsandibû. Di nav van kaxez û nameyan de -li gor qeneeta min- piştî nameya Melikê Iraqê, ji tevan girîngtir mezbeteya reîsên Kurdan û bersîva Ozdemir ji wan re bû. Çunkî wekî hemî xelkê Silêmaniyê, min jî heta wê seetê di derbarê mezbete û bersîva wê de -ku digotin: mercên lihevhatinê tê de ne- min tiştekî rastî nedizanî. Lê wê şevê ez ketim bin hîm û bingehê meseleyê...

Teyarê Emîn Efendiyê Mesref, Şêx Mehmûd û Tirk

Min wê şevê ew kes naskirin ku bûbûn wasiteya nêzîkbûna Şêx Mehmûd û Tirkan. Yek ji van wasiteyan Teyarê Emîn Efendiyê Mesref û nivîskarê van nameyên Tirkî bû ku di navbera Kurdan û Tirkan de, yanî di navbera Şêx Mehmûd û Ozdemir de dihat û diçû. Bi vî awayî Teyar, di vî warî de roleke girîng leyîstibû. Li gel vê jî, nabe em înkar bikin ku Teyar her wekî çawan di dema komeleyên nehênî yên Kurdan de, di dema serhildanê û dewra esîrgirtina Şêx Mehmûd de jî Kurdayetî dikir û di kar û barên komeleyê de yek ji wan endamên hîşyar dihat hesibandin. Piştî ku bû yek ji wan kesên bawermendê Tirkan, berê xwe ji Şêx Mehmûd zivirand û da Tirkan, lê di demarên wî de hîsa Kurdîtiyê mabû û hê ew zindî bû. Ji ber vê, mezbeteya Kurdan ku tu şik tê de tune, nivîskarê wê Teyar bû û hemî nameyên din ku ji aliyê Şêx Mehmûd ve ji Ozdemir re hatibûn nivîsandin, ji behsa Kurdayetiyê û mafê Kurdan bêpar nebûn. Ji ber vê, ew kesên Teyar bi bawermendîya Tirkan tawanbar bikin, ew ber bi şaşiyê ve diçin.

Yekîtiya Kurd û Tirkan û Dîwanxaneya Şêx Mehmûd

Ji ew nameyên ku min ji torbeyê derxistin û cihê kirin, ev yek ji mirov re zelal dibû ku: Şêx Mehmûd, "Serokê Cem'iyetî Kurdistan" an bi gotina Ozdemir, "Reîs Heyetî Temsîliyeyî Kurdistan" dihat bi nav kirin. Piştî ku di guftûgo û dan û standina bîr û baweriyan, bi Ozdemir re pêş dikeve, tê li ser fikra dan û standina bi Tirkan re. Emir dike ku di mala xwe de civînek mezin çêbike û di vê civînê de piraniya serokeşîretan û mezinên Kurdan berhev dibin. Mebest ji pêkanîna vê civîna han guftûgokirina di derbarê bexşîna destûrê ji Şêx Mehmûd re ye ku bikare bi navê Reîs Heyetî Temsîliyeyî Kurdistana Cenûb, li ser navê Kurdan bi Ozdemir re bikeve nav guftûgoyên siyasî û tespîtkirina ew mercên ku ba wan bibe xîmê dostayetiya Kurdan û Tirkan û hemî pêkhatineke herdu neteweyan.

Vêca di netîceya guftûgoyeke dûr û dirêj de, ev civîn biryara nivîsandina vê mezbeteya navê wê derbas bû, dide. Bi îmzayê 26 kesan ên ji serokeşîretên bi nav û deng û mezinên Kurdan[31], pêşkêşî Şêx Mehmûd tê kirin...

Xwendevanên Hêja:

Bi handana we ya xwîngerm û alîkariya we, ez gihîştim wê baweriyê ku ez xwe ji tu tiştî nedim paş û binivîsim. Ji ber vê -Xwedê alîkarvan be û tu girê û asteng nekevin ser rê- di cilda heftan de (mebest beşa sisiyan e. -Z. A.) , mercên pêkhatna Kurdan û Tirkan û behsa wê heyeta Kurdan ku Şêx Mehmûd şandibû Enqereyê û hinek behsên din ên girîng, ez ê ji we re binivîsim ku hûn bikarin bixwînin....

Refîq Hilmî — 1/17/469

15/4/1958 — Bistanu'l-Hesen-Bexda

Ingilîzên Kerkûkê û M. Soane di nav qilqileyê (endîşe) de bûn. Ji ber vê, bi lez û bez ji bo pêşîlêgirtina vê şoreşa han emir ji mezinên Ingilîzan ên li Kerkûkê re hat dan ku çi hêzên wan li wir heye, di bin parastina tank û firokeyan de bişînin Çemçemalê. Ji bilî vê, li Kerkûkê dest bi berhevkirina hêzeke mezintir û rêkûpêktir kirin. Ji ber ku ew hêza ku şandibûn Çemçemalê bi eksê emrê ku sitandibûn, bêyî li hêviya hêzên din ên ku wê ji Kerkûkê hatibûna şandin bisekinin, li Taslûçayê rastê hev tên, hêzên Şêx Mehmûd sivik tê ber çavê wan û êrîşê wê dikin [32]. Hêzên Şêx Mehmûd gelek bi hêsanî hêzên Ingilîzan dişkînin û belav dikin û heta Derbendê Baziyan dikevin pê wan. Piştî vê, li Derbendê Baziyan xwa asê kirin û dest avêtin tehkîmatan. Ingilîz li Kerkûkê ji vê netîceyê ketin tirsê. Çunkî wan dizanî ku li hemberî Şêx Mehmûd şikestineke bi vî awayî ya hêzên Ingilîzan, dê bibe sebebê belavbûna xerabiya nav û dengê wan û serhildana gelek Kurdan. Dê ev jî bibe sebeb ku deng û behs belav bibe û bê gotin ku êdî Ingilîz dixwazin dev ji Kurdistanê berdin û biçin.

Wekî me berê niha jî behs kiribû, gelek eşîretên Kurdan ên Îranê li hemberî Hukumeta Îranê serî hildabûn û dibin serokatiya Şêx Mehmûd de biryara ji bo yekîtiya Kurdên Îran û Iraqê û damezirandina Kurdistaneke mezin dabûn. Ev yek jî dihat zanîn ku Hukumeta Britanyayê piştî mutarekeyê demek kurt, yanî di wan rojan de nedi-xwestin ew hêzên xwe yên ku ji navçeyên şer kêşa bûn, careke din têxin navçeya şerekî din ê nû. Ji ber vê ev yek çi ji aliyê siyaset û çi jî ji aliyê aborî ve bi berjewendîya dewletê re rê nediket û li hev nedikir. Li gel vê jî, tu şik tê de nîn e ku ji bo paşdestandina nav û dengê Britanya Mezin, pêwîst bû li Kurdistanê û li Iraqê tiştekî bikin û hêz û nifûza xwe nîşan bidin. Ji wê ditirsiyan ku xwelêgirtin û hêminî bibe sesebê poşmamî û belavbûna şoreşê. Ji ber vê, bi ser hemî ew girê û astengên pêşiya wan jî bûn, dest avêtin xwe bidin hev. Fermanderê giştî yê ingilizan ê Iraqê, emir da General Frayzer ku gelek bi lez Firqeya Hejdehan a leşkerên Ingilîzan bigihînin Mûsilê. Li hemberî Şêx Mehmûd, ji hêza Dewleta Britanyayê zêdetir ji Kurdan hêzek pêk bînin. Li milê din jî, ji bo pêşîlêgirtin û serhildana Kurdên Xaneqînê, Kifrê, sînorê Îranê û ciyên din, ku rê ji bo yekîtiya wan bi hêzên Şêx Mehmûd re neyê dayîn, firqek eskerên peyade jî di bin fermanderiya kolonel Bond de şandin Xaneqînê.

Lê ew raporên ku ji aliyê eskerî ve di derbarê Şerê Derbendê de hatibûn dayîn wiha dibêjin: Piştî Silêmaniye hat standin, Danlis û zabitên Ingilîzan ên li Silêmaniyê û Helebçeyê bûn, hatin girtin. Berê ku Bexda dest bavêje bi rêxistina hêzên mezin û şandina wan ser Şêx Mehmûd, di 23yê gulanê de ji Kerkûkê kolonel Bredjes bi hêzeke geroke ya ji du yekîneyên mizraqvan û fewcek (bûlûk) û du tankan pêkhatî, li milekî din jî Kapitan Longgrig ê alîkarvanê hakimê siyasî yê Kerkûkê bi xwe û bi liqê xwe ve gihîştin Taslûçayêyê. Hêzên Kurdan, ew di beyana roja 25ê mehê de kirin bin abluqayê. Liqê Longgrik ku hemî Kurd bûn, ketin nav hêzên Kurdan û bi wan re bûn yek. Vêca kolonel Bredjes, li Derbendê Baziyan zehmetî û şerpezetiyeke gelek zêde kêşa. Du tankên wan di cih de ji Kurdan re man. Vê navê re dengê netîceya şoreşa Kurdan gihîşt navçeya hêzên Ingilîzan a li Beciyê. Li vir jî di bin fermanderiya kolonel Kent de mufrezeyek esker bi 16 şeştîran (reşaşe) ve, bi otomobîl û gelek bi lez hatin hawara Bredjes. Di dawiyê de bi alîkariya vê hêzê û di bin parastina agirê şeştîran de, Bredjes karîbû xwe bi otomobîlê xelas bike û bi

Derbend re bigihîje Çemçemalê. Lê du tank di cih de hiştin û ew bi eskerên li ser bûn ve hatin esîrkirin. Gelek ji wan jî hatin kûştin û birîndar kirin. Ji bilî van, beşeke gelek zêde çek û muhîmatên wan di cih de man û hinek jê ji Kurdan re man û hinek jî îmha bûn.

Mulazim Paul ê ji yekîneya mizraqvan a 32an, di nav kûştiyan de û Kapitan Ceşolm û mulazim Diksen jî di nav birîndaran de bûn. Ji zabit û eskerên Ingilîzan jî 8 kuştî, 12 birîndar û 14 wendabûyî hebûn.

Tomson û du eskerên din jî piştî şerekî mêrane bi xwe û şeştîrên xwe ve kesê nezanîbû ka bi ku de çûn, wenda bûn.

Bredjes, dixwest hebûn û tunebûna xwe ya eskerî li Çemçemalê berhev bike. Di vê navê de ji Kerkûkê bi otomobîlan yekîneyek din gihîşt Çemçemalê. Ev yekîneya han ku di bin fermanderiya Tomson de hatibû, hêzek Ingilîzan a nû bû. Pişt re Bredjes şandin Kerkûkê û hêza wî bi hêza Tomson re kirin yek û kirin bin fermanderiya kolonel Man, ku ew jî bi mufrezeyek şeştîr ve nû gihîştibû Çemçemalê.

Şêx Mehmûd ferman da Şêx Qadirê birayê xwe ku bi lez bi xwe bi 500 siwarên Kurdan ve biçe Bine yê dikeve bakûrê Çemçemalê û 4 mîl jê dûr e. Ev hêza Şêx Qadir, wezîfeya wê ew bû ku riya hatin û çûyîna di navbera Çemçemalê û Kerkûkê de bibre û alîkariya wan hêzan bike ku ji Çemçemalê tên Derbendê Baziyan. Şêx Mehmûd bi xwe jî di Derbend de mijûlê haziriya berevanî û ji eskerên xwe re amadekirina sengeran bû. Hêzên Ingilîzan ên li Çemçemalê, di bin abluqaya hêzên Kurdan de bûn.

Di 20ê gulanê de, karwanekî ji çek û xwardemenî pêkhatî, di bin çavdêrî û parastina hêzeke Ingilîzan de xwestin bigihin hawara kesên li Çemçemalê di bin abluqayê de ne. Lê nêzîkî 24 mîlan ji Kerkûkê dûr, di nav çiyan de rastê êrîşa Kurdan hatin û eşyayên bi wan re hemî ji wan standin. Hêzeke din a di bin fermanderiya Major Frayzer de, 17 mîl ji Kerkûkê dûr û nêzîkî Qeremencîrê, ji aliyê hêzên Mehmûd Xanê Dizilî ve 3 rojan di bin abluqayê de man. Ev hêza han a Frayzer, bi rastî berxwedaneke mêrane kirin, lê di netîceyê de tûşî belayên mezin hatin û gelek kes ji wan hatin kûştin. Di vê navê re firokên Ingilîzan Bineyê dan ber bombeyan û çend kes ji Kurdan hatin kûştin. Şêx Mehmûd ji bo hînbûna behs û xeberan, mufrezeyek keşfê heta nêzîkî Kerkûkê şand.

Ingilîz ditirsiyan ku ew eşîretên heta niha têkilî şoreşê nebûbûn, bi hêzên Şêx Mehmûd re rêbikevin û bibin yek. Baweriya wan bi wê jî tunebû ku Eşîreta Cafan heta dawiyê dê ji Şêx Mehmûd dûr bimînin.

Bi rastî êdî Ingilîz ketibûn davikê. Ji ber vê, emir ji General Frayzer re hat dan ku firqeya hejdemîn bigihîne meydana şer. Li milê din jî ji General Sandersen re ji Hewlêr û Altinkoprî heta Kerkûk û Çemçemalê çavdêriya riyan hatibû sipartin. Ji bilî van jî dibû eskerên Kerkûkê ji bo şerê çiyan hatibana perwerdekirin. Di vî halî de Şêx Mehmûd bi xwe û hêzên xwe ve di Derbendê Baziyan de, ku ji rojhilatê Çemçemalê 12 mîl dûr e û yek ji wan derbendê (geliyê) dîrokî yê rêzezîncîrên Çiyayê Qeredaxê ye, çaveriya eskerên Ingilîzan dikirin. General Frayzer jî hêzên xwe li Çemçemalê berhev kiribû ku di 17yê hezîranê de êrîş bibe ser hêzên Şêx Mehmûd. Derbendê Baziyan, ku eskerên herdu milan ji bo êrîşa ser hev xwe amade kiribûn, ji derbasbûna di nav van çiyan re riyek tîk û tenê bû. Ev çiyayên han, awayê zincîran bi hev ve girêdayî û wekî dîwarên bilind in, ku ji rûyê behrê 4000 pê û ji bingehê derbendê jî 1000 pê bilind in.

Di zemanê kevin de, Derbendê Baziyan bi dîwarekî kevir hatibû girtin û deriyek danîbûn ber vê dîwarê. Îro ew dîwar nema ye, lê ciyê wê hê kifş e. Ev derbendê han ku ji aliyê eskerên Şêx Mehmûd ve hatibûn tehkîmkirin û girtin, derbasbûna wî ji bo eskerên Ingilîzan tiştekî ewqas hêsan nebû. Ev yek tu carî bibîra Şêx Mehmûd jî neketibû ku ew bikarin ji derbend derbas bibin û êrîşê bînin ser wan. Çunkî ji zemanê Asûriyan heta wê rojê çi leşkerên dijmin berê xwe dabite vî welatê han (yanî Kurdistanê), heta di vî derbendî (Derbendê Baziyan) de ser neketibe, nekarîbûye pê xwe bavêje milê din çiyê. Lê bi rêveberiya Muşîr Hemeyê Silêman ê serokê Begzadeyên Hemawendî ku sarbûnî û dijîtiya wî bi Şêx Mehmûd re hebû, beşek ji eskerên Ingilîzan beyaneke berî rojderketinê û di riyeke wisan re ku neketibû bîra kesê, yanî li milê rastê yê derbend re bi ser çiyan dikevin. Berê beyana sibê û di wextê ku Şêx Mehmûd li ber deriyê derbend bû û li hêviyê bû ku dê êrîş bên ser, di piştî re dora wî girtin.

Vêca eskerên li ber deriyê derbendê bi topan û şeştîran êrîş anîn ser û bi vî awayî eskerên Şêx Mehmûd ketin navbera du agiran. Yên di riya çiyê re çûbûn milê din ê derbendê, ji hemî qebîleyan esker tê de hebûn. Ji derveyê sîx û gurgan, beşek jî ji Kacnîsan bûn. Ev ji Moxolên Burmayê bûn û di Şerê şûran de bi nav û deng bûn.

Li hemberî eskerê Ingilîzan ên pirrhejmar û pirrçek, Şêx Mehmûd ê qehreman, bi eskerekî biçûk ê Kurdan ve -ku çekê wan ê herî nû 2-3 şeştîrên almanî yên kevin bûn- wekî şêran sekinîn û bi rastî şerekî azayane û mêrane kirin. Lê agirê topên mezin ên Ingilîzan gelek xurt bûn. Di bin parastina vî agirê han ê bêeman de eskerên wan gihîştin nav cergê derbend. Êdî herdu leşker, ên Kurdan û yên Ingilîzan, nêzîkî hevûdu bûbûn. Îmkana şerê çekan nema bû. Bi dest û lepan ketin pêsîra hev.

Gurganî bi kêrên xwe yên tûj û dirêj û Kacnîsê neviyên Moxolan bi şûrên xwe yên pan û giran, Kurd jî bi xencerên xwe yên sivik, tûj û bi cewher ketin qirkirina hev û du. Belê, gelek mixabin, wê demê li Kurdistanê serpêhatiya nexweş a wekî Kerbelayê dubare dikir, Şêx Mehmûdê gehreman ê Kurd bi du ciyan hat birîndar kirin û ji hespê xwe ket xwarê. Êdî bi vî awayî hevsarê firsetê ji destê eskerê Kurdan derket û şerpeze bûn. Eskerên sîx û gurgan meşiyan ser Kurdan. Ji eskerên Kurdan 48 kûştî û hejmareke gelek zêde jî birîndar hebûn û yên esîr hatin girtin jî nêzîkî 120 kesan bûn.

Hacî Seyîd Hesenê mamê Şêx Mehmûd û Tayerê Ferxe (Tahir Efendî yê mudurê polisên Şêx Mehmûd) di nav kûştiyan de bûn. Hemeyê Nêrgîle yê maqûl û mirovê Şêx, zanî ku Şêx Mehmûd hatiye kûştin. Ji ber vê siwarê hespê Şêx Mehmûd bû û baz da û bi vî awayî ji esîrtiyê rizgar bû. Şêx Mehmûd, piştî birîndar dibe, xwe kaş dike bin kevirekî û li wir ji hişê xwe diçe(33). Ingilîzan, bi saya Muşir Axa, Şêx Mehmûd nas dikin(34) û wî dikin otomobîlekê û di bin parêzgeriya hêzeke mezin de derhal dişînin Bexdayê. General Frayzer, piştî vê serkeftina mezin, girtiyên Ingilîzan ên li Silêmaniyê bîra wî nakevin. Pişt re dema ku bi bîra wî dikevin, ji bo derxistina wan ji zîndanê, bi lez hêzek siwarî dixe rê. Ev hêza han berê xebera şikestina

Şêx Mehmûd bigihîje Silêmaniyê, xwe digihîne Silêmaniyê û Ingilîzan ji zîndanê derdixin. Ev girtiyên han nêzîkî 10 hefteyan bûn di zîndana Silêmaniyê de bûn[35]...

-28-

Di Dema Şerê Derbendê de Bûyerên Rewandizê

Dema dengê şoreşa Şêx Mehmûd li Rewandizê û di nav gelek eşîretan de belav bû, gelek kes pê xweş bûn. Bi taybetî yên ji Ingilîzan nerazîbûn û ji destê derûdora wan kerixî bûn. Êdî çi didîtin ji xwe re dikirin çek û xwe ji şer re amade dikirin. Ji xwe, êdî behsa gundî û eşîretan nayê kirin. Ew kesên du mirovên wan hebûn dikirin çar, çek diavêtin milê xwe û pê îftîxar dikirin. Gelek ji van sebra wan nemabû û hêvî dikirin ku şoreşa Şêx Mehmûd berfireh be, belav be û bigihîje milê din yê Zê. Bi hêvî bûn ku eskerên Şêx Mehmûd xwe nêzîkî wan bike, cepheya Koyeyê bigre û heta ku ew jî li gor xwe, xwe amade bikin, dest bavêjin çek û agirê şoreşê geş bikin. Ji bo vê armancê jî gelek ji van xeberên ecêb digotin û belav dikirin. Tiştên wisan lihev dianîn ku insan şaş dima. Çi bûyerek û serpêhatiyek rast an derew seh kiribûn, qasê wê jî li gor dilê xwe û ji ber xwe ve dikirin ser û belav dikirin. Li gor gotina wan, hemî ew bûyerên ku wan gotinan li ser zêde dikirin, di navbera hêzên Ingilîzan û yên Şêx Mehmûd de li Taslûçayê yan Derbendê Baziyan diqewimîn, dîroka bûyerên girîng ên Peleponez û Tarmopilê tekerrur dikirin. Lê ev jî gelek neyê înkar kirin ku ev efsane û bûyerên han xwediyê tesîreke bi hêz bû û tevzeke xweş û germ di ruhê Kurdan de dianî. Kîbîr û pozbilindiya casûsên Ingilîzan û kirinên bêşerm ên derûdora wan, xelkê ewqas aciz kiribû ku di riya nefesek azadî û demek jiyana serbixwe de, netîceya wê çi dibe bila bibe, dikarîn xwe bavêjin nav wî agirî.

Sebebek ji van handeran jî rewşa maddî bû. Enbarên hukumetê yên Rewandizê her babet zexîre tê de hebûn. Di nefsa bajarê Rewandizê de, tenê du Ingilîz hebûn. Bill û mulazimekî alîkarvanê wî. Hêzên Ingilîzan ji Kurdên kirêgirtî pêkhatibûn û hejmara wan ji

150-200 kesan pêk hatibû û ew jî di bin serokatiya Nurî Bawîl Axa de berhev bûbûn. Dem ber bi havînê ve diçû, ji ber wê jî wekî tê zanîn di vê demsalê de Rewandiz gelek boş dibû. Eşîretên ku berê xwe didan zozanên Tirkiyê û Îranê, riya tevan bi vir diket. Piraniya serokên van eşîretan malên xwe şandibûn û bi xwe, bi serê xwe û bi çend tivingdarên xwe ve mabûn. Tu şik tê de tunebû ku çaveriya netîceya tevgera Şêx Mehmûd bûn. Xameyên spî, tivingên mîrî û fişek û cebirxaneyên eskerî li xwe kiribûn. Bill, di nav rewşeke gelek sawm û tirs de bû. Tam di vê navê re, di navbera du rojan de hejmareke gelek zêde banqinot gîhande Rewandizê. Bi destê xwe, bi xwe ew rupiyên li wan kesan belav kir ku li Rewandizê li heviya talanê bûn. Bi vê yekê talan jibîr kirin û serê xwe kirin ber xwe û bêdeng man(36). Vêca, piştî ku ew li pê hev ji Rewandizê dûr ketin û berê xwe dan zozanan, Bill mirovên bi nav û deng ên Rewandizê li mala xwe berhev kirin û xwest di derbarê bîr û baweriya xwe ya li hember Şêx Mehmûd û şoreşa wî de, guftûgo bi wan re bike. Armanca wî ew bû bizane ku ger hat gurubek ji hêzên Şêx Mehmûd ji Zêya Koyeyê derbas bibe û yan jî Şêx Mehmûd cewab ji eşîretên gundên Koye û Rewandizê re bişîne û daxwaza alîkariya têkelbûna şoreşa xwe ji wan bike, gelo dê xeberê wî bikin û pê re herin an ne? Ji bilî vê jî, ji wan pirsî ku gelo ba wan ev karê Şêx Mehmûd û asêbûna wî li hemberî Ingilîzan, karekî rast û di ciyê xwe de ye yan ne? Bill, baş têgihîştibû ku ew tenê mulahezeya xwe û qazanca xwe ya şexsî dikin, bes.

Di vê civînê de, mirovekî navê wî Bawîl Axa yê ji xelkê Rewandizê hebû(37). Ew kesekî nexwenda û cahil bû. Gelek timaya malê dinyayê bû û bi ser de jî zîrek û hişyar bû. Bi awakî gelek bêşerm û bêxîret hinek gotinên pûç û vala gotin. Ez, di ciyê ku van gotinên wî yên pûç û vala ji Bill re tercume bikim, ji bo ku ez jî Kurd bûm û li gor min gotinên wî bêhed û bêhesab ji sînor derketibûn û ne tenê li hember Şêx Mehmûd, belko li hember hemî neteweyê Kurd, min şerim kir û nekarî ez xwe lêbigrim. Min gelek bi tundî berê xwe da wî û dûjîn û xeber jê re gotin. Bill, bi tundî û tureyî têgihîşt ku di gotinên Bawîl Axa de terefdariya Şêx Mehmûd nîn in û bêşik li gor menfeeta wî ye. Ji ber vê, wî jî ji bo handana Bawîl Axa û serokên din, xwe li min hêrs kir û ji min re got: "Min te ji bo tercumaniyê aniye nav vê meclîsa han, ne ji bo xwe têkilî nav şer bikî. Weya meyildariya li ha li wir bikî. Dibê çi tiştê dibêjin ne kêm û ne zêde tu ji min re bêjî. Vêca niha ji min re bêj e: ka gelo Bawîl Axa çi got?" Min bersîva Bill neda û ez rabûm piyan. Min berê xwe da Bawîl Axa û yên din, li gor bîr û baweriya xwe ya wan rojan min çi baş dizanî, min bi awakî zelal û bi mêranî ji wan re got û ez ji meclîsê derketim û çûm.

Di vir de, ku ciyê wê hatiye gereke ez bêjim, mêranî û camêriya Xefurxan (Yandize) ket bîra min ku li Ranyeyê di muqabilê Ingilîzan de çi mêrxasî kiribû. Ew jî wekî Bawîl Axa serokekî Kurdan bû. Gelek mixabin Bawîl Axa camêrî û mêraniya xwe di sivikxistina Şêx Mehmûd de didît. Lê yên wekî Xefurxan di wê baweriyê de bûn ku sivikxistina Şêx Mehmûd hêvîna hemî sivikxistina mezinên Kurdan e. Ew, di wê baweriyê de nebû ku eger Ingilîz bi çavekî sivik li Şêx Mehmûd binêrin, dê bikarin bi çavekî rêzî li mezinekî din binêrin. Ez, ku li mala hakimê siyasî yê Rewandizê, yanî li mala Bill ji Bawîl Axa hêrs bûm û derketim der ve, êdî wê rojê ez venegeriyam dayîreyê. Roja din sibê jî min xwe derengî xist û heta Bill bangê min kir. Dema ku ez çûm, min dît Bill bi ken û rûgeş e û ew yek jê nedihat derxistin ku li min hêrs be yan tiştek di dilê wî de mabe. Piştî rojbaş û vexwarina qehweyê, berê xwe da min û ji min re got: "Ez ji kirinên te yên do nexeyêdî me. Ez dizanim ku tu di kirinên xwe de azad î û dibê wiha be jî. Ez ê sibê biçim Hewlêrê û Seyîd Taha[38] bibînim. Ez dixwazim ji bo vê guftûgoya bi wî re tu jî bi min re bê". Ez bêyî ku tu bahaneyekê bigrim, min raste rast jê re got: "Ez bi tu ciyekî de naçim û ez dixwazim êdî xelas bikim û îzna min bide ez vegerim Silêmaniyê. Piştî van jî min jê re got: Eger tu vê carê jî îzna min nedî, min biryar daye ku ez ê bê izna te vegerim". Li ser vê, bêdeng bû û dengê xwe birrî. Bû sibe, maaşê min ê wê mehê û çend rupiyek xercraha rê ya heta Kerkûkê da min û bi xwe jî çû Hewlêrê. Tu şika min di vê de tune ku xwendevanên hêja yên van rêzan, ji kirinên min, bi taybetî ecêbmayî dimînin ku Ingilîzekî kolonyalîst ê wekî Bill çawan û ji ber çi heta vê dereceyê ji asêtî û serkêşiya min re çav digirt û hemî carê jî dihat dilê min xweş dikir. Ez dixwazim vê yeka han bi vî awayî îzah bikim: Carekê, berê hemî tiştî, yên heta niha min behs û neqil kirin, di eksê ku min li ser zêde kiribe, ji ber hinek sebebên exlaqî û civakî min hinek ew kurt kirin û beşek jê jî tenê min behsa perçekî wan ê biçûk ê bingehîn kirin. Vêca Bill, bi ser van tevan de jî ji bo çi destê xwe ji pêsîra min nedikêşa û bi hêrs û xeydên xwe, çawan ew hemî serhişkî û xeydên min dadiqurtandin û ji bîr dikirin, an di cih de çavê xwe lê digirt? Ev yek ji min re jî gelek ecêb dihat û ez bi xwe jî tênedigihîştim. Ji ber ku ez gelek caran ditirsiyam û min digot ku êdî ev ne ji wan e ku li min bibore û tole ji min veneke. Cardin eger ez şaş nebim, ji bo vê bêhnfirehî, lêborînî û çavlêgirtinî hinek sebeb tên bîra min ku eger bi tevayî wiha nebin jî ne dûr e ku beşek jê rast bin. Min, ji roja yekê ve nexwestibû ez bi Ingilîzan re xebat bikim. Wekî xelkê din min daxwaza wezîfeyekê nekiribû û min navê xwe di deftera kardozkeran de nenivîsandibû. Dema ku Noel bi namekê min bangî odeya xwe kir, ji min re got: "Tu jî wekî memûrekî karekî yan wezîfekê bigre", wê çaxê min li ber çavê Izzet û Fayîq, bersîva nexêriyê, dayê. Heta Şêx Mehmûd ji bo alîkariya wî emir neda min, min stû li ber danenî û ew jî min bêmaaş qebûl kir. Piştî ku dest avêtin rêkûpêkkirina dibistanan, ji bo ku ez di dewra Tirkan de mamosteyê Fransizî û alîkarvanê mudurê dibistana 'edadiyê bûm, li ser daxwaza xwe ez bûm mamosteyê matematîkê[(39)]. Lê wekî di pêş de jî min behs kiribû, di kar û barê dayîre û tercumeyê de, min alîkariya Noel dikir. Di destpêkê de min dersên Kurdî dayê û heta ez nexweş ketim û pişt re jî ew çû Kurdistana Tirkiyê. Vêca piştî nexweşiyê, ez bûm mamosteyê Kapitan Bill ê Farisî û wî dest ji pêsîra min berneda. Ji bilî van, her çendîn Bill hêrs dibû û dixeyêdiya jî, lê demarekî wî yê mêraniyê jî hebû. Di dema hêminî û şahiyê de rûgeş bû û meyla wî ya çakiyê li pêş bû. Carekê, ji mirovên durû hez nedikir. Wî dixwest bi çavê mezintiyê li wî bê nêrîn, lê ne direwîn, bidurûtî û biminafiqî. Lê ji nîvê dil ve û bi awakî dostayetî ve û di halek de ku hîs pê bike bi rastî mezin tê zanîn. Dema ku dilsariyê di min de didît, ev yek dibir ser kêmtecrube û safîtiya min. Wekî din jî, wî ez kesekî rast, bêriya û zîrek dîtibû. Ji min bihêvî bû ku piştî hinek tecrube û têgihîştiniyên siyasî, min bike alîkarvanekî baş û ez kêrê wî û hukumeta wan rojan bêm. Çunkî wê çaxê, ne tenê xwendevanên baş û temam, heta xwendevanên wekî min jî kêm bûn. Ji ber vê, biçûk nebînin ku destxistina yekî wekî min ji aliyê wî ve daxwazek sivik be. Ji bilî van tevan, ez dikarim bêjim ku ez xwediyê exlaq û tebîetek wisan bûm ku hemî Kurdên wê çaxê çavekî biqedir û birêz li min binêrin. Ji ber ku çi meselek wan diket ba Bill, bi riya min dihat helkirin û min gelek caran alîkariya gelek lêqewmiyên Kurd dikir. Carê wisan hebû, raste rast min bi xwe derdê wan çareser dikir. Gelek caran jî ji ber sebebê nêzîkbûna min bi Bill re, min nifûza xwe bikar dianî û karê wan hel dikir. Ev kirinên min jî, piştî ku ez ji Bill veqetiyam, eşkere bûn û hemî ji aliyê Bill ve hatibûn kontrol kirin. Ev hemî kirinên min, bi tu qeyd û şertê ne ji bo bidestdixistina qazancek an jî di muqabilê wan de hêviya menfeetekê bûm. Ev, ji wan sebeban bû ku qîmeta min ba Bill zêde bû û çavê xwe li kil û kêmasiyên min digirt... Vêca, bi kurtî ji ber ew sebebên ku min li jorê rêz kirin, min wisan li Bill kiribû ku bi çavekî baş û birêz li min binêre. Ji ber vê bû ku heta bi tevayî hêviya xwe ya lihevkirina bi min re nebirî û eziyeteke gelek zêde ya bêfeyde bi min re nexwar, dest ji min berneda...

Di Esnayê Şoreşê de Şaşiyên Şêx Mehmûd

Şêx Mehmûd, di vê şoreşê de bi azayane xwe da pêş û mêranî û qehremaniya xwe nîşan da. Lê gelek mixabin, bi tedbîr û xwediyê alîkarvanên seviyeke baş û dilsoz nebû. Yan ew kesên ku wî ew bi tedbîr dihesibandin ew ber bi şaşiyê ve dibirin. Mimkûn e jî ku ji ber şerpezetî û melheze nekirina zeman, bi lez şer dan destpê kirin. Serkeftina hêzên Şêx Mehmûd li Taslûçayê û tar û marbûna hêzên Ingilîzan ku me behs kir, mimkûn e yek ji wan xalan be ku bû sebebê çêbûna şaşiyan. Ji bilî vê, sersariya di warê şirovekirina encama dahatî û jibîrkirinek a di derbarê sekinandina li hember leşkerekî gelek nîzamî û hînbûyê fêl û fendên şer.

Lê eger Şêx Mehmûd piştî şikestina hêza Ingilîzan a biçûk li Taslûçayê, di ciyê ku temamê hêzên xwe li Derbend de berhev bike û li hêviya hêzên Ingilîzan ên mezin û pirrçek ên di rê de ne bimîne, bêsekin wan hêzan bikira çend beş û ji wan her yek beşan di bin fermanderiya zabitekî welatparêzê Kurd û di bin çavdêrî û alîkariya her yek ji wan serokeşîretên wekî Kerîm Begê Fettah Beg û Mehmûd Xanê Dizilî de şandibûya ew herêmên eşayîrî ku ev serokeşîretên han şarezayê wir bûn û yan pêwendiya wan pê re hebû, mimkûn bû ku bikariya encam biguhere. Bi taybetî piştî ku hêzeke helbijartî ya ji çend eşîretan pêk hatî û beşek ji eskerên nîzamî yên di bin fermanderiya du-sê zabitên mêrxas û çend serokeşîretekî de, ji Zêya Koyeyê derbas bikira û vêca bi xwe jî piştî vê hêza han bigihîştiya Çiyayên Sûrdaşê û bi Şerê pêşmergayetî Ingilîzan aciz û tacîz bikira, dûr nebû ku şoreşa wî bi hêsanî berfireh bûbûya û di muddeteke gelek kin de çirîskên agirê wê li hemî Kurdistana Iraqê belav bibûya. Ji ber ku ew rewşa li Rewandizê hebû, li hemî Kurdistanê eynî bû. Kesek nemabû ku ji Ingilîzan diltijî nebe yan bi şikestina wan kêfxweş nebe. Lê diyar e ku çend xefye, munafiq, pereperest û welatfiroşên bêesil di nav vê hejmara han de nebûn.

Piştî Çûna Bill Ya Hewlêrê, Ez û Rewandiz

Piştî çûna Bill ya Hewlêrê, ez li Rewandizê destgirêdayî mabûm û ji mal dernediketim. Seyîd Taha, wê çaxê gelek biqedir û biqîmet bû. Digotin ku Ingilîz dê wî bikin cihnişînê Şêx Mehmûd. Bill, ji ber vê yekê çûbû balê, ku bi Ingilîzên Hewlêrê re guftûgo bike û tedbîrên dijîtiya Şêx Mehmûd pê re biaxive. Ji bo sernekevtina Şêx Mehmûd û hewildana şoreşê li Koye, Hewlêrê û Rewandizê ji nifûza Seyîd Taha îstîfade bike. Qasî ku li derûdora min ronî bû û min didît, halê Kurdan ber bi xerabiyê ve diçû û siyaseta Ingilîzan jî ber bi serkeftinê ve bû. Reîs û axayên li Rewandizê û yên ku ber bi zozanan ve çûbûn û yên li wir mabûn, hemî bi pere, fişek û hinek diyarî û xelatan devê wan hatibû şêrîn kirin û yan maaşek ji wan re hatibû girêdan. Hêzên dewletê yên li Rewandizê di bin serokatiya Nurî Bawîl de bi Ingilîzan re bûn. Li Hewlêrê jî caran bi navê Seyîd Taha, qasê ku dihat dîtin timahiya wî di hukumdartiyê de hebû, xwediyê nifûzeke gelek zêde bû û bûbû ciyê hêviya rojên bên. Hinek caran bi navê berpirsiyarê Samî bi Kurdî yan Farisî beyannameyên bi nav û deng belav dikir û bi van awa propagande û siyasetan, li milekî çend civîn di navbere Ingilîzan û Seyîd Taha de û li milekî din di navbera Seyîd Taha û reîs û axayên Kurdan ên heta wê çaxê bi bertîl û devşêrîniyê nekarîbûn wan bixapînin, bi êrîşên bêdeng û bi riyên tengavî fikra wan guhertin û berê wan dan milekî din. Ji ber vê yekê, bi taybetî di bajarê Hewlêrê û beşek ji bajarê Kerkûkê de, di derbarê Şêx Mehmûd de propagandeyek temam destpê kiribû.

Bi vî awayî sitêrka bextê Şêx Mehmûd ber bi jariyê ve diçû û pozê lawên welatparêz ber bi şikestinê ve. Ez jî di hêla xwe de ketibûm nav gerraveke bêbinî ya fikir û mulahezeyan û seeta dilê min dest bi lêdanê kiribû. Xaniyê min li derveyê rojavayê bajarê Rewandizê û di nav baxekî de bû. Ez tenê bi serê xwe tê de dimam. Wan rojan bi navê herestî û xizmeta min, Nurî Bawîl mirovekî çekdar ji min re şandibû. Bi şev dihat hindur û rast û derew hinek behs û nûçeyên Şerê Şêx Mehmûd û deng û behsên nav bazar û xelkê bajêr ji min re digot. Li gor qeneeta wî, Şêx Mehmûd ber bi serkeftin û pêşketinê de bû. Bi rastî jî Şêx Mehmûd yek-du caran êrîş biribû ser hêzên Ingilîzan ên ji rê û dirban dûr. Revdeke siwaran heta sînorê Kerkûkê şandibû û şêl û rewşa eskerê Ingilîzan ceribandibû. Ew mirovê ku Nurî Bawîl şandibû ba min, kesekî wisan nebû ku mirov pê bawer be û min şik jê dikir. Lê wî xwe mirovekî gelek welatparêz û tagirê Şêx Mehmûd nîşan dida û bi dil ji min re xizmet dikir. Ew bi van tentêl û helwestên xwe yên xuyayî baş dihat xuyakirin û li hember min jî gelek baş hereket dikir. Min êdî hêdî hêdî ew nas dikir û hindik mabû ku ez baweriya xwe jî bi wî bînim. Dema ku şevekê ji min re got: “Ez amade me bi xwe û bi tivinga xwe ve bi te re bazdim û di riya çiyê re te bigihînim eskerên Şêx Mehmûd”, ez ketim dudiliyê. Lê cardin min bawerî pê nekir. Ez ditirsiyam ku ev fêl û fendekî Nurî Bawîl ê alîkarvanê Ingilîzan be ku ji bo bîr û raya min hîn bibe, hatibe saz kirin, yan jî min han didin ez derkevim çiyê...

-29-

Girtina Min Li Rewandizê û Şandina Min Ya Zîndana Koyeyê

Ez bi xwe, li firsetekê digeriyam ku bêqêr û bêqelebalix vegerim Silêmaniyê. Ji ber ku wan rojan hêzên Ingilîzan û yên Şêx Mehmûd di navbera riya Kerkûk û Silêmaniyê de mijûlê pevçûnê bûn û min nedikarî ez di wê riyê re vegerim û ji xwe Ingilîzan jî ne dihîştin. Ji Larê ve, yanî vegera bi riya çiyê re jî ez pêwistî alîkariya çend keşan bûm. Ji bo vê jî, berî hemî tiştê nerimkirina Ingilîzan ji aliyê reîsên Rewandizê û serokeşîretan ve tiştekî sivik û hêsan nebû. Wekî min got, ez bi mirovê Nurî Bawîl jî bawer nebûm. Lê çi heye wê şevê wî mirovê nêrîna min a di derbarê bazdanê de ceribandibû. Pişt re min dît ku alîkarvanê Bill bi navê parêzgeriyê çar siwar eskerên liqê şand û ji min re gotin ku hewceye ez bi wan re vegerim Koyeyê. Wê şevê em gihîştin Koyeyê û ez li mala xwe raketim. Ji ber ku min xaniyê xwe yê li wir hê vala nekiribû. Xizmetkarek û Şefîqê birayê min ku li Tirkiyê zabit bû û ji bo ziyareta min hatibû Koyeyê, li hêviya min bûn. Serê sibê hê şefeqê venedabû, li derî xistin. Xizmetkar derî vekir. Ez hê di xew de bûm, min dît ku başçawîş û polîsekî Ingilîzan hatin û min ji nav ciyên min derxistin. Piştî ku min kincên xwe li xwe kirin, min birin qonaxa hukumetê. Hê kesek nehatibû. Wê çaxê zîndan di hindurê qonaxa hukumetê de bû. İngilîzê bi min re, deriyê zîndanê bi gardiyanan da vekirin û min têkir hindur. Ew kesên ku li wir girtîbûn, wan ez nas dikirim. Qenciya min gihîştibû hinek ji wan. Hemî bi hev re ji ber min ve rabûn û bi çavekî rêz ber bi min ve hatin û pêşwaziya min kirin. Wekî çawan derwêş û murîd li derûdora murşidên xwe tên hev, bi vî awayî li derûdora min hatin hev û bêdeng û bi matî rûniştin. Ez ketim pirsa kêf û halê wan û bi rûyekî geş û bi berken min bi wan re dest bi sohbetê kir. Min ev girtin qet li xwe danenî û min firset neda ku dilêşî û bêhntengî çêbe.

Wekî din jî min hewil da ku ez sebebê girtina xwe ji Kapitan Randal hîn bim. Lê ev hewla min di valatiyê de çû. Min ji Heme Axa yê hakimê bajêr û Cemîl Axa yê alîkarvanê hakim re yek-du kaxez nivîsandin û ji wan daxwaz kir ku ji Randal bipirsin û qet nebe bizanin ka gelo ji bo çi min kirine zîndanê. Lê tu feydeke wê çênebû û bersîva min nedan. Ev yeka han jî hê ne kifş bû, gelo Ingilîz dixwazin hinek tişt ji min bipirsin an dê min hewaleyê dadgehê bikin.

Lê gelek mixabin ez di nav van hevalên xwe yên nû de tenê çend seetan mam. Piştî ku Randal ê hakimê siyasî hat qonaxa hukumetê û sehkir ku min kirine zîndana tawanbarên "adî", di cih de emir da odeyek ji min re da valakirin û bi navê tawanbarê siyasî ez tenê xistim vê odeyê. Dema ku ez çûm, girtiyên zîndanê qasî ji girtina min aciz bûbûn, ewqas jî li ber çûna min ketin. Wisan dixuya ku wan dixwest vê firseta han ji destê xwe bernedin û qasê ez di nav wan de bimînim, ber dilê min bikevin û xizmetê ji min re bikin. Vêca ber diketin ku ev firseta han ji destê wan çû û bi dûrxistina min ji wan, ew ji vê mêranî û xizmetê bêpar man. Mimkûn e ku ev yeka han neyê bawer kirin û ev cure bîr û melheze û mêranî ku di nav kesên tawanbarên "adî" de heye, neyê fehm kirin. Lê tu gumana min di vê yekê de nîne ku ev hîs, bîr û baweriyên han ên pîroz, di nav komên civakê yên bilind de hêdî hêdî ber bi wendabûnê ve ne, lê di ciyên tarî de û di dil û giyanî van cure însanên paşdemayî yên "tawanbar" de hê mane û tên dîtin. Eger hûn rastiyê dixwazin, di tarîtî û genîtiya wê zîndana teng û nexweş de, ez ji wan nebûm ku li tenişta van girtiyên qirêj, bi sipih û bêçare bikarim bixwînim, binivîsim an bi dilê xwe bixwim û rakevim, an jî firseteke bêdengî û bêhîsî destê min bikeve ku qasekî rakevim û îstîrahetê bikim. Lê cardin min ji nîvê dilê xwe hîs kir ku min ji hinek hevrê û hevdilê min cihê dikin ku bi hîseke pak û însanî, dixwestin wehşeta zîndanê bi min bidin jibîr kirin...

-30-

Bendîxaneya Koyeyê

Dema min birin odeya min a taybetî, mirovek şandin û li ber deriyê odeya min dan sekinandin. Ev heresê min bû û bi rojane hatibû girtin. Hê kurtek û derpê wî li ser bû. Çunkî wê çaxê hê şerê Ingilîzan û Şêx Mehmûd li Derbendê Baziyan nerawestabû û bi germî dewam dikir. Ji ber vê, çi polisên bajarê Koyeyê hebûn şandibûn ser buwarên Zê ku pêşiya derbasbûna hêzên Şêx Mehmûd bigrin û firsetê nedin ku şoreş bikeve vî aliyê herêma Koyeyê. Vêca ji bo kar û barê dayîreyên hukumetê û parêzgeriya nav bajêr, ji bêkarên nav bajêr ji bo kar hinek kes girtibûn. Heresê min jî yek ji wan kesan bû. Tivingeke kevin, çar fişek û çend lib jî qewanên vala pê re bûn. Lê qewîtî kiribûn ku riya kesekî nede bê ba min û bi min re biaxive. Yanî qanûna ûrfî îdareyê ji bo min xistibûn kar. Lê heresê min ev qanûn fehm nekiribû. Wisan têgihîştibû ku ez di odeya xwe de bi gardiyanê zîndanê û heta bi wî bi xwe re jî nikarim biaxivim. Haya min ji vê tunebû. Ji ber vê min bi serbestî daxwaz ji gardiyan kir ku bişîne mal û ji min re destek nivîn, taqima çayê, cigare û hinek kaxez û kitêb bide anîn. Mirovê heres, ji min re got: "Efendî neaxive". Dema ku min jê re got: "çima?". Ji min re got: "Ez ji te re dibêjim neaxive." Min bi ken berê xwe da gardiyan ku ez gotinên xwe tamam bikim, min dît ku lûla tivingê kir ser sîngê min û ji min re got: "Tu yek gotina din jî bêjî, êz ê te bikujim, destê min de emir heye." Ji naçarî min dengê xwe birî û min di odeya xwe de dest bi meşê kir. Dema ku gardiyanî din ê xwedî tecrube û rîspî ev rewş dît, çû ba Mele Ehmed Axa yê mudurê polîsan. Mirovekî zîrek û fehma yê dewletê anî û ew kesê kirêgirtî ji kar derxist û ez ji destê wî rizgar kirim. Ew tiştên ku pêwistiya min pê hebûn jî ji min re hatin û min xwe dirêj kir û ez raketim.

Piştî çend rojan, ji ber bê hereketî, bê tavî, rutubeta odeya min, xem û diltengiyan ez hinek bêtaqet bûbûm û min xwe baş hîs nedikir. Ji ber vê min namek ji Randel re nivîsand û daxwaza doktor jê kir. Ez du rojan li hêviya doktor mam, lê kesek nehat.

Ji bo ku ev girtina min teqabulê dema Şerê Derbendê Baziyan ê di navbera Şêx Mehmûd û Ingilîzan de kir, ez her wext ji aliyê heresên xwe ve di bin çav de bûm. Hinek rojan çavên xwe lê digirtin û hinek dost û heval dihatin ziyareta min, wan hinek caran bi lez û bez û bi îşaretan rewşa wan rojan ji min re neqil dikirin. Carên wisan jî hebû ku du rojan çavê min bi tu kesî nediket, heresên min dihatin guhertin û yan yek-du kesan li ser zêde dikirin. Hinek caran jî bêyî ku kesek bi min re bê, ez bi tenê diçûm ser destavê. Lê carên wisan jî hebû, li çardorê avdestxanê sê-çar heres didan sekinandin. Êdî wisan lê hatibû ku ji rewşa heres û polîsan min dizanî ka gelo bajêr û derûdoran çi diqewime. Ew rojên ku heres û polîs hêmin û bêdeng bûn, kifş bû ku hêzên Ingilîzan neserketîne, di eksê vê rewşê jî bêguman serketina Şêx Mehmûd bû. Ew rojên ku elametên serneketina hêzên Ingilîzan dihatin dîtin, ez diketim nav xweşî û şahiyê. Ez li ber çavê heres û polîsan bi qedir û siyanet bûm. Ji min re çay û qehwe dianîn. Dihiştin çûyîn û hatin çêbe. Çavên xwe bi kirinên min digirtin. Bi şev rê didan dengbêj dihatin ba min û yan ew kesên dihatin ziyareta min ji min re distiran. Me di hewşa qonaxa hukumatê de kursiyên xwe didanîn û em diketin xweşî û sohbetan. Bi eksê vê rewşê, dema ku nûçeyên şikestina hêzên Şêx Mehmûd belav dibûn, ew ji rûçikên xwe yên geşî û ken dûr diketin an jî dihatin dûrxistin. Hinek heres û polîsên wisan ji min re dişandin ku ji bilî mizûrî, kîbîr û xofên keritiyê pê ve tiştek nedizanîn. Ew dibûn belayeke bêpêsîr û mêrxasiya xwe difrotin min. Bi vî awayî çi xweşî û şahiya rojek berê hebû di pozê min re dianîn xwarê û ew bi min didan jibîr kirin.

Li gor deng û behsên ku dihatin, ew firqeya eskerî(40) ya di bin fermanderiya General Frayzer de ji Kerkûkê bi lez û bez bang kiribûn, hêdî hêdî ber bi navçeya şer diçû û di 18ê hezîrana sala 1918an de gihiştibû hemberî leşkerên Şêx Mehmûd. Beşa piraniya xelkê Koyeyê daxwaza serkeftina Şêx Mehmûd dikirin. Bi taybetî xort, esnaf û xelkên di rêzê de. Lê kesên xort û xwenda bi carekê qeyd û leleyên dest û piyên xwe çirandibûn û ronahiya welatparêziyê dil û hişê wan geş kiribû. Nûçeyên serkeftina leşkerên Şêx Mehmûd û deng û behsên qehremanî û pehlewaniya Kurdan ji hev re digotin û pê îftîxar dikirin. Hinek şevan ji van hinek kes dihatin ma min. Wekî min li jorê behis kiribû, di hewşa qonaxa hukumetê de me cih radixistin, kursî didanîn û kêf û xweşî li dar dixist. Hinek şevan heresan jî çavê xwe li me digirtin û dengbêjên dengxweş dihatin û me şahînî dikirin. Lê gelek mixabin ev şahînî û xweşî heta serî neçû.

-31-

Ez û Siddiq Efendiyê Hindî

Mirovek hebû navê wî Siddîq Efendî bû û xelkê Hindê bû. Ew ba Ingilîzan muhasib bû. Mirovekî gelek bêxîret û paşvemayî dihat ber çavê min. Heta min ew casûs dizanî û ji ber vê jî min bi çavekî gelek sivik lê dinêrî. Berî ku ez herim Rewandizê, car û carnan li dayireyê dihat ba min an li dîwanxaneyê rastê min dihat, min rû nedidayê û xwe lê nedikir xwedî. Lê wî dev ji min bernedida û bi awakî bêwestan her wext behsa Ingilîzan ji min re dikir û ez hêrs dikirim. Min jî dizanî ku ew tiştên ez jê re bêjim dê belav bike û her wext jî dixwest fikir û raya min hîn be, lê cardin jî min xwe lênedigirt û çi tiştên kêrê casûsiya wî bên min jê re digotin. Ji ber vê, Siddîq Efendî ez ji kirinên xwe bêpar nekirim û di serbarê ser de çi tiştên di derbarê min de di serî de bû kirin. Wî xwe perçek ji Ingilîzan dihesiband û li hemberî xelkê gelek kibîr bû, xwe mezin dizanî û bi serê pozê xwe bi wan re diaxift. Her çendîn nediwêriya di rûyê min de tiştekî bêje û min ew şerpeze û perîşan dikir, lê di dilê xwe de li hemberî min tijî bû û li firsetekê digeriya ku wekî mar bi min ve vede û toleya xwe ji min veke...

Navek re ku bi riya hatin û çûna xortên Koyeyê ve me bi şev di hewşa qonaxa hukumetê de şahînî dikir û wextê xweş û bi kêf derbas dikirin, rojekê ji nişkave min dît ku çûn û hatina ba min qedexe kirin û çar heresên bi tiving danîn ber min. Ez mam di navbera çar dîwaran de. Êdî kesekî pirsa min nekir û çavê min bi kesekî neket.

Êvarekê berî xelasbûna dewama dayîreyê çend deqîqeyan, Siddîq Efendî hat ba min û piştî hal û ehwalê min pirsî, ji min re got: "Min çend car ji te re got ku di derbarê Ingilîzan de zimanê xwe kurt bike[41]. Lê te xeberê min nekir. Te dît ev hat serê te". Min jê re got: "Min çi kiriye ku bê serê min?" Ji min re got: "Haya te ji te heye? Kifş e tu nizanî, piştî vegera te ya ji Rewandizê gelek kirinên te yên bêcih, xiyanet û nepakiyên te derketine. Ji ber vê, ez nizanim ka dê zeman bi te çi bike û dahatûya te dê çawan be? Xwedê bike hema te îdam nekin". Ev yek got û êdî nesekinî, wekî ku ji tiştekî bitirse bi lez ji min dûr ket...

Bi rastî ez bi van gotinan ketim nav dudilî û qelqeleke mezin. Nameya Hacî Nawras Efendî ket bîra min ku çend roj berê niha ji Rewandizê ji min re şandibû. Di nav kesên bi nav û deng ên Rewandizê de, Hacî Nawras Efendî yekemîn kes bû ku dostanî û hevaltî bi bîra xwe anîbû û bi awakî zîrekî û mêranî li min xwedî derketibû. Ew miroveki dewletê yê ser dewra Osmaniyan bû. Xwediyê dîwanxaneyek wisan bû ku her wext sofra nan û qehweya wî li erdê bû. Bi karbidestên hukumetê yên hemî dewran re dostiya wî hebû û vê dostîyê gelek baş dimeşand. Ji ber vê, yek ji wan kesê naskirî yê ser dema xwe û ciyê hêviya lêqewimiyan û penageha kesên ketî yên ku karê wan diket ba karbidestên dewletê bû. Bi salên xwe yên pêş jî cardin wekî xortekî bi gurr û gef bû. Dizanî ka dê çawan bijî. Waridata xwe di hemî dewran de parastibû û xwe nêzîkî karbidestên dewra Osmaniyan û piştî wan yê Ingilîzan û demekê jî yê Tirkên dewra Mustefa Kemal kiribû. Dema ku 'Elî Şefîq Beg ê Misrî bi gurubek eskerên Tirkan re ji bo demek kurt hat Rewandizê û di bin navê Ozdemir Paşa de di navçeyê de li ser navê Mustefa Kemal dest bi îdareya kar û barên hukumetê û propagandeya ji bo Tirkan kir, Hacî Nawras Efendî xwe nêzîkî wî jî kiribû û bûbû yek ji wan aqilmendê wî. Ez jî, dema ku bi Kaptan Bill re çûbûm Rewandizê, wî gelek nêzîkahiyê nîşanî min dabû û gelek caran biwext û bêwext min li ser sîniya wî nan xwaribû. Wî jî ji vê dostaniya me îstîfade dikir û hinek caran kar û barên xwe yên ba Bill dimeşandin. Ji bilî mêvandarî û meşandina kar û baran jî, heqê min li ser wî hebû. Ji ber vê, dema ku ez hatim Koyeyê û di bendîxaneyê de bûm, min namek jê girtibû. Di nameya xwe de digot: "Piştî çûna te ji Koyeyê, alîkarvanê hakimê siyasî di derbarê te de ket pirsîn û lêkolînê. Çend kesên xwenenas di derbarê te de hinek zimandirêjî kirin. Dema ku ji min pirsîn fikra wan guherî. Bi riya kurên min û xizm û dostan ve me wisan lê kir ku ew jî zimanê xwe kurt bike û bi vî awayî me nehişt kesek ji başiyê pê ve di derbarê te de tiştek bêje". Bi rastî dema ku min ev name wergirt, min ewqas qîmet bi van gotinên Hacî Nawras Efendî nedabû û ez ewqas li ser nesekinîbûm. Min dizanî ku tenê Bill ji min xeyîdiye û dixwaze eziyet bi min bike. Yanî min ji nameya Hacî Nawras wisan derêxistibû ku ew dixwaze bi min bide zanîn ku ew kesekî bi wefa ye û qenciya min jibîr nekiriye. Lê gotinên Siddîq bûn sebeb ku ez li ser nameya Hacî Nawras bisekinim. Carek min digot, baş e eva ew dibêje min fikra alîkarvan guherand û min nehişt ji milên din ve ji bilî başiya te tiştek din bê gotin. Êê baş e, Siddîq Efendî çiye? Kîjan ji wan rast dibêje? Tu bêjî gelo agahê Hacî Nawras ji meseleyê tune û dolabek wisan li serê min gerandine ku tirs ji netîceya wê bê kirin? Bi vî awayî bi pîvan û hildanê, lêkolîneke dûr û kûr a bi hezaran gotin û behsên borî û bi rabûn û rûniştinên xwe yên seetên dawiyê û li ser tawanî û bêtawaniya wan ez disekinim ku bikarim biryarekê li ser bidim, lê ev hemî bêfeyde bûn. Min nekarî di bin ronahiya van xalan de bigihîjim encama fikir û xeyaleke nû û perde diketin ser van nêrînên min û min nedikarî gotinên xwe yên du gav berê niha, bi yên ku niha yên ber hişê min re derbas dibûn girê bidim. Dinya hêdî hêdî tarî dibû û şev bi ser de dihat. Dilê min gelek tijî bû. Piştî fikir û melhezeyên gelek dirêj û belav, ez birçî ketim nav ciyê xwe û ez nizanim kengî û çawan xew ket çavê min. Nêzîkî beyanî ez hîşyar bûm û cardin ez ketim derya xeyalên bêbinî. Rojên min ên borî wekî şerîta sînemayê ber çavên min re derbas dibûn. Bajarê Silêmaniyê, xizmên min, pismamên min, dost û nasên min, mal û jina min (wê çaxê hê zarokên min tunebûn) hemî tiştên min li pê hev, wekî ez di pişt perdeke mij û moran de bim dihatin ber çavê min û diçûn. Ez di derbarê gelek kesan de ketim şikê. Gelek ji wan kesên dostê min wekî dijmin hatin ber çavê min. Perî li min bûn ecnî (cin) û melek jî bûn şeytan.

Min dar û ber kirin casûs û baweriya min bi rastî, başî û qenciyan nema. Hemî tişt li ber çavê min xerab bûbû, hemî kes li ber çavê min bûbûn hêvîna fitne û fesadiyan. Ez xortekî kêmtecrube bûm. Xem û kula min a ji mirinê zêde tunebû. Min xema wê yekê dixwar ku dinyayê bi şer û xerabî hatibe dagîrkirin. Ez ji wê dilteng dibûm û min xema wê dixwar ku ew kesên sivik dihatin ber çav, bikarin biserbikevin û bi fewtandina min bawerî bi hestê xwe bikin û leşkerê şer û xerabiyê pê bi hêz bibe.

Vêca ku tariya şevê derbas bû û beyana sibê dinyayê ronî kir, min ew kitêba li rexê ciyê xwe girt destê xwe û min xwe avêt ser gaza piştа xwe û ez ketim xwendina wê. Kitêb bi Tirkî bû. Se'îd Fewzîyê şair ê xelkê Silêmaniyê û mudurê înhîsarê yê Koyeyê, çend kitêbên din ji min re şandibûn. Çîrokek dûr û dirêj bû. Behsa geşta sefîneyek bû ku di netîceya bahozek deryayê de xerq bûbû. Serpêhatiya piştî xerqbûna keştiyê û rewşa çend rêwiyên wê yên ku di keştiyê de bûn dikir. Ew kesên ku bi tesadufî rizgar bûbûn, bi rojan li ser perçe texteyek bi bext û talihê xwe re bûbûn heval. Derdê tînîtî û birçîtiyê kêşabûn. Bi birîndar û nexweş di bin tavî û teyrokên barana biharê de li berxwe dabûn, ku xwe ragirin, wê perça textê bernedin û di deryayê de nexeniqin. Li hemberî zindî û dirindên deryayê bi dest û pê, bi diran û neynok li berxwe dabûn û bi hezaran asteng, bedbextî, tengî û zehmetî kêşabûn... Min berê ew şeva ez nexweş, beşek zêde ya vê kitêbê xwendibû. Lê du roj bûn min danîbû rexê ciyê xwe û min nedikarî temam bikim. Nû, vê beyana han bû ku piştî wan du rojan min dest bi xwendina wê kiribû. Min nedizanî netîceya wan mirovên ser wê perça textê çi lêhat? Li gel vê jî min encama xwe bi encama wan ve girêda.

Min ji xwe bi xwe re digot, eger hat û ev kesên han piştî ev qas bûyerên bi hezaran awa û girîng ji vê deryayê rizgar bibin û vegerin cîhana jiyan û xweşiyê, dûr nîn e ku ez jî ji van rojên tehl û nexweş û ji vê bêhêvîtiya bi girê û asteng rizgar bibim. Ez gelek xemgîn û bime'de bûm û ez diêşiyam jî. Min tu wextê bêtaqetiyek bi vî awayî li xwe nedîtibû, lê li gel vê jî min hewil da ku ez vê kitêbê bixwînim û têbigihim. Encama wan belengazên li ser perça text bizanim. Ew encama ku min ji xwe re kiribû perçek fala bextê xwe. Diyar bû ku min dikarî raste rast dawiya vê çîrokê bixwînim û encama wan bizanim. Lê wisan li min xweş dihat ku ez di wêneyek tabîî de bigihim encama wan. Di dawiya sebr û xwelêgirtinê, yanî di dawiya zehmetiya xwendina hemî kitêbê fala bextê min derkeve û ez hîn bibim. Min got ku, min xwe avêtibû ser gaza pişta xwe û dixwend. Vêca bi vî awayî serê min ketibû milê aliyê deriyê odeya min. Çavê min ji pişt re li hewşa qonaxa hukumetê bû. Car û carnan bêyî îradeya xwe min li hewşê dinêriya... Ew çi ye? Vê beyana han a zû ev Ingilîzê han ê kum li serî li vir çi dike? Ev çi polîse pê re? Vê siba han zû ku hê kesek nehatiye qonaxa hukumetê û heta heres jî hê ji xew hişyar nebûne, ew çi digerin? Wan berê xwe dan oda min. Gelo ew dê bên oda min an dê biçin odeya bendîxaneyê ya rexê oda min? Baş nêzîk bûn. Bi Xwedê rast berê xwe dan odeya min. Xwedê xêr bike. Va li ber serê min sekinîn. Ka ez rabim gelo ew çi dixwazin?

Dilê min dest bi gurpe gurpê kir û ez sor û zer bûm. Min wisan hîs dikir ku xwîn pekiya mejiyê min. Germiyê laşê min girt. Bêhn li min çikiya û deng ji min hat birîn. Êdî ferqa min û nexweşekî ji hev nedihat kirin. Mirovê Ingilîz piştî rojbaşiyeke sar û bi me'de, ji min re got: "Ka singê xwe veke!" Singê min ji xwe vekiribû. Çunkî havîn bû û tenê fanileyek tenik li ser min bû. Alet danî ser singê min, pişt re ser pişt û navmilê min. Wê gavê, bi du awayan Silêmanî bibîra min ket. Min got, gelo niha jin û kes û nasên min dizanin ez li ku me û çi dikim? Gelo ew dizanin niha dema nêzîkahiya îdamkirina min e? Ji ber ku min dizanî ku adetê inglîzan e, yanî berî şefeqê tawanbaran îdam dikin. Berî îdamkirinê jî dibê doktor tawanbar bibîne û rewşa wî/wê ya sax û selîmiyê bizane. Çunkî ez di bin tesîra gotinên Mîster Siddîq û ya tiştên Hacî Nawras Efendî di nameya xwe de nivîsandibû de bûm. Zêdekirina hejmara heresên min û qedexekirina hatin û çûyîna bi ser min de, bi ser van tevan de ji ber xeyalên têkel û asê yên şevê, neraketin, melheze û fikrên bêhişî yên gêj, vala, hûr û kûr bêhêvîtiyeke bêbinî kiribû dilê min û di serbarê ser de jî hatina doktor di demek wiha de, ez gîhandibûm netîceyek wiha...

Ew yek di bîra min de nebû ku qasekî berê niha min bi nameyekê daxwaza doktorekî ji Randel ê hakimê siyasî kiribû, ew jî li ser emrê Randel ji bo muayene û dermandana min hatibû. Yanî ez bêheq û bêsebeb ketibûm deryayek bêbinî ya dudiliyê.

Doktor, hinek derman û yek û du cure xwarinên taybetî ji min re nivîsandin. Ji bilî van rê da ku ew kitêb, kaxez û qelemên heta wê çaxê bi riyên dizî diketin destê min, dê qedexetiya li ser wan rabin. Min ev jî ji wan re got, divê ji ber rutubeta erdê ew henzêlekê ji min re tedarik bikin. Piştî vê heta demekê min îstîrahet kir û serê min rehet bû û piraniya wextê min bi raketin û xwendinê derbas dibû.

Wan rojan min gelek tişt bi Tirkî nivîsandin. Ji ber ku di dewra Osmaniyan de me bi Tirkî dixwend. Ez jî bi taybetî di zimanê Tirkî de yek ji wan xwendayê pêşketî yê sinifa xwe bûm. Wê rojê, piştî çûna doktorê Ingilîz, ku min di bin tesîreke manewî de qesîdeyek bi Tirkî ji Xwedê re metih nivîsandibû, musweda wê ya li ser kaxezên stûr ên di dema Ingilîzan de, bi hinek şi'ir û nivîsandinên din ve hê di nav nivîsandinên min ên wê demê de li mala min in. Ev qesîde û beşek şi'irên min ên bi Tirkî, min di sala 1924an de di bin navê "şiirlerim" (şi'irên Min) de li çapxaneya Necah li Bexdayê da çap kirin...[42]

-32-

'Ebdullah Axayê Hacî Teyar Axayê Hewîzî

'Ebdullah Axa, yek ji wan mirovê bi nav û deng ê Koyeyê bû. Yek ji wan neviyê Hewîziyan û bavê Fettah Axa bû ku wan rojan reîsê bajêr bû. 'Ebdullah Axa ji Tirkan hez dikir. Wekî din jî tagirê Şêx Mehmûd bû.

Qet ji Ingilîzan hez nedikir, mirovekî hinek ḥerzekar û hinek jî zimandirêj bû. Bi hemî axayên Koyeyê, heta bi pismamên xwe re jî nakokiya wî hebû. Lê dostaniya wî bi min re hebû û bi ser min de diçû û dihat. Deng û behsê îhtîmala îdamkirina min gihîştibû wî jî. Min seh kir ku biryara revandina min ji zîndanê daye. Her çendîn ji min re bi temamî zelal nebû ku ev rast e yan derew e, lê ez baş dizanim ku karekî wiha ji 'Ebdullah Axa dûr nebû. Ji ber ku mirovekî aza, mêr û mêrxas bû. Şeva piştî hatina doktorê Ingilîz ba min, bi dizî mirovekî 'Ebdullah Axa hat û ji min re got: "îşev dê mirovên siwarî bên û li bin dîwarê qonaxa hukumetê bisekinin. Polîs jî hatine tenbîh kirin ku çavê xwe li te bigrin û heta ku tu xwe bigihînî ba siwaran. Dê tu bi wan re biçî û ew dê te bibin ba Şêx Mehmûd. Ev tedbîra han bi dilê min nebû. Li milekî ewqas tirsa min nemabû û ez heta dereceyekê emîn bûbûm. Li milekî din jî baweriya min bi kesekî nemabû. Qasê ku ez berê girtina xwe bêtirs û bi xwe bawer bûm, piştî girtina xwe jî ez ewqas bêbawer, dudil û bişik bûm. Ger çendîn mimkûn bû ku ev pîlana revandina min rast jî bûya, lê şika min di wê de hebû ku bi ser nekeve. Xêrek jî di vê bêbawerî û milnedana min de hebû. Heger mimkûn bûya û şevek berê wê riyek wiha biketa pêşiya min, ez ne ji wan kesan bûm ku bi wî agirê xwe ve baz bidim. Ji ber ku gotinên Mîster Siddîq wisan qudumê min şikandibû ku min nedizanî ka gelo ez ê çi bikim. Lê bi hatina doktorê Ingilîz û rewşa wan bi min re, ez bi ser xwe de hatibûm û hêviya rizgarbûna min nû bûbû... Min bersîva mirovê 'Ebdullah Axa da û min rîca jê kir ku dev ji vê fikrê berde. Min jê re got ku, ez vî karî baş nabînim û sebebekî wisan jî nabînim ku pêwîstiya bazdan û xweveşartina min bike. Ez di wê yekê de dilgerm im ku min tiştekî wisan nekiriye ku bibe sebebê tirsa 'Ebdullah Axa û dostên din...

Min rojên xwe bi tiliyên destan dihejmartin û ez çaveriya pêşkevtina Şêx Mehmûd û derbazbûna hêzên wî li vî milî Zê bûm, yanî milê Koyeyê. Min wisan dizanî ku Şêx Mehmûd heta bi tevayî bi ser nekeve û şoreş herêma Koyeyê û hemî herêmên din negre nav xwe, Ingilîz Kurdistanê terk nakin û dê ez jî her di zîndanê de bimînim. Min nedizanî ku ez di vê de şaş bûm û rizgariya min -gelek mixabin- bi girtina Şêx Mehmûd ve girêdayî ye. Ji ber vê, di beyana roja duduyanîn a îniya meha hezîrana sala 1919an de li çarşiya bazara Koyeyê delalan temirandina şoreşa Şêx Mehmûd bang kirin û ev xebera han a dilşewitî û cergbir gihîşt min. Dinya bi carekê li ber çavê min tarî bû û ji herçar aliyan ve reş û moranê ez girtim. Xebera qehremanê Kurd û fewtandina xwe!.. Vêca roja duduyan a vê bûyerê, yanî beyana roja şemiyê, hakimê siyasî yê Koyeyê li qonaxa hukumetê meclîsê berhev kir û beşeke zêde ji xelkê bajêr ku qefle qefle ji bo dîtin û pîrozbahiya Randel berê xwe didan qonaxa hukumetê, ez xwe bi xwe digiriyam û min ji bo encama reş a Şêx Mehmûdê Hukumdarê Kurdistanê û ji bo perîşanî û bêserûberiya xwe rûndikan dirêtin. Ji ber ku encama Şêx Mehmûd a wê rojê encama Kurdistanê bû. Li mirekî din jî bext û talîhê neteweyê Kurd ê lêqewimî bû. Lê çi ji destê min dihat? Min tenê karîbû deriyê odeya xwe bigrim û heta daweta sernekeftina leşkerê Kurd temam bibe, guhê xwe bixitimînim û tiştekî jê seh nekim...

-33-

Berdana Min Ji Zîndanê

Her çendîn ez di zîndanê de bûm, lê rê didan ku ji min re xwarin bê û çay û qehwe jî didan min. Kaxez, kitêb û tiştên din jî ji min re dihatin û car û carnan di odeke taybetî de av ji min re hazir dikirin û min xwe dişûşt û kincên xwe diguhert. Lê rê nedidan ku taxima rîkurtkirinê ji min re bînin zîndanê yan ji derve berber bên rî û pora min kurt bikin. Ji ber vê, ew muddetê ku ez di zîndanê de mam, min nekarî rî û pora xwe kurt bikim. Lê piştî girtina Şêx Mehmûd bi birîndarî û şandina wî ya Bexdayê û demek wisan ku êdî hêviya min a berdan û rizgariyê nemabû, rojekê Mehmûd Efendiyê Kerkûkî yê katibê taybetî yê Randel, hat ba min û mizgînî da min ku hakimê siyasî û alîkarvanê hakimê bajêr berhev bûne û dixwazin ku biryara berdana min bidin. Ji bilî vê, şand berberek da anîn û rî û pora min dan jêkirin. Piştî wê nas û dostên min berê xwe dan zîndanê. Qefle qefle dihatin û mizgîniya berdana min didan. Gelek bi ser de derbas nebû, Kapitan Randel şand pê min. Telgrafeke Bill ku ji wî re nivîsandibû û pend û nesîhet ji bo min tê de bûn, ji min re xwend û hinek jî gazind kirin. Vêca ji min re got: "tu dikarî biçî mala xwe."

Ez dixwazim vê yekê jî bibîra we bînim, dema ku şeva berê min rûpelên dawiyê ya çîrokê xwend, ji rizgarbûna mirovên li ser perça textê yên di nav deryayê de û careke din vegera wan ji bo jiyanê û gihîştina wan bi mal û zarokên wan bi saxî û şadî, kenekî bêhêvî lêvên min qelaşt û dilê min bi min şewitî ku min encama xwe ya reş bi encama wan ên ku gihîştibûn armanca xwe ve girêdabû.

-34-

Dadgeha Şêx Mehmûd Ya Li Bexdayê û Şandina Wî Ya Andamanê

Her çendîn ez ji zîndanê derketim, lê ez ji zîndanê rizgar nebûm û riya min nedan ku ez vegerim Silêmaniyê yan Kerkûkê. Ez qasê du mehan li Koyeyê di bin çavdêriya hukumetê de mam. Di vê navê re li Bexdayê birînên Şêx Mehmûd dihatin derman kirin û bi Şêx Heme Xerîb yê zavayê xwe ve li zîndanê yan li nexweşxaneyê çaveriya dadgehê bû. Li milekî din jî ew zabitên Kurd ên esîr hatibûn girtin, ên wekî Qadir Efendiyê Qeredaxî, Izzet Topçî, Qaleyê Ayşexan, Reşîd Cewdet, Reşîdê Xefûr, Edhem Efendî, 'Elî Yawerê Salih Silêmanî û gelek kesên din ku di zîndana Bexdayê de bûn, di bin gelek tuhmetan de bûn. Di vir de pêwîst e ez bêjim ku ew kesên di derbarê van zabitên Kurdan de hinek derew belav dikirin, dûvik bi wan ve girê didan û behsa dudilî, nerastî û nepakiya wan a li hemberî Şêx Mehmûd dikirin, bi xwe nerast û nepak bûn û armanca wan ew bû ku dubendiyê derêxin, yekîtiya Kurdan xera bikin û girê û astengan ji Şêx Mehmûd re çêkin. Bi gotinek din em dikarin bêjin, ev kesên han an ji ber sebebê nezanînê yan bi munafiqiya xwe xizmeta Ingilîzan û biserkeftina hêzên wan dikirin. Hekene dibû bizanin ku ev zabitên han di bin tu zorekê de ji bo Şêx Mehmûd şer nedikirin û li hemberî leşkerê Ingilîzan nesekinîn. Eger wiha nebûya, piştî ku esîr hatin girtin ew nedikirin zîndana Bexdayê û li wir rojê rastê bi hezaran zulim û tehdayê nedihatin. Em bêjin di serî de bi naçarî û ji ber hinek sebeban bi pê Şêx Mehmûd ketibûn û çûbûn nav gera şer, lê dema ku hêzên Ingilîzan ên mezin gihîştin ser Şêx Mehmûd, wan bi hêsanî dikarîn jê cihê bibin û bi xwe û bi hêzên xwe ve bigihin leşkerê Ingilîzan û bi wan re bibin yek. Yan ji nav gera şer xwe bidin alîkî û derkevin çiyan û şerê pêşmergayetiyê bikin û heta ji wan re biqede xwe nedin dest. Di vê de tu guman tune ku di hemî wextê û di nav hemî civatan de mirovên nerast û nepak hene û di nav hemî neteweyekî de kesên li dijî neteweyê xwe pîsîtî û xerabî kiribin derketine, lê tu şika min di vê yekê de tune ku ew zabitên ku bi Şêx Mehmûd re bûn, hemiyan bi taybetî wan rojan, bi xwîneke germ û bi bîr û baweriyeke pak a welatparêzî xwe kiribûn nav agirê şer û ew hemî eziyet û îşkenceyên giran ku tûşî bûbûn û ew tehlî û nexweşiya li zîndana Bexdayê tam dikirin, ji ber sebebê ruhê wan ê welatparêziyê bû.

Ji bo dadgeha Şêx Mehmûd û Şêx Heme Xerîb, li Bexdayê dadgehek eskerî, yanî dîwana ûrfî hat danîn. Hakimên vê dîwanê hemî Ingilîz bûn. Wan, hukumdarê Kurd bi lêbarkirina van tawanan gunehkar dikirin:

1) Serhildana çekdarî ya li hemberî Britanya Mezin, rijandina xwîneke gelek zêde û sebebê zerareke gelek mezin.

2) Rakirina ala Britanya Mezin, dirandina wê û di ciyê wê de helkirina ala Kurdistanê.

Şêx Mehmûd, berî hemî tiştî rexne dikir ku heyeta vê dadgehê yan vê dîwana ûrfî, hemî ji Ingilîzan in. Yanî ji dijminê xwediyê dozdar hatiye pêkanîn. Ji bilî vê, musaede nekir ku tu parêzer di dadgehê de beşdar be û berevaniya wî bigre ser xwe. Ji ber ku wî digot ku, ev îtîrafa bi vê dadgehê û meşrukirina wê ye. Xwe tawanbar qebûl nedikir. Li hemberî kirinên Ingilîzan û bêqewliyên wan, di riya parastina welat û standina mafê Kurdan ên biheq de, serhildan û dijrawestandina li hemberî Ingilîzan li ser xwe wezîfeyek hesab dikir û di vê xwînrijandinê de ne xwe, Ingilîzan tawanbar dizanî...

Lê dîwana ûrfî van gotinên wî seh nekir û li ser esasê derewan Şêx Mehmûd muhakeme kir û cezayê mirinê dayê. Ji Silêmaniyê bi navê şahidiyê gurubek ji mirovên naskirî berhev kiribûn û bi zorî yan bi dilxwazî di vê dadgehê de beşdar kiribûn. Ew kesên ku bi Kapitan Bond ê hakimê siyasî yê Çemçemalê re şandibûn Bexdayê ev bûn:

1) Hacî Mele Seîdê Kerkûkî.

2) Izzet Begê Osman Paşayê Caf.
3) Şêx Necîbê Qeredaxî.
4) 'Ewnî Efendiyê Yuzbaşî yê kurê Hacî Gûrûn.
5) Hemed Begê Qadir Paşa.
6) Hacî Axayê Hesen Axa.
7) Mîrza Ferecê Hacî Şerîf.

Şêx Mehmûd, pîştî hemî van bûyerên girîng û bi tirs, hîşyarî ji dest bernedabû û neketibû rewşeke perîşan. Birîndarî, esîrketin û dîwana ûrfî ya Ingilîzan wî xaf û sist nekiribû. Wekî şêrekî nav qefesê bi mecala êrîş û hemlekirinê digeriya. Li hemberê dîwana ûrfî biexlaq û guftûgoyeke bêgirê û azane, li hemberê şahidan jî bi siruştekî mêrxasî û merdane bû. Nêrînên xwe yên di derbarê şahidan de bi awakî wisan da xuyakirin ku, ehemiyeteke bi wî awayî nade wan û ew li ber çavê wî ne tiştek in. Tenê ew daxa li ser dilê wî bû ku Kurd ji bo biyaniyan li ser wî şahidiyê dikin. Xem û kula wê yekê dikêşa ku qeyd û zincêra Ingilîzan ew kiribû tengiyê û nedikarî biçirîne. Ji ber vê, dema ku dîwanê cezayê mirinê dayê, berkeneke gelek bi me'ne rûyê wî girt .

Britanya Mezin, ji ber du sebeban ev ceza dabû Şêx Mehmûd. Yekem: ji bo îspatkirina mezinatî û heybeta Britanyayê. Duduyan jî: eger dîwana ûrfî ji bo girtina Şêx Mehmûd hukmê zîndanê yan şandina wî ya derveyê Iraqê guherî, vê yekê bikin belgeyek ji bo lêborîna xwe û musamahaya xwe li hemberî tawanbaran. Hinekan jî digotin, mimkûn e ku Ingilîz ji ber xatirê girtiyên xwe yên Deboyê yên esîr ketibûn destê Kurdan û Kurdan bi wan re li gor şert û mercê dewletên şaristanî muamele kiribûn û bi eksê eziyet û azardan, gelek qedir û siyaneta wan girtibûn û ew wekî mêvanan hewandibûn[43]. Her çendîn ev sebebê han yek ji wan sebeban nebû ku bê bîra kesekî, lê wê çaxê nehatibû bîra kesekî ku divê Şêx Mehmûd ji bo rojên bên bimîne. Ji ber ku Ingilîzan wisan bi hêsanî hêviya xwe jê nedibirîn. Timatiya wê yekê dikirin ku hê firset ji destê wan derneketiye û hê ew bi temamî wenda nekirine û bihêvî bûn ku careke din ji bo meşandina siyaseta xwe ya di vê navçeyê de ji wî îstifade bikin. Ji ber vê, Londrayê pençê xwe dirêjê nav hukmê dîwana eskerî kir. Pêşî hukmê wî guherandin deh sal zîndan û pişt re jî ew bi Şêx Heme Xerîbê zavayê wî re şandin girava Andamanê.

Wilson ê hakimê 'am di wextek wiha ya girîng de jî hê di pê Şêx Mehmûd de bû. Wî dixwest dawî li jiyana wî bîne û wî ji holê rake. Li dijî wê yekê bû ku Hukumeta Britanyayê li Şêx Mehmûd bibore û dev ji dûrxistina wî ya ji Iraqê berde. Ew, ku ji aliyê Major Soane ve gelek dihat hezkirin û ew hakimekî bêemsal dihesiband, qet ji Şêx Mehmûd hez nedikir û di halekî wiha de dixwest wî bikûje û bifewtîne. Lê dema ku Hukumeta Britanyayê, wekî me got, ji ber gelek mebestan biryara mayîna Şêx Mehmûd da û dîwana eskerî hukmê mirinê guherand û tenê bi dûrxistina wî ji Iraqê ma. Wilson bi awakî resmî rexne li vê qerarê girt û wiha got: "Mayîna Şêx Mehmûd bi zindî, ji dostên wî re hêviyek e û ji me re jî zerareke mezin e. Ew dostên wî yên ku li hêviya vegera wî ne, xwe ji kirinên xwe nadin alîkî û yên din jî, yanî dijminên wî jî ji tirsa vegera Şêx Mehmûd hêmin û dilxweş nabin. Bi kurtî, heta Şêx Mehmûd bijî asayîş nakeve Kurdistanê." Lê li gel van hemî dijminatî û dilhişkiyan jî, Wilson îtîraf bi azayetî û bêtirsiya Şêx Mehmûd dikir û bi zimanekî vekirî û zelal behsa xîreta neteweyî û ruhê bilind ê welatparêziya vî qehremanê Kurd dikir. Wilson wiha dibêje: "Ez, li nexweşxaneya Bexdayê çûm ba wî, wî bi awakî gelek bi kul, bi derd û bi eziyet digot (yanî Şêx Mehmûd digot) : Ne mehkema eskerî ya Ingilîzan û ne jî tu mehkemeyeke din, ne xwediyê wî heqî ye ku min mehkeme bike. Ji ber ku min li gor naveroka wan mafên ku ji aliyê dewletên sondxwarî ve hatine danîn û qebûl kirin, bi Ingilîzan re şer kiriye û min xwe di riya Kurdistanê de feda kiriye û ez ê bikim jî". Piştî vê, cardin Wilson gotinên xwe didomîne û wiha dibêje: "Şêx Mehmûd duwanzdeh maddeyên (dibê çardeh be) Wilson ê serokcumhurê Emerîkayê bibîra min xist û ji min re xwendin. Vêca bazbendek ji milê xwe derxist û di nav wê Qur'ana ku di bazbendê de bû rûpelek derxist û nîşanî min da. Ew wergera Kurdî ya maddeyên Wilson û yên belavokên Ingilîz û Fransizan bûn, ku ew hemî di derbarê mafên neteweyên biçûk de bûn û hemiyan bi hev re di sala 1918an de belav kiribûn."(44). Ev gotinên Wilson ê hakimê

Iraqê yê 'am, ku dijminekî bêînsaf û bêmerhemet ê Şêx Mehmûd bû, belgeyeke mezin e ji bo zimankurt kirin û devgirtina wan kesan ku ji ber sebebê nefamî, nezanîn û neşarezatiyên xwe gotinên pûç û vala di derbarê şoreşa Kurd de belav dikirin an wisan dizanîn ku Şêx Mehmûd çovê destê Ingilîzan ne.

Piştî girtina Şêx Mehmûd û şandina wî ya Bexdayê, Ingilîzan hêzeke xwe ya siwarî li Silêmaniyê danîn û heta demekê ev hêza han mijûlê girtina wan serokeşîretan bû ku bi Şêx Mehmûd re hereket kiribûn. Gelek ji van hatin girtin û ew bi hinek tawanan hatin ceza kirin. Piştî vê, Dayireya Mendubê Samî yê li Bexdayê ji bo xurtkirina milên eskerî gelek hewil da. Ji bo çêkirina riya Kerkûkê, Koyeyê û Xaneqînê û kêşana riya hesin ji bo navçeyên Kurdistanê gelek xebitî. Lê ji bo pêknehatina vê mebesta han rewşa maddî ya wan rojan a Dewleta Britanyayê astengek mezin bû... Beşek zêde ji wan karan heta îro jî hê mane û tu netîceyek jê nehatiye standin...

Wê navê re izna min dan ku ez ji Koyeyê vegerim Silêmaniyê. Ew roja ku ez gihîştim Kerkûkê ew kesên ku ji bo şahidiya Şêx Mehmûd çûbûn Bexdayê vegeriyabûn û ez li wir rastê wan hatim. Ev firseteke gelek baş bû. Ez çûm ba Hacî Mele Se'îdê xizmê xwe û bi riya wî ez bi van şahidan re -bêyî em pirs ji Kapitan Bond bikin- vegeriyam Silêmaniyê.

Li ser riya Kerkûk-Silêmaniyê ji Qerehincîr heta Teynalê nav navan re rêçên şer dihatin dîtin. Ji Derbendê Baziyan heta nêzîkî bajarê Silêmaniyê herdu milên rê xêwet û baregeh li ser hatibûn rakirin û deşt û çiya bi leşkerê Ingilîzan, yanî ji Hindî, sîx û gurgan hatibûn dagirtin...

-35-

Leşkerên Yunanî Êrîş Dibin Ser Erdê Tirkan

Wekî me di pêş de jî behs kiribû, Hukumeta Yunanî bi saya têkoşîna Wenezelos ê serokwezîrê xwe, ji bo dagîrkirina erdê Tirkan, ji dewletên sondxwarî biryar derxist û ji ber vê jî dest avêtin berhev kirin û rêxistina eskerên xwe. Di 15yê gulana sala 1919an de Îzmîrê îşgal kirin. Vêca piştî vê jî xwe amade dikirin ku êrîş bibin ser bajarên Tirkan ên din. Leşkerên Tirkan, nû ji Şerê Cîhanê yê Yekem derketibû û ji hemî milan ve birçî, westiyayî û bêhêz ketibû. Hewcedariya wan gelek bi pêkanîna kil û kêmasiyan hebû. Ji ber vê, ne mimkûn bû ku li hemberî leşkerekî nû û rêkûpêk bisekine. Bi taybetî dema ku ev leşkerê han jî pirçek be û perwerdekirî be. Leşkerê Yunanî ji bo ku wezîfeya şerekî mezin û dagîrkirina welatê nete-weyekî aza û şerker yê wekî Tirkan girtibû ser xwe, bi çekên baş hatibû techîzkirin û di bin perwerdeyek baş de derbas bûbû. Ji ber vê, Hukumeta Yunanî û bi taybetî Wenezelos ê serokwezîr, ew biryara bêcih û nerewa ya dewletên sondxwarî, di wê rojê de firseteke mezin hesibandibû û ketibû sewdaya dagîrkirina welatê dijminê xwe yê kevin, yanî welatê Tirkan.

Ji Nureddîn Paşa re berevaniya li dijî van leşkerên Yunanî hatibû sipartin. Wî ji bo vî karî hinek hêzên sivik rêxist û di bin fermanderiya çend zabitên xwîngerm û welatparêz de bi şerê çete heta demekê baş berevaniya li dijê hêzên Yunaniyan kir. Mustefa Kemal û hevalên xwe, wê çaxê bi şev û bi roj dixebitîn ku ji nû ve leşkerê Tirk bi rêk û pêk û perwerde bikin. Ew kil û kêmasiyên wan nehêlin û bi giyanekî nû têxin eniya şer. Yanî têdikoşîn ku wî leşkerê birçî, rût û westiyayî ji nû ve bivejînin. Yunaniyan vê dizanîn. Ji ber vê, wan dixwest hê zû ye û berê ku Tirk xwe bidin hev û leşkerên xwe berhev bikin, xwe bigihînin navçeyên welatê Tirkan û firseta serbilindkirinê nedin wan.

Vêca eynî wê demê, Şêx Mehmûd jî bi leşkerên Ingilîzan re li Derbendê Baziyan şer dikir, li milê din jî Yunaniyan bi Besarabyayê re leşkerekî mezin ê din gîhandin Îzmîrê. Ji bilî vê biryar ji bo berhevkirina 125 hezar eskerên din û perwerdekirina wan dan ku bi wan jî bajarên din ên di destê Tirkan de ne bistînin. Dema ku li Anadoluyê (Asya Biçûk) hewadîs bi vî awayî bûn, li Stenbolê dewletên sondxwarî, her wekî me berê niha jî gotibû, Pêmana Sewrê di 10ê tebaxa sala 1920an de bi Hukumeta Ferîd Paşayê Damad dan îmza kirin[(45)]. Di vê peymana han de ku bendên di derbarê damezirandina Kurdistaneke mezin û serxwebûniya milletê Ermenî tê de bû, eger ser biketaya, piştmaziya pişta dewleta Tirk pê dihat şikandin û bi vê tenê ne dima, mimkûn bû mecala careke din zîndîbûn û serbilindiyê nedîtiba. Lê Mustefa Kemal û hevpêmanên wî yên xwediyê "Mîsaqê Millî", çawan li hemberî leşkerên Yunaniyan xwe danhev, ew leşkerê ku ji aliyê xelîfe ve ji Stenbol şandin ser wan, bêzerar kirin û kirin terefdarê xwe. Imzakirina Pêmana Sewrê ya navê wê derbas bû ji aliyê nunerên Hukumeta Stenbolê ve jî, Kemalîstan ji hev nexist û ji kirinên xwe paşde neman. Yanî ji rêxistina leşkerên Tirk li Anadoluyê paşde neman û sar nebûn. şikestina leşkerên xelîfe ji aliyê hêzên Mustefa Kemal ve, bû sebebê ketina wezareta Ferîd Paşa. Wenezelos ê serokwezîrê Yunaniyan ku yek ji wan siyasetvanê herî zana û zîrek ê Ewropayê yê wê demê dihat zanîn, dijminê herî mezin ê milletê Tirk bû. Ew "çov di dest de" ket nav dewletên sondxwarî yên mezin û ji wan daxwaz kir ku hê şoreşa Mustefa Kemal nekemilî ye û sava ye, ji pêşveçûna hêzên Yunanî re rê bê dan û ew bajarên di navbera Îzmîr û Afyonkarahisarê de nin û dikevin ser riya hesin, bên îşgal kirin.

Li milê din, leşkerên Mustefa Kemal, piştî şikandina hêzên Anzawur Paşa, yanî hêzên xelîfe, hêdî hêdî ber bi vejînê ve bûn û xwe nêzîkî bajarê Stenbolê kiribûn. Ji ber vê, mezinên sondaxwaran li hemberî Wenezelos nerim bûn û soz dan ku dijîtiya wî nekin. Ingilîz, ji berê hê zêdetir pêş ve çûn û bi pere û çek jî alîkarî kirin. Lê wekî em ê di dawiyê de behs bikin, leşkerê Yunanî ev karê han ê girîng nebir serî. Ew xewna xweş ku dîtibûn vala derket. Bi armanca xwe û ya sondxwaran ku ji bin ve ew han didan, negihîştin. Ji ber vê, mezinên sondxwaran hêdî hêdî berê xwe ji hukumeta xelîfe zivirandin û pişta xwe danê. Li milê din jî hêviya wan ewqas zêde bi hêzên Yunaniyan nema û gihîştin wê qeneetê ku li gor fikra netîceya leşkerê "asî" yê Tirkên Anadoluyê bikin û bi naçarî qasek şûn de berê xwe dan Mustefa Kemal ê dijminê xwe û destê dostiyê jê re dirêj kirin.

-36-

Li Yunanîstanê Ketina Wezareta Wenezelos û Di Cîhana Siyasetê de Serkeftina Kemalîstên Tirkiyê

Dema ku Wenezelos mijûlê rêxistina tedbîrên dagîrkirina axa Tirkan bû, li Yunanîstanê têkelheviyek pêda bû. Aleksander (Iskender) ê qralê Yunanîstanê mir. Di helbijartina nû de partiya Qral Konstantîn bi ser ket û wezareta Wenezelos hukumetê terk kir. Êdî hewayê siyasetê jî guherî, ew rê û siyaseta Wenezelos li ser dimeşiya hat terkkirin. Çi ev bûyerên jorê û çi jî rênekevtina mezinên sondxwaran li ser siyaseteke taybetî ya bêhîle û pêleya di nav xwe de, bû sebeb ku serokwezîrê Fransayê, wezîrê derve yê Îtalyayê û serokwezîrê Britanyayê bikevin behsa muzakera hilweşandina Pêmana Sewrê û dawî lêanîna "meseleya şerqê". Loyd George ku bi dijminatiya Tirkan hatibû naskirin, qîmet neda gotina wan herdu wezîran û ji wan xwest ku firsetê bidin heta ku têkilheviyên hindurî yên Hukumeta Yunanê xelas bin û netîceyek jê bê standin. Eşkere ye ku mexsed ji vê qazanckirina zeman û bicihnekirina daxwazên wan bû. Bi ser van tevan de, bi eksê daxwazên Fransa û Îtalyayê, ji ber serkeftina partiya wî di helbijartinê de, Qral Konstantîn ê melikê berê yê Yunanîstanê hat ser text. Karê wî yê yekem biryar da ku li ser rê û xeta Wenezelos bimeşe û dijîtiya bi Tirkan re bide domandin.

Lê leşkerên Qral Konstantîn jî li hemberî leşkerên Tirkan xwe ranegirtin, şikestin û vegeriyan dora Bursayê. Wê çaxê carek li Parîsê û carek din jî li Londrayê li pê hev du civîn hatin kirin. Civîna Londrayê di 21ê sibata sala 1921an de li Koşka Dêra Sen Ceymis (?) de di bin serokatiya Loyd George yê serokwezîrê Britanya de çêbû. Di vê civînê de nunerê Mustefa Kemal û nunerê Hukumeta Stenbolê bi hev re rûniştin. Di derbarê Pêmana Sewrê de, li ser daxwazên Tirkan û Yunaniyan dûr û dirêj sekinîn û muzakere hatin kirin(46). Lê netîceyek neda. Hukemeta Yunanî biryar da ku şer bidomîne û dest avêt xwe bide hevûdu...

Nûnerên Mustefa Kemal (yanî nunerên Hukumeta Enqereyê), di bin serokatiya Bekir Samî Beg ê Wezîrê Kar û Barên Derve de çûbûn Londrayê. Ew hê li wir, bi nîvdizî û bi nîveşkere bi nunerên Fransa re ketibûn muzakereyên lihevhatinê û kêm û yan hindik nêzîkayî li hev kiribûn. Bekir Samî ji Fransizan hîsa nermîtî û terefdariya xwe kiribû û bihêvî bû ku bikarin bi wan re lihev bên. Eger îtîbar bi gotina yek ji wan nunerên Tirk bê kirin, hê li Londrayê bi Fransizan re li ser çarçeveya peymaneke dumilî li hev kiribûn. Ji ber vê, dema ji Londrayê vegeriyan, bêsekin çûn Parîsê. Mebesta wan ew bû ku berê herin welatê xwe, Hukumeta Fransayê biceribînin û eger ji wan re lihev hat bi wan re lihev bên.

Wekî me got, Tirkên Enqereyê bi çûna xwe ya Parîsê, bihêvî bûn ku li ser peymaneke aştiyê lihev bikin û îmza bikin. Ji ber vê dixwestin ku biaştî û bêşer Kilîkyayê ji Fransizan bidin vala kirin. Dema ku gihîştin Parîsê, gelek bi germî pîşewaziya wan hat kirin, ji bo rênîşandan û şarezatiyê Kolonel Mogan bi wan re danîn. Vî mirovê han gelek bi dil rêberiya wan dikir û bi saya wî Bekir Samî Beg û hevalên wî, gelek kesên siyasî û eskerî yên Fransayê nas kirin û di hêla bîr û rayên xwe de gelek muzakereyan kirin. Pişt re firset ket destê wan ku wezîrê kar û barên derve yê Fransayê jî bibînin. Di derbarê Kilîkyayê de û valakirina wê ji aliyê leşkerên Fransayê ve, ku bêşer û bi çi awayî dibe bila bibe eger Hukumeta Fransayê qenc bizane, di vî warî de pê re muzakere bike. Di vê hevdîtina han de Bekir Samî û hevalên wî bi Wezîrê Kar û Barên Derve yê Fransayê A. Briand re, li ser ev bendên han ên xwarê peymanek imza kirin:

1- Wezareta Kar û Barên Derve ya Fransayê, dê bi telgrafê Mendubê Samî yê Fransayê yê li Sûriyê li ser nêzîkbûn û lihevkirina wan bi Tirkên Enqereyê re, agahdar bike.

2- Di vê peymanê de, ew ciyên Fransa soz dide ji Tirkan re bihêle, di navbera mehekê de dê bên vala kirin û dê di van ciyan de hêzên Mustefa Kemal bicih bin.

3- Piştî vê peymanê, dê Tirk dest bavêjin bicihkirina ew mercên ku ji bo beşek bendên wan bi Fransizan re li hev kirine.

Fransa, li ser van biryaran, ji bo kêşandina hêzên xwe ji Kilîkyayê, tedbîr standin û Mendubê Samî yê Fransayê yê li Sûriyê jî agahdar kirin. Bekir Samî Beg jî bi telgrafê Hukumeta Enqereyê agahdar kir. Enqere, bi şîfre bersîva wî dide û di vê bersîvê de wiha hatiye gotin: Yunanî ji bo şer xwe amade dikin. Em ji Bekir Samî dixwazin ku vê mesela han ji Fransizan re bêje û hewil bide ku di babetê hinek çek, fişek û alîkariyên din ji leşkerên nû yên Kemalîstan re, bendek din têxin nav wê peymanê ku li ser li hev kirine. Ji bilî vê, eynî di vê telgrafa han a bi şifre de, Enqere, Bekir Samî bi vê yekê jî agahdar dike ku Gutarîsê Wezîrê şer yê Yunanîstanê çûye Londrayê û hewl dide ku ji bo leşkerên Yunaniyan çek û sîlahên nû bistîne. Ew leşkerên ku ji nû ve bi rêxistibûn, amade dikirin ku bi wan ji nû ve êrîş bibin ser axa Tirkan...

Li gor şîfreyê û ew zanyariyên ku gihîştibûn Enqereyê, Londrayê soz dabû Yunanîstanê. Ji vê jî ev yek derdikeve ku hêzên (çeteyên) Mustefa Kemal li milekî li hemberê leşkerên Yunanî şer dikirin û riya pêşkevtinê li wan dibirîn, li milekî din jî li Kilîkyayê li hemberî hêzên Fransayê ji taqeta şer neketibûn û ew xistibûn tengiyê.

Li ser vê telgrafa han a Enqereyê, Bekir Samî û hevalên xwe, careke din diçin ba A. Briand ê Wezîrê Kar û Barên Derve yê Fransayê û li ser xeberên Enqereyê dikevin muzakereyan. Lê di vê riya han de rastê gelek asteng û girêyan tên. Ev xwestinên Enqereyê ji aliyê A. Briand ve gelek girîng tên dîtin. Bi wan dide zanîn ku rêkevtina li ser bingehek wiha ne ciyê baweriyê ye. Li gor A. Briand, di wan rojan de Fransa bi tu awayî nikare çek bide leşkerê Mustefa Kemal an bifroşê... Bekir Samî riya rizgarbûna ji vê astengê dibîne. Ji A. Briand re dibêje: "Em naxwazin hûn ji me re çekan bînin an bifroşne me. Em tenê dixwazin ew leşkerên we yên ku hûn ê ji Kilîkyayê bikêşin, bila çekên xwe di cih de bihêlin û bêçek biçin. Yanî rê bidin ku Tirk bi şerekî sivik ê henek wan bişelînin. Ji ber ku sondxwarên din ên ji bilî Fransayê, nedixwestin çek bikevin destê Tirkan. Ji ber vê, Fransa dibû vê yekê bi riyeke fêl û hîle bike. Li ser vê, A. Briand daxwaza muhletê yek-du rojan dike. Piştî re Bekir Samî û A. Briand li ser vê yekê li hev dikin: eger hat û Hukumeta Fransayê biryara di cih de hiştina çekan li Kilîkyayê bide, dema paşvekêşana leşkerên wan de, dê leşkerên Mustefa Kemal bi pê wan kevin û piştî şerekî derewîn, Fransiz dê çekên di destê xwe de ji wan re bihêlin û bi awakî bazdayî ji sînorê Kilîkyayê derkevin û xwe bigihînin qeraxên Derya Spî, yanî ber keştiyên Fransayê.

Tirk, roja duduyan ji bo bersîva dawî ya Fransayê diçin ba A. Briand. Ew ji wan re dibêje ku piştî du rojên din, yanî di 24ê adara sala 1921an, dê reîsêcumhur bi xwe Bekir Samî û hevalên wî bibîne û muzakereyê bi wan re bike. Ew roj tê û Tirk bi rêberê xwe Kolonel Mogan ve diçin Seraya Elizeyê. Li ber deriyê serayê yê derve, yawerên reîsêcumhur dikevin pêşiya wan û wan digihînin hindur. Wê çaxê hê Tirkan kumên xwe yên resmî neguherandibûn û fes didan serê xwe. Li gor adetên Fransayê, berê mirov bikeve hindur ba reîsêcumhur, mirov mecbûr e fes an tîştê serê xwe derêxe. Tirk jî, ji bo ku îstîfade ji vê dîtinê bikin û bi çi mercê dibe bila bibe bigihîjin armanca xwe, bê şerm xwe serrût dikin û bi wî awayî dikevin hindur. Lê di gava yekem de ji wan re eşkere dibe ku, reîsêcumhur di wê fikrê de nîn e ku dil bide ber xwestinên wan û milê lihevhatinê bigre. Sekna wî ya bi piyan a di nîvê odeyê de, belgeya sersarîtî û piçûkdîtina Tirkan dide xuyakirin. Ji bilî vê, dema ku serokmêvandar wan pêşkêşî reîsêcumhur dike, ew bi awakî sar û nejidil destê wan toqa dike û bi awakî fexr û kibir vedigere ciyê xwe. Ew ciyê Tirk li wir disekinin nêzîkî pênc metroyan ji kursiya reîsêcumhur dûr e. Her li wî ciyî dimînin û reîsêcumhur wan bangî pêş ve nake. Piştî ku ji serî heta binî li wan dinêre, berê xwe dide wan û ji wan re dibêje rûnin. Bi vê jî dilê wî rehet nabe û vêca berê xwe dide wan û ji wan re dibêje: "Tiştekî gelek ecêb e ku hûn ji bo bi hêviya ku bi me re lihevwerin hatine vir. Em bi we re lihevhatin, me baweriya xwe bi we anî û emir da hêzên xwe yên Kilîkyayê ku paş ve bikişin. Lê çi heye hêzên we yan çeteyên we, taze ketine êrîşbirina ser hêzên me û heta vê seeta han jî hê gullan berdidin hêzên me. Ev e peymana we? Bi rastî ev karekî gelek nerewa ye û ciyê dax û êşan e". Bekir Samî di bersîva xwe de wiha dibêje: "Ji ber xerabûna rê û dirbên me û nebûn an xerabûna telgrafxanan li hinek ciyan û bi taybetî ji ber sebebê şerê çeteyî, têkelhevî û aloziya wê navçeyê, mimkûn e ku Hukumeta Tirkiyê pê re negihîştibe ku agahdariya lihevhatina me bigihîne hemî ciyan ku ew şer bidin sekinandin. Lê va em bi xwe (yanî Bekir Samî û hevalên wî) dê vegerin Enqereyê û yên ji bo vê meseleyê pêwist bin em ê bi xwe bicih bikin"(47). A. Millerandê reîsêcumhurê Fransayê, gotinên Bekir Samî dibre û jê re dibêje: "Çi feydeya van gotinên bêfeyde hene? Em wisan dizanin ku Enqere bi peymana navbera me agahdar e. Lê naxwaze ku mercên li ser Tirkan e bicih bîne. Ku ev jî heta niha nebûye destûr û em jî çav lê nagrin". Bi vî awayî gelek gotin dibêje û guftûgo dirêj dibe. A. Millerand bilind difire û Tirkan quruşek hesêb nake. Lê ew ji bo armanca karên xwe û gihîştina daxwazên xwe çavê xwe ji vê pozbilindî, fixir û kîbrê re digrin û bi xwînsarî pê re hereket dikin. Piştî gelek tiştan, di dawiyê de Bekir Samî berê xwe dide A. Millerand û jê re dibêje: "Ev peymana han a ku me li ser lihevkiriye, çawan ji Tirkan re bi feyde ye û milletê Tirk digihîne aştiyê, ji Fransizan re jî ewqas bi feyde ye. Ji ber vê, em wisan dizanin ku hûn û Hukumeta Fransayê jî dê pê xweş bin ku ev bi ser keve. Ez carek din vê yekê ducar dikim ku paşveketina bicihanîna mercên vê peymana han ji aliyê Hukumeta Tirk ve, belgeya bêbaweriya li ser peymanê nîn e û ev belgeya nerastiya me jî nîn e. Belko dibê ev ji ber wê be ku em niha nizanin gelo ka çi ye? Li gel vê jî ji me re eşkere ye û dibê hûn jî pê bawer bikin ku hemî mercên vê peymana han ji aliyê Hukumeta Tirk ve, eger îro jî nehatibe cih, sibê dê bê cih. Vêca ji ber vê ye ku em pêwîst dizanin ku ji we re bêjin : Hukumeta Enqereyê hêviya wê yekê ji we dike ku hûn fermanê bidin, hêzên xwe yên Kilîkyayê ku dema paş de bikişin Sûriyê, çekên xwe di cih de bihêlin û bidin me". Reîsêcumhur, wisan hêzir dike ku ev gotinên han ne bi dil in. Ji ber ku bi ser vê meseleyê re gav dide û vedigere ser meseleyek din. Êdî Tirk hêviya xwe dibrin û sist dibin. Reîsêcumhur vê hîs dike û ji bo ku dawî bi guftûgoyê bine, radibe piyan. Bekir Samî û hevalên wî jî radibin û bê ku tiştekî bêjin destê A. Millerand toqa dikin û bi rûyekî tirş derdikevin...

Netîceya Hewildanên Bekir Samî û Lihevhatin Bi Fransa û Îtalyayê re

Kolonel Mogan ji derve li hêviya Bekir Samî û hevalên wî ye. Bi rûyên wan ên tirş jê re eşkere dibe ku li ba reîsêcuhmur negihîştine armanca xwe. Ji ber vê dest pê dike û dilê wan divekire. Dixwaze têxe mejiyê wan ku piraniya kesên bi nav û deng ên Fransayê û mezinên eskeran, terefdarê wan in û ew dixwazin alîkariya Tirkan bikin. Wisan li wan dike ku hêviya xwe neşkînin û li ser hewildan û xebata xwe bimeşin. Ji bilî vê, bi wan re diçe ba gelek mirovên siyasî û mezinên eskerî yên Fransayê û wan bi hev dide nas kirin. Çi ji ber sebebê van kesên naskirî yên siyasî ku tesîrê li ser siyaseta Fransayê dikirin û çi jî bi rêberî û bi alîkariya rastî ya Kolonel Mogan -xwediyê sermaya mezin û kolonyalîstekî dijminê xwîna Tirkên Kemalîst bûkarîn bi wan guftûgoyên bi mezinên sîvîl û eskerî re Hukumeta Fransayê û bi taybetî Partiya Sosyalîst bikin terefdarê xwe û bi vî awayî hewla xwînsarî û rikoyî wisan lê kir ku Hukumeta Fransayê guhê xwe bide daxwazên Hukumeta Enqereyê û pê re lihevhatinê bikin. Vêca piştî heşt rojan mayîna Parîsê, ji Fransayê çûn Îtalyayê (3yê nîsanê 1921).

Ew, yanî Bekir Samî û hevalên wî, li Îtalyayê rastê tu girê û astengan nehatin. Kont Sforza yê Wezîrê Kar û Barên Derve yê Îtalyayê, hê di civîna Londra û Parîsê de bi Tirkan re bi dostane hereket kiribû û alîkarî dabû wan. Ji ber vê, Bekir Samî û hevalên wî, piştî ku girêya lihevhatinê bi Fransayê re hel kirin, hatin Îtalyayê û hêviya wan ew bû ku bi wan re li hev bên û sozê wergirtina hinek çek an kirîna wê ji wan bistînin. Kont Sforza, bi eksê Fransayê gelek bi hêsanî bi wan re lihev kir û biryar da ku çi pêwistiya leşkerên Tirkan bi çi çekên nû hebe, bifroşe wan. Bi vî awayî heyeta Bekir Samî li Fransa û li Îtalyayê gihîşt armanca xwe. Bi van faydeyên bidest xistin, ku em ê li xwarê bihejmêrin, karîn bingehê Tirkiya nû bihêz bikin:

1- Cihêbûna Fransa û Îtalyayê ji siyaseta Ingilîzan ya di derbarê Tirkan û Yunaniyan de dimeşandin.

2- Derketina leşkerên Fransayê ji ew çend bajarên Tirkiyê yên dagîrkiribûn û berdana van bajaran ji leşkerên Mustefa Kemal re.

3- Bê heq hiştina çekan ên leşkerên Fransayê yên li Kilîkyayê, ji leşkerên Mustefa Kemal re.

4- Alîkariya Îtalyayê ya siyasî û edebî ji Tirkiya nû re û firotina çekên şer ji Hukumeta Mustefa Kemal re[48].

Di halê xwe yê tabiî de faydeya herî mezin a van herdu lihevhatinên jorê ji Tirkan re ew bû, ku heta wê rojê beşeke zêde hêzên Mustefa Kemal, li Kilîkyayê û Antalyayê li hemberî hêzên Fransa û Îtalyayê şer dikirin. Ji ber vê, li hemberî hêzên Yunaniyan leşkerekî Tirkan ê bi hêz tunebû. Eger tam di vê navê de lihevhatina Tirkan bi Fransayê û bi Îtalyayê re bi ser neketiba, mimkûn bû ku leşkerên Yunaniyan bê berxwedaneke mezin pêş biketa û bigihîştiya wan bajarên ku biryara girtina wan dabûn. Lê paşvekêşana leşkerên Fransa û Îtalyayê, mecal da Mustefa Kemal ku leşkerên xwe ji van herdu milan bikêşe û hemî giranahiya xwe di muqabilê leşkerên Yunaniyan de bide rawestandin. Ji ber sebebê anîna van leşkerên Tirkan ji milê xwarê, ku çekên nû yên leşkerên Fransa û Îtalyayê di destê wan de bûn, Yunanî di pê hev, di Şerên Înonu, Sakarya û Dumlupinarê de tûşî şikestinên mezin bûn û gelek kes ji wan hatin kuştin. Yên ji kuştin û esîrtiyê (dîlîtî) rizgar jî bûn, bi awakî bêserûber belav bûn, ji axa Tirkiyê hatin derxistin û kirin Behra Spî...

-37-

Behsa Mesela Kurd Li Stenbolê

Di beşa yekem de me got, ku Şêx Mehmûdê Hukumdarê Kurdistanê, bi Reşîd Zekî Kaban û Seyîd Ehmedê Berzencî re name û mezbeteyek ji Şerîf Paşa yê kurê Se'îd Paşa yê xelkê Silêmaniyê û rûniştivanê Parîsê re şandibû ku di civîna Konferansa Aştiyê de bi navê neteweyê Kurd daxwaza hiqûq û serxwebûniyê bike. Lê, her wekî cardin me di pêş de behis kiribû, ev name û mezbeteya han negihîştin Parîsê û ji ber xatirê Ingilîzan riya çûna Parîsê nedan, Reşîd Zekî û Seyîd Ehmedê Berzencî li Helebê man. Vêca vê navê re li Silêmaniyê şoreşa yekem a Şêx Mehmûd destpê kir. Di netîceyê de Şêx Mehmûd li Derbendê Baziyan bi birîndarî hat esîrkirin û ew şandin Bexdayê. Li wir jî ji aliyê Dîwana Eskerî ya Ingilîzan ve ceza danê û şandin Andamanê. Vê navê re qasidên Şêx Mehmûd ji Helebê vegeriyan Iraqê û bi vî awayî çi Şêx Mehmûd û hukumeta wî, çi jî Kurdên Iraqê ji aliyê pêşdebirina mesela Kurd nekarîn tiştekî bikin û beşdarê vê civînê bibin.

Lê Kurdên Tirkiyê, bi taybetî komeleyên siyasî yên Kurdan ên li Stenbolê ketibûn nav têkoşîneke bêsekin û hewildaneke xurt. Bi sekinandina şer (mutareke) re, derketina mezinên Komeleya Yekîtî û Serkeftin ji Stenbolê û terka axa Osmanî, bi eşkere û bêtirs derketin meydanê û bi awakî resmî daxwaza hiqûqê Kurdan kirin. Wilsonê Serokkomarê Emerîkayê wan rojan 14 bendên xwe belav kiribûn ku li gor wê destûr an belgeyê, ji hemî neteweyek re daxwaza mafê serxwebûniyê hatibû dan. Ji ber vê, mezinên siyasî yên Kurdan jî pişta xwe dabûn destûra Wilson, daxwaza serxwebûniya Kurdistanê û azadiya neteweyê Kurd dikirin. Ji bo vê doza han gelek têkoşan û di nezdê mezinên sondxwaran de gelek hewil dan. Hukumeta wê rojê ya Stenbolê ketibû nav astengeke mezin û netîceyek bisawm li pêşî bû. Ditirsiyan ku Kurdistan û Ermenîstan jê cihê bin, yanî bi carekê pûç bibe û tu tiştekî di destê wan de nemîne. Agahdarê wê yekê bûn ku, komeleyên siyasî yên Kurdan şax avêtine û piraniya wan jî di bajarên rojava yên mezin û yên Kurdan de belav bûne. Ji ber vê, dixwestin bi siyaset û bi hêminî bi Kurdan re hereket bikin, yan wan ber bi şaşiyê ve bibin. Tam vê navê re G. Clemenceauyê Serokkomarê Fransayê beyanek (gotarek) belav kir. Vê gotarê bi tevayî Tirk şerpeze kirin û bingehê dewletê wekî ku tu bombeyekê têkî binî, bi wî awayî lerizand. Di vê gotarê de G. Clemenceau, bi navê dewletên sondxwarî yên Ewropayê wiha digot: "Hukumeta Tirk (Dewleta Osmanî) di wê rewşê de nîn e ku bikare neteweyekî bi rê ve bibe. Ji ber vê îtîmat pê nayê kirin û nabe neteweyekî ku ne Tirk be û heta îro di bin destê Tirkan û zulma wan de jiya be, careke din têkeve bin hukmê wan". Li ser vê, Hukumeta Stenbolê ket nav tirseke mezin û xwest xwe nêzîkî Kurdan bike û firsetê nede wan ku bikevin pê van gotinan an destûra Wilson. Ji bo ku wan ji mezinên sondxwaran dûr bixin û firseta wan ji kîsê wan biçe, bi lez komîteyek wezaretî damezirandin ku bi Kurdan re bikeve nav behsa mesela Kurd. Lêkolîna mesela Kurd ji vê komîteyê re hat sipartin. Dibû bi wan tiştan bigere û bikole ku bûne sebebê nerizayiya neteweyê Kurd. Fikra wê yekê bike -ku bi wî şertî ku di nav yekîtiya Osmanî de bimînin- ku awayekî îdareyê bînîn rayxin ber çavê hukumetê ku bibe sebebê rizaya Kurdan. Bi nunerên komeleyên siyasî yên Kurdan re behs bê kirin ku ji bo Kurdan û Kurdistanê çi bi feyde û baş e ew bê kirin. Ji bo yekîtî û hevgirtina Kurdan û Tirkan têbikoşin û li wan sebeban bigerin, ku dikarin bingehê vê yekîtiya han damezirîne û xurt bike. Li milekî din jî çi Hukumeta Tirk û çi rojnameyên wê rojê yên Stenbolê, li gor tebîetên rojên reş ketibûn behsa yekîtiya van herdu neteweyan û bi vî awayî dinivîsandin: Yekîtiya Tirkan bi "birayê !" wan Kurdan re, yekîtî, başî û qazanca van herdu birayên "misilman" e. Behsa şirîkatiya Kurd û Tirkan dikirin û erdê Osmanî yê van herdu birayan qebûl dikirin. Dijminê vî welatî dijminê herdu milan dihesibandin. Di parastina vê axa han a pîroz de Kurd jî wekî Tirkan beşdar bûn, digotin. Parastina cîhana Islamê û şerefa navê Osmanî - ku ji van herdu neteweyan, yanî ji Tirkan û Kurdan pêk hatiye- wekî Tirkan dikeve ser milê Kurdan jî...

Tu şik tê de nîn e ku ev propagande, hewil û xebata han a ji aliyê hukumetê û rojnaman ve dihat kirin, feydek wê gelek mezin ji Tirkan re hebû û li ser piraniya Kurdan tesîreke baş dikir. Lê welatparêzên Kurdan û komeleyên siyasî ji wan nebûn ku bi van gotinan bixapin û di riya azadiya Kurdan de ji xebat û têkoşîna xwe paş ve bimînin. Ew hêviya netîceya civîn û muzakereyên komîta wezaretî bûn. Komîte, di bin serokatiya Îbrahîm Efendî Heyderî (şeyxu'l-Islam) de dixebitî û Emîr Alî Bedirxan, Murad Bedirxan, Şêx 'Ebdulqadir ê endamê Meclîsa Şûra, endamên komîteyê bûn[(49)]. Ew di Dîwana Meclîsa Wûzera ya Bab-i Alî de çend caran berhev bûn û di netîceyê de ev biryara han dan:

1- Bi şertê ku di nav camî'a Osmanî de bimîne serxwebûna Kurdistanê.

2- Ji bo bicihanîna belavkirina biryara serxwebûniya Kurdistanê, dest bi rêk û pêkkirina tertîbateke ku pêwîst e, bête kirin.

Di vê navê re Wezareta Osmanî hat guherandin û Ferîd Paşayê Damad bû serokwezîr. Ferîd Paşa biryara komîteyê bicih nekir û çavê xwe lê girt. Li ser vê, welatparêzên Kurd û komeleyên siyasî yên Kurdan cara duduyan berê xwe dan Konferansa Aştiyê. Sê komelan[50] bi hev re ji bo doza serxwebûniya Kurdistanê û azadiya neteweyê Kurd Şerîf Paşa wekî nunerê taybetî helbijartin. Şerîf Paşa, daxwaza Kurdan li Fransayê[51] pêşkêşî Konferansa Aştiyê kir. Bi vî awayî û ji ber sebebê hewildan û têkoşîneke bi qîmet a Şerîf Paşa yê welatparêzê Kurd, bendên di derbarê serxwebûniya Kurdistanê de kirin nav Pêmana Sewrê û di dawiyê de ev peymana han di dema Wezareta Ferîd Paşayê Damad de ji aliyê nunerê Dewleta Osmanî ve hat îmzakirin.

Wefata Şêx Mehmûd

Belê, ew kesê ku nêzîkî 60 salan li Kurdistanê, li seransarê welatê Împaratoriya Osmanî, li Iraqê heta li hemî Rojhilata Navîn nav û deng dabû, roja sêşemba 09/10/1956an berê beyanî li Nexweşxaneya Heyderî ya li Bexdayê ruhê xwe yê pak siparte Yezdanê mezin û eynî rojê meytê wî yê pîroz birin Silêmanîyê. Behsa birêxistina vê meytê pîroz û biqedir ji Bexdayê ya Silêmaniyê bi çi awayî hat definkirin ji wan nîne ku mirov bikare binivîse. Ji ber ku, ev pêwîstî reşkirina kitêbeke. Em dikarin vê tenê bêjin ku hemî giyandar di dawiyê de dibe bimrin. Lê ciyê mixabinî yê herî mezin ev e ku mirinê di demek nelêhatî û nexweş de pêsîrê Şêx Mehmûd girt.

Ew dax tu wextê ji dilê min dernakeve, ku Şêx Mehmûd di dema ber bi jêrvebûna dereceya bilindî û mezintî û piştî pêşabûna ji hespê şahsiwarî tûşî pençeyê ecelê bû. Lê di demekê de ku wî di dilê xelkê de ciyê xwe girtibû ew çû heqiya xwe. Tiştî ku ez li ber dikevim jî ew e ku wî ev beşa kitêbê nexwend û mir. Ev beşa han a kitêbê piştî wefata wî temam bû, ku mixabin ew heqîqetên di vê beşa yên di derbarê wî de, ji aliyê wî ve nehat xwendin.

Refîq Hilmî
9.10.1956

-38-

Mustefa Kemal û Kurd

Hê Mustefa Kemal li Asya Biçûk (Anadolu) bi tevayî bicih nebûbû, Hukumeta Stenbolê bi handana dewletên sondxwarî her seet ew bi awakî dixist nav tengiyê. Çi li Stenbolê û çi jî li Anadoluyê hevrê û alîgirên wî li hemberî wî han didan an ew digirtin. Ji bo kûştin û telefkirina wî hewil didan. Ew kesên bi wî re bûn an têkilî şoreşa wî bûbûn, tamah dikirin. Dema ku tamahî û devşêrîniyê pere nedikir, bi tirs û bi tehdîdan, bi hezaran girê û asteng derdixistin ser riya wan kesan. Ji ber vê, netîceke bi sawm û bitirs li pêşiya Mustefa Kemal bû. Mustefa Kemal, giringî û îhtiyaca xwe ya bi alîkariya Kurdan fehim kiribû. Dizanî ku eger gelê Kurd pê re nebe, nikare di Asya Biçûk de bicih be. Ji ber ku dizanî alîkariya Kurdan ji bo alîkariya ew her şeş wilayetên rojhilatê û alîkariya ew her şeş wilayetan jî alîkariya Asya Biçûk e. Lê çi hebû ku wê çaxê alîkariya Kurdan bi hêsanî bi dest nediket. Vê yekê jî bibîr dianî, ku Kurd dikarin berê xwe bidin hinek asoyên din. Fikra Kurdistaneke serbixwe bikin û hêzên çekdar ên Kurdan ji bo wê armanca pîroz bikar bînin. Pêmana Sewrê hê hebû. Beyana C. Clemenceau, neteweyên bin destê Tirkan hîşyar kiribû. Bendên beyannameya Wilson bûbû seneda destê wan kesan ku xebat û hewlê rizgariyê didan û ji bo azadiyê têdikoşîn. Bi taybetî neteweyê Kurd berê hemî neteweyên din di riya serxwebûnî û azadiyê de xwîna wî rijiyabû û xwîna xwe rijandibû. Tama serxwebûniyê berê Tirkan tam kiribû. Ji bilî vê, wê çaxê ku Mustefa Kemal ketibû hewlê rizgariya Tirkan, Hukumeta Stenbolê deriyê serxwebûniyê ji bo Kurdan vekiribû û bi komeleyên siyasî yên Kurdan re ji bo awayeke îdareyê muazekere dikir ku razîtiya Kurdan li ser hebe û rê li ber cihêbûna wan bigre. Çunkî, tu şik di wê de tunebû ku eger Kurdan dest biavêtana çek, cihêbûn û serxwebûniya Kurdistanê û di cîhanê de belav bikirana, Mustefa Kemal ew Mustefa Kemal nebû ku bikare leşkerên Yunanî bi wî awayî birêje behrê... Her roj hevalên xwe bi sebebek; ji tirsan an hesûdiyê (bexîlî), ji ber sebebê êrîşên hukumeta xelîfe yan di netîceya fend û hîleyên sondxwaran, berpiyan diavêt ber wan, bahane li wan digirt û ji wan dixwest ku serê xwe ji Hukumeta Stenbolê re bitewînin û sitûyê xwe li ber fermanên xelîfe xwar bikin. Êdî di wê rewşê de nebû ku hesûdî jê bê kirin. Ketibû nav girdawekî wisan ku gunehê mirovan pê dihat. Serî lê gêj bûbû û ketibû nav girîngtirîn girê û astengan. Ji ber van hemî tiştan bû ku fikra dostayetiya bi Kurdan re kir. Ji vê pê ve tu çareyeke wî nema bû. Di nav cergê welatê Kurdan de dest bi vî karî kiribû. Serê xwe kiribû bin enîşkê xwe. Di welatê neteweyê Kurda de ji bo rizgariya Tirkan serê xwe bilind dikir. Kurd, ku peymana serxwebûniya Kurdistanê di destê wan de bû, dûr nebû ku ji wê îstîfade bikin û bikin belgeya carek ji nû de vejîna neteweyê Kurd. Lê Kurdên Anadoluyê wisan nekirin û bi Mustefa Kemal hatin xapandin. Mustefa Kemal jî bi destûra Hukumeta Stenbolê xwe bi dîn ve girt. Xwe nêzîkî Kurdên dîndar kir.

Di riya parastina welatê hevbeş (muşterek) yê Tirkan û Kurdan de, ji bo rizgariya xelîfeyê hêsîr û bêdesthilat ji bin destê sondxwaran û ji pençeyên frengan, hêvî û duayan dikirin. Kurdan, Tirkan birayê xwe yê misilman ên herî rastqînî dihesiband. Wisan dikirin serê wan ku serxwebûniya Kurdan "mafek"î wan bi xwe ye. Lê digotin: pêwîst e pêşî ev welatê han ji dagirkeran bê parastin. Tirk û Kurd bi hev re li hemberî dijmin bisekinin û welat rizgar bikin. Pişt re dê ew bîra lihevhatina du birayan bikin û yan welat di nav xwe de par ve bikin. Heta hê jî pêş ve diçûn û digotin: piştî derxistina Yunaniyan ji erdê Tirkan, Kurdistaneke wisan bê damezirandin ku ji bo herdu neteweyan bibe sebebê birayetî û yekîtiyeke nemir. Yanî ji bo Kurdan û Tirkan. Bi vî awayî Kurdan her ji roja yekem ve destê xwe kirin nav destê Mustefa Kemal û di şerê wan ê serxwebûniyê de tiştek nema ku ji wî re nekin. Bi mal û canê xwe ve hewlê rizgariya Tirkan dan. Birçîtî kêşan. Rût û tazî man. Di riya rizgariya welatê hevbeş ê herdu birayan (Kurd û Tirk) de xwîna lawên xwe dan rêtin. Di piraniya şerên azadî û "serxwebûnî"yê yên li hemberî leşkerên Yunaniyan de, wan di rêzên pêşî de şer dikirin û ew kesên ku pêşengên leşkerên Tirkan bûn û çûn Îzmîrê, revdek siwarên çê û çalak ên Kurdan bûn.

Wê demê, ev nehatibû bîra Kurdan û bawer nedikirin ku serkeftina Misefa Kemal dawî bi jiyana neteweyê Kurd tîne. Neketibû mejiyê wan ku piştî rojan dê Tirk camêrî û birayetiya Kurdan jibîr bikin û bi çavê dijminatiyê li wan binêrin. Belê, ev wê rojê nehatibû bîra Kurdan ku Tirk piştî rizgariya ji bin destê dijmin û piştî destxistina azadiyê û gihîştina armanca xwe, dê pişta xwe bidin Kurdên birayê xwe û ji bo holêrakirina wan dê bahanan bigerin. Ji ber ku kirinên wiha di deftera Kurdan de tune bû û bawer nedikirin ku ev yek di deftera neteweyek din de jî hebe...

Di cilda yekem de me got, ku Noel bi Ehmed Fayîq ê xelkê Silêmaniyê, ji bo ku mezin û welatparêzên Kurdan bibîne bi wan re ji bo damezirandina xîmê Kurdistaneke mezin têbikoşe, çûbû Kurdistana Tirkiyê. Lê tevgera Mustefa Kemal wan rojan bû berhelistê vî karê han. Hêzên Tirkan ketin pê Noel û Fayiq. Ji ber vê, nekarîn tiştekî bikin û bi alîkariya hinek serokeşîretên Kurdan derbas bûn û xwe gîhandin Helebê û ji wir çûn Stenbolê. Ev bûyera han qasî ku ez dizanim bi vî awayî bû. Lê pişt re min hinek nivîsandin dîtin û wan wiha digotin: Noel çûbû Kurdistanê ku nesîhetê li Kurdan bike û wan îqna bike. Rê nedin têkelhevî û aloziyan. Ji wan daxwaz bike ku sebir bikin û ji şer dûr bisekinin. Bi wê yekê bawer bibin ku dewletên sondxwarî dê di Konferansa Aştiyê de bendên di derbarê serxwebûniya Kurdistanê de rayêxin meydanê û ji bo bidestxistina mafê Kurdan çi hewce ye dê bikin. Çunkî wekî mezinên dewletên sondxwarî, Noel jî di wê baweriyê de bû ku piştî îmzakirina Pêmana Sewrê ji aliyê nûnerên Tirkan ve, êdî ne baş e û ne di ciyê xwe de jî ye ku Kurd serreqiyê bikin an riya şer û xerabiyê bigrin û li dijî Tirkan rabin. Yanî li ba wan wisan bû ku mesela Kurd xelas bûye, ji ber vê li ser Kurdan pêwîst e ku bi pê têkelhevî û aloziyan nekevin û statûkoyê biparêzin. Em li çaverêya wê ne ku Hukumeta Osmanî pêwîstiyên Pêmana Sewrê bi cih bîne.

Heta mezinên dewletên sondxwarî jî li Stenbolê, di vî warî de bi nûnerên komeleyên siyasî yên Kurdan re ketibûn nesîhetan û nedixwestin ku di van rojan de mecal bi tevger û şoreşeke Kurdan re bidin. Ji bo ku ev nebin sebebê bicihkirina bendên ku di derbarê serxwebûniya Kurdan de xistibûn nav Pêmana Sewrê û bibe sebeb ku ji aliyê Tirkan ve bicihkirina wê paş de bêxin. Vê, ev yek dida zanîn ku her wekî çawan Kurd tamah bûn piştî temambûna "Şerê serxwebûniyê" bi birayên xwe yên Tirk re rêbikevin û bi hev re bijîn, yanî bi pê xewn û xeyalekê ketibûn û hatibûn xapandin. Sondxwaran jî û bi taybetî mezinên Ingilîzan, bi wê yekê bawer nekiribûn ku rojek wisan li pêşiya wan e û bi naçarî destê dostên xwe yên Stenbolê berdin û destê dostayetî û rêkevtinê ji Mustefa Kemal re dirêj bikin. Lê Mustefa Kemal bi ser ket û piştî vê serkeftinê doza wî ya yekem pûç kirin û dirandina Pêmana Sewrê bû.

-39-

Hinek Sebebên Taybetî Yên Serkeftina Mustefa Kemal

Mustefa Kemal, di şoreşa azadî û "serxwebûnî" ya Tirk de rastê gelek kûsp û astengan hat û tûşî gelek girê û dijîtiyan bû. Ket bin erkekî gelek giran û bûyerên gelek girîng û bi sawm derbas kirin. Di dema berê serkeftina leşkerên Tirk di Şerê Sakaryayê de, gelek nema bû ku hevsarê kar ji destê wî derkeve û hevalên wî jê cihê bibin. Belko gelek kêm mabû ku pişta xwe bidanayê û daxwaza serê wî bikirana. Lê melekê talihê li gel bû û alîkariya wî kir. Di dema hêvîbirîn û lêqewimînê de ewqas bi bêtirs hat pêş û îspat kir ku lawê rojên reş û giran e. Ji bilî vê, talihê wî jê re bû yar, sondxwaran jî di nav xwe de li hev nekirin û siyaseta wan jihev nedigirt. Ingilîzan, Yunanî kişkêşê ser Tirkan dikirin. Leşker ji wan re rêdixistin. Bi çek û pereyan alîkariya wan dikirin. Fransa û Îtalya jî peymana yekîtî û lihevhatinê bi Tirkan re girê didan. Li milê din Kurdan wê navê re çavên xwe li Kurdistana serbixwe girtin û ketin nav xeyal û xewna birayetiya Tirkan û Kurdan û şerê rizgariya welat ê Mustefa Kemal. Di netîceyê de Ingilîz jî ku dijminê tîk û tenê yê Tirkên Kemalîst bûn, hêviya wan bi Yunaniyan nema û pişta xwe dan wan û sitûyê xwe ji rastî û waqiiyetê re tewandin. Vêca dengê "temînkirina muwazenetê" dest pê kir û siyaseta danejiyandina dewleteke bi hêz a Tirkan belav bû.

Lê mezintirîn alîkariya talih û bext bi Tirkan û Mustefa Kemal re, ketina Hukumeta Çar bû. Wê çaxê şoreşa mezin a Rûsyayê gihîşt encama xwe û şoreşgêrên Bolşevîk hatin ser hukum û bi vî awayî dijminê herî mezin û kevin ê Tirkan, Rûsya Çarîtî ket ser çokan û di sahneya (şanoya) siyaseta cîhanê de bi carekê wenda bû. Bolşevîkan xwe nêzîkî şoreşgêrên Tirkan ên Anadoluyê kirin, bi eksê hukumeta dema Çaran, destê alîkariyê dirêjî Tirkan û Mustefe Kemal kirin. Ev jî yek ji wan sebeban bû ku bi taybetî Ingilîzan biguhere.

Ew tirsiyan ku Tirk û Rûs li hev bikin û Mustefa Kemal xwe bavêje himbêza Bolşevîkan. Lê, leşkerên Yunaniyan xwe li hemberî Tirkan ranegirtin û ber bi deryayê ve paş ve kişiyan. Hukumeta Stenbolê sist, lawaz û destgirêdayî mabû. Çirayê saltanat û xîlafetê ber bi tefînê ve bû. Fransa û Îtalya ku di şer de şirîkê Ingilîzan û dijminê Tirkan bûn, ji bo ku Mustefa Kemal wan rojan ber bi pêş ve diçû, bi eksê Ingilîzan alîkariya Tirkan kirin û Rûsya nû jî serbarê tevan xwe nêzîkî Tirkiya nû dikir û destê xwe dikir nav destê Mustefa Kemal. Êdî Ingilîz dê çi bêjin? Çawan çavê xwe li van hemî sebeban bigrin û pişta xwe bidin vê heqîqeta han? Ji ber vê, li gor awa û qayîdeyên xwe destê xwe dirêjî Mustefa Kemal kirin. Lê mebesta Ingilîzan ji yên din cihêtir bû. Wan, ji bo wê yekê destê xwe dirêj dikirin ku wan ji himbêza Rûsan derêxin... Çunkî Mustefa Kemal gihîşt dereceyek wisan ku regeza Moxolî ya Tirkan bibîra rojhilatiyan bîne, ku eger ew xwe nêzîkî Rûsyayê bikin. Heta dibêjin, fikir dikir ku nêrînên Buda bike nêrînên Tirkan. Li gel vê jî hemî tişt li gor hêvî û daxwazên Mustefa Kemal dimeşiyan. Hukumeta Kurdan li Iraqê, ku dirrîyekî tûj û astengekê mezin bû li ber piyên Mustefa Kemal, bi leşkerên Ingilîzan li ber piyê xwe da milekî û Şêx Mehmûd ê hukumdarê Kurdan ji aliyê hêzên Ingilîzan ve esîr hat girtin û şandin welatê dûr ê biyanî. Kurdên Tirkiyê jî firset ji destê xwe revandibûn û tagiriya Mustefa Kemal kiribûn. Ji ber vê ew hewlên bi navê welatparêzan û nûnerên komeleyan ên belav jî bêfeyde man û bi ser neketin. Êdî dor dora pûçkirina Pêmana Sewrê bû. Mezinên sondxwaran li Lozanê berhev bûn. Xwestin li ser bingehekî din bi rê kevin û li ser mesela peymaneke nû biaxivin. Lê vê carê nûnerê Mustefa Kemal, yanî Ismet Paşa yê qehremanê Şerê Înonu li hemberî wan rûniştibû, ji bo wan têbigihîne, ku neteweyê Tirk maye û nemiriye. Zindî bûye û doza berê Şerê mezin û nirxê wê xwînê dike ku di riya rizgariya welatê xwe de rijandiye. Nûnerê Tirkan ê vê carê sitûyê xwe li hemberî daxwaz û xwestinên sondxwaran netewandin. Wekî nûnerê hukumeta Xelîfe li devê wan nenêrîn. Ji ber ku Ismet bi piştivaniya biyaniyan nederketibû ser milê qewmê xwe. Yek ji wan kesên serhilder ê Mustefa Kemal bû. Di navçeya şer de li hemberî dijminê welatê xwe bi ser ketibû. Qehremanê rizgariya welatê xwe bû. Bi xwestina neteweyê xwe gihîştibû bilintirîn dereceyê. Ji ber vê, wekî serokê qewmekî taze û serbixwe û nûnerê dewleteke nû û zindî lê dinêrîn, ji bo mafên Tirkan ên li gor "mîsaqê millî" hewlê serkeftinê dida.

Sondxwaran, tiştek nemabû ku ji bo guruba Mustefa Kemal nekin, nexwestin ev firseta han ji kîsê wan biçe. Dibû Ismet Paşa, ji bo ku Mustefa Kemal berê xwe nede Rûsan û şaşiyek neke, destvala venegere. Ji ber vê, tevan bi hev re biryar dan ku bi Pêmana Lozanê devê Ismet Paşa şêrîn bikin û vê carê Tirkan bikêşin ber himbêza xwe.

Cilda yekan li vir temam bû.
Di van nêzîkan de em ê dest bi çapkirina cilda duduyan bikin

Refîq Helmî
15.10.1956

CILDA DUDUYAN

BEŞA YEKAN

DESTPÊK

Dema ku min dest bi çapkirina cilda yekan a vê bîrananê kir, bûyera nedicih de û xwînavî ya Misrê di hemî cîhanê de wekî teqîneke mezin ji nişka ve deng da.

Ingilîz, li gor siruştê kevin, cardin ketin pelixandina xelkê. Bi bahaneya parastina qazanca Britanyayê bi dewleta mezin Fransa û gurubek çete û dizên cûhiyan re, bi hev re destê neheqî, zilm û zorî dirêjê neteweyê aza û bişeref Misrê kirin. Min dixwest ku di vê bîranînê de li ser hinek kirinên Ingilîzan ên li hemberî Kurdan qise bikim. Lê eşkere ye ku min karîbû ji sedî yekê wan ancax bêjim, ku ew neheqiyên nerewa û neheq bêxim ber çavê dinyayê. A. Eden ê serokwezîrê Britanya Mezin, bi van kirinên xwe yên bêcih careke din birînên neteweyên hemî welatên Rojhilata Navîn kola û hemî sebeban xist kar ku tirsa destpêkirina Şerê Cîhanê yê Sisiyan jê dihat kirin. Bi van kirinên xwe, berî hemî tiştî Britanya û neteweyê Ingilîz û pişt re jî neteweyên din ên cîhanê kir nav astengê. Çavkaniya nûra şaristaniyetê, qibla zanistî û edebê, yanî Misra xwoşewîst û pêşenga neteweyên Rojhilata Navîn da ber guleyên top û narincokan. Ji Xwedê netirsa. Ji dewletên mezin û Neteweyên Yekgirtî û heta ji qîjîn û hawara neteweyê xwe, yanî ji Ingilîzan jî şerim nekir. Eger ew kesên xwedî ruhê bilind nebûna ku piraniya rûniştivanên Ingilîzan ên li Londrayê wisan in û derketin kulanan û Eden sebebkarê vêxistina agirê vî şerî dan diyar kirin. Wî digot ku ev neteweyê han mafê wî yê jiyanê nema ye û dibê navê wî di nav rûpelên kitêbên cîhanê de nemîne û bê rewaştin. Di vê de jî tu şika min tune ku dê hişê Eden bi sîlleya zeman bê serî û dîrok dê wî bi me'neya zulim û zordestiyê têbigihîne û toleyê jê veke, yanî di netîceyê de dê rastî û heqî her bi ser keve...

Refîq Hilmî
12.11.1956

-40-

Cara Duduyan Şerê Tirkan û Yunaniyan û Serkeftina Tirkan

Wenezelos ê serokwezîrê Yunaniyan, yek ji wan kesê herî zîrek û bi aqil ê zemanê xwe bû. Çendîn ji bo danevejandina rojên gur û geş ên borî yên Yunanîstana kevin hewil dida, ewqas jî dijminê bêeman ê Tirkan bû. Çavê wî bi standina Îzmîrê û hinek ew bajarên din ên Tirkiyê bû ku beşeke zêde ji rûniştivanên wan rûm yanî Yunanî bûn û meyla wan bi ser Hukumeta Yunanî ve hebû. Ji bilî vê, ji ber sebebê hişyarî û zîrekiya xwe, ciyekî bilind bidest xistibû û yek ji wan siyasetmedarê hêja yê dema xwe dihat naskirin. Ji ber vê, dema ku hat ser kar û bû serokwezîrê Yunanîstanê, karîbû Britanya bike piştevanê Yunanan û alîkariya çek û pereyan jê werbigre. Bi awakî wisan, wekî me di cilda yekem de behis kiribû, bi ew leşkerên ku bi pere û çekên Ingilîzan pêk hatibûn, meşiya ser Îzmîrê û bajar girt. Vêca piştî vê dikir êrîş bibira ser bajarên Tirkan ên din. Tam vi navi re Aleksander (Iskender) ê Qralê Yunanîstan mir û Konstantîn ê dijminê Wenezelos vegeriya ser text û Wenezelos ji serokwezîrtiyê dûr ket.

Ji bo ku Fransizan ji tedbîr û çareyên Konstantîn hez nedikirin û siyaseta Britanyayê bi dilê wan nebû, xwe nêzîkî Tirkan kirin û bi wan re birêketin û ji Kilîkyayê derketin. Ji bilî vê, wekî me di pêş de behs kiribû, di vê paşdekêşanê de çekên leşkerên xwe jî ji Tirkan re di cih de hiştin. Ev bûyrên han û gelek tiştên din di netîceyê de bûn sebeb ku Ingilîz jî dest ji Yunaniyan berdin û xwe bidin milê Tirkan. Lê wekî guman bi hatina Konstantîn a ser text dihat kirin û vegera

Ingilîzan li milê Tirkan, Yunaniyan ji doza xwe, xwe neda alîkî û dest girêdayî nesekinîn. Nêzîkî salekê bi ser Şerê Sakaryayê re derbas bû, Yunanî vê carê di bin ala Konstantîn de berhev bûn û cardin ketin xeyal û fikra êrîşbirina ser axa Tirkan.

Hukumeta Britanyayê xwest ji bo lihevhatina Tirkan û Yunaniyan navberiyê bike. Lê bi ser neket. Leşkerên Yunaniyan li milê Balkanê gihîştin nêzîkî Edirneyê û ketin êrîşbirina ser Stenbolê. Fransa û Îtalya bi Ingilîzan dan zanîn ku êdî çavê xwe li kirinên Yunaniyan nagrin û bi hêzên xwe yên leşkerî ve dê wan bidin sekinandin. Li milê din jî Mustefa Kemal hewl dida ku bi xweşî û aştî bi Ingilîzan re lihev bike û wan ji Hukumeta Yunanî dûr bixe. Lê ev hewlê han bi ser neket. Ji bilî vê jî, temsîlvanê wî li Londrayê sivik hat dîtin û pêşwaziyek kêmqedir lê hat kirin.

Êdî tu çareya Mustefa Kemal a ji bilî "yan mirin û yan serkeftin!" nema. Leşkerên Yunanî ku piştî Şerê Sakaryayê bi şikestinek mezin paş ve kêşan li derûdora Afyonkarahisarê, di bin fermanderiya General Papolos de cardin xwestin xwe bidin hev. Mustefa Kemal, tam vê demê bû ku êdî destê xwe ji Ingilîzan şûşt. Stenbol jî ji aliyê leşkerên Yunaniyan ve ketibû nav tirsê. Ji ber vê, di beyana 26ê tebaxa sala 1922an de, yanî salek piştî Şerê Sakaryayê, ji nişka ve leşkerên Tirkan êrîş birin ser leşkerên Yunaniyan û li Afyonkarahisarê ew dan ber topan. Leşkerên Yunaniyan xerab şikestin û perîşan bûn. Leşkerên Tirkan ketin nav leşkerên Yunaniyan û ew kirin du beş. Hejmarek zêde ji wan kûştin û gelek ji wan jî esîr girtin. General Trikopos ê serfermanderê Yunaniyan di nav esîran de bû. Ew kesên ku bi esîr nehatibûn girtin û yan ji mirin û kûştinê rizgar bûn, xwe gîhandin keştiyên Yunaniyan ên qeraxên deryayê û rizgar bûn. Di 9ê îlona sala 1922an de leşkerên serkeftî yên Tirkan gihîştin derûdora Îzmîrê û bajar girtin û bi vî awayî şerê Tirkan û Yunaniyan dawî pê hat. Lê kirinên Tirkan ên piştî şer, vê carê jî nav da. Yanî piştî ku leşkerên wan ketin nav bajarê Îzmîrê, çend rojan ew tax û gerrên ku xeyrêTirk tê de rûdiniştin, agir li wan werbû. Hukumeta Mustefa Kemal piraniya wan bi zorî ji wir paqij kir. Lê tu feydek neda. Yanî neteweyê Tirk û Hukumeta Kemalîstan ji tehn û lomeyên dinyayê rizgar nebûn.

Piştî girtina Îzmîrê, leşkerên Mustefa Kemal berê xwe dan Stenbolê. Dewletên Sondxwarî, ketin hewildana rêgirtina van leşkeran. Li gel vê jî ji herdu milan ve hewlê rêkevtinê hat dan. Lê vê carê jî lihevnekirina siyaseta Fransa û Îtalyayê bi siyaseta Ingilîzan re, feyda Mustefa Kemal tê de bû. Di dawiyê de Ingilîzan şerî tewandin û êrîş û tehdîdên Loyd George yê serokwezîrê Britanya, Fransa û Îtalyayê netirsand û ew li ser riya xwe meşiyan. Bi handana Loyd George dinya jî ji bo Mustefa Kemal nerabû piyan. Vêca piştî tev van bûyeran, deriyên Stenbolê ji leşkerên Tirkan re vebûn. Ji vir şûn de tenê yek asteng li ser riya Mustefa Kemal mabû: seltenet û xilafet. Mustefa Kemal êdî difikirî ku van herdu astengên mezin jî ji ser riya xwe bide alî û dawî bi xîmê xanedana Sultanên Osmanî bîne. Ji bo vî karê girîng jî dibû berê bîhnekê bide û nefesekê bistîne. Ji ber ku di warê siyasetê de jî wekî di warê şer de pêwîst bû serbikeve. Dibû carekê fikir û bîra Kongreya Lozanê bikira û çare û tedbîran jê re amade bikira ku di peymana vê carê de xewn û xeyalên wî û hevalên wî bicih bûbûya, mîsaqê millî bi ser biketa û dewleta Tirkiyê ya nû bi dinyayê bidaya naskirin.

Ingilîzan wisan bi rehetî dev ji Tirkan bernedan. Hemî deman asteng radixistin pêşiya wan. Vê carê daxwaz kirin ku Stenbol jî nûner bişîne kongreyê. Guruba Mustefa Kemal li dij sekinîn û bi vê yekê razî nebûn. Vêca Meclîsa Mezin a Netewî berhev bû û piştî raberizîn û civînên dûr û dirêj biryara rakirina seltenetê da. Di 17yê çirya pêşi ya sala 1922an de Wehdeddîn ji text anîn xwarê, wî bi derûdora xwe ve Stenbol terk kirin. Di ciyê wî de 'Ebdulmecîd kirin xelîfe. Lê tu karekî wî li ser seltenetê nema, yanî bi ser hukumetê. Bi vî awayî meydan tenê ji derûdora Mustefa Kemal re ma. Pişt re nûnerên Hukumeta Enqereyê di bin serokatiya Ismet Paşa yê "qehremanê" Şerê Înonu de çû Lozanê. Lê ev kongreya han ku cara yekem di 20ê çirya paşî de berhev bû, bi ser neket û tiştekî nekir. Piştî hewildaneke gelek zêde û muzakereyan, di 3yê mehê de Courzon ê serokê kongreyê bi Ismet Paşa re têk çû û xwe jê xeyîdand. Vêca bi hêrs û êrîşkarî vegeriya Londrayê. Li ser vê, Ismet Paşa jî Lozanê terk kir û vegeriya Enqereyê.

- 41-

Piştî Şandina Şêx Mehmûd Ya Hindistanê, Rewşa Kurdistana Iraqê

Ingilîz, ku li gor rewşa bûyeran eşkere bû ku bi hemî awayî dixwestin dijîtiya Mustefa Kemal bikin û riya serkeftinê nedinê, ew tedbîrên ji bo vê armancê digirtin an ji destê wan dihat ku bikin, ji bo bicihkirina wan gelek bi sistî hereket dikirin. Ji ber vê, di gelek kirinan de rastê asteng û girêyan hatin û gelek ji mebestên wan neçûn serî. Yek ji wan mebestên Ingilîzan ên wan rojan, mesela damezirandina Kurdistanê ya bi gotin bû. Lê çi heye bi xwe ji tevan zêdetir peşk li vî karî dan, ji herkesî zêdetir ji aliyê Ingilîzan ve girê û astengên mezin li ser riya welatparêzên Kurdan hatin raxistin. Ji ber ku mebesta wan damezirandina Kurdistaneke bi dilê wan bû.

Em bêjin; Şêx Mehmûd ji ber çi mebestê dibe bila bibe hez ji şoreşê nekir û li dijî Ingilîzan rabû. Lê di netîceyê de esîr hat girtin û şandin Hindistanê. Piştî wî çima Hukumeta Kurd nemîne yan bi wêneyeke baştir neyê saz kirin? hukumet ji bo Şêx Mehmûd hatibû danîn an ji bo neteweyê Kurd?.. Em bi kurtî bêjin, heta Şêx Mehmûd li Hindistanê bû, Ingilîzan behsa Kurdistanê nekirin. Yanî wan Kurdistaneke bê Şêx Mehmûd nedixwestin. Lê Şêx Mehmûd ji îmtîhana cara yekem derbas nebû û di sinifê de mabû. Li hêviya wê yekê bûn ku li Hindistanê dersên xwe rewa bike û dema ku vegere Kurdistanê roleke wisan bilîze ku kêrî Ingilîzan bê.

Ingilîzan dest danîbûn ser Kurdistanê, lê pêwistiya wan bi Şêx Mehmûd hebû. Ji ber vê, ji wan re Kurdistan wasite bû ne mebest. Eşkere bû ku Şêx Mehmûd bê Kurdistanekê bi kêrî wan nedihat. Vêca vê navê re hedîseyên piştî Şêx Mehmûd ku Kurdistanê deqewimîn gihîştin seviyên berê û têkelheviyên wisan çêbûn ku êdî Ingilîzan nekarîn tu çarekê lê bikin û bitefînin. Ji ber vê, careke din Şêx Mehmûd anîn Iraqê û kirin Hukumdarê Kurdistanê. Lê em ê di ciyê wê de behis bikin, Şêx Mehmûd ji wan kesan nebû ku xizmeta mebesta Ingilîzan bike. Belko wî timatî dikir ku ji zemanê îstîfade bike û Kurdistanek serbixwe û azad bi Ingilîzan bide danîn. Ji ber vê, di netîceyê de lihev nehatin. Hinek sebebên din jî derketin pêş ku bibin sebeb û berê xwe ji Ingilîzan veguhere û li ser siyaseteke nû bimeşe.

-42-

Şoreşa Kurdên Iraqê Li Amêdiyê û Aqreyê

Piştî ku Şêx Mehmûd şandin Hindistanê, serhildan û têkelhevî nesekinîn û neteweyê Kurd ji bo dahatuya rojên Kurdistanê dest ji têkoşîn û hewildanê berneda. Lê dema ku Ingilîz vegeriyan Silêmaniyê, Major Soane gihîşt armanca xwe û ew programa ji aliyê Kolonel Wilson ê hakimê giştî yê Iraqê ve jê re hatibû sipartin, piştî xwînrijandineke zêde ji herdu milan (Kurd û Ingilîz), bicih bû û Soane bû hakimê bêşirîk ê herêma Silêmaniyê. Fikir û mulahezeya dahatûyê nekir, yek ji wan dijminê herî mezin û bikîn ê Tirkan bû, bi tu awayî riya bizava wan Kurdên rasteqînî jî neda ku ji bo Kurdistanê dixebitîn.

Beşa piraniya hakimên siyasî di hemî milan de hûnerên xwe yên mezin xistibûn kar, kibir û xeydên xwe kiribûn destûr û bi wan karên îdareyê dimeşandin. Her yek ji wan li ser xelkê bûbû Fir'ewnek û îlhama rêvebirinê ji hukmê dîktatoriyê û ji çîrokên Qereqûşî yên wezîrên kevin ên Misrê sitandibûn. Ji ber vê, nerizatiya xelkê ji îdareya Ingilîzan û derûdora wan -ku ji nav hinek serserî û biyaniyan helbijartibûn- gihîştibû dereceyek wisan ku êdî ber bi cehennemê ve diçû. Ji hemî milan ve têkelheviyê destpê kiribû.

Di meha tirmehê de li Amêdiyê di bin serokatiya Hacî Şe'ban Axa de agirê şoreşekê hat hilkirin. Ji bilî xelkê Amêdiyê, ahaliyên Berwariya Bala û polîsên Amêdiyê jî têkilî vê têkelheviyê bûn û ketin nav şoreşgêran. Di 15ê tîrmeha sala 1919an de bi şev avêtin ser mala Kapitan Willy ê hakimê siyasî û mala Makdonald ê mudurê polisan û herdu kûştin. Lê bi hewildana Lichmen ê hakimê siyasî yê Mûsilê[52] Hacî 'Ebdulletîf Axa, ku yek ji wan şoreşgêran bû, li Amêdiyê ket destê Ingilîzan. Lê bi tevayî dawî bi şoreşê nehat. Ji ber ku hinek ji şoreşgêran derketin çiyayên der û dora Amêdiyê û nav û navan re bi hêzên hukumetê re şer dikirin.

Ev cûre têkelhevî û serhildan, çavê xelkê vekir û êdî xelk ji Ingilîzan neditirsiya û ji bo tolevekirinê li firsetan digeriyan. Lichmen ji Mûsilê rakirin. Kapitan Bill (53) di ciyê wî de kirin hakimê siyasî yê Mûsilê. Bill, bi Sikotê alîkarvanê xwe re li qezayê Aqreyê di nav Kurdan de dest bi seyahetekê kir. Di 4ê çirya paşî de ji bo dîtina Faris Axa çû nav Zêbariyan. Eşîretên serokî yên vê qezaya han, Zêbarî, Berzanî û Surçî bûn. Di navbera Zêbarî û Berzaniyan de neyartî hebû. Ji ber vê, çûna Bill ba Faris Axayê Zêbarî, Berzaniyan xist şikê û dema vegera wan ji Aqreyê riya wan birîn. Di 4ê çirya paşî ya sala 1919an de Bill û Sikotê alîkarvanê wî kuştin. Piştî vê, Berzaniyan bi 300 siwaran ve êrîş kirin ser Aqreyê û ji Ingilîzan vala kirin û ew jî girtin. Piştî kuştina Bill, yekî navê wî Nolder kirin hakimê Mûsilê. Vêca ji bo biçin ser Aqreyê, ji aliyê Ingilîzan ve hêzek taybetî hat rêkxistin. Lê şoreşgêran, berê ku ev hêza han bikeve nav bajêr û êrîş bîne ser wan, bi xwe Aqreyê terk kirin û berê xwe dan çiyan.

Li tu ciyê Kurdistanê hêminî û bêdengî tunebû û bûyerên ku diqewimîn ji vê baştir nebûn. Li her derê nerizayî hebû û îdareya hakimên wan ên siyasî kesek li derûdora Ingilîzan nehîştibû. Ba wan hakiman wisan bû ku ew serserî û xefiyên wan çi dibêjin rast e û dibe li gor birêberiya wan birêve biçin û welat îdare bikin. Herêma Silêmaniyê yek ji wan ciyan bû ku ji îdareya Ingilîzan bêzar bûbû. Soane, ku Kurdî gelek baş dizanî û şarezayê ûrf û adetên Kurdan bû, difikirî ku di îdareya Silêmaniyê de tûşî erkek giran nebe, ev herêma han ji ew awa şoreşan biparêze ku di navçeyên din de diqewimin. Mixabin, ji Şêx Mehmûd û nifûza wî rizgar bûbû, lê cardin di rûyê fexir û gurura wî de hevsarê îdareyê ji destan veresiya bû. Êdî hediseyan wisan didan nîşan ku ev herêma han jî ber bi şoreşeke mezin ve diçe û dê cara duduyan girîngtirîn têkelhevî bikeve nav.

Soane, her çendîn rê û banan ava kiribûn û hinek rê û banên din ên nû çêdikir jî, lê bi bahaneya van riyan pereyekî zêde jî rijand, ku her wekî me di pêş de behs kiribû. Eger yên ku me sehkirin rast be, beşa zêde ji van pereyên han di riya çavdêran û 'Ezîz Xan ve diketin cêba wî. Li gel vê jî, Saone yekem kes e ku biryar da li Silêmaniyê rojnameyek bi Kurdî bê weşandin. Cara yekem bi saya vê rojnameya yekane Pêşkewtin a yadîgara Soane re Kurdî li Silêmaniyê hat nivîsandin û xwendin[54]. Cardin bi handana Soane hinek nivîskarên wê rojê yên Silêmaniyê ketin ser bîr û fikra nivîsandina bi Kurdî. Heta Soane ji bo vê xelatek jî danîbû û ew kesên ku nêzîkî rûpelek ji çi behsê dibû bila bûbûya bi Kurdî binivîsana, ji 20 heta 30 rûpiyan xelat dikir. Lê hinek kesên ku di Pêşkewtinê de dinivîsandin, ji wan nebûn ku bi ruhekî welatparêziyê ev kar dikirin û mebesta wan ji van nivîsandinan, belavkirina giyanê welatparêzî û Kurdayetî nebû. Belko çavê wan zêdetir xwenêzîkkirina Soane û gihîştina wan xelatên sivik û bêqîmet bû. Van kesan dixwestin ku Soane ji xelkê re bikin Xweda û yan qet nebe senemek jê durûst bikin. Bi ser van tevan de jî serzeniştên pîs û bêşerim li wan kesan dikirin ku dilxwazên Ingilîzan nebûn û yan bi Kurdîtiya xwe hesiyabûn û çavê van ji Pêşkewtinê kor dibû. Kîna zêde ya Soane û derûdora wî yên bêxêr, ji wan kesan bûn ku dilxwazên Tirkan bûn û Rewandiz ji xwe re kiribûn qiblegah. Yanî qîma wan bi wî nedihat û çavê xwe berdabûn Ozdemir Paşa û vegera Tirkên Kemalîst li Kurdistanê û Iraqê. Ji ber vê, tu hejmareke Pêşkewtinê tunebû ku bi serzeniştên nexweş, yanî bi nivîsandinên pûç û vala rûyên wan kesan neyên reş kirin.

Ciyê dax û kovanê ye ku di Pêşkewtinê bi xwe de hinek behsên xweş û gotar an nivîsên edebî yên bi qîmet jî dihatin belavkirin, lê gelek kesan ew nedixwendin. Çunkî wan bi çavekî sivik li rojnameyê dinêrîn. Ji bilî vê, ew kesên ku li gor vê destûrê hereket dikirin, Pêşkewtin kiribûn sebebê tehn û loman û li ha û li wir dijminan ji Soane re zêde dikirin û xelkê nêzîkî dilxwazên Tirkan û nedilxwazên Ingilîzan dikirin. Vêca qet şik tê de tune ku ev ji ber kîn û nefamiyê bû. Lê Soane ji ber çi xwe ji van re bêdeng kiribû û çawan çavê xwe ji wan nefaman re digirt, kesek bi vê nedigihîşt.

Vêca di netîceya vê siyasetê û di rûyê zulm û zoreke bêhed û bêhesab ku dihat meşandin, Soane li Kurdistanê ji hemî hakimên siyasî yên Ingilîzan zêdetir bû sebebê fitne û têkelheviyan. Agirê şoreşa duduyan bi awakî geş û pêt dest pê kiribû. Ji ber vê, fikra damezirandina meclîsekê kir, ku di îdareya herêma Silêmaniyê de bibe alîkarvanê hakimê siyasî. Lê ne ev meclîsa han, ku di bin serokatiya wî de ji 12 endaman pêk hatibû[55] û ne jî guherînên Soane li Silêmaniyê nebûn sebebê çareseriya têkelhevî û tefandina agirê şoreşê.

Kesên xizm, pismam û nasên Şêx Mehmûd, ahalî û kesên bi nav û deng ên Silêmaniyê û der ve jî, bi saya lawên welatperêz, ku li pê hev komeleyên nehênî damezirandin. Xefiyên Soane jî li ser kar bûn. Bi hezar awa hîle û devşêrîniyan destê xwe dikirin nav van komeleyan û ew ji hev dikirin. Lê têkçûna komeleyekê dibû sebebê avakirina komeleyeke din a hê bihêztir û nehênîtir. Belê tam vê çaxê bû ku hatina Ozdemir li hemî bakûrê Iraqê deng da.

-43-

Hatina Ozdemir Paşa Ya Rewandizê

Kemalîstan, ji bo propagande û poşmankirina eşîretên Kurdan ên bakûrê Iraqê ji Ingilîzan, di bin serokatiya yekî navê wî 'Elî Şefîq ê mîralayê mîlîsan û eslê xwe ji Çerkezên Misrê, di hezîrana sala 1922an de bi gurubeke esker ve şandin Rewandizê. Ev guruba han ne wekî mufrezeyek eskerî bû, belko zêdetir wekî çeteyan bûn. Ji bilî çar-pênç zabitan û çend neferên Tirk pê ve, hemî kesên din ên di vê çeteyê de Kurd bûn. Hinek kesên ji Kerkûk û Hewlêrê jî bi wan re bûn ku bi Tirk diaxiftin, lê nedizanîn bi xwe Kurd in an baş nedizanîn Tirk kî ne. 'Elî Şefîq navê xwe kiribû Ozdemir Paşa, Kemalîst li Ozdemir xwedî dernediketin. Bi resmî çeteyek asê û serbixwe dihesibandin. Lê wî di bin navê terefdariya Kurdan, bêperwa di wê navçeyê de hukum dikir û di demek gelek kin de bû emîrê bêferman ê navçeya Rewandizê. Eşîretên derûdora Rewandizê û gelek eşîretên din kirin terefdarê xwe û ji Tirkên Kemalîst re di wê navçeyê de nifûzeke zêde bidest xist. Qezayên Rewandizê, Koyeyê, Ranyeyê û beşeke zêde Pîşderan bi saya 'Ebbas Mehmûd Axa de bi emrê wî radibûn û rûdiniştin. Piştî kûştina Kapitan Bond ê hakimê siyasî yê

Çemçemalê[56], Kerîm Begê Fettah Beg ê serokê Eşîreta Hemawendî jî demek bû ji Ingilîzan aciz bûbû û hêzên wan kiribû tengiyê, çûbû gihîştibû Ozdemir - em ê dema ku ciyê wê bê behsa wê bikin. Ev bûyera han bi carekê bû sebebê firehiya desthilata Ozdemir û zêdebûna têkelheviyan di Kurdistanê de.

'Elî Şefîq an Ozdemir, bi rastî zîrek û xwendevanekî hişyar bû. Ûrf û adetên Kurdan dizanî û agahdariya wî li ser rabûn û rûniştinên eşîretan hebû. Miroveki bejinbilind, ciwan û bi husn bû. Bi kincên eskerî ve nimûneyek zabitê Tirkan bû û bi guftûgoyên xwe yên edîbane wekî mînakekî ji xwendevanên bilind dihat xuyakirin.

Di siyaseta poşmankirina eşîretan de ji gelek hakimên siyasî yên Ingilîzan baştir bi serket. Tebîet û mizacên serokeşîretan dizanî û gelek ji wan serokan kiribû hingustîla tiliya xwe. Ji bilî vê jî, di alîkariya ahalî û eşîretên wê navçeyê de, çi bi çek û bicebirxane û çi bi pêdawistiyên serokî yên xwarinê û pere, ji Ingilîzan derbas kiribû. Nefî kirin ku çavkaniyên van çek, pêdawistî û pereyan ji aliyê hêzên Mustefa Kemal ve dihatin temîn kirin. Nexêr, belko beşa herî zêde ji van her ji navçeya desthilata Ozdemir bi xwe de dihatin amadekirin. Hûnerê Ozdemir di wê de bû ku bi wê alîkariya kêm a ji aliyê Mustefa Kemal ve jê re dihat, cure îdareyeke wisan xistibû kar ku çar car qasî wê jî ji navçeyên di bin hukmê xwe de temîn dikirin. Çek, xwarin û kincên çeteyên bi wî re, wî bi xwe temîn dikirin. Ji bilî vê, ji ew kesên ku destê Ingilîzan baz didan dihatin balê re jî, jiyaneke baş temîn dikir. Bi ser de jî, ew kesên ji derûdoran dihatin balê jî, li wan xelat û bexşîş belav dikirin. Bi kurtî nimuneyên wê îdareyê wê çaxê tunebûn...

Nedilxwazên Ingilîzan û ew Kurdên ku Soane ji wan hez nedikir, bi ew kesên dilxwazên Tirkan re, Rewandizê kiribûn ciyê pena û hêlîna hêviyên xwe. Ji van hinek jî bi tevayî bûn xizmetkarê Ozdemir û ji bo bicihkirina mebestên Tirkan ketin çûn û hatinê. Bi nehênî û yan eşkere dihatin Silêmaniyê, Koyeyê, Ranyeyê, Hewlêrê û Kerkûkê. Di nav eşîretan de dizivirîn û pişt re diçûn Rewandizê ba Ozdemir û name, belavok û gotinên Ozdemir digihandin xelkê û behs û xeberên bajaran û eşîretan jî ji Ozdemir re dibirin. Ew behsên ku wan di van hatin û çûyînên xwe de berhev dikirin, ew tiştên Ozdemir bi devkî yan bi niviskî bi wan dida belav kirin, wisan bi dilxwazên Tirkan û nedilxwazên Ingilîzan kiribû ku agir ji devê wan dibarî. Wekî din jî lawên welatperêz ên Kurd ji vê firseta têkelheviyê ketibûn nav şahî û kêfxweşiyê. Her rojekê komeleyek dadimezrandin. Her çendîn ev komeleyên han li ser bingeheke baş û bihêz nedihatin damezirandin, lê ji bo propagande û dijîtiya îdareya Ingilîzan, bi taybetî di demeke wiha de tesîrek wê ya mezin hebû. Beşa zêde ji lawên xwendewar, gelek ji ahalî û xelkên bajaran û beşek jî ji eşîretan ketibûn dijî Ingilîzan û ji bo destpêkirina şoreşê bahaneyan digeriyan. Xelk wê çaxê wekî niha nebû. Ji bo timahiya malê dinyayê, wezîfeke dewletê û pariyek nan, ev hewlên ku îro tê dîtin tunebûn. Jiyan bi vî awayî girîng nebûbû. Me'newiyat bihêztir bû. Madde wekî îro bi qîmet nebûbû. Xort û lawan bi awayê îro ji bo nan û jiyanî sitûyê xwe xwar nedikirin. Ew kesên xwe nasdikirin ji rûreşî û pîsiyê şerim dikirin û riya xwe diguheztin. Wê çaxê, ar û heya rû bi vî awayî ku em dibînin nehetikî bû. Heta gelek kesan şerim dikirin biçin qonaxa hukumetê. Rûyê wan nedigirt bikevin rêza mirovên dewletê. Kesekî gelek naçar nebûya nediçû dayîreyan. Gelek kesên diçûn jî yan ew kes bûn ku şikayeta wan hatibû kirin an îftîrayek li wan hatibû kirin, ji ber wê diçûn. Eger bi vî awayî nebûya, ew yan bi riya karbidestên dewletê yan destûpêwend û xefiyên wan dihatin birin. Gelek kêm dihat dîtin ku yek hewil bide ji bo karekî dewletê û yan ji bo wezîfeke ji vî û ji wî kesî rîca bike. Wisan dibû ku hakimê siyasî bi xwe dişand pê xortekî bêkar û eger wî bixwestiya karekî didayê. Li gel vê jî gelek ji wan nediçûn û di karê dewletê de nedixebitîn. Çunkî ev yek 'eyb û şerim dizanîn. Bi taybetî ew kesên ku di komeleke nehênî de bûn, bi tu awayî xwe nêzîkî hukumetê nedikirin û ji lome û tehnên hevalên xwe û ji şikbirina ji xwe ditirsiyan. Bi kurtî xelkê wê rojê hê xav, saf, rast û bêhîle bû.

Xefiye û casûs, yan jî ew kesên xizmeta Ingilîzan dikirin gelek kêm bûn û ew jî ji aliyê hemî kesî ve dihatin naskirin û eşkere bûn. Ew bêşermên bi wî awayî her çendîn li gor wan rojên teng,î gelek ketibûn nav xweşiyê û gihîştibûn jiyaneke li gor dil û hewayê xwe.

Cardin ji wan kesan nebûn ku bi hêsanî bêsebeb xelkê tûşî teşqeleyan bikin, lê cardin hîs dikirin ku ji aliyê mezin û biçûkan ve tu qedrek ji wan re tune û bi çavekî sivik li wan tê nêrîn. Ew kesên ku xwe mirov dihesibandin, silav li wan kesên sivik û xwenenas nedikirin û silava wan jî wernedigirtin. Casusên wê rojê wekî yên îro nebûn û ez bawer nakim ku bi awayê teşkîlateke taybetî ji bo dîtin û nêrînên komeleyên nehênî û faaliyetên siyasî yên girîng hatibûn rêkxistin. Qasê ez dizanim tenê mijûlê derew û îftîraya bi wan kesan bûn ku rikê wan ji wan vedibûn, yan karbidestan nedikarîn çarekê bi wan bikin. Piraniya van casûsan ji nexwendan û ji kesên xizmetkar, seyîs û destûpêwendan bûn. Di nav van de memûrî û polêsî seviyên bilind dihatin hesêbkirin û îftîxarê bi meqamên xwe dikirin. Ji xwe nivîskarên taybetî û tercumanên Ingilîzan behsa wan nayê kirin. Hinek ji wan xwe hakim dizanîn û ji bo ku ciyê xwe biparêzin û ji destê wan neçe, amadeyê hemî awa xizmetê bûn. Di nav vê gurubê û hinek ji memûrên biçûk ên îdareyê de, ku Ingilîzan li hemî ciyê Iraqê pêk anîbûn, ên wisan ji nav wan derdiketin ku bi zîrekî û bi hişyarî xwe ji wê rola pîs û genî biguherînin ser roleke din û di kinc û wêneyek nû de meqamekî wisan bigrin ku di xewnê şevan de jî nediket bîra wan...

Vêca, li milekî di rûyê vî awayî destûpêwend û siyaseta Ingilîzan a ne di cih de, li milekî din jî ji ber ew propagandeyên bitîn û bihêz ku di salên 1921-1922an de ji aliyê Ozdemir û derûdora wî ve dihat kirin, li hemî milekî Kurdistana Iraqê rehetî nemabû û asayîş têk çûbû. Daxek giran ser dilê welatparêzan bû û bi germî li ser Ingilîzan diaxiftin. Li hemberî hemî karên xerab û ne li rê yên Ingilîzan disekinîn û serî hildidan. Gelek ji wan jî ku ava wan di coyek de nediçû, li hemberî Ingilîzan bûbûn yek. Zordaran û xwediyê tivingan ji vê rewşa han îstîfade kirin. Dema ku kar li gor dilê wan bi rê ve nedimeşiya, dest diavêtin tivingan û talan û şelandinê dikirin. Guruba xwendevan û welatparêzan jî di bin re ew han didan û wî agirî xweş dikirin. Ji ber vê, hukumet bi tevayî têkelhev bûbû. Lê qet ev yeka han jî nedihat bîra wan ku mirovên baş bikin terefdarê hukumetê. Ji ber ku idare di destê Ingilîzên hişk, mexrûr û derûdora wan ên xerab û bêesil de bû.

Mehmûd Xanê mêrxasê şoreşa yekem ya Şêx Mehmûd, cara duduyan serî hildabû. Kerîm Begê Fettah Beg ê serokeşîreta aza yê Hemawend, di navçeya Çemçemal, Sengaw û Qeredaxê de, çend mehan leşkerên hukumetê di vê navçeya han de mijûl kiribû, di netîceyê de du zabitên Ingilîzan kuşt û çû ba Ozdemir. Li Amêdiyê û Bîrekepreyê mezinên Kurdan yek di pê yekî de agirê şoreşê vêxistin û herroj li ciyekî hakimekî Ingilîzan an zabitekî wan dikuştin... Hemî ji van girtin, berdan, şoreş, têkelhevî û bûyerên xwînavî ji me re zelal dibe, ku ji sala 1919an heta salên 1921 û 1922an, dema ku Mustefa Kemal û leşkerên Tirkan li Tirkiyê li hemberî leşkerên Yunanan ketibûn şerê mirin û jiyanî, li dijîtiya siyaset, fêl û fendên Hukumeta Stenbolê û mezintirîn hêzên sondxwaran dikir, li Kurdistana Iraqê Kurd nesekinîbûn, bêsekin dixebitîn û li dijî Ingilîzan radibûn. Li bajaran, li gundan û di nav eşîretan de ku serîtewandin û westiyan tunebû, cardin behs behsa van şoreşan û yan behsa helle helleya Mustefa Kemal û şerê leşkerên Tirkan û Yunaniyan yê Anadoluyê bû.

-44-

Rojên Bi Tewfîq Wehbî re

Ez wê demê, piştî berdana xwe ji bendîxaneyê, ji Koyeyê vegeriyam Silêmaniyê û min bi alîkariya Kerkûkîzade Ehmed Axa yê xizmê xwe dikanek etariyê vekir û min dest bi kar kir. Macid Mustefa yê hevalê min ê mektebê, Tewfîq Wehbî[(57)] û hinek ji zabitên Kurdan ên din, taze ji Stenbolê hatibûn. Em bi şev diciviyan. Piraniya civînên me li mala Tewfîq Wehbî çêdibûn. Ji ber ku wê çaxê jin û zarokên wî tunebûn û di xaniyê Reşîd Mistê yê xalê xwe de rûdinişt. Me şevên xwe yên dûr û dirêj ên zivistanê bi henekan, yariyan, sohbetan, xwarin û xeberdanên ser meselên wan rojan derbas dikir. Di nav me de tenê Tewfîq Wehbî memûrê dewletê bû. Demek kurt piştî hatina xwe ya li Silêmaniyê, ew kiribûn qaymeqamê Ranyeyê. Pişt re kirin amir lîwayê Silêmaniyê. Lê gelek nediçû kar û wextê xwe yê zêde li mal derbas dikir. Gelek sar û bêdeng bû. Ji ber vê, firset ketibû destê me û me nêzîkî hemî şevên xwe li ba wî re derbas dikir. Kurekî Îranî yê gelek zîrek û hîşyar di fewca lîwayê de muhasib bû. Ew jî dihat û diçû, navê wî Silêman Xan bû. Bi zimanê xwe yê şêrîn û sohbetên xwe yên xweş hemî hevalên me ji xwe re kiribûn wekî birayan. Li wir em hînê xeberdana Farisî jî bûn. Lê ew hînê Kurdiyê nebû yan jî ne dixest bi me re Kurdî biaxive. Li gel vê jî, me bi Kurdî çi diaxift ew gelek baş têdigihîşt. Lê bi Farisî bersîv dida. Bi zarokên kulanê jî xwe gelek dabû hez kirin. Dema ku ew derdiket derve hemî bi pê diketin. Ji hevalên din zêdetir nêzikahiya wî bi min re hebû. Min jê şik dikir. Wekî yên din baweriya min bi wî jî tunebû. Ehmedê 'Ezîz Axa ku bi henekên xweş û gotinzan dihat naskirin, wê demê mamosteyê mektebê bû. Birayekî Silêman Xan ji Tehranê ji bo serîlêdana wî hatibû balê. Navê wî Dawûd Xan bû. Ehmed, bi henek jê re got, navê te îspata Beniîsraîlan e û dibê Silêman Xan cihû be. Hemî bi hev re pê keniyan. Bi ser vê de jî ez ketim lêgerînê. Piştî çend salan ew ji bîra min çûbû. Vî navî re miroveki ku ji Tehranê vegeriyabû rastê min hat. Min pirsa Silêman Xan jê kir. Wî ji min re got: "ka bêje, bi rastî te dizanîbû ku Silêman Xan Cûhî ye?"...Silêman Xanê ku çend salan di nav me de dostekî misilman hatibû nas kirin, bi jineke misilman a Kurd re zewicî bû, eger mirov baweriya xwe bi wî kesî ku ji Tehranê vegeriyabû bîne, ew Cûhî bûye.

-45-

Em û Major Soane

Major Soane, gelek ji van civîn û şahiyên me hêrs dibû. Hinek şevan yek ji wan kesên ku me şik jê dikir, di germiya şahî, xwarin û vexwarinên me de û derengê şevê diket hindur, ji sergermiya me îstîfade dikir. Me jî gelek caran dida nav meliyan û bêdev û bêşîpane gavên zêde diavêt û terkexemî dikir. Wî kesî jî hê du car zêdetir dikir ser û dibir digîhand casûs û sîxurên Soane. Lê Soane, her çiqas kîna wî bi me re hebû û hez ji me nedikir, lê cardin gotina wan xefiyan nedikir û li me diborî. Yan jî pêwist nedidît ku lez bike û hildida heta dema wê dihat. Eger hûn rastiyê bipirsin, me zimandirêjî dikir û em zêde pêş de diçûn. Bi taybetî ji nîvê şevê şûn de û dema ku serê me germ dibû, em bi carekê diketin nav sersariyan û ji heddê sînorê xwe derbas dibûn. Xefiye, gelek hêrs dibûn û diqehirîn ku nedikarîn zû bi zû me rakêşin polêsxaneyê û daxa dilê xwe ji me vekin. Ev xefiyeyên han zêdetir ji min, ji Macid Mustefa û Mehmûd Cewdet - Xwedê jê razî be- dil kul bûn. Ji ber vê, Soane dixwest me bi aqil bike. Lê li firsetekê digeriya. Carek û du caran jî bahaneyan li me girt, em çûn polêsxaneyê. Lê dest neda me. Çunkî wî dizanî ku em di nav xelkê de tên hez kirin û navekî me yê baş jî heye. Ew kesên ku em dibirin ba wî jî, xwe li nezanînê didanîn û kêm an zêde şerim dikirin.

Soane gelek kêm derdiket ji der ve û bi vê jî dixwest sawmeke bide çêkirin. Dema ku derdiket jî di nav bazarê re derbas dibû, wê çaxê hewce bû xelk hemî ji ber ve rabin piyan û jê re siyanetê bigrin.

Ez û Macid, bi şev û bi roj bi hev re bûn û em gelek kêm ji hev vediqetiyan. Her wext di bîra me de bû ku em xwe ji Soane biparêzin. Ji ber ku me nedixwest em xwe jê re bitewînin. Em ji wê jî ditirsiyan ku li me nebore. Lê rojek em rû bi rûyê hev hatin. Li meydana Ehmedê Isa Axa otomobîlek sekinî bû. Mêrik dixwest bide xebatê. Wî jî ji dûr ve lê dinêrî. Ji nişka ve me xwe li ber pozê wî dît û em rû bi rû bûn. Em mecbûr man derbas bin biçin. Lê me silav lê nekir. Me texmîn nekir ku dê hesaba vê ji me bipirse. Soane, li Heme Dirêj(58) ê mirovê xwe nêrî û got: "bangî wan bike." Heme Axa berê xwe da me û got: "Ka werin, cenabê hakim daxwaza we dike." Min xwest ez biçim. Lê Macid li hêviya min nehişt û bi xwe çû balê. Soane jê re got: "hûn ji bo çi silavê nadin min" Macid jê re got: "ji bo çi em ê silav bidin te" Wî got: "gelo hûn min nas nakin?" Macid lê vegerand: "belê, em te nas dikin, tu Major Soaneyê hakimî." Wî jî lê vegerand û gotê: "madem wisan e ji bo çi hûn silavê nakin û derbas dibin?" Macid lê vegerand û got: "dema ku em ji bo karekî bên ba te yan daxwaza pêkanîna tiştekî ji te bikin, ji me re neke." Vêca vegeriya hat ba min û me riya xwe girt û em çûn. Soane êdî dengê xwe nekir. Min ji Macid pirsî: "ji bo çi te nehişt ez biçim ba Soane?" Wî got:

"Tu hinekî bihêrsî, ez tirsiyam tu yê bi hêminî bersîva wî nedî." Macid wî wextî lawekî xwîngerm û tûj bû û di nav welatparêzan de bi tiliyan dihat nîşandan...

Di dawiyê de, demekê Soane bi tevayî ji destê xortan pes kiribû. Hacî Axayê Hesen Axayê Tifengçîbaşî, wê demê mudurê polêsan, Mack Brayt ê çawuşekî Ingilîzan mudurê îstîxbaratê yanî mezinê polêsan bû. Soane û Mack Brayt, ji Hacî Axa xeyîdîn. Wî jî bi devkî îstîfa kir û ji muduriyê ket û kincên xwe guherî. Heta wê rojê qet nedihat ba min. Lê wê rojê hat dikana min û dest bi gazindan kir û dijûn ji Soane re dan, lê min loman jê kir. Min pê da zanîn ku derketina wî ji wezîfeyê bi min xweş nehatiye.

Ji bo ku baweriyê bi min bîne, min jê re got, em hemî dizanin ku eger ew ne mudur bûya, dê Soane û Mack Brayt gelek eziyet li me bikirina û em ê tûşî gelek eziyet û tengiyan bûbûna. Vêca min jê rîca kir ku ji nû ve hewil bide û vegere ciyê xwe, ku miroveki nenas û bêwijdan neyê ciyê wî. Qasê ez dizanim, zêde baweriya xwe bi gotinên min neanî, lê êdî dev ji min berda û nehat ba min.

Piştî çûna wî çend rojan, Mistefayê Hacî Birahîm Axa ku wê demê komîser bû, dan ciyê wî. Rojekê li çayxaneya Mecolê Xamesneyî hat rexê min û bi dizî ji min re got ku, gerek haya te ji te hebe û tu di nav xelkê de li gotinên xwe miqatebî. Di bin re jî çavê xwe ji min re niqutand û got, xefiyeyên te bi ser te de girtine.

Ev dewra han jî derbas bû. Hacî Axa û Kak Mustefa vegeriyan ser wezîfeyê, lê di wê de tu şika min tune ku çi mudur û çi Mustefa Hacî Birahîm Axa, xerabî di derbarê min de nekirin... Navek re jî Ewnî Hacî Gûrrûn kirin mudurê polisan. Wisa li Major Soane hatibû, nedizanî dê çi bike. Carekê Ewrehman Se'îd û piştî wî jî Macid Mustefa û Mehmûd Cewdetê rehmetî girt û xist bendîxaneyê. Ewnî, miroveki xerab nebû. Piştî girtina wan ku dizanî Soane mijûlê girtina kesekî ye, ji min re cewab şand û got, gerek e ez yan derbazê ciyekî din bibim yan xwe veşêrim. Tewfîq Wehbî wê çaxê çû Bexdayê û li wir di orduya Iraqê de bû zabit. Rojekê ez li dikanê bûm, Ehmed Axayê Kerkûkîzade şand pê min. Ji min re got: Ewnî dibêje dora girtina Refîq hatiye. Min jê re got: Vêca tu çi dibêjî? Ji min re got: Min hesp hazir kirine û em ê seetek şûn de nan bixwin û herin Bexdayê. Piştî nîvroyê me xwe amade kir. Ez, Ehmed Axa û Ehmedê Se'eyê Fettah bi siwarî di riyên nepenî re me berê xwe da Bexdayê. Me bi şev xwe ji rê da alîkî û bi zor û eziyet em li ciyekî sekinîn û me serê xewa xwe şikand. Dema ku em raketin, me hevsarên hespên xwe li destê xwe pêçabûn. Nîvê şevê bû em careke din ketin rê. Bi derketina rojê re, me li bostanên ser qeraxên çemê Îmam Şahsiwar ji xwe re zebeş kirîn û xwar, pişt re em ketin nav bajarê Kifrê. Wê çaxê trên heta Kingiryan dihat. Li wir, piştî ku me hespên xwe li mala karwançiyekî navê wî 'Ebbas ê nasê Ehmed Axa bi cih kirin, em bi trênê çûn Bexdayê.

Li vir behseke kevin a ser dewra Osmaniyan hat bîra min. Bavê min li Kifrê zabitê redîfeyê bû. Min wî wextî li dibistana îbtîdadiyê de dixwend. Birayekî min ê biçûk hebû û navê wî Cemîl bû. Hê li ber memikan bû. Lê gelek xwînşêrîn û xweşik bû û min gelek jê hez dikir. Ew bi nexweşiya bajeleyê ket. Wê navê re bavê min ji bo standina ji dehan yekê hasilatê çûbû û ne li mal bû. Ez baş nizanim ka gelo doktor hebû yan na? Lê nexweşan, çûna ser doktor û riya nexweşxaneyê nedizanîn. Zêdetir pîrejinan nexweş derman dikirin. Şêx û meleyan nivişt ji wan re çêdikirin û dua li ser wan dixwendin. Neştervanan birînên xelkê bi neşterên qirêj û jengarî emeliyat dikirin. Tu kesekî nedizanî ka kangren çi ye û ji çi re dibêjin? Bi kerbetenên mezin ên ji hesinên situr ku bi zorî diçûn nav devê mirov, diranên xelkê yên sipî û saxlem, bêtevizandin bi reh û rîşên wan ve dikêşan. Hinek caran şev û rojek xwîna wan nedisekinî. Çunkî navê xwînwendakirinê wê çaxê di nav me de nehatibû sehkirin. Vêca Cemîlê sava yê bêziman û bêguneh di navçeke paşdemayî ya wekî Kifrê û di koşa dayikeke nexwenda de tûşî nexweşiyek bûbû ku wê çaxê jê re bajele dihat gotin. Xaleta Rehme (Rehîme) ya xaleta min a jinebî ku me tevan jê re Bacî Rehme digot, mezina malê û porsipî û rêbera me bû. Çi dema Cemîl ji ber êş û arhana çok û ranên xwe dikir qêrîn, Bacî Rehme dest bi baweşînê dikir. Ez jî bi pê neştervan diketim û min wî ji mala wî yan ji dikana wî digirt dianî. Wî bi wê neştera xwe ya min behis kir, her carê kêmasî pêncî neşter li wan ciyê ku êş û arhan dikirin, dixist. Ev emeliyatên han ên ku em haylê nebûn em cinayet dikin, çend rojek kêşa. Çi cara em diçûn balê me birînên wî yên cara berê yên ji ber devê neşteran, di nav nêm û edabê de didît. Wexit havîn bû, em li serbanan radizan. Şevekê nêzîkî beyana sibê, ez ji ber dengê girîna dayika xwe û Bacî Rehme pê hesiyam. Cemîl miribû.

Cîran û nasên me berhev bûn. Şandin pê yekî ku bê Cemîl bişo. Mubarek Efendî yê xelkê Kifrê, hevalê gelek dilsoz ê bavê min û miirovekî bi nav û deng ê Kifrê bû, bi xwe hat û Cemîl şuşt û kefen kir. Wan dizanî ku wê çaxê bavê min li kîjan gundî ye. Gelek dost û nasên me li me berhev bûn, lê gelek mixabin bavê Cemîl berê veşartina cenazeyê nehat dîtin. Goristanên Kifrê dikevin ber pêşkên dawiyê yên Îmam Şahsiwar. Gera çiyayê wê jî bi hinek pêşkên xwe ve digihin Gumbeta Îmam Şahsiwar û pişt re serejor dibin. Dayika min jineke nimêjker û dîndar bû. Xwest Cemîlê sava bêxe bin çavdêriya Îmam. Ji ber vê, me Cemîl di nav singê çiyê û nêzîkî merqeda Îmam Şahsiwar teslîmê axê kir (1324ê rûmî). Dema ku bavê min vegeriya Kifrê, ez bi wî re çûm ziyareta qebra Cemîlê sava. Min heta wê rojê nedizanî ku esker digrîn. Lê dema ku min rûndikên bavê xwe yên germ ên ji çavên wî dibarîn dîtin, wê çaxê min bawer kir ku dema kezeba dilê eskeran jî bikeve bin axê, nikarin xwe lê bigrin û digrîn.

-46-

Seyîd Tahayê Şemizdînî û Mesela Kurd

Piştî Ingilîzan Şêx Mehmûd şandin Hindistanê, kêm mabû ku êdî hevsarê îdareyê ji destê hakimên siyasî derkeve. Ji ber vê, fikirîn ku îdareyek taybetî ji Kurdan re çêkin û bi vî awayî dawî bi têkelhevî û şoreşê bînin. Di vê navê re gihîştibûn wê qeneetê ku tirsa Kurdên derûdora Hewlêr û Mûsilê ji Asuriyan heye û ketiye mejiyê Kurdan ku Ingilîz dê di wê navçeyê de hukumetek ji wan re çêke. Ji ber vê, sebebê hinek serîhildanan dibirin digîhandin mesela Asuriyan û ji ber vê yekê cara duduyan bi Seyîd Tahayê Şemizdînî re ketin guftûgoyan. Seyîd Taha, vê carê jî hinek daxwazên wî hebûn û ev daxwazên xwe li Bexdayê pêşkêşî karbidestên Ingilîzan kir. Li gor gotina xwediyê kitêba Iraq û 'Esbetu'l-Umem[59], daxwazên Seyîd Taha ev bûn:

1- Di bin çavdêriya Britanya de damezirandina dewleteke Kurdî ya yek perçe, bi wî mercî ku Kurdistana Îranê jî tê de be.

2- Bi belavokeke resmî derxistina efuyeke giştî.

3- Li ser esasê cumhuriyetê damezirandina dewleta Kurdî ya ku mijara behsê ye.

4- Sozdana karbidestên Ingilîzan û nivîsandina peymanekê ji bo dilrazîkirina Kurdan a di derbarê hêminiya Ermenî û Asuriyan de û desthilnedana wan li hemberî vê dewleta Kurd a nû.

5- Ew alîkariyên ku Dewleta Britanyayê daye yan dê bide Iraqê, divê bide dewleta Kurd jî.

Di benda çaran a xwestinên Seyîd Taha de derdikeve ku dahatya Kurdan li ber çav hatiye girtin û tirsa wî ji wê yekê hebûye ku dê rojek bê Ingilîz Ermenî û Asuriyan han bide û wan bike çiqil û asteng li ser riya jiyana netewe û Hukumeta Kurd.

Lê Mendubê Samî yê Britanya Mezin ê Iraqê, bersîva wî li hemberî daxwazên Seyîd Taha ev bûn:

"Hûn bi wê yekê dilxweş bin ku çi doz û daxwazên neteweyê Kurd hene û ji Konferansa Aştiyê re hatine pêşkêş kirin. Ew hemî dê ji aliyê kongreyê ve li ber çav bên girtin û gelek bi başî lê bên nêrîn. Ev yeka han jî hewce ye bê zanîn, ku di Konferansa Aştiyê de, di derbarê mesela Kurd de li gor heq û hiqûq ên baş hatine zanîn, biryar li ser hatine dan".

Li gor vê bersîva Mendubê Samî jî diyar e ku ji Seyîd Taha re jî tiştek nehat kirin. Vêca sistiya Ingilîzan di gavavêtinan de û ketina pê bicihkirina bendên Pêmana Sewrê ku di derbarê mesela Kurdan de tesîreke gelek zêde li ser Kurdistanê kir, netîceyek neda. Ji ber ku berê serkeftina hêzên Mustefa Kemal bi ser hêzên Yunaniyan de, biryareke rast, xurt û bêhîle nehat dan û li gor hersê bendên Pêmana Sewrê, di Kurdistana Başûr de bingehê siyaseteke bi feyde nehat danîn û dewleteke Kurd çênebû. Piştî serkeftina Mustefa Kemal û şikestina hêzên Yunaniyan, tiştek ji bo mesela Kurd nehat kirin. Her wekî em ê di ciyê wê de behs bikin, di netîceya hewildan û xebata Mustefa Kemal û ji ber hinek sebebên din, maddeyên di Pêmana Sewrê de bûn avêtin pişt guhê xwe û hatin jibîrkirin.

-47-

Di Sernekeftina Mesela Kurd de, Kurd Bi Xwe Mesul in

Mesela Kurd û serxwebûniya Kurdistanê, ji ber sebebê sistî, hîle û pêlên Ingilîzan negihîşt netîceyekê. Di vê de Kurd bi xwe jî beşdar in û ez dikarim bêjim ku lomên mezin gerek ji Kurdan bi xwe bên kirin. Çunkî carek, komeleyên siyasî yên Kurdan ku merkeza wan li Stenbolê bûn, lê li gel vê jî beşek ji endamên wan ên bi nav û deng xelkê Silêmaniyê bûn, qet nehatibû bîra wan ku ew li ser navê komeleyan ji bo alîkariya Şêx Mehmûd û rêxistina kar û barên vê Hukumeta Kurdî ya rast an derew çêbûbû, kesekî bîşînin Silêmaniyê. Bi eksê vê diçûn Asya Biçûk û bajarên rojhilata Tirkiyê û di nav Kurdên wan navçeyan de hewlên bêfeyde yên Kurdayetiyê didan. Ji bo belavkirina fikra damezirandina Kurdistanê têdikoşîn, berê xwe nedidan herêma Silêmaniyê û xwe jê re xerîb dihesibandin. Hewlê wê yekê nedidan ku ji Şêx Mehmûd îstîfade bikin û hukumeta wî ji destkariya nerast û nefaman biparêzin. Bingehê wê bihêz bikin, heta ku hilneweşe û bijî. Bi kurtî di vî warî de firseteke mezin a lihevhatî ji kîsê wan çû û îstîfade ji wê rewşa Kurdistana Iraqê ku demeke dirêj bû di dest de bû, nekirin ku ji bo mesela Kurd tê de hewl bidin.

Yên li Tirkiyê jî bûn, bi taybetî serokeşîret û kesên bi nav û deng ên ku beşdarê Kogreya Erzirumê bûbûn, wekî Tirkên welatparêz û belko hê ji wan jî zêdetir û wefadartir, pişta Mustefa Kemal girtibûn û biryara şerê "xwe!?" dabûn, yanî şerê rizgariya "welatê bi şêrîkatiya Tirk û Kurdan", yanî şerê "îstîqlal"ê. Ev şer jî netîceya wî -gelek mixabin- Mehkemeyên Istîqlalê bûn, ku law û mezinên bi nav û deng ên Kurdan bi girsî dan îdamkirin an dan ber gule û şeştîran, gulebaran kirin.

Eger bihataya û pêş serkeftina Mustefa Kemal komeleyên siyasî yên Kurd, dûrbîn bûna û hinek ji endamên xwe yên hişyar bişandina ba Şêx Mehmûd û li gor programeke siyasî û tevgera neteweyî ya Kurd a Iraqê û Tirkiyê bikirina yek û bi hev re li ser wê programê bimeşiyana, îhtîmaleke gelek mezin bû ku mesela Kurd dê rengekî din werbigirta û netîceya Şêx Mehmûd jî bi vî awayî nedibû ku me dît. Lê komeleyên Kurdan wiha nekirin û çi xebat û hewl ji destê wan dihat li Stenbolê bi mezinên sondxwaran re bikar anîn an di navçeyên Asya Biçûk (Anadolu) de xwe pê ve aciz kirin. Sondxwaran jî yan em bêjin Ingilîzan, di vê navê re xwe bi hukumeta bêhêz û bêdesthilat a xelîfe ya li Stenbolê xapandin. Piştê vê jî demekê hêviya xwe bi netîceya Şerê Yunan û Tirkan girêdan...

Lê Yunaniyan nekarîn tiştek bikin û Mustefa Kemal jî ber bi serkeftinê ve diçû. Şêx Mehmûd jî li gor dilê Ingilîzan nemeşiya û li dijî Tirkan nesekinî. Vê navê re, ‘erebên Iraqê jî pişta xwe rast kirin û li hemberî Ingilîzan di sala 1920an de girîngtirîn şoreş dan destpê kirin. Ji ber vê xelk, çi Kurd û çi ‘Ereb bûbûn dilxwazên Tirkan. Bext û talihê gelekî alîkariya Mustefa Kemal kir. Fransa û Îtalya ku dostê rojên şer ên Ingilîzan bûn, wê çaxê bûbûn terefdarê Mustefa Kemal. Di siyaseta dinyayê û kongreyan de alîkariya Tirkan dikirin. Hukumeta Stenbolê ku dostê Ingilîzan û dijminê Mustefa Kemal bû, li hemberî Mustefa Kemal nekarî xwe ragire û ket. Sultan Wehdeddîn ê xelîfeyê Osmaniyan ê dawîn, ji text hat xwarê û meydana saltanatê ji Mustefa Kemal re hişt. Rûsan (Sovyet) xwe nêzîkî Mustefa Kemal kirin û pere û çek dan leşkerên Tirkan. Gelek nemabû ku Mustefa Kemal bibe “Bolşevîk” û xwe bavêje himbêza Rûsan.

Li hemberî hemî van bûyerên rasteqînî, tu çareke Ingilîzan nema û situyê xwe li ber wan tewandin. Destê dostayetiyê dirêjî dijminê xwe yê do kirin û bi Mustefa Kemal re ketin bazara lihevhatinê. Navek re Tirkan doza Mûsilê jî kirin. Ingilîzan jî bi damezirandina hukumeteke Kurd li Iraqê bersîva wan da. Di netîceyê de di bin re lihev kirin. Tirkan dev ji Mûsilê berdan. Ingilîzan jî dest ji Kurdistanê û ji Şêx Mehmûd berdan û ev dewra han jî bi ser de çû û xelas bû.

Vegera Mustefa Paşa Yamûlkî Ya Ji Stenbol Li Silêmaniyê

Berî lihevhatina Tirkan û Ingilîzan û qedandina mesela Mûsilê, Ingilîzan li Iraqê gelek derew li Şêx Mehmûd kirin û fêlbaziyên mezin li serê Kurdan gerandin. Li gel vê jî ew karên ku di wextê xwe de komeleyên Kurdan li Stenbolê kiribûn û Ingilîzan fikra bicihkirina wan dikirin, xwestin ji wan îstîfade bikin û wan pêk bînin. Lê kengî û piştî çi?

Mustefa Kemal li Asya Biçûk reh û rîş avêtibû û leşkerê Yunaniyan ber bi deryayê ve dibir. Textê Wehdeddîn ê xelîfê Osmanî yê dawiyê, dihejiya. Terefdarên seltenetê û nûkerên biyaniyan bi serên xwe yên nizm û pozşikestî, kunên mişkan ji wan re bûbûn koşk û seray. Mustefa Paşa bi dayîna cezayên îdaman û dar û feleqeyên Dîwana Ûrfî (reqem-1) ya Stenbolê, welatparêzên Tirkan bêpar nekiribû û kula dilê xwe rêtibû. Li Kurdistana Iraqê, Şêx Mehmûdê hukumdar esîr hatibû girtin û şandibûn Hindistanê. Xelkê, ji bo rizgariya ji bin destê Ingilîzan, ji zulm û zordestiya derûdora sivik û bêşerm, destê xwe dirêjî hemî awa dijminên Ingilîzan dikir û xwe diavêtin bextê şeytanê jî. Vêca Mustefa Paşa yê serîlêgêjbûyî, çivek da xwe û bi hêviya rakirina Kurdan û vêxistina agirê şoreşekê di Kurdistanê de, bi pê komê babirî ketibû û ji bo vê yekê jî hatibû Silêmaniyê...

-48-

Iraq Di Bin "Işgal"ê de[(60)]

Piştî ku Şerê Cîhanê yê Yekem (1914-1918) xelas bû, dewletên sondxwarî yên serkeftî, ketin fikir û mulahezeya ew cih û welatên ku ji dewletên neserkevtî dagîr kirine, dê çawan parve bikin? Çunkî piştî şer, parvekirina malên talanê, wekî parvekirina pêşiya şer bi hêsanî pêk nedihat. Neteweyên serkevtî jî êdî wekî yên neserkevtî ji gotinên "fetih" û "koloniyalîzm"ê tirsiyabûn. Bi taybetî zanayên payebilind ên dinyayê, bêyî ku fikra hukumetên xwe bikin û ew nêrînên wan bigrin li ber çav, ku ew jî xwediyê koloniyan in, kolonyalîstan girtibûn hemberî xwe û zulm û zoriya dewletên mezin ên li ser wan radixistin ber çav û li ser dinivîsandin. Di derbarê siyaseta kolonyalîzmê de dengên xwe bilind kiribûn, bi nivîsandin û bi gotin ji bo dawîpêdana koloniyalîzmê têdikoşîn. Di netîceya vê têkoşîn û hewildanê de gotinên "îşgal", "îlhaq" û "koloniyalîzm"ê û hemî ew gotinên ku tên van me'neyan û yan bîhna nêzî van me'neyan ji wan dihat, nexweş dihatin guh û dilê kesekî pê xweş nebû. Ji ber vê, hê Şerê Cîhanê yê Yekem berdewam bû, mezinên sondxwaran, bi taybetî Wilson û Loyd George, di ciyên musaît de û dema ku dora axaftina wan dihat, di derbarê vê siyaseta nû de diaxiftin ku piştî xelasbûna şer ew welatên di bin dagîrkirina wan de bûn, li wir dê ew li ser van esasan bimeşin. Wisan bi dinyayê didan zanîn ku fikir û mulahezeya wê nakin ku ew cure welatan bikin ser welatê xwe yan welatên dewletên serkevtî bikin koloniyalîst. Li gor gotina wan, fikra danîna cure riyek wisan dikirin ku, ji bo jiyana siyasî ya welatên dagîrkirî baş û bifeyde be. Bi kurtî wan wiha digotin: Di wan welatên dagîrkirî yên bindestê wan de, jiyana siyasî û curê îdareya hukumetê dê ji xelkê bi xwe re bihêlin. Li milekî din jî, gelek mezinên dewletên şerker û ew kesên ku giyanê koloniyalîzmê bi ser xîret û zanistiya wan de bi serket, bi tu awayî ji wan nebûn ku serê xwe bitewînin û bixwazin ji mafê fetih, yanî ji mafê dagîrkirinê biborin an dest ji berê wê xwînê bikêşin ku di şer de ji bo dagîrkirina wî welatî rijandibûn. Lê giringî tenê di vir de nebû. Ji ber ku biryar derxistin ku wan welatan têkin ser welatên xwe. Lê ew welatên ku pît, bereket û serweta tevan ne wekî hev e, dê çawan parve bikin? Di warê geşbûn û pêşdeçûnê de hemî ne di yek seviyê de ne. Demên wan ên borî ne wekî hev in. Hişyariya xelkê wan û parwergirtina wan ji şaristaniyetê ne di mîzanekê de ye. Çi bidin kê? Heryekî ji van dê çawa îdare bikin? Hemî ev pirsên han ji xwe bi xwe dipirsîn û digotin: tu bêjî em ê bikarin van tevan "bi cure îdareyekê" bimeşînin? Bi yekçavî li wan binêrin?

Di Konferansa Aştî ya Parîsê de, ew meselên herî girîng ên li ser guftûgo hatin kirin, behsa koloniyên Almanyayê û ew axên ji Împaratoriya Osmanî hatibûn veqetandin û dagîr kirin, bûn. Belavoka berî Konferansa Aştiyê ya ji aliyê General Simens ê bi nav û deng, ku ji bo damezirandina Komeleya Gelan ('Esbetu'l-Umem) hatibû belavkirin, gelek bi dilê mezinên kongreyê bû û ji aliyê wan ve hatibû qebûlkirin. Di bin çavdêriya Komeleya Gelan de li ser sekinandina nîzama şer berê hemî kesî hatibû bîra Simens û vê yeka han raxistibû ber çav. 14 bendên Wilson ku di derbarê hiqûqên neteweyên bindest û welatên dagîrkirî de hatibûn belavkirin, di bin "îlhama" belavoka Simens de hatibûn pêş.

Vêca Konferansa Aştiyê gelek bi fireh û bi kûrî li ser ew gotin û îzahetên Loyd George û Wilson ên di dema şer de kiribûn, sekinî û ew bi gotin û nêrînên mezinê dewletên din ên serkevtî re dan ber hev. Di welatên din de jî li ser van bîr û baweriyan sekinîn ku ew bi saya zanayên payebilind ên xwînpak, azadîxwaz û dostên însaniyetê de gihîştibûn hemî ciyê cihanê. Ji bilî van, belavoka Simens û 14 bendên Beyannameya Wilson ê serokkomarê wê demê yê Emerîkayê jî xist ber dest û bi kûrî lêkolî. Piştî hemî van munaqeşe û lêkolînan, kongreyê biryara tespîtkirina sê cure îdareya mandatiyê da û ew mandatî bi dereceya "A, B, C" bi nav kir. Ji van "A" ji bo wan welatan hat qebûlkirin, ku di wê sewiyê de ne di demeke kurt de serxwebûniya wan ji wan re bê dan. Wekî wan dewletên 'Ereban ku ji Dewleta Osmanî cihê kiribûn.

Dereceya îdareya mandatiya "B, C" jî ji welatên Afrîkayê û giravên Rojhilata Dûr re hatibûn tespîtkirin, ku berê Şerê Cîhanê yê Yekem koloniyên Almanyayê bûn. Vêca parvekirina îdareya mandatiya dereceya "A", di 25ê nîsana sala 1920an de li San Remoyê hat bicih kirin û li gor vê parvekirina îdareya mandatiya han; Sûriye û Lûbnan ji Fransayê re hat dayîn. Iraq, rojavayê Urdunê û Filistîn jî ji Britanyayê re man. Dema em li vê parvekirina han dinêrin, dudu kêm û sisê zêde, bi guhertineke gelek kêm wekî parvekirina berê damezirandina Komeleya Gelan a li gor peymana nehênî ya bi navê Sykes-Picko tê naskirin û di sala 1916an de di navbera Fransa û Britanyayê de hatibû çêkirin, bûn.

Ji ber vê, îdareya mandatiyê her çendîn bi ruhekî azad û însanî û ji netîceya lêkolîn û liberçavgirtina gelek bîr û baweriyên zanayan û mezinên xwediyê armancên baş û azadîperweran pêk hatibû, lê dema ku em hûr û kûr li netîceyên wê binêrin, em dibînin ku ew dewletên ev îdareya mandatiya han ji wan re hatibû sipartin, ev yek nehatibû bîra wan ku bi tu awayî dê ew dest ji van welatan berdin. Tam eksê vê, di wê nêrînê de bûn ku heta dinya hebe dê tê de bimînin û heta dilopek xwîn di laşê wan de mabe bimijin. Eger wiha nebûya, ew serxwebûniya ku dibêjin bi destê Iraqê, Sûriyê, Urdunê û Lûbnanê ketiye, ji bo çi wan pêwîstiya bi wan hemî xwînrijandin, şoreş û têkelheviyan dikirin? Gelo ji ber çi îdareya mandatiyê re muddetek wisan nehat danîn ku xwediyê îdareyên mandayan ji bo pêşdebirina wî welatî ku kiribûn bin mandatiyê, di riyeke rast û rewan bimeşe û bêfetil û bêhîle alîkariyê bidê, pêş bixe û dest bide ber wan û wan pêş de bibe? Ji bilî van, em dikarin bêjin ku piştî dawîpêhatina îdareya mandatiyê û heta dewletên mezin serxwebûnî "dan" wan jî, hê di nav hinek dewletên ku di bin îdareya mandayê de bûn, cardin têkelhevî nesekinîn. Rastî û nerastiya vê jî pêwîstê lêkolîn û bi ser de hûrbûnek kêm a bi şert û şurût û rewşa wan dewletên pişt re gihîştin serxwebûniya xwe û awayê pêwendiya wan bi dewletên mezin ên xwediyê îdareya mandayê ve ye. Di vê yekê de tu şik tune, ku lêkolineke bi wî awayî ji me re zelal dike, "îdareya mandatiyê" rûkêşeke taze ya awayê koloniyalîzmê bû ku bi wêneyeke taybetî ya ji bo yekxistina di navbera armancên koloniyalîzma kevin û armancên koloniyalîzma rûkêşkirî ya nû de hatibû dîtin. Bi navê vê armanca han, bi heqê biryardana ji bo jiyana siyasî ya dahatî ya neteweyên biçûk ên bindest û bi bexşîna azadiyê ji xelkên welatên dagirkirî re, koloniyalîstan xistibûn pêş. Yanî cure kincek wisan li armancên xwe yên xerab kiribûn û bi fikrên xweşik û sipehî rûkêş kiribûn ku xelkê Ewropayê, van yekan ji zanayên mezin ên azadîperwer dibihîstin. Feyselê Yekem ê damezrênerê welatê Iraqê, di gotareke xwe ya siyasî ya di sala 1931an de, di vî warî de bi çend gotinên rast, rastiyên jorê didin xuyakirin. Melik Feyselê Yekem -Xwedê jê razî be- wiha dibêje: "gotina koloniyalîzmê li ber çavê neteweyên serkevtî û bindest bi yek awayî reş bûye. Ew, di wê fikrê de ne ku li milekî îtîraf bi mafê wan welatan bikin, ku ji Tirkiyê veqetandin û li milekî din jî armanca wan wê mebdeya dagîrkirinê bibin serî û vê cihbicih bikin, vê riya han a nû dîtin ku navê wê danîn îdareya mandatî. Mebesta wan her ev e ku li milekî "mafê feth"ê ku di pêş de heqekî şer'î hesibandin, têxin bin perdeyekê. Li milê din jî hêviyek be ji bo gihîştina serxwebûniya neteweyî ya welatê wan ê dagîrkirî û dilê wan pê xweş bibe... Vêca li ser van e ku siyasî û welatparêzên Iraqê ji bo rizgarbûna ji nîzama mandayê riya şoreşê dan ber xwe. Divê em vê yeka han jî bizanin ku, eger tebîeta nîzama mandatiyê rê nedaya wergirtina serxwebûniya ev cure welatên han, Dewleta Britanyayê li hemberî şoreşa Iraqiyan bi hêsanî serê xwe neditewand û bi bahaneya tefandina vê şoreşa han mil nedida ber bexşîna serxwebûniya Iraqê. Belko di riya tefandina şoreşê de û nedana vê serxwebûniya han hemî zehmetî û erk digirt ser milê xwe û ji bextkirina can û malan bi tu awayî paş de nedima û lam û cîm nedikir..."

-49-

Bi Kurtî Mesela Şoreşên Kurd û 'Ereban Li Iraqê (1919-1922)

Piştî cihêkirina Iraqê ji axa Dewleta Osmanî û dagîrkirina wê ji aliyê leşkerên Ingilîzan ve, di bakur û başûrê vî welatî de Kurdan û 'Ereban, ji sala 1919an heta sala 1922an, bêrawestan serhildan û şer kirin. Kûştin û hatin kûştin. Hatin zîndankirin. Bênan û bêav man. Hatin lêxistin. Nexweş ketin û mirin. Lê di riya serxwebûnê, jiyana serbilindî û şerefa xwe de, xwe ji fedakirinê paş ve nedan û bi hemî giyanê xwe ve têkoşan. Ev yek jî tenê netîceya meşandina kar û îstîfadeya ji firsetan nebû. Belko Kurdan û 'Ereban çi dikirin destê komeleyên wan tê de bû. Dîroka taybetî ya şoreşên Kurdan an ên beşeke zêde ya van şoreşan nehatine nivîsandin. Eger ev bên nivîsandin an mimkûn e hatibin nivîsandin, dê ew kirin û faaliyetên van komeleyên siyasî û nehênî yên Kurdan û hewl û xebata wan a di riya Kurd û Kurdistanê de ku kirin, eşkere bin û bên zanîn. Em ê li vir tenê behsa wan serhildanên ku ji aliyê Kurdan ve li Iraqê hatine kirin, bikin. Ji ber ku serhildanên ji aliyê 'Ereban ên li Iraqê hatine kirin, di nav tu kitêbên nehênî û rûpelên veşartî de nemane. Li ser tevan gelek zêde hatine nivîsandin û belav kirin. Ji ber vê, em li dijîtiyekê di wê de nabînin ku mecala raberizîn an hewil û xebata komeleyên wan ên nehênî û xebata welatparêzên 'Ereb ên Iraqê di afirandina van şoreşan de, rêxistina tevger û têkelheviyên ji aliyê wan de ducarî bikin û li ser bisekinin.

Kolonel Lichmen ê serleşkerê Ingilîzan, piştî sekinandina şerê mezin bi Tirkan re û belavkirina mutarekeyê, di 31ê çirya pêşî ya sala 1918an de çû bajarê Mûsilê. Li ser hatina wî, 'Elî Ihsan Paşa yê serokleşkerê şeşan ê Tirkan, bi leşkerên xwe ve di 5ê çirya paşî de û Nurî Beg ê alîkarvanê walî jî di 13yê eynî mehê de Mûsil terk kirin.

Vêca Lichmen, bû hakimê bêşirîk ê vê herêma han. Lê gelek bi ser de neçû, ji hemî aliyan ve têkelhevî û serhildan destpê kirin. Li herêma Zaxoyê Eşîreta Goyan serî hildan û di 24ê nîsana sala 1919an de Kapitan Person kuştin. Di bin serokatiya Cemîl Axa û 'Ebdî Axa de Eşîreta Sindî û di bin serokatiya Sadiq Birahîm Axa de (Sadiq Pero) Eşîreta Gelî û Eşîreta Qeşûriyan a koçer jî têkelî şoreşê bûn.

Piştî vê li Amêdiyê di 15yê tîrmeha sala 1919an de Hacî Şe'ban Axa, yek ji wan reîsê bi nav û deng ê Kurdan, serî hilda. Di vî şerî de -wekî me di pêş de behs kiribû- Kapitan Willy yê hakimê siyasî û Mc.Donald ê mudurê polisan bi çawuşekî navê wî Torb û gelek kesên din ve hatin kûştin.

Di 8-9ê meha tebaxa sala 1919an de eynî ev şoreşgêrên han, li Amêdiyê di bin serokatiya Hacî Reşîd Beg de li Geliyê Mezurkê êrîş birin ser leşkerên Ingilîzan ên pirrçek û lîwaya wan ji bînî de ji holê rakirin. Ev şikestina Ingilîzan nedima şikestinên wan ên din, deng û behsên serkeftina vê carê ya leşkerên Kurdan ên azadiyê, li hemî milê welat deng da.

Piştî vê hê hefteyek bi ser re derbas nebûbû, Kurdên Dostkî di bin serokatiya Teyar Axa de êrîş birin ser Ingilîzan û li Siware Tûkeyê şerekî giran bi wan re kirin. Sadiq Axa (Sadiq Pero) û Silêman Axa (Silêman Qetê) di vî şerî de jî amade bûn û alîkariya Teyar Axa û Eşîreta Dostkiyan a Kurd kirin.

Piştî Şerê Siware Tûkeyê, li Kela Şe'baniyê û Geliyê Mele 'Ereb de Kurdan şerekî din bi Ingilîzan re kirin û bi tivingan firokeke wan xistin.

Ji bilî van, di tebaxa sala 1919an de Şêx Raufê Neqşîbendî li dijî Ingilîzan rabû. Lê vê carê Ingilîzan êrîş anîn ser Kurdan. Şêx Bahaddîn û Şêx 'Elaeddînê bavê Şêx Rauf girtin û bi hinek xizm û kes û nasên wan ve şandin Mûsilê. Şêx Bahaddîn û bi hinek xizmên wî ve ji wir jî şandin Bexdayê, lê yên din kirin zîndana Mûsilê û li wir hîştin.

Nêzîkî salekê bi ser van girtin, berdan û têkelheviyan re derbas bû. Vêca Lichmen ji Mûsilê rakirin û kirin hakimê siyasî yê Dîlemê. Piştî Lichmen, Kolonel Bill bû hakimê Mûsilê. Ev hakimê han gelek bi ser re derbas nebû, yanî piştî 23 rojan, di 4ê çirya paşî ya sala 1919an de bi hakimê Aqreyê Kapitan Scot re, nêzîkî Bîrekepre bi destê Zêbariyan hatin kûştin. Piştî vê di bin serokatiya Şêx Ehmed ê bi nav û deng de, li gel ku dijminê Eşîreta Zêbarî û serokê wan Faris Axa bûn, Berzanî jî têkilî vê şoreşê bûn. Lê di riya rizgariya welatê Kurdan de vê carê bi hev re meşiyan û hemî bi hev re di 14yê çirya paşî ya sala 1919an de çûn ser Aqreyê û bajar girtin. Di vî şerî de beşek ji Hamiyên Aqreyê hatin kûştin û hemî tiştên ku aîdên dewletê bûn hatin talankirin... Piştî Bill, Kolonel Nolder bû hakimê siyasî yê Mûsilê. Di dema hukmê Nolder de jî ji rojhilatê Aqreyê yanî ji Deşta Herîrê û Batasê di bin serokatiya Şêx Reqîb de Eşîreta Surçiyan li gel Eşîreta Soran, bi hev re di çirya paşî ya sala 1919an de li dijî Ingilîzan rabûn[(61)].

Dema ku em li herêma Silêmaniyê, Qeredaxê, Çemçemalê, Hewramanê, Helebçeyê û navçeyên Ranye, Pîşder û Rewandizê dinêrin, Kurdên Iraqê berê hatina Ingilîzan a vî welatî û piştî hatina Ingilîzan û dagîrkirina vî welatî jî, xwe ji bo vêxistina agirê şoreşê amade kiribûn. Ev yeka han jî çi ji ber serhildan û rabûna li hemberî zordestiya hukumetê û karbidestên wê û çi jî bi navê Kurdayetî û daxwaza azadî û serxwebûniya Kurdistanê bû. Pêkanîna van bûyeran ji aliyê Kurdan ve bêyî ku alîkarî ji tu neteweyekî û dewletekê bistînin, li dijî leşkerên Tirkan û Ingilîzan dikirin. Di vê riya han de, wekî me di pêş de behis kiribû, kûştineke gelek zêde kirin û yan hatin kûştin û xwîneke gelek zêde rijandin(62).

Wekî li jorê ji me re zelal bû, hemî ev têkelhevî û şoreşên Kurdên Mûsilê, di sala 1919an de qewimîn. Di vê sala han de ji bilî têkelheviya Dêrezorê (Dêr El-Zor) tevgerek bi wî awayî ya ji aliyê 'Ereban ve nehat kirin.

Remezanê Şalaş ê yek ji wan serokên 'Ereban, di 11yê Kanûna Pêşî ya sala 1919'an de, di bin pêşengî û handana Komeleya El-'Ehd a Iraqê de, ji Sûriyê bi hêzekê ve avêt ser bajarê Dêrezorê û Ingilîz jê derxistin.

Welatparêzên Iraqê, piştî Mewlûd Muxlis (Mewlud Muxlis Paşa) ji bo wezîfeya hakimê Eskerî yê Dêrezorê hat tayîn kirin, firset ket destê wan û herêma Dêrê li dijî Ingilîzan kirin navçeya tevgera şoreşgêrî û welatparêzan. Piştî vê herêmê, li Cizîrê, Dêrezorê û çend ciyên din, 'Ereb û Ingilîz li dijî hev rabûn û ji herdu milan jî gelek kes hatin kûştin.

Ji bilî vê, piştî kûştina Lichmen a hakimê siyasî yê di sala 1920an de li herêma Dîlemê, Şêx Darîyê serokeşîreta Zubeh a bi nav û deng, serhildaneke mezin çêkir. Ev serhildana han, eger di navbera meh û nîvê de nehatiya tefandin, dê li ser Ingilîzan gelek giran rûniştiya. Ev bûyera Dîlemê, bêguman netîceya wê şoreşa girîng bû ku di 30yê hezîrana sala 1920an de di Firata Navîn de li Rumîse (Rmîse) gelek bi germî dest pê kiribû û belavê hemî Firata Navîn bûbû û heta hatibû gihîştibû Dîlema herêma di bin îdareya Lichmen de.

Di Sala 1920an de Şoreşa Mezin a 'Erebên Iraqê

Muctehîdên Şîiyan û Komeleyên Siyasî

Li Iraqê, yekemîn komeleya siyasî ya 'Ereban, Partiya Heresê Istîqlal (Hizb Heresu'l-Istîqlal) e. Ev partiya han di roja duduyan a sibata sala 1920an de li Bexdayê hat damezirandin. Hinek endamên vê komeleyê, berê bi liqê Komeleya El-'Ehd a li Bexdayê re di nav danûstandinan de bûn û ji bo têkoşîna xebata di riya welat de li ser yekîtî û hevkariyê li hev kiribûn. Lê piştre ji endamên Heresu'l-Istîqlal re eşkere bû ku liqê Komeleya El-'Ehd di wê baweriyê de ne ku piştî standina serxwebûniyê, dibê Iraq di bin çavdêriya Britanya Mezin de bimîne û alîkariyê jê bistîne. Li ser vê dubendî ket navbera wan û ev yekîtiya han xera bû. Kesên bi Heresu'l-Istîqlalêê re bûn, her çendîn bi xwe jî li ser vê bîr û baweriyê bûn ku pêwîst e ji dewleteke mezin a biyanî alîkarî bistînin, lê baweriya wan bi Britanyayê nemabû û fikra alîkariya dewletek din dikirin. Di nav endamên Komeleya Heresu'l-Istîqlalê de hinek Kurdên bi nav û deng jî hebûn. Ev komeleya han an partiya han, ji bo ku di bin hukmê yek ji kurên Melik Huseyîn de ji bo serxwebûniya Iraqê têbikoşin hatibû damezirandin.

Wê çaxê merkeza Komeleya El-'Ehd li Sûriyê bû. Dema ku ew bi dubendiya navbera endamên El-Istîqlal ên li Bexdayê û liqê El-Ehdê hesiyan, ji Sûriyê du endamên xwe ji bo lihevhatinê şandin Iraqê[63]. Hatina van herdu kesan li Iraqê, tesadûfê wan rojên Şerê Şêx Memud ê bi Ingilîzan re kiribû. Piştî vegera endamên wê li Sûriyê, El-Ehd û El-Istîqlal cara duduyan têkçûn. Lê piştî pênc mehan carek din hewl hat dan û lihev kirin. Heresu'l-Istîqlal ket nav sistî û jariyekê û ev îttîfaqa han kêrî El-Ehd hat. Wê çaxê Mustefa Kemal li Tirkiyê bi leşkerên Yunaniyan re di nav germiya şer de bûn û leşkerên Tirkan ber bi serkeftinê ve diçûn. Li Iraqê xelk ji kirinên Ingilîzan bi tevayî bêzar bûbûn û ji bo pêkanîna tevger û şoreşekê li firsetan digeriyan. Gelek zana û mezinên şîiyan heta ji muctehidên wan jî ketin nav komeleyê. Bi saya wan komele gelek fireh û bihêz bû. Di bajarên Kazimiye, Necef, Kerbela û Hileyê de liqên wê vebûn û di demek kurt de hemî bajarên başûr û eşîretên wê navçeyê ketin bin însiyatîfa komeleyê. Êdî bêtirs û bi eşkere li hemî ciyekî, di nav kulan û bazaran de, li dîwanxanan û di meclîsan de bêtirs li ser xerabiyên Ingilîzan xeber didan û xelk han didan û li firsetan digeriyan. Ji bilî vê jî, dest avêtibûn pêsîra casûs û durûyan û ketibûn ser ruhê wan. Ew kiribûn nav girê û astengan û êrîş dibirin ser wan û kirinên wan deşîfre dikirin. Ew dikirin nav şermiyek wisan ku eger li gor wan Ingilîz rast jî bûna, nedikarîn behsa hêz û desthilata wan bikin. Bi kurtî ew kesên bi terefdariya Ingilîzan navê wan belav bûbû, bingehê wan yê civakî çi dibû bila bûbûya, sivik û bêqedir bûbûn û mecal ji wan re nedihat dan ku bîhna xwe vekin. Di netîceyê de nunerên Komeleya Heresu'l-Istîqlalê û El-Ehdê di meha hezîrana sala 1920an de li mala Hemdî Paşayê Baban[64] civiyan û ketin nav behsa pêkanîna şoreşeke mezin. Di vê civînê de ji bilî kesên bi nav û deng ên şîiyan, ji Bexdayê kesên wekî Seyîd Mihemmed El-Sedir, Ce'fer Ebû El-Temen û bi taybetî ji Necefê û gelek nûner ji bajarên din jî hatibûn şandin.

Wan di nav xwe de biryar dan ku nûnerên derveyê Bexdayê yên merkezên dînî û siyasî têxin kar û ji bo hişyarkirina eşîretên başûr û rakirina wan li dijî Ingilîzan têbikoşin. Yên Bexdayê jî hişyarkirina nav bajêr û derûdora wî girtin ser xwe. Ji bo vê mebestê di mizgeftên Bexdayê de bi navê xwendina mewlûdan xelk berhev dikirin. Giyanê wan bi gotarên welatparêzî, millî û siyasî diherikandin û ew hişyar dikirin. Di bin hukmê Ingilîzan de jiyana wan a dîlîtiyê radixistin ber çav. Di riya rizgarî û serxwebûniya Iraqê de û ji bo azadiya milletên Iraqê daxwaza serhildan û rijandina xwînê ji wan dikirin. Civîna mezin û yekem, di roja dawiyê ya meha hezîrana sala 1920an (şeva 6ê meha remezana sala 1338ê koçî) de li Mizgefta Heyderxan hat kirin. Îsê 'Ebdulqadir ê katibê ewqafê, di vê civîna han a dîrokî de qesîdeyeke welatparêzî ya gelek dilşewitî xwend. Li ser vê qesîdeyê nimêjkerên mizgeftê û yên li wir civiyabûn herikîn. Dengê bijî bijî û bimre koloniyalîzm bilind bû. Ew kesên li mizgeftê bûn giyanê wan ê welatparêziyê bilind bû. Her yek ji wan bûn şêrek. Li ser vê, li her ciyê, di nav malan de û di nav zarokan de tenê mesela welatparêziyê dihat xeberdan. Di nav mezinan de, li çayxaneyan, li ciyên kar û dayîreyan, tenê mesela Ingilîzan, xerabî û zulma wan dihat xeberdan. Çi bûyera biqewimiya, pê re tenê ev qîrîn hebû: "bijî azadî, bijî serxwebûnî û payedar be yekîtî. Bimre Ingilîz, bimre koloniyalîzm..." Îsê 'Ebdulqadir ê katibê ewqafê meşaleya agirekî mezin vêxistibû. Ew ji wezîfê avêtin, girtin û şandin Besrayê. Lê di ciyê wî de bi hezaran Îsê hatin meydanê. Îsê 'Ebdulqadir ji ewqafê derxistin û kirin bendîxanê, lê li seranserê Iraqê hat naskirin û navê wî belav bû. Bû yek ji wan welatparêzên bi nav û deng. Îsê katibekî biçûk bû. Lê di navbera seetekê de bû welatparêzekî mezin. Bi dîlî girtin û şandin Besrayê. Lê bi vê, dîlîtiya xelkê xwe raxistin ber çav û riya têkoşînê ji wan re ronî kirin. Bi kirina gotineke welatparêziyê deriyê azadiyê nîşanî dîliyan da. Wê qesideyê, seviya welatparêziya Îsê 'Ebdulqadir gîhand dereceyek herî bilind a welatparêziyê. Ew ava Îsê 'Ebdulqadir di hewşa Mizgefta Heyderxanê de rêt, kesên din li ser ajar dan û welatparêzî bû pîşeya gelek lawên din...

Hukumeta Îtîlal (yanî Hukumeta Ingilîz a li Iraqê) heta demekê xwe ji van kirinan silikand û li hemberî xelkê bi tundî hereket nekir. Lê pişt re kar gihîşt seviyek wisan ku êdî ji mesela berhevbûna li mizgeftan û ji gotinên welatparêziyê derbas bû. Bi saya muctehîdên şîiyan, eşîret jî rabûn piyan û êdî şoreşa bi çek destpê kiribû. Ji ber vê, Ingilîzan dest avêtin ku xwe bidin hev. Rojekê ji nişka ve bi hêzeke pirrçek ve derûdora malên kesên bi nav û deng ên endamên komeleyan rapêçan û çend kes ji wan girtin.

Van kesan bêsekin şandin Hencamê. Lê hinek endaman xwe nedan dest. Çunkî gelek ew lawên welatparêz ên endamên komeleyan, bi heşametek xelk ve çûn hawara wan û bi çek li hemberî hêzên hukumetê sekinîn. Bi vî awayî û piştî şerekî giran di nav kulanan de, Yusif Swîdî û Seyîd Mihemmed El-Sedir nehatin girtin û derbas bûn û xwe gîhandin nav şoreşgêrên herêma Firatê.

Wê rojê bajarê Bexdayê perîşan bûbû. Bazar û dikan hemî hatibûn girtin. Ez li Bexdayê bûm û beyana wê rojê bi Kerîmê Hacî Ewlayê[(65)] ('Ebdullah) Heme Kerkûkî, Fayîq Tapo, Refîqê avukat ê birayê Fayîq û çend xortên din ên Kurd ve em li mala Mustefa Beg ê qaymeqamê kevin bûn. Ev mirovê han Kurd bû û piraniya temenê xwe li Besrayê bi Talib Paşa yê neqîb re derbas kiribû. Yek ji wan Kurdan bû ku me seh kiribû bi welatparêzên 'Ereban re ji bo serxwebûniya Iraqê têdikoşe. Wê çaxê jî xebat dihat kirin ku xortên welatparêz ên Kurd û 'Ereb nêzîkî hev bibin. Ez wê çaxê hê bi temamî bi daxwazên hevalan agahdar nebûm û ez hê baş bi mebesta wan negihîştibûm. Li gel vê jî, gelek baweriya min bi Kerîm û Fayîq hebû û min tu şik ji wan nedikir. Ji bilî vê, min dixwest ez programa wan a xebatê bizanim û eger ez baş bibînim ez ê bikevim nav wan. Ji ber vê, min qebûl kiribû ku ez bi wan re çûbûm.

Mala Mustefa Beg li Tepeya Kurd bû. Li wir haya me ji bûyerên nav bajêr tûne bû. Em di dîwanxaneya Mustefa Beg de bi xortên 'Ereb re ji bo armanca xebata bi hev re berhev bûbûn û li hêviya Mustefa Beg bûn. Ew hê ji "dayîreya heremê" derneketibû. Me çend caran ji mirovên wî pirsî. Wan ji me re digot va dê bê. Lê Mustefa Beg qet nexuya. Navek re êdî ez tam bêsebir bûm, heval rabûn piyan. Min zanî ku Mustefa Beg hat. Min dît ku tevan berê xwe dan kulanê. Em hemî bi hev re derketin ji der ve. Teqereqa tivingan dihat guhê me. Hevalan gotin ku bajêr şer e. Dest avêtine girtina welatparêzan. Em bawerin ku Mustefa Beg ev seh kiriye û ji ber vê derengî maye. Çunkî ji xwe şik dikir û mimkûn e ku baz jî dabe.

Dema ku em gihîştin cadeya mezin a Xelîl Paşa, me dît ku xelk baz dide. Beşa piraniya dikanên nav bazarê hatibûn girtin û yên tek û tûk mabûn jî digirtin. Teqereq û gurmîn ji milê din ê Dîcleyê û ji aliyê Kerxê dihat. Pir vekiribûn û çûn û hatin sekinîbûn. Piştî ku teqîn sekinîn û pir cardin daxistin, çûn û hatinê destpê kir, em bi kesên hatibûn girtin hesiyan. Şêx Ehmedê Şêx Dawûd ku pişt re bû wezîrê ewqafê, di nav van girtiyan de bû û wî şandin Hindistanê. Lê ji bilî wî, Swîdî û Sedr ku bi eşkere û bi şer derbas bûbûn, çûbûn herêma Firatê û gelek ji endaman jî xwe veşartibûn û neketibûn destê hukumetê. Ji ber vê, çiqas diçû şoreş zêdetir fireh dibû û dawiyê hemî herêma Firatê da ber xwe. Kurd, vê carê jî rabûn piyan. Birahîm Xanê Delo li herêma Kifrê serhilda û bajarê Kifrê girt.

Salomîn ê hakimê siyasî yê Kifrê di vê serhildanê de hat kûştin. Hespê min, yê Ehmed Axayê Kerkûkî û yê Ehmedê Se'eyê Fettah ku me li Kifrê li mala 'Ebbasê karwançî hiştibûn, bi ber talanê ketin. Bajarê Bexdayê wekî sîtila savarê ya ser agirî dikeliya. Roj tunebû hejmarek zêde ji xelkê neyê girtin. An jî refek 'erebên rût û tazî yên der û doran bi navê dîlîtiyê neynin Bexdayê û ji bo çavtirsandinê di nav bazarê re nebin bendîxaneyê. Gelek ji van girtiyan, qasî ku me seh dikirin, di şer de nedihatin girtin û ne jî kesên serîhilder bûn. Bi rastî ew xelkên di rêzê de bûn û bi hemî awayê bahaneyan ew digirtin û berhev dikirin. Şoreşgêran bi mêranî û canfedayî şer dikirin. Lê hukumetê yan Ingilîzan tola xwe ji girtiyan vedikirin û daxa dilê xwe bi wan kesan dirêtin ku di bin destê wan de bûn û di bajaran de diman. Ji ber ku wan dizanî ku di bin de pêwendiya xelkê bi şoreşgêran re heye û piraniya bajaran bi alîkariya wan dikevin destê şoreşgêran. Rojnameya El-Istîqlal wê çaxê li Bexdayê yekemîn rojnameya niştimanî bû û gelek bi mêranî û bi azayane behsa şoreşê û kirinên welatparêzan dinivîsand. Xelkê han dida û agirê şoreşê xweş dikir.

'Ebdulxefur Bedrî yê xwediyê El-Istîqlalê û Qasim Elewî yê nivîskarê vê rojnameya han ji lawên welatparêz ên Iraqê bûn. Wan jî bi riya rojnameya xwe ahalî û bi taybetî xortên Bexdayê radikirin piyan. Serê siban dema ku Istîqlal derdiket, kesên ku wê difrotin bi dengekî bilind û awazekî taybetî di kulan û caddeyan de bang dikirin û hinek caran diketin ber êrîşên bikiran. Istîqlal tenê li ser behsên şoreşa Iraqê nedisekinî. Ji ber ku Tirkên Anadoluyê jî li hemberî Yunanan an li hemberî leşkerên kirêgirtî yên Ingilîzan şer dikirin, ew ji aliyê şoreşgêrên wê rojê yên Iraqê ve şerkerên xezayê dihatin hesibandin. Jibîr kiribûn, ku di Şerê Cîhanê yê Yekem de ew mil bi milê leşkerên Ingilîzan li Hîcazê û li Sûriyê li dijî Tirkan rabûbûn. El-Istîqlala 'Ereban wê çaxê li ser mesela xezaya Tirkan bi awakî wisan dinivîsand, ku tînê bide ruhê welatparêzî yên lawên Iraqê û agirê şoreşê pê xweş bike. Li milê din jî bi qewîtiya komeleyên nehênî û siyasî, lawên welatparêz êvarên remezanê li Mizgefta Heyderxanê berhev dibûn û dema ku eşîretan li herêmên Firatê, Diyaleyê û Kifrê bi çek êrîş dibirin ser leşkerên Ingilîzan ên di bajaran de bûn , wan di wan mizgeftan de bi gotar û şi'irên welatparêziyê xelk diherikandin û rûndik ji çavê wan diwerandin. Şêx Mihemmed El-Besîr, şairê welatparêz ê wê demê û serokxetîbê agirîn ê mînbera civînên Misgefta Heyderxan bû. Di netîceyê de tu hêviyek Ingilîzan nema û xwe lênegirtin.

Di sibata sala 1921an de biryara girtina El-Istîqlal dan û 'Ebdulxefur Bedrî û Qasim Elewî yên seroknivîskarên rojnameyê zîndan kirin û bi vî awayî ew dengê mêrane yê welatperêzên şoreşa mezin a 1920an birrîn û kerr kirin.

Ez wê çaxê hê li Bexdayê bûm. Hinek êvaran ez diçûm li Heyderxan û beşdarê civînan dibûm. Hemî êvaran jin, mêr, mezin û biçûk bi hezaran kes dirijiyan hewşa mizgeftê. Mehdî el-Besîr bi mêzer û cubbe ve û destê wî bi destê Taha Bedrî ve derdiket ser mînberê dest bi xwendina şiiran dikir. Ev mînbera han ji bo vê mebestê di nîvê hewşa mizgeftê de hatibû danîn. Lê çi şi'ir bûn? Hemî agir bûn. Beytên wisan hebûn ku sê çar caran pê didan xwendin. Cure temsîlek di xwendina Mehdî el-Besîr de hebû. Mesela dema dikir qêrîn û digot:

"Umtî bi hubbik il.....?

Kê terettîqî be'dî...."

Serê xwe bilind dikir, destên xwe ber bi milên xwe ve dibir û pençên xwe ber bi asîman ve direj dikir; mirov digot ku sêdare jê re daçikandine û milê xwe tê re dike.

Nav bi navan re jî di dawiya hemî beytan û li gor cih û me'neya şiiran dengê bijî! bijî! yan gurmîna bimre! û xerabe! û dengê çepkên dûr û direj ên bi tîniya azadiyê yên bi hezaran jin, mêr, xort û zarokan guhê însanan kerr dikirin. Li hemberî vê tabloya han a welatparêziyê, dilê min kul dibû û min mulahezeya serpêhatiya neteweyê Kurd dikir. Min fikra dîlîtiya Şêx Mehmûd ê Hukumdarê Kurdistanê yê deriyê xerîbiyê dikir û kizîn ji dilê min dihat. Carên wisan jî hebûn ku wekî Teyyar Begê Osman Paşa(66) -Xwedê jê razî be- dibêje:

"Naçar e eger werbigerrî pirdî tehemmûl

Sîrwanê sir û şikim ke eka haje le ser da"

Hêviyên min jê dihatin birîn û ez bêdesthilat dimam, rûndikên germ ji çavê min dihatin xwarê. Herkes di muddetê jiyana xwe de gelek caran giriya ye. Lê girîn heta girîn ferq heye û li gor bûyeran diguhere. Ez, di temamê jiyana xwe de sê caran û li sê ciyan bi dil giriyam e û min rûndikên rastî yên germ û kul rijandine. Cara yekem li Stenbolê bû. Berî ku Hukumeta Osmanî bikeve nav Şerê Cîhanê yê Yekem, li ber abîdeya Meydana Mizgefta Sultan Ehmed, ji ber sebebê hildana qanûna îmtiyaza biyaniyan (capitielations) bû. Di roja 28ê tebaxa sala 1330ê rumî mîtîngeke mezin hatibû rêxistin. Wê rojê ez û bi 'Ebdullah Hamiyê yuzbaşî yê kurê Ezîzê Lawe yê xizmê xwe re çûbûm wê meydanê. Xortekî welatparêz ê Tirk gotareke gelek dilşewitî xwend û rûndikên gelek kesan da rêtin. Ez di nav wan de bûm û qulpînên girînê ji hindurê dilê min hatin xwarê.

Cara duduyan di sala 1920an de bû. Ez li Bexdayê li Mizgefta Heyderxan li tenişta mînbera Mehdî Besîr bûm, ez ji xwe çûbûm û bi xeyala serkeftinê ez ketibûm nav asoyeke bêsînor. Rûndikên germ û kul û kederê çavên min şilo kiribûn û vêca lib û lib bi ser hinarik û singê min de dihatin xwarê. Çunkî ew roj "Roja Heşrê" bû. Mirov pê dihesiya ku di wan seetan de dîrok careke din tê nivîsandin. Li hemberî şi'irên agirîn û niştimanî yên bêmîsal de, ne mimkûn bû taqeta mirov neşkê, pira "tehemmûl"ê ya li ser şet û lehiyên Sîrwanê, rûndikan bigre û nehilweşe.

Di sala 1922an de, dema ku Şêx Mehmûdê hukumdarê Kurdan ji Hindistanê vegeriya Silêmaniyê, wê rojê jî girîna min girîneke herî rasteqînî ya xweşî û şadiyê bû.

Dema ku di hewşa Mizgefta Heyderxan de ev heşir û neşir û boşahiya han çêdibû, esker û polîsên Ingilîzan bi çek li ber derê mizgeftê re diçûn û dihatin, amade bûn ku eger birûskek agir jî li ber çavê wan bikeve, di firseta yekem de bitefînin. Lê xelk ji wan neditirsiya û xwe ji şerê wan nediparast. Belko hatina polîs û xefiyan ku gelek ji wan dihatin naskirin, dibû sebebê xeyîdandin û vebûna kerbê xelkê mizgeftê û yên ku di wir re diçûn û dihatin.

-50-

Hemdî Begê Baban

Dema ku li Kurdistanê û li Iraqê bûyer bi vî awayî bûn û xelk wekî sîtila savarê ya ser agirê qulpikan dida û dikeliya, Ingilîzan ji bo cihnişînê Şêx Mehmûd xwe nêzîkî Hemdî Begê Baban kirin. Li gel ku ji tecrubeyên Şêx Mehmûd netîceyek bi wî awayî bi destê wan neketibû û hêviyên ji hukumeteke Kurd a bi welatparêzî rûkaşkirî nekarîbûn îstîfade bikin, yanî wê rojê di wê baweriyê de bûn ku bi dûrxistina Şêx Mehmûd ji Kurdistanê û bi îdareya dîktatorî ya çend hakimên wekî Major Soane, dê karibin Kurdan bêdeng û nerm bikin û wan ji çeng û baskan bikin. Lê di demek kurt de ji wan re eşkere bû ku di kirin û baweriyên xwe de şaş in û mesela Kurd bi dûrxistina Şêx Mehmûd ji welat nayê sekinandin û ne ji wan bûyeran jî ye ku bisekine. Bi taybetî dema ku netîceyên îdareya Soane dîtin, ku agirê şoreşê hemî milekî Kurdistanê girt, bi ser van tevan de jî şoreşa Kemalîstan li Tirkiyê û şoreşa mezin a 'Ereban li Iraqê fireh bû û siyaseta Ingilîzan ber bi îflasê ve çû, bi naçarî dev ji eşqiyatiyê berdan û careke din ji Kurdan re ketin nav fikir û bîra damezirandina îdareyeke taybetî. Lê ne dixwestin careke din Şêx Mehmûd biceribînin. Carek û du caran dest avêtin Seyîd Taha, lê bi hêsanî ew li pê dengê wan ve neçû. Çend şert dabû pêşiya lihevhatina xwe û wan. Yanî ji Kurdan re daxwaza hinek heq û hiqûqan kiribû. Ji ber vê, li yekî digeriyan ku bi alîkariya biyaniyan ji destxistina mafekî dîrokî dûr ketibe. Çavê ew kesê ku lê digeriyan, dibû bi zîndikirina giyanekî xanedanî be. Ji ber vê jî, wê rojê kesekî ji Hemdî Begê Baban baştir neketibû ber çavê wan. Li gor wan, nêçîreke wekî Hemdî Beg degmen bi dest nediket. Herêma Silêmaniyê ji ber sebebê kirinên Soane ber bi şoreşê ve diçû. Ozdemir Beg li Rewandizê îdareya Ingilîzan tar û mar kiribû. Li Bexdayê û herêma Firatê bûyer bi wî awayî bûn ku me behs kirin. Ji ber vê, Hemdî Beg bûbû ciyê hêviya Ingilîzan û li ser dihat xeberdan. Çunkî ji xanedana Baban, Celal, Cemal û Ehmed Muxtar wê demê hê ewqas nedihatin naskirin û ne di rêza Hemdî Beg de bûn. Hemdî Paşa ku bi temen ji Hemdî Beg mezintir bû, her wekî ku dilê wî bi dinyayê ve nemabe û xwe nêzîkî Kurdan jî nedikir. Bi taybetî piştivaniya siyasetvanên 'Ereban dikir û bi şoreşgêrên wan ên welatparêz re dixebitiya. Ji ber vê, di nav xanedana Bebe (Baban) de tenê Hemdî Beg di dest de hebû.

Ez wê çaxê li Bexdayê bûm. Min Hemdî Beg qet nedîtibû û min wî nas jî nedikir. Lê min navê wî sehkiribû û min dizanî ku ew xwe nêzîkî Kurdan dike. Bi taybetî yek ji wan kesan bû ku kêm an zêde destê wî di nav siyaseta Kurdîtiyê de hebû. Tewfîq Wehbî, Izzet Topçî (Izzet Fate), 'Ebdurrehman Se'îd, 'Elî Seqa û Seyîd Ehmedê Berzencî yê emîndar û nêzîkî Şêx Mehmûd û yek-du ji wan Kurdên ku di wextê xwe de Şêx Mehmûd xwestibû bişîne ba Şerîf Paşa, di nav wan Kurdên naskirî de bûn ku xwe nêzîkî Hemdî Beg kiribûn. Qasî dihat gotin, ji hinek kesan re mehanî jî girê dabû. Wê çaxê ew lêqewimî û destkurt bûn. Hemdî Beg jî xwediyê hebûnî bû û wekî emîran hereket dikir. Ingilîzan jî xwe nêzîkî wî kiribûn û ketibûn ser sewdaya hukumdartiya wî. Êdî bê ku destê wî bilerze pere dirêt. Yek ji wan kesên bi dil serkeftina Hemdî Beg dixwest, Seyîd Ehmedî Berzencî bû. Li ba min gelekî behsa wî û methê wî dikir. Di destpêkê de min ewqas guh nedan gotinên Seyîd Ehmed. Di dawiyê de ez pê hesiyam ku dixwaze min nêzîkî Hemdî Beg bike. Çend caran min bersîvên sar danê û min nexwest ez biçim ba Hemdî Beg. Lê di dawiyê de çaxê ez çûm û min ew dît, mîn ew însanekî bi qîmet û hêja dît. Ji ber vê min ji bo vê nasîna han a nû spasê Seyîd Ehmed kir...

Hemdî Beg, ji xanedana Baban û neviyê Mehmed Paşayê Xdîw e. Wê çaxê temenê wî li dora pêncî salî bû. Miroveki sor-spî, qelew, xwediyê qameke nêzîkî kurtiyê, rûgeş, biken, xeberxweş, rastbêj û mêvandar bû.

Lê hînê jiyana arîstokratî bû û nedikarî xwe jê bişo. Ji bilî vê, dilnazik û şermîn bû. Wekî me di pêş de jî got, di rabûn û rûnişta awayê jiyana xwe de wekî emîrekî bû. Wê çaxê min nedizanî ka heta kîjan dereceyê xwendiye û kîjan dibistan xelas kiriye. Lê min zanyariya wî ya giştî gelek baş didît. Di dawiyê de jî ez ji Celal Begê Baban hînbûm ku Mulkiyeta Şahane ya Stenbolê xelas kiriye. Jiyanek wî ya arîstokratî hebû. Ingilîzî û Fransizî dizanî. Bi min û hevalên din re bi Tirkî xeber dida. Gelek mixabin Kurdiya wî gelek baş nebû. Ji ber ku li Stenbolê hatibû dinyayê û piraniya temenê xwe li wir derbas kiribû. Ne li Tirkiyê û ne jî li Iraqê di tu wezîfeyek hukumetê de nexebitîbû.

Piştî ku ez çend car çûm ba Hemdî Beg û hatim, nasîna min pê re li pêş ket. Wisan dixuya ku ji min hez kiribû. Ji ber vê, ji hevalên xwe zêdetir eleqeyê bi min dida nîşan. Car û caran wî ez li Otêl Royal dawetê xwarinê dikirim. Niha Otêla Royal nemaye. Ew otêl nêzîkî sifirkeran a li ciyê sînemaya havînî ya Qahîreyê ya îro bû. Wê çaxê ew li Bexdayê otêla herî luks bû. Ingilîzan û mirovên mezin li wir xwarin dixwarin. Sînema jî tê de hebû. Hemdî Beg bi piranî bîra vedixwar. Dema ku em bi hev re rûdiniştin, me zêdetir li ser siyasetê diaxift, yanî me behsa Kurd û Kurdistanê dikir û bi wasiteya min dixwest bûyerên herêma Silêmaniyê û navçeyên din ên Kurdistanê bizane û şarezatiyekê bi dest bêxe... Qasî ku ez tê gihîştibûm û wî bi xwe jî ji min re digot, ew car û carnan diçû ba Ingilîzan an jî ba Mendubê Samî û car û carnan jî ew dihatin ba wî. Hinek caran jî ji hev re name dişandin. Dema ku nasbûna me bi pêş ket û baweriya wî bi min xurt bû, ew nameyên jê re dihatin bi bersîvên wan re ji min re dixwendin û ew ciyê ku ez tê nedigihîştim wî bi Tirk ez têdigihandim. Ji van nameyan dihat dîtin ku Ingilîzan dixwestin li Kurdistanê rolekê pispêrin wî. Lê di bin çi navî de û bi çi awayî? Ew hê eşkere nebû. Çunkî ew kiribûn bin tîrêjên zerrebînên siyasetê û ew îmtîhan dikirin. Lê gelek mixabin ew ji vê îmtîhana han derbas nebû. Ew jî pişt re dan alîkî û ji deftera hesaban derxistin. Ji ber ku li hemberî siyaseta pûç û derew a Ingilîzan rast û rewan diçû. Wan dixwestin ji zeman îstîfade bikin, ji ber vê leza wan tunebû. Li gor tebîeta siyaseta xwe bi xwînsarî û sistî dimeşiyan. Lê bi eksê vê, siyaseta wê çaxê bi seetan heta bi deqîqeyan diguherî. Gelek bi lez derbas dibû. Çi karên hewce bûn ku êvaran bên kirin, eger bimana sibê gelek wext bi ser re derbas dibû. Êdî kêrî tiştekî nedihat û bi ser nediket.

Berê ku Hemdî Beg ji îmtîhanê derbas nebe û di nav hesabê Ingilîzan de nemîne, min xwest ez vegerim Silêmaniyê. Ji ber ku şoreşa Kurdên derûdora Kifrê û serhildana Îbrahîm Xanê Delo gihîştibû encama xwe û riya navbera Bexdayê û Kerkûkê girtibûn. Min jî çi pere û pulên di destê min de hebûn xerc kiribûn. Min ji Ehmed Axayê Kerkûkîzade hezar rûpî deyn kiribû û ew dabûn hinek tişt û eşyayên etariyê û kiribû dikana xwe. Ez ji bo xatirxwestinê çûm ba Hemdî Beg. Lê wî xwest ku em du-sê seetan bi hev re bin û em xeber bidin. Ji ber wê ez dawetî Otêla Royal kirim. Havînên Bexdayê yên germ bi nav û deng in. Lê di otêlê de ciyê me hênik bû û bi vexwarina bîraya sar me du-sê seetan bi xeberdana ser rojên bên bir serî.

Dostiya min bi dilê wî bû û wî bi tevayî bawerî bi min anîbû. Di wê hêviyê de bû ku dê di demeke gelek nêzîk de bi Ingilîzan re lihev bike û ji bo Kurdistanê cure îdareyek bi wan bide damezirandin. Di behsên çek, sîlah, top, tiving û rêxistinên eskerî de wisan dihat xuyakirin, ku ji bo damezirandina îdareyeke serbixwe ji Kurdan re pêwîstî bi hêzeke şerker û tevgereke xurt hebû. Ji ber vê, Hemdî Beg dixwest xwe nêzîkî welatparêzên Kurdan bike. Xwe bi wan bide naskirin û wan nas bike. Heta ku alîkariya wî bikin û bi piştivaniya wan bikeve bin vî barî. Heta wê rojê Hemdî Beg hê Silêmaniyê neditibû. Kurdî baş nedizanî û di meşandina kar û barên dewletê de ne xwediyê şarezatiyekê bû. Kesek ji Kurdan bi başî nas nedikir. Bi kurtî pêwîstê derûdorek bû û dixwest civateke wî hebe. Ji bo damezirandina civateke wiha jî, li gor gotina wî, ji nav hemiyan ez hilbijartibûm. Wisan dida xuyakirin, ku zêdetir hêviya wî ez bûm û dema ku bê Silêmaniyê dê bi gotina min hereket bike. Ez her çendîn ewqas bawer nebûm û hêviya min nemabû ku Ingilîz bi rastî pê re lihev bikin, yanî ez bi wê bawer nebûm ku firseta serxwebûniyê bidin Kurdan. Lê cardin ez li hemberî gotinên Hemdî Beg derneketim, min soz dayê ku ez têbikoşim û ji bo vê mebestê civatekê damezrînim. Êdî nêzîkî êvarê bû û wext dereng bû. Dibû ez herim îstasyona trênê. Wê navê re Hemdî Beg destê xwe kir cêba xwe û sê banqinotên sed rûpî derxistin û dirêjê min kirin. Ji min re got: “Ev demeke dirêj e ku tu li ser daxwaza min li Bexdayê mayî û gelek mesrefa te bû. Ji ber vê rîcaya min ji te ew e ku tu vî perê han ji bo mesrefa riya xwe bigrî. Ez nabêjim hema bila ji te re jî be. Eger piştî re rojekê pere ketin destê te tu dikarî wan li min vegerînî.” Min destê xwe dirêjî peran nekir. Rengê min sor û zer bû. Gelek gotin hatin ser zimanê min. Lê min gelek ji Hemdî Beg hez dikir û ba min gelek biqedir bû. Ji ber vê min nexwest ez wî biêşînim û dilê wî bişkînim. Min bi kurtî jê re got: bi saya we de pereyên min hene û min ji Ehmed Axa deyn kirine. Çunkî bi Ehmed Axa re pêwîstiyeke min a siyasî û civakî tune. Eger bi cenabê we re jî pêwendiya min di vê çarçeveya han de bûya, ne bi deyn, dê min her wisan wergirtiya... Min ev gotin gelek bi awakî şermîn gotibûn. Ji ber vê, hêzir dikir ku eger hinek din zorê bide min ez ê jê bigrim. Pere danî ber min û got: “ev gotinên han ne hewce ne. Em niha birayê hev in. Nabe tu fikra tiştên wiha bikî”. Piştî re da xwe ku rabe piyan. Lê ez bi lez berî wî rabûm û min bangî garson kir û min pereyên xwarin û vexwarinên me dan. Vê carê ew sor bû û pereyên xwe kirin berîka xwe û bi çavekî melûl li min nêrî. Qelemek wî ya xweşik û sipehî hebû, wî xwest wê diyarî bide min, min ew bi spasî jê girt. Vêca destê min şidand û pişt re min jê re got ku ew sozên min danê ez ê bicih bînim û bi dil û can ez ê pêre bim, pişt re em ji hev veqetiyan.

-51-

Netîceya Şoreşa Mustefa Kemal

Li Tirkiyê şoreşa Mustefa Kemal ber bi serkeftinê ve diçû û li Iraqê jî çirîskên geşiya agirê şoreşa 'Ereban dihatin xuyakirin. Li Kurdistanê jî her çendîn Şêx Mehmûd esîr hatibû girtin û şandibûn Hindistanê jî, lê Kurdan serê xwe netewandibûn û destgirêdayî nemabûn. Hukumeta Ingilîz li hemberî rexne û lomeyên xelkê şaş û gêj bûbû û nedikarî bersîvekê bide. Xelkê Ingilîz nû ji Şerê Cîhanê yê Yekem derketibû. Birçî, westiyayî û bêhêz ketibû. Nedixwestin ku deriyê şerekî din ji wan re bê vekirin an bikevin bin pêwistiya tefandina şoreşeke giştî ya mezin. Di wê timatiyê de bûn ku hukumet (Hukumeta Ingilîz) heta demeke dirêj bîhna xwe vede û bi xelkê xwe jî bîhn bide vekirin. Demekê xwe nezîkî qeraxên şer û şoreşan neke û millet jî tûşî zehmetî, erk û keşmekêşiyê neke. Ji ber vê, eger ji Hukumeta Ingilîz re lihev bihata û bi ser keta, ji bo sê mebestan dixwest mesela Kudistanê ji nû ve bivejîne:

1- Ji Kurdan re dayîna îdareyekê û dûrxistina wan ji serhildanên wan deman.

2- Ji ber hinek têbînî û mulahezeyan, bi saya hêzên Kurdan derxistina Ozdemir û ew Tirkên li Rewandizê bûn.

3- Bi navê hukumeta Kurdistanê û bi ser hesabê Kurdan dawîpêdana mesela Mûsilê û hiştina vê wilayeta pirrpetrol û bi pît û bi bereket di bin nifûza Ingilîzan de.

Dema ku em hinekî ji nêzîk ve li ser van meselan bisekinin û lê binêrin, em ê bibînin ku ev ji hemî milan ve bi hev ve girêdayî ne û mirov nikare ji wan yekê bi hêsanî ji ya din cihê bike.

Kurdan, ku li Iraqê berê 'Ereban hukumeteke Kurdî û niştimanî damezirandibûn û navek re serbixwe jiyabûn, careke din wisan bi hêsanî nediketin bin îdareya biyaniyan. Ji ber vê, mayîna wan di nav rewşa ku tê de bûn an ketibûn navê, ber bi yek ji van herdu netîceyên han ve diçûn: 1) yekîtiya wan bi Ozdemir û Tirkan re, 2) di riya serxwebûniya Kurdistanê de serhildan û berpakirina şoreşeke giştî. Ev herdu xal jî eksê mebest û armancên Ingilîzan bûn û li ser riya siyaseta Britanyayê astengên mezin bûn. Vêca pêşîlêgirtina netîceyek wiha, di damezirandina hukumeteke Kurd de dihat dîtin. Eger programeke ku ji bo vî karê han hatibû danîn, bi ser keta û Kurdistan bihata danîn, siyaseta wê rojê ya Ingilîzan gavek pêş diavêt û îro rola Kurdan di Rojhilata Navîn de bi awakî din dibû.

-52-

Tirk û Wîlayeta Musilê û Komaleya Me û Hemdî Begê Baban

Tirkan hê destê xwe ji Mûsilê nekêşabûn. Ba wan, di çavê Fransizan de Alsas Loren çibû, Mûsil jî eynî tişt bû. Çunkî herkes dizane ku di dema mutarekeyê de Silêmanî û Mûsil di destê Tirkan de bûn. 'Elî Ihsan Paşa yê serfermanderê leşkerê Osmanî ji Mûsilê derneketibû. Di wê qeneetê de bû ku dê Mûsil di dawiya şer de di destê Tirkan de bimîne. Vêca ji ber vê, dema ku Lichmen xwest biçe Mûsilê, 'Elî Ihsan Paşa li hember derket û xwest nede destê wî. Lê dema ku ji Stenbol jê re ferman hat ku Mûsilê terk bike, Ingilîz bêşer ketin bajêr. Silêmanî jî bi saya Şêx Mehmûd bêşer ket destê Ingilîzan. Ji ber vê, wan digot ku piştî şikestina leşkerên Yunaniyan ên li hemberî leşkerên Tirkan, yek ji wan daxwazên Mustefa Kemal dê standina Wilayeta Mûsilê be. Hatina Ozdemir ya Rewandizê jî ji bo vê mebesta han bû. Di seranserê muddetê şerê Yunanî û Tirkan ê li

Anadoluyê de, ew (yanî Ozdemir) li Kurdistanê (Mûsil) mijûlî belavkirina vê fikra han bû. Her ji ber vê jî, li gor wan, sistiya Ingilîzan û çaresernekirina mesela Kurdistanê, berî ku feydeke mezin bigihîne neteweyê Kurd, feyde digihand Tirkan û Hukumeta Britanyayê dikir nav asteng û probleman. Lê ew siyaseta Ingilîzan a di vî warî de dimeşandin, di demeke gelek girîng de dê bûbûya sebeb ku Ingilîz li hemberî Mustefa Kemal stûyê xwe bitewînin.

Vêca, ji ber ku nekevin nav rewşek wiha, ji bo damezirandina îdareyek serbixwe ji bo Kurdan, ketin nav xebatekê û vê carê jî di ciyê Şêx Mehmûd de Hemdî Beg derxistin pêş. Lê di navbera Şêx Mehmûd û Hemdî Beg de ferqeke mezin hebû. Şêx Mehmûd, bi rastî mezinekî Kurdan bû û li Kurdistanê hatibû naskirin. Xwediyê dîrokek tijî bûyer, di nav eşîretên Kurdan de xwediyê cih û meqamekî bilind ê dînî û dinyayî bû. Bi hezaran destûpêwend, mûrît û gundiyan bi serê wî sond dixwarin û baweriya wan bi pîroziya xanedana Kak Ehmed hebû.

Ji bilî vê, Şêx Mehmûd bi Kurdî diaxivt û ji bo parastina Kurdistana Iraqê li hemberî Rûsan şer kiribû û xwîn rijandibû. Di bûyer û hedîseyan de navê wî bi mêranî û azayetî belav bûbû. Ji ber van yekan, Şêx Mehmûd bi rastî yek ji qehremanê herî navdar ê Kurdistanê bû. Her çendîn Hemdî Beg jî ji xanedaneke dîrokî ya wekî Baban û xwendevanekî bilind ê şaristaniyetê bû, lê cardin gelekî bi kêrî Kurdistana wê rojê nedihat.

Berî hemî tiştî zimanê millî nedizanî. şarezayê welatê bav û bapîrên xwe nebû. Ji bilî van mirovekî perwerdeyê siwarî, şer û leşkergêrî nebû. Ew bi şekerlemê hatibû xwedîkirin, di nav lehêf û doşekên hevrîşim de raketibû. Çend zimanên rojavayî xeber dida lê ji bo xeberdana bi gundiyên Kurd an bi serokeşîretan re jê re tercuman dixwest. Emîrekî salonan û bi hemî awayî kesekî centîlmen bû. Lê ji wan kesan nebû ku bikare bibe fermanderekî leşkerî. Eger Kurdistanek di halê de hebûya, Hemdî Beg dikarîbû bi alîkariya Ingilîzan bimeşanda, lê Kurdistan bi Hemdî Beg nedihat çêkerin. Ji ber ku Hemdî Beg ji ber sebebê nezanîna ziman û neditina welat û neşarezatiya wî li ser mesela Kurd, kesekî lal, kerr û kor bû. Bi van hemî negatîfiyan jî çare tunebû û bi hêviya xizmeta mesala Kurd, min biryar da ku ji bo Hemdî Beg bi lawên welatparêz ên Kurdan re hewlê damezirandina komeleke siyasî bidim. Ji ber vê, li ser ew peyman û sozê ku min jê re dabû, dema ez gihîştim Silêmaniyê min dest bi têkoşînê kir.

Ez bi xwe jî di wê baweriyê de bûm ku ev ne karekî hêsan e û bi ber vê de jî yek ji wan karan e ku ji bilî zehmeteke bêfeyde pê ve tu netiyceyek jî jê nayê wergirtin. Lê rewşa Ingilîzan wisan dida xuyakirin ku dê careke din berê xwe nedin Şêx Mehmûd. Ez bi xwe ne di vê baweriyê de bûm. Wan rojan ew kesên ku nêzîkî Şêx Mehmûd bûn, ez dikarim bêjim hemî di nevsa vê baweriyê de bûn. Ji ber vê me xwest ku hezkirina ji Şêx Mehmûd nekin astenga pêşiya xizmeta mesela Kurd û em bi hevriyên xwe yên nêzîk û dost re ketin nav xebatê. Di demeke kurt de me komeleyek ava kir. Gelek bi ser re derbas nebû, piraniya lawên welatparêz, axa, efendî, mela, şêx, begzadeyên Baban, xelkê di rêzê de û heta biçe bigihîje serokeşîretên bi nav û deng ên wekî Pîşder, Caf, Hewraman, Hemawendî û Cebbarî ketin nav komeleyê. Nayê înkar kirin ku di berfirehbûna komeleyê û hatina Şêx û seyîdên Berzencî, Qeredaxî, Singêwî, Segelû, esker û reîsên Hemawendî, Cafî, Pîşderî, Hewramanî û Cebbarî yê Macid Mustefa û -Xwedê jê razî be- Mehmûd Cewdet, Seyîd 'Ebdullahê Hacî Seyîd Hesen pareke wan a mezin hebû. Ev komeleya han komeleyeke siyasî nebû û hê rêxistineke rêk û pêkî tê de nehatibû çêkirin. Çunkî berî hemî tiştî armanca me yekîtiya Kurdan û di nav endamên yekgirtî yên vê komeleyê de belavkirina fikra Kurdayetî û giyanê niştimanî bû. Lê tenê ji bo îdareya komeleyê, ji bo rênîşandana ji endaman re grubek ji lawên welatparêz ku ji heft endaman pêk hatibûn, bêsekin mijûlî xebatê bûn. Piştî bi vî awayî damezirandina komeleyê, em hêdî hêdî bi hevalan re ketin behsa rêxistina teşkîlateke taybetî û di hemî herêman de damezirandina liqên wê. Ew jî dê li gor ew çend serokeşîretên ku di komeleyê de bûn an beşek ji xelkê ku hatibûn komeleyê. Li ser vê, mesela serokatiya komeleyê hat ortê. Li gor xebat û ew hewildanên ku ji bo danîna komeleyê hatibûn dan, gelek heval di wê baweriyê de bûn ku ez bibim serokê komeleyê. Lê min ew tê gihandin ku ez fikir û mulahezeya tiştekî wiha nakim. Min ji wan re got: dibê em serokekî wisan helbijêrin ku nebe sebebê gazind û têkçûnan di nav me de. Vêca gotin ku, niha pêwistiya me bi Şêx Mehmûd heye. Min ji wan re got: rast e, lê dê çawan destê me bigihîje Şêx Mehmûd? Piştî guftûgoyeke dirêj û çavgerandina li goşe û quncikên Kurdistanê û fikirkirina li ser mezinên Kurdan û tehlîlkirina rewş û her yek ji şexsiyetên heyî, min hewil da ku bala hevalan bikêşim ser navê Hemdî Beg. Ez di vê de rastî tengasiyeke zêde jî nebûm. Macid Mustefa yê dost û hevalê min ê mektebê[(67)] ku yek ji wan endamên xwîngerm ê komeleyê bû, muddetek dirêj bû di hemî xebetan de bi min re bû. Li ser pêşniyara wî me biryar da ku careke din em li mala 'Ezmî Begê Baban -Xwedê jê razî bebicivin û li ser serokatiya komeleyê û Hemdî Begê Baban biaxivin û biryarekê li ser bidin.

Beşa yekem a cilda duduyan xelas bû.

Refîq Hilmî
18/12/1956
Bexda

BEŞA ÇARAN

BEŞA DUDUYAN
A CILDA DUDUYAN

DESTPÊK

Di destpêka beşa berê ya vê bîranînê de, min gotibû ku:

Tu şika min di wê de tune ku dê rojekê Eden bi ber pêlên zemanê bikeve û hişê wî bê serî. Îro ku ez beşa çaran a vê bîranînê ji çapê re amade dikim, ji vê karîkatorê baştir tiştekî neket bîra min ku ez bikim destpêk. Destpêkek ku ne pêwistî bi şirove kirin û dûr û dirêj li ser sekinandinê ye. Destpêkeke bê ziman û bê deng, lê pirme'ne û bi îbret e. Tenê ev heye, ez bawer nakim ku bibe sebebê birrîna dengê wan kesan ku ew Ingilîzan "mêrxas" û "Xwedayê siyasetê" dihesibînin.

Refîq Hilmî
15/01/1957
Bexda

Civîna Me Ya Li Mala 'Ezmî Begê Baban

Xwarina me ya nîvroyê ya roja dawiyê li mala 'Ezmî Begê Baban hatibû çêkirin. 'Ezmî Beg -Xwedê jê razî be- her çendîn yek ji wan endamê hêja yê komeleyê bû û gelek xwediyê ezm û ciyê baweriyê bû jî, cardin li ser rîcaya wî ket nav rêvebirên komeleyê. Lê hemî demê pê dişêwirîn û ji bîr, ray û tecrubeyên wî îstîfade dihat kirin. Wî jî di vî warî de qet texsîr ne dikir û bi dil û can ji alîkariyê paş de nedima. Wê rojê me li mala 'Ezmî Beg biryar da ku em xwe nêzîkî Hemdî

Beg bikin û bi navê komeleyê em namekê jê re binivîsin. Me di vê nameyê de wiha nivîsandibû:

Komeleya Serxwebûnî (Istîqlal) ji bo ku we emîrekî Kurd dizane, di rojeke wiha de kesekî ji we baştir nehatiye bîrê ku xwe nêzîkî wî bike. Ji ber vê serokatiya fexrî ya komeleyê ji we re hatiye dan û biryar daye ku ji we rîca bike hûn vê serokatiya han qebûl bikin. Ger hat û we ev serokatiya han qebûl kir, komele ji we daxwaz dike ku hûn di warê hiqûqê Kurdan de dest bi xebatê bikin, bi taybetî bînin bibîra nûnerên Britanyayê yên Bexdayê ku serkeftina siyaseta Britanya ya li Iraqê û bi taybetî ya li Kurdistanê, di roja îroyîn de bi nêrîna wan a li ser Kurdan û damezirandina Hukumeta Kurdistanê ve girêdayî ye. Ji bo Hemdî Beg bikare vê wezîfeya han a siyasî bigre ser milê xwe û di riya xizmeta Kurdan de vê gavê bevêje, dê heyetek ji rêvebirên komeleyê biçûna balê û danûstandineke temam pê re danîna. Ji bo danîna programeke muşterek a li gor şert û şurûtên komeleyê yên siyasî û rewşa Hemdî Beg bigre ber çav, bi curek ku ew bixwaze û li ciyekî ku ew ji bo xwe baş bizane, amadene ku bi navê komeleyê nûneran bişînin balê û pê re guftûgoyan bikin.

Ji bilî van, di nameyê de ev yeka han jî hat nivîsandin: eger hat Hukumeta Ingilîz ji vê zêdetir guhê xwe ji hawara neteweyê Kurd re bixitimîne û çavê xwe ji bûyerên Kurdistanê re bigire, ne dûr e ku ji ber sebebê propagandeyên Ozdemir û Tirkên Rewandizê û piraniya xelkên ji îdareya Ingilîzan ne rehet, dest bi şoreşa Kurdan a duduyan bikin. Tu şik tê de tune, ji ber ku Kurdên Iraqê ketine navbera du şoreşan -şoreşa Mustefa Kemal û şoreşa Iraqê- û propagandeyên bi hêz ên Ozdemir, nehezên Ingilîzan ên di nav Kurdan û 'Ereban de, dikarin bibin sebeb ku gelek bi hêsanî û bi bêsekin rabin piyan û bi zora çek mafên xwe yên biheq ên neteweyî bidest bixin.

Di vir de ji bo têgihandina xwendevanên hêja li ser seviya têgihîştinî û awayê tehlîla hinek kesan, ez dixwazim meseleyek xweş ji we re neqil bikim.

Em ji hemî guftûgoyan xelas bûbûn û me name jî nivîsandibû. Ji nişka ve yekî ku pêwendiya wî gelek kêm bi komeleyê re hebû ket hindur. Tenê wî dizanî bû ku em ji bo mesela Kurd berhev bûne. Ji lez û bezî û bîhdana wî dihat xuyakirin ku ji bo rastkirina şaşiyekê ketibû hindur. Bi lez û perçe perçe diaxift. Ji me re got ku: "ez ji we rîca dikim ku hûn karekî wisan nekin ku rojên bên xerabî jê sadir be. Çunkî haya we ji dinyayê tune û hûn dikarin xwe li sitriyek bixin." Piştî van gotinan ji cêba xwe hejmarek rojnameya Necm(68) derxist. Pişt re tiliya xwe danî ser sernivîsekê û got: "kerem bikin vê bixwînin." Wiha hatibû nivîsandin: "gurubek eskerên Tirkan ên ji pêncî kesan pêkhatî, ji bo ku ji eskerên xwe re dexil û genim bistînin, hatine Seqizê." Belê ev hewadîsa han a "girîng" bû ku "mîr"ê me di rojnameya Necmê de xwendibû û bîhin û nefes lê çikiya bû. Ji bo rastkirina şaştiyê ketibû hindur ku me hişyar bike. Me ji behs û xeberên dinyayê agahdar bike. Belê ji bo wê yekê ketibû hindur ku em pê bizanin, Tirk hatine û gihîştine Seqizê û gelek nemaye bên û bigihîjin ba me jî. Êdî divê em behsa Kurd û Kurdistanê deynin li milekî û çavê me bimînin li rê, dema ku Tirk nêzîk bûn, em biçin pêşiya wan.

Ne tenê "cenabê Mîr" di vê fikra han de bû. Ji ber ku dema em mijûlê damezirandina Komeleya Serxwebûnî ya Kurdistanê bûn, hinek kes, nemaze gelek ji wan kesên ku berê zabitên Tirkan an memûrên dewletê yên dewra Osmaniyan bûn, di derheqê me de xebat dikirin û ji Tirkan re dixebitîn. Hinek ji wan jî raste rast an riya destûpêwend û kes û nasên xwe re di navbera Silêmaniyê û Rewandizê de di çûn û hatinê de bûn, deng û behsên li nav bajaran dibirin digîhandin Ozdemir. Eynî ev kesên han li pê hev programên bi Tirkî nivîsandî, nesîhet û talîmatên taybetî yên Ozdemir dibirin û digîhandin Silêmanî, Ranye, Koye, Hewlêr û Kerkûkê û li wan deran belav dikirin. Ev talîmatên han ên bi Tirkî yên Ozdemir didan çapkirin, ji aliyê "Turk Dostlari" (Dostên Tirkan) ve dihatin belavkirin. Vêca "Mîr" yek ji wan bû. Li gel hemî van kirinên wî jî, ji bo ku xizmatiya wî bi 'Ezmî Beg -Xwedê jê razî be- re hebû û hinek ji hevalan jî pêwîst didîtin xwe nêzîkî wî bikin û wî ji Turk Dostlari dûr bixin û wî hêdî hêdî ber bi Kurdîtiyê ve bînin. Ji ber vê jî wekî formalîte ew kiribûn endamê komeleyê. Lê meyla wî ewqas ber bi me ve nebû û xwe nêzîkî komeleyê nedikir. Komeleyê jî ew ji kar û barên xwe yên nehênî agahdar nedikir.

Heta ew nedihat civînên gelemperî yên komeleyê jî û tu carî pirs jî nedikir. Ji ber vê, mebest ji civîna me ya wê rojê çiye nedizanî. Bêyî ku ew bê agahdar kirin, name bi endamekî komeleyê re ji Bexdayê, ji Hemdî Beg re hat şandin.

-53-

Hatina Hemdî Beg Ya Silêmaniyê

Gelek bi ser de neçû, me seh kir ku Hemdî Beg dê bi navê "geşt"ê bê Silêmaniyê. Lê mixabin wekî me hevî jê dikir wisan derneket. Bi taybetî em bi hatina xwe agahdar nekirin. Heta bersîva nameya me jî neda. Bi vê şêla wî ji me re eşkere bû, ku dema ew bê Silêmaniyê em nikarin xwe nêzîkî wî bikin. Wisan dixuya ku Ingilîzan jê re programek çêkiribûn. Mecal nedanê ku li gor dilê xwe bimeşe, yan xwe nêzîkî wan kesan bike ku bawerî pê dikirin. Ji ber vê, dema ku hat Silêmaniyê neçû mala 'Ezmî Begê xizmê xwe. Li gor planên M. Soane yê hakimê siyasî, bû mêvanê mala 'Ebdurrehman Axayê Ehmed Paşa. Mebest ji vê mêvaniya han 'Ebdurrehman bi xwe nebû. Bi rastî ew kiribûn bin çavdêriya Riza Beg ê zavayê 'Ebdurrehman Axa, ku wê çaxê hakimê Silêmaniyê û kesekî herî nêzîkê Soane bû ku wî baweriya xwe pê dianî. Ji ber vê ew kesên diçûn ba Hemdî Beg, tenê xêrhatinî didanê û li kêf û halê wî dipirsîn. Wekî mêvanekî resmî be, bi wî awayî pê re diaxiftin. Ev mesela han ba min û hevalan gelek nexweş û bi kovan bû. Li gel van tevan jî ez bi yek-du kesan re çûm û me xêrhatinî dayê. Bi îşaretan xwest me têbigihîne ku dest li ser e û ketiye davikê. Ez bihêvî bûm ku ji bo civînekê îşaretê bide me. Bide xuya kirin ku dixwaze me bibîne. Lê mixabin ez dikarim bêjim ku, tiştek jê nedihat derxistin. Bi dereceyek wisan ku min jê bawer nedikir, ez li hemberî Hemdî Begê Baban rûniştim û vêca min fikra wan erk û eziyetên giran kirin ku hêviyeke zêde ji encamên wan hebûn. Em baş têgihîştin ku M. Soane tiliya xwe kiriye nav meseleyê û li gor dilê xwe vî karî dimeşîne.Yanî bi Mendubê Samî re li hev kiriye ku Hemdî Beg li Silêmaniyê bê îşareta Soane nabe tiştekî bike. Hemdî Beg ji bo mebesta serkeftina rojên bên, xwest di vê îmtîhana han a girîng de bi ser keve, ji ber vê jî xwîn ji xwe berneda. Lê wekî me di pêş de jî got: di netîceyê de bi ser neket û ji îmtîhanê derbas nebû. Her ji roja yekem ve dilê Soane li ser Hemdî Beg rûneniştibû. Kîbra wî ya mezintiyê bi şexsiyeta Hemdî Beg re nedigonca û ava wan di coyek de nediherikî. Çunkî Hemdî Beg çend bi edeb bû, ewqas jî qedrê xwe dizanî. Ji wan kesan nebû ku bi çavekî biçûk lê bê nêrîn. Soane jî ji tevan zêdetir rêkê wî ji van meziyetan dihat.

Tu şik tê de tune ku Hemdî Beg li ser îşareta Mendubê Samî ji Bexdayê hatibû Silêmaniyê. Xelat û berat jî bi xwe re anîbûn. Wekî emîrekî dixwest van xelat û beratên han ku tiştên wekî seet, dûrbîn, dabance û yên wekî van ên bi qîmet bûn, bide hinek serokeşîret û kesên maqûl. Bêguman ew kes jî hemî bawermendên Soane û yên nêzîkî hukumetê bûn. Di vê geşta Hemdî Beg de, ya ku balkêş û hêjayê gotinê ye bê behis kirin, geşta wî ya ba Babekirê Selîm Axa yê reîsê bi nav û deng ê Eşîreta Pîşder bû. Hemdî Beg, di vê geştê de yek ji wan zabitê Kurd ê pismamê xwe, yanî Nurî Begê Hemdî Begê Baban jî bi xwe re biribû. Babekir Axa yek ji wan serokê herî xwedî desthilat ê Pîşderan bû û di meşandina kar û barên siyaseta eşayîrî de gelek zana û pispor dihat naskirin. Bi 'Ebbas Axayê Mehmed Axa yê kurmamê xwe ve di nav serokeşîretên Pîşder de yek ji wan dostê nêzîk ê Şêx Mehmûd bû, sarîtî û dijîtiyên wî hebû. Lê li ser rewşa Eşîreta Pîşder, ev sarîtiya han qet nebû sebebê wê yekê ku yek li hemberî yê din bisekine. Bi taybetî Babekir Axa heta wê rojê jî ku dest ji alîkariya Ingilîzan bernedabû, ji ber sebebê zîrekî, zanatî û famdariya xwe, hemî reîsan temsîl dikir û 'Ebbas Axa jî di ciyê birayê xwe yê mezin de ragirtibû û bi çav û payekî bilind lê dinêriya. Divê em vê yeka han jî bizanin, ku gelek ji serokeşîret û xanedanên bi nav û deng, lihev dikin û di bin re di muqabîlê hukumetê dibin du perçe, yanî dema ku hinek ji wan li hemberî hukumetê bisekinin, hinekên din xwe nêzîkî hukumetê dikin ku bikarin kar û barên xwe yên eşîretî yên dikevin ba hukumetê bimeşînin. Ev rewş û siyaseta han heta niha di nav hemî eşîret û xanedanan de hatiye dîtin û niha jî heye. Heta

Şêx Qadirê Hefîd jî -birayê Şêx Mehmûd- piştî hinek tecrubeyan, li gor vê destûrê dimeşiya. Wî dixwest ku nehezên Şêx Mehmûd dostê xwe bizane û bi vî awayî xerabî û şer ji ser birayê xwe yê mezin kêm bike û di demên tengiyê de bikare kêrî birayê xwe bê.

Hemdî Beg ji geşta xwe ya li herêma Silêmaniyê -tu şik tê de nîn e- bi dilekî xweş venegeriya. Ji tirsa xefiyên Soane xwe nêzîkî Komeleya Serxwebûnî ya Kurdistanê nekir. Bi vê rewşa han jî dihesiband ku dê Soane dilxweş bike û dest jê berde. Lê Soane wisan bi hêsanî şaşî nedikir. Bûyeran dabûn îspat kirin ku li ba Mendubê Samî îtîrafa xêrê pê nehatibû kirin. Yanî ne dilê komeleyê û ne jî yê Soane razî kiribû. Vêca ji ber vê dema ku vegeriya Bexdayê dengê wî hat birîn û faaliyeteke siyasî jê derneket. Ingilîzên Bexdayê êdî berê xwe jê guherandibûn, deriyên behs û bûyerên Kurdistanê li ser Hemdî Beg girtibûn. Bi rastî eger mirov lê binêre, tiştekî wisan tunebû ku Ingilîz ji Hemdî Beg bixeyêdin. Di geşta Hemdî Beg a Kurdistanê de bûyerek bi wî awayî neqewimî bû ku bibe sebebê sarîtiyê. Lê careke din ku ez çûm Bexdayê, min seh kir ku sarîtiya di navbera Hemdî Beg û Ingilîzan de di rûyê Tirkan de bûye. Izzet Topçî -Xwedê jê razî be- yek ji wan kesan bû ku bi ser Hemdî Beg ve gelek zêde diçû û dihat. Wî ji min re got ku: "Ozdemir Paşa wê navê re nameyekê ji Hemdî Beg re dişîne û tê de dinivîse: 'Wilayeta Mûsilê di netîceyê de her dê bidin Tirkan an jî dê bi zora çek bê standin. Ji ber vê, Ingilîz mijûlê wê ne ku Kurdan têkin nav agirî. Dibê Kurd bizanin ku mesela Kurdistanê fêleke Ingilîzan e û ji yekî wek Hemdî Beg re ne layîq e ku bibe çovê destê Ingilîzan an jî ji bo timatiya malê dinyayê ku qet îhtiyaciya wî pê tune, bê xapandin..." Li gor gotina Izzet, Hemdî Beg bi nameya Ozdemir xapiyabû û wî jî bi nameyeke din bersîva wî dabû. Di vê nameya xwe de behsa dilxweşiya xwe li hemberî Tirkan û pêwistiya biratiya neteweyê Kurd û Tirk kiribû... Ji ber ku Ingilîzan dixwestin bi riya Kurdan re Ozdemir û Tirkan ji herêma Rewandizê derêxin û ji bo vê mebestê jî wan dixwest hukumeteke Kurd li Iraqê ava bikin. Eşkere ye ku eger ev yek rast be, bi naçarî berê xwe ji Hemdî Beg veguherandine û pişta xwe danê. Dema ku Izzet ev yek ji min re got, tiştek hat bîra min. Min got, ku ev nameya Ozdemir fêleke Ingilîzan bi xwe ye û ji bo ku Hemdî Beg biceribînin bi xwe durûst kirine. Yan jî rast e ev nameya han Ozdemir nivîsandiye û Hemdî Beg jî bi awayê wan digot bersîv daye, lê Ozdemir di hêla fêl û fendan de ji Ingilîzan kêmtir nebû. Ji bo xerakirina programa Ingilîzan a di derbarê Hemdî Beg de û ji bo jiberçavxistina wî ba Mendubê Samî, "bersîva" Hemdî Beg bi çi awayî be gîhandiye destê M. Soane. Eger wiha nebe, ew çax pêwîst e em bêjin ku yek ji wan Kurdên nêzîkî Hemdî Beg haya wî ji nameyê hebûye û di vî warî de nerastî û xiyanetî kiriye. Bi kurtî Hemdî Beg jî di netîceyê de ji lîstikê avêtin û pişt re jî bahane lê girtin û çi milkê wî li Iraqê hebûn -ev bûyer bi awakî wisan çêbû ku rûpelên van bîranînên han ne ciyê behsa wan e- jê standin û bi xwe jî serê xwe hilda û ji Iraqê derket û çû(69). Vê carê jî cardin Ingilîzan bi vî awayî di derbarê mesela Kurd û damezirandina Hukumeta Kurdistanê de dudilî û bi naz hereket kirin û firseteke mezin a din ji destê xwe kirin.

-54-

Komaleya Serxwebûnî Ya Kurdistanê

Komeleya Serxwebûnî ya Kurdistanê li hemberî vê encama Hemdî Beg û propagandeyên bi hêz ên Ozdemir û derûdora wî, ket di nav tengiyeke girîng û serî lê gêj bû. Hevsarê wan kesên ku daxwaza şerekî çekdarî dikirin hêdî hêdî diket destê Ozdemir. Kesên welatparêz ên xwendewar (bi gotina wan rojan, minewer) li hemberî bêqerariya siyaseta Ingilîzan û propagandeyên Tirkan, ji lêhêvîmayîna şertan pê ve tiştek ji wan re nemabû. Ozdemir ba Kurdan bûbû Şêxê Islamê û wisan kiribû serê piraniya eşîretan û xelkê gundan ku Kurdistan di destê Ingilîzan de maddek jehrî ye. Ji bo afirandina dijîtiyan, ji xelkê saf ê belengaz re wiha digot: "Kurd û Tirk birayên hev in, dînê wan yek e û qible û baweriya wan bi Quranê ew kirine yek. Bi salan di bin yek alê de bi hev re û li ser axa vî welatî jiyan e û xwediyê dîrokeke hevwelat in... Ev welatê han, gelek bi ser de naçe hewce ye vegere himbêza dayika niştiman a mezin, yanî himbêza Tirkan. şans û talih jî heta dereceyekê bi Ozdemir re bû. Soane demek bû bi navê nesaxî û nexweşiyê Silêmaniyê tam terk kiribû.

Di îlona sala 1922an de leşkerên Mustefa Kemal li hemberî leşkerên Yunaniyan bi temamî bi ser ketin. Bi vî awayî navê Ozdemir li Kurdistana Iraqê ewqas zêde belav bûbû, ku piştî Şerê Ingilîz û Kurdan li Derbendê Ranyeyê peşkên desthilata wî heta bajarê Ranyeyê û heta derûdora Qeledizê û di nav piraniya eşîretên Pîşderî de jî belav bû. Heta gihîşt dereceyek wisan dihat gotin, ku bi alîkariya Kerîm Begê Fettah Beg ê Hemawendî, "Ebbas Mehmûd Axa û grubek ji eşîreta Pîşder dê êrîşê Silêmaniyê bike.

-55-

Şerê Kurd û Ingilîzan Li Derbendê Ranyeyê

Ez, wekî ku ez ê di dawiya vê behsê de behs bikim, di sala 1921an de çûm Kerkûkê (di navbera adara sala 1921an heta tebaxa sala 1921an) û pênc mehan li wir mam. Herêma Silêmaniyê heta Rewandizê ber bi têkelheviyan ve diçû û seretayên serhildan û şoreşeke mezin dihatin xuyakirin. Dema ku ez vegeriyam Silêmaniyê, li gel ku di nav bajêr de şêl û rewş bi dilê Ingilîzan bû, lê şêl û rewşa derve û ya di nav eşîretan - bi taybetî li herêma Sergawê, Çemçemalê, Rewandizê û Ranyeyê- de ji her wextê zêdetir bayê bahoza şoreşê lê dixist. Hemî Hemawendî û beşek ji Pîşderan li hemberî hukumetê rabûbûn. Kerîmê Fettah Beg ê reîsê Hemawendan, piştî kûştina Kapitan Band û Kapitan Makeyn xwe avêtibû himbêza Ozdemir û di wê navçeyê de agirê dijîtiyê vêxistibû. Ingilîzan xwestin vî agirê han bitefînin û hêzeke kirêgirtî ya ji lîwayek pêkhatî, ji Silêmaniyê şandin ser wî. Lê zû ket bîra wan ku ev hêza han nikare pêşiya Kurdan bigre. Ji ber vê, di pişt wê re leşkerekî din ê ji eskerên sîx û Hindoyan pêkhatî şandin hawara wan. Herdu hêzên Ingilîzan nêzîkî Derbendê Ranyeyê rastî pençeşêrên Kurd ên di bin serokatiya Kerîm Beg, 'Ebbas Mehmûd Axa û Xefurxanê Navdeştî hatin (23yê tebaxa sala 1922an). Ez, ku demek bû vegeriyabûm Silêmaniyê, çend roj berê

Şerê Ranyeyê, ji bo serîlêdana mamên xwe çûbûm Kerkûkê. Min li wir dengê şikestina mezin a leşkerên Ingilîzan seh kir. Lîwaya wan û eskerên Hindoyan ji aliyê siwarên sivik û mêrxas ên Pîşder û Hemawendiyan ve xerab hatibûn şîkandin û xwe ji kûr û heriya (çamûr) zeviyên birincên Deşta Ranyeyê bi alîkariya firokeyên Ingilîzan karîbûn rizgar bikin (1ê îlona sala 1922an). Piştî vê şikestina Ingilîzan a mezin, êdî tu çara wan nemabû. Başûr û bakûrê Iraqê çirîskên agirê şoreşê bilind û belav dibûn. Hukumeta Britanyayê wê salê di noqteyek girîng de sekinî bû. Li hindurê welat kar û barên wan baş nedimeşiya. Mesela perîşanî û bêserûberiya aborî li pêşiya karbidestê wan girê û astengeke girîng û mezin bû. Xelkê xwe ji şer diparast, çunkî di bin barê şer de pişt lê şikiya bû û hêza wan a hilgirtina pêwistiya vî barê giran nemabû. Rojnameyên Londrayê di derbarê wezaret û karbidestan de bi dengekî bilind û bi hêz diqîriyan û êrîşî wan dikirin. Wezareta Ingilîz li hemberî van hedîse û bûyerên girîng bêçare mabû û serî lê gêj bûbû.

Kongreya Ingilîzan Li Qahîreyê û Behsa Meseleya Kurd û 'Ereban

Churchil nû bûbû Wezîrê Wezareta Koloniyan. Qasek berê wê, di sala 1921an de ji bo guftûgoyeke di derbarê kar û barên welatên 'Ereban û Iraqê de, mendubên Samî yên welatên Rojhilata Navîn li Qahîreyê berhev kiribûn. Di vê civîna han a ku di bin serokatiya Churchil bi xwe de hatibû kirin, bi meseleyên din re behsa meseleya Kurdên Iraqê jî hatibû kirin. Di vê civînê de biryar dabûn ku ji 'erebên Iraqê re hukumeteke niştimanî damezrînin û ev bibe sebebê tefandina şoreşê. Ji bilî vê, li ser meseleya şoreşgêrên Kurdan jî sekînîbûn û dabûn xuyakirin ku eger yekîtiya wan bi 'Ereban re nemeşe, ji wan (yanî ji 'Ereban) cihê bikin û ji bo Kurdan jî biryara îdareyeke taybetî bidin. Hemî ev kirinên han didan xuyakirin ku Hukumeta Britanyayê gihîştiye wê qeneet û baweriyê ku tenê bi hêza çek nikarin van welatên han (welatê 'Ereb û Kurdan) îdare bikin. Bi ser vê de jî, rewşa aborî ya welatê wan di noqteyek dax û kul de û di nav krîzê de bû. Xelkê Britanyayê di halekî perîşan û nexweş de bû û kirinên hukumetê û siyaseta wê ya derve qebûl nedikirin. Ji ber van yekan, Ingilîzan li Qahîreyê biryar dabûn ku li hemberî şoreşgeran tenê bi bikaranîna êrîşên hêzên eskerî û çek hereket nekin. Piştî vê kongreyê demek şûn de, Feyselê Yekem -em ê di ciyê wê de bi awakî dirêj behs bikin- kirin Melikê Iraqê (23yê tebaxa sala 1921an). Lê Kurdên herêma Silêmaniyê û piraniya Kurdên ji bajarên din beşdarî helbijartina Feysel nebûn û deng nedan. Ji ber van û ew hemî sebebên din ên ku me li jorê behs kirin, demekê li başûrê Iraqê û li Bexdayê, bi bahaneya daxwaza holêrakirina mandatiyê, 'Ereb mijûlî serhildanê bûn. Wê çaxê ji bo sersala yekem a tacdanîna serê Feyselê Yekem, Sir Pers Koksy jî çûbû Qesra Beladê (23yê tebaxa sala 1922an). Wê navê re ew kesên ku li wir berhev bûbûn, di eleyhê wî û Hukumeta Britanyayê de hinek gotinên sivik dikin û şî'aran diavêjin. Bi vê mesele mezin dibe û digihîşe dereceyek girîng û seviyek xeter. Li ser vê, Koksy nexweşiya Melik a ji nişka ve kir bahane û hukmê welat girt destê xwe, dest bi girtina rojnameyan û girtina welatparêzên 'Ereban kir û ew şandin derveyî Iraqê. Dema ku van bûyerên han li Bexdayê rû dan, li herêmên rojhilat û bakûrê Iraqê, yanî li Kurdistanê wekî me behs kirin, rewş ji wir ne baştir bû. Dema ku em li tarîxa 23yê tebaxa sala 1922an binêrin, ji me re bi ronî derdikeve ku li Ranyeyê şikestina leşkerên Ingilîzan rastî wê rojê tê ku li Bexdayê Koksy di halê têkçûnê de bû. Rewşa wan gelek xerab bû û êdî tu çareya wan nemabû. Pêwîst bû ku hê zû ye mesela Kurdistana Iraqê bigihînin encamekê. Koksy, vê mesela han di nameke piştî mirina Miss Bill(70) de ku ji dayîka wî re şandiye nivîsandiye. Serpêhatî û bûyerên ku dema Mendubê Samî bûye qewimîne û jîrîtî û aqilmendiya Miss Bill yên ji bo çareserkirina van meseleyan û îstîfadeyên ku ji wî kirine, bi vî awayî nivîsandiye: "Piştî şikestina leşkerên liwayê û li nêzîkî Ranyeyê hindoyên me, me biryara paşdekêşana hemî leşkerên Ingilîzan ji Silêmaniyê da û me ew birin Bexdayê". Pişt re behs dike ku wan çawan bi firokeyên Ingilîzan di yek rojê de û bêyî asteng an dereng bimînin, bi awakî "dizî" anîne Bexdayê. Vî karê han ji bo hêzên hewayî û pîlotên bi qîmet ên Ingilîzan gelek girîng û ciyê spasî û îftîxarê dihesibîne. Di vir de şi'ireke şairê 'Ereb Kepawî (Hezlî) hat bîra min ku dibêje:

"Fîfî el-hica-i ma cerrebit nefsî
We lakin fî el hezîmet kalexezal"

Hukumeta Melik Feyselê Yekem jî wê çaxê di wê taqetê de nebû ku ji destkevtiyên şoreşa Kurd îstîfade bike û vî barî hilde. Ji ber vê, Silêmanî bi temamî bê hukumet ma. Ji Rewandizê heta Silêmaniyê, bakûr û rojhilatê Iraqê, bê ser û ber bû û ketin bin êrîşa tagirên Ozdemir û leşkerên Kurdan ên ku li dijî îdareya Ingilîzan bûn. Lê mezinên bi nav û deng ên wê rojê yên Silêmaniyê, bi rastî mêraniyekî mezin kirin. Di cih de li dibistana i'dadî ya zemanê Osmaniyan berhev bûn û bi navê Meclîsa Millî û di bin serokatiya Şêx Qadirê Hefîd de heyetek helbijartin ku heta asoya siyasî ronî bibe û hukumeteke şer'î ya Kurd û xwedî desthilat dabimezre, li milekî bajêr ji êrîş û talanan biparêze û kar û barên xelkê bi rê ve bibe, li milekî din jî li dij derkeve ku hêzên Tirk an eşîretên Kurdan şaşî nekin û êrîşê neynin ser Silêmaniyê.

-56-

Netîceya Komeleya Serxwebûnî

Komele -di rastiya xwe de- tenê ji rêvebirên heyeta îdarî, ew kesên bajêr bûn û bi rêk û pêkî û bi berdewamî hevûdu didîtin an berhev dibûn, pêkhatibû. Çunkî li ser bingehekî bi hêz nehatibû danîn û programeke wê ya nivîsandî tunebû ku li ser bimeşe û kesekî ku bi gelemperî bawerî pê hatibû kirin yan serokekî xurt jê re nehatibû tespîtkirin. Yanî hê tenê xîmê wê hebû û bi destûr û progremeke bi rêk û pêk nedihat meşandin. Ji bilî vê jî, ew heft endamên ku kar û barên komeleyê bi rê ve dibirin, gelek caran tenê difikirîn ku rewşenbîrên wê dewrê nêzîkî xelkê û serokeşîretên ku dijmin û nehezên Ingilîzan bûn nêzîk bikin û bi vî awayî ruhê neteweyî di nav hemî tebeqe û sinifên bajêr, gund û eşîretan de belav bikin. Bi vê yekê jî bikarin gelek ji wan kesên ku xwediyê hestê neteweyî û bîr û baweriyên xurt in, dayêxin meydana xebatê. Belê, ji ber ku kesên birêvebirên komeleyê bûn, difikirîn ku piştî naskirina hemî ew kesên ji bajaran, ji gundan, ji nav eşîretan, ji nav dijminên Ingilîzan û yên ji halên xwe nerazî ne, biteqilînin û wan tecrube bikin, di derbarê mesela Kurd de propagandeyek bi tîn û xurt belav bikin û piştî di nav wan de ji bo jiyandina hestê netewayetî û fikrek giştî ya Kurdayetiyê geş bû, ew keşên ku bîr baweriya wan li ser rûnişt û hêviya feydeyekê jê bikin, bigrin bin alaya komeleyê, programeke siyasî-civakî ji wan re deynin. Yanî ji ber liberçavgirtina civakê bê wê ku em hinek gîrûgiriftan tê de saz nekin û ji her aliyê kesan tê de berhev bikin, me endamên dahatî yên komeleyê helbijartibûn. Ev kes bi awakî gelemperî ji wan bûn ku seviya zanyarî û têgihiştina wan, bîr û baweriya wan, hêvî û armanca wan, temen, qedir û qîmeta wan di nav xelkê de, ciyên wan ên civakî, bi kurtî, tiştekî wan hev nedigirt, cihêtiyên mezin û biçûk di navbera wan de hebûn. Îdareya komeleke wiha di halê tevger û serhildaneke giştî yan bûyereke girîng a neteweyî û siyasî de karekî hêsan nebû. Ji ber ku di pêş de li ser nehatibû melheze kirin û netîceya bêserokatî û kesekî bi gelemperî ku bawerî pê bê kirin nehatibû bîra kesekî. Dema ku Hemdî Beg ji meydanê dan alîkî, hêvî û bêçaretiyek pê re hat û bi carekê de kesên birêvebirên komeleyê sar bûn. Bi hêviya serokatiya Hemdî Beg, bi awakî nîzamî fikra tespîtkirina serokekî yan kesekî ku baweriyeke giştî li ser hebe, nehatibû kirin û di vî warî de terkexemî (sersarî) hatibû kirin. Vêca dema ku dest ji Hemdî Beg hat şûştin, nehat bîra heyeta îdarî ku di nav xwe de mezinekî hilbijêre. Piştî vê seetê, êdî wexit jî bi ser re derbas bûbû. Fikra dîtina mezinekî, ji bo demek kurt jî be, êdî ji destê me çûbû. Em ji rasteqîniyê dûr ketibûn. Em bi pê xeyalan ketibûn û bi sersarî razabûn. Me fikra wê yekê nekiribû ku komele yan heyeta îdarî dikare mezinekî çêke û dema ku mezinek di nav wê de ajar bide û derkeve zêdetir ciyê hêvî û baweriyê ye. Belê rast bû ku komele muhtacî yekî wek Hemdî Beg bû û eger biserbiketa û wî ciyê serokatiya komeleyê tijî bikira, dûr nebû komele li der û dora navê Hemdî Beg berhev bibe û di warê civakî û siyasî de ji navê Hemdî Beg feydekê bibîne. Lê ev nemeşiya û ji nav endamên hişyar û xwîngerm jî mulahezeya tespîtkirina serokekî nehat kirin. Di vê de jî heta ciyekî heqê wan hebû. Çunkî, gelek mixabin, ew kesên ku di nav mirovên welatparêz de bi kêrî meşandina civakê dihatin û hêvî û bawerî bi wan dihat kirin, di nav eşîretan de ewqas nehatibûn naskirin. Nav û dengekî wan yê civakî yê giştî tuenebû. Vêca herkes dizane ku îro jî piraniya xelkê welatê me -çiqas pûç û bêfeyde yan nexwenda û nefama jî bebi nav û nîşana dewletê yan ya xanedaniyê tên xapandin û zêdetir bi pê van cure kesan dikevin.

-57-

Telgrafek Ji Kerkûkê

Hindik Mabû Ez Bibim Wekîlê Ehmed Axa. Cara Duduyan Katibî:

Wan rojan min ji Kerkûkê ji Şukrî 'Ebdûl'ehed telgrafek girt. Wî digot: "Nazirê Mearifê (Wezîrê Perwerdeyê) li Kerkûkê ye. Daxwaza te dike. Nesekine wer e. Çavê me li riya te ye". Min Şukrî di zaroktiyê de nas dikir. Lê ava me di coyekî de nediçû. Ji gundê taxeke Kerkûkê bû. Dema ku min li Bexdayê di i'dadiya eskerî ya Osmaniyan de dixwend, ew li Kerkûkê di Dibistana Sultanî de bû. Di navbireke havînê de dema ku ez ji Silêmaniyê hatim Kerkûkê min ew nas kir. Dema Ingilîz hatibûn Kerkûkê wî kiribûn mudûrê dibistanê. Ji ber vê, dixuya ku wezîr dixwest min bike mamoste. Wan deman mamoste wisan bi hêsanî bi dest nediketin. Lê kê û ji bo çi ez pêşniyar kiribûm? Ji ber ku ez hatibûm afarozkirin, di dayîreyên dewletê de ciyê çûn û hatinên min nemabûn. Cihgirtina min di karê dewletê de bi yekî wekî Şukrî pêk nedihat. Ji ber vê, hevalên min wisan texmîn kirin ku ev yeka han ji bo dûrxistina min ji Silêmaniyê hatiye kirin. Ez jî ber bi îflasê ve diçûm. Çend quruş pereyên di destê min de hebûn min xerc kiribûn. Heta min xişrên maliya xwe jî firotibûn, yanî min jiyaneke dijwar û tahl derbas dikir. Ehmet Axayê Kerkûkîzade bi rastî alîkariya min dikir. Heta dema ku Mistefayê mamê wî li Bexdayê mir û kar û barên wî yên tîcaretê bê wekîl man, wî xwest min bike wekîl. Qaleyê biraziyê Qadir Axayê Hacî Mele Se'îd, li ser tewsiya min bû wekîl. Navek re jî Ehmed Axa xwest hesabên xwe yên Silêmaniyê bide destê min. Di şûna vê de jî amade bû ku gelek bi kêrî min bê. Ji ber gote gotên xelkê Silêmaniyê, min ev jî qebûl nekir. Ez ditirsiyam ku navê min deynin "katibê" Ehe Reş. Her wekî heta mir jî ji 'Ebdullah Efendî re digotin "Katibê Ehmedê Hacî Kerîm".

Me Xwest Em Xwendegehê Vekin:

Demekê berî telgrafa Şukrî, em ba Mîrza Tewfîq -Xwedê jê razî be- rûniştibûn. Me bi hevalên xwe re fikra vekirina xwendegehekê dikir. Me di kitêbên dîrokê yên biyaniyan de xwendibû ku hinek kesên welatparêz ên rasteqînî, destê xwe dirêjê cih û seviyên bilind kirine û ji bo têgihandina zarokên neteweyê xwe xwendegehên taybetî danîne. Me wan deman teqlîdê van cure welatparêzan dikir.

Ji ber ku me nedikarîbû dibistanek vekin, lê li gel vê jî me dixwest qet nebe em tiştekî bikin. Ji bo ku em hem li milekî bikarin bijîn û li milekî din jî em bibin sebebê rakêşana lawan ji bo xwendina kitêb, kovar û rojnameyan, belavkirina zanistî û şarezatiya ji dîrok û edebiyatê. Eger ev fikra han bi ser biketa û di pratîkê de mercên meşandina wê hebûya, ji bo wê rojê di meydana xizmeta welat de gaveke mezin bû. Tewfîq Qezzazê rehmetî, em bi dil han dan û soz da me ku dikanên kevin ên Hese Kerr ji nû de ji bo mebesta vî karê me, bi awayekî nû durûst bike.

Vê navê re ji nişka ve Mehmûd rastê me hat û ji me re got, ez diçim îstîfa dikim. Me jê pirsî, ji ber çi? Wî ji me re got: ma hûn nabêjin em ê xwendegeh vekin? Li ser vê me dest bi ken kir. Rehmeta Xwedê lê be, Mehmûd Cewdet miroveki gelek entîke û xeberxweş bû. Belê wî şaş negotibû. Çunkî -gelek mixabin- ev fikra me jî bi ser neket û nemeşiya.

Rojekê jî ez bi 'Ezîzê Hacî Salihê biraziyê Ehmed Axa re ku hevalekî min ê gelek hêja bû, em ji xaniyê wî diçûn mala me. Li rasta hewza belediyê ya ji aliyê Mehmûd ve hatibû çêkirin, em rastî Kapitan Bill ê nasê me yê kevin hatin. Bill, navek re çû Londrayê, lê cereke din paşde vegeriya Iraqê û çend meh bû li Silêmaniyê hakimê siyasî yê navçeyê bû. Ez qet neçûbûm balê û min xwe nîşanî wî nedabû. Ji ber vê, min xwest ez jê derbas bibim û biçim. Lê wî pêşiya min girt. Êdî tu çara min nema û min xweşî û merheba pê da. Piştî gazinda neçûna min balê, pirsa rewşa min kir. Ji min re got ku ka gelo ez bi çi karî ve mijûl im. Pişt re dom kir û got: "qasî ku ez dizanim tu kesp û karekî nakî. Were dayireyê ba min, tu çi karî bixwazî ez amademe ji te re bidim." Min jê re got: "ez spas dikim, karê min gelek baş dimeşe û pêwistiya min bi tu alîkariyê nîn e."

Wisan dixuya ku ji vê bersîva min bêhna wî teng bû. Çunkî piştî vê wekî ku ji nişkave bi bîra wî ketibe got: "gelo haja te ji Yusif Begê nasê te heye?" Min got: "na." Wî got: "gelek mixabin mir?!" Yusif Beg, ne tenê nasê min bû, ji wê jî wêdatir dostekî min ê gelek bi qîmet û hêja bû. Bi xwe ji xanedana Paşayê Kor ê Rewandizê û xizmê Lalîxana maliya Se'îd Begê 'Ebdullah Paşa û dayîka Îsmaîl Beg - Xwedê jê razî be- bû. Miroveki mêr û netirs bû û gelek ji Ingilîzan hez nedikir. Yusif Beg, wekî ku Bill got nemirî bû. Ji ber ku bi awakî nehênî û esrarwarî ji ortê hatibû rakirin. Ji ber vê Bill -eger ez şaş nebim- ev gotin bi mebesteke din û di muqabilê rikoyî û serhişkiya min de anîbû bîra min.

Ez Li Kerkûkê Bûm Mamosteyê Dibistana Zafer

Li ser wê telgrafa ku ji Kerkûkê ji min re hatibû, min fikra hevalên xwe, bi taybetî fikra Macid û Mehmûd pirsî. Herdukan jî bi dilekî germ ji min re gotin ku nesekine û vê firseta han ji destê xwe bernede. Wê çaxê riya Kerkûk-Silêmaniyê hê qîr nekiribûn û heta bi temamî rûkaşî jî nehatibû kirin. Ji ber vê, otomobîl bi destê hemî kesî nediket û piraniya xelkê bi siwarî bi heywanan diçûn û dihatin. Ehmed Begê Tewfîq Beg wê çaxê li Silêmaniyê bû. Ez çûm balê. Di zaroktiyê de di Mekteba 'Edadî ya Mulkî ya li Silêmaniyê em bi hev re xwendevan bûn. Tewfîq Begê bavê wî jî -rehmeta Xwedê lê be- di ordiya Osmanî de hevalê bavê min bû û li herêma Peşweyê demekê bi hev re mabûn. Min ji Ehmed Beg heywanek xwest, di cih de heywanek ji min re da anîn û ez bi miroveki xwe re rêwî kirim. Ji wir yekser ez çûm ba Reşîd Cewdet, ku wê çaxê muhendisê rê bû û nêzîkî Taslûçayê çadira xwe vedabû.

Piştî xwarina nîvroyê min heywanek ji Reşîd stand û mehîna Ehmed Beg paş de şand. Wê rojê êvarê ez gihîştim Çemçemalê. Se'îd Çelebî li wir mudurê maliyê û Şêx Mehmûdê Berzencî(71) jî qazî bû. Min şeveke gelek xweş bi wan re derbas kir û ji henek û nukteyên xweşik ên qaziyê hêja, bi rastî me lezet stand. Serê sibê Çelebî Fetullah Kerkûkî bi min re danî û ez çûm Kerkûkê. Wezîr li wir nebû û çûbû Mûsilê. Lê li Şukrî tenbîh kiribû ku dema ez bigihîjim Kerkûkê, bê sekin ez dest bi mamostetiyê bikim û Faral jî bi telgrafek bi vê agahdar bikin. Ez bi vî awayî eynî wê rojê di Dibistana Zafer de bûm mamosteyê matematîkê û yê Tirkî. Ez çûm sinifa xwe û min dest bi kar kir. Faral ji Mûsilê bi telgrafê bersîv da û emrê tayîna min a mamostatiyê standibû (16/03/1921). Wê çaxê li Kerkûkê ji bilî Dibistana Zafer dibistaneke din jî hebû. Ji vê dibistanê re Medresa 'Ilmiyye dihat gotin. Mele Qadirê Îmam ê bi nav û deng, mudurê vê dibistanê bû. Ev melayê han ku pişt re bû mudurê ewqafê jî, dostê Ingilîzan bû, lê bi rastî miroveki zana, têgihiştî û zîrek bû. Ji bo ku ev dibistana han ji aliyê ewqafê ve hatibû vekirin û li gor wan rojan xwendegaheke mezin û kifşe bû, kiribûn bin îdareya Mele Qadir. 'Ilmiyye, di destpêkê de di bînaya Dibistana Ruşdiyye ya ser dewra Osmaniyan de bû, berî Şerê Cîhanê yê Yekem navê wê kiribûn Sultanî. Ev bînaya han diket qeraxê rûbarê Xase, deriyê derve yê dibistanê yê pêşmuqabilê Serayê, li ser wê şeqamê bû ku bi wasiteya pirek kevin re hildikêşa nav keleyê.

Dibistana Zafer, piştî girtina Kerkûkê, ji ber bîranîna serkeftina Ingilîzan di Şerê Cîhanê yê Yekem de, hatibû vekirin. Ji bilî Şukrî 'Ebdûl'ehed ê mudur, wê çaxê Reşîd Akifê Hurmizî, Salih Qadî yan "Salih Bolşevîk" ê kurê Qadiye Reşe yê bi nav û deng, Sedullahê kurê Muftî Derwêş Efendî, 'Ebdurrehman Mele Mehmûd ê zanayê mezin û alimê Kurd, Şewket 'Ebdullah Efendiyê Mam(72), Seyîd Hadî û çend kesên din jî tê de mamoste bûn. Ji van, 'Ebdurrehman Mele Mehmûd wê salê çû rehmeta Xwedê. Bi rastî di jîrî û zîrekiyê de tiştekî nedîtî bû. Dibistana me di Xaneqaya Seyîd Ehmed de hatibû vekirin. Xelk û bi taybetî Kurdên Kerkûkê ev kirin ji xaneqayê û ji Seyîd Ehmed re bêhurmetî dihesibandin. Ji ber ku baş nedidîtin ku dibistaneke yadîgarê serkeftina dewleteke ne misilman, di xaneqayê de bê vekirin. Ji ber vê, tehin li Mele Qadir û ew kesên ku xwe nêzîkî Ingilîzan dikirin, didan. Dibistana me îptîdayî bû û nêzîkî 300 xwendevanên me hebûn. Wê demê dibistan bi awakî şidayî û giran dihatin meşandin. Mamosteyan bi xwe re qamçî yan şivek dibirin sinifê û li xwendevanan dixistin. Riya perwerdekirina nû hê li Iraqê dest pê nekiribû.

-58-

Rojnameya Necm[(68)] (Stêrk)

Wê çaxê li Kerkûkê bi navê Necm bi Tirkî rojnameke biçûk derdiket. Ev rojnameya han ji aliyê hukumeta dagirker ve ji bo belavkirina îlanên tapoyan, karên hinek dayîrên din û hinek beyan û teblîxatên hukumetê dihat weşandin. Ji bilî van, hinek nûçe û hewadîsên cur bi cur û car û caran jî şi'ir, gotarên kurt û tiştên ne li gor menfeeta Tirkan bûn, dihatn nivîsandin. Ji bilî mamosteyan pê ve kesên din tunebûn ku di rojnameyê de tiştekî binivîsin. Ji ber vê, rojnameya Necm bi awakî eşkere kiribûn bin destê Şukrî yê mudurê dibistana me. Tu şik tê de tu ne ku Şukrî kesekî bawerpêkirî yê hukumetê bû û ji bin emrê wan dernediket.

Bi saya rojnameya Necm, perekî baş diket destê wî. Ji ber vê, jê re dest nedida ku bibe ciyê belavkirina cure gotaran ku bîhna siyasetê jê bê. Min her bi çi awayî be xwe kir nav û min cara yekem şi'ireke Tirkî tê de belav kir. Hevalên min gelek bi vê kêfxweş bûn. Heta Macid ji Silêmaniyê nameke bi metih ji min re nivîsand. Ez her li ser vê riya xwe meşiyam. Min car û caran şi'ir û gotar tê de didan belav kirin. Nav û dengê rojnameyê belav bû. Şukrî, mulahezeya rojên bên nekiribû û ji ber vê methên xelkê lê xweş dihat. Ji ber ku Necmê rojnameya xwe dihesiband. Heta wê çaxê hê di rojnameyê de sergotar nedihatin nivîsandin. Lê êdî min nedihişt yek hejmar bê sergotar bên weşandin. Behs û xeberên wê çaxê zêdetir yên di derbarê şerê Tirkan û Yunaniyan de bûn. Kerkûk hêmin û rehet nebû. Li wir, welatparêz ew bûn ku behsa serkeftina leşkerên Mustefa Kemal bikin. Ew kesên ku ji Ingilîzan diqehirîn, di derbarê şkestina leşkerên Yunaniyan de xeber didan û bi vî awayî dilê xwe hênik û xweş dikirin. Bi rastî dostên Ingilîzan gelek kêm bûn û di nav xelkê de bi çavekî sivik li van dihat nêrîn.

Rojnameyên Stenbolê serokaniya xeber û hewadîsên wan rojan bûn. Ew jî bi 'erebî û Ingilîzî derdiketin û dihatin Kerkûkê, tijî behsên Tirkan û şerê Kemalîstan bûn. Min bi xwe ji Bexdayê rojnameyên Fransizan bi taybetî rojnameya Tan dida anîn. Ji ber vê, agahê min baş ji xeberên Tirkan û şerên Anadoluyê hebû. Her çendîn min di dilê xwe de dizanî ku di serkeftina Tirkan de tu qazanca Kurdan tuneye, lê ez bi wê yekê jî bawer nebûm ku Kurdistan di netîceya serkeftina leşkerên Yunaniyan de dê ji dayîk bibe. Ew hemî "firset"ên ji destê xwe kiribûn, ew sistî û sariya li hemberî Kurdan ji Ingilîzan dihat dîtin, kirinên nerewa û nehêja yên Soane û hakimên siyasî yên din ên Ingilîzan û gelek tiştên din, wisan li min kiribû ku ez bikarim bêjim: mesela Kurdistanê ne mebesteke temamî ya Ingilîzan e. Ji bilî vê, demarê rojhilatî, misilmanî, nasîna ruhiyeta Tirkan bi min re, xwendina min li Tirkiyê û şarezatiya min bi zimanê Tirkî, serdema jiyana min li Stenbolê, fikir û nêrînên min li ser tebîeta rûmiyan(73) û têgihiştinên min hemî yên li ser bingeh û bintarên wan ew bûn - qazanca Kurdan û mesela Kurdistanê ne tê de- ku ji bo tu mebestekê min neynoka Tirkan bi bavê Yunaniyan nediguherand. Wê çaxê wekî gelek kesên din ez jî ber bi şaşiyê ve çûbûm. Min êrîşên Yunaniyan ên li ser Tirkan şerfirotin, bahane girtin û zulim dizanî. Di çavê min de Tirk neteweyekî aza û camêr bûn. Li ba min Tirk ew neteweyê rojhilatê yê mezin û misilman bû ku bi Kurdan re û heta bi hemî neteweyên din ên rojhilatê re dîrokeke wê ya dûr û dirêj ya dostayetî û pêwistiyeke dînî, nijadî û têkelbûneke xwînî hebû. Ew yek dihat bîra min ku em Kurd -her çend rûpelên xwînavî jî tê de hebinbi salan di bin yek alê, ala xwoşewîstî ya Osmaniyan de bi hev re jiyabûn û wek Dr. Şukrî Sekban dibêje: me li ser sînorên Tirkiyê li hemberî neteweyên dinyayê şer kiribû. Em bi ser ketibûn; me bêhna serkeftinê tam kiribû û bi van pîvanan em xapiyabûn û sermest bûbûn. Bi kurtî bi Tirkan re dîrokek me ya dûr û dirêj hebû. Her çendîn Yunanî xwediyê tarîxeke gelek bi qîmet bûn jî, lê ev tarîxa han ji bo van Yunaniyên îro nedihat hesibandin. Belê ew berdewama Yunaniyên kevin tên hesêb kirin, lê perdeyên bi hezaran xeyal û efsaneyan dagirtî di navbera wan de heye. Çunkî Yunaniyê nû di welatekî bin destê Osmaniyên de, neteweyekî ji rûmîyên zelîl û stuxwar ên Stenbolê pê ve tiştek nebûn. Wê çaxê bi handana Ingilîzan, bi çek û sîlahên dewletek biyanî ku bi dijminatiya neteweyên rojhilat û xwînmijiya misilmanan bi nav û deng bû, dixwest ji şikestina leşkerên Tirkan ê di şer de îstîfade bike û perça axa Tirkan a mayî jî îşgal bike. Ji ber ku di wê timatiyê de bû ku hukmê qeyserên Romaya Rojhilat li Stenbolê zindî bike. Ev hemî diketin bîra min û di bin tîniya van xeyalan de ez li ser bûyerên wan deman disekinîm. Xwîna misilmanekî rojhilatî di demarên min de digeriya. Rikê min ji Yunaniyan dihat. Ez ji Ingilîzan hêrs dibûm û diqehirîm. Hemî xelkên wê rojê bûbûn Tirkperest. Wekî Faris dibêjin:

“Ne ez hib....

Ez be’di......”

Ez jî wekî gelek kesên din ne ji ber hezkirina Tirkan, belko ji neheziya Yunaniyan an ji rikê Ingilîzan ve, min daxwaza serkeftina Mustefa Kemal dikir. Ew kesên ku ev nedikirin, di ferhenga wê rojê de eger navê wan “xayîn” nehatiba hesibandin, Ingilîzperest dihatin bi navkirin. Ji ber vê, gotarên min jî li ber hewayê Tirkan direqisîn û dengê Tirkan jê dihatin.

Min di gotereke xwe de wiha digot: “Ew roj ne dûr e ku leşkerên Yunanî li hemberî pehlewanên Tirkan paş de vegere û berê xwe bide keştiyên Yunaniyan ên li ser qeraxên deryayê, li Îzmîrê leşkerên Mustefa Kemal bigihin wan û bi serê singuyên Tirkan wan birêjin nav deryayê!..” Bi rastî Ingilîz seyr in û bîhna wan fireh e. Ez ku mamosteyek bûm, ez ketibûm pêş û min rojnameya hukumetê girtibû destê xwe, di nav wê rojnameyê de min di derbarê hukumetê de dinivîsand. Min rexne lê digirt. Min methê Tirkan û xerabiya Yunaniyan dikir. Ew Yunan ku bi çek û pereyên Ingilîzan mijûlî ji holêrakirina Tirkan bûn, pê wê ketibûn ku reh û rîşên Tirkan birewêjin ku navê wan ser xeriteya cîhanê nemîne. Lê bi ser hemî van kirinan de jî demek dirêj tu his û pêjin ji wan nehat. Carekê jî min di gotereke xwe de, Wenezelos ê dahiyê wê rojê "serserî" bi nav kiribû. Min tehnê siyaseta Ingilîzan li wan dida. Lê êdî gav bi gav tesîra nivîsandinên min çêdibûn. Çavê xelkê hêdî hêdî vedibû. Bûbûn xwedî ziman û êdî zimandirêjî dikirin. Tu qedir û perwe nemabû. Bi eşkere methê Tirkan dikirin û dijûnan ji Yunaniyan re didan. Navê min bi taybetî bi saya Necmê, li hemî bakûr deng dabû. Li dîwanxanan xeberdan hemî behsa rojnameya Necm û gotarên Refîq Hilmî bûn. Şukriyê mudur rojekê ez bangî mala xwe kirim. Wê şevê heta dereng me wextê xwe bi xwarin û sohbetên xweş derbas kir. Pişt re behsa rojnameya Necm kir.

Li gor gotina wî, gelek gazindên hakimê siyasî ji rojnameya Necm a nû hebûne û xwestiye min jê dûr bixe. Li milekî din jî got, ji bo ku tu Tirkan baş dizanî û li ser wan dinivîsî, eger bê û tu sozê wê yekê bidî ku bi eksê meram û siyaseta Ingilîzan hereket nekî, dê tu bi awa û usûlekê rojnameya Necm bi rê ve bibî. Ew dixwazin (Ingilîz dixwazin) her tu li ser rojnameyê bimînî û ji bilî vê jî "mewacib"eke zexim jî dê ji te re bibrin. Min ji Şukrî re got, eger ez wiha nekim dê çi bibe? Ji min re got, berî hemî tiştekî dê te jê bavêjin û pişt re jî ji ber şaşiya ku min kiriye û riya nivîsandinê daye te, dê rojnameyê jî ji min bistînin... Min jê re got, hema ev tenê? Wî got, belê ez dibêjim evqas. Lê ne dûr e ji vê zêdetir jî bikin. Min jê re got, wek çi?

Ji min re got, wek ku dê te ji dibistanê derxin û ji Iraqê jî dûr bixin û te bişînin Hindistanê... Şukrî germ bûbû. Wekî ku tu li ser bizmaran bidî rûniştandin bi wî awayî lê hatibû. Min jî bi awakî hişyar û xwînsarî bersîva wî dida û heta gihîşte behsa şandina min a Hindistanê. Dema ku min got: "seyahetek Hindistanê ya belaş". Şukrî tê gihîşt ku tu fayda gotinên wî tune û tu tesîrekê li ser min nakin, bêdeng bû û birrî. Rojekê şûn de bi nameyeke resmî ya Möller ê mufettişê îdareyê riya nivîsandinê li min girt. Piştî vê kesekî wisan di

Necmê de nenivîsand. Çunkî kesê ku binivîsanda dibû biçe ba miroveki Hindî yê li ber destê Möller. Vî mirovê han ku navê xwe danîbû "Mudurê Tehrîrat"ê û dibû hemî nivîsan bibîne û bi "îmzaya xwe ya mûbarek" tesdîq bike. Ji ber ku îmza mudur nebûya nedihatin weşandin.

Piştî çend rojên din jî min bi telgrafê emrê cihguhertina xwe wergirt. Min kiribûn mamosteyê Dibistana Nimûneyê Se'aded a li Silêmaniyê (20ê tebaxa sala 1921an). Wê çaxê Mihemmed Beşqe bi navê "Mufettişê Mearif" li Kerkûkê nûnerê wezîr bû. Min jê re got, ez naçim. Xwest min têbigihîne ku feyde di çûna min de heye. Lê min gotina wî nekir. Roja din telgrafek din ji Bexdayê hat û min ji wezîfeyê avêtin.

-59-

Ez Ber Bi Şaşiyê ve Çûbûm

Ez înkar nakim, di wan tiştên ku min ji bo Tirkan digot û min ji bo wan dikir, ez şaş bûm û ber şaşiyê ve çûbûm. Lê di nav Kurdan de tenê ez ber bi şaşiyê ve neçûbûm. Em, ji bo ku li Iraqê bûn, agahdariyek me ya temam ji Kurdên Tirkiyê heta agahê me ji welatparêzên wê jî tune bû. Wekî min di pêş de jî behs kiribû, komeleyên siyasî yên Kurdên Stenbolê, Iraq û Kurdên Iraqê qet hesab nekiribûn û heta qet nebe nûnerekî xwe jî neşandibûn ba Şêx Mehmûd. Ji ber vê, tefandina şoreşa Şêx Mehmûd û şandina wî ya Hindistanê û piştî vê hewildana Seyîd Taha û Ingilîzan û ya Ingilîzan li gel Hemdî Beg, vala derketin û tiştek ji wan derneket. Çi dihat bîra xelkê ez nizanim, lê ba min, ji bo wê rojê mesela Kurd li Iraqê xelas bûbû.

Ji Tirkiyê jî qasî ku haya me jê hebû, Kurdên wilayetên rojhilatê bi Mustefa Kemal re hevpêman çêkiribûn û li gor mîsaqê millî û ji bo parastina welat, bi şirîkatiya Tirk û Kurdan mil bi milê leşkerên Mustefa Kemal û di sefên şer ên pêşî de êrîş dibirin ser leşkerên Yunanan. Hukumeta Osmanî ya li Stenbolê, lîstikek bû di destê serokên leşkerî yên dagîrkeran de û bi temamî bêhêz bûbû û tu desthilateke wê nemabû. Ji ber vê, komeleyên siyasî yên Kurdan ên li wir, hêviyeke wan a nû ji Hukumeta Stenbolê nemabû. Li milê din, Mustefa Kemal hem -bi çi awayî be- siwarên Kurdan şandibû xetên şer ên pêş, hem jî bi hezaran telgraf bi Kurdên bajaran dida nivîsandin û ji Konferansa Aştiyê re dişand û bi vê Şerîf Paşa yê nûnerê heyeta Kurdan derewîn derdixist. Ew nivîsên biyanî yên ku Mustefa Kemal "Gurên Boz" bi nav dikirin, şaş neçûbûn.

"Gurên Boz" çawan di şerê serxwebûniya welat de karîbû henekan bi dijmin bike, her bi wî awayî di warê siyasî de jî karîbû henekan bi eqlê Kurdan bike. Di helbijartina nû ya meb'usan de ji sisiyan yekê nûneran ji Kurdan helbijart û wan jî li Meclîsa Mezin a Millet ya li Enqereyê temsîla Kurdan dikir. Êdî çi dixwest? Bi vê siyaseta han a jîrane Mustefa Kemal di siyaseta xwe ya li hemberî Kurdan de bi serket. Belê, piştî vê siyaseta han bû ku karîbû Kurdan nêzîkî xwe bike û xebat û hewlên ji bo Kurdistanê paş de bixe û sar bike. Dewletên sondxwarî jî ji mesela Kurd poşman kir û bi saya "kerr"ekî wekî Ismet Paşa de Pêmana Sewrê da hilweşandin. Ji bilî van, qasî ku me seh dikir, Mustefa Kemal wisan kiribû serê Kurdên Tirkiyê ku piştî xelasiya şerê Tirkan û Yunaniyan eger hat û mezinên Kurdan rêvebirineke taybetî û serxwebûniya Kurdistanê ji bo jiyana birayane ya Kurd û Tirkan ji xwe re baştir dîtin, dê tu astengekê li ser riya wan çêneke û pêşiya riya serxwebûniyê li wan negre.

-60-

Avêtina Min Ji Wezaretê

Roja ku wan ez ji wezîfeyê avêtim, Tewfîq Efendîyê mamê min ê mezin, hat ba min û dilê min xweş kir. Wê çaxê pereyên wî jî hebûn. Ji min re got, bîhna xwe teng neke. Tu kêrî memûrtiyê nayê. Ez ê kaxezekê ji te re binvîsim. Here Bexdayê û heta 3000 rûpiyan bistîne û bi vî pereyî ji xwe re tişt û miştan bistîne û dikanekê veke. Piştî çend rojan ez çûm Bexdayê û min eşyayên xwe standin. Rojek Hemdî Beg hat dikana min û ez birim otêlê. Li wir, li ber vexwarina qehwê behsa nivîsên min ên di rojnameya Necm de kir, ji tagiriya min a bi Tirkan re dilê wî şikestibû. Min jî hinek tişt jê pirsîn. Ji van pirsên min dilê wî man û bêyî ku tiştekî bêje rabû piyan. Ez têgihîştim ku aciz bûye. Ez gelek bi edebane jê dûr ketim û êdî sarî ket navbera me. Çend sal piştî wê, ji bo ziyaretê ji Londrayê hatibû. Em ba Dr. Şukrî Sekban rastî hev hatin. Ser û riyên wî bûbûn wekî kuliyên berfê. Bi rastî ez gelekî li ber ketim. Min qet nedixwest ku ez Kurdekî bi qîmet ê wekî Hemdî Beg di vî halî de bibînim.

Ez êvarekê li ser pira Mod rastê Faral hatim. Di otomobîla xwe de çaverê bû ku rê jê re bê vekirin. Ez jê derbas bûm û min silav lê nekir. Min got ku wî ez nas nekirim. Çunkî wî carekê tenê ez dîtibûm. Ew jî piştî ez bûm mamoste ji bo teftîşê hatibû Kerkûkê û Mihemmet Başqe şandibû pê min. Ez çûm û min ew li wir dît. Bi Tirkî bi min re axift. Lê şêwa xeberdana wî ne bi wî awayî bû ku mirov bikaribûya tê bigihê. Hinek peltek bû û ji ber wê nedikarî hinek bêjeyan baş telefuz bike. Selîm Hesen pê re bû. Ji Faral re got, Fransizî pê re biaxive. Piştî vê Faral Fransizî bi min re axift. Ji min pirsî, got tu li dibistanê kîjan dersan didî xwendin? Min jê re got, matematîk, geomêtrî û Tirkî. Rûpelek kaxiz girt û hinek tişt nivîsandin û pişt re da destê min. Du pirsên bi Fransizî nivîsandibûn. Yek ji pirsan di derbarê "tenasûb-i murekkeb" weya têkel, ya din jî di derbarê "sur'etê" de bû. Min bi Fransizî bersîvên wan nivîsandin û dayê. Ji min re got, pêwîst e tu mamostetiyê bikî... Hevdîtina min û wî tenê evqas bû.

Roja din sibê, piştî ku ez wê êvarê li ser pira Modê rastî Faral hatim, mamoste Remzî Kerkûkî çûbû balê û pirsa min jê kiribû. Ji Remzî re gotibû ku do min ew dîtiye û ez dixwazim ew bê dayîreyê ba min û ez wî bibînim. Remzî, êvarê bazara kevnefiroşan ba dikandarekî Kurd min dît. Ji min re got ku Faral dixwaze te bibîne. Min got: jê re bêje: "min ew nedît" û bi wî awayî ez jî neçûm balê.

Silêman Xan ê ku berê me behsa wî kiribû, ji bo ziyareta kes û nasên xwe çûbû Tehranê. Wan rojan li Bexdayê rastî min hat. Ji min re got, ez do ba Faral bûm. Pirsa te ji min kir, ji ber vê min zanî ku tu li Bexdayê yî. Ji min rîca kir ku ez ji te re bêjim tu biçî wî bibînî. Min ji wî re jî got, ez naçim. Ji min pirsî, ji bo çi? Min behsa xwe ya ji wezîfeavêtinê û hatina xwe ya Bexdayê ji Silêman Xan re kir.

Silêman Xan, ji min re got ku karekî te pê tunebe, êdî ji vî baştir. Ya herî baş û camêrî ew e ku tu biçî balê û ger hat û behsa kar û wezîfekê ji te re bike, jê re bêje ez naxwazim û ez spas dikim. Gotinên Silêman Xan bi min maqûl hatin û di ciyê xwe de bûn. Roja din serê sibê ez çûm ba Faral û gelek bi germî xêrhatinê bi min da. Pişt re got: min tu li ser daxwaza îdareya Kerkûkê da Silêmaniyê. Tu ji bo çi neçûyî? Hat ser devê min û min jî jê re got: li mal nexweşê min hebû û ez nekarîbûm biçûyama. Qasek bêdeng bû û pişt re got: mixabin, hewce bû ku ez alîkarîya te bikim, lê te ji wezîfeyê avêtine. Min jê re got, nexêr ne ciyê mixabiniyê ye, ez spas dikim. Min demek dirêj li ber xwe da. Min çi jê re got feyde nekir. Wî dixwest cardin min bike mamoste. Gotinên wî gelek spehî û camêrane bûn. Ji wezîrekî Ingilîz li hemberî mamostayekî ji kar hatî avêtin ê wekî min, ev hêvî jê nedihat kirin. Min şerm kir û soz dayê ku ez ê biçim Silêmaniyê. Wê navê re lîsteyek xwest û nîşanî min kir. Ev lîsteya han ya mamosteyên Kerkûkê bû ku çend dereceyan wenda kiribûn. Navê yekem ê min bû. Ji min re got: dibê tu mamostetiyê yanî xizmeta zanistî ya qewmê xwe bikî...

Ez ne di hindurê dilê Faral de bûm. Mirov dikare bêje ku miroveki hişk û kolonyalîst bû. Lê yên min jê dîtin ez dibêjim. Min gelek caran, dema ku ciyê wê hatiye behsa vê mesela han kiriye.

Faral bi vê tenê nema. Mamoste Başqe wê rojê li Bexdayê û wê seetê jî li dayîreya mearif bû. Da gazî kirin û jê re got: tu kengê diçî? Jê re got: sibê. Vêca ji min pirsî û got: heger tu dikarî sibê vegerî, va otomobîl dê heta Kerkûkê biçe. Wê çaxê ji Bexdayê heta Kerkûkê otomobîl bi dest nediket. Hebûna jî gelekî giran bi rêdiketin. Ji ber vê, her çend ez gelek ketim nav lezê jî, lê min baş dît ku ez bi Başqe re vegerim. 21 roj bi ser derxistina min a ji wezîfeyê derbas bûbû. Ji ber tiştek ji kîsê min neçe, ji Bexdayê heta Kerkûkê û ji wir jî heta Silêmaniyê, cihguhertina min bêheq çêbû û bi saya kek Başqe, pereyê sefereke baş ji min re hat dan û min ew wergirt.

-61-

Rûpelek Ji Şoreşa 'Erebên Iraqê'

Eger em careke din vegerin ser behsa şoreşa 'Ereban a 1920an û rûpelên beşa sisiyan a vê bîranîna han, tê bê bira me ku em heta Mizgefta Heyderxan hatibûn. Ew civînên girsî yên bi navê xwendina mewludê dê bên ber çavê me ku Şêx Mehdî Besîr bi şi'irên xwe yên neteweyî û agirîn ve, ku xelk han dida û diherikand. Di nav lehiya vê heşametê de ku êrîşên xelkê Bexdayê dihatin dîtin, mezin û biçûk, karker û axa, xwenda û nexwenda bi kurtî ji hemî sinif û tebeqeyên însanan kes tê de dihatin dîtin ku eger ji serpêçên serên wan nebûna ciyên wan ên civakî gelek zor ji hev dihatin ferq kirin. Fesên sor, kefiyên spî yan kesk, pêçên zer û perçên hêşîn, reş û spî, egalên reşên tarî, mişkî û çefteyên xwomane û yan cafî, serên rût, kûmên hewramî û teqîleyên 'Ecem û yan xûdeyên 'erebî û kum û serpêçên renga reng bi wêneya kef û pêlên behrê diherikîn, bi rastî nîgareke seyr û rengîn radixistin ber çavan. Ev heşameta han ku hewşa mizgeftê ya mezin, serbanan, ser dîwarên li derûdora gûmbetan û heta diçûn digihîştin serê minareyan, awayek wisan lê dihat ku cih ji insanan re nedima û te derzî biavêtiya li erdê nediket. Di muqabilê şi'irên Mehdî Besîr û dengê çepikên rêzî yên bi hezaran jin, mêr û zarokan, bi rastî mirov nedikarîbû pêşiyê bi rûndikên germ ên ji çav diweriyan bigirta.

Xwendevanên hêja! Li vir, berî ku em bikevin pêy rûpelên vê şoreşa mezin a ji wir şûn de û encamên wê rayêxin ber çavan, em vê ricaya han ji we dikin ku hûn bêhna xwe fireh bikin û ji bo demekê kurt bisebir bin. Ez dixwazim careke din bi kurtî behsa destpêka pêwendî û hevûdu nasîna Ingilîzan û Iraqê ya ji zemanê kevin heta Şerê Cîhanê yê Yekem bikim:

Cara yekem, Ingilîzan bi hatina xwe ya salên 1635-1639an ya li Besrayê, Iraqê nas kirin û xwe nezîkî Iraqê kirin[74]. Dûrketina Portekîziyan ji Iraqê, ji Ingilîzan re firseteke mezin bû ku xwe nêzîkî Iraqê bikin. Bi saya vê bûyerê û alîkariya ku dîtibûn, di sala 1634an de karîn navçeyek bazirganî ji xwe re damezirînin. Piştî vê, navçeya xwe ya bazirganî ya li Bender 'Ebbasê, di sala 1645an de anîn Iraqê. Lê Hollendiyan di eynî salê de gelek eşyayên zêde yên bazirganiyê anîn Iraqê û bi Ingilîzan re ketin reqabeta bazirganî û zerareke gelek mezin dan wan. Ji bilî vê, Paşayê[75] Osmanî fermana girtina enbarên tacirên Ingilîzan da. Lê vê yekê nekarîbû Ingilîzan ji anîna eşyayên ticaretê paşde bêxe. Ingilîzan dest pê kirin yek li pê yekê keştiyên bazirganiyê anîn Besrayê. Di sala 1763an de, dema ku 'Elî Paşa yê Waliyê Bexdayê[76] çû Besrayê û ew kirinên xerab ên Qebîleyên Ke'b ên li derûdoran Besrayê diqewimîn seh kir û bi alîkarvanê şirketa Ingilîzan re, bi mercê ku keştiyên şirketa wan ji bo tefandina serhildanên Qebîleyên Ke'b alîkariya hêzên walî bikin, li hev kirin. Di muqabilê vê de jî dê walî jî di kar û barên şirketê de alîkariya wan bikira û çi ji bo şirketê baş û pêwîst bûya ji wan re bikira. Li ser vê, alîkarvanê şirketê çend keştî ji walî re anîn. Lê 'Ereban êrîş birin ser van keştiyan, ew ji wir dûr xistin û sê keştî jî girtin. Dema ku Hukumeta Bombayê bi vê hesiya, sîtolek (fîloyek) ji şeş keştiyan pêkhatî rêxist û ji bo cezakirina qebîleyan şandin Iraqê (1766). Wê çaxê waliyê Bexdayê Omer Paşa bû. Wî jî di bin fermanderiya Mehmûd Axa yê Kehye de hêzek hukumetê ji Bexdayê şand ku bi hêzên Bombayê re biçin ser Ke'banê. 'Ereban êrîş birin ser wan û di vê êrîşê de bi ser ketin û du keştiyên Ingilîzan û neh keştiyên waliyê Bexdayê[77] niqûmê bin behrê kirin. Ji bilî vê, pişt li wan hêzan jî girtin ku bi keştiyan şandibûn ser 'Ereban û riya vegera keştiyan jî kirin bin kontrola xwe. Lê li gel van tevan jî, ev alîkariya walî ya bi hêzên xwe ve ji şirketê re, bû sebeb ku dostayetiya di navbera walî û şirketê de pêş bikeve. Êdî li ser vê, mecala kar û barên cengî û li Iraqê îstîfadekirina Ingilîzan ji karên tîcaretê heta diçû zêdetir û firehtir bû. Ji ber vê, şirketê pêwîst dît ku berpirsiyarekî li Iraqê deyne. Di destpêkê de mirovekî Ermenî kirin berpirsiyar. Qasek şûn de ev mirov guhertin û Ingilîzekî danîn şûna wî. Vê şirketa han eşyayên me'den û mensucatên ji hiriyê dişand Iraqê û ew bi hewrîşmên Farisan re diguherandin. Silêman Paşayê Mezin, ku bi saya xebat û hewildanên şirketê kiribûn waliyê hersê wilayetan[78], mezintirîn alîkarvanê şirketê bû. Di ciyê vê alîkariya walî de jî çi pere pêwîst bûya ji aliyê şirketê ve jê re dihat amadekirin. Ev pereyên han ji Stenbolê re dihatin şandin û ev karê han jî ji aliyê şirketê ve dihat bicih kirin. Ji bilî van, dema ku ji bo leşkerên Paşa çek û sîlah an ji bo perwerdekirina eskeran mamoste pêwîst dibû, şirketê tevan ji Ingîltereyê didan anîn. Bi vî awayî di salên dawiyê yên sedsala hejdehan de taqet û mecala desthilata şirketê gihîştibû dereceyek wisan ku, poste û emanetan bi riya karwanan re bîne bajarên ser qeraxên Behra Spî.

Her wekî Iraqê, xelkê welatên Qeraxê (Xelîca 'Ereb jî bi paşdekêşana Portekîziyan re xwe nêzîkî Ingilîzan kiribûn. Wisan dixuya ku şirket (şirketa Ingilîzan) xwe ji şerê 'Ereban diparast û nedixwest bi wan re şer bike. Ev yek di vê bûyera han de eşkere bû. Dema ku Şahê Îranê ji bo êrîşa ser Ummanê daxwaza alîkariyê ji şirketê kir, wê alîkarî nekir. Lê bi paşdekêşana Portekîziyan re xelkên van qeraxên bihêz bûbûn û wisan li wan hatibû, ku bikarin berhelistiya qazancên Ingilîzan, Îranê û Hollendiyan bikin û tiliya xwe têkin nav kar û barên wan û astengan ji wan re derêxin. 'Ereban, çend carek êrîşê birin ser keştiyên wan û çend keştiyên Ingilîzan ên şer girtin û talan kirin. Her çendîn şirketê ji hakimê Medrasê gelek agahdarî di derbarê destdirêjiyên van qebîleyan de sitandibûn û şirketê ji kirinên wan ên li ser sînorên welat agahdar jî kiribûn, lê bi tu awayî şirketê êrîş nedibir ser van qebîleyan, destê xwe dirêjî wan nedikir û çavê xwe li wan digirt. Ev yek heta Nadir Şah derket ser textê Îranê, bi vî awayî domand. Pêwîstiya Nadir Şah bi aramî û asayîşa van qeraxan hebû. Ji ber vê, Mesqet û Behreyn xist bin fermana xwe û ji bo demekê jî be ew bêdeng kirin. Lê qasek şûn de yekî navê wî Ehmedê kurê Se'îd derket meydanê û Mesqet ji bin destê Îranê derxist û kir bin fermana xwe. Piştî Ehmed, Seyîd Sultanê kurê wî li ciyê wî rûnişt. Wê çaxê Napolyon bi hemî awayî xwe amade dikir ku bi wan hemî hukumet û mîrektiyên ketibûn ser riya Hindistanê re li hev bike. Yek ji wan kesên ku bi dizî nameyên wî ji Napolyon re diçûn û dihatin, Seyîd Sultanê hakimê Mesqetê bû. Çavê Napolyon li Hindistanê bû û rê xweş dikir ku di firsetekê de êrîşê Hindistanê bike û ji destê Ingilîzan derêxe. Hukumeta Hindistanê bi vê hesiya û bêsekin daxwaz ji berpirsiyarê xwe yê Bûşehrê kir ku biçe Mesqetê û ji bo girêdana peymanekê bi Seyîd Sultan re hewil bide û Mesqetê ji bo dijîtiya desthilata nifûza Fransizan amade bike.

Ev hewlê han bi ser ket û di navbera Hukumeta Hindistanê û Seyîd Sultan de peymanek hat îmzakirin. Ji aliyê Hindoyan ve Mîrza Mihemmedê berpirsiyarê Hukumeta Hindistanê peyman îmza kir û ev yekem peyman bû ku di navbera Ingilîzan û Sultanê Mesqetê de dihat çêkirin. Li gor vê peymanê, Sultan soz dida Ingilîzan ku Fransizan ji Mesqet derêxe û heta şerê Ingilîz û Fransizan bidome, Mesqet benderên (lîman) xwe ji keştiyên Fransizan re bigre. Ji bilî vê, di peymanê de biryar hatibû dan ku, memûrekî Ingilîzan li Mesqet bê danîn û di kar û barên hukumetê de alîkariya Sultan bike û Sultan li gor pêşniyar û tewsiyeyên wî kar û barên xwe bimeşîne.

Qasek şûn de Hukumeta Hindistanê pê hesiya ku di navbera Mesqet û Fransizan de çûn û hatineke dizî heye û nameyên wan ji hev re tên û diçin. Vê carê Hindoyan, Kapitan Malcoln şandin ba Sultan û di sala 1800an de bajarê Hurmuzê hevûdu dîtin. Malcoln, Sultan tehdît kir û jê re got ku, dê ji Surat heta Kalkûtayê hemî benderên Hindistanê ji keştiyên bazirganî yên Mesqet re bên girtin. Li hemberî vê tehdîdê, Sultanê Mesqetê naçar ma peymaneke din a nû bi Malcoln re îmza kir. Li gor vê peymanê, biryar hat dan ku wekîlekî siyasî yê Ingilîzan li Mesqetê bê bicih kirin. Êdî ji wê rojê şûn de Ingilîzan li seranserê qeraxên Xelîcê dest avêtin xurtkirina desthilata Britanyayê. Bûyerên herî biçûk dikirin bahane û ji deryayê ve êrîş dibirin ser qebîleyan ku di bin destê wan de bimînin. Yekem car di sala 1805an de çûn ser Qebîleya El-Cewasim ku di nav qebîleyên wê navçeyê de (yanî mintiqa muhayîde-bêteref) ji tevan xurtir bû. Vêca bi girêdana peymanên yek li pê yekê hêdî û hêdî ew kirin bin çavdêrî û desthilata xwe û ew hêz û desthilata berî ji wan re nehiştin. Yekem peyman, di sala 1806an de bi van qebîleyan re hat îmza kirin. Li gor vê peymanê, soz ji wan standin ku: "bi çavekî birêz li ala şirketê binêrin. Nêzîkî wan keştiyan nebin ku ala şirketê li ser e. Destê xwe direjê wan kesan nekin ku di van cure keştiyan de nin an pêywendiya wan pê ve heye..." Lê qebîleyan piştî vê peymanê jî dev ji kirinên xwe bernedan. Heta carekê êrîş birin ser Behreynê û eskerên Hukumeta 'Emmanê ji wir derxistin. Ev, ew esker bûn ku qasek berê ji aliyê Ingilîzan ve hatibûn şandin û 'Emman girtibûn. Lê li ser vê, vê carê şirketê hêzeke din a mezin şand ser wan û Reesûl Xeyme ku navçek wan a qahîm bû, wêran kirin û nêzîkî 100 keştiyên wan şewitandin. Vêca tu çara wan nema û careke din bi Ingilîzan re peymaneke din îmza kirin (1820). Li gor peymana vê carê, qebîleyên wê navçeyê gavên xwe yên yekem avêtin himbêza Ingilîzan û bi tevayî ketin bin çavdêriya Britanyayê. Her eynî wextê Britanyayê peymaneke din a wekî vê peymanê bi Behreynê re jî çêkirin...

-62-

Dezgehên Ingilîzan Yên Siyasî Li Iraqê

Piştî ku Ingilîz li qeraxên Xelîcê bicih bûn, bi riya peymanên bi mezinên van navçeyan re, kar û barên xwe yên bazirganiyê kirin bin hêminiyê û tirsa wan nema, êdî hêdî hêdî dest avêtin van dezgehên xwe yên bazirganiyê kirin dezgehên siyasî. Di sala 1812an de wekîltiya xwe ya bazirganiya Bûşehr kirin wekîltiyek siyasî. Di sala 1822an de di hemî wekîltiyên navçeyên din de jî ev guhertin çêkirin. Wezareta Kar û Barên Derve ya Britanyayê heta vê tarîxa han (yanî destpêka sedsala 19an) tiştekî bi wî awayî bi feyde di derbarê vê navçeyê de nedizanî û şarezayê bûyerên Xelîcê, Îranê û welatên derûdora Xelîcê nebû. Lê piştî tarîxa navê wê derbas bû şûn ve, ji hemî wan ciyan di riya wekîlên wan navçeyan re, di derbarê hemî bûyer û ciyan de raporên dûr û dirêj ji wan re diçûn. Ji biçûk û mezin, bi feyde û bêfeyde ew ji hemî bûyer û hedîseyan agahdar dikirin. Wisan lê hat ku naçar man (yanî Wezareta Derve) ji bo nêrîna kar û barên van navçeyan, beşeke taybetî vekin û hemî cure dezgehên şarezatiyên kar û bar tê de dabimezrînin. Berî vê, wekîlên Bexdayê, Besrayê, Bûşehrê û Mesqetê ji aliyê hukumeteke cihê ya biçûk a Bombayê ve dihatin îdarekirin. Lê ji vê tarîxê şûn de Hukumeta Hindistanê îdareya van wekîlan girt ser milê xwe.

Siyaseta Britanyayê ya li Iraqê jî li ser vê riyê dimeşiya. Wekîlên şirketan xwe nêzîkî waliyan dikirin û dostatiyên xurt bi wan re didanîn. Li milekî pêwistiya walî ji bo leşkerên xwe bi çek û cebirxanan hebû, li milekî din jî muhtac bû ku şirketê di nezdê Hukumeta Stenbolê de ji bo bihêzkirina desthilat û nifûza xwe li ser van cih û navçeyan bi kar bîne û ji leyîstikên nehezên xwe û ew kesên ku çav berdidin ciyê wî biparêze. Şirket bi vê gelek kêfxweş bûn, jê îstîfade dikirin û ew pêwistî dikirin sebebê nêzîkbûna xwe bi walî re û di netîceyê de di vê riyê re çiqas diçû nifûz û desthilata wan zêdetir dibû. Çi karê qazanca şirketan tê de hebûya, bi hêsanî dihat bicih kirin û diçû serî. Ev yek wisan lê hat, sinorê desthilata şirketan ji bajaran derbas bû û gihîşt nav eşîret û gundan. Walî jî çavê xwe jê vê re digirt û xwe kerr dikir.

Dema ku Hukumeta Britanyayê hîs kir ku Napolyon fikra êrîşa ser Hindistanê dike -wekî me di pêş de got- Bexdayê kir navçeya nûnerekî xwe yê siyasî yê serbixwe û di sala 1802an de seviya vê nûnertiya xwe derxist seviya konsoltiyê û bi vî awayî di vê herêma han de Bexda bû navçeya desthilata nifûza Britanyayê. Di sala 1088an de (şaşiya çapê di vê tarîxê de heye, dikare 1808 be - Z. A.) C. J. Rich(79) kirin konsolosê Bexdayê. Ev kesê han ê Ingilîz mirovekî hişyar û têgihiştî bû. Di wan 13 salên xwe yên ku li Bexdayê derbas kir, karîbû bi zîrekî û jêhatiya xwe desthilat û nifûza konsolostiya xwe ewqas zêde bike û konsolosxaneyê ewqas birûmet bike, êdî ew bibe navçeke ciyê civînan ên mirovên birêz û nav û deng ên Bexdayê. Konsolosxane kiribû ciyê çûn û hatina kesên mensûbên hukumetê û ciyê hevûdu dîtina siyasiyan. Ji bilî vê, li konsolxaneyê mêvan xwedî dikirin û ji çar aliyan nas, zana û kesên bi nav û deng berê xwe didan wir û bi vî awayî kiribû ciyê lêkolîn û lêgerîna tiştên dîrokî yên kevin. Lê vê gelek nedomand û bi vî awayî firehbûn û belavbûna nifûz û desthilata konsolosxaneyê, bû sebebê nerizayiya Dawûd Paşa yê walî û dijitî ket navbera wî û konsolos. Li ser vê, Dawûd Paşa hemî hiqûq û îmtiyazên ku dabûn biyaniyên ewropî, tev ji wan standin û betal kirin. Bi vê tenê nema û baca (vêrgî) gumruka li ser mensucat û eşyayên bazirganiya Ingilîzan du carî zêde kirin. Girê û astengek zêde xist ser riya konsolos û dijîtiya hemî kar û barên konsolosxaneyê dikirin. Heta wisan lê hat ku konsolos daxwaz bike Bexdayê terk bike. Paşa, ev yek jî qebûl nekir. Ji ber ku piştî dan û standina nivîs û muxabereyeke dûr û dirêj di navbera Hindistanê, Bexdayê û Stenbolê de, pişt re rê da ku konsolos ji Bexdayê biçe(80). Lê piştî çûna Dawûd Paşa ji Bexdayê rewş guherî û cardin desthilata Ingilîzan dest pê kir. Heta ji berê gelek zêdetir nifûza wan pêşket û fireh bû. Waliyên piştî Dawûd Paşa ditirsiyan ku konsolos di derbarê wan de ji Stenbol re binivîse û behs û rewşa Iraqê û kirinên wan bigihîne hukumeta padîşah. Çunkî şik di wê de tunebû ku agahê konsolos ji standina bertîl û ketina wan ya pê qazanc û menfeetên xwe yên şexsî hebû. Ev yek bi dereceyek wisan pêş de çûbû ku êdî bûyerên Iraqê û kar û barên wilayetê bûbû ciyê dax û vekolînên rastî. Ji şêxên qebîleyan re jî eşkere bûbû ku walî ji konsolos ditirsin û li hemberî wan qelsiyê dikin.

Êdî wan dizanî ku konsolos dikare alîkariya wan bike û wan ji şer û xezeba walî biparêze. Heta bi wê jî têgihîştibûn ku desthilata konsolos gihîştiye seviyek wisan ku êdî dikare li hemberî Hukumeta Stenbolê dijîtiya waliyan bike û wan li ber çavê padîşan sivik bike yan bibe sebebê guherandin an ji kar derxistina wan bi temamî. Ji ber vê, waliyan bi naçarî xwe nêzîkî konsolos dikirin û hewlê dostî û xweşbûna bi wan re didan. Longrigg(81) wiha dibêje: "Van cure kesên han her ji wê rojê ve hîssa wê yekê kiribûn, ku rewşa Britanyayê ya di sedsala 19an de, di sedsala 20an de eynî namîne. Yanî ev yek ji wan re eşkere bûbû ku di sedsala 20an de dê Britanya bibe Britanyeke din û rolek ewqas mezin bilîze ku pêwistî û qazanca eşîret û qebîleyên 'Ereban di wê de ye ku ji niha ve xwe nêzîkî wê bikin û dostayetiyê pê re deynin..." Her çendîn ba me ne ronî ye û em nizanin ku qebîleyên 'erebên Iraqê di wê tarîxê de di vê bîr û rayê de bûn an ne. Lê tu şik di vê de tune ku dema sedsala 19an xelas bû û pê ket sedsala 20an, seviya wekîlên Britanyayê li Bexdayê gihîştibû dereceyeke gelek bilind û li ba waliyan bûbûn nûnerekî bi qedir û bi taybetî. Seviya nûnerê Ingilîzan ê li Besrayê jî bilind bûbû û kiribûn konsolos. Lê nûnerê Ingilîzan ê li Mûsilê her wek berê di seviya alîkarvanê konsolos de bû.

Li Iraqê bi vî awayî guherîn û pêşkevtina siyaseta Britanyayê bû sebebê wê yekê, ku li Xelîcê û li welatên derûdora Xelîcê hinek girê û asteng û kar û barên wisan derkevin ser riya împaratoriyê ku, bi awakî zêde ciyê lêkolîn û li ser fikirandinê bin. Giringtirînê wan ku zêdetir ciyê lêkolînê bû, mesela di navbera Londrayê û Britanya Rojhilat de riya çûn û hatin û muxabereyê bû. Piştî ku Ingilîzan siyaseta xwe ya vê herêmê guherîn û ketin ser fikra kolonîtiyê, ew naçar man hewil bidin û riyekê bibînin ku Britanya Rojhilatê bi Londrayê ve girê bidin. Vê riyê bikin wasiteya dan û standina nivîsan ku bikarin bi başî ji hemî behs û xeberên rojhilat agahdar bibin û tu cure bûyer û qewimandinek vê herêmê wenda nebe û neyê veşartin. Ji ber vê, bi hemî awayî têkoşîn û mijûl bûn ku li ser riya Hindistanê xeteke hesin û li seranserê vê xetê merkezên poste û telgrafan çêkin. Ew xeta ku di navbera Londrayê û Hindistanê de hat kêşan, li ser Iraqê û Îranê re derbas dibû. Vêca ji ber vê em dixwazin bi kurtî behsa mesela kêşana vê xetê bikin:

Ingilîzan di nîvê sedsala 19an de hîssa pêwistiya kêşana vê xeta telgrafê kirin. Ji ber ku ji wan re eşkere bûbû ku bersîvên nameyên ji rojhilat tên Londrayê, piştî sê mehan dikevin destê wan û ev yek dibûn sebebê derbasbûna wext û îstîfadekirina ji zanyariyên ku bi wasiteya nameyan tên şandin. Ji bilî vê, serhildana eskerên Hindî li Bengladeşê û bûyerên ku di netîceya vê serhildana han de li wan deran qewimîn, bûn sebeb ku Ingilîz hişyar bin û qîmeta dan û standina nameyan ên di navbera beşa rojhilata Împaratoriya Britanyayê û Londrayê de fehm bikin. Ev di rê û dirbeke baş re û bi wasiteyên neqlî yên nû bên meşandin. Çunkî ji wan re zelal bû ku paşdeketina muxaberata di navbera Londrayê û Delhiyê de bû sebebê herî mezin ê belav bûn û firehbûna vê serhildana han. Ji bilî van, gelek sebebên din jî, wekî mesela pêdakirina bazaran ji bo ew tiştên ku di fabrîkayên nû yên împaratoriyetê de ji hesin çêdikirin, Britanya naçar kir ku hewil bide ji bo bicihkirina xeteke nû ya li gor esrê. Di sala 1859an de xwestin vê xeta telgrafê ya di navbera Londrayê û Hindistanê de bi riya Derya Sor re bikêşin. Lê ev bi serneket. Vêca di eynî salê de ji bo girêdana xeta Uskudarê bi Bexdayê ve, ji Hindê bi Hukumeta Osmanî re ketin muzakeran û soz standin. Li ser vê, Hukumeta Hindistanê ji bo tedbîra kêşana xeta telgrafeke deryayî heta Fawê, ku ji wir jî ji ser erdê bibin heta Bexdayê û ji wir jî bi xeta telgrafa Tirkiyê ve bê girêdan, kolonel Patric Steward şandin Xelîcê. Kolonel di sala 1862an de dest bi vî karî kir û di sala 1869an de, yanî piştî şeş salan ev karê han temam kir.

Hukumeta Londrayê, ji bilî vê, biryar da ji Îranê xeteke din bikêşin û ji bo vê jî bi mercê ku vê xeta di navbera Bexda û Tehranê de, bi ser Kirmanşan re bibe û bi riya Îsfehanê û Şîrazê re bigihîne Bûşehrê û ji wir jî bi riya deryayê re bigihîne Hindistanê, bi Şah re li hev kir. Bi vî awayî di demeke kurt de Ingilîzan karîn bi riya erdê û deryayê bi çend xetan Hindistanê bi Xelîc û bi çend bajarên Xelîcê ve girê bidin.

Di destpêka sedsala 20an de li Îranê bi dîtina petrolê re, di vê Xelîca han de ji Ingilîzan re gelek pêwîstiyên din ketin ber dest. Avukatekî xelkê Awusturyayê Williyam Noks Darsi, di nav perçek erdê xwe de kaniyeke gelek gumre me'denê zêr dît û bi vê yekê jî gelek dewlemend bû û bû xwediyê serwetek zêde. Dema wî seh kir ku li Îranê petrol derketiye, bi pereyên xwe miroveki jeolog girt û ji bo lêkolîna rastiya vê xeberê şand Îranê. Vêca dema ku jê re ronî bû ku ev mesele rast e, xwe gîhand Îranê, bi Şah re li hev kir û îmtiyaza derxistina petrolê, gazê û ziftê ji Şah wergirt (1901). Piştî destpêkirina kar jê re ronî bû ku ew pereyên di destê wî de, têra karekî wiha mezin nake. Ji ber vê, bi naçarî bi sermayedarên Ingilîzan re li hev kir û li gor îmtiyaza di destê wî de bû, bi van sermayedaran re şirketa Petrola Ingilîz-Fars damezirand.

Mirovên siyasî û mezinên sitolên deryayê, zanîn ku dê petrol ji bo şerên rojên bên gelek pêwîst be û dê gelek bi kêrî wan bê. Ji ber vê, Hukumeta Ingilîz pençê xwe dirêjê vê şirketa han kir. Wezîrê şer ê wê demê Winston Churchil, heyetek şand Îranê ku li navçeyên petrolê bigerin, li ser lêkolînan çêkin û seviya îstîfadekirina ji petrola Îranê ji bo keştiyên cengî yên Britanyayê raporekê binivîsin. Di netîceyê de Hukumeta Britanyayê li gor rapora vê heyeta han biryar da ku şirketa

Darsi ya Îranê nas bike. Di sala 1913an de, Churchil di civîna Meclîsa Giştî ya Britanyayê de wiha got: "Wezareta Şer, dixwaze hejmarek wisan ji hîsseyên şirketa Darsi bistîne ku mafê destdanîna ser îdareyê û kar û barên şirketê bigre destê xwe. Ew, heta ku bikare ji vê maddeya bi feyde îstîfade bike û çiqasê pêwîstî sitolan be ewqasî têke bin destê xwe". Çend meh piştî gotinên Churchil, Hukumeta Britanyayê wekî Churchil gotibû, bû xwediyê beşa zêde ya hîsseyên şirketê (1914) û ji ber vê, parastina qazanc û başiya şirketê -ger pêwîst be çek û silah jî bikar bîne- ket ser milê hukumetê. Dema ku Şerê Cîhanê yê Yekem dest pê kir û Dewleta Osmanî li hemberî dewletên sondxwarî ket şer -bi gotina Ingilîzan bi xwe- Ingilîzan parastina navçeyên şirketa Anglo-Îran a li Abadanê kirin bahane û leşkerekî taybetî şandin ser Iraqê.

Piştî ku Ingilîzan îstasyonên Hangamê û Basîdoyê terk kirin, Wezareta Şer, bakûrê rojavayê girava Behreynê ciyekî baş hilbijart û ev ciyê han ji Şêx Îsayê Xelîfe yê Şêxê Behreynî kirî û kir îstasyona Ingilîzan a deryayê. Îstosyona nû ji navçeya Behreynê sê mîl dûr bû. Rojnameyên Ingilîzan -bi çi mebestê be- wisan didan xuyakirin ku Behreyn ketiye bin hîmaya Britanyayê. Heta îro jî Îran îtîraf nekiriye ku Behreyn serbixwe ye yan ketiye bin hîmaya hukumeteke din, Behreyn perçekî ji axa Îranê dihesibîne. Lê Ingilîzan -bi bahaneya parastina qazanca şirketa Darsi- li Behreynê xwe qahîm kirin. Her wekî ku xwe li ciyên din ên Xelîcê ji qahîmkirinê paş de neman û namînin.

-63-

Encamê Şoreşa Iraqê, Hatina Feysel Ji Sûriyê Ya Iraqê, Meliktiya Wî, Mesela Kurd

Ingilîzan, piştî ku Mûsil girtin û bûyerên eskerî û şer temam bûn, di demek kurt de seranserê Iraqê îşgal kirin (di kanûna paşî ya sala 1918an de) û hakimên wan ên siyasî li hemî ciyê welat dest avêtin berhevkirina mezbeteyan. Ev mezbeteyên han, wekî ji memûrên hukumetê bi xwe dihatin sehkirin, li dayîreyên hakiman bi xwe dihatin rêxistin û nivîsandin û gelek caran ji aliyê xelkê ve bêyî bixwînin, dihatin muhr kirin an îmza kirin. Destûpêwendên hakimên siyasî, kasealêsan û durûyan ji bo standina muhr û îmzayê hinek kesên ku xwe zû bi zû nedidan dest an ji bo mebestek din hinek girê û asteng derdixistin, hemî hewl didan, ji bo ku "sahib" rastî eziyetekê neyê . Di mezbeteyan de wiha dihatin nivîsandin:

"...Xelkê Iraqê ji Dewleta Britanya Mezin gelek memnun e. Bi saya hukumeta azadîxwaz a Ingilîzan, rizgarbûna Iraqê ji Hukumeta Tirk û gihîştina milletê bi rojên azadiyê, ciyê spasa hemî Iraqiyan e. Em gelek kêfxweş in ku Hukumeta Britanyayê bûye sebebê pêşkeftina bazirganî, zîraet û zanistiya welat. Em hêvîdar in ku siya vê hukumetê ji ser serê vî xelkî kêm nebe û ji bo çeng û pereyên xwe yên parêzgeriyê bi ser welat de bikêşe, rîcaya taybetî ji mezin û hakiman ew e ku bi berdewamî li Iraqê bimînin. Ev xwestina han ku ji nîvê dil dertê, bigihînin meqam û textê bilind yê xwediyê şukir û minneta George yê Melikê Britanyayê û Împaratorê Hindê..." Ev mezbeteyên han ên bi vî awayî hatibûn nivîsandin û îmza kirin, didan hakimên siyasî û wî jî ew ba xwe radigirtin. Ev karê Ingilîzan, bajarên mezin û di nav wan kesên têgihiştî de tiştekî ecêb dihat dîtin û ji ber vê, ketibûn tehqîqat û lêkolînê. Ew wisan têgihiştibûn ku mebesteke nehênî di vî karî de heye. Lê ev cure kesên han an ew kesên ku ji rewşa dinyayê agahdar bûn, wan rojan gelek kêm bûn. Gelek kes hebûn ku agahê wan ji peymana di navbera Ingilîzan û Melik Huseyîn de tunebû. Ne dizanîn ku çarenivîsa ew welatên ku ji Dewleta Osmanî hatine cihêkirin û awayê jiyana rojên bên ên wan milletên ku di van welatan de ne, biryara li ser wan û meşandina van biryaran li Ewropayê tê dan. Nebûna çûn û hatina di navbera Iraqê û ciyên din de, neşarezatiya li ser bûyer û hewadîsên derve û Ewropayê yan jî bajarên mezin, bêhêzî û aciziya piştî şer, giranî û nexweşiyê, hemî ev bûyarên han û gelek tiştên din jî, xelkê Iraqê ji hemî bûyer û xeberên cîhanî û yên derveyê Iraqê bêagah hiştibûn û haya wan ji tiştekî tunebû. Ji ber vê, gelek kes sebebê berhevkirina mezbeteyan fehm nedikirin û li vî karî ecêbmayî mabûn. Wisan li wan hatibû ku dema di vî warî de tiştek dihat bîra wan an di îmzakirina mezbeteyan de dudil bûn, ji wan hakiman ewqas ditirsiyan ku bi tu awayî nediwêriyan devê xwe vekin û du gotinan bêjin. Nezanîn û neşarezatiya ji siyaset û ji dinyayê, bûbû sebebê bêziravî û bêdesthilatiya piraniya xelkê û xelk ji însaniyetê xistibû. Eger wiha nebûya, tu guman tê de tune ku bi wî awayî bi hêsanî mezbeteyan îmza nedikirin û di riya dijîtiya karekî wiha bêcih û nepaqij de, eger xwînrijandin jî pêwîst bûya, texsîr nedikirin. Çunkî, eger bextê Iraqê jê re yar nebûya, ev mezbeteyên han hindik mabûn bibin sebebê rojên bên ên Iraqê û ketina wê di bin hukmê raste rast a Ingilîzan, yanî bibin sebeb ku di vî welatî de hukumeteke niştimanî bi ser nekeve û cih negre.

Ingilîzan, ev mezbeteyên han ku hemî awa xelkên Iraqê muhr kiribûn, berhev kirin û pişt re tevan di kitêbekê de çap kirin û şandin Londrayê. Ev kirinên li ser 'erebên Iraqê dihatin kirin, diman wan bûyerên ku hatibûn serê Kurdên Tirkiyê. Yanî ev herdu neteweyên han (Kurd û 'Ereb) -bêyî ku pê bihesin- Kurdan ji Tirkan re û 'Ereb jî ji Ingilîzan re xebitîbûn û ji bo destxistina hiqûqên neteweyên xwe ketibûn davikan. Belgeya devjêberdana hiqûqên neteweyên xwe dabûn destê dijminên xwe. 'Erebên Iraqê jî wekî Kurdan, nediket bîra wan an nedizanîn ku Melik Huseyîn û kurên wî, bi hemî welatparêzan re ji bo hêviya serxwebûniya hemî welatên 'Ereban soz dabûn û mil bi milê leşkerên sondxwaran li hemberî leşkerên Tirkan sekinîbûn û şer kiribûn.

Em vê jî deynin milekî -gelek mixabin- 'Ereban ev jî bibîr neanîbûn ku Wilsonê Serokê Emerîkayê di 11yê çirya pêşî ya sala 1918an de, beyaneke ji 14 maddeyan pêkhatî li hemî dinyayê belav kiribû û di wir de mafê doza serxwebûnî û hemî awayê jiyanê dida hemî neteweyan. Ji ber ku Wilson yek ji wan serokê sondxwaran ê mezin bû, dewletên din ên vê îttîfaqbenda han, bi gotin an qet nebe ji bo wê rojê baştir zanîbûn ku li hemberî vê fikra Wilson nesekinin û piştgiriya wê bikin. Li milekî din jî kolonel Wilson ê hakimê giştî yê Iraqê, di nameya xwe ya di tarîxa 7ê çirya pêşî ya sala 1918an de, ku ji zana û muctehîdên Necefê re nivîsandibû, tê de îtîraf dikir ku 'Ereb di riya azadiya neteweyê xwe de têkilî Şerê Cîhanê yê Yekem bûn û alîkariya leşkerên sondxwarî yên yekgirtî kirin. Bi ser van tevan de jî, li Sûriyê di bin hukmê Feysel de bingehê hukumeteke 'Ereb damezriyabû, lê cardin 'erebên Iraqê di sala 1919an de, ew mezbeteyên ku ji wan hatibûn xwestin, bêyî lêbikolin û fikra encama wê bikin, nivîsandibûn, îmza kiribûn û dabûn destê Ingilîzan. Vêca wê çaxê bû ku wekî me di Beşa Sisiyan de behs kiribû, li Bexdayê Komeleya Parêzgariya Serbixwe (Cem'iyet Heresu'l-Îstîqlal) bi dizî hatibû danîn. Piraniya endamên vê komeleyê şî'î û xwendevanên welatparêz bûn. Di destpêkê de carekê du caran dijîti ket navbera wan, lê di çirya pêşî ya sala 1919an de êdî bi tevayî dest bi kar kir.

Seyîd Mihemmed El-Sedir serokê komeleyê bû. Bi saya endamê wê yê herî hişyar û zana Baqir Şebîb zana, muctehîd û gelek mirovên bi nav û deng ên Kerbelayê û Necefê, şêx û serokeşîretên Şamye ketibûn nav komeleyê. Pişt re komeleyê gelek mezbete bi mezinên Şebî'e Ce'ferî re amade kirin û di hezîrana sala 1919an de bi Şêx Rizayê Şebîbî re şandin Sûriyê. Ev mezbeteyên han ji bo pûçkirina wan mezbeteyên berê yên ji aliyê hakimên siyasî ve bi xelkê dabûn muhrkirin û di kitêbekê de dabûn çapkirin, hatibûn amadekirin. Rizayê Şebîbî li ser riya xwe çû Mekkeyê û ji wir jî vegeriya Sûriyê û bi Komeleya El-'Ehd re li ser navê 'erebên Iraqê dest bi têkoşîna mafê 'Ereban kir. Vêca em dikarin bêjin ku şoreşa Iraqê encama van herdu bûyeran bû:

1) Têkoşîn û hewildana siyasî ya Şêx Rizayê Şebîbî yê nûnerê Komel Heresu'l-Îstîqlal li Sûriyê.

2) Tevgera endamên welatparêz ên komeleyê li Iraqê û handana xelkê bi saya xwendina mewlûd û civînên bajarê Bexdayê û biryarên ji bo danîna bingehê şoreşeke çekdarî.

Feysel Li Sûriyê

Dema ku rewş li Iraqê bi vî awayî bû û agirê şoreşeke mezin hatibû vêxistin û ev agirê han çiqas diçû gûrtir û belav dibû, li Sûriyê di bin hukmê Feyselê Yekem de hukumeteke biçûk hat damezirandin. Feysel, di çirya pêşî ya sala 1918an de, piştî paşdekêşana leşkerên Tirkan, çû Şamê û li gor biryara wê peymanê ku di navbera bavê wî û sondxwarên yekgirtî de hebû, li Şamê bêsekin bingehê hukumeteke 'Ereb danî. Lê çavê Fransizan di Sûriyê de hebû, rizaya wan bi vê yekê tunebû û ev kirin bi wan nexweş hat. Ji ber vê, li hember Feysel tijî bûn û ji bo têkdan û hilweşandina vê bingehê ku hatibû danîn, ketin hewildan û têkoşînê. Rojnameyên Fransayê bi germî di derbarê Feysel de dinivîsandin. Behsa xerabiyên wî dikirin. Derew li ser zêde dikirin. Wan dixwestin wî wekî kesekî mebestxerab û neqenc nîşan bidin. Bi kurtî deriyê propagandeyek xurt ê dijmintiyê lê vekiribûn. Feysel, dijminê Fransizan ê mezin dihesibandin. Wan digot, ew dostê Ingilîzan e. Xaîn e. Êdî çi dihat devê wan jê re digotin. Bi derece û seviyek wisan ku êdî karê Feysel ber bi xerabiyê ve diçû û bi rastî nêzîkî riyeke nenas bûbû. Ji ber vê, naçar ma guhê xwe bide nûçe û xeberan û ji bo derketina ji vê riya nenas hewlekê bide. Bi vê xeyala han, biryar da bi siyasetmedarên mezin ên Fransayê re li hev bike û ji bo vê jî dest avêt têkoşîna bêdengkirina rojnameyan û xurtkirina ciyê xwe. Ji ber vê, piştî ku 'Elî Riza Paşayê Rikabî kir hakimê eskerî yê Sûriyê, bi xwe jî bi Nurî Se'îd ê yawerê xwe û kolonel Lawrens û çend kesên din re çû Parîsê. Li wir berî hemî kesî nûçevanê rojnameya Tempê çû balê. Ev rojnamevanê han ji bo mebestek siyasî xwestibû wî bibîne. Wî dixwest Feysel bitirsîne û wisan têke serê wî ku bi dûv kumê babirî ketiye. Bi vê kirinê tiştek bi destê wî nakeve û tiştek jî jê re nayê kirin. Bi gotinek din, wî dixwest wisan li Feysel bike ku bi hemî tiştekî razî be, mezinên siyasî yên Fransayê çi jê re bêjin û riyek çawan nîşanî wî bidin serê xwe jê re xwar bike û bi wan re birêkeve. Belê, ev nimûneke kurt ji gotinên nûçevanê rojnameya Tempê ye: "Fransizan, di riya hilweşandina Împaratoriya Oşmanî de xwîna ewladên xwe yên hêja, ji bo ku di ciyê wê împaratoriyê de împaratoriyek 'Ereban bêdanîn, nerijandin". Ji bilî vê, siyasiyên Fransayê zêde rû nedan wî û pişta xwe danê. Wisan li Feysel kirin ku êdî hêviya wî bi serkeftina hewlê wî nemîne. Mebesta Fransizan ew nebû ku Hukumeta Sûriyê nas nekin. Ji ber ku wan dixwest bi vî awayî xwe bi Feysel bidin qebûl kirin û di netîceyê de bikin bin destê xwe û li Sûriyê wî bikin parêzgerê qazancên xwe yên taybetî. Wan dixwest Feysel wisan nezane ku Ingilîz hemî tişt in û bi piştivaniya wan pozbilind nebe. Wê yekê rayêxin ber çavê wî ku mayîna li Sûriyê girêdayê rizamendiya Fransayê ye. Çunkî Fransizan dixwestin bi Feysel bidin zanîn ku çavê wan di Sûriyê de ye. Ji ber vê, kesekî ku timatiya wî di meliktiya Sûriyê de hebe, pêwîst e qazanca Fransayê bigre ber çav û xwe parêzgerê vê qazanca han bizane. Feysel, hemî taqeta xwe ya ji bo jîrbûniyê berhevê ser hev kir û ji bo ku Fransizan nerm bike, bîhna xwe fireh kir. Bext û talih jî jê re lê hat. Vê navê re hişê xelkê Sûriyê hat serî. Ji wan re eşkere bû ku bi vê hal û rewşa han tiştek nakeve destê wan. Li ser wan pêwîst e ku bi xwe hewil bidin û têbikoşin. Yanî dibê rabin piyan û kar bikin. Hekene biyanî nayên hawara wan û bêeziyet û bêcefa nagihin armanca xwe. Ji ber vê, bi zîrekî rabûn piyan û xwe şidandin, bi navê Kulûba ‘Ereban komeleke siyasî û civakî danîn. Vêca bêyî ku kûr bifikirin û dirêj melheze bikin, li Sûriyê û Ewropayê bi navê “Doza Mafê ‘Ereban dest bi kar kirin. Dema ku Fransiz bi vê yekê hesiyan, wê çaxê berê xwe dan Feysel û ji hespê şeytên peya bûn.

Feysel, ev firset ji destê xwe berneda û bi Klimansonê serokê Hukumeta Fransayê re lihev kir û vegeriya Sûriyê. Lê vê carê xelkê Sûriyê pişta xwe dan wî. Çunkî dema ku Kulûba ‘Ereban damezirandin, biryar dabûn ku heta mafê qewmê ‘Ereb bi temamî bi dest nexin, têkoşînê bernedin û destgirêdayî nemînin. Vêca bi vê, erkekî hê mezintir ket ser riya Feysel. Ket nav sergêjî û aloziya endamên Kulûba ‘Ereban. Ji bo nerm kirin û rêkevtina bi wan re, ket nav hewl û xebatê. Welatparêz berhev dikirin. Bi wan re diaxivt. Armanc û mebesta xwe ya yekîtî û hevkariyê bi wan dida fehm kirin. Ji bo ku baweriyê pê bikin, rastî, pakî û welatparêziya wî bizanin û destê alîkariyê dirêjî wî bikin têdikoşa. Lê gelek mixabin hemî hewl û xebatên wî feyde nekirin. Gotin, nesîhet û serpêhatiyên wî tu feyde nebexşîn. Nekarî kesekî ji endamên Kulûba ‘Ereban ber bi xwe ve bikêşe yan dubendiyekê têxe navbera wan û wan ji hev cihê bike. Xwîna endamên Kulûbê tenê dikeliya û diherikî. Xelkê Sûriyê bi seranser li derûdora kulûbê berhev bûbûn. Hemiyan bi yek dengî hawar dikirin û serxwebûniya temamî ya Sûriyê dixwestin. Belê ew

Sûriyêya ku Filistîn û Lûbnan jî li gel be. Bi vî awayî Feysel naçar ma ku vegere Fransayê û li Parîsê bi mezinê hukumetên sondxwarî re bikeve behs û muzakereyan. Lê ew hewl û xebata ku wî di vî warî de jî bikar anî tiştek jê derneket. Feysel, li ser wê peymanê disekinî ku di Şerê Cîhanê yê Yekem de di navbera sondxwaran û Melik Huseyîn de hatibû îmzakirin. Daxwaz ji mezinên sondxwaran dikir ku li gor peymana ku îmza kirine divê bi 'Ereban re hereket bikin û rîca ji wan dikir ku Prensîbên Wilson bicih bînin. Mafê curê jiyan û îdareya serbixwe bidin destê 'Ereban bi xwe. Lê Fransizan gelek bi sarî bi Feysel re hereket dikirin û li hemberî hemî van eziyet û cefayan tenê bi berkenekî sar bersîva Feysel didan. Li vir ev yek jê re eşkere bû, ku di cîhana siyasetê de bêyî hêzên mezin tiştek bi dest nakeve. Bawerî bi wê yekê anî ku peymana bihêz a li hemberî bêhêzeke kêmdesthilat, bi ser neketiye û bi ser nakeve. Li milê din jî Ingilîzên dostê wî -ku bawer dikir dê pişta wî bigrin û alîkariyê bidinê- jê re digotin, dev ji xeyalên ku di serê wî de ne berde, li xelkê Sûriyê nenêre û bi pê şaşî û vajiyên wan nekeve û serê xwe neêşîne. Wan digot: pêwîst e tu bi Fransizan re li hev bikî û Hukumeta Fransayê çi bêje û kîjan riyê deyne ber te, tu bi wî awayî bikî. Yanî hê dereng nebûye, bi wan re biryara awayê damezirandina Hukumeta Sûriyê bide û vegere. Feysel, bi nesîhet û qewîtiyên Ingilîzan hişê wî hat serî û têgihîşt ku ew "Împaratoriya 'Ereb"an a di mejiyê wî de cihgirtibû, ji xeyalê pê ve tiştek nîn e. Ji ber vê biryar da ku êdî pê xeyalan nekeve. Vêca di Kongreya Wersaillê de ji sondxwarên yekgirtî soz stand ku ji bo avakirina awayê hukumeta ku ew baş dizanin, plebîsîtekê di nav xelkê Sûriyê de bête kirin û bi xwe jî dilşikestî û bêhêvî vegeriya Sûriyê.

-64-

Emîr Feysel Kirin Melikê Sûriyê

Bi xebat û hewildana Kulûba 'Ereban, xelkê Sûriyê ket nav tevger û xwe amadekirinê. Berê ku heyet plebîsîtê bike, Sûriyê xwest ku ji bo doza mafê 'Ereban û pêwîstiyên Sûriyê, nûnerên xwe tespît bikin.

Ji ber vê, piştî helbijartinê berpirsiyarên xelkê berhev bûn. Piraniya wan mirovên bi nav û deng û têgihiştiyên Sûriyê bûn. Li gel vê jî -sed mixabin- gelek zû pişta xwe dan millet, yanî bi ew kesên ku wan helbijartibûn. Piştî vegera Feysel ji Parîsê, ji bo xapandina xelkê yek-du hewlên bi devkî û bêfeyde dan. Bi taybetî dema ku ji wan re eşkere bû ku Feysel bi Hukumeta Fransayê re lihev kiriye û damezirandina Hukumeta Sûriyê sipartine wî, wek mêşên li dora hingivê berhev bibin, li derûdora wî berhev bûn û ew kirin Melik (8ê adara sala 1920an). Piştî vê, di bin serokatiya 'Elî Riza Paşayê Rikabî de yekem wezareta Sûriyê hat damezirandin. Êdî hevsarê xelkê Sûriyê di destê komeleyan de nema û ji destê welatparêzan derket û ket destê wezîr û bazirganên siyasetê. Ev halê han heta demek bû sebebê bêhisî û bêdengiyê. Çunkî yên ku xwe di riya welat de feda kirin, ji merkezê dûr xistin yan bê tesîr kirin. Yên ji bo cih û meqamên bilind têdikoşan derketin pêş.

Lê di ser vê de jî, Feysel rastî gelek girê û astengan hat. Di dawiyê de serî li endamên Kulûbê tewand û bi wan re gelekî westiya. Di vê riyê de bi pere, bi ziman û bi hêviya ku wan derêxe pêş, bi gelek kesan re mijûl bû û hewl da. Lê heta demekê dijîtiyek gelek giran li hemberî wî hat kirin. Di nav xelkê de tu gotin nema ku di derbarê wî de nehat gotin. Bi derew an rast gelek gotin lê hatin kirin. Di hemî firsetê de diçûn ser wan kesan ku tagirê Feysel bûn û gotin li ser wan zêde dikirin. Heta ew bi xayîntiya welat jî îtham dikirin. Lê di netîceya van tevan de, bi zora pereyan û timakirinê yan gunehkariyeke bêbingeh an jî feydek bilind a dinyayê, berê xwe ji gelek kesan vegerand, hinek jî raste rast kêşand bin baskên Melikiyê û ji ew kesên ku berê li derûdora wî bûn dûr ket.

Mesela plebîsîtê: Li ser daxwaza Dr.Wilson ê Serokcumhurê Emerîkayê, hê di pêş de ji bo şandina heyeteke plebîsîtê ya ji nûnerên sondxwaran pêk bê, fikir hatibû kirin. Vêca wê çaxê behsa şandina heyeteke wiha carek din dihat axaftin û xelkê Sûriyê li çaveriya hatina vê heyeta han bû. Lê ji aliyê serfermander ên hêzên dewletên yekgirtî yên li Sûriyê û Iraqê, encama plebîsîtek wiha baş nedihat dîtin. Ji wê ditirsan ku ev plebîsîta han bibe sebebê wendakirina Sûriyê û Iraqê. Ji ber vê, di bin re hukumetên xwe han didan û ji bo ku wan ji şandina heyeteke wiha poşman bikin, têdikoşîn. Wilson, bi vê yekê hesiya û gihîşt wê qeneetê ku dewletên sondxwarî ne di wê fikrê de ne ku heyeteke wiha bişînin. Ji ber vê, biryar da tenê ji endamên Emerîkayê heyetekê pêk bîne û bişîne. Ev heyeta han di bin serokatiya Mr. Grayn ê Emerîkî de hat rêxistin û di 30yê nîsanê de gihîşt Şamê. Xelkê Sûriyê hêviyek mezin ji vê heyetê dikirin û memorandumek ji 10 maddeyan pêk hatî pêşkêşî vê heyetê kirin.

Maddeya duduyan a vê memorandumê li ser awayê Hukumeta Sûriyê ya di bin hukmê Melik Feysel û qewmên biçûk de (eqaliyet) bû.

Madda çaran, di derbarê Emerîkayê û hîmayekirina Sûriyê de bû.

Madda pêncan, ger hat ku di halekî de Emerîka nexwest hîmaya Hukumeta Sûriyê bigre ser milê xwe, ev hîmaye ji Britanya bê xwestin.

Madda şeşan, ji serî heta binî di derbarê tunebûna mafê Fransizan li ser Sûriyê bû û digot ku: di vî warî de tiştên hatî gotin hemî derew in û bêbingeh in.

Dema ku ev memoranduma han ji aliyê xelkê Sûriyê ve ji heyetê re hat dan, hiş û aqilê Fransizan li serê wan nema. Agir ket paxila wan û rojnameyên Fransayê hemî bi hev re bi yek devî ketin dijê Feysel. Bi vê jî xwe negirtin. Heta dest avêtin nivîsandina di derbarê Ingilîzên sondxwar de jî. Wan digot, danîna Feysel li Sûriyê û damezirandina hukumeta niştimanî, fêleke Ingilîzan e û mebest jî ew e ku xelkê Sûriyê di dema plebîsîtê de li ser vê riya han bimeşe. Ingilîz bi peymanşikînî îtham dikirin. Ew bi durûtî, fêlbazî û nerastî bi nav dikirin. Çunkî li gor Fransizan wiha bû yan dixwestin wisan bidin zanîn ku, fêleke Ingilîzan di danîna Feysel wekî melik û di damezirandina hukumeta niştimanî de li Sûriyê heye. Pêşkêşkirina memorandumek ji aliyê xelkê Sûriyê ve ji heyeta plebîsîtê re, her cardin netîceya fêl û fendên Ingilîzan e.

Hukumeta Britanyayê ji bo rizgarbûna ji mesrefa îşgalê li bahaneyan digeriya. Wan dixwest ku rojekê zûtir ji bin vî barî derkevin. Ji ber vê, rabûna demarê Fransizan firset zanîn û xwestin bi tîrekê du nîşanan bidin. Li milekî Fransa sondxwarî li xwe aş bikin û fikra wan biguherin û li milekî din jî ji mesrefa îşgalkirina Sûriyê rizgar bibin. Ji ber vê, bi Hukumeta Fransayê re lihev kirin û Sûriyê terk kirin. General Goro ê Fransiz bi leşkerên xwe ve li ser sînorê Sûriyê li hêviya wî bû. Dema ku Ingilîzan Sûriyê vala kirin, bêsekin emir dan Feysel ku ji Sûriyê derkeve.

Hukumeta Feysel ku piştî çûna Ingilîzan parastina Sûriyê raste rast ketibû ser milan, xwest bi Goro re li hev bike û ji ber vê jî serê xwe ji her tiştî re tewand. Lê kibir û gurura Goro ji wan nebû ku dest jê berde, biryar da ku bi şer bê Şamê. Vêca Hukumeta Sûriyê naçar ma xwe ji bo şer amade bike. Meclîsa şer a Feysel -piştî muzakere û guftûgoyeke dûr û dirêj- hemî çek û cebirxaneyên xwe yên şer dan hev. Leşkerên xwe yên nîzamî û yên ji eşîretan, çiyên wan hebû berhev kirin û ber bi leşkerên Goro ve meşiyan. Lê li gel van tevan jî -mixabin- ji rojekê pê ve nekarîn xwe ragirin. Dawiyê, piştî şerekî çend seetan ê di navbera leşkerên Goro û vî leşkerê han de, li Meyselûnê di roja 24ê tirmeha sala 1926an de 'Ereban tevr û bêrên xwe dan hev û şikestin. Di vî şerî de Yusif el-Xetme yê serfermanderê leşkerê Sûriyê hat kûştin û leşkerên Fransayê ketin Şamê û dawî li hukumeta niştimanî ya Sûriyê anîn. Bi vî awayî Feysel piştî meliktiya xwe ya heft mehan bi emrê General Goro Sûriyê terk kir û çû Îtalyayê. Van rojan şoreşa Iraqê bi temamî germ bûbû. Ingilîzan ji bo tefandina vî agirê han û têkbirina şoreşê bi hemî awayî hewl û xebat dikirin. Ji ber vê, pêwistiya wan bi kesekî bi nav û deng û xwedî navçe hebû ku bikarin jê îstîfade bikin. Yanî wan dixwest barê ser milê xwe yê li Iraqê daynin ser milê yekê ji vî welatî. Ji ber ku erkê leşkerên îşgalker li Iraqê -ji bilî erkê tefandina şoreşê- pişta xezîneya Britanya Mezin şikandibû(82). Ji ber vê, li Bexdayê di bin serokwezîrtiya 'Ebdurrehman Neqîb de, hukumeteke ji bo wê rojê damezirandin. Vêca tam di vê navê re bû ku yek li pê yekê name û mirov dişand Londrayê û di derbarê encama xwe û Hukumeta Sûriyê de gilî dikir. Churchil wê çaxê Wezîrê Koloniyan bû. Piştî lihevhatina Hukumeta Britanyayê bi Feyselê Yekem re, ew kirin namzedê melikiyê û şandin Iraqê. Li ser vê, yên ku bi navê komeleyên siyasî yên Iraqê çûbûn

Sûriyê û Hîcazê û ji bo serxwebûniya Iraqê têdikoşan -lê timatiya wan di wê de bû ku Emîr 'Ebdullah bikin Melik- di bin vê hukmê de man û bi Feysel re bi keştiyeke şerî ya Ingilîzan (Norj Bruk) di 23yê hezîrana sala 1921an de ketin rê û êvara roja îniya 24ê mehê, bi wêneyeke gelek şahî hatin Bexdayê.

-65-

Tirk Di Kongreyan de Çawan Biserketin

Eger em qasek li bûyerên sala 1921an binêrin û çavê xwe li navçeyên şer ên Tirk û Yunanan bigerînin, em dibînin ku êdî leşkerên Yunanan di eksê salên 1919-1920an, ber bi şikestinê ve ne û leşkerên Mustefa Kemal jî hêdî hêdî ber bi pêşketin û serkeftinê de bûn. Leşkerên Yunanan di kanûna paşî ya sala 1921an de êrîşeke mezin birin ser bajarê Eskîşehirê, lê di 11yê eynî mehê de li Înonu leşkerên Kemalîstan gelek bi tundî li hemberî wan sekinîn û bi şikestineke mezin paş de vegeriyan Bursayê. Ev serkeftina Kemalîstan bû sebeb, ku heyeteke ji dewletên sondxwarî ji bo ku li ser "Mesela Rojhilatê bigihin netîceyekê û li ser guftûgo bikin, li Parîsê civiyan. Di vê civîna han de Senyor Siforza yê Wezîrê Kar û Barên Derve yê Îtalyayê ku kerba wî bi Hukumeta Yunanî re hebû, tagiriya Tirkan kir û daxwaz kir ku leşkerên Yunanan Anadoluyê terk bikin û bajarên Edene, Îzmîr, Bursa û yên din ku di bin îşgala wan de bûn, bidin destê Tirkan. Fransizan jî hemfikriya Siforza kirin û herduyan bi hev re ev daxwaza han pêşkêşî civînê kirin. Lê Loyd George yê Serokwezîrê Britanyayê li dijê vê nêrîna han sekinî û terefdariya Yunanan kir. Ji ber vê, di vê civîna han de li ser vê meseleyê nekarîbûn lihev bikin û biryar dan ku di 21yê sibata sala 1921an de careke din li Londrayê li ser vê meseleyê berhev bibin. Lê vê carê nûnerên Stenbolê û Enqereyê jî, yanî nûnerên Hukumeta Wehdeddînê Xelîfe û yên Mustefa Kemal ê serokê şoreşê, herduyan jî bang bikin û bîr, ray û daxwazên herdu milan fehm bikin. Ev cara yekem bû ku ji Mustefa Kemal daxwaza nûneran dikirin û bi vî awayî sondxwaran eşkere kirin ku ew dixwazin Mustefa Kemal binasin û îtîraf bi Hukumeta Enqereyê bikin. Loyd George, li gor vê pêşniyarê ji du milan ve şikest: li milekî gotinên nûnerên Îtalya û Fransayê bi serketin û nûnerên Mustefa Kemal parastin, li milekî din jî, Tirk, piştî şikandina leşkerên Yunaniyan ên ku bi pere û çekên Ingilîzan hatibûn rêkxistin, dihatin Londrayê û li hemberî wî rûdiniştin û doza mafê neteweyê Tirk, yanî doza serkeftinê û zafera leşkerên Mustefa Kemal jê dikirin.

Civîna Londrayê û Mesela Kurd

Wekî biryar hatibû dan, civîna Londrayê di 21yê sibata sala 1921an de berhev bû. Pêmana Sewrê wê rojê çal kirin, yan jî em bêjin bû qurbana mesela rojhilatê. Siforza, di civîna Parîsê de daxwaza pûçkirina vê peymanê kiribû. Di civîna Londrayê de jî behsa Pêmana Sewrê cardin anî pêş û daxwza xwe dubare kir. Di vê civîna han de Bekir Samî wek nûnerê Enqereyê û Tewfîq Paşa yê Sedrazem jî bi navê nûnertiya Hukumeta Padîşah ya Stenbolê beşdarî civînê bûn. Yunaniyan yekî navê wî Kalikropolîs şandin vê civînê. Nûnerên Fransa û Îtalyayê di behsa mesela Îzmîrê û Trakyayê de, ku hê di destê leşkerên Yunaniyan de bûn, pişta nûnerê Tirkan girtin. Nûnerê Yunaniyan serî li ber vê danenî û daxwaz ji civînê kir ku Pêmana Sewrê têke rojevê. Wî digot ku hewce ye dest bi vê peymana han neyê dan û pêwîst e wek xwe bimîne. Di 5ê adarê de civîn cara duduyan di bin serokatiya Lord Courzon de civiya. Vê carê Bogos Nobar Paşa yê nûnerê Ermeniyên Tirkiyê jî daxwaz kir ku dest bi Pêmana Sewrê neyê dan. Ji bilî vê, wî digot: pêwîst e ji Hukumeta Mustefa Kemal ji bo Ermeniyên ku li Kilîkyayê di bin hukmê Tirkan de dimînin, sozê parêzgeriyê bê standin. Aharunyan ê serokê Ermeniyên Êrîvanê jî rexne li wê peymanê digirt ku di navbera Enqere û Êrîvanê de hatibû çêkirin. Wî digot: em Qersê û Erdehanê nadin Tirkan. Ev girê, asteng, rexne û dijîtiyên han bûn sebeb ku eynî rojê piştî nîvroyê bi nûnerê Tirkan re civînek bi taybetî çêkin û têkevin guftûgoyê[83].

Mesela Kurd û Ermeniyan

Ev beşa han a guftûgoya civîna Londrayê, tenê di derbarê mesela Kurd û Ermeniyan de bû. Bekir Samî yê serokê nûnerên Enqereyê, di derbarê mesela Kurdistanê de wiha digot:

"... Di derbarê vî welatê han de (yanî Kurdistan) di Pêmana Sewrê de behsa muxtariyetê hatiye kirin. Lê niha di Meclîsa Mezin a Millet de Kurd xwediyê nûnerên zêde ne û di çarçeveyeke fireh de tên temsîl kirin. Lê van nûnerên Kurdan di derbarê serxwebûniya Kurdistanê de di meclîsê de tiştek negotine û di derbarê meyleke wiha de neaxiftine."

Ji bilî vê, Bekir Samî ev yek jî digot:

"Di Qanûna Esasî ya Tirkan de ne tenê ji qewmê Kurd re, belko ji hemî qewmên biçûk ên di bin hukmê Tirkan de ne, muxtariyeteke fireh hatiye bexşandin. Ji ber vê ez ne bawer im ku tiştek hebe bibe sebeb, Kurd ji rojên xwe yên dahatî bikevin şikê..."

Lê Tewfîq Paşa yê nûnerê Hukumeta Stenbolê bi vê tenê jî nedima, çunkî wî dixwest nûnerên dewletên biyanî han bide û wan bike dijî gelê Kurd. Kesên di kongreyê de yên ji derveyê Tirkan, ji dahatûya rûniştiyên Ermenî û Xiristiyan ên di bin hukmê dewleteke Tirk de dê bijiyan, endîşe dikirin. Ew bûyerên ku ew niha li ser disekinîn, ew bûn ku di muddetê Şerê Cîhanê yê Yekem de di welatê di bin destê Osmaniyan de qewimîbûn. Di vî warî de Tewfîq Paşa wiha digot:

"Eger ji van gotin û beyanatên we mebesta we ew kuştar in ku li Ermeniyan hatibû kirin, dibê hûn bizanin ku Hukumeta Osmanî û bi taybetî milletê Tirk di vê de temamî bêguneh e. Çunkî dema Hukumeta Osmanî di şer de bû destê wê nedigîşt tiştekî. Firset ketibû destê Kurdên nefam û dîndar û ji ber nezanîn û teessûba dînî Ermenî dikûştin..." Rast an derew, ez bawer nakim van gotinên "Paşa yên hêja" karîbûya ji nûnerên biyanî bide veşartin ku ew rastiya van bûyerên han nizanin. Tu şik tê de tune ku wan gelek baş dizanî, dijminatiya navbera Kurdan û Ermeniyan encama propagandeyên Tirkan û handan û leyîstikên kes û serokên dewletê ne. Yanî tovê wê

Hukumeta Osmanî berê çandibû û niha jî hêşîn bûbû. Li gel vê jî - gelek mixabin- ev gotinên derew û bêbextiyên serokwezîrê "Xelîfê Islamê", tesîr li ser hiş û fikra nûnerên biyanî kirin û di derbarê mesela neteweyê Kurd de hewayeke din a nesaz dan meşandin. Yanî ev beyanatên han ên bêînsaf, nerast û bêşerm yek ji wan sebeban bûn ku kêm an zêde hewayê civînê biguhere û belge bide destê dijminên Kurdan.

Hemî ev bûyerên han bûn sebeb ku mîzana şêhîna Tirkan û piştivaniya bi wan re di civînê de bi ser keve û Pêmana Sewrê ji bo demek binberk bikin. Bi kurtî Tirkan piştî vê û bi alîkariya nûnerên Fransa û Îtalyayê karîn nezera civînê wergerin ser doza xwe û vê doza xwe bi Loyd George jî bidin qebûl kirin. Çunkî Fransa û Îtalya yên sondxwarên Ingilîzan û şirîkên rojên şer û rojên giran, destê xwe dabûn destê Tirkan û li ser wan li hev dikirin. Yanî sondxwaran, di sala 1918an de nekarîbûn di navbera xwe de li hev bikin û çarekê ji Tirkan re bibînin. Piştî serkeftina hêzên Mustefa Kemal û şikestina leşkerên Yunaniyan, êdî tiştek di destê wan de nemabû ku bikin. Nûnerên Tirkan gelek baş ji vê dema han îstîfade kirin, karîn mebesta xwe têxin rojevê û li ser biaxivin û ber bi armanca xwe ve bimeşin(84). Lê li gel vê jî, mesela Tirkan û Yunaniyan vê carê jî hel nebû. Hukumeta Yunanî ji bo serkeftina doza xwe ya di Asya Biçûk de, bi biryara kongreyê nekir, careke din dest bi haziriyan kir. Biryar da ku bi hêzeke mezin ve êrîş bibe ser axa Tirkan û heta Enqereyê bistîne. Dema ku em li ser xeber û bûyerên wê çaxê bisekinin û lê binêrin, ji me re ronî dibe ku lihevhatina Ingilîzan bi Feysel re û şandina wî ya Iraqê, pêwendiyeke wê bi netîceya vê civînê re heye. Lê, Yunanî nesekinîn û stûyê xwe li hemberî biryarên civînê netewandin. Biryar dan ku hêzeke din a mezin rêbêxin û êrîş bibin ser axa Tirkan. Belê bi rastî jî di 28ê 1921an de êrîş kirin ser axa Tirkan. Lê Hukumeta Britanyayê ji Yunaniyan bêhêvî bû û bawerî bi serkeftina wan nedikir. Li milê din jî jê re ronî bûbû ku Fransa û Italya di eksê siyaseta Britanyayê hereket dikin û di êrîşa leşkerên Yunanan ser Tirkiyê de ne pê re nin.

Ji ber van sebeban, Ingilîzan her ji wê rojê şûn de fikra netîceya mesela Mûsilê kirin û -li hemberî hemî qewmandinek- li ser mesela Iraqê û şoreşa wê, xwestin bi hemî çalakiyan hereket bikin.

Vêca di vê de tu şika me tune ku piştî civîna Londrayê, lihevhatina Britanyayê bi Feysel re û şandina wî ya Bexdayê û qasek piştî vegera Şêx Mehmûd ji Hindistanê ya Iraqê û çûna wî ji wir ya Silêmaniyê, yek ji wan pîlanên Britanyayê yên di derbarê Iraqê de bû. Ev, ji ber îhtîmala serkeftina Tirkan û daxwaza wan ya ji bo Mûsilê kiribûn. Ji ber ku Ingilîz emîn bûn ku dê Tirk li hemberî Yunaniyan bi ser kevin û di derbarê siyaseta Fransa û Îtalyayê de, di şikê de bûn. Ji ber vê, li Iraqê siyaseta xwe ya berî ya li hemberî şoreşa 'Ereban û Kurdistanê guherîn. Wan dixwest ku êdî dawiyê li siyaseta bikaranîna hêz û zorê bînin.

Hatina Feysel li Iraqê bi kêrî Britanyayê hat. Dawiya şoreşê anî û Hukumeta Iraqê hat damezirandin û ew rûnişt. Lê Ingilîzan -em ê pişt re behs bikin- di anîna Şêx Mehmûd de gelek bi sistî hereket kirin û dereng pê hesiyan. Ji ber vê, dawî li têkelheviyên Kurdistanê nehatin. Agirê şoreşê li Kurdistanê bi hatina Şêx Mehmûd, bi eksê ku sist bibe, hê zêdetir gurr û geş bû.

Bexda 27/02/1957
Refîq Hilmî

BEŞA PÊNCAN

BEŞA SISIYAN
A CILDA DUDUYAN

Ricaya Ji Bo Rastkirineke Biçûk

Berî hemî tiştê ricaya min ji xwendevanên hêja ew e, ku li hemî kêm û şaşiyên min ên herçar qismên hatî çapkirin, biborin. Ez dixwazim hûn vê baş bizanin, ez yek ji wan kesan im ku ji rexnan aciz nabim û bi dilekî paqij pêşwaziya wan dikim û heta ez bikarim ez hewil didim ku ji wan îstîfade bikim. Vêca ev e ku dibe sebebê terkexemiyê. Sebebê bi pê re ketin, piştî bi dijîtiyê ve girêdan û nivîsandina bêzehmetî. Çunkî ez gelek hêvîdar im ku birayên Kurd ên hêja û bi qedir çavê xwe li van kêmasiyên min bigrin û li min biborin.

Şaşiyek berê: min di Beşa Çaran a vê Bîranînê de gotibû "Şêx Mihemmedê Berzencî qadî" bû (yanî qaziyê Çemçemalê bû). Lê ya rast ewe ku qadiyê Çemçemalê Seyîd 'Eliyê kurê Şêx Mihemmedê Berzencî bû. Gerek e min ev şaşiya han nekiriba. Ji ber ku Şêx Mihemmedê Berzencî (qebra wî tijî nûr be) di wextê Hukumeta Osmanî de di Mekteba Ruşdiyye ya Eskerî de mamosteyê min bû û gramatîka 'erebî bi me dida xwendin. Vêca Seyîd 'Elî yê Qaziyê Çemçemalê û Seyîd Ehmedê Berzencî yê Mudurê Emniyetê yê Giştî yê dewra Şêx Mehmûd û Şêx Qadir ku niha di ordiya Iraqê de 'eqîd e, hersê kurên Şêx Mehmûd bûn.

Bexda, 06/04/1957
Refîq Hilmî

Wezareta Yekan a Seyîd 'Ebdurrehmanê Neqîb û Mesela Kurd

Bi hatina Feysel ya Iraqê re hukumeta muweqqet a Seyîd 'Ebdurrehmanê Neqîb ket nav bizav û xebatê. Ji bo ku Feysel wek Melik bê helbijartin, dibû Meclîsa Damezrêner berhev bike û pişt re jî ji xelkê bipirse. Di vî warî de di navbera Wezareta Neqîb û Dayîreya Mendubê Samî de hinek name çûn û hatin. Ji ber ku pêwendiya van bi mesela Kurd ve jî heye, ez dixwazim rayêxim ber çavê xwendevanên hêja. Em dikarin bêjin ku piraniya Kurdan -heta gelek kes di Meclîsa Damezrêner de bûn- agaha wan ji nameyan tunebûn, eger ji wan hinekan -bi firsetekê ev name dîtibin an agaha wan jê hebe- wekî ku ji me re ronî bûye, çavê xwe lêgirtine û xwe lê kerrkirine, yanî ji wan kesan nebûne ku ji bo Kurdan û dahatuya neteweyê xwe têbikoşin û pozê wan bişewite. Çunkî li Kurdistana Iraqê, ew kesên rewşa navçeyên wan ên civakî ji xwenêzîkkirina siyastê re musaît bûn, ez nabêjim hemî, lê ji çaran sisiyên wan ew cure kes bûn, ku li hemberî meseleya neteweyê Kurd, çiqas diçû çavê wan vedibûn û heqîqet fehm dikirin. Ji bo parêzgeriya navçeyên xwe, ku bi riya rastî, xizmet û xwebextkirinê re bi destê wan neketibû, dibû ji Ingilîzan û karbidestên wan re binivîsin. Ji ber vê eşkere ye ku ev cure kesên han ên "siyasî" hêvî ji wan nedihat kirin ku navçeyên xwe ji bo xizmeta welat bikar bînin, qazanca xwe ya aborî siyasî di riya qazanca civak û neteweyê xwe de feda bikin. Ji ber vê, mesela Kurd tu wextê -bi taybetî li Iraqê- li ser destê wan nemeşiya ye ku dilsozên neteweyê xwe bin. Piranî ew cure siyasî li vê meseleyê hatine nêzîkkirin ku mebesta wan ji Kurdîtiyê xizmeta Ingilîzan û qazanca wan a şexsî bû. Di rûyê vê siyaseta han de jî bû ku, piştî civîna Londrayê çi hewl û xebata ji aliyê Ingilîzan ve li Kurdistana Iraqê dihat kirin, bi ser neket û ji sînorên ceribandina tedbîran derbas nebûn ku ji rastiyê zêdetir durûtî têkel kiribûn. Yek ji wan tedbîrên Ingilîzan ku ji bo îstîfadekirina xwe ya dahatî fikir û melheze dikirin, têkelkirina mesela Kurd bi helbijartina Feyselê Yekem ji Meliktiyê re bû. Yanî dema dest bi helbijartina endamên Meclîsa Damezrêner û biryardana Feyselê Yekem ji bo meliktiya Iraqê hat dan, ku me li jorê behs kir, di navbera Dayîreya Mendubê Samî û Wezareta Neqîb de çend name çûn û hatin, di van nameyan de behsa dahatiya neteweyê Kurd jî hebû. Lê gelek mixabin, me seh nekir ku yek ji wan cambazên siyasetê yên Kurd, wê çaxê ji bo Kurdan têkoşîbe. Heta yên bi navê endametiyê çûbûn Meclîsa Damezrêner, qasê ez dizanim, yek ji wan li ser navê Kurdan çûbû, yek gotin ji devê wî derneket û ji bo neteweyê xwe pozê wî neşewitî. Tiştekî nekir ku di nav rûpelên meclîsê de bên nivîsandin an li ser rûpelên dîroka Kurd bibe sebebê behskirina navê wî. Bi rastî dibê em lome jî nekin. Çunkî ew cure "siyasî"yên han ku Ingilîzan ew durûst dikirin, ji bo xizmeta Kurdan dernediketin pêş. Mebesta wan tîcaret bû. Bi siyasetê kesp û kar dikirin. Tenê mebestek wan hebû: qazanca wan. Ev jî wê çaxê bi xizmeta Ingilîzan dest diket. Lê sed spas ji Xwedê re, bi wî mejiyê xwe ve xizmeta Ingilîzan jî bi wan nedibû. Ji ber vê, li pê hev ji rûmet ketin û beşek zêde ji van ji sahneya siyasetê ketin xwarê. Ji herdu milan jî bûn. Kurd û Ingilîz, herdu jî ji kîsê wan çûn. Karbidestan di ciyê van kesên rizî de gurubek siyasiyên din têgihandin. Lê wan, li hemberî neteweyê nû û xortên hişyar û têgihiştî bi hêsanî nekarîbûn temsîlkariyê bikin. Hêvî jî tê kirin ku careke din xort bi pê ev cure kesên siyasî yan canbazan nekevin û ber bi şaşiyê ve neçin.

Ingilîzan çi li hember 'Ereban kirin, eynî bi wî awayî li Kurdan jî kirin û tu carî bi awakî rastî nehatin pêş û destê xwe ji hîle, dek û dolaban nekêşan. Di van hîle, dek û dolabên xwe de, ji Kurdan zêdetir tûşî zerarê bûn. Ji ber ku heta hêviya wan bi leşkerên Yunanan hebû, dixwestin leşkerên Tirkan ji Asya Biçûk bimalin û Mustefa Kemal ji sahê rakin û bi vê siyaseta xwe jî, bi rastî destekî ji dil nedan ber Kurdan. Carn û carnan jî dema mesela Kurd bibîra wan diket, mebesta wan ne xizmeta Kurdan bû. Ji ber ku di riya Kurdên cambaz ên mirovên xwe re bi pê mebestên xwe yên nehênî diketin ku qazanca Ingilîzan tê de hebû. Tenê ji bo serkeftina xwe têdikoşan û ji bo gihîştina kupên (zîrveyên) herî bilind ên armancên Britanyayê, li şûna ciyê piyên xwe digeriyan. Di wan gotinên ku Mendubê Samî di nameyên xwe de ji Wezareta 'Ebdurrehman Neqîb re dinivîsandin, mebesteke wan a rasteqînî ya parêzgeriya mafên rojên dahatî yên Kurdan tunebûn. Çunkî li gor qeneeta Ingilîzan ku hîs dikirin, eger Mustefa Kemal ji holê rakin, dê Mûsil bê xwedî bimîne. Nedixwestin ku vî welatê bi pît û bereket bêxin ser Iraqê. Ji ber ku wan nedixwest 'Ereb bi hêz bibin. Ji ber vê, wê çaxê di bin re asteng û girê dixistin ser riya Iraqê û doza Mûsilê. Behsa "Kurdistana Ingilîzan" ji ber vê mabû. Dema ku Tirk bişkên, dê li hemberî 'erebên Iraqê bikin sebebê êrîşê. Yanî di bin navê Kurdistanê de, Mûsilê cihê bikin û bikin ê xwe. Vêca dema ku Mustefa Kemal bi serket -Kurdan ku di Asya Biçûk de û li Iraqê terefdariya Tirkan kiribûn- çawan Ingilîzan pişta xwe da wan, ji Tirkan jî ji bilî sitem û dijminahiyê pê ve tiştek bi destê wan neket. Ji ber ku Mustefa Kemal -bi beşa ji qazanca petrola Mûsilê û bêdengbûna Ingilîzan li mesela Kurd- bi Britanyayê re li hev kir û destê xwe ji Mûsilê kêşa.

Lê Mûsil raste rast nebû yê Ingilîzan, ji ber ku ji Iraqê re ma. Yên xwe Arîsto dihesibandin û di bin simbêlê xwe re dikeniyan, hewce ye bizanin ku Ingilîz di hêla wê programa ku ji xwe re tespît kiribûn, bi serneketin. Lê nayê înkar kirin, heta demek berî niha li ba beşa piraniya xelkê dinyayê, Ingilîz mamosteyê siyasetê dihatin hesêbkirin û heta ji aliyê beşek Kurdên me bi xwe ve jî ew xwediyê "mûcîzat" dihatin qebûlkirin. Lê ger bê tehlîl kirin û encamên wê siyaseta wan ku heta îro li ser meşiyane û dimeşin, mirov rayêxe ber çav, yanî qazanc û zerarên ji bo xwe û ji bo Britanya "Mezin" lêbikolin, bi awakî ronî ji me re derdikeve ku bi taybetî ji Şerê Cîhanê yê Yekem şûn de, bêsekin ber bi paşveçûnê ve çûne û di tu mebesteke xwe de negihîştine armanca xwe. Wekî hinek siyasetmedar dibêjin, xurifîbûn. Hinek caran bi awayê kal û pîrên xurifî û hinek caran jî wekî zarokên yekane yên li dê û bavên xwe naz dikin, li bahanan digeriyan. Lê ne xurifîna wan û ne jî nazkirina wan feyde nekir. Li hemî aliyê dinyayê kesek nema bi vê siyaseta wan tênegihê û pişta xwe nede wan. Ka em lêbinêrin û bizanin, gelo li kîjan ciyî û di çi karî de gihîştin armaca xwe û mebesta wan çû serî? Dema ku em xwe hinek ji xeyalan dûr bixin, perdeyê baweriya xwe ya bi Ingilîzan ji ser rûyê xwe bidin alîkî û çavekî tûj û geş li derûdora xwe binêrin, perwayeke me ji durûyan tunebe û em rast bêjin, em dikarin van rastiyên han baş bibînin. Ingilîz, piştî Şerê Cîhanê yê Yekem çûn Stenbolê, netîceya hewildana wan çi lêhat? Leşkerên Yunaniyan durûst kirin û şandin ser Mustefa Kemal. Netîceya vê gihîşt çi? Ew qîr û qelebalix û astengên Loyd George û Courzon ên di civînan de û hewl û xebatên van herdu wezîrên han ên mezinên Ingilîzan di warê handana dinyayê li hemberî Tirkan û Mustefa Kemal de, ket serê kesekî? Heta sondxwaran, yanî Fransa û Îtalya yên hevpêmanê xwe jî gelo karîn pê han bidin? Gelo karîn wan ji Tirkan veqetînin û alîkariya bi Tirkan re paşde bidin? Ew siyaseta ku li Kurdistana Iraqê li ser dimeşiyan û mebesteke wan ji Şêx Mehmûd hebû, bi serket, an tev di eksê mebestên wan de hatin saheyê? Bi kurtî wê rojê û heta vê seeta han, li kîjan milê dinyayê yan di çi kar û siyasetê de bi serketin? Ji Îrlandayê bigre heta dûrtirîn welatên rojhilatê -çi yên serbixwe, çi jî yên esîr û bindest- kîjan kar li gor daxwaza wan çû serî, kîjan programa wan bi serket? Britanya -ku roj ji serekî împaratoriya wê derdiket û ji serekî din diçû ava- îro li kîjan goşeyê cîhanê qedrê wê maye yan bi başî tê behs kirin? Li kîjan welatî mihêldarên wê mane yan hene? Fedayiyên Qibrîsê agir li ser pişta Ingilîzan vêdixin. Xortekî welatparêz ê 'Ereban yanî Melik Huseyînê camêr, wekî pişîkekî ji welatê wî avêtin derve. Misra aza, piştî razaneke nêzîkî heştê salan ji nişka ve rabû ser piyan û zincîrên xwe qetandin û xwe ji rêza dîlîtiyê azad kir. Hindistan, cewhera taca Împaratoriya Britanyayê, berê xebata dûr û dirêj ê Gandî û Nehro diçine. Bû dewleteke serbixwe û herî bi rêz a cîhanê. Mirovxwerên Afrîkayê, neteweyên reş û paşdemayî pişta xwe didinê. Li hemberî neteweyê "berz û pîroz" ê Ingilîz û spiyan, serê xwe bilind dikin. Li Iraqê, Îranê, Behreynê, Kûweytê û 'Edenê doza kirya terefdarî û dostayetiyê jê dikin. Îmamê Yemenê li rûyê wê radibe û şerê top û firokan pê re dike. Neteweyên Yekgirtî li ser qewmên biçûk û yên bêkes tiliya xwe dike çavê wan û riya destdirêjiyê lê dibre. Melik Suud serî li ber hildaye û daxwaza dûrgehan jê dike. Îrlanda azad li dijî wê radibe û dixwaze Ingilîzan ji Îrlanda bindest derêxin derve. Bi kurtî em li kîjan milê dinêrin rexne li Ingilîzan digrin. Hawar û gazî bilind dibin. Xelk li dij derdikevin. Doz û daxwaz jê dikin. Kesan ji wan dikûjin. Heqdar şikayeta wê dikin. Xwediyên dozan berê xwe didin Neteweyên Yekgirtî. Heta va ye di van rojan de bi hezaran karker têkelhevî saz dikin û Wezareta Britanyayê kirine nav girdaveke mezin a daxwaza zêdekirina maaşê û her Xwedê dizane ka ev hewildana han dê mîzana aboriya welat ber bi kîjan astengê ve bibe?! Belê, dema ku em li van hemî bûyeran binêrin û bi çavekî bêlayenî lê binêrin, ji me re eşkere dibe ku -di eksê fikra wan kesên ku di baweriyeke din de nin û li ba wan wisa ye ku bi terefdariya wan mimkûne reş bibin spî yan şev bibin roj- siyaseta Ingilîzan li gel pêwistiya çerxê rê neketiye û nakeve û bi rastî Britanya "Mezin" ber bi paşde biriye û dibe. Ji rêza dewletên mezin dûr ketiye û dikeve... Em zêde di vî warî de direj nekin û em vegerin ser behsa xwe.

Piştî ku Emîr Feysel gihîşt Bexdayê, yekem kirinên Wezareta Neqîb berhevkirina Meclîsa Damezrêner bû. Çunkî ji bo ku Feysel wek Melik bihata helbijartin, di vî warî de hevceyê biryara awa û metodê helbijartinê û gihanhdina wê ya nav millet lazim bû. Pêwistiya vî karî jî bi heyeteke wisan hebû ku nûnertiya hemî qebîle û neteweyên Iraqê bike. Qanûna helbijartinê ya ji bo vê meseleyê di pêş de ji aliyê komîteke taybetî ve hatibû çêkirin. Endamên vê komîteya han ji wan kesan pêk hatibû ku endamên Meclîsa Meb'usan a Osmanî bûn û şarezayê van cure karan bûn. Lê Wezareta Neqîb xwest di vî karî de lez bike. Yanî wisan başî zanî ku bi berhevkirina Meclîsa Damezrêner wexit wenda neke û bi teferruatan mijûl nebe. Li gor wezaretê, tespîtkirina rê û metodên taybetî û bi hemî awayê muwafeqeta wê bi Qanûna Helbijartinê re, dê bûbûya sebebê pêdabûna asteng û girêyan. Wezaret di wê baweriyê de bû ku şertên wê rojê yên Iraqê pêwîst didît ku di vê meseleyê de bi xurtî bê hereket kirin. Belê rewşa wezaretê ya ji derve ku dixuya bi vî awayî bû. Lê yên agahdarê rewşa hindur bûn û zanyariya wan di warê siyasetê de hebû, wan dizanî ku sebebên girîng ên vê hereketê lez û bezî mesela Kurd bû. Ji ber ku li gor Pêmana Sewrê ku heta wê rojê bi awayekî resmî hê hebû û hilneweşiyabû, mafê Kurdan hebû fikra dahatuya neteweyê xwe bikin û wan dikarî bêtirs li hemberî hukumeta nûdamezrayî ya Iraqê bîr û baweriyên xwe bêjin. Her wekî ji aliyê yekgirtinî û têkelbûna bi hev re di welatê nû de, dijîtiyek li pêşiya wan tunebû û rê jî li ber wan nehatibû girtin ku doza damezirandina Hukumeta Kurdî nekin, an qet nebe meyla îdareya muxtariyeteke millî rayêxin pêş û doza wan mafan bikin ku ji aliyê dewletên sondxwarî ve ji bo bicihkirina wan soz hatibû dan û kiribûn nav Pêmana Sewrê.

Vêca ji ber vê bû ku Wezareta Neqîb xwest, lê hê Kurdan mulaheza vê yekê nekiribûn yan -ji kîjan milê ve be- fikir û melhezeke wiha ji wan re nehatibû gotin, helbijartina Feysel a ji bo Melikiyê, ji bilî 'Ereban ji aliyê hemî qebîle û neteweyên Iraqê ve -bi taybetî Kurdan- ji bo netîceyê hê zû didîtin ku bê pevçûn û qelebalix xelas bikin. Yanî biryar hat dan ku ev helbijartina han bi berhevkirina dengên giştî bicih bikin. Naveroka vê biryara ku ji aliyê siyasiyên Iraqê ve baş dihat zanîn, di civîna 11yê tîrmeha sala 1921an de (5ê zûlqade 1329) ji aliyê Heyeta Wezîran ve jî biryar li ser hat dan û li hemî Iraqê belav kirin. Ev kirina han eşkere ye ku wêneke hişyarî û zîrekiya siyasiyên wê rojê bû û xelkê Iraqê rû bi rûyê emrêwaqiyekê bû. Ew kesên şarezayê milê hindur ê siyasetê nebûn -wekî hinek ji serokeşîretan û beşa piraniya xelkê- wisan dizanîn ku ev biryara han "qanûnî" ye û dibê dijîtî li hember neyê kirin. Ji ber vê, dema ku dest avêtin berhevkirina dengan, memûrên îdarî (wekî muteserrif, qaymeqam, mudur û li pişt wan jî muşawirên siyasî yên Ingilîzan) rastî tu cure dijîtiyekê nebûn û ev karê han ê dijwar û girîng gelek bi hêsanî birin serî. Yên ku ji ber çi sebebekî dibû bila biba hîsa dengekî bilind ê rast an derew jê dihat kirin, berê de devşêrîn kiribûn an dengê wan biribûn. Lê mesela Kurd vê carê jî ji aliyê Ingilîzan ve hat binberk kirin û ev mesele bi nav ji Kurdan bi xwe re hişt. Bi mebesteke ku me li jorê behs kiribû û em ê li xwarê careke din jî behs bikin, navê Kurdan û mesela vî neteweyî hemî di wan nameyan de bûn. Mebesta wan jî (mebesta Ingilîzan) ew bû ku çi dema bixwestana, dema ku tenê ji bo qazanca wan feyde tê de hebûya, mesela Kurd zindî bikin û li ser riya 'Ereban û Hukumeta Iraqê bikin asteng. Hinek kesên din jî ku xwe nûnerên neteweyê Kurd dihesibandin, hereket ji wan sadir nebû û di riya qanûnî de hewlek nedan. Çunkî piraniya wan ji wan kesan bûn ku bi pê feyda nefsa xwe ketibûn û ji bo destxistina van îmkanan ji xwe re, wan rojan firset hesibandibûn. Yên ku bi vî awayî jî nebûn kêm bûn û hevgirtinek di navbera wan de tunebû, weya ew belav kiribûn û kiribûn nav davikên teng. Ji bilî van -gelek mixabin- xweperest û bêrêxistin bûn, di warê giyanê lêborînî û çavlêgirtinî de bêxîret bûn. Ji ber vê, tiştekî nekirin. Ji wê jî tirsa wan hebû ku mimkûn bû wan ji Iraqê cihê bikin û bidin Tirkan an raste rast di bin hukmê Ingilîzan de bimînin. Ew Ingilîzên ku ji bilî kesên xulamên wan bûn, jiyan ji Kurdan re kiribûn jehr û mirin. Hemî ev bûyerên han bûn sebeb ku heta beşekî ji xelkê Lîwaya Silêmaniyê jî dengê xwe bidin Feysel û di netîceya dengê giştî de, ji sedî 96ê hemî dengên Iraqê bistîne.

Nameyên Di Navbera Hukumeta Iraqê û Mendubê Samî de û Behsa Mesela Kurd

Dema ku siyasiyên 'Ereb ên Iraqê yên tagirê Feysel, hewil didan ku bi dengê giştî Feysel bikin Melikê Iraqê, di navbera Dayîreya Mendubê Samî û Wezareta Neqîb de li ser helbijartina endamên Meclîsa Damezrêner çend name çûn û hatin, ku pêwîstiyeke wan a girîng bi mesela Kurd ve hebû. Ji ber vê em ê li xwarê Kurdiya wan nameyan pêşkêşî xwendevanên xwe bikin:

Wêneya nameke ku di bin hejmara 535-1 û di tarîxa 8ê tîrmeha sala 1921an de ji aliyê Sekreterê Meclîsa Wuzera ve ji "birêz" Mendubê Samî yê Iraqê re hatiye nivîsandin wiha bû:

"Birêz Serokwezîr emir da min ku ez îşaretê wê nameya di bin hejmara '131 S' û ya di tarîxa 7ê nîsana sala 1921an hatiye nivîsandin bikim. Ji min rica kir ku ez ji birêz Mendubê Samî sebebê derengketina pêkhatina vê nîzama muweqqet bipirsim, ku biryar hatibû dan dê li gor vê nîzamê endamên Meclîsa Damezrêner hatibûna helbijartin. Ji bilî vê, birêz serokwezîr dixwaze bizane ka gelo ji bo belavkirinek xurt a vê nîzama navê wê derbas dibe, ji aliyê birêz Mendubê Samî ve astengek heye yan ne?"

Huseyîn Efnan
Sekreterê Meclîsa Wuzera

Bersîva Sekreterê Mendubê Samî

"Hejmar: '1631 S D' û tarîxa: 8ê tîrmeha sala 1921an.

Di bersîva nameya hejmara 535-1 û tarîxa 8ê tîrmeha sala 1921an de tê gotin: Birêz Mendubê Samî, di derbarê bûyera derengîketina biryara Qanûna Helbijartinê de gelek nerehet e. Derengîketina wê, di bingeh de ji bo giringiya bicihkirina mesela qazanca Kurdên di vê herêma han de dijîn û guncandina wê bi Pêmana Sewrê re pêda bûye. Bi taybetî ev rewşa han zêdetir jî ji bo bêserûberiya eşîretên cihê cihê yên Kurdan derketiye ku wan rewşa xwe pêşkêşî hukumetê û birêz Mendubê Samî yê Britanyayê kirine. Birêz Mendubê Samî, ji wan sebeban agahdar e ku Meclîsa Wuzera bi lez e û hewil dide Qanûna Helbijartinê demek zûtir derêxe, lê li gel wê jî, cardin amade ye ji bo derketina vê qanûna han alîkariyê bike. Lê bi mercê ku di herêmên Kurdan de beşdarî û nebeşdariya Kurdan a di helbijartinê de, hevsarê kar û bar di destê wan de be. Ji ber ku ev tesîr li ser biryarên dawiyê neke yan uslûba ew daxwazên ku di wextekî de ji Hukumeta Iraqê dihatin xwestin. Li gor xeberek ku ji Wezareta Kar û Barên Derve hatiye û gihîştiye Mendubê Samî, birêz ji wê ditirse ku ew wextê di navbera tarîxa belavkirina Qanûna Helbijartinê û berhevbûna Meclîsa Damezrêner de derbas dibe, gelekî bikêşe. Hewce ye ev ji sê mehan dirêjtir nebe. Tu şik tê de tune ku hê zû ye Meclîsa Damezrêner berhev bibe û ji welat re qanûneke esasî rê bixe. Lê pêwistiya xelkê roj bi roj zêdetir bi destxistina firsetan heye ku hakimiyet di welat de bê danîn. Merkeza vê hakimiyeta han, li gor Qanûna Esasî dikeve bin qeydekê. Ji bo destxistina vê, bi xurtî dibê riyeke hêsan bê bijartin ku mebest pê bicih bibe. Birêz Mendubê Samî, amade ye ji bo ku Meclîsa Wuzera bigihîje hemî encaman û bikare kar bike, bi hemî awayî astengan ji ber rake û alîkariya wê bike".

S. S. Karit
Sekreterê Mendubê Samî

Ev nameya han, yanî nameya Sekreterê Mendubê Samî, di civîna 11yê tîrmeha sala 1921an de di Meclîsa Wuzera de muzakere li ser hat kirin û ev biryarên xarê li ser girtin:

1- Pêdakirina riyeke sivik ji bo meyl û daxwazên Iraqiyan ku jê îstîfade bikin û bikaribin di hilbijartina Melik Feysel de ji wan re bibe alîkar. Li ser daxwaza serokwezîr, eynî di vê civînê de biryar hat dan ku navê Melikê Iraqê li Emîr Feysel bê kirin. Bi wê mercê ku hukumeteke destûrî û demokratîk be û girêdayî qanûnan be. Ji bilî vê, bi dengê giştî biryar hat dan ku ev bi riya Wezîrê Kar û Barên Hindur re li hemî merkezên hukumetê bê belav kirin û di vî warî de çi pêwîste bê kirin.

2- Mesela Kurd: Ji ber ku Hukumeta Britanyayê li gor Pêmana Sewrê hevsarê daxwazê dide destê Kurdan û ji bo têkelbûn an nebûna mintiqeyên Kurd di helbijartina endaman û şandina wan ji Meclîsa Damezrêner re rê vedike, Meclîsa Wuzera jî wisan pêwîst dizane ku li gor mercên vê peymana navê wê derbas bû, serbestiyeke temamî ji mintiqeyên Kurdan re ji bo beşdarî yan nebeşdariya wan dide. Bi wê mercê ku vê di rojên bên de nekin bahane ji bo Kurdan û sebebê girêdana wan bi Iraqê ve. Lê Hukumeta Iraqê pê xweş e ku ev mintiqeyên han (mintiqeyên Kurdan) beşdarî vê helbijartina han bin û ji bedena Iraqê cihê nebin.

3- Li gor van herdu biryarên jorê, Meclîsa Wuzera, dijîtiyekê nabîne ku di cih de bendên nîzama muweqet ji bo hilbijartina endamên Meclîsa Demazrêner têxe kar.

Huseyîn Efnan
Sekreterê Meclîsa Wuzera

Dema ku ev biryarên Meclîsa Wuzera gihîştin Dayîreya Mendubê Samî, sekreterê Mendub di hejmara "1231-5-30" û tarîxa 13yê tîrmeha sala 1921an de nameyeke din ji Sekreterê Meclîsa Wuzera re şand. Di vê nameya han de bi awakî eşkere ronî dibe ku Mendubê Samî ji vê biryara Meclîsa Wuzera ya bi lez û belavkirina navê Feysel wekî Melikê Iraqê ku qet nehatibû bîra wî, şaş û ecêb maye. Li gel vê jî, ji bo ku asoya dîplomasiyê û adabên siyasetê wisan dixwestin, ev şaş û ecêbmayîna Mendubê Samî ger bi tevayî îtîraf pê neke û li ser rêzên nameyê neyên dîtin, lê dema em baş lê binêrin, di rêzên nameyê yên dawiyê de wiha dibêje: "Birêz Mendub di wê baweriyê de ye ku divê ev biryara Meclîsa Wuzera dengdana bîr û baweriya milletê be. Lê berî ku birêz soz bide û îtîraf bi vê biryara han bike, pêwîst e carekê raste rast fikra bîra milletê tê de bê kirin. Ji ber vê, ricaya birêz ji Meclîsa Wuzera ev e ku divê emrekî ji Wezîrê Kar û Barên Hindur re binivîse û ji bo danîna wê rê û rêçê ku pêwîst e û hûn bi xwe feydeya teswîba wê bi awakî gelemperî baştir dizanin".

Lê li gel van rica û nesîhetên ku Mendubê Samî kiribûn, li her derê Iraqê biryara Meclîsa Wuzera di hêla belavkirinê de ew bû, ku helbijartina Feysel ji bo Meliktiyê wisan binivisînin ku ev mesela han xelas bûye û ji ber ku ew di netîceya hewl û xebata memûran, xwediyê kar û baran -çi Kurd û çi 'Ereb- ji aliyê beşa piraniya xelkê Iraqê ve bûye Melik. Piştî vê, di roja 18yê zîlhecceya sala 1939an de di salona Seraya Bexdayê de taca meliktiyê danîn serî û ev jî bi awakî resmî belav kirin.

* * *

Piştî ku 'Ereban tac danîn serê Feysel, gelek bi ser de neçû hişê wan hat serê wan. Ji wan re eşkere bû ku bi helbijartin û tespîtkirina melik kar temam nabe û berê wê xeza û şoreşa ku di riya millet û welat de kiribûn, hê bi dest neketine. Wezareta Neqîb piştî helbijartina melik, li gor destûrê ji wezaretê dûr ketibû, cara duduyan hat ser kar. Lê ev wezareta han dixebitî ku tenê fermana Ingilîzan bîne cih. Ji bilî ku bibe sebebê pêkanîn û bicihkirina doz û mebesta biyaniyan pê ve tiştek di dest de nema bû. Ji ber van sebeban, kar û barên xelkê yên ji aliyê hukumetê ve -bi eksê dewra hukmê raste rast ê Ingilîzan- ket nav giringî û lênepirsînê paş de ma û neçû serî. Hukmê durû yê 'Ereb û Ingilîzan ji bo feqîr û hejaran, ji bo lêqewmiyan û bêkesan, heta ji bo beşa piraniya xelkê bû derdek wisan giran ku kes nema jê bêpar bimîne. Di muqabilê vî halê han de, yên ku bihiş û têgihiştî bûn, ketin lêkolîn, lêgerîn û fikra damezirandina komeleyan. Hemî kesê dizanî, berî hatina Feysel welatparêzên Iraqê ji bo vî welatî xwediyê komelan bûn û wekî me berê behs kir, şoreşa mezin a sala 1920an, berhema van hewildan, xebat û kirinên komeleyan bûn. Lê piştî helbijartina Melik Feysel, qîmeta wezareta millî li hemberî hêz û nifûza Ingilîzan baş derket û welatparêz baş têgihiştin ku ew şoreşa can û malên xwe tê de bext kiribûn, berekî temamî jê wernegirtin. Ji ber vê, pêwîst zanîn ku li ser xezaya xwe bimeşin. Lê vê carê bi eşkere ketin nav lept û tevgerê. Biryar dan ku di riya têkoşîna siyasî re bigihîjin armanca xwe. Çend caran berhev bûn. Ew halê ku millet tê de bû anîn raxistin ber çavan û di warê hiqûqê millet de ketin guftûgoyê. Wezareta Kar û Barên Hindur, zû bi vê hişyar bû û di 2yê tîrmeha sala 1922an de Qanûna Civînan derxist û belav kir. Li gor vê qanûnê, hemî civînek dibû destûra hukumetê jê re hebûya. Bi vê qanûna han û hinek tedbîr û kirinên din ên nehênî û eşkere, hukumet bû sebebê gelek asteng û dijîtiyan û rê ji bo xebata bi awakî eşkere ji welatparêzan re nema. Vêca bi naçarî bîr û fikra damezirandina komeleyên siyasî kirin. Ev bîr û fikrên welatparêzan gihîşt Melik û di riya Fehmu'l-Muderris ê emîndarê qesrê re gelek hewlê neserketina van kirinan hat dayîn. Lê feyde nekir û welatparêz ji biryara xwe nehatin xwarê.

Vêca Wezareta Kar û Barên Hindur ket nav hîle, fesadî û durûstkirina astengan. Ev jî bi ser neket û welatparêz nehatin xapandin û ji hev cihê nebûn. Piştî van tevan tu çareya Wezîrê Kar û Barên Hindur nema û di tarîxa 2-19yê tebaxa sala 1922an de îzna Partiya Nehz û Weten da. Emîn Çarçefçî, Partiya Nehz û Ce'fer Ebû El-Temen, Partiya Weten damezirandin. Li hemberî van herdu partiyan -ku herdu jî ji aliyê mezinên şi'iyan ve hatin damezirandin û dixwestin bi tevayî di riya hewl û xebata siyasî re berhema şoreşê biçininhukumetê jî bi navê Partiya Azad partiyek ji xwe re danî ku di riya hakimên siyasî û memûrên hukumetê re endam jê re dihatin dîtin û liq jê re dihatin damezirandin. Bi vî awayî kîn û dubendî ket navbera cebheya welatparêzan û yên ku bi pê timahiya şexsî û mebestên xwe yên taybetî ketibûn. Cebheya duduyan bi carekê bûbû mîrkûtê destê Ingilîzan û hukumeta nû ku ji 'Ereban bi xwe pêkhatibû, ketin ser ruhê ew kesên ku ji bo xizmeta welat biryar didan û komele dadimezirandin. Bi van bahaneyan dest bi îmhakirina wan kesan jî kirin ku bûbûn sebebê vêxistina agirê şoreşa 1920an û toleya rojên borî ji wan vedikirin. Bi kurtî hukumeta "millî" bi çavekî sivik li wan kesan dinêrî ku heta do welatparêz hatibûn naskirin û li hemberî Ingilîzan şoreşek mezin û xwînavî meşandibûn. Ew şoreş ku damezirandina hukumeta millî bi xwe jî yek ji wan netîceyên xebata wê bûn. Ji ber vê, komeleyên niştimanî yên wekî Nehz û Weten dest avêtin têkoşînê û daxwaza berhevbûna Meclîsa Damezrêner kirin. Lê ev têkoşîn û xebata han "dad"ek neda û feydek nebexşî û millet ji bin pençeyê zulm û zordestiyê rizgar nebû û xwe ji hîle û dek û dolapan xelas nekir. Karbidestên hevwelatî -ku li hemberî Ingilîzan milxwar û sitûtewandî disekinîn û amadeyê fermana wan bûn- li hemberî hevwelatiyên xwe bûbûn şêr û xwe di eynika dêwan de didîtin. Lê çavê partiyan netirsiya û ji xebat û kirinên xwe daneketin. Ji bo ku bikarin tesîreke baş li ser hukumetê bikin, herdu komelan (yanî Nehz û Weten) di roja 20ê tebaxê de ji bo amadekirina şikayetnameyek ku li ser biryar dabûn, heyetek amade kirin û di roja 23yê tebaxê de (yanî roja cejna tacdanîna serê Melik) ev pêşkêşî baregeha melik kirin. Ev heyeta navê wê derbas bû, ew wezîfeya jê re hatibû sipartin bicih kir û di roja cejna navê wê derbas bû de, vê daxwaznameya ku em ê li xwarê belav bikin, dan melik.

"Ji Baregeha Birêz ya Haşimî re

Piştî cenabê we yê birêz taçdanî serê xwe û serxwebûniya Iraqê hat îlan kirin û hukumetek ku şert û mercên wê di nameya Bey'et de li ser biryar hatibû dan (ku dibû hukumeteke qanûnî, helbijartî û demokratîk be) hat damezirandin, xelk çaverê bû ku Meclîsa Damezrêner helbijêre û ji bo danîna Qanûna Esasî û rêkxistina Meclîsa Qanûndaner (Meclîsa Teşrî'î) ku pirsa kirinên wezaretê bike û wê têxe bin çavdêriya xwe, ku li gor awayên di hukumetên destûrî de hene kar bike. Ew xalên me li jorê behis kirin, ji bo bicihkirina wan belênî hatibû dan, lê heta niha tiştek nexuya ye û her tenê di gotinê de mane. Ger ev neyên kirin dê millet bikeve nav rewşeke xerab û têkeve nav malwêraniyeke giran. Îdareya welat bi biçimî di destê hevwelatiyên me de ye, lê di heqîqeta xwe de di destê Ingilîzan de ye û giyanê azadiyê yekcarî jê dûr e. Çunkî siyaseta ku li ser dimeşe û ew kirinên bêqanûnî ku ji aliyê we ve diqewimin, îşaretên wê ne ku tovên nakokî û dubendiyê têke nav millet û dixwaze ew di quncikên nefamî û di seviyeke bêhêzî de bihêle û ber bi wendabûn û nehiştinê ve bibe. Li gel vê jî, heta niha çi daxwazên vekirî yên li ser navê millet pêşkêşî baregeha we ya birêz hatine kirin, guh lê hatine xitimandin û lê nehatine pirsîn.

Ev êdî di seviyeke wisan de ye ku bê bîra mirov, bi millet re dijmintiyekî kevin hebe û di bîr û fikra tolevekirinê de bin, bi awayê ku ji memûr û karbidestan hêviya xizmet û başiyê dihatin kirin, tam ketin eksê wê û bûn ji wan cure kesan ku wekî laşekî bêgiyan li wan hat û bûn mirkûtê destê musteşarên Ingilîzan û ketin ser ruhê millet. Tu şik tê de tune ku ev encama han a ne di cih de, piştî ew hêvî lê bûyîn û xwe lê girtin, bûn sebebê nerizayî û tirsa milletê ji dahatiya xwe û ji netîceya vê îdareya xerab û vê siyaseta han a bêfeyde. Yanî li ser xerakirina îdareyê û siyaseta xelkê bînin hemberî hev meşiyan. Ji ber vê, tu çareya millet nema û dixwazin daxwaz û şikayetên xwe rayêxin ber baregeha Melikî û doza rastkirina van şaşiyan bikin. Di nav ew tiştên ku doza wan tê kirin de, berî hemî tiştî xistina wezaretê heye. Wezaretek ku millet mezintirîn sebebê dawîpênehatina vê hercûmercê û bicihnebûna armancên xwe dihesibîne, eşkere ye û di holê de ye ku netîceya wê ji bo welat baş nabe. Ji ber van sebeban e ku bi awayê me ‘erz kir, heta niha Meclîsa Damezrêner nehatiye rêkxistin, ji ber ku baweriya bi wezaret û pirsa raste rast ji kirinên wê mafê milletê ye. Heyetên navçeyên giştî yên partiyên Weten û Nehz, ji xwe re wezîfeyek niştimanî dihesibînin ku van behs û bûyeran pêşkêşî baregeha we ya birêz bikin ku ji bo bicihkirina van bendên xwarê hûn merhemet bifermin û fermaneke Melikiyê jê re derêxin":

1- Ji bo xwedûrxistina karbidestan ji wan xerabî û şaşiyan ku li jorê me behs kirin û bi taybetî têkelbûna Britanyayê li nav kar û barên îdarê (rêvebirinê).

2- Ji bo rêxistinî û pêkanîna wezaretê ji kesên dilpak û xwedî bîr û baweriyên baş û amadebûna ji bo başî û xizmeta millet, heta ku xelk hêmin bibin û bibin xwediyê hêviyek ji rastkirina şaşî û çewtiyên xwenûkirinê û nehîştina xerabî û rêxistinên kar û bar û bi vî awayî hêminî li her aliyê bê darxistin."

Ev daxwaz û xwestinên partiyan, di pêş de ji aliyê hemî rojnameyên Bexdayê ve hatin belav kirin. Vêca piştî vê, herdu partiyan biryar dan ku di roja 23yê tebaxa sala 1922an de, yanî roja bîranîna tacdanîna serê Melik, xwepêşandeneke mezin çêkin û gilînameyên millet bi awakî eşkere bigihînin baregeha Melik. Ji ber vê, wê rojê xelkê Bexdayê qefle qefle berê xwe dan ber aliyê seraya hukumetê û li ber deriyê Qesra Melik berhev bûn.

Vêca Mihemmed Hesen Kubbe, bi navê Partiya Nehz û Mehdî Besîr jî bi navê Partiya Weten rica kirin ku li ber baregeha Melik gilînameyên millet bixwînin. Lê Melik, emir da ku Emînê Qesrê Fehmî Muderris pêşwaziya wan bike. Heşameta ber deriyê serayê di nav coş û geşeke nedîtî de bû. Mihemmed Hesen Kubbe û Mehdî Besîr sergotarên xwe xwendin. Tam dema ku Mehdî Besîr gotara xwe ya agirîn dixwend, Mendubê Samî derket. Ew ji bo pîrozbahiya Melik hatibû. Dixwest ku bi pêlekanên qesrê re derkeve jorê. Lê ew di nav vê heşameta han re bi zorî derbas bû û ji hal ket. Bi vê tenê jî nema. Ji nişkave dengê bimre Ingilîz! Bimre Britanya! bilind bû. Koksy bi vê gelek aciz bû û qehirî. Dema ku ji ba Melik vegeriya û çû ciyê xwe, nameyek tûj ji Melik re şand û rexneyek giran li ser van bûyeran kir. Ji qesrê, di cih de bersîveke baş û sergiran jê re hat nivîsandin. Lê rexneya tund û giran a Mendubê Samî tesîreke zêde li Melik kiribû. Bi ser vê de jî tam wê navê re rûviyê wî yê kor êşiya û nexweş ket. Wisan dixuya ku bûyer û hediseyên li Sûriyê bi serî de hatibûn, hê ji bîra wî neçûbûn. Vêca roja 25ê tebaxa sala 1922an, yanî rojekê piştî bûyerên li ber Qesrê, rûviyê kor yê Melik hat birîn û ket nav ciyan. Wezareta Neqîb ya duduyan ku li ser hukum bû, da xuya kirin ku fikra Koksy xerab e û dixwaze hinek kirinên nerewa bike -ji tirsa tehqîqatên rojên bên- û ji wezaretê îstîfa kir (19yê tebaxa sala 1922an).

Vêca bi vî awayî ku welat bê hukumet û bê xwedî ma, Koksy fermanek li ser navê xwe belav kir û ji bo tolestandin ji millet hukmê Iraqê girt destê xwe.

Carek berî hemî tiştî, Partiya Weten, Partiya Nehz û rojnameyên El-Rafidan û El-Mûfîd girtin. Îbrahîm Hamî El-Omer ê sernivîskarê El-Mûfîd xwe gîhand Kazimiyeyê ba Seyîd Mihemmed El-Sedir û herdu ji wir derbazî Îranê bûn. Samî Xonde ku xwedi û sernivîskarê rojnameya El-Rafidan bû, bi endamên bi nav û deng ên partiyan (Hemdî Paçecî, Cehfer Ebû El-Temîn, Mehdî Besîr, Emîn Çarçefçî, 'Ebdulresul Kibe û Şêx Hebîb Xîzran) yek di pê yekî girtin û ew şandin Besrayê û ji wir jî şandin dûrgeha Hencamê. Wê navê re li Necefê û Kerbelayê mezinên şî'iyan hinek telgrafan bi xelkê dan nivîsandin û ji Melik û Mendubê Samî re şandin. Di van telgrafan de bi tundî rexne li kirinên Mendub dihatin kirin. Muteserrifê Kerbelayê xwest xwediyê telgrafan bigre. Lê wan xwe nedan dest û berê xwe dan ba serokeşîretan. Ji wir jî cardin dest bi telgraf nivîsandinan kirin. Li ser vê, Hukumeta Bexdayê hinek nerim bû û dest bi gerandina siyasetê kir. Ji xwediyê telgrafan û serokeşîretan berpirsiyarek bangî Bexdayê kir. Piştî ku heryek ji wan berpirsiyarên xwe şandin Bexdayê, hukumetê li ser navê van berpirsiyaran, telgrafên sexte dan nivîsandin û şandin pê wan kesên bazdayî. Lê ew di bin re, bi riya kesên ew jê bawer, ên bazdayî hatin hişyar kirin. Vêca telgrafên sexte ku feyde nekir, Mendubê Samî emir da gund û xêwetên eşîretan hatin bombebaran kirin. Li ser vê bûyerê, hinek kesên bazdayî vegeriyan cihê xwe û hinek ji wan jî hatin girtin û ew hatin cezakirin. Yên ku destê hukumetê negihîşt wan jî ji bo guftûgoyê ew bangî Bexdayê kirin. Di netîceyê de tenê du kes, Şêx Şe'lan Ebû El-Çûn û Şêx Sekban tenê serê xwe li ber hukumetê netewandin û di ciyê xwe de man. Piştî çend mehan Melik bi xwe şand pêy Şêx Şe'lan û ew hat Bexdayê. Lê Şêx Sekban, her çiqas ew çend caran dan ber narincok û topan û tûşî gelek eza û cefayan kirin, cardin serî netewand û li hemberî hukumetê serhilda û li derûdora Nasiriyyeyê ma. Vêca dema ku Melik di hezîrana sala 1923an de li başûrê welat sefer dikir, Şêx Sekban bangî Besrayê kir û xwest wî bibîne. Lê Hukumeta Nasiriyye ew li wir girt û bi wan tawanên berê lê hatibûn barkirin, ceza kirin. Bi vê yekê ew navçe heta demekê bêdeng ma.

-66-

Pêmana Iraq û Britanyayê

Ev asteng û girêyên Mendubê Samî ku bi taybetî hatibûn rêxistin û ji aliyê Wezareta Neqîb ve jî rê ji wan re hatibû xweşkirin. Hemî ev bahaneyên siyasî û fêl û fendên han ji bo siyasiyên welatparêz û endamên Partiya Nehz û Partiya Weten bûn. Ji bo çavtirsandina wan kesan bû ku diwêrîn li hemberî kirinên neheq ên hukumetê bisekinin. Çunkî, hem mêrxas û çavvekirî bûn û hem jî di hêla siyasetê de jî şareza bûn û pişta wan bi hezkirina millet sitûr bû û ji ber vê dikarîn di kar û barên girîng de dijîtiya hukumetê bikin. Wê çaxê hela problema peymanek bi Britanyayê re di destê wan de bû. Tu şik tê de tune ku ji bo berhevkirina meclîseke damezrêner a wisan hewil didan ku qazanca Britanyayê bigre ber çav. Yanî bi fikra dijminatiyê nemeşe û mebesta wê dijîtiya Brîtanyayê nebe. Ev jî pêwistî wê bû ku endamên meclîsê ji wan cure kesan bê helbijartin ku dost an terefdarên Ingilîzan bin an bi sernermî, xwînsarî û terkexemiyê hatibin nas kirin û li ser rojên dahatî nesekinin. Lê xelk bi saya welatparêzan hişyar bûbûn. Xwîna wan dikeliya. Çavê wan neditirsiya. Bi taybetî yên pêwendiya wan bi komelan re hebûn, bêtirs û bêxof li dijî Ingilîzan têdikoşan. Ew dixebitîn û dengê dijîtiyên xwe bilind dikirin ku firset nedin hatina cure kesên nebaş. Yanî berhevkirina Meclîsa Damezrêner ku bikare karekî ew dixwazin pêk bîne bi sivikî neçû serî. Kesên xwediyê meqamên bilind û Mendubê Samî, ji bo xapandin û rêşaşkirina welatparêzan û çavtirsandina xelkê li pêy bahaneyan digeriyan. Vêca kirinên komeleyên siyasî yên di roja 23yê tebaxê de, yanî roja cejna tacdanîna serê Melik, ev bahane da destê wan. Îstîfakirina wezaretê û nexweşketina Melik jî bûn serbar ji van bahaneyan re û firseteke baş ket destê Mendub. Piştî ku komele girtin û gelek ji endamên wan şandin Girava Hencamê û rojname qedexe kirin, di derbarê girêdana peymanek bi Iraqê re zemîna guftûgoyê ya bê qêr û bê gêjî çêbû û dijîtî û berhelistek bi wî awayî di saheyê de nema. Vêca cara sisiyan Wezareta Neqîb hat damezirandin û di navbera du mehan de peymanên jê re pêwîst bûn rêxist û bê qêr û bê dijîtî biryar li ser hatin dayîn (13yê teşrîna yekem 1922).

Meclîsa Damezrêner Çawan Hat Berhevkirin? Hewlên Millet Ên Girîng:

Piştî ku peyman (1922) li Londrayê û Bexdayê di rojên 12 û 13ên çiriya pêşî de hat belavkirin, Melikê Iraqê û Mendubê Samî jî di vî warî de belavok belav kirin, Melik ferman da ku dest bavêjin helbijartina endamên Meclîsa Damezrêner. Wezareta Muhsin Se'dûn ji bo vî karî hat ser hukum. Lê ji aliyê milet ve dijîtiyên mezin hatin kirin û ew tûşî girê û astengên mezin bû. Çi hewlek hat dan, pend û nesîhetên Melik, tirs û tehdîdên wezîran -bi taybetî yên Wezîrê Kar û Barên Hindur- tu feyde neda. Ji bo tefandina muctehîdên şî'iyan tu çare tunebû.

Ji bo dûrxistina xelkê ji helbijartinan fetwayan derxistin. Van muctehîdên han doz dikirin ku berî hemî tiştî hukumet riya vekirina komeleyên siyasî bide û endamên komeleyan yên jê dûrxistî û hatine girtin, vegerin Bexdayê. Rojnameyên hatine girtin dest bi weşanên xwe bikin û bi azad bên nivîsandin û belav kirin. Hemî muşawirên siyasî yên Ingilîzan li Bexdayê bên berhev kirin. Yanî wan dixwest azadî û serbestiyeke temam ji millet re bê dan ku ew bikarin kê baş dizanin û baweriya wan bi kê heye wan ji endametiyê re helbijêrin. Me'neya vê jî ew bû, ku bûyerên berê nexweşiya Melik û kirinên Mendubê Samî dubare nebin. Eşkere ye ku hukumetê ev nekir û nedixwest careke din hevsarê xelkê û însiyatîf bikeve destê zana û welatparêzan. Lê fetwa aliman û mectehîdan tesîreke gelek mezin li xelkê kir û hukumet ket asteng û girdaveke girîng. Ji ber ku millet bi tu awayî xwe nêzîkî helbijartinê nedikir. Li ser vê, Melik bi xwe çû lîwayên başûr û dest avêt hewildana lihevhatina bi muctehîdan re. Li gel vê jî ne wezaret û ne jî Melik nekarîn tiştekî çareser bikin. Vêca piştî vê, hukumetê dest avêt bikaranîna zebrî û zorî.

Li Kazimiyeyê, Şêx Mehdî Xalis bi xwe û bi derûdora wî ve girtin û şandin Hîcazê. Muctehîdên Necefê ku emrê Melik şikandibûn, şandin Îranê. Hinek ji serokeşîretan bazdan an şandin Sûriyê û gelek ji mezinan (ze'îman) jî girtin û kirin zîndanan. Ev kirinên han bi vî awayî heta demekê çû -piştî zulm û hewildaneke bi eziyet a wezaretê û Melik bi xwe- vêca helbijartin bi ser ket û Meclîsa Damezrêner çêbû.

Pêman Çawan Bicih Bû?

Beşa piraniya ew kesên ketin meclîsê, ji aliyê muşawirên Ingilîzan ve hatibûn helbijartin. Ev kesên han, ji wan nebûn ku dahatiya welat bigrin ber çav, weya di riya welat de pozê wan bişewite. Ji ber vê, di roja 27ê adara sala 1924an de, dema ku meclîs berhev bû û ji bo mesela peymanê bi Britanyayê re guftûgo kirin -ji bilî dijîtî û berhelisteke bi şeklî pê ve, ku ji aliyê çend endaman ve hat kirin- dijîtiyeke bi wî awayî girîng nehat kirin. Melik, wê rojê çû meclîsê û gotara vekirina meclîsê xwend. Piştî vê li gor destûr û rojeva resmî ya meclîsê, endam bûn du beş. Her beş li ser peymanê bîr û baweriyên xwe di raporekê de berhev kirin. Li ser van herdu raporan di meclîsê de guftûgo hatin kirin û di netîceya guftûgo, çend pirs û nêrînan de, deng hatin dan û pişt re dest avêtin hejmartina dengan. Rapora Ce'fer Paşayê Eskerî yê serokê beşeke endamên meclîsê bi ser ket. Tiştê ku bala mirov dikişand ev bû, ku endamên beşa Ce'fer Paşa, piraniya wan ji Kurdan û ji endamên bakûrê Iraq bûn û tu şik tê de tune ku rapora wan mebesta hukumeta wê rojê dida nîşan. Ji ber vê, li gor vê qerara han biryar li ser peymanê hat dan û hat îmzakirin. Tiştekî din jî ku dikare bi taybetî bala Kurdan bikêşe, ew gotin bûn ku kiribûn dawiya qerarê. Di dawiyê de wiha tê gotin: "Ger çendîn hinek bendên vê peymana han a girîng, bi xwe re ji Iraqê re hinek zehmetî tînin, lê em daxwaz dikin ku biryar li ser bê dan û bê îmza kirin. Lê hewce ye ku Britanya Mezin di mesela Mûsilê de menfeet û hiquqê Iraqê biparêze. Bicihanîna peymanê ji aliyê Iraqê ve bi vê mercê ve girêdayî ye".

KONGREYA AŞTIYÊ Û MESELA KURD

Dema ku Dewleta Osmanî di Şerê Cîhanê yê Yekem de (1914) bi Almanyayê re îtîfaq çêkir û di riya serokên Komeleya Yekîtî û Pêşkevtin (Komeleya Îttîhad û Terakkî) re li hember dewletên sondxwarî, yanî li hemberî Ingilîzan û hevpêmanên wan ketin şer; mezinên siyasî yên 'Ereban, ji bo gihîştina armanc û serxwebûniya welatên xwe, xwestin terefdariya dijminê Tirkan bikin. Ew têgihandin ku bi mercê ku piştî sekinandina şer ger ew dewleteke 'Ereb ji wan re damezrînin, ew amadene alîkariya Ingilîz û hevpêmanên wan bikin.

Kurdên Tirkiyê jî her çendîn di muddetê vî şerî de (1914-1918) bi leşkerên Tirkan re û mil bi milê wan ji Dewleta Osmanî re şer kirin û li dijî sondxwaran rabûn, lê Şerîf Paşa yê Kurd di sala 1914an de bi Britanyayê re ket nav guftûgoyê û soz da wan ku bi mercê serxwebûn ji Kurdistanê re bê dan, dê leşkerên Kurdan alîkariya dewletên sondxwarî bikin. Ji bilî vê, dema ku di hezîrana sala 1918an de Sir Pers Koksy ji Fransayê derbas bû, Şerîf Paşa çû Marsîlyayê balê û ew meseleya han careke din pê re xeberda. Lê ev hewlên Kurdan û 'Ereban ên di vê salê (1914) de, bê feyde bûn û bêbersîv man. Dewletên sondxwarî wan rojan ne mecbûrî alîkariya 'Ereb û Kurdan bûn. Ji ber vê nedixwestin bê tune bikevin bin barê peymaneke wiha. Piştî ku Kurdan destê xwe ji Ingilîzan û sondxwaran şûştin, vêca berê xwe dan Rûsyayê. Komeleya Welatparêzên Kurd, wê çaxê bi mercê ku serxwebûniya Kurdistanê bê naskirin, alîkariya leşkerên wan ên ber bi Erzîncan û Bedlîsê ve hatin û beşeke zêde Kurdistana Tirkiyê standin. Lê di netîceyê de leşkerên Rûsan paşde kêşiyan û Kurd li hemberî Tirkan bi tenê hîştin. Ji ber vê, bajarên Kurdên Tirkiyê tûşî girê û astengên mezin bûn û gelek cefa, derbederî û bedbextî bi serê wan de hat. Lê li gel vê jî, di sala 1918an de piştî sekinandina şer, komeleyên welatparêz ên Kurd ên li Stenbolê, careke din bi berpirsiyarên dewletên sondxwarî re ketin guftûgoyan û biryar hat dan ku Şerîf Paşa li ser navê Kurdan di Konferansa Aştiyê de doza mafê Kurdan bike. Li milê din jî Emîr Celadet Bedirxan, Dr. Kamran Bedirxan û Ekrem Begê kurê Cemîl Paşa yê Diyarbekrî, ji Stenbolê derbazî Kurdistanê bûn, ew û Major Noel û Ehmed Fayîq gihîştin hev. Wan li rojhilata Anadoluyê di bajarên Kurdan de dest bi seferê kirin û Kurdên bi nav û deng dîtin. Ji bo piştgiriya Şerîf Paşa hewil dihat dan. Dixwestin li ser navê Kurdan telgrafan jê re bişînin. Mezbeteyekê jê re bişînin. Di Konferansa Aştiyê de doza mafên milletê Kurd û serxwebûniya Kurdistanê bispêrnê. Ji derveyî vê xebata han, ev jî jibîr nekirin û difikirîn ku eger hat hewildana komeleyên siyasî yên bi Hukumeta Stenbolê re û têkoşînên Şerîf Paşa di Konferansa Aştiyê de negihîşt encamekê, Kurdên van wilayetên han (şeş wilayetên rojhilata Tirkiyê) dê dest bi serhildana çekdarî bikin û bi riya şoreşê re bigihîjin encamê. Lê ew bi serneketin. Wekî me di pêş de di cildên din de behis kiribû, hêzên Mustefa Kemal ketin pê vê heyeta han û ji navçeyê derxistin. Gelek nemabû ku wan bigrin û bikûjin. Bi alîkariya hinek Kurdên bixîret û xwedî desthilat rizgar bûn û xwe gihandin Stenbolê. Ji aliyê Kurdên Tirkiyê ve piştivaniya Şerîf Paşa nehat kirin. Bi ser de jî bi handan û bi çavtirsandin an bi hîle û pîleyên ji aliyê Mustefa Kemal û serokên wan ve, gelek telgrafên rast an derew li ser navê Kurdên li wir ji bo derewderxistina Şerîf Paşa hatin şandin. Lê van kirinan hemî Şerîf Paşa sar nekirin û ew ji têkoşîn û hewildanê paşve nedan. Wî karîbû wekî siyasiyekî zîrek mafê Kurdan rayêxe ber Konferansa Aştiyê û wan bendên ku her Kurdekî sehkiriye û dizane, têke nav Pêmana Sewrê. Tu şik di wê de tune ku eger ew welatparêzên (Celadet û Kamran Bedirxan û hevalên wan) derbazê Kurdistana Tirkiyê bûn bikarîna mebesta xwe bicih bînin, yanî hêzên Mustefa Kemal li hemberî wan ranebûna û karibûna di dema pêwîst de yekîtiya Kurdan pêk bînin, mimkûn bû bikarin berhemê wî tovî ku Şerîf Paşa çandibû, biçinin. Lê ew bendên di derbarê serxwebûniya Kurdan û Kurdistanê de ku kiribûn nav Pêmana Sewrê, ji ber sebebê serkeftina Mustefa Kemal -li hemberî leşkerên Yunanan- ku ew jî bi alîkariya Kurdan bi xwe pêk hatibû, hatin jibîr kirin. Piştî vê serkeftina han, dema ku ji bo girêdana peymaneke nû nûnerên dewletên sondxwarî bi nûnerên Mistefe Kemal re li Lozanê berhev bûn, Pêmana Sewrê û sê bendên wê yên di derbarê Kurdan de binberk kirin û behsa wan nehat kirin.

Ingilîz û 'Ereb'

Me di behsên jorê de got ku 'Ereban jî di sala 1914an de xwestin bi dewletên sondxwarî re birêkevin û di muqabilê serxwebûniya welatên xwe de alîkariya leşkerên wan bikin. Vêca daxwaza 'Ereban jî wekî ya Kurdan, wê çaxê avêtin pişt guhên xwe, lê piştî çend salan û dema ku Ingilîz di yek û du şeran de li hemberî Tirkan şikestin -bi taybetî li Kût El-Amare ku leşkerên General Tawzend ji aliyê leşkerên Xelîl Paşa yê Tirk ve hatin ablûqekirin- wê çaxê ket bîra Ingilîzan ku dikarin îstîfade ji 'Ereban bikin. Ji ber vê, dest avêtin ji Hîcazê ve agirê şoreşekê hilkin. Huseyîn wê çaxê Emîrê Hîcazê bû. Rewşa dînî û civakî ya Emîr Huseyîn ji mezintiya 'Ereban re musaît bû. Hêvî hebû bi vê riyê re li hemberî Tirkan jî bidin sekinandin. Ji ber vê Ingilîzan bi wî re li hev kirin û soz dan ku di muqabilê wê şoreşa ku wê ji Hîcazê bide dest pê kirin û alîkariya ku dê pêşkêşî leşkerên Ingilîzan bike, piştî temambûna şer û serkeftina sondxwaran, di wan welatên ku ji Dewleta Osmanî cihê dikin, împaratoriyeke 'Ereban jê re çêkin.

Vêca dema ku Ingilîzan ev soz dan Emîr Huseyîn, li milê din jî bi dizî di sala 1916an de bi Fransizan re li hev kirin û peymanek nehênî di navbera xwe de îmza kirin. Vê peymana han, ne tenê ji Emîr Huseyîn, heta ji hinek dewletên hevpêmanên xwe jî veşartibûn. Lê dema ku Hukumeta Qeyser li Rûsyayê ket û di sala 1917an de Bolşevîk hatin ser kar, çiqas peymanên nehênî yên di ser dewra Qeyser de hebûn, eşkere kirin û li dinyayê belav kirin. Yek ji van peymanên nehênî jî ya di navbera Ingilîz û Fransizan de bû ku bi navê Pêmana Sykes-Picko[85] di dîrokê cih kirtiye. Bi kurtî Ingilîz di destpêka şerê mezin de bawer nedikirin ku ev şerê han evqasî bidomîne. Di wê baweriyê de bûn ku dê di muddetê çend mehan de bi mexlubiyeta Tirkan û hevpêmanên wan dawî lê bê. Ji ber vê, pêwîstiya wan bi alîkariya 'Ereb û Kurdan tunebû û bi taybetî piştî peymana nehênî ya Sykes-Picko, heta neketin nav astengek girîng û hîssa matbûnê nekirin, muhtacî alîkariyê nebûn, nexwestin bi Kurd û 'Ereban re bikevin bin qeyda peymanekê, yan ji ew tiştên di wan welatan de ku li gor Pêmana Sykes-Picko ji xwe re tespît kiribûn, dest jê berdin û jê dakevin xwarê. Dema ku Emîr Huseyîn agirê şoreşê hilkir û bi Tirkan re ket nav şer, bi vê peymana nehênê agahdar nebû. Ji ber vê, her çendîn Şerê Cîhanê yê Yekem bi serkeftina dewletên sondxwarî yên hevpêmanê Emîr Huseyîn dawî pê hat, lê ew împaratoriya Emîr Huseyîn û 'Ereb li hêviyê bûn û xewa xwe pê dianîn, çênebû.

Vêca di vir de em dixwazin hinek behsa vê peymana han a nehênî bikin. Çunkî bi riya wê re em dikarin du tiştan bizanin:

1- Ew sebebên ku bûn asteng û heta demekê Ingîltere û Fransa nexwestin alîkariya Kurdan û 'Ereban bikin.

2- Dema ku Britanya xwest li Iraqê "Hukumeta Kurdistanê" ava bike, sebebê lihevnehatina Kurd û Ingilîzan an Şêx Mehmûd û Ingilîzan.

Li gor Pêmana Sykes-Picko ew welatên ku di netîceya Şerê Cîhanê yê Yekem de li hêviyê bûn ku ji Împaratoriya Osmanî cihê bikin, kiribûn pênc herêm.

Herêma Yekem: Bi navê "Herêma Sor" binav kiribûn û raste rast kiribûn bin îdareya Hukumeta Britanyayê. Besra, Bexda li Iraqê û mintiqeyên deryayî yên Heyfa û Akkayê li Filistînê, di nav vê herêma han de yanî "Herêma Sor" de bûn.

Herêma Duduyan: Bi navê "Herêma Hêşîn" bi nav kiribûn û ji wan ciyan re hatibû gotin ku raste rast kiribûn bin îdareya Fransayê. Ev beş an mintiqeya han, ji Kilîkyayê, perçek ji Anadoluyê û beşek ji rojavayê Sûriyê pêk hatibû.

Lê sê herêmên din ên di peymanê de cihgirtibûn, bi awayî xarê li ser biryar hatibûn dan.

Herêma Sisiyan: Bi navê "Herêma A" bi nav kiribûn. Ev jî perçek ji "împaratori"ya 'Ereban bû ku diketin bin çavdêriya (hîmaya) Fransayê û wilayetên Şamê, Helebê û Mûsilê bi ber diketin.

Herêma Çaran: Bi navê "Herêma B" binav kiribûn. Ev jî erdê di navbera Iraqê û Filistînê de ber diketin û dikirin beşa duduyan ya dewleta 'Ereban a di bin çavdêriya Hukumeta Britanyayê de.

Herêma Pêncan: Herêma Filistîn bû û navê wê danîbûn "Herêma Spî" û wekî herêmek navneteweyî qebûl kiribûn.

Vêca bi saya vê peymana han a nehênî bû ku Şerê Cîhanê yê Yekem bi serkeftina dewletên sondxwarî dawî pê hat û di ciyê ew împaratoriya ku 'Ereb li hêviyê bûn, li Hîcazê hukumeteke biçûk a 'Ereban çêkirin. Di netîceyê de Emîr Huseyîn ku bi xwe û kurên xwe ve bi 'erebên Hîcazê, Filistînê û Sûriyê re alîkariya leşkerên Ingilîzan kiribûn û bûbûn sebebê serkeftina wan li hemberî Tirkan, kirin Melik..

Em ê vê behsê li vir bihêlin, qasek bikevin nav çend rûpelên dîroka bûyerên dawîn ku li ser axa welatê Osmanî qewimîn. Me di pêş de dît ku Hukumeta Stenbolê ket bin çengê hêzên dewletên sondxwarî. Mustefa Kemal hat holê û li Asya Biçûk hukumeteke nû ya Tirkan danî. Li hemberî Hukumeta Stenbolê serhilda. Ingilîzan, piştî cezakirina Mustefa Kemal ji aliyê Hukumeta Sultan a Stenbolê ve tiştek bi dest nexistin, ji Yunanîyên dijminê Tirkan leşkerekî gelek zêde ên pirçek anîn ser. Lê van leşkerên han jî nekarîn tiştekî bikin û xwe ragirin. Di dawiyê de çekên xwe danîn ser milên xwe û ber bi Derya Spî ve meşiyan û leşkerên Kemalîstan jî ketin pê wan. Di 9ê îlona sala 1922an de Îzmîr ji aliyê Tirkan ve paşde hat standin. Di 20ê eynî mehê de neferê Yunaniyan yê dawîn jî ji Asya Biçûk (yanî ji Tirkiyê) derxistin û kesekî wan nema.

Piştî van bûyeran êdî dor hatibû ser bibîranîna mesela Mûsilê û derxistina wê ji bin destê Ingilîzan. Her çendîn siyasiyên 'Ereban Mûsil perçekî herî girîng yê Iraqê dihesibandin û di vî warî de bêtawîz bûn, lê Tirkan jî eynî bi wî çavî li Mûsilê dinêrîn, eynî wekî ku çawan Fransizan li Alsas Loren dinêrîn. Ba Tirkan bicihkirina "mîsaqê millî" bi standina Mûsilê ve girêdayî bû.

Ji ber vê, Ingilîz di xew de hay ji vê meseleyê bûn. Di sala 1921an de destê xwe dirêjî Fransizan kirin. Dixwestin wan bikin li dijî Tirkan, lê ev bi ser neket. Vêca ketin handana Yunaniyan. Bi hêviya bajarê xweşik ê Îzmîrê û çend bajarên din û bi hêviya çek û pereyan êrîş birin ser axa Tirkan. Lê di netîceyê de wekî çawan me behs kiribû, bi wî awayî ku me dît şikestin û paşde vegeriyan. Şikestina Yunanan heta demekê Ingilîzan guherand. Lê hewildana Tirkan di derbarê Mûsilê de gihîşt seviyek ku tirs tê de hebe. Êdî dibû Ingilîz fikra tiştekî din bikin. Ji bo Mûsil ji dest neçe pêwîstê lîstikên nû bûn. Navek re xwestin navbera Tirkan û îtaliyan xera bikin. Ji ber vê xwe nêzîkî Îtalyayê kirin. Di hinek kar û barên ku qazanca Îtalyayê tê de hebû çavlêgirtin. Dixwestin Îtalya bikin terefdarê xwe. Mûsil pariyek (loqmek) mezin bû. Ji bo daqurtandina vê pariya zivir û mezin hemî tiştê dabûn ber çavê xwe. Lê rewşa Îtalyayê ya hindur mecala xwenêzîkkirina Ingilîzan neda û ev isyaseta han jî bi ser neket.

Di netîceyê de tu çareya Ingilîzan nema û berê xwe dan Mustefa Kemal bi xwe. Bi hinek mercên ku li gor wan qazanca Tirkan tê de hebû, xwestin bi Mustefa Kemal re li hev bikin. Ji ber vê em dixwazin hinek li ser wan kirin û bûyeran bisekinin ku ji ber sebebê mesela Mûsilê rû dan û Ingilîz û Tirk, Tirk û 'Ereb an Kurd û Tirk çend salan bi xwe re mijûl kirin...

-67-

Faaliyetên Mustefa Kemal û Kurd

Tirkên bi Mustefa Kemal re bûn, wê çaxê bakûrê Iraqê dest avêtin handana xelkê û eşîretên Kurdan û bi van kirinên xwe Ingilîzan û Hukumeta 'Ereban a Iraqê kirin tengiyê. Wekî me got, Tirkan Mûsilê ya xwe dihesibandin. Ji xelkê wan herêman re digotin ku eger Mûsilê bê şer û bi xweşî nedin Tirkan, ew dê bi zorê, bi şer bistînin. Li gor Tirkan, di dema mutarekeyê de Ingilîz bêşer û bi hîle û fend ketin bajarê Mûsilê. Çi ji ber vê û çi jî ji ber hinek sebebên aborî, siyasî û şer, heta wekî ku Tirkan digotin: ji ber gelek sebeban mirov dikare qewmê Iraqê Tirk bihesibîne, xwe di doza vî welatî bi pît û bereket de xwedî maf dihesibandin. Vêca li milekî ev hewlên Tirkan û li bakûrê Iraqê di nav xelkê de propagandeya wan, li milekî din jî şoreşa mezin a 'erebên Iraqê ya sala 1920an, girîngtirîn sebeb bûn ku Ingilîz Feysel bikin Melik (1921) û bi vê jî heta demekê agirê şoreşa 'Ereban bitefînin. Tam di vê navê re li Stenbolê Wezareta Ferîd Paşayê Damad ket û wezareta nû biryar da ku xwe nêzîkî Hukumeta Mustefa Kemal bike. Ji ber vê, hêviya lihevhatin û yekîtiyê hat xuyakirin. Ingilîz jî ji wan kirinên xwe hatin xwarê.

Êdî hêvî bi Hukumeta Stenbolê û bi Sultan Wehdeddîn nema. Mustefa Paşa Yamûlkî ku di wextê Ferîd Paşayê Damad de Reîsê Dîwana Ûrfî (numara: 1) bû, bi lez di riya Sûriyê û Bexdayê re vegeriya Silêmaniyê. Şêx Mehmûd, hukumdarê derbeder ê Kurdan, bi bahaneya lênehatina av û hewayê ji wir anîn Kûweytê û nêzîkê Iraqê kirin. Bi vî awayî demeke ku Tirkan ji bo bidestxistina Mûsilê di warên şer û siyasetê de têdikoşîn û hewl ji bo serkeftin û pêşkevtinê didan, Ingilîzan jî hêdî hêdî siyaseta xwe ya berê diguherandin û mijûlê meşandina siyaseteke mûlayîm û hêmintir bûn. Çunkî dibû li ser siyaseteke wisan bimeşiyana ku bi wext û demê re li hev bike û bimeşe. Lê Mustefa Kemal cardin daket ser riya Ingilîzan. Tam vê navê re 'Elî Şefîq[(86)] bi grubek eskerên Tirk ve gihîşt Rewandizê (15yê hezîrana sala 1922an de). Yekî navê wî Remzî Beg ku di wextê Osmaniyan de li wê navçeyê mudurî yan qaymeqamî kiribû, berî hatina Ozdemir bi çend rojan (di meha gulanê de) li ser navê Mustefa Kemal hatibû wir û bi alîkariya Kurdan hakimê Ingilîzan ji Rewandizê derxistibûn. Bi vî awayî, ji ber sebebê propagandeyên Ozdemir û Remzî, di wê navçeyê de desthilateke Ingilîzan a bi wî awayî nemabû û xelkê bi tevayî pişta xwe dabû wan. Roj roja Tirkan bû, xeber û gotin jî para Ingilîzan. Gelek ji wan kesên ku çareyek ji Ingilîzan nedixwestin û xwe Tirk dihesibandin an hez ji Tirkan dikirin, tûşî davikê casûsên Ingilîzan dibûn û diketin tengî û astengan, ji Silêmaniyê, Kerkûkê, Hewlêre, Kifrê û bajarên din, heta ji Mûsilê û Bexdayê baz didan û berê xwe didan Rewandizê. Diçûn ba Ozdemir û li wir disitirîn. Ev bûyerên han bûn sebebê belavbûna propagandeyên Tirkan û xurtbûna hêz û desthilata Ozdemir. Programên ji aliyê vî "Paşa"yî ve ji komên nehênî yên Tirkxwazan re dihatin amade kirin, bi riya van kesên "penaber" re diçûn û digihîştin bajarên din. Bersîvên komel û dilxwazên Tirkan ên din jî her bi riya van kesan re digihîştin Rewandizê û diketin destê Paşa. Desthilata Ozdemir di nav eşîretên Kurdan de gelek belav bûbû û tiştekî henek nebû. Bi taybetî beşeke zêde Pîşderan û hemî Hemawendî serê wan di oxira Paşa de bû. Grubek Tirkxwazên nav bajaran, wan rojan welatparêzên Kurdan dijmin dihesibandin. Bi çi çavî li Ingilîzan dinêrîn li wan jî eynî. Welatparêzan jî navekî ecêb li wan danîbûn. Ji wan re digotin, "cilxwar". Lê tiştê ecêb ew bû ku Ingilîzan jî bi çavekî din li cilxwar û Kurdan dinêrîn. Yanî li ba Ingilîzan welatparêzên Kurdan jî dijmin bûn.

Vê siyaseta han Ingilîz jar û bêhêz kirin û bû sebebê serkeftina Ozdemir. Ew Ozdemirê ku bi hişyarî û zîrekiya xwe, bi pul û perekî kêm û bi çend eskerên Tirkan ve ba piraniya eşîretên Kurdan bi qedir û bi qîmet bû û li hemberî wî dijitiyeke ji aliyê xwendewar û lawên welatparêz ve jî nehat kirin. Çunkî ew jî ketibûn nav derd û kulên xwe. Hakimên Ingilîzan û kesên derûdora van nedihiştin ew bîr û fikra tiştekî din bikin. Komele hatibû belav kirin û desthilateke wan nemabû. Ew serokeşîretên bi komeleyê re bûn, yan xwe jê paş de kêşabûn an jî ji rikê Ingilîzan ve bûbûn dostên Tirkan. Nayê înkar kirin ku li gel vê jî, ew ji komeleyê aktîftir bûn. Ji ber ku Kerîm Begê Fettah Beg ê Hemawendî ku yek ji wan endamê komeleyê bû (Xwedê jê razî be) karîbû Ingilîzan têke tengiyê. Pişt re jî bi destê Ozdemir û bi alîkariye eşîretên din di 15yê hezîrana sala 1922an de, hêzên kirêgirtî yên Ingilîzan ji Ranyeyê derêxe. Piştî vê Ingilîz tirsiyan û Silêmaniyê terk kirin û bi firokeyan vegeriyan Bexdayê. Lê vê tu feydeyê negihand Ingilîzan. Qasek berê vê bûyerê, Ehmed Begê Rîşîn ê yek ji wan mezinên Cafan ku bi handana Begzadeyên Helebçeyê hatibû girtin û li Silêmaniyê kiribûn bin çavdêriya hukumetê, baz da û çû ba Cafer Sultan ê reîsê Hewramanan. Piştî bazdana wî, siwarên dewletê bi pê ketin, lê Ehmed Beg bi mêranî li hemberî wan sekinî û xwe neda dest. Piştî ku gihîşt Hewramanê jî hêzên hewayî şandin ser. Lê nêzîkî heft firokeyên Ingilîzan ji Çiyayên Hewramanê anîn xwarê. Yanî hukumetê nekarî tiştekî bi wî bike û Ehmed Beg li Hewramanê ba mirovên xwe ma. Kerîm Beg ku demek bû hêzên Ingilîzan li pê bûn, Bond û Makeyn kûşt û pişt re naçar ma û xwe gihand Ozdemir. Êdî alozî û têkelhevî bi tevayî ketibû Kurdistanê.

Şêx 'Ebdulqadirê Gulleneber li Sengawê bi zorî û kutekî qaymeqamî dikir. Henekên xwe bi Ingilîzan dikir. Roj jî ew roj nebû ku çavê xwe lê xwar bikin. Ji ber vê, Ingilîzan jî xwe sist kiribûn û çavê xwe li gelek bûyeran digirtin. Di nav vê têkelhevî û serûbiniyê de xelkê bajaran û qemçek xwendevanên bêserûber şaş û gêj bûbûn. Hinek ji kesên kevin ên ser dewra Osmaniyan û teqawît (xanenişîn) bi kesên tazî, rût, xwenenas û nezan re bûbûn yek û wekî Ingilîzan ew jî ketibûn ser ruhê welatparêzan. Beyannameyên Ozdemir li malan belav dikirin. Propagandeyên wisan dikirin ku hindik mabû Tirkan bînin Silêmaniyê. Êrîşê wan kesên xwe Kurd dizanîn û xwe welatparêz dihesabandin dikirin. Bi rastî jî propagandeyên van li ser kesên nezan tesîreke mezin kiribûn. Hêviyên xelkê şikestibûn. Welatparêz jî ji çav ketibûn û tesîreke wan nemabû.

-68-

Cem'iyetî Kurdistan

Dema ku rewş li Kurdistana Iraqê bi vî awayî bû, Mustefa Paşa Yamûlkî ji Stenbolê vegeriyabû û qasek bû li Silêmaniyê dima. Wî digot, li milekî ji bo ku mirov bikaribe li hember propagandeyên Tirkan û parastina Silêmaniyê ji êrîşên Ozdemir bisekine, li milekî din jî ji bo nûkirina ruhê niştimanî û hişê millî yê Kurdan, yanî bi fikra hewildana danîna riyeke nû ji bo damezirandina Kurdistaneke serbixwe, pêwîstî bi rêxistineke (komeleke) nû heye. Ev mesela han gelek belav bû. Vêca Mustefa Paşa ji hukumeta siyasî ya Silêmaniyê musa'ede wergirt û di 21yê tîrmeha sala 1922an piştî nimêja îniyê li Mizgefta Seyîd Hesenê Muftî xelkekî gelek zêde berhev bûn. Di derbarê vê meseleyê de Mustefa Paşa gotereke dûr û dirêj bi Kurdî xwend. Piştî vê bi helbijartina nehênî endamên damezrêner ên komeleyê hatin helbijartin. Navên wan kesan li gor hejmara standina dengan, ev bûn:

1- Refîq Hilmî : Nivîskarê van bîranînên han.

2- Ehmed Begê Tewfîq Beg, pişt re bû muteserrifê Silêmaniyê.

3- Fayîq Begê Maruf Beg, ji xizmên Se'îd Paşa yê bavê Şerîf Paşa.

4- Şêx 'Eliyê Serkar, xalê Hebsexana Neqîb.

5- Şêx Mehmûdê Gulanî, ji zanayên Silêmaniyê.

6- Salih Efendiyê Qaftan, yek ji wan bazirganê Silêmaniyê û zabitekî ser dewra Osmaniyan. Navek re li 'edadiye mamostê tarîxê bû.

7- Siddîq Efendiyê Heleke, bazirganekî bi nav û deng ê Silêmaniyê û birayê Kerîmê Heleke bû ku di Hukumeta Şêx Mehmûd de Wezîrê Darayî (maliye) bû.

Mustefa Paşa bi xwe ku damezrênerê komeleyê bû, bû serok û navê komeleyê jî kirin Cem'iyetî Kurdistan. Bi musa'edeya damezirandina komeleyê re, li ser navê komeleyê îzna weşandina rojnameyekê jî wergirtin. Mustefa Paşa, di derbarê endametiya min a di Cem'iyetî Kurdistanê de, bi îmzayê xwe û di tarîxa 22yê hezîranê yanî piştî civîna Mizgefta Seyîd Hesen, ji min re nameyek şand. Ev nameya han heta niha jî li ba min e û min ew di nav nivîsandinên wê dewrê de parastiye. Em cara yekem li mala Mustefa Paşa berhev bûn. Di nav biryaran de derketina rojnamekê bi sê zimanan jî (Kurdî, Farisî, Tirkî) hebû. Hejmara yekem a Bangî Kurdistan di 2yê tebaxa sala 1922an de hat weşandin. Ez (nivîskarê vê bîranînê) bi nivîsandina beşeke Kurdî û Farisî ve, bi taybetî berpirsiyariya redakteya nivîsên beşa Tirkî jî kiribûn ser milê min.

Dema ez di Mekteba Se'aded de bûm mamoste û ez vegeriyam Silêmaniyê, Kapitan Hullt alîkarvanê hakimê siyasî bû û li kar û barên dibistanan jî dinêriya. Ji bilî vê, di Mekteba Nimûneyê Se'aded de ji sinifa dawiyê re dersê Ingilîzî dida. Lê ev dersa han derseke taybetî bû. Ez dikarim bêjim xwendevanên vê sinifa han bi saya dersdayîna Hullt gihîştibûn seviya xwendevanên taybetî. Dersên wisan hebûn du seet dikişandin. Ji ber vê, Hullt dersên xwe xistibûn dawiya hemî dersan. Hinek ji wan xwendayan bi pêş ketin û di kar û barên hukumetê de ciyên bilind girtin.

Omerê Sadiq Efendî(87) yek ji wan xwendevanan bû. Pişt re ev Kurd di ordiya Iraqê de bû zabit, lê di Şerê ordiya Iraqê û yê Şêx

Mehmûd de li Awbarîkê hat kûştin. Vêca dema ku ez vegeriyam Silêmaniyê û çûm dibistanê, eynî rojê Reşîd Zekî Kaban ê mudurê mektebê, ez şandim ba Hullt. Dema ez çûm ba wî, wî ji min re got: "hêviya min ew e ji vir şûn de tu xwe ji siyasetê dûr bikî û mijûlê hîndekarî û perwerdekirina xwendevanan bibî û di vê riyê de xizmeta welatê xwe bikî..." Min jî di dilê xwe de hêvî dikir ku ez nêzîkî siyasetê nebim û serê xwe pê neyêşînim. Ji ber vê, heta roja Cem'iyetî Kurdistanê hat damezirandin, timahiya min di nêzîkbûna siyasî de tunebû. Tenê ew ne tê de ku di dema helbijartina endaman ji bo Meclîsa Rêvebirinî, wekî ku min berê behs kiribû, navê min di mezbeteyekê de ji hukumetê re hatibû dan, lê bi nameyeke îmzayê Hullt hatibû betal kirin. Vêca ji ber vê rewşê û li dijîtiya Hullt an helwêsta hukumeta siyasî li hemberî min, roja civîna li Mizgefta Seyîd Hesen li ser daxwaza yek-du hevalan bêyî mebesteke taybetî û tenê ji bo lênêrînê ez çûbûm mizgeftê. Ew yek qet nehatibû bîra min ku dê navê min jî bê dan û ez ê bibim endam. Lê piştî netîceya hejmartina dengan ku bi dengê herî zêde ez bûm endamê Cem'iyetî Kurdistanê, min pêwîst zanî ku ez biçim Hullt bibînim. Çunkî min xwest di derbarê vê komeleyê de fikra hukumetê jî hîn bibim. Li milê din jî ji bo min hînbûna fikra Hullt gelek pêwîst bû. Dibû ez bizanim ka gelo di derbarê helbijartina min ji bo endametiya komeleyek wiha de, çi dibêje? Dê ji min daxwaz bike ku ez careke din jî xwe jê dûr kim an ne? Yanî min dixwest zelal bibe ku ji aliyê Ingilîzan ve bi awakî eşkere piştgiriya vê komeleyê tê kirin an ji dûr ve çaveriya wê dikin û di riya Mustefa Paşa re îdare dikin? Ji ber vê jî ez çûm ba Hullt. Çawan çavê wî li min ket, nehîşt ez biaxivim. Bêsekin hilda û got: "pîroz be. Bi rastî ev baweriya xelkê ya bi te heyî, ciyê pîrozbahiyê ye, ez hêvidar im ku tu bikarî xizmeta qewmê xwe bikî". Min bersîva wî da. Min jê re got ku ji van gotinên te tên xuya kirin ku ev komeleya han nabe komeleyeke siyasî. Çunkî tu ji min re nabêjî ku ez ê xwe jê dûr bikim. Ji min re got: "Ez bawer nakim komele tiştekî wisan bike ku xerabî jê sadir bibe". Êdî firset neda min ku ez pê re dirêj bikim. Bi bahaneya ku karekî wî hebe, destê min şidand û em bi hev re ji odeya wî derketin. Pişt re min dûr û dirêj melheze kir. Têkelbûna di nav vê komeleyê yan jê dûr ketin, gelek tişt hatin bîra min. Lê di netîceyê de min baş zanîbû ku ez di komeleyê de bimînim. Li gor baweriya min, feyda min a tê de ji xizmetê re baştir bû. Bêguman li gor rewşa ku min ji xwe re tespît kiribû û ez bikarim li ser bimeşim.

Mustefa Paşa bi xwe amadekarê Bangî Kurdistan bû. Her çendîn nivîsandinên min gelek asteng derxistin ser riya me, lê cardin kêm û zêde min gelek nivîsandinên baş di rojnameyê de diweşandin. Bi Kurdî û Tirkî çi ji min hat û ji bo Kurdayetiyê min çi baş zanîbûn min dinivîsandin û belav dikirin. Wê çaxê, bi taybetî kerbê min gelek ji "cilxwar"an vedibû û ez ji wan gelek diqehirîm. Ji ber ku kerbê wan gelek ji Kurdayetiyê vedibû, min ji nivîsandinên di vî warî de û yên di derbarê Kurdayetiyê de ta'm û haz distand.

Mustefa Paşa -gelek mixabin- ji ber hesabê der ji Ingilîzan diqehirî. Ji ber vê, Kurdên xwîngerm û welatparêz gelek pê bawer nedikirin. Cilxwaran mirovê Ingilîzan dihesiband û gelek ji wan aciz dibû. Ji tevan zêdetir jî nerehetiya zimanê wî bû. Piştî vegeriya Silêmaniyê, ew nav û dengê wî yên ji dûr ve hebûn ber bi qelsiyê ve diçû. Şêx, mela, tucar, karker, xwendevan û hemî sinif û tebeqeyên bajarê Silêmaniyê her yekî bi awakî xeyîdandibûn û ji xwe dûr xistibûn. Yanî di nav rewşek wisan de nebû ku xwe nêzîkî xelkê Silêmaniyê bike.

Her çendîn mîrlîwayekî erkanê herb bû, lê xwe kesekî wekî xwediyê zanista bilind nedizanî û şert û şurûtên civakî zêde girîng nediditin.

Tenê exlaqekî wî yê baş hebû, ew jî Kurdekî baş bû û di wextê xwe de di nav Dewleta Osmanî de xwediyê cih û şûnekî bilind bû û Kurdekî xalis ê bêkibir hatibû naskirin. Di dema tengî û zehmetiyê de hatibû hawara xelkê Kurd û welatê xwe. Vêca ji ber van sifetên wî, ew kesên wî nas dikirin û hinek agahdariya wan li ser rojên wî yên debdebe hebûn, qedrê wî digirtin û li der û dora wî dihatin hev. Em dirêj nekin. Her çendîn jê nedihat hêvî kirin, lê rojnameya Bangî Kurdistan û Cem'iyetî Kurdistan kêm û yan zêde xizmeta Kurdayetiyê û mesela Kurd kirin. Bi saya Bangî Kurdistan bû ku berê Şêx

Mehmûd ji Hindistanê vegere, bajarê Silêmaniyê bûbû wekî berê û bûbû navçeya tevgera Kurdayetî û bilindbûna dengê welatparêzan.

Mustefa Paşa û Îsmaîl Axayê Şikakî (Simko)

Mustefa Paşa, li Silêmaniyê xwediyê desthilateke xurt nebû. Lê Tirk gelek jê ditirsiyan. Bi taybetî piştî damezirandina Cem'iyetî Kurdistan û weşandina rojnameya Bangî Kurdistan ev tirsa han hê zêdetir bû. Ji ber vê, gelek hewil didan ku wî bê tesîr bikin. Ji bilî vê, kirinek din jî bi tevayî Tirkan li ser Mustefa Paşa xistibû nav endîşeyek mezin. Ji ber ku wê çaxê bi nehênî çûbû ba Simko. Di meha kanûna paşî ya sala 1921an de, Îsmaîl Xan ê serokê Eşîreta Şikakan ji sînorê rojavayê Îranê şoreşeke mezin da destpê kirin. Berî hemî tiştî li dijî Nastûriyan rabû.

Nestûrî bi awakî xerab şikandin û Marşem'un kuşt. Bi vî awayî tirseke mezin xist wê navçeyê. Nêzîkî 40 hezar asurî cih û warên xwe terk kirin û xwe avêtin ba Ingilîzên Iraqê û bajarê Baqûbe û li der û dora wî hatin bicih kirin. Piştî vê bûyerê hêzeke mezin ket destê Simko û di Îranê de dest avêt sazkirina nerehetiyan. Hemî bajarê Urmiyeyê û beşeke zêde ji Tebrîzê xist bin hukmê xwe. Di rûyê dilhişkî û tirsa vî qehremanê Kurd de ahaliyê Azerbaycanê ji herçar milan ve dest bi barkirinê kirin. Xelkên Seblaxê (Mahabad), Serdeştê û der û dorên wan, hêdî hêdî welatê xwe terk dikirin. Hinek ji van jî hatin Silêmaniyê. Me behsa tund û tûjiya nav û dengê Simko, bi hatina van muhaciran re seh dikir. Di vê navê re şerê Tirkan û Yunaniyan di Asya Biçûk de bi germî berdewam bû. Ji ber vê, tevgera Simko li ser sînorê Îranê û Tirkiyê û belavbûna desthilat û nav û dengê wî, Tirk ketin nav endişeyê. Tirk ditirsiyan ku ev tevgera han bi riya komeleyên siyasî yên Kurdan re rengekî din bigre û bizivire ser bareke din. Yanî bibe tevgerek siyasî, neteweyî û Kurdistana Tirkiyê jî bide ber xwe. Lê nedikarîn bi lez hereket bikin û destê xwe dirêjî Simko bikin. Çunkî bi leşkerên Yunanan re li hev ketibûn. Roj ew roj nebû dijminekî din ji xwe re çêkin. Ji wê jî ditirsiyan ku xeyîdandina Simko bibe sebebê ew tiştê ku jê ditirsan. Ji ber vê, heta demekê jê re pişo pişo kirin. Bi nermî pê re hereket kirin. Heta bi navê diyarî hinek çek, posat û çend şeştîr danê û tirsa ku tê de bûn ji ser xwe avêtin. Simko bi vê xapiya. Xwe nêzîkî Tirkan nekir. Heta bi handana nehênî ya Tirkan -ku ji bo armanca karên xwe dikirin- hê zêdetir destê xwe avêt pêsîrê Îranê û hêzên wan kir nav tengiyek mezin. Lê Tirk ji nişkave hişyar bûn û çavê xwe vekirin. Çûna Mustefa Paşa ya ba Simko hiş û aqil li serê wan nehişt. Vê navê re Îranê leşkerek mezin anî ser Simko. Simko, li hemberî vî leşkerê han hêdî hêdî paşde kişiya û xwe nêzîkî sînorê Tirkiyê kir. Wî, Mustefa Kemal dijminê xwe dizanî. Ji Nemrûd[88] gelek ditirsiya. Di netîceya çûna Mustefa Paşa ba Simko û nêzîkbûna Simko ya sînorê Tirkiyê, zêdetir tirs xist ser wan. Bi ser van tevan de jî vê navê re Yunanan dest avêtin hinek pîlanên din. Biryar dan ku êrîşê Stenbolê bikin. Ji bo vê êrîşa han dest bi haziriyan kirin. Her çendîn Fransa û Îtalya li dijî vê kirina han bûn -heta Ingilîz bi şeklî- ji bo parastina Stenbolê ji leşkerên Yunaniyan, ji Maltayê hinek leşkerên din gîhandin Stenbolê û hêzên sondxwaran bi hêztir kirin. Lê Mustefa Kemal ji van fêl û fendan gelek bawerî nekir. Tirsiya ku di navbera du agiran de bimîne. Ji rojhilat ve agirê şoreşa Simko û ji rojava ve jî agirê leşkerên Yunanan. Ji ber vê, li hemberî Simko gelek bê merhemetî hereket kir. Rast e, Mustefa Paşa çûbû ba Simko ku berî şoreşa wî bide nav axa Tirkiyê û ji bo vê mebesta han hinek pere û cewahir jê re biribûn. Lê qasî ku me seh dikir, agahên wî ji karên nehênî hebû û Simko li gor daxwazên Paşa nemeşiya bû. Li gel vê jî ji ber sebebê şik û tirsê, hêzên Tirkan li ser sînor nesekinîn. Qeflek siwarên xwe yên xurt û sivik, şevekê bi dizî nêzîkî navçeya leşkergaha Simko kirin.

Simko, ku tirsa wî ji Tirkan tunebû û heta dixwest alîkariya hêz û çekan jî ji wan bigre, ew bi leşkerên xwe ve di xewa şêrîn de, ketin ber gulleyên tiving û bombeyên Tirkan. Di vê şeva han a xwînavî de gelek ji mirovên Simko yên giregir û jinek wî hatin kûştin û kurê wî Xusro jî esîr ket destê Tirkan. Ji bilî vê, pereyên di xezîneya wî de hebûn talan kirin. Simko bi xwe nehat kûştin, rizgar bû û piştî vê bûyera han, bi xwe, birayekî wî û bi qefleyek mirovên xwe yên siwarî ve, paş de kişiyan û hatin derûdora Rewandizê. Demek bû ji Silêmaniyê grubek ji zabit û xortên welatparêz ên Kurd pêkhatî, bi navê "bazdan"ê ji Silêmaniyê çûbûn Seqizê. Lê di rastiya xwe de ew ji bo alîkariya Simko li ser biryara komeleyê çûbûn Îranê. Mebesta wan rêxisitna şoreşê bû. Hêvî dikirin wê serhildanê biguherînin û bikin şoreşeke Kurdî û siyasî. Lê ev rewşa Simko û bûyera ku bi serî de hat, bû sebebê bêhêvî û vegera wan kesan ku hê ji Seqizê derbas nabûbûn.

Li milekî din jî leşkerên Mustefa Kemal di 26ê tebaxa sala 1922an êrîş birin ser leşkerên Yunanan. Li Dumlupinarê ew xerab şikandin. Vêca hêdî hêdî bi pêş ketin û heta gihîştin Uşakê. Li vir jî piştî şerekî giran leşkerên Yunanan bi carekê de belawela bûn û ber bi Îzmîrê ve ketin rê. Êdî leşkerên Tirkan di 9ê îlonê de ketin Îzmîrê û ji bilî vê di 1ê îlonê de ji bakûr ve jî leşkerekî duduyan ê Tirkan berê xwe dan Îzmîrê. Yek di pê yekê de bajarên Bîlecîkê, Eskîşehirê û Kutahyayê girtin. Di 11yê îlonê de bajarê Bursayê û di 14yê eynî mehê de Mudanye jî ket destê Tirkan. Di 20ê îlona sala 1922an de hemî Anadolu û qeraxên Derya Marmarayê ji leşkerên Yunanan paqij kirin[89].

MESELA MÛSILÊ Û HUKUMETA ŞÊX MEHMÛD A CARA DUDUYAN

Di behsên pêş de ji me re eşkere bû ku di salên 1921-1922an de çi hewildan, eziyet û têkoşînên ji bo mebesta şikandina Mustefa Kemal û leşkerên Tirkan hatin tecrubekirin, yek jî bi ser neketin. Çunkî Mustefa Kemal û hevalên wî li hemberî hemî serhildanan û bûyerên ku qewimîn bi awayekî ku ne karê hiş û aqil be li ber xwe dan. Li hemberî biyaniyên Stenbolê û hêzên Xelîfe, li hemberî leşkerên Yunanan li Anadoluyê û li Tirkiyê, li hemberî Fransizan û Ermeniyan li Kilîkyayê, li hemberî Ermeniyên Êrîvanê li Qafqasyayê, bi kurtî li hemberî fêl, fend û munewrayên Ingilîzan li Stenbolê, li Ewropayê, li Iraqê û li Kurdistanê, yanî herçar aliyên welatê xwe girtin û teslîm nebûn. Bi vî awayî ku bi ser wan hemî bûyeran de bi serketin û hêviya wan a ji nû ve jiyanî çêbû, vêca berê xwe dan mesela Mûsilê. Ji ber ku Tirkan li gor mîsaqa xwe ya millî dev ji van welatan bernedabûn û doza wan ciyan dikirin. Hukumeta Ingilîz jî li hemberî van daxwazên Tirkan bahaneya Kurdistanê di destê wan de bû. Yanî careke din bîra damezirandina hukumeteke Kurdî kirin û biryar dan ku Şêx Mehmûd bînin Silêmaniyê. Wê rojê tedbîrek ji vê baştir nedihat bîra wan. Kurdistana Iraqê, wekî me got, bi tevayî li navhev ketibû. Hevsarê îdareyê ji destê Ingilîzan derketibû. Hukumeta sava ya Iraqê hê îdareya Kurdistanê û bi taybetî ya Silêmaniyê negirtibû destê xwe û ev herêma han raste rast di bin desthilata Mendubê Samî de mabû. Çunkî Iraq hê negihîştibû rêza dewletek wisan ku bi ser hemî ew kar û barên xwe de destê xwe dirêjî Kurdistanê jî bike. Lê ew êdî li ser Ingilîzan jî giran rûdiniştin. Wan dixwest demek zûtir ji bin barê pêwîstiyên leşkerî derkevin. Ew leşkerên ku piştî xelasiya şer ji Iraqê paşde nehatibûn kêşandin û ji ber sebebê asteng û têkelheviyên li pêy hev ên xelkên vî welatî -çi yên Kurdan çi yên 'Ereban- demek jî be rehetî û aramî ji wan re çênebû.

Lê tefandina van serhildanan li ser xezîneya Britanyayê gelek giran rûdinişt û aboriya welatê Ingilîzan kiribû nav tengiyê. Bûyerên Kurdistanê jî gihîştibûn seviyek wisan ku pêwîstiya wan bi guherandina siyasetê, bi gotineke ronîtir, pêwistê îdareyeke neteweyî dikir. Piraniya Kurdên Iraqê pişta xwe dabûn Ingilîzan. Serhilderan mezbete li ser mezbeteyan dinivîsandin û daxwaza paşdeanîna Şêx Mehmûd û damezirandina hukumeteke Kurdî dikirin. Ji bilî van, êdî ji bo Ingilîzan jî dem hatibû ku bi Ozdemir re hesabê xwe xelas bikin. Dibû ew vê hêza biçûk a Tirkan ji Rewandizê derêxin û ji sînorê Wilayeta Mûsilê dûr bixin. Yanî pêwîst bû ku di vî welatî de û di nav Kurdan de dawî bidin propagandeyên Tirkan. Lê çawa ku aboriya Britanyayê ne di wê rewşê de bû ku bikeve bin vî barê giran, eynî bi wî awayî hinek sebebên siyasî jî wisan dixwestin ku berê mesela Mûsilê têxin bin muzakereyê û hukumeteke Kurdî derkeve pêş û Kurdistan zindî bibe. Yanî qewirandina Ozdemir û hêzên Tirkan ji Rewandizê ji Hukumeta Şêx Mehmûd re mabûn.

Bi kurtî, ji bo siyaseta wan a wê rojê wisan dest dida ku ev karê han ji aliyê Kurdên xwediyê wî welatî bi xwe ve bê bicih kirin. Wê çaxê Şêx Mehmûd hê li Kûweytê bû. Ew bi hinek dost û terefdarên xwe re di nav danûstandina nameyên nehênî de bû û haya wî ji mezbeteyên di derbarê paşdeanîna wî ya Kurdistanê ji Ingilîzan re dihatin dan, hebû. Kerîm Begê Fettah Beg, tam vê navê re bû ku du Ingilîz kûştin û çû gihîşt Ozdemir. Piştî vê bûyerê, Kurdan û hêzên Ozdemir bi hev re êrîş birin ser Ranyeyê û Ingilîz jê derxistin.

Şêx 'Ebdulkerîmê Qadir Kerem, yek ji wan kesên dostê Ingilîzan û kurmamê Şêx 'Ebdulqadirê Gulleneber, wê çaxê roleke mezin leyîst û di nivîsandina hinek ji van mezbeteyan û di daxwaza paşdeanîna Şêx Mehmûd de tesîrek wî ya mezin hebû. Mustefa Paşa Yamûlkî jî bi riya çûn û hatina xwe ya ba Ingilîzan û bi guftûgoyên xwe yên bi bereyên Şêxan re -bi taybetî li gel Şêx Qadirê Hefîd û Hebsexana Neqîb[90] - beşdarê vê mesela han bû. Lê dema ku li navçeya Silêmaniyê û li derûdora Silêmaniyê ev xebat û kirinên han dihatin meşandin, Tirkên Rewandizê (kesên li derûdora Ozdemir) gelek beyanname li Kurdistanê belav kirin. Ji van beyannameyan hinek jî şandin Silêmaniyê. Wisan dixuya ji paşdeanîna Şêx Mehmûd ditirsiyan. Ji ber vê êrîş dibirin ser wan kesan ku bi mesela Kurdî re mijûl dibûn û çaveriya vegera Şêx Mehmûd dikirin. Ji gotinên "cilxwar"an û beyannameyên Ozdemir, wisan dihat xuyakirin, gelek ser de naçe dê Tirk vegerin bajarê Mûsilê. Di wê navê re, piştî ku Ranye ket destê Kurdan, propagandeyên Ozdemir tiştên din belav kirin. Wan digot ku beşek ji hêzên Ozdemir di bin serokatiya Kerîm Beg, 'Ebbas Mehmûd Axa û çend zabitên Tirkan de berê xwe dane Silêmaniyê. Ingilîzên li Silêmaniyê li ser van xeberan ketibûn tengiyê û ji xwe re ciyekî nedidîtin. Dema ku van xeberên han seh kirin, tam ketin nav endîşeyê. Êdî destavêtina sererastkirina Iraqê nêzîk bûbû. Ji ber vê, wekî me di ciyê wê de behs kiribû, bi firokeyan ji nişkave Silêmaniyê terk kirin û berê xwe dan Bexdayê (5ê îlona sala 1922an).

Belê, bi vî awayî Silêmaniyê vala kirin û Silêmanî bê hukumet ma. Ji ber vê, wekî me di pêş de behs kiribû, bêsekin di mekteba 'edadî ya zemanê Osmaniyan de -ku berê kiribûn dayîreya hakimê siyasî- di bin serokatiya Şêx Qadirê birayê Şêx Mehmûd de civînek hat çêkirin û ji bo parastina bajarê Silêmaniyê li hemberî Tirkan û eşîretan û ji bo li hember sekinandina xerabî, talan û bûyerên din ku bibîra wan nehatibe, ketin nav muzakereyan. Nehezên Kurdan, bi taybetî Tirkperestan di vê civîna han de xwe eşkere kirin û dixwestin têkelhevî bikeve nav bajêr û ew kesên ku di mektebê de berhev bûbûn bièşînin û wan belav bikin. Di vê navê re, piştî çûna Ingilîzan, Kerîm Begê Fettah Beg ji Rewandizê hatibû Silêmaniyê û ji Ozdemir re kar dikir. Di germiya muzakereyan de miroveki xwe şand mektebê ku propaganda gihîştina leşkerên Tirkan û eşîretan li Silêmaniyê di nav xelkê de belav bike. Her çendîn ev ne rast bû û ji bo rûdana têkelhevî û aloziyan hatibû kirin, lê gelek kesan bawer kirin û civîn terk kirin. Lê lawên welatparêz û beşa piraniya bajêr bi xwînsarî xwe ragirtin û heta ku biryar ji bo danîna Meclîsa Millî nehat dan, xwe ji ciyên xwe tev nedan. Vê navê re Kerîm Begê Fettah Beg bi çend mirovên xwe ve ketin komeleyê û Mustefa Paşa girtin û birin avahiya hukumetê. Li wir mirovên xwe li ber danîn û ew hepis kirin.

Kerîm Beg, Mustefa Paşa tawanbar dihesiband. Wî digot, ew ji aliyê Hukumeta Tirkan ve hatiye xwestin û ew dê wî bişînin ba Ozdemir. Me'neya vê gotinê fewtandina Mustefa Paşa, yanî ji ortê rakirina wî bû.

Meclîsa Millî ya Silêmaniyê di bin serokatiya Şêx Qadirê Hefîd de hatibû damezirandin. Êdî parastina hemî ferdên Kurdan, asayîşa giştî ya bajêr û parastina wê, bi kurtî parastina hemî kesên bêguneh û bêdesthilat diket ser milê vê meclîsa han. Vêca bi rastî jî meclîsê ew wezîfeya ku ketibû ser milan bi awakî gelek baş bicih kir. Biryara rizgarkirina Mustefa Paşa ji hepsê û parastina wî ji destê Tirkan da. Grubek lawên welatparêz ketin nav hawar û qêrînî, bi heşameteke mezin bi xelkê re êrîş birin ser zîndana hukumetê. Bi zorê Mustefa Paşa derxistin û bi xwepêşandaneke mezin û birêz birin mala wî.

Berê Vegera Şêx Mehmûd Rewşa Silêmaniyê Şahîya Hilkêşandina Ala Kurdistanê

Hê Ingilîzan Silêmaniyê terk nekiribûn, min bi saya navbirdana mekteban, ji bo ez ji Bangî Kurdistan re aboneyan berhev bikim, çûbûm Kerkûkê. Min li wir jê re çend abone çêkirin. Lê dema ku min seh kir Ingilîzan bi lez û bi firokeyan Silêmaniyê terk kirine, min xwest ez vegerim. Xelk jî bi vî awayî bazdana Ingilîzan ecêb û devvekirî mabû. Xetên telgrafê yên ji aliyê Kerîm Beg ve hatibûn birîn, hê nehatibûn girêdan. Xeberên rast ji Silêmaniyê nedihatin seh kirin. Herkesî li gora dilê xwe diaxift. Her çend me dizanî Şêx Mehmûd ji Kûweytê derketiye û hatiye Bexdayê(91) û me seh kiribû ku bi Melik Feysel û Mendubê Samî re jî ketiye nav muzakereyan, lê xeberên di vî warî de ku mirov bikare jê bawer bike û qîma xwe pê bîne tunebûn. Ji ber vê, ez gelek bi lez bûm û min dixwest ez xwe bigihînim Silêmaniyê. Min digot ku, dibê Cem'iyetî Kurdistan xebat bike û xwe bileqîne. Dest bi kar bike. Têbikoşe ku ji zeman îstîfade bike û li gor programa komeleyê ji Kurdan re tişteki bike. Lê tu wasiteke nekliyê bi dest nediket û di navbera Kerkûk û Silêmaniyê de çûn û hatin nemabû. Tam di vî halê han de Seyîd Ehmedê Hencîre hat Kerkûkê û li mala Hacî Ewla ('Ebdullah)(92) dima. Ew ji aliyê Meclîsa Millî ya Silêmaniyê ve, weya ji aliyê Şêx Qadir ve ji bo dîtina Ingilîzên Kerkûkê û muxabereya bi Bexdayê re hatibû şandin. Mebest ew bû ku roja vegera Şêx Mehmûd û xeberên di vî warî de bizanin ku li gor wê dest bi kar û barên rêxistinî û pêşwaziya Hukumdarê Kurdistanê bikin. Ev ji min re firseteke baş bû. Piştî ku Seyîd Ehmed karê xwe temam kirin, ez bi otomobîlê bi wî re vegeriyam Silêmaniyê (Tîrmeh 1922).

Ji xelkê gundan û derûdoran, ji eşîretan û ji kesên ku di rojên wiha de xwe nêzîkî Şêx Mehmûd dikirin, heşameteke gelek zêde xelk rijiyabûn Silêmaniyê. Ez bi hêvî bûm ku Cem'iyetî Kurdistan hinek kirinan bike, lê nehatibû bîra min ku Cem'iyet bi serê xwe nagere. Her çend heta Ingilîz li Silêmaniyê bûn, ku tu şik tê de nebû tiliya wan tê de hebû, lê min nedizanî dema ku Ingilîz ji meydanê rabin dê makîneya komeleyê bi carekê ji kar bikeve. Yanî min nedizanî ku azadî di wê rojê de gotineke pûç û bême'ne ye û nabe em ji xwe re rewa bibînin.

Lê piştî vê, ez bi qîmeta wan komele û cem'iyetan têgihîştim ku bi îşareta biyaniyan tên damezirandin û baş ji min re eşkere bû ku ev cure komeleyên han -ger ji aliyên kesên baş jî ve bên vekirin- ji bo timahiya başî û çakiyê nayên vekirin. Vê jî dane ciyekî, gelek caran ev cure komeleyên han bi mebesteke taybetî û raste rast ji bo xizmeta siyasetê bi îşaretên karbidestan tên vekirin û ji aliyê wan cure kesan ve tên damezirandin ku siyasetê ji xwe re kesp hesêb dikin. Eger welatparêzekî dilsoz an endamekî pak û bêhîle di komeleke wiha de derkeve pêş, qet şaş nehesibînin û bizanin ku ew endam ber bi şaşiyê ve diçe û ji ber dilpakiya xwe bawerî bi durûtiya xelkê kiriye. Eger wiha nebe, dibê ketibe mejî ku bikare bi zorî bi astengên kêm, feydek wî ya zêde bigihîje neteweyê wî û xizmeta welatê xwe bike.

Bi kurtî di rûyê neşarezatiya xwe de, bi min ecêb dihat ku Cem'iyetî Kurdistanê wê çaxê ku di rewşek wiha de ev bûyerên han diqewimîn, bi riya wê re Hukumeta Kurd dabimezre û Kurdistan bê damezirandin. Di şûna ku ew dest bi kar bike, van karan li ciyekî berhev bike, ji bo danîna programeke nû biryarê bide, ji bo van rojên wiha giran milê xwe rade û raberizînên siyasî derêxe pêş, ji ber xwe ve û bêyî zorek bi ser de hatibe, belav bibe û ji kar bikeve.

Mustefa Paşa yê serokê Cem'iyetî Kurdistan, ji ber karên xwe pê re nedigihîş ku bê cem'iyetê. Ew jî wekî muxtar û axayan bi pê Şêx Qadirê Hefîd ketibû û bi wî re mijûl bû. Rojnameya Bangî Kurdistan di ciyê ku rûpelên xwe zêde bike û qet nebe di rojeke wiha de bibe rojane, maqaleyên Kurdayetî û netewayetî yên xweşik tê de bên nivîsandin, geşkirina ruhê millî û fikra Kurdayetî tê de bên weşandin, dengê Kurdistanê li çar aliyên cîhanê belav bike û bibe sebebê herî bi hêz yê belavbûna bûyerên wê rojê yên Kurdistanê -gelek mixabin bi eksên van- bi carek bêdeng û kerr bû. Rojnameyê jî destûra xwediyê xwe bicih dianî û di pêwîsttirîn demê de ji meydanê rabû û hat jibîrkirin. Ji ber vê, min xwest ez abonetiyan bişînim Kerkûkê. Lê Paşa nehişt û pere ji min standin[93] . Ji ber ku bi gotin Bangî Kurdistan mabû... Min dev ji van hewildanên xwe bernedan. Çi bi Mustefa Paşa yê serokê Cem'iyetî Kurdistanê re û çi jî bi serokê Meclîsa Millî Şêx Qadirê Hefîd re, heta min karîbû ez mijûl bûm. Bi navê ku ez endamekî cem'iyetê û nivîskarekî Bangî Kurdistanê bûm, min li ser xwe ferz dizanî ku hewl bidim û xizmetê bikim. Lê tu feyde nekir û kesekî bersîva min neda. Ba hinekan jî ev têkoşîna min ecêb dihat dîtin û henekên xwe bi min dikirin. Di vî halê han de wisan li min dihat ku vê carê jî dê firset ji destê me biçe û sermaya di destê me de ye dê pûç bibe. Yanî barek nedanîbûn ser pişta Kurdan ku wî hilgirin û bimeşînin. Bi gotineke sade û rewantir, bingehek ji hukumeteke Kurdî re nehatibû danîn. Belko li ser hesabê Kurd û Kurdistanê "temsîlek"e nû di dest de bû.

Li gel van jî, "perde"ya yekem a vê "temsîl"a han ez jî şaş kirim. Wisan li min kir ku ez hîs bi tiştekî bikim. Tevzîneke şadiyê di laşê min de bê û xwîneke germ û xweş di demarên min de dest bi gerê bike.

Hilkêşandina Ala Kurdistanê

Li mala Şêx Qadirê serokê Meclîsa Millî civîneke mezin hat çêkerin û piştî guftûgoyêke dûr û dirêj, biryar hat dan ku li Mizgefta Mezin civîneke giştî çêbe û bi destûreke resmî alaya Kurd a resmî bê hilkêşandin. Ew roja ku ji bo vê civînê hatibû tespîtkirin, nêzîkî 10 hezar kes di mizgefta navê wê derbas bûyî de berhev bûn. Endamên Meclîsa Millî di nivê hewşa mizgeftê de, li ciyê hewza îro de, birêz li ser kursiyan rûniştibûn. Xwendevanên dibistanan li pêşiya wan rêz bûbûn. Bi dengên xwe yên şêrîn û xweşik, keç û kuran bi hev re sirûdên millî dixwendin. Mirov dixwest ku di vê hîna han de rûndik ji çav nerijin. Ez li ser rûyê dinyayê nebûm. Ez li asîman, per û çeng bi min ve û di nav xeyaleke kûr de difiriyam. Ez ji nişkave derketim ser kursiyê. Bêyî li kaxezê binêrim, min jiber gotareke dûr û dirêj xwend. Gotin wekî teyrokê ji devê min derdiketin. Lê, bi rastî di nîvê gotarê de tevzeke sar di laşê min de hat xwarê. Bû çirke çirka diranên min û çokên min lerizîn. Gelek nemabû ku ez ji ser kursiyê bikevim. Lê min xwe ragirt û bi çi halî be jî min gotara xwe xelas kir.

Vêca li ber sirûdên taybetî yên xwendevanan û li ber dengê muzîqeya eskerî ala Kurdistanê ya biqedir, hêdî hêdî bilind bû û pêl da...

-69-

Rewşa Meclîsa Millî

Min ji wê rojê şûn de heta vegera Şêx Mehmûd ya Silêmaniyê, careke din Şêx Qadir nedît. Mustefa Paşa jî wisan dixuya ji min xeyîdî bû. Ji ber ku wekî berê dernediket û heta ez neçûma balê pirsa min nedikir. Di ciyê xwe de nedisekinî û nedizanî ka westan çiye. Bi Şêx Qadir re tedarika heyeteke ku biçin pêy Şêx Mehmûd dikirin. Heyeta bajarê Silêmaniyê di bin serokatiya serokê Meclîsa Millî de hat rêxistin ku endamên wê yên naskirî Mustefa Paşa û hinek kesên biqedir û qîmet ên Silêmaniyê bûn. Li milekî xelkê çaveriya vegera Şêx Mehmûd dikir û li milê din jî behsa hatina leşkerên Tirkan û Eşîreta Pîşder a li ser Silêmaniyê dihat kirin. Wê çaxê min çend caran bi tenê yan jî bi zabitên mezin ên Kurd re hewil da ku xwe bigihînim Şêx Qadir û meclîsê. Lê her carê bi awayekî rê li ber me hat girtin.

Mustefa Paşa, heta Şêx Mehmûd hat Silêmaniyê musteşarê Şêx Qadir bû. Van herdu "qutb"ên han, wê çaxê xwe amade dikirin ku Şêx Mehmûd bikin bin çengên xwe. Li ser siyasetek taybetî dimeşiyan. Ketibû serê wan ku Şêx Mehmûd ji bo bicihanîna wê programê vedigere ku li Bexdayê jê re hatiye danîn[94]. Bi çavekî xerab û bişik li xort û zabitên Kurd dinêrîn. Gundî, kesên bêqedir, xwediyê tivingan û eşîret bi rû bûn û ew dixistin pêş. Wisan dixuya ku Şêx Qadir û Paşa di timahiya danîna bingehê hukumetê de nebûn û fikra "seltenet"ek "ferdî" dikirin û dixwestin hukmê iqta'î bidin jiyandin. Deng û behsekî din jî hebû û digotin, ew 300 hezar rupiyên ji bo tedbîr di xezîneya hukumetê de hebûn, Şêx û Paşa li wan serokeşîretên ku hatibûn Silêmaniyê belav kirine. Li gel van tevan jî dibê em heqê wan nexwin. Di dewrek wiha bê hukumet û bê qanûn de, firseta têkçûna asayîşê nehat dan. Meclîsa Millî di vî warî de feydeke mezin bû û roleke baş leyîst.

-70-

Vegera Şêx Mehmûd Ya Silêmaniyê

Di netîceya guftûgoyên li Bexdayê, yên di navbera Melik Feysel û Şêx Mehmûd, Şêx Mehmûd û Mendubê Samî de, wisan biryar hatibû dan ku Şêx Mehmûd bibe serokê Meclîsa Millî. Lê pişt re hîs pê kirin ku ev unvana han ne bi dilê Şêx Mehmûd e. Ji ber vê, ev unvan kirin "Hukumdarê Kurdistanê". Vêca berî vegera Şêx Mehmûd bi çend rojan, hinek ji zabitên Kurdan ku di ordiya Iraqê de xizmet dikirin, bi emrê hukumetê û ji bo alîkariya Kurdistana nû anîn Silêmaniyê. Tewfîq Wehbî, Emîn Rewandizî, 'Ezîz Qezzaz û Fayîq Kak Emîn di nav van de bûn. Lê Siddîq Paşa[95] bi Dayîreya Mendubê Samî re hatibû Silêmaniyê. Di wê hêviyê de bû ku Hukumeta Kurdistanê di bin çavdêriya wî de bê meşandin. Hemî çaveriya vegera Şêx Mehmûd bûn. Wê çaxê hinek ji zabitên xort, di nav xelkê û bi taybetî di nav xortan de hîseke neteweyî û welatparêzî ya xurt belav kirin. Me mamosteyan jî di nav xwe û xwendevanan de çi ji destê me dihat me dikir. Sirûda, Bi Destûr Çûn (Şi'ira Dahatî), ji aliyê mamosteyê hêja û welatparêz Zîwer ve hat amade kirin û hînê grubek xwendevanên dengê wan xweş kir. Hê Şêx Mehmûd li Bexdayê bû, ev sirûda han car û caran li navçeyên li ber Debo û Mekteba Nimûneyê Se'aded de dihat xwendin. Her car jî rûndikên şahiyê ji çavên zabit û xortan dida rêtin. Vê rewşa han dahatuya Kurdan bibîr dianî. Xeyalên wan hewl û xebatan bibîr dianî ku di riya azadiyê de dihatin kirin. Hêviya gihîştina armancê û çêbûna Kurdistana serbixwe dida jiyandin.

Ji hemî aliyên Kurdistanê ref bi ref û grub bi grub xelk û eşîret - bi peyatî û bi siwarî- ber bi Bexdayê ve ketibûn rê û heta derûdora Kifrê û hinek jî heta nêzîkî Bexdayê çûbûn. Rê û dirb ji eşîretên biçek û posat tijî bûbûn. Wekî dihat gotin, nêzîkî 20 hezar siwarên Kurd rijiyabûn wê deştê. Van tev bi dahatiyên xelkê Kurdistanê re çavên xwe kiribûn aso. Wekî hîva şeva cejnan li sîmayê hukumdarê Kurd digeriyan. Di netîceyê de Şêx Mehmûdê hêviya neteweyê Kurd derket, piştî sê salên dîlîtî û eziyetên di zîndanên biyaniyan de derbas kiribû, bi debdebe û hêviyeke mezin gihîşt Silêmaniyê (30ê îlona sala 1922an). Behsa programa vê pêşwaziya han, tu şika min li ser tune ku nehatiye nivîsandin. Wê çaxê di van cure welatan de fîlmkêşan tunebû. Heta wêne girtin jî hê ewqas belav nebûbû. Eger ev hebûna yan ji bo wê rojê sersarî nehatiba kirin û hatibûna amadekirin, dêmenên rojên vegera Şêx Mehmûd û programa ji hukumdarê Kurd re hat meşandin, mimkûn bû ku sipehîtirîn filmeke sînemayê jê bihataya çêkirin. Ew dêmenên sipehî ku her yek tabloyeke rengîn û bi qîmet bûn, dikarîn bikevin nav rûpelên dîroka Kurd. Ev tiştên han ne dûr e di bîra wan kesan de jî nemabin ku bi xwe wê rojê li wir bûn û ev dêmenên han di ber çavên wan re derbas dibûn. Lê heta ez li ser rûyê dinyayê bijîm, ew ji bîra min naçin. Wê rojê min çi dîtin û çi di ber çavên min re derbas bûn, wekî şerîteke sinemayê di hişê min de cih girtine û xwe veşartine. Car û caran ji ber hinek sebeban ku tên bîra min, tevzên sar di laşê min de tên xwarê û ez dikevim nav bîr û melhezeyên bêbinî û bêfeyde. Çawan ew dikarin ji bîra min biçin, çunkî hê wê çaxê min ev rûpelên "Bîranîn"ên xwe reş dikirin. Dema ku Şêx Mehmûd gihîşt bajarê Silêmaniyê, li milekî girînên xweşiyê û tîlîliyên jinên ciwan ên qenefîl li milên wan û kemerên zîv û zêr li pişta wan, li milê din gulbaran û qêrînên keçên xama û giyan sivik ên desthenekirî, rûndikên şahiyê ji çavên me dirijandin. Eger hemî ev dêmenên han ji bîra min biçin, ma gelo dê çawan mehşera wê rojê ya Silêmanîyê ji bîra min biçe? Bi hezaran mêr û jin bi çepiklêxistinan û dengên "Her Bijî", bi hezaran xwendevanên kur û keç bi kincên xwe yên newroza Kurdan ve sirûdên niştimanî û şi'irên xêrhatinî dixwendin. Dengên şerane yên zabitên Kurdan, kêşana surmeyên biriqandî, şirqe şirqa "tiving li ser mil"kirina eskeran, virrîna otomobîlan, teqe teqa dabanceyan, hîre hîra destkêşa siwarên eşîretan, bi gurmîn û zingîna topan re guhê însanan kerr dikirin û ji hiş dibirin.

Di vê dema şahî û girînê û di bin siya şûr û tivingan de, hukumdarê Kurd pêş de hat. Ev qehremanê Kurd bi çefte û egalê surme ve wekî emîrekî 'Ereban ji hespê xwe peya bû. Çavê xwe li derdûdora xwe gerand. Lê xelk ji hişê xwe çûbû. Dengekî wek dengê şêran xelkê hişyar kir. Zabitekî Kurd eskerên xwe û mamostekî welatparêz xwendevanên xwe, ji bo silava hukumdar hişyar kirin. Leşkerên nûrêxistî yên Kurdan û xwendevan ji bo silavê sekinîn. Vêca careke din destlêdaneke dûr û dirêj û gulbaraneke gelek dilsozî destpê kir û hemî têkilî nav dengên şêrîn ên xwendevanên sirûd dixwendin bûn...

Li gor programa ku di pêş de hatibû amade kirin, hukumdar û Major Noel[96] di xaniyekî taybetî de demekê îstîrahet kirin. Vêca her eynî di hewşa wî xaniyî de ku ji bo hukumdar raxistibûn[97], xwendevanên dibistanan rêz girêdan. Xelkê bajarê Silêmaniyê, giregiran, xwendevanan û zanayan, kesên mensubê hukumetê, zabitan, kesên tucar û xebatkar û ew serokeşîretên ku li Silêmaniyê bûn, hemiyan di pişt rêzên xwendevanan de ciyên xwe girtin.

Piştî vê, hukumdar û Noel ê muşawirê siyasî, derketin derve û li ser pêlpêlikên eywanê sekinîn. Vêca ez derketim ser textebendekî bilind û min dest bi axaftinê kir. Min gotereke dûr û dirêj xwend. Ber bi dirêjahiya gotarê re çepik lêdan jî dirêj dibûn. Bi taybetî ji aliyên xwendevanan ve. Xwîna wan herikî bû. Dilsoziya wan tesîr li ser xelkê û eşîretan kiribû. Ew jî wekî xwendevanan herikî bûn. Êdî rewş ew nebû ku ez gotinan bi şêhîna siyasetê bikêşim. Min behsa dewra Şêx Mehmûd a yekem dikir. Min li ser şaşiyên Ingilîzan diaxift. Min rexne li wan digirt û tehnan li wan dida. Bi kurtî min ji Ingilîzan re digot, ew şaşiyên ku we cara berê kirin, gerek e careke din hûn wan dubare nekin. Dibê bi rastî hûn pişta Şêx Mehmûd bigrin û tenê di perspektîva kazanc û mebestên xwe re li bûyeran nenêrin û dibê hûn baş bizanin ku xapandina Şêx Mehmûd û Kurdan, di netîceyê de zerara wê ji Ingilîzan re zêdetir e. Vêca ez vedigeriyam ser me, yanî ser Kurdan, min digot: li ser me jî pêwîst e ku em qazanca neteweyê xwe rayêxin ber çav. Em destê xwe bidin hev û firsetê nedin ku ev îmkana han ji destê me biçe. Mayîna bi serê xwe tenê kêrî siyaset û qazanca biyaniyan tê.

Min li Noel nêrî, çav û biryên wî li nav hev ketibûn. Vêca min di bin çavê xwe re li Şêx Mehmûd nêrî. Wisan hat ber çavê min ku gotinên min lê xweş hatibin. Lê li gel vê jî, Noel li tenişta wî bû û ji ber vê bi zahirî lêva xwe gez dikir.

Ji aliyê Meclîsa Millî û Komîteya Rêvebirinê ve, ez ji bo Seroktiya Teşrîfatê hatibûm helbijartin. Piştî temambûna gotara xwe ez ketim pê hukumdar û Noel û bi wan re çûm ew odeya ku ji bo ziyaret û dîtina hukumdar hatibû hazirkirin. Xelk qefle bi qefle dihatin jorê û min ew li gor nav û unvanên wan pêşkêşî hukumdar dikirin. Hinekan ji wan destê hukumdar toqa dikirin û beşeke herî zêde jî destê wî maçî dikirin. Beşek gelek kêm li piyan bi yek û du gotinan xêrhatinî lê didan. Qelebalixî û heşameteke wisan hebû, wext têra dirêj sekinadina balê nedikir. Vê navê re Tewfîq Wehbî hat û di nav sepeteke hewrîşm de, ku bi taybetî ji bo vê mebesta han hatibû çêkirin, du gulên wekî hewrîşmê dan destê min. Ev gulên han bi wêneyeke gelek sipehî ji bo bîranîna roja vegera ji muhaciriyê ya hukumdarê Kurd û kêfxweşiya millet hatibûn amadekirin û bi ser temamê xelkê de hatibûn beşkirin. Ew herdu gulên Tewfîq Wehbî dan destê min, yek ji hukumdar re û ya din jî ji Noel re bûn. Hukumdar bi spaseke germ cêba xwe li ber min girt. Lê dema min ya din kir ber cêba Noel, di ciyê ku ji min re spas bike, rû û rûçikên xwe tirş kir û careke din aciziya xwe ya di derbarê min de da nîşan.

Teşrîfata resmî gelek kêşa û wê rojê heta derengê êvarê, Major Noel ku nêzîkî dergeha jorê û li ser kursiyeke hişk rûniştibû, ji rabûn û rûniştinê pêve tiştek jê sadir nebû.

Istîraheta Şêx Mehmûd û Damezirandina Heyeta Reîsan (Meclîsa Wuzera)

Piştî ku merasima ziyaretan xelas bû, Şêx Mehmûd, wekî ku hêvî jê dihat kirin hereket nekir û destê xwe neda tiştekî. Tenê ma û bi qasê deh rojan tu kesek nedît. Min wisan hêvî dikir ku piştî temambûna merasimê, ez ê jê dûr bikevim. Lê hukumdar nehişt û emir da ku ez ba wî bimînim. Bi roj -bi taybetî piştî nîvro dema ku kesek nedima- ez diçûm balê li ciyê wî yê taybetî û me guftûgo dikir. Ez, bi tevayî bi mebest û rewşa wî tênegihîştim. Bêhêvî û bêbawer dihat ber çavê min. Li ser biryarekê nedisekinî. Gelek tişt di dilê wî de hebûn. Nedizanî ji ku dest pê bike û çawan ji navê derkeve. Li gel vê jî, her çawan bû di bin navê Heyeta Ruesayê de kabîneyek, yanî wezaretek danî û navê serokên van wezaretan di hejmara 10an a rojnameya Bangî Kurdistan[98] de bi vî awayî xwarê da belav kirin:

1- Reîsê Ruesa (Serokwezîr): Şêx Qadirê Hefîd

2- Reîsê Daxiliye (Wezîrê Kar û Barên Hindur): Şêx Mehmûd Xerîb

3- Reîsê Maliyê (Wezîrê Darayî): 'Ebdulkerîm Heleke

4- Reîsê Maarif (Wezîrê Perwerde û Hîndekariyê): Mustefa Paşa

5- Reîsê Quwa-î Milliye(Difa-i) (Wezîrê Bergiriyê): Salih Zekî Sahibqiran(99)

6- Reîsê Muhakime û şer-î (Wezîrê Dadmendiyê): Hacî Mele Se'îd Kerkûkîzade

7- Reîsê Nafia: Mihemmed Axayê 'Ebdurrehman Axa.

Seyîd Ehmedê Berzencî, her çendîn unvanê Reîsê Emniyetî Umumiye (Serokê Parêzgeriya Gelemperî) jê re hatibû dan, lê di nav heyeta wezîran de nedihat hesêbkirin. Çunkî Wezîrê Kar û Barên Hindur, eşkere ye ku merciya parêzgeriya gelemperî bû. Ji ber vê, ya herî rast ew bû ku navê wî bikin serokê parêzgeriyê. Lê Ehmed Begê Fettah Beg ê serokê gumrukê, li gel hebûna Wezîrê Darayî jî xwe wezîr dihesiband û bi Heyeta Wezîran re diket civînan. Ev şaşî ne ya wî bû. Ji ber ku, şiklê hukumetê bi vî awayî hatibû tespît kirin.

Şêx Qadirê Hefîd, di ber Serokwezîrtiyê re Qaidê 'Am (Serokê Serkantiya Giştî) jî bû. Herçî Siddîq Paşa ye, wekî me di pêş de jî got, kiribûn Mufettişê Umumî (Gelemperî) yê Hukumeta Kurdistanê.

Istîraheta Hukumdar Xelas Bû

Piştî ku hukumdar çend rojan xwe ji xelkê dûr xist, ji nişkave ji "îstîrahet"ê derket û dest bi temaşekirina kar û barên hukumeta nû kir. Destpêka vê dewra Şêx Mehmûd bi fermana hejmara 3an dest pê dike ku di derbarê awayê desthilat û wezîfeyên wezaretan de bû û di hejmara 12yê Bangî Kurdistan a tarîxa 24ê seferî ya sala 1341an de (15yê çirya pêşî 1922) hat belav kirin. Ev ferman bi navê Hukumdarê Kurdistanê bû, ji aliyê nivîsê û li gor ew cure kelîme, gotin û îfadeyên ku tê de hatibûn bikaranîn, dida nîşan ku ew ji aliyê kesên ku di kar û barên dewletê de şareza ne nehatibû nivîsandin. Di vê de jî gunehê Şêx Mehmûd tune bû. Ji ber ku di rûyê wan kesan de bû ku li gor mercên heyî rol dileyîstin û Şêx Mehmûd jê dûr nedikirin. Wê çaxê grubek ji serokên Pîşderan, bi 'Ebbas Mehmûd Axa û 300 siwaran ve ji bo dîtina hukumdar hatin Silêmaniyê. 'Ebbas Axa, xwe alîgir û dostê Şêx Mehmûd dihesiband, berî hatina Şêx Mehmûd bi Ozdemir re li hev kiribû. Beşdarî derxistina Ingilîzan ji Ranyeyê û êrîşa Tirkên Rewandizê ji bo îşgalkirina Silêmaniyê bûbû û destê wî direj bû. Li gel vê jî, dema ku ji bo serîlêdana hukumdar hat Silêmaniyê, pêşwaziyeke baş jê re hat kirin, ew pereyên di xezîneya hukumetê de mabûn, beşek zêde jê di vê riyê de hatin mesrefkirin. 'Ebbas Mehmûd Axa (rehmetî) wekî kesekî siyasî hereket nedikir û riyeke taybetî nedabû pêşiya xwe ku bi qazanca welat û neteweyê Kurd re bigunce. Yanî di ciyê ku li ser riyeke rast û taybetî bimeşe ku layîqê mezinekî be, li dem û seetê dinêriya û li gor menfeeta wê demê dimeşiya. Nêzîkbûna wî bi Ozdemir û Tirkên Rewandizê re, tenê ji ber sebebê nasîna Babekirê Selîm Axa ji aliyê Ingilîzan ve bû, ku wekî mezinê yekem ê Pîşderan bû.

Şêx Mehmûd Li Bexdayê Xwe Li Hemberî Melik Feysel û Mendubê Samî Çawan Nîşan Dabû?

Li gor gotina xwediyê kitêba Iraq û 'Esbetu'l-Umem, Şêx Mehmûd li Bexdayê ji Melik Feysel, Mendubê Samî û giregirên Ingilîzan re wiha gotibû:

"Pêmana Sewrê qet bi ser nakeve. Ji ber vê ne serxwebûniya temam heta gotina muxtariyetê jî ji bo Kurdistanê nayê bîra kesekî". Wisan dixuyê ku ev gotinên han bi dilê kesê mensubên Ingilîzan û Hukumeta Britanyayê būne. Çunkî li ser van gotinên Şêx Mehmûd, cardin li gor kitêba navê wê derbas bû, wiha gotiye: "... Şêx Mehmûd, bi siyaseta Britanya Mezin a di derbarê Kurdistanê de bi temamî hemfikr e...". Piştî vê jî wiha didomîne: "... Britanya Mezin û Hukumeta Iraqê bi hev re, ew têgihandin ku heta bikarin û ji wan re dest bide, amadene û dê ji bo bicihanîna hêviyên welatparêzên Kurdan hewl bidin...". Vêca em di wê baweriyê de ne ku Şêx Mehmûd bi van gotinên xwe mebesta wî ne xapandina Melik Feysel û Mendubê Samî bûye. Di wê de tu şika me tune ku heta li Bexdayê bû, ew neketibû bîra wî ku careke din -bêyî ku sebebekî gelek mezin hebe- li dijî Ingilîzan rabe û xwe û welatê xwe têke nav têkelhevî û derdeseriyan. Lê bûyerên Kurdistanê yên wê rojê ji wan nebûn pişta xwe lê rast bike. Bi şandina Şêx Mehmûd ya Silêmaniyê dibû hinek tiştên wisan rayêxin ber çavê wî ku serkeftina programa vê siyasetê li Bexdayê hatibû tespîtkirin, bi wan ve girêdayî bû. Yani pêwîst bû ku Şêx Mehmûd bi siyaseta Ingilîzan bi tevayî bê razî kirin û bi siyaseteke rast û bêqalik ew pele'ewrên reş ku li der û doran mabûn bên hildan. Dibû durûtî pê re neyê kirin û hîsa wan neçe ser wê yekê ku ew ne kesekî ciyê baweriyê ye. Dibûya fend û hîlan li gel nekin an hewl nedin ku ew tenê mîrkûtekî di destê wan de ye. Ji ber ku Şêx Mehmûd -wekî Ingilîz şaş çûbûn- ji ruhê millî bêbeş nebû û belko bi eksê zanînên wan ên nerast, xwediyê ruhekî herî bilind ê millì bû. Li ser rûyê dinyayê tenê armancek wî hebû: "Serxwebûniya Kurdistanê". Ji ber vê, ji wan kesan nebû ku di riya azadiya Kurdan de xizmeta Ingilîzan bike. Lê Ingilîzan, hinekî jî nexwestin wî nas bikin. Wan dixwest bi riya bertîl û timahiya malên dinyayê wî bikirin. Wan nezanîbû wî bikin hevpêmanê xwe. Bi zor û bi fend jî nedikarîn bikin maşa destê xwe û ji xwe re têkin qefesê.

Ji ber vê, piştî ew lihevhatina ku li ser dihat axaftin, ku li Bexdayê li ser lihev kiribûn(100), Şêx Mehmûd hê di rê de bû, ketibû nav duduliyekê. Eger mirov baweriya xwe bi gotinên hinekan bîne, piştî gihîştina wî ya Kifrê, Ingilîzan bîr û fikrên xwe yên di derbarê Şêx Mehmûd de guherandibûn. Lê êdî teyr ji dest firîbû û nedikarîn tiştekî bikin. Ji ber vê, bi naçarî bi wê razî bûn ku unvanê "Serok" bê guherandin û unvanê "Hukumdar' jê re bê dayîn. Ji bilî vê, Melik Feysel jî bi hêviya ku Tirkan ji Iraqê dûr bixe û di hewildana mesela

Mûsilê de li hemberî Kemalîstan bibe sebebê serkeftina Iraqê -cardin bi hevdengiya bi Mendubê Samî yê Britanyayê re- her wekî îtîraf bi hukumdariya Şêx Mehmûd, sozê wê yekê jî da ku di wêneyeke fireh de ji Kuristanê re muxtariyet bê dan.

Lê Şêx Mehmûd bi van tenê nesekinî, hê mehek bi ser re derbas nebûbû, unvanê "Hukumdarî"yê jî guherî û kir Melikê Kurdistanê(101) (çirya paşî 1922). Vêca dest bi daxwaza temamê bajarên ku Kurd in û dikevin ser axa Kurdistanê hat kirin.

Refîq Hilmî
16/05/1957

BEŞA ŞEŞAN

BEŞA ÇARAN
A CILDA DUDUYAN

PÊŞGOTIN

Ew tiştên ku bûne sebebê derbasbûna demeke dirêj a di navbera çapkirina beşa pêncem a van Bîranînan û vê beşê de, gelek in. Yek ji wan, nesaxiya min bû. Vêca mixabin, yek di pê yekê de mijûlbûna min bi komîteya berhevkirina alîkariyê ji bo lêqewmiyên lehiya Silêmaniyê, Xaneqînê, Se'diyyeyê û Celawlayê jî ketin ser. Bi ser van tevan de, min pêwîst dît ku ez careke din li nivîsên vê beşa han binêrim. Ji ber ku min deftereke destnivîs a Ozdemir pêda kir ku di wextê xwe de li Rewandizê di derbarê Kurdistanê û mesela Şêx Mehmûd de nivîsandibû. Ji ber vê ez naçar mam ku di nivîsandinên xwe de hinek tiştan rast bikim. Çunkî di wextê xwe de min ew çawan seh kiribûn, min bi wî awayî nivîsandibûn. Ji bilî van jî, demek çapxaneyên Bexdayê ji ber pirbûna kar û barên xwe, ketin nav bahaneyan û bi taybetî nedixwestin nivîsandinên Kurdî çap bikin. Niha va ye spas ji Yezdan re, firset bi destê min ket û ez Beşa Şeşan çap dikim. Min bi van çend rêzan, pêwîst zanî ku ew astengên di pêşiya min de bûn rayêxim ber çavê xwendevanên hêja. Hêviya min ew e ku ez beşên din jî yekê li pê yekê bidim çapkirin û firseta wê yekê nedim ku wisan bê zanîn, min pişt daye têkoşînê û ez jê sar bûme.

Refîq Hilmî
5/3/1908

-71-

Wezareta Silêmaniyê Ya Perwerde û Hîndekariyê

Di dayîreya hukumdar de karekî bi wî awayî tunebû ku ez pê ve mijûl bibim. Her çend min di Mekteba Nimûneyê Se'aded de dersên matematîkê jî dida, lê li hemberî pêwistiyên wan rojan min nedikarîbû rojên xwe bi vî awayî bibim serî. Min hez ji dûrbûnê dikir. Di jiyana min de bênîzamiyek hebû. Ji ber vê, min xwest ez careke din vegerim dibistana xwe û bi dersgotinê ve mijûl bibim. Mustefa Paşa yê Wezîrê Perwerde û Hîndekariyê vê navê re dest bi rêkxistina dibistanan kir. Gelek ji Reşîd Zekî yê mudurê Nimûneyê Se'adedê jî hez nedikir. Ji ber vê, nêzîkî xwe nedikir. Ez bangî ba xwe kirim û em bi hev re li ser vî karî mijûl bûn. Wê çaxê li Silêmaniyê tenê du dibistan hebûn. Me jî dibistanek sê sinifî ya zarokan vekir. Me sinifeke nû jî kir ser Nimûneyê Se'aded û me navê wê danî 'Edadiye. Bi vî awayî ew xwendevanên ku salek bû ji Nimûneyê derketibûn û li Silêmaniyê mabûn, vegeriyan dibistanê û bi hinek xwendevanên din re sinifa duduyan a 'edadiyê pêk anîn.

Ev karê han ji bo wan rojan kêm nebû[102], heta wê rojê ji ber bêmamostetiyê nehatibû vekirin. Vêca Paşa navê Nimûneyê Se'aded guherî û kir 'Edadî ya Mehmûdî û ez jî kirim mudur. Reşîd Zekiyê (Xwedê jê razî be) mamosteyê min, ji vê qehirî û bi mamostetiya matematîkê razî nebû. Gelek xebitî vegere ciyê xwe. Lê Paşa rê nedayê. Di nav mamosteyên din de jî guhertineke zêde kir. Di van her sê dibistanan de piştî van rêkxistin û guherînên han, gelek bi dilsozî dest bi gotina dersan hatin kirin. Ruhê niştimanî yê xortên wê rojê bi careke bilind bûbû. Ji ber vê, çi ji bo sinifên 'edadiye û çi jî ji bo sinifên ku nû hatibûn vekirin, tu kêmasiya mamosteyan tunebû, wan bê pere ders didan.

Zabitên Kurdan bi hemî taqeta xwe ve mijûl bûn û xort han didan. Bi xwe jî ji bo hemî xizmetê amade bûn. Herroj dihatin 'edadiyê, ger sinifek bê mamoste hebûya diketin hundur û ders didan. Ji bilî van, di 'Edadî ya Emîn Rewandizî û 'Ezîz Qezzaz de, du zabitên lawên Kurd, dersê perwerdeya eskerî hînê xwendevanên me dikirin. Dilsozî û xwîngermiyê wisan li me kiribû, dema ku Reşîd Zekî dev ji dersgotinê berda, Mustefa Paşa yê Wezîrê Perwerde û Hîndekariyê, di sinifên 'Edadiyê de dersên cebirê girtin ser xwe. Min bi xwe dersên hendeseyî mûcesseme[(103)] (geometriya uzayê) û matematîkê didan. Siddîq Paşa, Mufettişê Hukumeta Kurdistanê bû, hemî roj bi awakî berdewamî dihat dersa resim dida.

Mustefa Paşa, navên herdu dibistanên din jî danîbûn Qadiriye û Letîfiyye. Ev navên han yek ji navê Şêx Qadirê birayê Şêx Mehmûd û yê din jî ji navê kurê Şêx Mehmûd ê biçûk Şêx Letîf[(104)] dihatin. Ev kurê Şêx Mehmûd ji jina wî ya duduyan Ayşexan[(105)] bû, lê herdu kurên Şêx Mehmûd ên din, yanî Rauf û Babe'elî ji jina wî ya yekem a keça Emîn 'Etar bûn. Şêx Mehmûd, piştî mirina Şêx Mistefayê Neqîbê mamê xwe, Behyexana pîrejin xwestibû. Ayşexana dayîka Letîf jî, piştî kûştina Şêx Ehmedê mêrê wê yê pêşî bi Şêx Mehmûd re zewicî bû.

Vegera min a 'Edadiyê ez bi tevayî ji Melik dûr nexistim. Car caran dişand pê min û hinek nameyên xwe yên taybetî bi min didan nivîsandin an xwendin. Ji ber vê, bi bahaneya dersgotina ji Rauf û Babe'elî ya bi destxetê Mele Arif[(106)], Melik ji min re emrek derxistibû û hemî rojên piştî nîvroyê bê pirs û sual ez diçûm balê. Ev yek ji bo wan rojan îmtiyazeke wisan bû ku ez bawer nakim ji tu kesî re hatibû dan. Ji ber vê, di nav mirovên naskirî yên wê rojê de, heta di nav derûdora Melik bi xwe de, bi çavekî berz û bi qedir li min dihat nêrîn, ez dikarim bêjim ku hinekan çevnebarî jî ji min dikirin.

-72-

Dersdana Li Dibistanan

Di dibistanên Silêmaniyê de, çawan ders gelek bi germî û rêk û pêkî dihatin gotin, eynî bi wî awayî xwendevan jî gelek bi şewq bûn û bi dil diçûn dibistanê. Di wextê Hukumeta Kurd de, ji caran zêdetir û gelek baştir berê xwe dabûn dibistanê û hişê xwe kiribûn ser xwendinê. Beşek mamosteyên wê rojê -bi taybetî hinek ên 'Edadiyê-ji zabitên kevin an ên nû yên Kurd bûn. Ev zabitên han bi xwe di dema Osmaniyan de ev dibistan xelas kiribûn ku wê çaxê jê re 'Edadî Eskerî dihat gotin. Ji ber vê, bi wan xweş dihat ku 'Edadî ya Mehmûdî li ser rê û şûna 'Edadî Eskerî bê meşandin. Yanî kar û barên dibistana me bi destûreke hindurî ya eskerî dihat meşandin. Cilên xwendevanan, heta wê rojê her yekî bi awayekî bû. Me xwest em tevan bikin yek awa. Roja îniyekê me pere berhev kirin û me cilên nû ji bo feqîr û kesên bêpere re çêkirin. Dewlemendan jî cilên xwe guherandin û bi vî awayî mehek bi ser re derbas nebû, cilên hemî xwendevanên 'Edadiyê bûn yekawa û yekreng. Me kumên serê wan jî guherandin û yên nû diman kumên eskerên Îskoçyayê. Li ser sîpera nav çavan ê vî kumê bi surme, gotina Mehmûdî hatibû nivîsandin. Gelek bi ser re derbas nebû, hinek xwendevanên dewlemend gotina Mehmûdî di şûna surme de bi zêr durûst dikirin. Di dibistanên din de jî bû çavlêkerî. Cil û bergên hemî xwendevanan bû yekawa. Sîperên hemî kuman bi gotinên Qadirî û Letîfiyye hatin xemlandin. Salihê Borezvan di nav xwendevanên ser dewra Osmanî de kesekî gelek naskirî bû. Wê çaxê hê sax bû. Min şand pê, ew da anîn û min ew kir xedemeyê dibistanê û min ji dayîreya eskeriyê boriyek jî jê re sitand. Di ciyê zengil de bi boriyê xwendevanan dikir sinifan an îşareta paydosê dida. Me bandoyeke biçûk a muzîqayê jî rêxist. Dema ku xwendevan ji bo hîndekarî û perwerdeyê diçûn, grubekê ji wan muzîqayê lêdixistin û yên din jî bi dengekî bilind û xweş sirûdên Kurdî yên neteweyî û niştimanî digotin. Xelkên bazarê û li nav bajêr, ji mezin heta biçûkan, bi pê van xwendevanan diketin û ji wan re çepik lê dixistin û rûndikên şahiyê diwerandin. Hejmara hemî xwendevanên bajarê Silêmaniyê li ser hev wê çaxê 800 kes bûn. Wê çaxê bajar biçûk bûn. Ji ber vê, ev hereketê han kêm nebû û hêviyek mezin jê dihat kirin. Ji ber ku heta wê rojê li Silêmaniyê hereketî wiha nehatibû dîtin.

Di van navan re ku em mijûlê rêkxistina perwerdeya Silêmaniyê û pêşxistina dibistanan bûn û me hîssa Kurdayetiyê vedijenand, li milê din jî Tirkperestan û peyasivikên (qasid) Tirkan di hatin û çûnê de bûn û derûdora hukumdar girtibûn. Şêx Mehmûd şaş mabû, nedizanî ka berê xwe bide kîjan milê? Ji ber bêqerariya xelkê û têkelhevî û sergêjiya bîr û baweriyê, serê wî jî gêj bûbû û bawerî bi tu kesê nedikir. Mustaşerekî wî yê dilsoz û welatparêz tunebû. Ew kesên wê çaxê li Silêmaniyê bûn, du kesan bi nev re hereket nedikirin. Grubek ji xortan baweriya xwe bi Ingilîzan anîbûn û henekên xwe bi hewl û kirinên welatparêzan dikirin. Di ber van re, Kurdperwer û gruba Tirkperestan jî bi pê kumên babirî diketin. Tirkperestan Ingilîzperest sîxûr (casûs) dihesibandin û welatparêzî ber çavê wan wek aletekî di destê Ingilîzan de bû. Herçî xortên welatparêz, bi kêmbûna xwe jî, ji tu aliyê de piştivanên wan tunebûn, lê ruhê wan ê millî gelek bilind û bihêz bû. Piraniya ahalî û xelkên di rêzê de, zêdetir derûdora van kesan bûn û xwe nêzîkî wan dikirin. Beşek ji mamostayên dibistanan û zabitên xort, bi taybetî xwendevanan, wekî xwendevanên xwîngerm ên îro, di nav xelkê û bi taybetî di nav xelkên di rêzê de sebebê belavbûna bîr û fikra welatparêzî û ruhê netewayetî yê Kurd bûn. Şêx Mehmûd, wekî me got, derûdora wî hatibû girtin û bi taybetî Tirkperest lê alabûn. Heleqê pêwendiya hukumdar bi Tirkên Rewandizê re Teyarê Emîn Efendiyê Mesref(107) bû. Nayê înkar kirin ku Şêx Mehmûd ji nîvê dilê xwe berî hemî tiştî Kurd bû û di riya Kurdan de xwe feda kiribû. Lê wan rojan ketibû davikeke yekcar sext û girîng. Dema ku li Hindistanê di zîndanê de bû, wekî me di pêşî de çend caran behs kir, piraniya eşîretan di rûyê zor, zordestî û bertîlxweriya bêhiş û Ingilîzperestan, di rûyê kirinên sîxurên nemerd de, hemî tiştekî xwe dabûn milekî û xwe dabûn milê Tirkperestan, yanî xwe avêtibûn pêsîrê Ozdemir. Mil bi milê eskerên Ozdemir, Ranye û Derbend ji Ingilîzan vala kiribûn. Piştî van bûyeran, ji ber êrîşên Tirkan û ew Kurdên ku bi Tirkan re bûbûn yek, Ingilîzan Silêmaniyê terk kirin. Vêca Şêx Mehmûd ji ber vê û ji bo helkirina girê û astengên Kurdistanê, şandibûn Silêmaniyê. Li ser navê Ingilîzan tenê Major Noel pê re hatibû. Lê êdî gelek dereng bû, wexit derbas bûbû. Li gel van jî eger bîr û fikrek baş bixistana kar û bi hîsekî bilind û pak çareseriyek ji bûyeran re hatibûya dîtin, dûr nebû, belko ez dikarim bêjim gelek hêvî hebû ku Şêx Mehmûd, wekî bi xwe dixwest, di nîvê dilê xwe de hîs pê dikir, daxwazên gelê Kurd bicih bike û bi tu awayî firseta destdirêjiya Tirkan nedaya. Çunkî wek ku "Ebbas Mehmûd Axa ji Çapmen ê nûnerê Ingilîzan re gotibû, gelek ji Kurdan ji ber daxa Ingilîzan, Tirk anîbûn Rewandizê û Ranyeyê, tenê di rûyê dijminatiya Ingilîzan de bû ku eger Şêx Mehmûd bi lez û bez venegeriya Kurdistanê, leşkerên Ozdemir bi alîkariya Kurdan bi xwe dê bihatina Silêmaniyê û ew îşgal bikirina.

Tirk Çawan Hatin Rewandizê? Rola Ehmed Teqî Di Vê Hatinê de

Min, demek bû Ehmed Teqî nas dikir. Ji bo ku xizmê Macid Mustefa yê hevalê min ê dibistanê û zaroktiyê bû, demek ew jî (Ehmed Teqî) ketibû nav me û li Silêmaniyê me bi hev re siyaset kiribû û komele vekeribû. Di dema hukumdartiya duduyan a Şêx Mehmûd de jî wekî em ê di ciyê wê de behs bikin, ez (nivîskarê van bîraninên han) bi Ehmed Teqî û Fettahê Emîn 'Ettar ê ku wê demê di ordiya Tirkan de zabit bû, li ser navê hukumdarê Kurd em çûn Rewandizê ba serokleşkerê Tirkan (1922). Ji wir jî piştî guftûgoyê, Fewzî Beg ê yuzbaşî û Remzî Beg (li Koyeyê yek ji wan qaymeqamê kevin ê Tirkan bû), em tev bi hev re rê ketin û ji bo di derbarê mesela Kurd de bi mezinên Hukumeta Enqereyê re guftûgoyê, çûn Tirkiyê. Vêca ji bo ku destê Ehmed Teqî di hatina leşkerên Tirkan a Rewandizê de hebû, min pêwîst zanî ku vê mesela han ku min ji Ehmed Teqî bi xwe sehkiriye û jê re jî nivîsandiye, pêşkêşî we bikim:

Ehmed wiha dibêje: "Ez di sala 1921an de bi navê xebatê çûm Pîşder û li wir ez û 'Ebbas Mehmûd Axa bûn nasên hev ên nêzîk. Şêx Mehmûd, wê çaxê li Hindistanê esîrê Ingilîzan bû. Têkelhevî û giriyên mezin ketibûn Kurdistanê. Li Ranyeyê, Fettah Beg ku xortekî xelkê Silêmaniyê bû, dijîtiya Babekirê Selîm Axa û ya Ingilîzan dikir. Li Koyeyê jî asteng û girêyan destpê kiribûn û têkelhevî ketibû nav bajêr. Hacî Resul Axa li dijî Ingilîzan radibû. Nurî Bawîl Axa, Xidir Axayê Hemeşînî Serçiya, li gel Şêx Kak Emînê Salan bi alîkariya Şîxanê Bêcil û Eşîreta Surçiyan êrîş biribûn ser Rewandizê û Ingilîzan û Îsmaîl Begê Se'îd Beg ji wir qewirandibûn. Xefurxanê Navdeştî jî çûbû Rewandizê û bi şoreşgêran re bûbû yek. Van hemiyan ji ber daxa Ingilîzan berê xwe dabûn Tirkan û dixwestin bi Ozdemir re yekîtiyê çêkin". Ehmed, gotina xwe bi vî awayî didomîne: "'Ebbas Mehmûd Axa û hevbîrên wî yên wekî Şêx Emînê Sindulanî, Salih Axayê Ehmed Axa, Bayîz Axayê 'Ebbas Axa û ji axayên Pîşderan hinekên din -ku dijminê Ingilîzan û nahezê Babekirê Selîm Axa bûn- biryar dan ku ez biçim (yani Ehmed Teqî biçe) Rewandizê û li wir li ser navê van axayan, Kurdên herêma Pîşder û Ranyeyê ji bo hevkarî û hilkirina agirê şoreşeke giştî li Kurdistanê, guftûgoyê bi wan re bikim". Ehmed Teqî, piştî guftûgoyeke taybetî bi 'Ebbas Mehmûd Axa û Şêx Emînê Sindulanî re, wiha dibêje: "Ez li ser Ranyeyê û Salanê re çûm Rewandizê. Ez mêvanê mala Xefurxan bûm û li wir bi Xefurxan re em çûn ba Bawîl Axa Nurî Efendiyê kurê wî. Di riya wan re mezinên Rewandizê û serokeşîretên li wir û bi Ehmed Beg -ku Befok jê re digotin- re berhev bûn û min ew bi bûyerên Pîşder û Ranyeyê têgihandin û wan jî ne kêm û ne jî zêde xeber û bûyerên xwe ji min re (yani Ehmed Teqî re) neqil kirin û gotin ku, êdî hêviya wan nemaye ku bi Ingilîzan re dostiyê bikin û bi hev re bijîn. Lê bêyî piştivaniyeke mezin jî em nikarin heta serî dijîtiya Ingilîzan bikin û xwe li hemberî wan ragirin. Ji ber vê, em bi Tirkan re ketin dan û standina nameyan (yani mezinên Rewandizê bi Tirkan re) û me ji wan xwest ku Tirk leşkerê xwe bişînin Rewandizê".

Piştî vê, Ehmed gotinên xwe wiha didomîne: "Yekî navê wî Fettahê Şaneger ê xelkê Silêmaniyê û bawerîpêkiriyê herdu milan (Kurdên Rewandizê û Tirkan) bû. Wê çaxê Qedrî Beg ê xelkê Diyarbekrê ku waliyê Wanê bû -li gor gotina Ehmed- bersîva Kurdên Rewandizê da û di vê bersîva han de, hewlê xwenêzîkkirina Kurdan bi Ingilîzan re dida. Dibêje (walî dibêje) Mûsil di nav sînorê welatê neteweyê Tirk de ye. Bi çi awayî dibe bila bibe, dibê vegere destê Tirkan...". Piştî vê wiha dibêje: " Ev gotinên Qedrî Beg (walî), wan deman tesîreke mezin li ser Kurdan kiribû, ji gotina Tirk, osmanî, xîlafet û Îslamiyetê pê ve tiştek nediket mejiyê Kurdên wê navçeyê û ciyê tiştek li din ba wan tunebû. Kurdên vê herêma han -bi Qeledizê û Ranyeyê ve- qîmeteke wisan nedabûn rêxistinên neteweyî, weya baweriya wan bi wê tune bû ku ji hîle û fendan pê ve mebestek Ingilîzan bi Kurdan re hebe û bi rastî bixwazin ku rêxistineke neteweyî ya ji derew, lîstik, fêl û fendan dûr, ji wan re çêkin. Hemî Kurdên ku wan rojan serî hildabûn û li dijî Ingilîzan radibûn, di rûyê wê bîr û baweriyê de bû, ku xwe nêzîkî Tirkan bikin. Ji bo tolestandina ji Ingilîzan hewl didan ku benda yekîtî û dostiyê bi Tirkan re girê bidin. Ji bo bicihanîna van mebestên xwe, Ehmed Teqî kiribûn nûnerê xwe û şandibûn ba Tirkan...". Ji Sandulanê Şêx Emîn, mirovekî navê wî Hemîd, bi Ehmed re şandibûn. Ji Rewandizê jî Fettahê Şaneger didin rexê wî. Bi kurtî ew wezîfe li ser Ehmed bû ku bibe sebebê dan û standina nameyan di navbera wan û Kurdan de û bi Hukumeta Tirkan bide qebûl kirin ku Kurd, ji Ingilîzan hez nakin û pişta xwe bi Tirkan girêdane û ew dixwazin leşkerên Tirk bên Rewandizê bigrin. Ehmed Teqî wiha dibêje: "Li gel vê jî, 'Ebbas Mehmûd Axa di bin re li min tenbîh kir ku di rê de xwe bigihînim ba Simko û hewl bidim ku dîqqeta wî bikişînim ser komeleyên nehênî yên Kurdên Iraqê(108), heta ku di rojên bên û di dema serhildanê de komele jê îstîfade bikin". Ji ber vê, Ehmed Teqî, Mehmûd Fadil ê yuzbaşî û ji Kurdên Iraqê û serokê mufrezeya Tirkan ê li Nêhriyê firset dizane. Bi mêvanî li ba wî dimîne û ji wir jî diçe ba Simko. Wê çaxê navbera Simko (Îsmaîl Axa) û Tirkan xweş bû. Ji ber vê -mixabin- naxweze xwe nêzîkî Kurdên Iraqê bike û têkilî bi komeleyê re deyne. Wisan bi Ehmed dide zanîn (Simko wisan wî têdighîne) ku ew (yani Simko) di wê fikrê de ye ku bêhêziya wê rojê ya Hukumeta Îranê firsetek e û dibê Kurd jê îstîfade bikin. Yanî dibê pêşî dest ji Kurdên Îranê re bê dirêj kirin û ji Îranê ve agirê serhildaneke Kurdî bê vêxistin.

Wekî ku Ehmed neqil dike, bi Simko re li ser van nêrînan dûr û dirêj guftûgo dike û biryar didin ku ew û Simko biçin ba Qerenî Axayê Mameş û ji wir jî bişînin pê 'Ebbas Mehmûd Axa ku biçe ba wan û bi hev re biryarê bidin. Lê tam vê navê re waliyê Wanê bi telgrafekê daxwaza Ehmed dike. Simko dikeve duduliyê û ditirse ku Tirk jê şikê dikin. Ji ber vê, ji Ehmed daxwaz dike ku bêsekin bikeve rê û biçe Wanê. Li ser vê, Ehmed Teqî, di riya Başqeleyê re diçe Wanê û li wir dibe mêvanê serokê cendirmeyan. Xwedê jê razî be, Mehmûd Cewdet wê çaxê ji destê Major Soane baz dabû û çûbû Wanê. Ew li wir kiribûn serokê yekîneya cendirmeyên merkezê. Ehmed wî jî ji wan guftûgoyên di navbera wî (yani navbera Ehmed) û walî agahdar dike. Di netîceyê de walî ji Ehmed re dibêje ku hukumetê biryar daye, piştî zivistanê dê mufrezeyek esker bişîne Rewandizê. Lê jê re dibêje: Heta wê demê pêwîst e Kurd xwe ragirin. Çunkî zivistana wê salê gelek sext û xedar e û befir hemî çiya, rê û banan digre. Fettahê Şaneger jî bi namekê ve dişînin ku hinek kesên ji Rewandizê û Ranyeyê ji vê biryarê agahdar bike. Kek Ehmed, li Wanê dimîne û bi nameke taybetî Simko ji vê agahdar dike.

Vêca, di meha gulanê ya bahara sala 1921an de mufrezeke Tirkan, bi yek-du top, du mîtralyoz (reşaşe) û çend tiving û fişekan ve, di bin fermanderiya Mihyeddîn Beg ê yuzbaşî de û bi Ehmed Teqî ve, tên Şemizdînan. Pêncî (50) eskerên ku li wir in jî dikin ser vê mufrezeya han. Ehmed Teqî hê Başqeleyê berê xwe dide ba Îsmaîl Axa. Li gor gotina Kek Ehmed, Axa (mebest Simko ye- Z. A.) hatina Tirkan baş nabîne. Lê Faris Axayê Zêbarî ku bi 200 kes mirovên xwe ve xwe avêtibû ba Simko, vê yekê firset dizane û di ciyê ku vegere Zêbarê, bi Ehmed re diçe Şemizdînan. Bi vî awayî Şemizdînan jî dibe merkezeke eskerî û siyasî ya Tirkan. Êdî ji hemî milan ve serokên Kurdan berê xwe didin Mihyeddîn û li dora wî tên hev. Çûn û hatinên li Rewandizê dest pê dikin û ji Mihyeddîn Beg dixwazin ku rojekê zûtir xwe bigihîne Rewandizê. Li ser vê, Mihyeddîn Beg biryarê dide ku bi 12 esker û Ehmed re biçe Rewandizê, li bûyeran binêre, terefdarên Tirkan bibîne û vêca eger qenc dît, mufrezeya ku li Şemizdînan e bîne Rewandizê. Di rê de li Kanîreşê dibin mêvanê Se'îd Begê Biradostî û roja duduyan bi Eşîreta Biradostî re dikevin rê. Ji aliyê piraniya ahalî û eşîretan ve heta pira Rewandizê pêşwaziya wan tê kirin û bi vî awayî dikevin bajêr. Şêx 'Ebdullah, Şêx Reqîbê Simbil, Kak Emîn Selan, Xefurxanê Navdeştî, Bawîl Axa, Nurî Bawîl, Hemeşînê Serçiya û Xidir Axayê kurê wî û gelek ji Kurdên navdar di nav van de ne. Li hemberî vê pêşwaziyê û ji bo Tirkan nîşandana yekîtiyê, Mihyeddîn Beg li ser navê xwe û yê Tirkan spas dike û wiha dibêje: "em Tirk gelekî ber ketin ku em ji bo demekê be jî ji hev cihê bûn. Niha spas ji Xwedê re, careke din yekîtiya me çêbû. Êdî pêwîst e ku vê carê em bi hev re li hemberî dijminên herdu milan bikevin têkoşîn û xezayê. Ji ber vê, ricaya min ew e, ku piştî îstîrahetê hûn îzna min bidin ez vegerim Şemizdînan û eskerên ku min li wir hiştine bînim Rewandizê û em mil bidin hevûdu û heta ku em bikarin dijmin ji welat derêxin." Vêca ew 12 esker li Rewandizê dimînin û Mihyeddîn Beg û Ehmed vedigerin Şemizdînan. Dema digihin Nêhriyê, Mihyeddîn Beg nivîseke resmî ya dûr û dirêj pêşkêşî Cepheya Rojhilatê dike û di wê nivîsê de daxwaz dike ku ew eskerên li Şemizdînan in, bişînin Rewandizê. Bersîva wî didin û jê re dinivîsin ku mufrezeya Şemizdînan kirine bin fermana Cepheya Cezîreyê û dibê Mihyeddîn Beg, Mehmûd Fadil ê yuzbaşî bike wekîlê fermander û bi xwe jî vegere Cepheya Rojhilat. Her çendîn ev dan û standinên han dibin sebebê paşdeketina şandina mufrezeyê, lê qasek şûn de ferman didin ku Mehmûd Fadil bi xwe, bi mufrezeyê û bi Ehmed Teqî re biçin Rewandizê. Bi gihîştina wan ya Rewandizê, ji bo îdareya wê navçeyê rêxistinek tê çêkirin. Navê vê rêxistina han li gor destûra Kemalîstan dikin Meclîsa Millî. Ev jî bi vî awayî dibe:

1- Şêx Reqîb[(109)]: Serokê Meclîsê
2- Ehmed Teqî: Alîkarvanê Serokê Meclîsê
3- Bawîl Axa, Xefurxan, Se'îd Beg, Şêx Cewad, Salih Beg û Şêx Kak Emîn : Endamên Meclîsê.
4- Begok (Ehmed Beg): Qaymeqamê Rewandizê.
5- Nurî Bawîl Axa: Serokê Cendirmeyan.
6- Şewket Efendî: Reîsê Belediyeyê

Ev teşkîlata han, eşkere ye bi tedbîr û raya Mehmûd Fadil ê yuzbaşî tê çêkirin, ji waliyê Wanê re tê nivîsandin.

Kirinên yekem a Meclîsa Millî ya Rewandizê ew bû, ku hêzeke millî bi 20 eskerên nîzamî yên Tirkan re dişînin ser Herîrê û Batasê. Vê hêza han, 60 siwar ji hêzên lîwaya Ingilîzan ên Batasê esîr girtin û bi vî awayî herêma nahîyeya Herîrê ket bin destê Meclîsa Millî û

Şêx Reqîb ê Serokê Meclîsê bû hakimê vê navçeya han jî. Êdî hêzên meclîsê şax avêtin û desthilata wan heta navçeyên Zêbarê, Aqreyê, Ranyeyê û Derbendê belav bû. Wê navê re Mihyeddîn Beg kirin serokê eskerên Tirkan û cara duduyan vegeriya Rewandizê. Mufreze xurtir kir. Tirkên Rewandizê jî bi taximek eskerên bi çek û mîtralyoz ve dan bin emrê vê hêza han. Li beramberê van kirinên Kurdan û Tirkan, Ingilîzan pêşî ji bilî şandina hinek firokeyan pê ve tu faaliyeteke wan di vê herêmê de nehat xuyakirin, lê qasek şûn de, piştî ku têgihîştin hêzên Meclîsa Millî û mufrezeke Tirkan ber bi firehbûnê ve diçe û belav dibin, hişyar bûn û ji herdu milan ve ketin hereketê. Li milê Aqreyê hêzên asurî û Nastûriyan û li milê Hewlêrê û Şeqlaweyê ve jî du hezar eskerên lîwayê anîn ser herêma Batasê û Herîrê û piştî şerekî xwînavî, temamê herêma Batasê û nîvê Herîrê dagîr kirin. Lê rojek şûn de, berê şefeqa sibê, hêzên millî yên Kurdan û Tirkan, êrîş birin ser leşkerên Ingilîzan û ew şerpeze kirin û piştî şerekî mezin û kuştiyên zêde, hêzên Ingilîzan bi şikestî di riya şeqlawe re vegeriyan ciyên xwe. Lê nestûriyên derûdora Aqreyê û Zêbarê bi tehrîka Ingilîzan gelek zulim û heqaretên mezin li Kurdên wan navçeyan kirin. Şêx Ehmedê Berzanî û xelkên derûdora Amêdiyê jî bi Kurdên Rewandizê re bûn yek. Kapitan Kok ê hakimê siyasî jî vê navê re li ber çavê xelkê bi dabance û bi wêneyek gelek nemerdane ji aliyê Fettah Begê xelkê Ranyeyê ve hat kûştin. Êdî ji Babekir Axa pê ve dostê Ingilîzan nemabû. Ranye, Pîşder û Merge jî ketin nav vî agirî.

Hatina Ozdemir Ya Rewandizê

Ehmed Teqî, piştî van gotinên xwe yên jorê, wiha dibêje: wê çaxê li herêma Edeneyê û Entabê, Fransizan bi Tirkan re li hev kirin. 'Elî Şefîq Beg ku bi navê Ozdemir hatibû nas kirin, bi rutbeya mîralay(110) û bi 200 eskerên Quwayê Millî re ji wê eniyê şandin Rewandizê. Ozdemir, li gor ew nameyên resmî ku ji aliyê Serokê Erkanê Herb ve hatine nivîsandin(111), şandibûn Rewandizê ku ew ciyên ji aliyê Ingilîzan ve hatine îşgal kirin û li gor "Mîsaqê Millî", Tirkan van ciyan axa xwe dihesibandin, ji bin destê Ingilîzan derêxe. Bi gihîştina Ozdemir ya Rewandizê re, ji hemî milan ve Kurd ketin çûn û hatinê. Şêxên Bêcileyê dixwestin bavêjin ser Aqreyê, xelkên Ranyeyê û Pîşderê dixwestin ku bajon ser leşkerên Ingilîzan ên Derbendê. Her eynî vê çaxê, Kerîm Begê Fettah Beg ê Hemawendî, Seyîd Mehmûdê Cebbarî û Feqî Mehmûdê Hemawendî jî bi 200 siwaran ve hatin Rewandizê û gihîştin Ozdemir. Pîşderan jî li ser navê xwe ji bo mebestên (çûna li ser Derbendê) Ehmed Axa şandibûn. Hemî ev bûyerên han bûn sebebê wê yekê ku Ozdemir bikare biryara Şerê Derbendê bide. Ji du milan ve, yanî ji Şawreyê ve êrîşê ser Ranyeyê, ji Navdeştê ve jî êrîşê ser Şehîdan kirin. Hemawendî ji milê Ranye re êrîş dikirin.

Ingilîzan hemî hêzên xwe biribûn û pê Derbendê girtibûn[112]. Ji ber vê, hêzên Kurdan ji herdu milan ve jî bi hêsanî pêş ketin û Ranye û Şehîdan girtin. Vêca Kerîm Begê Fettah Beg, bi xwe û siwarên Hemawendan ve avêtin ser Ranyeyê û Bitwînê û ji wir jî berê xwe dan Bazyanê û gihîştin der û dorên Silêmaniyê. Êdî 'ewr hemî Kurdistana Başûr girtibû. Hêzên millî yên Kurdan ji sînorên Berzan heta herêmên Ranyeyê, ji Pîşder û heta der û dorên Bazyanê û Silêmaniyê, ji hemî milan ve serî hildabûn. Babekirê Selîm Axa li Pîşder û Ingilîz jî li Derbendê di bin ablûqayê de bûn. Hêzên Ingilîzan, wekî me berê behs kiribû, bi lez wekî bayê birûskê Derbendê vala kirin û kêşan Boskînê. Li wir jî piştî şerekî bi xwînavî berê xwe dan çiyayên li hemberî Ranyeyê. Lê hêzên Kurdan berî wan gihîştin çiyan û ew girtin. Ingilîz, bi tevayî gêj bûbûn û nedizanîn dê berê xwe bidin ku? Xwestin biçin Girdebawîrê, vê carê jî siwarên Pîşderê rabûn û berî Ingilîzan çûn Girdebawîrê. Êdî hêzên Ingilîzan westiyayî, perîşan û peşmûrde, di bin hemla siwarên Kurdan û agirê hêzên millî de bi tevayî şerpeze bûn, çi çek, cebirxane û topên di destê wan de hebûn, bi hêstiran ve ketin destê Kurdan. Leşkerên dawîn ên Ingilîzan di bin parêzgeriya firokên şerî de, bi şikestî xwe gîhandin Serximeyê û vêca Koyeyê û ji wir jî çûn Hewlêrê. Piştî vî şerê girîng, Ingilîz ketin nav tirseke mezin û bi lez biryar dan û Silêmanîyê terk kirin, deng û behsê hatina Şêx Mehmûd li Silêmaniyê belav kirin.

Ingilîz, li Derbendê şikestin û ji vê herêmê hatin derxistin. Li Silêmaniyê jî çi karbidest û derûdora wan hebûn bi firokan, di yek rojê de çûn Bexdayê. Li milê din jî, Babekir Axa rê da û bi xweşî Pîşder ji 'Ebbas Mehmûd Axa re terk kir û kêşa Kuyîstan Kelê. Lê dema Şêx Mehmûd gihîşt Silêmaniyê li ser qewîtiya Ehmed Teqî, 'Ebbas Axa hat aşkirin û bi xwe re bir Silêmaniyê ba Şêx Mehmûd. 'Ebbas Axa, di vê sefera han de bû ku Çapmen dît û jê re got: "Ji kerba we Ingilîzan me Tirk anîn Kuristanê û me bi wan re yekîtî çêkir". Li gor gotina Ehmed, ku ji 'Ebbas seh kiriye, Çapmen bi vî awayî bersîva 'Ebbas Axa dide: "Eger hûn vê carê Tirkan ji Rewandizê derêxin, hûn çi bixwazin em ê ji we re bikin." Wisan dixuyê ku di civîna serokeşîretên Pîşder ên li Silêmaniyê bi Çapmen û Şêx Mehmûd re, cara yekem guftûgo li ser vê meseleyê çêdibe: ku Kurdên Ranyeyê Tirkan ji nav xwe derêxin û Ranye "teslîm"ê Şêx Mehmûd bikin. Di muqabilê vê de dê Ingilîz jî ji Koyeyê derkevin û vê herêma han jî (Koye) bêxin bin hukmê Şêx Mehmûd. Behsa navbera Kurdan bi xwe û bi nûnerê Ingilîzan ê li Silêmaniyê re, li ser vê bû û wisan biryar dabûn ku Tirk ji Ranyeyê û Ingilîz ji Koyeyê derkevin û ev herdu herêmên han têxin bin hukmê Şêx Mehmûd. Pîşderan, ku di nav hemî Kurdan de zêdetirî tevan dostê Tirkan bûn û alîkariya wan dikirin, bi xweşî yan bi tehl û zorî, Ozdemir û hêzê biçûk ê Tirkan dê ji Rewandizê derêxin... Fewzî Beg ê nûnerê Tirkan ê Ranyeyê, piştî guftûgoya bi Ozdemir re, biryar da ku ji Ranyeyê derkeve û li ser daxawza Kurdan û nesîhetên Ehmed Teqî, bi xwe û ew çend eskerên pê re bûn paş de kêşan û çûn Bêtwateyê, Ranye ji aliyê hêzên Hukumeta Şêx Mehmûd ve hat girtin. Lê Ingilîz li ser gotinên xwe nesekinîn û ji Koyeyê derneketin. Bahane digirtin û digotin: berî ku Ingilîz ji Koyeyê derkevin, dibê Şêx Mehmûd Tirkan ji Rewandizê jî derêxe. Ev, yek ji wan sebebên têkçûna navbera Şêx Mehmûd û Ingilîzan û lihevnehatina wan bû.

Şêx Mehmûd Çawan Hat Xapandin û Ket Bin Çengê Ozdemir û Tirkan?

Şêx Mehmûd, dema ku vegeriya Silêmaniyê -wekî me di pêş de behs kiribû- li ser navê Ingilîzan tenê Major Noel li wir bû. Ew jî dibin abluqayê de bû. Tirkperestan firset nedidan ku gelek xwe nêzîkî Şêx Mehmûd bike. Mustefa Paşa jî bi handana van tikperestên han gelek jê dûr xistibûn. Heta dihat gotin: Ozdemir hewl dide ku Mustefa Paşa teslîmê wî bikin û wî bike diyarî ji Mustefa Kemal re, ji bo ku wî îdam bikin. Bi vî awayî toleya Tirkan ji "Nemrûd"ê Kurd bistînin. Lê ne mimkûn bû tiştekî wiha ji aliyê Şêx Mehmûd ve bihatiya kirin. Eger Mustefa Paşa Kurd jî nebûya, lê wê rojê bêdesthilat û bêpiştiwan bû. Di deftera Şêx Mehmûd de tiştekî wiha tunebû ku wî bide destê dijmin û bişîne ber sêdarê. Mirovê herî bi desthilat ê wê rojê Teyarê Emîn Efendiyê Mesref bû. Teyar, serkatibê Şêx Mehmûd bû û xizmeta siyaseta Tirkan dikir. Di rastiya xwe de nûner û alîkarvanê Ozdemir ê ba Şêx Mehmûd bû. Li ba Melik, desthilata Teyar gelek ji ya Noel girantir bû. Ji ber vê, careke din mîzana şêhîna Tirkan li Kurdistanê bi ser ket û desthilata Ozdemir gihîşt nav bajarê Silêmaniyê.

Zabitên Ozdemir, ji Rewandizê heta Pîşder di nav eşîretên Kurdan de digeriyan. Berî ku Şêx Mehmûd ji Bexdayê vegere Silêmaniyê, tehdîda wê yekê jî dikirin ku bên û Silêmaniyê bistînin. Beyannameyên Ozdemir ku bi wêneyek gelek spehî dihatin çapkirin û bi hîv û roja ala Tirkan dihatin xemilandin, di destên biçûk û mezinan de bûn û bi eşkere dihatin xwendin. Ingilîz tenê xwediyê Major Noel û Çapmen bûn ku Şêx Mehmûd han bidin û Tirkan pê bidin derxistin. Carek devê Şêx Mehmûd şewitî bû, ji destê Tirkan kêşabû, ew nas dikirin û ji ber vê ji wan disilikî. Wisan jî ketibû mejî ku dê Mûsilê bidin Tirkan an dê bi zora çek bistînin. Wekî din Ingilîz jî hemî milî ve ber bi şikestinê ve diçûn. Li hember Kerîm Begê Fettah Beg û çend siwarên wî, li Sengawê, Bazyanê û li navçeya Qeredaxê, li hemberî beşek Pîşderan û hevpêmanên wan li Derbendê Ranyeyê şikestibûn û kêşabûn Koyeyê. Silêmaniyê bi lez û bi firokan terk kiribûn. Li hemberî gulmista Tirkên perekende li Rewandizê bêdestihalitaya wan eşkere bûbû û ji wan re tenê ji dûr ve li wan nêrîn mabû. Piraniya eşîretên Kurdan bi Ozdemir re bûn. Di nav bajarê Silêmaniyê bi xwe de jî tijî Tirkperest bûn. Ji ber van tevan, dema ku Şêx Mehmûd gihîşt Silêmaniyê, Teyar Efendî karîbû xwe têxe bin çengê wî û fikra wî biguherîne. Êdî dayireya hukumdar, bi pençeyên Teyar, yanî bi fermanên Ozdemir û îşaretên wî dimeşiyan. Li milê din jî, di rojnameyên Ewropayê û heta di yên Britanyayê bi xwe de, wisan dihatin xuyakirin ku êdî xelkê Ingilîz nedixwestin leşkerên Ingilîz li Iraqê û Kurdistanê bimînin. Ji hukumeta xwe daxwaza paşdekêşana van hêzan dikirin. Ji şer bêzar bûbûn. Encamê Şerê Cîhanê yê Yekem radixistin ber çavê karbidestan û ew zerarên ku li mal û canê wan ketibûn, nedixwestin dubare bibe. Nedixwestin xezîneya Britanyayê di rûyê şer de yan ji bo heresiya hinek feydeyên ji Iraq û Kurdistanê têxin bin barekî giran. Bi kurtî, nedixwestin bi navê xercên îşgalê deynekî têxin ser xezîneya dewletê.

Şêx Mehmûd, di rojeke wiha de hatibû Silêmaniyê. Dê pişta xwe bi çi girêdaya? Bêyî alîkarî û pul û pereyek dê çawan li dijî Tirkan rabûya? Ger li dijî wan rabûya, dê hemî eşîretan xeberê wî bikirina û heta dawiyê dê pê re bimeşiyana yan na? Gelo Tirk tenê ew qemçek esker bûn li Rewandizê? Eger hejmarek zêde leşkerên Tirkan pişt re bihatana alîkariya Ozdemir, dê ev kar bigihîşta kîjan qonaxê? Dê eşîretan heta dawiyê xwe ragirtina û heta dawiyê bi Şêx Mehmûd re bimana yan na? Dê bi kîjan alîkarî û piştivaniyê şer bikira? Ger hat û sibe Mûsil bidana destê Tirkan an ew bi zor bigirtana, dê Şêx Mehmûd çi bikira û dê netîceya wê çawan bûya?

Hemî ev xalên han kiribûn pêş çavê Şêx Mehmûd û bi tevayî ew amade kiribûn ku xwe nêzîkî Ozdemir bike. Ozdemir jî çi raste rast û çi jî bi riya mirovên xwe dixebitî. Bi wan gotinên "Îslamiyet", "xeza", "dîn" û "tole" standin Şêx Mehmûd gêj kiribû. Li hemberî van gotinan gotinên "Kurd" û "Kurdistan" jar û lawaz bûbûn û hindik mabû bên ji bîr kirin. Heçî ew kesên Ingilîzperest bûn, xebat û hewildanan deynin ciyekî, ketibûn tirsa rizgarkirina ruhê xwe û ji bo xweveşartinê li kunên mişkan digeriyan.

Di nav vê qonaxa girîng û pêvajoya dîrokî de, Şêx Mehmûd tenê bi serê xwe mabû. Ne rênîşanderekî hişyar û ne alîkarvanekî bi hêz û welatparêz! Komeleya xortên xwîngerm di holê de nema bû û teşkîlata partî û geşbûnên siyasî wê rojê rastê nexweşiyê hatibûn. Her kesekî di milekî de dikêşa, li dorê ez ezîtiyê berhev bûbûn, xwarina xwebixwe bixwetiyê ketibû nav û du kes tenê jî nedikarîn bi hev re bimeşin. Bi kurtî ne rêxistineke netewayetî û ne hêzeke siyasî, yanî tu tiştek tunebû ku pişt lê bê girêdan û ji bo meseleya Kurd îstîfadeyek jê bê wergirtin. Yanî tiştekî wisan di dest de tunebû ku li dijî wan hêz û sebeban bisekine ku derûdora Şêx Mehmûd girtibûn.

Şêx Mehmûd, tu şik tê de tune ku hez ji hukumdariyê dikir û belko dixwest bibe Melik. Hez dikir ku xizmeta Kurdan jî bike û di riya Kurdistanê de xwe feda kirin û bextkirinê nedida alîkî. Lê hêviya wî nemabû ku bigihîje armanca xwe. Ozdemir jî wê çaxê bêsekin li hemberî wî hereket dikir. Bi rastî Şêx Mehmûd di qonexeke gelek girîng de bû. Çendîn di dilê xwe de baweriya wî bi Tirkan tunebû û bi sozdanên Ozdemir gelek nedixapiya û dizanî ku nêzikiya bi Tirkan re ne ciyê hêviyê ne, heta gelek ji wê ditirsiya ku ev siyaseta han bibe sebebê têkçûna hemî tiştî. Lê ji ber wan sebebên ku me li jorê behs kirin û bi taybetî li hemberî propagandeyên Teyar, Fettah û ew Tirkên ku li derûdora wî berhev bûbûn, tu çareya wî nemabû û wê rojê nedikarî tiştekî din bike[113]. Tenê bi serê xwe û destvala dê çawan li dijî Tirkan rabûya? Wê çaxê Ingilîz û Emerîkayê, wekî îro ji bo mebest û qazancên xwe, xwediyê programa alîkariyên biçek û pere nebûn ku hinekan bihêz bikin û bikin li dijî xelkê yan wan hukumetên ku nediketin bin nifûza desthilata wan, belko di eksê vê, wan dixwest (yanî Ingilîzan) ku Şêx Mehmûd bi xwe hemî tiştî pêk bîne; çek, pere, leşker û hemî hêzên din ên pêwîst in ji xelkê tedarik bike û Tirkan ji Kurdistanê derêxe[114]. Li gel vê jî, ew programa ku li ser dimeşiyan û heta dinya ava be dê li ser bimeşin, bi awakî rast û ji dek û dolaban dûr, xwe nedan ber vê meseleyê û karekî wisan nekirin ku Şêx Mehmûd jî bi dil baweriyê bi wan bîne û bi awakî rastî xwe nêzîkî wan bike. Bi awakî wisan xatircemiyê nekirin ku bawerî bi wan bê kirin û ji bo serkeftin û pêşkeftina di mesela Kurdistanê de hemî tiştan rayêxin ber çav û di vê riyê de fedakariyê bikin. Li milê din jî, Tirkan ne tenê îtîraf bi Kurdistanê nedikirin. Belko bi awakî wisan li hemberî misilmanekî wekî Şêx Mehmûd radiwestiyan, eynî wekî çawan ji Ingilîzan hêviya rastî û yekrengiyê nedikirin û baweriya wan bi wan tunebû, bi wî awayî qerar ji bo bicihanîna armanca Kurdan û Şêx Mehmûd jî didan. Ozdemir, li ser navê Hukumeta Enqereyê, yanî li ser navê Mustefa Kemal, soz dida ku li Kurdistana Iraqê wekî li Misrê çawan ji bo Mihemmed Eliyê Mezin hatibû kirin, xidîwekî damezrînin û Şêx Mehmûd bikin waliyekî serbixwe. Yên han bi kurtî, rastiya bûyerên wê rojê yên Kurdistanê bûn û awayê bêkêm û bêzêde wê qonaxê bûn ku Şêx Mehmûd tê de bû. Yanî siyaseta Tirkan biserketibû, çi soz li Bexdayê ji Şêx Mehmûd standibûn, di rûyê siyaseta fêlbazî ya Ingilîzan de pûç bûbûn. Lê li gel van tevan jî, Şêx Mehmûd heta demeke baş, xwe neda dest û bîr û baweriya di dilê xwe de eşkere nekir. Xwest herdu milan (Tirkan û Ingilîzan) îdare bike. Ji ber vê, bi Tirkan re di riya Teyar re û bi Ingilîzan re jî bi riya Şêx Qadir, Mustefa Paşa û hinek kesên din, ji danûstandina nameyan û guftûgoyan paş de nediket. Lê yên bi Ingilîzan re mijûl bûn, nekarîn tiştekî bikin. Teyar tenê bi serê xwe biserket. Mesafeya di navbera Şêx Mehmûd û Tirkan de heta diçû kêm dibû. Zabitên Ozdemir heta Silêmaniyê dihatin û li mala Şêx Mehmûd jî dibûn mêvan. Civînên nehênî di dîwana Melik de dihatin kirin. Tu şik tê de tune ku Ingilîz bi van agahdar bûn, cardin tiştekî wan nedihat dîtin. Her li ser gotinên xwe dimeşiyan. Daxwaza bicihanîna wan teehudên ku ji Şêx Mehmûd standibûn dikirin. Yanî daxwza derxistina Tirkan jê dikirin. Lê êdî dereng bû, roj li ber avabûnê bû. Yekîtiya Şêx Mehmûd bi Tirkan re êdî karê îro yan yê sibê bû.

Veşartina civînên nehênî yên li mala Melik û çûn hatina zabitên Tirkan li ber çavê wan kesan ku casûs an Ingilîzperest bûn, li Silêmaniyê karekî hêsan nebû. Tirkan û terefdarên Tirkan toreyî li hemberî welatparêzan jî dikirin. Ba Tirkan, ew jî wekî dost û terefdarên Ingilîzan layêqê kûştin û nehiştinê bûn. Ji ber vê, her çendîn min bawer jî nedikir, wan rojan li nav bajêr deng û behsekî girîng û sawm hatibû belav kirin, digotin: bi fît û handana mirovên Ozdemir, biryar hatiye dan ku dostên Ingilîzan û lawên welatparêz ên Kurdan dê bên kûştin û ji ortê bên hildan. Cemal Irfan jî van rojan hat kûştin. Ji ber vê, van gotinan tesîreke mezin li ser xelkê kiribû û mirovên Ingilîzan ji mala xwe dernediketin. Tirsa lawên welatparêz jî ji yên wan kêmtir nebûn. Min bi xwe, xwe yek ji wan lawan dihesiband. Li gel vê jî, çi ji ber ku min bi dil bawerî bi van gotinan nedikir û çi jî ku min xwe rast û bêguneh dizanî, tirsa min tunebû û min serê xwe bi van tiştan nediêşand. Heta Cemal çend roj berî kûştina xwe hat ba min û gelek bi tirs bû û min gelek dilê wî vekirî û dilxweşî dayê, lê bi tevayî bêhêvî bûbû.

Dibêjin, Cemal bi destê hinek dijminên xwe hat kûştin. Lê ev kûştina han wan rojan bû sebeb ku piraniya xelkê bi awayê ew xeber û propagande hatibûn belav kirin, rast bizanin. Vêca wan rojan kesekî devê xwe venedikir. Ew yek nedihat bibîra kesekî ku li Bexdayê çi ji Şêx Mehmûd hatiye xwestin û programeke bi berhem jê re hatiye çêkirin an na? Ne dizanîn jî ku Şêx Mehmûd ji bo Kurdan çi ji Ingilîzan xwestiye? Tiştek danê yan pê sipartine an na? Kesekî di vî warî de tiştek nedipirsî[115]. Tenê Mustefa Paşa heta demek ji gotin û zimandirêjiya xwe daneket, bi dizî û bi eşkere lome ji van kirinan û ji Tirkan dikir. Lê kesekî din tunebû ku bikare behsa xerabiya navê Tirkan bike. Şêx Mehmûd, bi xwe piştî hatina xwe ya Silêmaniyê û mayîna xwe ya çend rojan bi tenê, di demek de ku Mustefa Paşa Wezîrê Perwerde û Hîndekariyê bû û ji çav neketibû, belavokek resmî derxist û ev belavoka han di Bangî Kurdistan (rojnameya Komeleya Kurdistanê) de da belav kirin[116]. Ev belavoka han em nizanin heta çi dereceyê dilê wan kesan pê xweş e ku şarezayê siyaseta dewletan in û li gel wê jî ku nikarin bêjin wêneyek bêkêm û zêde wê teehudê ye ku li Bexdayê di navbera Şêx Mehmûd û nûnerê Britanyayê de hatibû çêkirin. Cardin nayê înkar kirin ku belgeyek ji wan belgeyên girîng û bi qîmet e ku dibê di dîroka mesela Kurdistana Iraqê de ciyê xwe bigre. Major Noel ku bi gotin musteşarê Şêx Mehmûd û li Kurdistana Iraqê jî nûner û alîkarvanê Mendubê Samî yê Britanyayê bû, ji bo standina te'lîmat û tespîtkirina rê û xeteke bi dilê Şêx Mehmûd, ji bo hukumeta nû ya Kurdan, çend caran di navbera Bexdayê û Silêmaniyê de çû û hat. Çend carek jî bi firoke çû Kerkûkê ba Ingilîzan. Lê wisan hat xuya kirin ku hewl û xebatên wî tu feyde nekirin, vêca ji bo bi tevayî pêwendî li gel Hukumeta Britanyayê neyên qut kirin, ji bo nav, Kapitan Çapmen ê alîkarvanê xwe kir wekîl û danî ba Şêx Mehmûd. Bi xwe jî wekî carên berê, bêyî bigihîje armanca xwe û bikare di Kurdistanê de tiştekî bike, Silêmaniyê terk kir û careke din venegeriya. Mendubê Samî, êdî bi bûyeran gihîştibû û hêviya xwe ji Şêx Mehmûd birîbû. Ji ber vê, tu feyde di mayîna Çapmen ya li Silêmaniyê de tunebû û ji hêviyek bêfeyde û bêencam pê ve tiştek tê de tunebû. Li milê din jî bi handana Tirkan û Tirkperestan, Çapmen jî kirin bin çavdêriyek tund û riya danûstandina bi hinek kesan re rabûn û rûniştin û guftûgo jî ji ser de birîn. Se'îd Qezzaz û Celal Saîb wan deman di 'Edadî ya Mehmûdî de mamosteyên Ingilîzî bûn. Şêx Qadir ku Serokwezîr bû, li ser ricaya Çapmen emir da min ku ez Se'îd Qezzaz jê re bişînim. Wan rojan Se'îd diçû û rojê yek-du seet alîkariya wî dikir û dersê Kurdî jî jê re digot. Şêx Mehmûd ji vê xeyîdî û dikir hêrsa xwe li min bîne. Vêca ji bo ku Serokwezîr jî şaşî neke, emir da û destûra çûn û hatina ba Çapmen di rojnameya Bangî Kurdistanê de da weşandin. Demek gelek kurt piştî vê rewşa han, Çapmen -bi bahaneya guftûgo li gel Ingilîzan- musaede ji Şêx Mehmûd xwest û çû Kerkûkê. Ev bi dilê Şêx Mehmûd jî bû. Çunkî dizanî venagere, ji ber vê bêyî qewirandina bi eşkere, ji Çapmen jî xelas bû.

Hatina Simko Ya Silêmaniyê

Wekî me berê niha got, Simko, piştî ku ji aliyê Tirkan ve şevekê ji nişkave êrîş anîn ser û jinek wî hat kûştin û Xusroyê kurê wî jî esîr girtin, ew, birayekî xwe û bi çend siwarên xwe ve derbas bûn û gihîştin dora Rewandizê. Ingilîz, wek hûn dizanin, wê çaxê bi Şêx Mehmûd re ji bo lihevhatinê di nav xebat û hewildanek bêfeyde de bûn. Lê ji vê serpêhatiya Simko û ji nişkave hatina wî ber bi sînorê Iraqê ve ketin nav hêviyekê. Wisan fikir dikirin ku dê bikarin ji vê bûyerê îstîfade bikin û Simko bikin sebebê merkeza têkdana navbera

Şêx Mehmûd û Tirkan. Ji ber vê, xwestin were Hewlêrê û ji bo vê jî bi Şêx Mehmûd re ketin muxabereyê. Li gor wan gotinên ku di Bangî Kurdistan a wan rojan de dihatin weşandin, Simko daxwaz ji Şêx Mehmûd dikir ku firsetê ji destê xwe nerevîne, ji bo xizmeta Kurdan têbikoşe û bi Ingilîzan re li hev bike. Lê hinek kesên ku wê rojê li wir bûne, wiha dibêjin: Simko bi xwe nehatibû Hewlêrê. Çunkî Simkoyê Şikakî dizanî ku xwîşka Marşem'un a ji destê wî bazdayî, çûbû ba Ingilîzan û li Bexdayê dima. Vêca ji ber vê, dema ku di riya Hewlêrê de dimeşin, firokek Ingilîzan di ser wan de difire, hinek ditirse û dikeve şikê. Dest davêje dabanca xwe û şoferê otomobîlê naçar dike ku vegere gundê Behirkeyê. Izzet Topçî (Izzet Fate) -Xwedê jê razî be- bi xwe ji aliyê Ingilîzan ve hatibû şandin ku Simko bîne, ji min re wiha got: "Ez gelek pê ve mijûl bûm ku vegere û em bi hev re biçin Hewlêrê, lê feyde nekir. Vêca piştî vê, min ji Hewlêrê telefonî Behirkeyê kir û gotinên Simko bi telgrafê şandin Silêmaniyê ji Şêx Mehmûd re." Heta Simko li Behirkeyê yan li Hewlêr bûye, Şêx Mehmûd li gor daxwazên Ingilîzan -bi gotina Izzet Topçî- bersîv daye. Piştî re ji bo guftûgoyên taybetî yên herdukan wî dawetê Silêmaniyê dike. Simko û Şêx Mehmûd, wek Ingilîzan xeyal dikirin, dijminê hev nebûn[117]. Çunkî piştî ku Şêx Mehmûd di Şerê Derbendê Baziyan de ji aliyê Ingilîzan ve hat esîr kirin û ew şandin Hindistanê, tiştên wisan qewimîn ku di navbera van herdu mezinên Kurdan de bûn sebebê pêwendiyek bi hêz. Piştî Şêx Mehmûd esîr girtin, maliya wî û zarokên wî bi Şêx Qadirê birayê wî re xwe gihandin Îranê. Li wir bi tehrîk û handana Tacirbaşî yê Kurd[118], Şêx Qadir jî hat girtin û ew jî şandin Hindistanê. Malî û zarokên Şêx Mehmûd di wî welatî biyanî de bêkes û bêkûs man. Bi rastî ketibûn nav halekî nexweş. Lê wê çaxê stêrka bextê Simko di asoya hêviyan de geş bûbû, li Bakurê Rojavayê Îranê bûbû paşayê duduyan. Nêzîkî seranserê Azerbaycanê kiribû bin destê xwe. Malî û zarokên Şêx Mehmûd xwe digihînin ba wî, ew çeng û baskên babîtiyê bi ser wan de vedide û wan dihewîne. Vêca niha dora Şêx Mehmûd bû. Dixwest ji bin barê qenciya Simko derkeve. Telgrafên di navbera Simko û Şêx Mehmûd de Ingilîzan bihêvî kiribûn. Ji ber vê, rê dan ku Simko bê Silêmaniyê. Dema ku ev deng û behsên han belav bûn, Silêmanî bi carek herikî û keliya. Nav û dengê Simko û behs û çîrokên mêranî û qehremaniya vî Kurdê bi nav û deng, gihîştibû Kurdistana Iraqê. Ji ber vê, hatina wî li Silêmaniyê, ji bo mesela Kurd mizgîniyek dihesibandin û hêviya welatparêzan nû dikir. Simko yan Îsmaîl Axayê serokê Eşîreta Şikakan, di dilê hemî Kurdekî de ciyekî wî yê bilind hebû û qehremanekî millî dihat zanîn. Hukumetên Tirk û Îranê bi çavekî kîn û şik lê dinêrîn. Ji ber vê, hatina wî li Silêmaniyê tiştekî kêm nebû. Mezin û biçûk bi jin mêran ve, li ser vê hatinê diaxiftin û bêsebir çavên wan li rê bû. Çaveriya gihîştina vî qehremanî dikirin. Wan dixwest bi demek zûtir bi dîtina wî şad bin. Ew kesên ku Kurd û welatparêz bûn, Simko li ber çavê wan qehremanekî millî bû. Hêviya wê yekê jê dikirin ku ev hatina han bibe sebebê guherîna bingehê siyasetê. Heta şêhîna Kurdayetiyê ser bikeve û Şêx Mehmûd ji ew duriya ku li ber sekinî bû bêxe ser riya mebesta wî, yanî berê xwe bide mesela Kurdistanê. Mustefa Paşa ji hemî kesan zêdetir bi kêf bû. Ji wî halî ku tê de bû derketibû û ketibû halekî din. Xwe qît kiribû. Bûbû xortekî çardeh salî. Ew jî di sewdayek din de bû. Di wê hêviyê de bû ku Simko, Şêx Mehmûd ber bi armancên xwe ve bibe. Di wê xeyalê de bû ku siyaseta Ingilîzan bicih bibe. Berê hemî tiştê Tirkan ji Rewandizê derêxin. Xebat û serhildan bigihîje Kurdistana Tirkiyê. Bi kurtî ji bo şikandina pişta Mustefa Kemal hewil dida.

Êdî hatina Simko ya Silêmaniyê nêzîk bûbû. Vêca li ser fermana Melik, xaniyê Şêx Mistefayê Neqîb[119] hat paqij kirin û raxistin. Roja hatina Simko, temamê xelkê Silêmaniyê malên xwe vala kirin. Piraniya siwarên eşîretên derûdor çûn pêşwaziya wî. Bajarê Silêmaniyê wekî bûkan hatibû xemlandin. Di nav ahengeke giştî û daweteke millî û neteweyatî de, pêşwaziyeke gelek şêrîn û şahane jê re kirin. şevekê berî gihîştina wî, bajarê Silêmaniyê wekî bajarê mûriyan lê hatibû. Te derzî biavêta li erdê nediket. Heta sibê xew neket çavê gelek kesan. Tiştê herî ecêb ew bû ku Tirkperest jî bi kêf bûn. Belko ew ji Kurdperweran zêdetir şa dibûn, wisan dixuya ku ba kesên Tirkperest jî hatina Simko ciyê hêviyan bû û ji bo serkeftina siyaseta Tirkan û mebestên xwe baş dizanîn.

Dema ku min ji Mustefa Paşa kaxezek sitand, roj çûbû ava. Ji min dixwest ku her vê şeva han, sirûdeke xweşik a millî rêkbêxim û hînê xwendevanan bikim ku ji bo pêşwaziya Simko bê xwendin. Ez di cih de çûm Mekteba 'Edadiyê. Ji bo xebatê ew şev bûbû roj. Ji bo wê, min gelek bi hêsanî xwendevan berhev kirin. Heta ew berhev bûn, min jî sirûdek amade kir. Heta nîvê şevê ez bi grubek xwendevan re mijûlê sirûdê bûm û min hemî tişt bicih kirin. Xwendevanan, ji ber xweşiyê nedizanîn ka dê çi bikin? Piyê wan erd nedigirt. Lê ew şev hêviya wan a şikandina serê xewa wan tunebû. Ji ber vê, çûn hindur ku xwe ji bo sibê amade bikin. Ew siba ku cejna Kurdan bû û dê biçûna pêşewaziya pehlewanê Kurdistanê.

Beyana wê şevê, berî ku roj derkeve, xelkê bajarê Silêmaniyê, biçûk û mezin, bi mêr û jinan ve rijiyan kulanan. Xwendevanên dibistanan, li ser wê kulana ku diçû mala Şêx Mistefa (kulana mala Şêx Qadirê Hefîd), bi esker û polîsan ve li hemberî hev rêz bûbûn. Ji bo ragirtin û rêxistina van, zabit û mamosteyên Kurdan bi germî diçûn û dihatin. Çiqas diçû hejmara xelkê zêdetir dibû û di wan kulan û deştan de cih nemabû. Serbanên xaniyan, pêş eywanan û li ber pencereyên xaniyan, serbanên mizgeft û dikanan, hemî tijî bûn. Gundiyên derûdora Silêmaniyê bi carekê rijabûn nav bajêr. Piştî ev li hêvîmayîna bêsebir, nêzîkî nîvroyê otomobîla Şêx Qadirê Serokwezîr derket. Xelk careke din herikî û ser û bin bûn. Mamosteyên xwîngerm û zabitên zîrek ên çalak, şidiyan û ber bi xwendevan û eskerên xwe ve çûn. Êdî ji bo sekinandina silavê benda îşaretekê bûn. Rêzên xwendevanan li hemberî rêzên eskeran wekî du xetên raste rast kêşayî sekinî bûn. Çavên wan li devê mamoste û zabitên wan bûn. Ji nişkave otomobîlek ji pêş ve derket û deriyê wê vekirin. Ji milê Şêx Qadir ve bi bejna xwe ya dirêj û qama zirav Simko derket. Pilingê Kurdistanê bi cilûbergên eskerî ve wekî generalekî dihat ber çav.

Çavê xwe bi ser xelkê de gerand û ji bo silavê herdu destên xwe bi hev re bilind kirin. Êdî li ber tîlîliya jinan û lêdana çepkan, li milekî gulbaran û dengên bijî bijî û li milê din jî gurmîna topan destpê kirin. Rûndikên şadiyê çavê welatparêzan dagirtibû û wekî ku bêhiş bin li wan hatibû. Di dîroka rojên girîng ên pîroz ên Silêmaniyê de, piştî roja vegera Şêx Mehmûd ji Hindistanê, ev roja han yekem roja şadî û pîrozî ya Silêmaniyê bû. Ew rêzên esker û xwendevanan ku di silavê de sekinî bûn, çaveriya Simko bûn ku dibû di ber wan re derbas be. Vêca Simko bi gavên rêk û pêkî û hîşyar, ber bi wan ve hat. Di wê seetê de dima wan şahan ku di bîr û xeyalên Kurdan de dijiyan. Xwendevanan bi sirûda xêrhatinê re dest bi gulbarînê kirin û esker û polîs bi tivingên xwe ve ji bo silavê sekinîn. Wêneya wê seetê ya Simaîl Xan û refdek siwarên birûskî yên Şikakan, dikirin ku bikevin nav rûpelên dîroka Kurdan. Simko bi xwe, her çendîn cil û bergên eskerî lê bû, lê li gel vê jî nîşana regeza Kurdayetiyê wî li ciyekî bilind didît. Yani kumekî Kurdane yê şikakan danîbû serê xwe û çend poşî û hewriyên hevrîşm li dora wî pêçabûn. Ew kesên ku pê re bûn, bi cil û bergên Kurdî yên Şikakan, ji Kurdistana Bakûr diyariyeke bi qîmet, yani dêmeneke şêrîn ên birayên xwe yên jorê ji wan re anîbûn. Mustefa Paşa, dostê Simko yê kevin, bi gotareke germ û xurt, behsa çîroka dûr û dirêj a vî şêrê han û dîroka pehlewanî û welatparêziya Simko û ew bûyerên ku di vî warî de bi serê wî de hatibûn, kirin.

Tu şik tê de tunebû ku Tirk ji vê ketibûn tirsê. Çunkî Mustefa Paşa yê dijminê xwe gelek baş nasdikirin û bêsebeb navê wî nedanîbûn "Nemrûd". Her ji ber vê tirsa han jî bû ku di wextê xwe de, Tirkan êrîş anîn ser Simko û şev nîvê şevê ew dan ber şeştîr û tivingan. Mustefa Paşa, ji bo ku berê Simko ji Îranê veqetîne bide Tirkiyê û agirê serhildan û têkelheviyê bêxe ser erdê Tirkiyê, çûbû ser sînorê Îran û Tirkiyê û Simko dîtibû. Ne mimkûn bû ku Tirk Simko nasnekin. Belko demek bû ew baş nasdikirin û wan dizanî ku ew ji bo serxwebûniya Kurdan xebatê dike[120]. Lê wan rojan bi şerê Yunaniyan ve mijûl bûn û hêza wan tunebû destê xwe dirêjî Simko bikin. Simko jî bi Îranê re mijûl bû û nedixwest wan navan re navbera xwe û Tirkan xera bike. Lê çûna Mustefa Paşa ba Simko, bîhn û sebra Tirkan çikandibû û tirseke mezin kiribû dilê wan û wisan li Simko kiribûn ku kirin... Ji ber vê, vê carê jî ji nêzîkayiya Mustefa Paşa ya bi Simko re ketin tirsê. Gelek mixabin hê Simko bîhna xwe nevedabû, reşebayê bextê reş dest bi hejînê kir û çirayê hêviya welatparêzan dest bi tefînê kir. Remzî Beg ê Tirk (Topal Remzî yan Remziyê Şal), Fewzî Beg ê Yuzbaşî û çend zabitên din ji Rewandizê hatin Silêmaniyê û bi nehênî li mala Şêx Mehmûd peya bûn. Li milê din jî Fettahê Emîn 'Ettar ê bûrayê Şêx Mehmûd, ku ew jî wê çaxê di ordiya Tirkan de yuzbaşî bû, bi lez û bez di riya Mûsilê re vegeriya Iraqê û gihîşt Silêmaniyê. Desthilateke Ingilîzan a ku bikare pêşî li hatina zabitên Tirkan ya Silêmaniyê bigire tunebû. Çunkî wekî hûn dizanin, ji Rewandizê heta Silêmaniyê rê ji Tirkan re vekiribûn û ev zabitên han li ser tedbîr û raya Teyar Efendî û bi alîkariya 'Ebbas Mehmûd Axa di riya Pîşder re hatibûn mala Şêx Mehmûd. Simko jî, Ingilîzan bi xwe bawerî pê kiribûn û ji Hewlêr şandibûn. Çi heye, gelo çawan baweriya xwe bi Fettahê xalê Rauf û Babe'elî anîbûn û ji Mûsilê şandibûn Silêmaniyê? Ev dikare nekeve serê her kesî. Lê yên Fettah nas bikin ev yek ji bo wan ne ewqas zehmet e. Belê, Fettah zabitekî Tirkan û xalê kurê (bûrayê) Şêx Mehmûd bû. Dibû bêzanîn ku di rojeke wisan de ne mimkûn bû ku bê mebestek ji Tirkiyê vegere Silêmaniyê. Fettah bi xwe jî, di riya Mûsilê re biryara hatina xwe dabû, dizanî dê tûşî astengê jî bibe. Ji ber vê, tedbîra xwe standibû. Li Diyarbekrê, bi mezinên xwe re li hev kiribû ku wî bi Kurdayetiyê îtham bikin û ji ber xizmatiya wî bi Şêx Mehmûd re, wisan belav bikin ku jê ketine şikê. Li ser vê, hinek raporên derew ên nehênî jî li ser dinvîsin. Pişt re wî digrin û dişînin Enqereyê. Li wir hemî tiştî hînê wî dikin. Ji ordiyê jî diavêjin û ew vedigere Iraqê. Ji bo ku bikare rola xwe baş bilîze, jin û zarokên wî jî pê re bûn. Lê di bin re ji bo xapandin û şaşkirina Şêx Mehmûd û rakêşana wî ber bi Tirkan ve, bi talîmat û destûrên taybetî yên jê re hatî çêkirin, hatibû şandin. Ji ber vê jî karîbû li Mûsilê Ingilîzan bixapîne û bi rehetî bê Silêmaniyê. Heta em dikarin bêjin ku Fettah ew jî xapandibûn û bi navê xizmatiya Şêx Mehmûd re hinek gotin jî ji wan derxistibû û kêm jî be bi mebest û daxwazên Ingilîzan têgihîşti bû. Vêca bi gihîştina Fettah ya Silêmaniyê, ew heleqa ku wê navê re li derûdora wî hê zêdetir xurt kir û Şêx Mehmûd bi tevayî anî ser bîr û fikra hevkariya bi Tirkan re û xist nav çembera desthilata Ozdemir. Simko, di dilê xwe de hez ji Tirkan nedikir. Ji bilî vê jî, Tirkan nû êrîş biribûn ser û hê birînên wî qertîş negirtibûn. Ji ber vê, ger jê re li hev bihata û hêviya serkeftinê jê bikira, bi hemî cureyekî dê ji wan hewlê tolevekirinê bistanda. Lê bûyeran bi awayekî din rû dan. Propagandeyên Ozdemir û terefdarên wî gelek bi hêz û bi tesîr bûn. Mîzana şêhîna siyaseta Tirkan serdest bû. Li milê din jî Xusroyê perçê cîgera Simko, dîl hatibû girtin û ba Tirkan bû. Bi ser de jî piştî talanê xezîneya wî jî ber talanê ketibû, nêzîkî 20 hezar lîreyên zêr li Wanê di sandoqa firqeyê de bûn û li wir girtibûn. Çi li Tirkiyê û çi li Îranê bihûstek erd bi destê wî nediket ku bikare tê de bisitire. Tirkan û mirovên Ozdemir, bi saya Şêx Mehmûd, lê ya rast bi saya Teyar, ji vê rewşa nazik îstîfade kirin. Bi vegerandina Xusro û pereyên wî, bi birina wî ya Tirkiyê û dayîna milkên wî yên li ser sînor jê re, heta bi pêşpêşkirina navçeke mezin a wekî Şemizdînan, ew ber bi şaşiyê de birin û ji bo xapandina Şêx Mehmûd ew kirin bin kontrola xwe.

Helwêstên Ozdemir û Kirinên Wî Yên Li Rewandizê

Wekî me di pêş de behs kiribû, piştî ku Ozdemir bi hêzek xwe ya biçûk ve gihîşt Rewandizê, di cih de dest avêt rêxistinî û mezinên Tirkan bi van kirinên xwe agahdar kirin. Di bersîva ku Cewad Paşa yê Fermanderê Cepha El-Cezîreyê di bin reqema 1084an û di tarîxa 7ê tîrmeha sala (1)388ê rumî de jê re nivîsandibû, wiha dibêje: "Ji aliyê Cebheya Rojhilatê ve, ji Kolordiya Nehem agahdarî hatiye ku 200 tivingên sandoqdar û 70 sandoq cebxane, bi 126 tiving û 34 sandoq cebxanan ve şandine Başqeleyê." Lê di hêla zêdekirina hêza mufrezeya Rewandizê de Cewad Paşa gazind ji tunebûna sebebê guherandinê kiriye û heta qewlê wê jî nedaye ku qet nebe mufrezeke Colemêrgê bi temamî bişîne Rewandizê. Wisan bi Ozdemir daye xuyakirin ku şandina mufrezeyê û nemana eskeran li Colemêrgê, dê bibe sebebê girtina wan navçeyan ji aliyê Nastûriyan ve û dema şikestin an vegera Ozdemir û hêzên wî li Tirkiyê, dê bi hêsanî êrîşê bibin ser. Li gel vê jî, ji vê mufrezeya han ku hemî li ser hev 134 esker bûn, ferman da 54 esker jê biçin Rewandizê. Wisan dixuya ku Ozdemir daxwaza topan jî kiribû. Çunkî Cewad Paşa dibêje: "Min nekarî ji te re topan bişînim. Lê ez hostayekî ji te re dişînim ku tu bikarî topên xwe yên xerabe pê bidî çêkirin."

Ozdemir ku bi saya propagandeyên xwe yên tund û bêserî û binî bûbû hakimê serbixwe li Rewandizê û tehdîda îşgalkirina hemî bajarên Kurdistanê dikir, rewşa hêz û desthilata wî ya ba Hukumeta Tirkan bi vî awayî bû ku me behs kir. Ew çend eskerên ku pê re bûn, beşa piraniya wan jî Tirk nebûn. Belko hinek nefer ji 'erebên Cezayîrê bûn. Ew jî ji bo fikra jiyan û mexsedek taybetî bi pê Ozdemir ketibûn. Pêwendiya wan bi Tirkiyê yan bi Kurdistanê re tunebû û ji bilî xwe debirandin pê ve, ne li pê tu cure mebest û armancekê bûn. Mezinên Tirkan jî hêdî hêdî Ozdemir îkaz dikirin û daxwaz jê dikirin ku çi dike bila li ser navê xwe û di bin navê zabitekî serhilder û serbixwe de bikę. Pêwendiya xwe ya bi Hukumeta Tirk re eşkere neke. Ji ber van yekan, wek Ozdemir bi xwe behs dike(121), cezayîrî, li gel hemî awayê ku jiyaneke baş û hemî pêwistiyên wan ji wan re hatibûn amadekirin jî, lê piştî gihîştin Rewandizê çend roj şûn de, du cendirmeyên kevin ên 'Ereban ku bi xwe jî wê çaxê ji bo xizmeta Ozdemir hatibûn Rewandizê, ew xapandin û gihîştin hev. 20 eskeran (yani 20 eskerên cezayîrî) hinek ji heywanê zabitên Tirkan û gelek tiştên din bi xwe birin û ber bi Eqreyê ve ketin rê ku biçin ba Ingilîzan. Her di eynî nameya navê wê derbas bû ya Ozdemir de, dide xuyakirin ku esker dixe pê wan kesên bazdayî, çend kesan ji wan û du casûsan digrin û hinekan ji wan li Rewandizê îdam dike. Lê ev bûyerên han, wekî di gotinên Ozdemir bi xwe de derdikevin, piştmaziya pişta hêza biçûk a Ozdemir dişkîne. Ji ber vê, gelek bi dilekî kul dikeve daxwaza hêzên nû ji hukumetê û di nameya hejmara 21an û tarîxa 12/7/338an a ji bo Cebheya El-Cezîreyê nivîsandiye, wiha dibêje: "Mesela bazdana cezayîriyan em kirin nav astengekê girîng. Êdî ew kesên ji bo Ingilîzan hewil didin û propaganda wan dikin, rê ji wan re vebûye. Heta xetên telgrafên me jî girtine. Ji bo bahaneya kirrîna heywanan ji sînorê Îranê, hêviya rêkxistina sebebên çûnûhatinên me jî neman û kesên ku me şandibûn, destvala vegeriyan. Babekirê Selîm Axa, Şêx Mehmûd Axa yê Balekî û heta hinek mirovên Simko jî dijîtiyê li hemberî me dikin û ji bo serkeftina Ingilîzan hewl didin. Ingilîz jî deste deste rûpiye belav dikin." Ozdemir, piştî van gotinan û gelek behs û xeberên din, cara duduyan ji serokê Cebheya El-Cezîreyê (yani Cewded Paşa) hêviya şandina mufrezeya Colemêrgê li Rewandizê dike. Daxwaza top, riyên danûsitandê û alîkariyê dike. Gelek bi eşkere û azayane ji fermander re dide xuyakirin, ku kirinên rastî pêwîstî bi alîkariyên bi lez û xurt hene û tenê bi gotinên mezin û spehî hêviya gihîştina armancê, bi pê ketina xeyalan pê ve ne tiştekî din e... Lê bi ser vê de jî di rêzên dawî ya nameyê de dibêje: "di vî halê han de jî nabe hûn wisan bizanin ku min dev ji daxwazên xwe berdaye û ez ji kirinên xwe paş de dimînim. Vê baş bizanin ku bêhêvîtî baweriya min xurtir dike û kêmhêzî xwîna di demarên bedena min de ne zêdetir diherikîne. Ji ber vê, Şêx Mihemmedê Axayê Balekyan, bi tevayî dest avêtiye propagandeyan û di nav eşîretên Kurd de di bin navê bahaneya belavkirina bîr û fikra Kurdayetiyê û hewildana ji bo serxwebûniya Kurdistanê, xizmeta siyaseta Ingilîzan dike. Ez hêvî dikim bi vê hêza xwe ya biçûk ve ku ez heme, bajom ser û wî bigrim." Gelek ecêb e ku Ozdemir li milekî gazinda nebûna top, çekên temam û danûstandinan dike û gelekî bi dilekî kul ji mezinên Tirkan rica û hêviyê dike ku çend eskerên din jî jê re bişînin û bigihin hawara wî. Li milekî din jî siwarê hespê xeyalan dibe û dikeve sewdaya vekirina du cebheyên hereketê. Bi wê mebestê ku li milekî bajarê Eqreyê, Amêdiyê, Duhokê, Zaxoyê û li milê din Ranyeyê, Derbendê, Me'mûreyê, Koyeyê û Silêmaniyê bistîne. Heta di namek xwe de[122] ku ji Cebheya El-Cezîreyê û ji fermanderê herêma Hekkariyê re nivîsandiye, piştî behsa van bajarên jorê, wiha dibêje: "Ez dixwazim têkelheviyê bêxim herêma Diyaleyê û bi vî awayî eşîretên 'Ereban ku dostên Tirkan hatine naskirin, têkilî nav şoreşgêrên Kurdan bikim û merkeza hêzên xwe biguherim Kela Dûwîn ya Babacîckê." Ji vê jî mebesta Ozdemir -li gor gotinên wî- ew bû, navçeya herêma Hewlêrê têxe bin tirsê ku wê çaxê kiribûn navçeya berhevbûna leşkerên Ingilîzan û di riya Mîranê Qadir Beg re jî, ku bi gotin hevpêmanê Tirkan bû, bibe sebebê rabûna Eşîreta Xoşnaw û girtina Şeqlaweyê.

Ozdemir, di nameya xwe de ew tertîbatên ku ji bo bicihanîna van kirinan girtibû, bi vî awayî neqil dike: "Şêxên Berzanê girtine ser xwe ku Amêdiyê bistînin. Faris Axa dê bimeşe ser Akreyê û Amêdiyê. 'Ebdulqadirê serokê Mîsorî (Mizûrî), Reşîd Begê serokê Berwaran, Şêx Reqîb û Şêx 'Eyîd dê hêzên navçeyê amade bikin. Şêx Kak Emîn, Ehmed Beg ê qaymeqam, Nurî Begê fermanderê cendirmeyan û Mîranê Qadir Beg dê biçin ser Ranyeyê, Derbendê, Koyeyê û Silêmaniyê. Pîşderê, Mangurê û Hemawendî dê êrîşê bibin ser Şêx Mihemmedê Axayê Balekyan". Vêca bi vî awayî didomîne: "Eger em karibin Duhokê bigrin, em ê hatin û çûna Zaxoyê qut bikin. Min ji reîsan name girtine. Hemî amade ne..." Bi rastî xeyal evqas xurt dibin. Wekî din jî dibê zîrekiya serokeşîretên me yên Kurd bi bîra me neçe ku karîne di hemî dewrekê de bi van awa siyasetan, hakiman, serkirdeyên zeman û heta mezinên Hukumeta Ingilîz jî bixapînin û ne tenê xwe ji şerên wan biparêzin, belko bikarin xwe nêzîkî wan bikin û feydeyê jî ji wan werbigirin.

Ozdemir û Bajarê Silêmaniyê

Ozdemir, piştî çûna Ingilîzan ji Silêmaniyê û damezirandina Meclîsa Millî ji bo parastina bajêr û derûdora wî ji xerabî, destdirêjî û dijîtiyan, bêyî ku li hêviya vegera Şêx Mehmûd bisekine, dest avêt di cih de nameke dûr û dirêj ji Şêx Qadir(123) re şand. Di benda pêncem a vê nameyê de, wiha dibêje: "Şêx Qadir! Dibê tu baş bizanî, ew axa ku me Mîsaqê Millî hesibandiye, nabe di bin destê biyaniyan de bimîne. Vêca ez ji bo vê hatime Kurdistanê ku birayên hêja yên tagir û hevpêmanên me bi vê heqîqeta han têbigihînim, ta wekî Kurdên birayên me yên dînî û dostên me yên kevin, nebin qurbana siyaseta Ingilîzan û asteng û girê dernexin ser riya me...". Pişt re wiha didomîne: "Ji ber ku seranserê Wilayeta Mûsilê di nav çarçeveya Mîsaqê Millî ya Tirkan de ye, hêzek xayîn a wisan nayê bibîra me ku bikare di nav sînorên me yên millî de fermanrewayî bike. Heta niha piraniya zêde leşkerên Tirkan di cebheyên din de bi leşkerên dijmin re mijûl bûn û nekarîn giraniya xwe deynin ser vê herêmê. Vaye cebheyên rojavayê bi alîkariya Xwedê ji dijmin hatin paqijkirin. Ji ber vê, ji vê seetê şûn de em dest bi paqijkirina vê herêmê dikin û bi îzna Xwedê gelek bi ser re derbas nabe, em ê dijmin û çiqas xayînên bi wan re hene, ji navçeyên Kurdistanê derêxin...". Name ne ji wan yekan e ku em wergerînin ser zimanê Kurdî û di vir de belav bikin. Lê benda wê ya heftan, ku girîngtirîn bendên nameyê ye û pêwendiya wê bi Şêx Mehmûd û bi mesela Kurd ve heye, min pêwîst zanî ku bi kurtî rayêxim ber çavê xwendevanan. Di benda navê wê derbas bûyî de, Ozdemir wiha dibêje:

"... Piştî rawestandina Şerê Cîhanê yê Yekem (mutareke), Şêx Mehmûd bi bîr û fikra Ingilîzên mel'ûn û mebestên wan li hemberî misilmanan baş têgihîşt û bi hemî hêzên xwe ve li hemberî siyaseta vê hukumeta mel'ûn bi azayane sekinî û li hemberî wan xeza kir. Belê, di netîceyê de esîr hat girtin û tûşî derdên giran û astengên mezin hat. Lê navê wî yê hêja û bi qîmet di alema Îslamê de cih girt. Ji ber vê, em bi rizgarbûna wî ji esîrtiyê gelek kêfxweş in û gelek bi me xweş e ku ew vegere Silêmaniyê û bibe serokê hukumeta vê navçeyê. Lê nabe hûn wisan bizanin ku bexşînderê vê serokatiya han Ingilîz in û li hemberî wan serê xwe bitewînin...". Di rêzên dawiyê ya vê benda han de wiha dibêje: "Em bawer nakin Şêx Mehmûd bibe serokekî wisan ku belavbûna misilmanan bi xwe re bîne û bibe sebebê xerabiyê. Hûn jî ku ji eynî şecereya pîroz in, nakeve bîra me ku hûn bi desîseyên Nemrûd û hevbîrên wî bixapin û li pê bîr û baweriyên vî mel'ûnî (mebest Mustefa Paşa ye) bikevin. Vêca ji bo ku li milekî dawiyê li dubendiya navbera xelkê Silêmaniyê bîne, dudilî û duzimanî di nav de nemîne, li milê din jî ji bo ku bi navê hukumeta me (yani bi navê Hukumeta Tirkan) gerandin û meşandina kar û barên herêma Silêmaniyê têxe bin hukmê we û her cure alîkarî û rênîşandaneke pêwîst be bike û her awayê alîkariyê bide, di bin serokatiya Fewzî Beg ê yuzbaşî yê kurê Mustefa Nûrî Paşa yê Mûşîr de, em mufrezeyek esker dişînin Silêmaniyê. Em hêvîdar in ku hûn bi xweşî pêşwaziya wan bikin û bi gihîştina wan li ba we, di cih de û bi mirovên bi namûs û têgihiştî re dest bi teşkîlata rêvebirinek baş û bi feyde bikin..."(124). Ozdemir, berî ku vê nameya han a jorê ji Şêx Qadir re binivîse, nameyek din a bi tarîxa 11.09.338an, ji Fermanderê Cebheya Rojhilat û El-Cezîreyê re nivîsandiye û tê de wiha dibêje:

"Di wan raporên ku min îro wergirtine de derdikevin, mebesta Ingilîzan ji valakirina Silêmaniyê, belavkirina serxwebûniya Kurdistanê ye. Ji bajarên Helebçeyê, Çemçemalê, Kerkûkê û Hewlêrê jî derdikevin û dikin ku çi hêz û barxaneyên wan di vê herêma han de heye, beşek wê bibin Şirqatê yê li ser qeraxê Dîcleyê û beşeke din jî bibin bajarê Mûsilê. Sebebê ku ber bi bajarên Dihokê, Eqreyê û Amêdiyê ve naçin û ji vê hêz û barxaneyê qet naynin van navçeyên han, wisan dixuyê ku dixwazin tenê ew cih di destên wan de bimîne ku rûniştiyên li wir 'Ereb in, yanî ji hemî wan ciyan derdikevin ku dikevin ser xeta Zaxo-Mûsilê, li milê rojavayê rexê Dîcleyê, ku xelkê li wir 'erebî diaxivin, qasên mayî ya Wilayeta Mûsilê bêxin ser Kurdistanê...".

Piştî van gotinan, cardin Ozdemir dikeve nav xeyalên xav û wiha dibêje: "Îro û sibê Şêx Qadirê biraziyê Şêx Mehmûd (Şêx Qadirê birayê Şêx Mehmûd) dê bi nehênî bê Rewandizê û daxwaz ji min bike, ji bo ku ez leşker bişînim ser Silêmaniyê û ew bigrim. Ji bo şandina leşkeran û girtina Kerkûkê, Hewlêrê, Çemçemalê û Koyeyê jî gelek name ji min re hatina şandin. Li milê din jî me wisan belav kiriye ku em ê êrîş bibin ser Aqreyê û ev kirina me, yanî ev êrîşa ser Aqreyê, ji bo me faaliyetek siyasî ya girîng e ku nabe em paş de bêxînin. Ji ber vê, bi vê qemça eskerên xwe ve ez ê çawan hereket bikim, ez nizanim? Bi rastî serî li min gêj bûye, ez nizanim ez ê berê xwe bidim kîjan aliyê? Bi taybetî ez ji vê gelek ditirsim ku Kurd di riya çend kesên tama û xayîn re, ku bi firsetan digerin, bi vê bêhêziya me bibin xwedî hêvî û di demek kurt de di nav van navçeyan de bîr û fikra Kurdayetiyê û serxwebûniya Kurdistanê careke din destpê bike û bijî...".

Ji bilî van, Ozdemir, ji Fermanderê Hêzên El-Cezîreyê re xuya dike ku bi hêvî ye dê bi eşîretên derûdora Şernexê re, li ser bakûrê Zaxoyê re êrîşekê bîne ser Zaxoyê û alozî û têkelheviyeke millî têxe wê navçeyê. Lê ji bo hemî van êrîş, alozî û îşgalên ji aliyê Ozdemir ve dihatin pîlankirin, şandina mufrezeke din a wekî mufrezeya Rewandizê bes bû û ew tenê li ser vê mebestê bû û qet nedibirî.

Fewzî Beg ê yuzbaşî ku wekî raspardeyê Ozdemir çûbû ba Şêx

Mehmûd, ji Silêmaniyê nameke dûr û dirêj dişîne. Ozdemir -wekî bi xwe dibêje- ji ber giringiya wê, di cih de ne kêm û ne zêde nûsxayek li ber dinvîse û di bin hejmara 95 û di tarîxa 3.11.338an de bi riya firqeya heştem dişîne ji Fermanderê Cebheya Rojhilat û El-Cezîreyê re. Ji bo ku ev nameya Fewzî di destê min de heye û nameke dîrokî û gelek jî girîng e, min wergerand Kurdî û va ez li jêr belav dikim:

"1- Di bersîva pirseke Şêx Mehmûd de min jê re got: 'Mebesta me ji vê hereketê ew e ku çi herêmên dikevin nav sînorên Mîsaqê Millî em ê bigirin. Vêca îro ku êdî em di şerên cepheyên rojava de biserkevtî derketine, em ji bo wê yekê hatine û têdekoşin ku heta sînorên Cebel Hemrînê, yani wan ciyan bistînin ku welatê Tirk tên hesêb kirin û di destûrên millî yên Tirkan de hatine nîşan dan.' Min ev jî erz kir (erzê Şêx Mehmûd): 'ev biryarên me ne ji wan in ku biguherin." Ev gotinên han bi kurtî beşek ji nameya Fewzî ye. Ji bilî vê di nameyê de derdikeve ku Şêx Mehmûd li ser Iraqê jî çend pirsan ji Fewzî yuzbaşî kiriye û wî jî li gor taqet û mesleheta Tirkan bersîv daye. Vêca piştî guftûgoyeke dûr û dirêj, gotinên Şêx Mehmûd ên dawiyê kurt dike û bi vî awayî neqil dike. Dibêje: "Şêx Mehmûd bi kurtî ji min re got: 'Ez misilman im, xizmetkar û ebdê Dewleta Osmanî me. Ew eziyet û heqareta Ingilîzan li min kiriye, qet ji bîra min naçe. Ez di demek wisan de li hemberî Ingilîzan rabûm ku temamê hêzên wan li Iraqê bûn, lê eşîretên Kurdan ku pêşî hemî sondxwerên serê min bûn û min ji bo wan şer kir, dawiyê ji min veqetiyan. Ez di meydanê de tenê bi serê xwe mam. Bûn sebeb ku bi salan li welatê biyanî derdê esîrtiyê bikêşim. Ji ber vê, dibê hûn bizanin ku pişt bi eşîretan nayê girêdan û bi hêzên eşayîrî ve netîceke baş ji daxistina şer nayê wergirtin. Bi taybetî şerdayêxistinên ku tenê ji aliyê hêzên eşîretan ve bên kirin. Ger mebestek millî yan netewayetî ev şerdaxistina han nede û hêza dewletekê li piştî nebe, ew bi sernakevin û tu carê jî serneketine". Vêca Şêx Mehmûd wekî nimûne mesela Şerê Derbendê aniye û wiha gotiye: "Bi namûstirîn ew serokeşîretên ku heta do bi we re di Derbend de şer kiribûn û gulleyan bera Ingilîzan dabûn, îro di bin re bi Major Noel re ketine nav dan û standina nameyan û bi nehênî pere û maaş jê distînin, li gel vê jî bi devkî xwe dostê we dihesibînin û wisan dikin serê we ku ji bo alîkariya we amade ne..." Piştî van gotinan wiha didomîne: "Mebesta min ew e ku di vî welatî de tenê dostayetî ne bes e. Hêz û pere jî pêwîst e, dema ku mirov ji hêz û pereyan bibe, dijmin jî digihîje armanca xwe. Ger bê em xwediyê hêzeke biçûk jî bin, em dikarin gelek kar pê bikin. Çunkî ji çend hakiman pê ve îro di welatê me de Ingilîz nemane. Ew ji me re ne sebebê tirsê ne ku çend serokeşîret bi Ingilîzan re bin. Hêzek biçûk a dewletê jî pêwîst e ku asayîşa nav bajaran pê bê kirin û ew kes pê bên ceza kirin ku di bin bombabaranên Ingilîzan de, rewşa sergêjiya xelkê firset dizanin û ji bo şerdayêxistinê hewil didin". Bêyî hêle û bi awakî rast, eger em lê binêrin, dibê em bêjin ku Şêx Mehmûd di guftûgoyên navbera xwe û Fewzî Beg de, gelek bi hostatî gotinên xwe helbijartine û di wêneyek siyasî û şarezatî de behsên xwe hûnandiye û gihîştiye ser mebesta xwe. Ji Fewzî re wiha dibêje: "Ingilîzan, Kerkûkê, Hewlêrê û heta Aqreyê hemî ew ciyên li ser Wilayeta Mûsilê ne û bi Kurdî diaxivin, dikin ser Kurdistanê. Bi wê mercê ku ez jî doza Rewandizê ji we bikim an hûn ji ber xwe ve ji min re vala bikin". Lê ji bo ku ev gotinên han li Fewzî giran neyên û nexweşî çênebe, bi taybetî ji bo ku bi seviya hêz û desthilata Ozdemir fehm bike û bimêzîne, di dawiyê de van gotinan dibêje: "Ji ber ku bi navê bawerîkirinekê, ji bo têgihîştina bi bîr û baweriyên min hûn hatine, ricaya min ew e ku van gotinên min, ne kêm û ne zêde ji Ozdemir û mezinên xwe yên din re bibe.

Ez dizanim ku Ingilîz di van gotinên xwe de ne xwediyê mebestek rast in û di hêla serxwebûniya Kurdistanê de jî çi teehudên dane derew in û ji bo xapandina me ye û ji bo dijmintiyê bêxe navbera Kurdan û Tirkan e û ew dixwazin me bikin dijî hev. Ji ber vê, ez li hemberî van soz û peymanên wan, bi eşkere naxwezim girê û astengek têxim ser rê û asîtiyê bikim û kêm an zêde bikarim wan bixapînim û mijûl bikim, heta ku hûn biryarekê bidin û rê û xeteke kurt û taybetî ji min re deynin û min pê agahdar bikin. Yên ku ez ji we dixwazim çar tiştin:

A) Eger hêzeke hukumetê ya bi rêk û pêkî di destê we de heye ku hûn bikarin bajarê Silêmaniyê û Kerkûkê, yanî sînorê Cebel Hemrînê pê bigrin û têxin bin hêz û desthilata xwe, bêsekin werin Silêmaniyê. Wê çaxê dê ez jî Mustefa (Nemrûd) û yên ku hevbîrên wan in, tevan bigirim û bi gihîştina we ya vir, bi destgirêdayî teslîmê we bikim. Piştî vê jî ez ê bi xwe, yan bi we re yan tenê bi ew hêzên ku di destê min de hene, heta Cebel Hemrînê hemî bajarên din werbigrim.

B) Eger hêzeke wiha di destê we de tuneye ku hûn vî karê han bibin serî, wê çaxê tenê li ser min pêwîst e ku ez xizmeta dijminê we nekim, weya mebesta we ew e ku ez dostî, yekîtî û fedakariya xwe ji we re îspat bikim, ez amade me ku îşev bi mal û zarokên xwe ve Silêmaniyê terk bikim û kîjan ciyê ku Hukumeta Tirk dixwaze û ji min re tespît dike, biçim li wir bi cih bibim.

C) Ger hat û Hukumeta Tirk ev baş nedît û xwest ji hebûna min di vî welatî de bi curekî din îstîfade bike, ez amade me ku bi dil û can xizmeta we bikim. Bi wê mercê ku eger îmkanên we yên eskerî û hêzeke dewletê jî tunebe, biçek û cebirxaneke zêde û temam, biryara alîkariya min bidin û ev çekên han ne ciyê şikê ne ku pêwîste top jî tê de hebin, şandina van ji me re bi riya çend zabitên baş û zîrek, ji we re ne karekî girîng e. Bihesibînin ku ew zabit bi gotin li hemberî leşkerên Tirk rabûne û bi wan çekan ve xwe gihandine nav Kurdan. Wê çaxê dê ez jî bi hemî îmkan û hêzên Kurdan ve têkevim nav kar û ji bo girtina hemî wan ciyan ku di programa şoreşa me de heye, ez xwe ji fedakariyê nedim alî û ez bi hêvî me ku em ê bikaribin bigihîjin armancên xwe.

D) Ger hat û we hemî ev tiştên li jorê li gor mesleheta xwe nedît, yanî ne ew hêz di destê we de heye ku hûn bikarin pê Silêmaniyê bigirin û asayîşa vê herêma han pê bicih bikin û ne jî hûn di wê hostatiyê de ne ku bikarin bi çek û cebirxaneyan me çekdar bikin ku ji vî karî re pêwist e, bi mercê ku hûn ji xwe re baş bizanin û baweriyê bi min bikin, ez wiha dibêjim: carek vê hêza kêm û netamam bikêşin nav axa Tirkiyê, li milê din jî heta hûn dikarin bi lez û zû hêzên din û bi cebirxane ve, heta digihê seviyeke ku bikarin dest bavêjin tevgereke rasteqînî û ji bo çepiklêdaneke mezin û bi tund. Heta hûn van bicih bikin û amadeyê tevgerê bikin, dê ez jî bi Ingilîzan re bi formalîte rê bikevim û pere, çek û cebirxaneyên xwe bistînim. Dema ku hêzên we ji jorê dakevin xwarê, ez ê jî bi xwe û bi hêzên xwe ve rabim û bi wan çekên ku ez ê bistînim, berê xwe bidim wan û wan bidim ber şemaqan".

Di rêzên dawiyê ya nameyê de, Fewzî wiha dibêje: "Ez wisan tê-gihîştim ku di dilê Şêx Mehmûd de ew yek heye ku li hemberî van xizmetan wî bikin waliyê ciyekî, vêca li Mûsilê dibe yan Silêmaniyê? Li ba wî yek e...".

Ozdemir, di bin nusxeya nameya Fewzî de, ji serokên Cepheyên Rojhilatê û Cezîreyê re van gotinên han nivîsandine: "Li hemberî van beyanatên Şêx Mehmûd heta ez ji berpirsiyarên dewletê talî-matê nestînim, ez bersîvdanekê bi navê hukumetê rast nabînim. Ji ber vê, ez çaverê me ku gelek bi lez bersîva min bê dan û rê û rêça pêwîstiya min jê heye ji min re bê danîn û min pê agahdar bikin...".

Ji bilî vê, Şêx Mehmûd raste rast ji Ozdemir bi xwe re jî di tarîxa 1ê çiriya paşî ya sala 338an de (rumî) nameyek dûr û dirêj nivîsan-diye û jê re şandiye. Yên di vê nameyê de ku zêdetir li ber çav dike-vin û di nameyên din de behsa wan nehatine kirin, ev yeka han e ku dibêje: "Serokatiya Cem'iyetî Kurdistanê ku wextê ez li Hindistanê bûm hatibû damezirandin, ji min re hat sipartin û min jî bi şanazî qebûl kir. Min sozê wê yekê jî da ku ez ê di xizmet û alîkariya wan de tu texsîratê nekim..."

Di vî warî de Seyîd 'Ebdullahê Hacî Seyîd Hesen û Şêx Heme Xerîb jî, yani yê yekem bi wê navê ku wekîlê muteserrifê Silêmaniyê bû û yê duduyan jî reîsê yanî Wezîrê Kar û Barên Hindur bû, name ji Ozdemir re nivîsandibûn.

Vegera Şêx Mehmûd Ya Silêmaniyê û Ozdemir

Ozdemir, ber bi belavbûna dengê vegera Şêx Mehmûd, gelek bi germî dest bi xebatê kir. Ji ber vê, dema ku gihîşt Silêmaniyê û Major Noel bi navê Hakimê 'Am ê Britanyayê di berhevbûna li ber Derê Serayê de biryara hukumdartiya Şêx Mehmûd îlan kir, Ozdemir di bin hejmara 56an û tarîxa 1.11.338an de nameyeke resmî ji Fermanderê Cebheya Rojhilat û El-Cezîreyê re dinivîse û di vê nameya resmî de ku bi riya Firqeya Heştan ve şandibû, wiha dibêje: "Roja 10.10.38an di Emareta Şêx Mehmûd de û di bin parêzgeriya Ingilîzan de, damezirandina Hukumeta Kurdistanê bi awayek resmî hat îlan kirin. Heyeta hukumetê (wezaret) ji van kesên xwarê pêk hatine:

Şêx Qadirê Hefîd: Serokqaid-Başqumandan (Serokê Senkantiya Giştî).

Şêx Mihemmed Xerbî: Reîsê Daxiliye (Wezîrê Kar û Barên Hindur).

'Ebdulkerîm Heleke: Reîsê Maliye (Wezîrê Darayî)

Mustefa Nemrûd (Mustefa Paşa): Reîsê Mearif (Wezîrê Perwerde û Hîndekariyê)

Mûnhel (Şaxir): Reîsê Şer'î û 'Edlî) (Wezîrê Dadmendiyê)

Ehmed Begê Fettah Beg: Reîsê Gumrukê (Wezîrê Gumrikê)

Mihemmed Axayê 'Ebdurrehman Axa: Reîsê Nafi'e (Eşxal)

Seyîd Ehmedê Berzencî: Reîsê Emniyetê Umumiye (Wezîrê Parêzgeriya Gelemperî)

Mîrlîwa Siddîq Mezher Paşa. (Siddîq El-Qadirî)(125): Mufettişê Umumî yê Kurdistanê.

Di benda duduyan a vê nameyê de Ozdemir wiha dibêje: "Ji bo têgihîştina bi bîr û baweriyên Şêx Mehmûd û bingehên mebestên di dilê wî de, zabitekî ber destê min, Fewzî Beg ê yuzbaşî, xwe tebdîlê qiyafet kir û çû Silêmaniyê, lê hê venegeriyaye.

3) Mustefa Nemrûd, di rojnameya Kurdistanê de di derbarê Hukumeta Tirk de gotareke gelek xerab belav kiriye. Major Noel, Mewlanazade Rif'et û gelek zabitên din ên Bexdayê gihîştine Silêmaniyê.

4) Tu şik tê de tune ku Seyîd Taha û Simko jî nasekinin û bêdeng namînin, dê têkevin nav hereketê Koyeyê, Ranyeyê û Derbendê...

Qaymeqam Ozdemir

Siyaseta Ozdemir a Li Hemberî Kurdan

Her çendîn Ozdemir li hemberî Kurdan, bi taybetî li hember mezinên wekî Şêx Mehmûd, Simko û yên din, ferqa wî ji yên din tunebû û wî jî wekî serok û mezinên Hukumeta Tirk ên din bi çavekî baş li Kurdan nedinêrî û baweriya wî bi tu kesî tunebû, lê bi şeklî wekî wan nedikir û heta ciyekî kîn û nefreta di dilê xwe de vedişart. Têdikoşa ku qet nebe ew kesên bi tevayî neketine "davik"a Ingilîzan an dev ji wan berdane, hewil bide wan nêzîkî xwe bike û bike girê û asteng li hemberî siyaseta Ingilîzan. Ji ber vê, bi hemî awayî dixebitî û hewil dida ku Şêx Mehmûd ji kîsê wî neçe. Bi gihîştina wî ya Silêmaniyê, yek li pê yekî zabitên xwe şandin balê û bi nameyên xwe yên xweşik û spehî ve, di geşkirina hêviyên wî û yên neteweyê Kurd de demek navbir nedayê. Li milê din jî, piştî hêviya dostayetiya wî bi Şêx Mehmûd re çêbû û têgihîşt ku ew kêmiya Tirkan bi zêdeyiya Ingilîzan naguhere, bi taybetî dema ku jê re eşkere bû, Ingilîz bi wê cure rewşa ku jê re hewil didin, Şêx Mehmûd zêde di mejiyê wan de cihnegirtiye û pişta xwe bi wî girê nadin, bêsekin ji bo daxwazên Şêx Mehmûd û serokên Kurdan ên din ku jê daxwaz kiribûn, bi serokên xwe yên Diyarbekrê û Tirkiyê re ket dan û standina nameyan. Lê ew nameyên ji bo bersîvên nameyên Ozdemir dihatin, eşkere dikirin ku mezinên Tirkan ji awayê siyaseta Ozdemir razî nebûn. Ji ber ku nedixwestin wî bêhêvî bikin, bi awakî gelek girtî pê re hereket dikirin. Lê Ozdemir xwe neşkand û li hember Şêx Mehmûd bi seviyek girtî, lê ne bi wî awayî eşkere yê mezinên Tirkan, fêlbaziya gotinan bikar dianî û serneketina xwe jê vedişart. Bi ser vê de jî li Kerkûkê komeleyek nehênî[126] damezirand û ev komeleya han ji bo belavkirina bîr û fikrên Tirkîtiyê bikar dianî û wan bi tevayî xwe girêdayê Ozdemir dihesibandin. Lê çaxê vegera Şêx Mehmûd ya Silêmaniyê û belavbûna kêf û şahiyên Kurdayetiyê, ew gelek tirsiyan. Ji ber vê, di derbarê Mûsilê û mesela Kurdan de bîr û baweriyên Ozdemir dipirsîn û di tengiyê de bûn. Wan dixwest bizanin ku dê li hemberî Şêx Mehmûd û mesela Kurd çawan hereket bikin û çi bar dikeve ser milê wan ku bikin? Ozdemir, di bersîva nameke xwe ya ji komeleya nehênî re bi vî awayî dibêje:

"Nameya we ya nehênî ya hejmara 42an û tarîxa 23.11.38an min girt. Bersîva nameya we ev e:

1) Bersîva benda yekem tune.

2) Ji bo ku rê ji ber berfê hatine girtin, ew telgraf û nameyên nehênî (şifre) ku di navbera me û cebheyan de tên û diçin, dereng dimînin. Îro bi riya miroverkî (nûçevan) dê nameke bê û ez ê bersîva wê ji we re bişînim. Ji ber vê, mesela Mûsilê gihîştiye çi netîceyê hê ji aliyê me ve ne ronî ye. Li gel vê jî em dikarin bêjin, ku Cebheya El-Cezîreyê, ji bo ku di demên pêwîstiyê de hereket bike û karek jê re bê sipartin bicih bîne, bi dîqqet e û xwe amade kiriye. Dema leşkerên cebheyê hereket bikin, dê me bi firoke agahdar bikin. Dê ez ê jî di cih de komeleyê ji vê agahdar bikim.

3) Heta niha leşkerên me li çaveriya netîceya Konferansa Aştiyê bûn. Ger hat û Mûsil bi aştî nedan me, bi îzna Xwedê em ê bi şer bistînin.

4) Ingilîzan, bi hêviya pûçkirina xurtbûna daxwazên Tirkan, li hêvîne ku di mesela Mûsilê de plebisiteke giştî çêkin. Ji ber vê, mijûl in li Kurdistana Başûr hukumeteke serbixwe damezrînin û bi vî awayî hejmara Kurdan ji ya Tirkan zêdetir nîşan bidin. Yani ew dixwazin, ji ber kêmbûna hejmara wan, mafê Tirkan li ser Mûsilê nehêlin û endamên Konferansa Aştiyê, bi serxwebûniya Kurdistanê û beşa piraniya rûniştiyên Mûsilê bixapînin û Tirkiye ji bîra wan bibin. Şêx Mehmûd jî ku heta niha bi me re bûye û bi rastî jî ji dostayetiya Tirkan paşde nemaye, dixwazin hinek kesên bêwelat ên xelkê Silêmaniyê bixapînin û wan têkin ser bîr û fikra dijminatiya bi Tirkan re. Ev yek jî di wê de tê xuya kirin ku van demên dawiyê, bi van bahaneyan Ingilîz serxwebûniyek temam dispêrin Kurdistanê - tenê bi gotin, ji bo devê Kurdan û welatparêzan pê bigrin- Şêx Mehmûd jî ji me daxwaza nîvserxwebûniyekê dike." Ozdemir, di wê nameya xwe de ku ji bo Komeleya Kerkûkê nivîsandiye, gelek bêhêvîtiyê nîşan dide û wiha dibêje: "Ez, li gel ku baweriya min bi Şêx Mehmûd heye û ez bawer nakim ku fikra xerabiyê bike yan li hemberî me fikrên wî hatibe guhertin, lê cardin jî ez van dawiyan ji

Silêmaniyê ketime şikê û di derbarê wan de fikreke paqij di serê min de tune...". Piştî vê Ozdemir ser vê meseleyê gelek dirêj dike û di dawiyê de ev netîceya han jê re hasil dibe, ku li hemberî fikir û bîra serxwebûniya Kurdistanê demarên laşê wî wekî kopalan lê tên û gotinên xwe bi vî awayî didomîne: "Di qanûna bingehîn a teşkîlata Hukumeta Meclîsa Mezin a Millet de, unvanê padişahî û hukumdarî nîne. Ji ber wê, Şêx Mehmûd bi wêneke safîtî çawan û ji ber çi di daxwaza van cure nav û sifetan de bi îsrar e, ez tê nagihîjim? Ji ber van û ji bo ji destnederxistina Şêx Mehmûd -bi şikandina li hemberî wan kesan ku hewlê dûrxistina wî ji me didin- min jê daxwaz kir ku berpirsiyarekî xwe yê bawerpêkirî bişîne Enqereyê, ji bo guftûgo di warê Kurdistanê de û wan teşkîlatên ku di çarçeveya sînorên Qanûna Esasî de ne, ku Hukumeta Tirk ji bo vî welatê han biryarekê li ser bide". Piştî vê wiha dibêje: "Min ev yek jî jê re nivîsadiye (yanî ji Şêx Mehmûd re) ku heta wê roja di riya Enqereyê û berpirsiyarên te re biryara wêneya teşkîlateke dawîn bê dan, li vir jî (li Kurdistanê) wekî ku li Anadoluyê hatiye kirin, em dikarin di bin serokatiya xwe de heyeteke nûnerên millî damezirînin û îdareya welat pê bimeşînin...".

Ozdemir[127] di benda şeşan a nameya xwe de wiha dibêje: "Li Anadoluyê jî berê û di dema ku hê ji bin destê biyaniyan nehatibû rizgar kirin jî, meşandina kar û barên Tirkiyê ji aliyê heyeteke wiha ve dihat kirin ku endamên wê ji kesên ji bajaran hatibûn helbijartin pêk hatibû û her ev heyeta han a nûneran bû ku piştî rizgariya welat ji dijmin, guherî û bû Meclîsa Milletê ya Mezin. Vêca dibê ev yeka han bê zanîn ku em îro li vî welatî wî ciyî didin Şêx Mehmûd ku di wextê xwe de ji Gazî Mustefa Kemal re hatibû dan û em bawer nakin paye û meqameke ji vê bilindtir hebe ku jê re bê dan..."

Qismê dawîn ê vê nameya han, hemî li ser Simko û xerabiyên wî ne. Ev jî vê yekê bi me dide zanîn ku gelek tirsa Ozdemir ji wê hebûye ku Simko bikare tesîrê li Şêx Mehmûd bike û wî ji Tirkiyê dûr bixe.

Bi kurtî, Ozdemir di derbarê Simko de ketibû nav endîşeyeke mezin. Di eynî wê nameya ku ji komeleya Kerkûkê[128] re nivîsandiye, wiha dibêje: "Ew nameyên ku Simko ji serokeşîretên Kurdan re şandibûn, di riyekê re ketin destê me. Bi rastî, xiyanet û cinayet ev qas dibe. Simko, di van nameyan de wiha dibêje: 'Bi wan hêzên ku ez ê ji Hewlêrê û Silêmaniyê bînim, ez ê bi wan êrîşê Tirkên Rewandizê bikim. Hûn jî (yanî ew serokeşîretên ku Simko ji wan re name nivîsandibûn) bi xwe û bi eşîretên xwe ve, wekî şeklî, ji bo piştgiriya Tirkan û alîkariya wan herin ba Ozdemir û Rewandizê bigrin. Piştî we dê ez jî bi hêzên xwe ve bêm ser Rewandizê û em ê hemî zabit û eskerên li wir hene bikujin û bajêr ji Tirkan paqij bikin...".

Ger em baweriyê bi van gotinên jorê yên ji aliyê Ozdemir ve ji komeleya Kerkûkê re hatine nivîsandin bikin, di wan nameyên ku dibêje: "di hin riyan re ketin destê me", eşkere dibin ku mebesta Simko ew e ku: alîkariyê ji Şêx Mehmûd bistîne û îttîfaqa wê yekê pê re bike ku êrîşê bibe ser Rewandizê û Ozdemir û mufrezeya wî ji ortê rake. Ji ber vê wiha dibêje: "Ew mercên ku em dikarin li gel Şêx Mehmûd ji bo wêneya birêvibirina îdareya Silêmaniyê li ser li hev bikin, min bi çend kesên bawerîpêkirî re(129) şandin Silêmaniyê. Ger hat û serokên Silêmaniyê berhev bin, li gel Şêx Mehmûd van mercên han bi başî bizanin û soza lihevhatinê li ser bidin, wê çaxê dê Fewzî Beg komeleya we agahdar bike, ku hûn jî her ji qezayên Kerkûkê libek, yek an dudu jî ji nûnerên xwe bişînin ba Şêx Mehmûd. Lê ger hat û Xwedê îzîn neda, ev mercên han bi dilê wî nebûn -bi eksê wê ku hêvî jê tê kirin- û paş de vegerandin, em jî ji Şêx Mehmûd û ji Silêmaniyê cihê dibin û ji netîceya wê jî we agahdar dikin...". Lê piştî van, Ozdemir careke din vedigere ser behsa Simko û wiha dibêje: "Lê ez di wê baweriyê de me ku heta Simko li Silêmaniyê be çi bê kirin an em çi bixwazin bikin, dixuyê ku bi ser nakevin û yan jî dê bi eksê mebestên me bicih bibin. Ji ber vê, yekem tiştê ku li ser komeleya we ye hûn bikin, ev e: bi hemî îmkanên xwe ve bixebitin ku Simko ji Silêmaniyê dûr bixin û bi çi cureyî dibe bila bibe, wisan bikin ku bila Şêx Mehmûd wî li herêma Pîşder jî nehewîne. Ji bilî vê pêwîst e ku komele -eger Simko dûr jî xistin- heta Fewzî Beg ji Silêmaniyê vegere û we ji netîceya guftûgoyan agahdar bike, li hemberî teşkîlata Şêx Mehmûd 'erê' yan 'na' bersîv nedin û bi carekê nekevin bin tu sozê...".

Hewlên Terefdarên Ozdemir Li Gel Şêx Mehmûd, Rojên Silêmaniyê Yên Zehmet

Ji hemî ew meselên jorê ku me behs kirin, ji xwendevanên hêja re derdikevin, ku dema Şêx Mehmûd gihîşt Silêmaniyê û heta wê seeta Ozdemir ji bo lihevhatina awayê birêvibirina îdareya Kurdistanê, mercên xwe bi sê kesên bawerî pê kirî re şandin balê, mîzana şêhîna siyasetê di vê herêma han de sererast nebû û her carê li ser barekî disekinî. Di beyana sibê ji aliyê Ingilîzan ve meylek li ser bihataya kirin, êvarê li ser barekî din disekinî yan bi milê Tirkan ve diçû û her seetê yek ji kefeyên şêhînê bi ser diketin. Li gor baweriya min, çawan Ozdemir di siyaseta Kurdistanê de temsîliyeta rasteqînî ya Enqereyê nedikir, dayira bawer pê kirî ya Britanyayê jî li Bexdayê bi tevayî nûnerê hukumeta xwe nebû. Yani di bingehê xwe de siyaseta herdu dewletan a li hemberî mesela Kurd, ji bo wê rojê di bin perdeyê de bû yan nexistibûn ser riyeke pak û tekûz û lêkolîneke temam. Bi kurtî xetên pahn ên siyasetê li hemberî vê mesela han bi awakî rast û rewan nehatibûn kêşandin. Ji ber vê, nûnerên herdu milan ên Tirkan û Ingilîzan, zêdetirî nûnertiya dewletên xwe, temsîla nefsa xwe dikirin. Ev jî bûbû sebebê wê ku ji rastiyê zêdetir terefê xapandinê bigrin û bi çi awayî dibe bila bibe, divê Şêx Mehmûd di bin kemenda xwe de bigrin. Wekî nimûne: dema ku Şêx Mehmûd vegeriya Silêmaniyê, Mustefa Paşa yê Serokê Cem'iyetî Kurdistanê û Şêx Qadirê Hefîd, karîbûn qazanca danejiyandina komeleyê pê bidin qebûl kirin û wî bikin serok. Ev gavek bû ku ber bi mesela Kurd ve hat avêtin û vê gava han Şêx Mehmûd ji Tirkan dûr dixist. Lê çi heye ji aliyê Ozdemir de wisan pêşwazî lê hat kirin ku Tirk jê îstîfade bikin. Çunkî Ozdemir, di cih de namekê ji Şêx Mehmûd re şand û navê wî danî "Serokê Heyeta Temsîliyye"(130). Ji bilî vê, li ser navê Tirkan pîrozbahî lê dikir. Piştî vê Fewzî û Remzî şandin balê û heta dereceyekê bîr û fikrên Şêx Mehmûd guherîn. Vêca Simko hat Silêmaniyê û Ozdemir hê zêdetir ket nav tirs û endîşeyê. Şêx Mehmûd jî zanîbû îstîfade ji çûn û rewşê bike. Bi navê dengbirîna serokeşîretan û welatparêzan, berê xwe da Tirkan û awayê îdareyeke serbixwe. Wisan Ozdemir têgihand ku pûçkirina siyaseta Ingilîzan, bi rewşa Tirkan a bi Kurdan ve girêdayî ye. Yanî li hemberî bîr û fikra çêkirina Kurdistaneke serbixwe, di bin çavdêriya Ingilîzan de, ji Tirkan daxwaza cure îdareyekê dikir ku ji serxwebûniyê tu car dûr nebe. Ozdemir, ne di rewşeke wisan de bû ku bikaribe bikeve nav meseleyeke wiha girîng, cardin naçar ma ku hevsarê guftûgoyê li gel Şêx Mehmûd bernede. Bi kurtî demek ba Hukumeta Tirk behsa mesela Kurd xist pêş. Wê çaxê bajarê Silêmaniyê bûbû navçeya raberizînên siyasî. Piraniya serokeşîretan di hatin û çûnê de bûn û beşek zêde ji van li Silêmaniyê li ba Şêx Mehmûd diman. Simko û hinek welatparêz li gel van serokeşîretan û ew jî bi Şêx Mehmûd re mijûl bûn. Êdî benên siyasetê ber bi xafbûnê ve û girûfên hewildana herdu milan ber bi jêr ve gilêl dibûn. Li gel vê jî, helkirina girê û astengan û serxistina mesela Kurd bi Ingilîzan ve girêdayî bû. Lê Ingilîz li ser wê riyê nedimeşiyan ku xelk li pê wan here. Ji ber ku baweriya Ingilîzan bi xelkê tunebû û îtîraf bi hîs û ruhên xelkê û hêzên xwendevar nedikirin. Di nav neteweyên bindest de û welatên ku îşgal dikirin, darên destê wan tenê binemalên bi nav û deng û serokeşîret bûn. Ji ber vê, wê çaxê jî baweriyê bi çend serokeşîretên durû kiribûn û ew ber bi şaşiyê ve biribûn. Belê, ev heta wê seeta ku civîna serokeşîretan biryar da û ji bo daxwaza hiqûqên Kurdan û serxwebûniya îdareya Kurdistanê berê xwe dan Tirkan, hat domandin. Ev bûyera han, bû sebeb ku ew berê xwe bidin meseleyê û siyaseta xwe biguherin.

Ingilîzan, ji bo guftûgoyên di derbarê Kurdistanê de Seyîd Taha bangî Bexdayê kirin. Ev jî bû yek ji wan sebeban ku Ozdemir û Tirk bitirsin. Bi rastî jî Ozdemir bi vê ket nav tengiyek zêde û li hember daxwazên Şêx Mehmûd û serokeşîretan ji ih û mihê ket. Şêx Mehmûd jî -wekî siyasiyekî zîrek- ji piştgiriya Ingilîzan û li dijîtiyên Seyîd Taha netirsiya, bi rehetî xwe avêt himbêza Tirkan. Ji ber ku vê dijîtiya nû firset dît û dest avêt xwe bide hev. Berî hemî tiştê biryar da ku wekîlê muteserrifê Silêmaniyê Seyîd 'Ebdullahê Hacî Seyîd Hesen û Şêx Heme Xerîb ê Reîsê Kar û Barên Hindur, ji Ozdemir re nameyan binvîsin û bişînin. Seyîd 'Ebdullah, di nameya xwe de wiha dibêje: "Li gor xeberên ku îro me girtine, Ingilîzan bi Seyîd

Taha re li hev kirine û ji bilî hêz û cebirxaneyên zêde, mîlyonek rûpî jî danê. Dê van hêz û pereyan ji bo derxistina we ji Rewandizê yan ji bo holêrakirina we bi kar bîne û ew di rê de ye û heta sê rojên din dê bigihîje Kerkûkê..." [131]. Pişt re bi vî awayî didomîne: " Ji bo Şêx Mehmûd li dijî vê hêzê bisekine û Seyîd Taha biserneke ve, çi pêwîst e bicih kiriye...". Lê gelek cihêtî di navbera nameya Şêx Heme Xerîb û ya Seyîd 'Ebdullah de heye. Beşa piraniya nameya Şêx Heme behsa xwe, ew xizmetên ku bav û bapîrên wî ji Tirkan re kirine û behsa ku ew bi xwe jî li ser rêça wan dimeşe dike. Bi ser van tevan de, ji Ozdemir dixwaze ku ji bo alîkariya Hukumeta Şêx Mehmûd hinek hêzên eskerî jê re bişîne[132]. Berî van nameyan, Şêx Mehmûd bi xwe bi Seyîd Mihemmedê Muftî û piştî wî jî bi 'Ebdullah Axayê Hacî Heme Se'îd re du nameyên din ji Ozdemir re şandibûn. Lê nameyên wekîlê muteserrif û ya Şêx Heme Xerîb ê Wezîrê Kar û Barên Hindur, bi Mecîd Begê Hacî Resûl Beg re şandibûn ku ew yek ji wan zabitên ser dewra Osmaniyan bû. Ozdemir, wekî me li jorê behs kir, ji mesela Seyîd Taha ketibû tirsê û bi lez bersîva nameyên Şêx Mehmûd dan. Di van bersîvan de, li hemberî daxwazên giregiran û serokeşîretên Kurd ên ji bo awayê îdareya Kurdistanê ya di bin serokatiya Şêx Mehmûd de, deh (10) merc danîbûn û ew bi heyeteke ji sê kesan pêk hatî re şandibû Silêmaniyê. Ricaya vê yekê jî ji Şêx Mehmûd dikirin ku bi serokeşîret û giregirên Kurdan re bixwîne û eger baş dîtin û biryarek giştî li ser hat dan, bila bi navê Kurdan îmza bikin û du nusxeyên wê bi kesekî ku bawerî pê dike re bişîne Rewandizê. Yek ji van nusxeyan dê li ba Ozdemir bimîne û ya din jî dê her bi wî kesî bibawer re ku nûnerê Ozdemir jî pê re, bişînin Enqereyê ku ji aliyê Meclîsa Mezin a Millet û Hukumeta Tirk ve biryara dawî li ser bidin.

Civîna Silêmaniyê û Biryara Li Ser Şertên Ozdemir

Rojên dawiyê yên zivistana sala 1922an bû. Bajarê Silêmaniyê te derzî biavêtiya ji ber siwarên eşîretan li erdê nediket. Kulan û bazaran ji ber çûn û hatina çekdaran rê nedidan. Dîwana Şêx Mehmûd ê Melikê Kurdistanê tijî giregirên Kurdan û serokeşîretan bû. Raberizînek siyasî, nehênî û eşkere hebû. Welatê Kurdan ber bi bûyerek girîng û tirsê ve diçû. Lê piraniya zêde ji xelkê, agahê wan ji tiştekî tunebû. Mal û çayxane wekî îro bi cîhanê re nedijiyan. Çunkî radyo û televizyon neketibûn Iraqê, heta navên wan jî nehatibûn sehkirin. Rojnameyên Bexdayê jî bi awakî rêk û pêkî nedihatin û gelek zehmet bi dest diketin. Çûn û hatina navbera bajaran gelek bi zehmetî û tehlîke bû. Bi kurtî ew kesên wan rojan li Silêmaniyê bûn, di alemeke din de dijiyan û haya wan ji tiştekî tune bû. Wek Kurd dibêjin: "Tu dibêjî di guhê gayî de raketibûn!".

Belê, tam van rojan bû ku Ozdemir bi wasiteya Fewzî, Remzî û Ehmed Teqî ji Silêmaniyê re, Şêx Mehmûd jî bi wasiteya Seyîd Mihemmedê Muftî, 'Ebdullah Axayê Hacî Heme Se'îd û Mecîd Begê Hacî Resûl Beg ji Rewandizê, hêdî hêdî dest bi şandina nameyên siyasî yên girîng kirin. Girîngtirînên van nameyan, wekî me seh kir, ew mezbete bû, ku ji bo pêkanîna jiyana Kurd û Tirkan bi hev re çend merc tê de nivîsandibûn. Wan digot, heta ev mezbeteya han hatiye nivîsandin, di dîwana Melik de şev û rojek bi ser de derbas bûye. Lê di netîceyê de her tenê li ser biryar hatibû dan û ji aliyê piraniya serokeşîret û giregirên Kurdan ve hatibû îmza kirin û ji Ozdemir re şandibûn. Vêca Fewzî, Remzî û Ehmed Teqî ji bo wergirtina bersîva vê mezbeteya ku mercên Tirkan an ên Ozdemir tê de bû, hatibûn Silêmaniyê.

Dema ku heyeta navê wê derbas bû li dîwana Melik peya bûn û raberizînên li ser mercên Tirkan destpê kirin; li nav bajêr, wek me di ciyê wê de behs kiribû, deng û behsek wisan hat belavkirin, ku piraniya xelkê ji xwe ketin şikê. Tirs ket nav wan û ba hinek kesan hêviya jiyanî nemabû. Çend kesên nefama û nexwendewar, digotin: Fetwa hatiye derxistin, dê rewşenbîran bikûjin. Wê çaxê rewşenbîr ji wan kesan re dihat gotin ku xwenda û di temenê xortîniyê de bûn. Bi taybetî ew jî wek xwendevanên dibistanên bilind ên îro, xwîngerm bûn û navê welatparêziyê li ser wan bû. Bi kurtî ew xortên ku welatparêz bûn û bi saya handana çend mamosteyan û pênc-şeş zabitan, bi xelkê re bûbûn yek, ji Kurdistanê pê ve perestgahek wan tunebû û ji hêza gotinên xwe yên germ pê ve tu çekek wan tune bû û ji sermiyanî wan şik nedihat kirin. Belê, ev rewşerbîr bûn an ji wan re rewşenbîr dihat gotin. Lê ne di me'neya meth û senayê de. Belko di me'neyek ku neheq û nerewa ji bo wan cure xortên hêja û lawên Kurd re bên bikaranîn. Çunkî mebesta wan çend kesan ji rewşenbîriyê, bêdînî bû, yanî ew kes bûn ku dijminê Îslamê û xayînê Tirkan bûn. Ew kesên bi vî awayî digotin, heqê wan jî hebû. Ji ber ku hemî li ser hev çend kes ên terefdarên Tirkan û derûdora wan ên nexwenda û nefam bûn. Lê yê ciyê daxa dil ew bû ku, çend nîvmelayek bêfam di pê wan de bûn ku di seviya zanistiyê de gelek ji wan jortir nebûn.

Ya ecêb ev e, ku desta melayên derewker[133], xulam û destûpêwend, tenê rewşenbîran nekiribûn ser zimanên xwe. Ev desta han a dehûljen ketibûn ser ruhê wan kesan jî ku xulamê Ingilîzan an sîxurê wan dihesibandin. Xwezî tenê bi van ve mijûl bûna û van rûswa bikirina. Wê çaxê rewşenbîr jî dê biketina nav xweşiyê û çepikan ji wan re lêbixistina. Lê mixabin ji aliyê dehûljenan ve rewşenbîr ji xulamên Ingilîzan an xayînan nedihatin cihêkirin.

Cemal Irfan nû hatibû kûştin. Siddîq El-Qadirî Paşa yê Mufettişê Gelemperî yê Hukumeta Kurdistanê nîvraqewirandî, vegeriyabû Bexdayê. Fettahê bûrayê Melik ji Enqereyê nû gihîştibû Silêmaniyê. Çapmen ê wekîlê Noel ê nûnerê Britanyayê çend roj bûn xeyîdîbû û çûbû Kerkûkê. Simko yê dostê kevin û ciyê hêviya Mustefa Paşa, mêvanê Melik bû. Lê Mustefa Paşa yê Wezîrê Perwerde û Hîndekariyê di mala xwe de di bin çavdêriya polîsan de bû. Desteya xulaman, ji devên nîvmelayan fetwa derxistibûn û tirs û sawm kiribûn nav bajêr... Çend roj berê vê rewşa han, ez li gor adet û usûla berî çûm xizmeta Şêx Mehmûd û min xwarna xwe ya nîvroyê li ser sofreya wî ya taybetî xwar. Piştî nîvro bû û me çay vedixwar, xulamek hat û ji Şêx Mehmûd re got: "Qurban! Mustefa Paşa cardin hatiye û dixwaze we bibîne." Şêx Mehmûd jê re got: "Jê re bêje raketiye." Dema xulam paş de vegeriya, jê re got: "Paşa dibêje, raneketiye, lê bi Tirkan re mijûl e." Şêx Mehmûd bi ken got: "Heq e ku ez wî ji Mustefa Kemal re diyarî bişînim".

CILDA SISÎYAN

PÊŞGOTIN

Xendevanên birêz û delal:

Demek bû min dixwest ku ez bîranînên bavê xwe yên hatine çapkirin, bi giştî careke din çap bikim. Yên ku di destê min de ne û bi destxeta bavê min in jî pişt re çap bikim. Xwedê alîkariya min kir û du sal berî niha min beşên çapkirî bi alîkariya Dezgeha Rewşenbîrî Ya Xortan ya Hewlêrê dan çap kirin. Ez çaveriya firsetekê bûm ku beşên destnivîsa mayî jî çap bikim. Xwedê vê carê jî alîkariya min kir û Dezgeha Rewşenbîrî û Weşanên Kurdî Ya Bexdayê biryar da ku vê beşa han biweşîne. Bi vî awayî daxwazên min ên ku ev 32 sal in di dilê min de bûn, bicih hatin.

Ev beşa han a Bîranînan destnivîs bûn û min bi xwe ev erkê han girt ser milê xwe û ji nû ve berhev kirin û ji çapê re amade kir.

Ez hêvîdar im ku hûn xwendevanên Kurd ên delal pê dilxweş bin û îstîfadeyê jê bikin.

Pakîze Refîq Hilmî

MESELA MÛSILÊ Û KURD

Dema ku Dewleta Osmanî li milê Almanyayê beşdarî Şerê Cîhanê yê Yekem bû, bi tesîra Enwer, Talat û Cemal Paşa yên serokên Komeleya Îttîhad û Terakkiyê, li hember dewletên sondxwarî, yanî li hember Hukumeta Ingilîz û hevriyên wê, şer îlan kirin. Giregirên 'Ereban, ji bo bidestxistina serxwebûniya welatê xwe û bi şertê ku piştî şer dewletek ji "Împaratoriya" 'Ereban ji wan re bê damezirandin, xwestin li rexê dijminên Tirkan ciyê xwe bigirin. Ji ber vê, amadebûna xwe ji bo xizmeta sondxwaran pêşkêşî Ingilîzan û dewletên din ên hevpêman kirin.

Kurdên Tirkiyê jî, her çendîn di muddetê Şerê Cîhanê yê Yekem de (1914-1918) li gel hêzên Tirkan ji bo Dewleta Osmanî şer kirin jî, lê Şerîf Paşa yê Kurd di sala 1914'an de, li gel Britanya Mezin ket nav guftûgoyan û bi şertê Kurdistaneke serbixwe, qewlê alîkariya Kurdan da leşkerên sondxwaran. Ji bo vê mebestê, dema ku di hezîrana 1918an de, Sir Pers Koksy ji Fransayê derbas bû, Şerîf Paşa çû Marsîlyayê û li wir ev mesela han careke din bi wî re jî axift. Lê hê di sala 1914'an de, ev fikra 'Ereban û Kurdan bê bersîv mabûn. Sondxwaran ne dixwestin li hemberî alîkariyeke ku wê rojê îhtiyaciya wan pê tunebû, xwe têxin bin peymanekê. Li ser vê, Komeleya Niştiman a Kurd, lihevhatinek bi Rûsan re çêkir û li gor vê lihevhatinê dê ji bo serxwebûna Kurdistanê alîkariya leşkerên Rûsan bikirina, ku ji Erzîncanê û Bedlîsê ber bi jêr ve hatin û piraniya Kurdistanê îşgal kirin. Lê di netîceyê de Rûs şikestin û paş de vekêşiyan, ev rewşa han jî ji Kurdan û rojhilata Tirkiyê re bû sebebê bedbextiyeke mezin. Vêca di sala 1918an de, her çiqas şer sekinî bû û qîmeta alîkariya Kurdan ji sondxwaran re nemabû jî, lê cardin bi riya Komeleya Niştiman, li Stenbolê bi sondxwaran re li hev kirin ku Şerîf Paşa bê helbijartin û di Meclîsa Aştiyê de daxwaza mafê Kurdan bike. Li milekî din jî, Emîr Celadet Bedirxan û Emîr Kamuran ên kurên Emîr Alî Bedirxan û Ekrem Begê kurê Cemîl Paşa yê Diyarbekrî, Major Noel û Ehmed Fayîq bên şandin, ew li rojhilata Anadoluyê bigerin, bixebitin ku Kurdên wan navçeyan hişyar bikin û di riya

Kurdistanê de wan têkin nav tevgerê. Ji bo vî karî jî ji Stenbolê çûn Kurdistanê. Di netîceyê de ev hereket li Anadoluyê bi ser neket û wekî me di cilda yekem de gotibû: Major Noel û Kurdên pê re ji aliyê hêzên Mustefa Kemal ve ji wê navçeyê hatin derxistin û bi eziyet û cefayekî zêde xwe gihandin Stenbolê.

Lê ew maddeyên bi nav û deng ên di derbarê serxwebûna Kurdistanê de ketin nav Pêmana Sewrê, netîceya xebat û hewlên Şerîf Paşa yên di Konferansa Aştiyê de bûn.

Tu şik tê de tune, eger ew heyeta çûbû rojhilata Anadoluyê, ku karibûya Kurdên li wan deran hişyar bikira û şoreşek millî ya Kurd çêbikira, xebat û hewlê Şerîf Paşa yên di Konferansa Aştiyê de tenê bi xistina çend maddeyên nav Pêmana Sewrê nedima û neteweyê Kurd jî dê ne di vê rewşa îro de bûya. Çunkî ew bendên xistibûn nav Pêmana Sewrê jî, ji ber sebebê serkeftina Tirkan a bi alîkariya Kurdan a li hemberî Yunaniyan bû; vêca ew jî hat ji bîr kirin û di Pêmana Lozanê de qet behsa wê jî nehat kirin.

Me gotibû ku 'Ereban jî di sala 1914'an de, xwestibûn ku bi dewletên sondxwarî re û di muqabilê serxwebûniya welatên xwe de alîkariya leşkerên wan bikin. Vêca her çend ev daxwaza wan, wan rojan negirtin dest û li ser nesekinîn jî, lê piştî serhildaneke di wext û dema xwe de, Ingilîz li çend ciyan li hemberî leşkerên Tirkan şikestin û li Kûtu'l-Amareyê leşkerê General Tawzend ket bin abluqayê, wê çaxê hat bîra wan ku dikarin ji 'Ereban îstîfade bikin. Li ser vê, xwestin ji Hîcazê şoreşekê rakin. Emîrê Hîcazê yê wê rojê, Emîr Huseyîn bû. Ew yekemîn kes bû ku ji bo kêrî karekî wiha dihat. Yanî çi di seviya civakî û dînî de û çi jî di riyeke ku bikare li hemberî Tirkan bisekine, hêviya mezintiya 'Ereban jê bê kirin ku ji bo hilkirina agirê vê şoreşê dest bide, Ingilîz li gel rêkevin û qewil bidinê ku pêşkêşî leşkerên Ingilîzan bike. Bi vî awayî piştî sekinîna şer, wê li wan wilayetên 'Ereban ku dê ji bin destê Împaratoriya Osmanî derxistana û jê re împaratoriyeteke 'Ereban damezirandina. Vêca dema ku Ingilîzan ev qewl û sozên han dan Şerîf Huseyîn, bi dizî li gel Fransizan îttîfaqek kirin ku ew wilayetên 'Ereban ên ji bin destê Osmaniyan derbixin, di navbera xwe de parve bikin. Belê ev îttîfaqa han ne tenê ji Şerîf Huseyîn, heta ji hinek dewletên hevpêmanên xwe jî veşartibûn. Lê dema Hukumeta Qeyser li Rûsyayê ket û Bolşevîk hatin ser kar, wan di sala 1917an de, her wekî gelek name û peymanên bi dizî yên zemanê hukumeta berê xwe, hemî eşkere kirin û belav kirin. Ev îttîfaqa dizî ya di navbera Ingilîzan û Fransizan de, ya bi navê Sykes-Picko bi nav û deng e jî derxistin û belav kirin.

Bi kurtî, Ingilîzan di destpêka Şerê Cîhanê yê Yekem de, ji bo ku dizanîbûn ev şerê han di demeke kurt de, di navbera çar-pênc mehan de, dê bi mexlubiyeta Tirkan û hevpêmanên wan biqede, xwe muhtacî alîkariya Kurdan û 'Ereban nedidîtin. Piştî vê îttîfaqê jî, ku ev di sala 1916an de bi Fransizan re bi dizî îmza kiribûn, heta Ingilîz û Fransiz neketin nav rewşeke wisan ku îhtiyaca wan bi alîkariya Kurdan û 'Ereban hebe, nexwestin li hemberî yek ji van neteweyên han bikevin bin ehd û peymanekê û li ser navê wê para ku di Pêmana Sykes-Picko de ji wan re hatibû dan, fedakariyê bikin û hinek dakevin xwarê. Vêca dema ku Şerîf Huseyîn şoreş îlan kir û li hemberî Tirkan bi sondxwaran re ket nav şer, ji vê îttîfaqê haya wî tunebû. Ji ber vê, şer wekî sondxwar bi hêvî bûn, bi mexlubiyeta Tirkan û "hevpêmanên wan dawî pê hat û ew Împaratoriya Şerîf Huseyîn hêvî dikir" û xewa xwe pê dianî, çênebû. Vêca, li xwarê, ji bo ku baş bê fehm kirin, em ê behsa sebebên dijîtî yên dewletên sondxwarî yên ku di Şerê Cîhanê yê Yekem de, heta demekê alîkariya Kurdan û 'Ereban ji bo berjewendiyên xwe baş didîtin û qebûl jî kirin û li milekî din jî, ji ber ku ev îttîfaqa han di hinek hêlan de ji bo dahatuya Mûsilê bûbû asteng li ser riya lihevkirina Ingilîz û Kurdan, bisekinin.

Li gor îttîfaqa bi dizî ya Sykes-Picko, ew welatên di netîceya Şerê Cîhanê yê Yekem de ji Împaratoriya Osmanî dihatin wergirtin, dikirin pênc navçe.

Navçeya yekem: bi navê navçeya "sor" dihat binavkirin û raste rast dikirin bin îdareya Britanyayê. Ev navçeya han ji Bexda û Besra li Iraqê û li Filistînê jî ji benderên Heyfayê û 'Ekkayê pêk dihat.

Navçeya duduyan: bi navê navçeya "şîn" dihat binavkirin û raste rast dikirin bin îdareya Hukumeta Fransayê. Ev navçeya han ji Kilîkyayê, beşek ji Anadoluyê û perçek jî ji rojavayê Sûriyê pêk dihat.

Navçeya sisiyan: bi navê navçeya "A"yê dihat binavkirin û ev navçeya han ji perçek wê împaratoriya 'Ereban pêk dihat ku dê bixistina bin çavdêriya Fransayê. Wilayetên Şamê, Helebê û Mûsilê daxilî vê navçeyê dibûn.

Navçeya çarem: bi navê navçeya "B"yê dihat binavkirin û axa di navbera Filistînê û Iraqê de diket ber vê navçeyê. Ev jî perçek ji wê împaratoriya 'Ereban bû ku dikirin bin çavdêriya Hukumeta Britanyayê.

Navçeya pêncem: ew navçe bû ku Filistîn bi ber diket û dikirin bin îdareyek navneteweyî.

Vêca ji ber sebebê vê peymana han a bi dizî, ku piştî sekinîna şer, tenê li Hîcazê hukumetek 'Ereb damezrî û Şerîf Huseyîn kirin Melikê wê. Lê Sûriyê û Iraqê kirin bin întîdaba Fransayê û Britanyayê, Filistîn jî raste rast kirin bin îdareya Britanyayê. Bi vê yekê çavên xwe li wan xizmetên mezin girtin ku li Hîcazê, Sûriyê û Filistînê bûn sebebê şikestina leşkerên Tirkan.

Kemalîstan, piştî ku li milê cebheyên rojava li hemberî leşkerên Yunaniyan bi ser ketin û di 9ê îlona sala 1922an de, Îzmîr girtin, biryara paqijkirina hemî Anadoluyê dan û di 20ê eynî mehê de neferên Yunaniyan ê dawiyê jî ji Asya Biçûk (Tirkiyê) derxistin. Belê piştî vê zafer û serkeftina mezin, ketin bi bîranîna mesela Mûsilê û derxistina wê ji bin destê Ingilîzan.

Belê, çawan siyasetvanên Iraqê, Mûsilê ji bo welatê xwe cismekî serokî dihesibandin û çawan Fransizan li Alsasê û Lurenê dinêrîn, eynî bi wî awayî Tirkan jî bi eynî çavî li Mûsilê dinêriyan û bi tu awayî di wê bîr û fikrê de nebûn ku dest jê berdin. Ba wan bicihkirina "Mîsaqê Millî" ya Tirkan bi standina Mûsilê ve girêdayî bû. Ji ber vê, Ingilîzan ji bo vê meseleyê hewil dan û xebitîn. Lê çi heye ew hewildan û xebata ji bo Yunaniyan a di sala 1921an de ku bi Fransayê re li dijî Tirkan kirin, ser neketibû. Piştî vê jî çiqas mil dan ber Yunaniyan û ew han dan jî, ev hewildanên han bi ser neketin û di netîceyê de şer bi şikestina Yunaniyan dawî hat. Piştî vê şikestinê, demek kurt Ingilîz ketin nav sergêjiyekê. Pişt re dema ku Tirk ketin nav têkoşînê, ew xebat û hewildanên wan ên ji bo vê meseleyê, Ingilîz tirsandin. Ingilîzan jî dest avêtin standina hinek tedbîran û xwestin xwe bidin ser hev. Ji ber vê jî ketin pê gera hinek cih û kesan ku bikin li dijî Tirkan. Pêşî Îtalya ket ber çavê wan û di warê hinek meslehet û qazancan de xwe nêzîkî Îtalyayê kirin û bi hev re hinek gav avêtin. Bi van gav avêtinan dizanîbûn ku dê dijîtiyê têxin navbera Îtalyayê û Tirkan û dê bi vê jî ji bo mesela Mûsilê firsetekê têxin destê xwe. Lê li Îtalyayê rewşek ku rê bide ji bo vê siyaseta Ingilîzan çênebû û bi riya wan re jî nekarîn tiştekî bikin. Ji ber vê, bi naçarî Ingilîzan berê xwe dan Mustefa Kemal bi xwe û xwestin bi hinek şertan ku di çavê wan de qazanca Tirkan jî tê de hebû, li hev bikin. Vêca berî ku em van rayxin ber çav, pêwîst e em li ser wan têkelhevî, alozî û bûyeran bisekinin ku ji ber mesela Mûsilê qewimîn û çend salan xelk û eşîretên Kurdan, Ingilîz û Iraqiyan xistin nav tirs û serêşiyê û Ingilîz û Tirk an Tirk û 'Ereb an jî Tirk û Kurd pê ve mijûl bûn.

Tirkên Kemalîst, di wê navberê de di Bakurê Iraqê de dest avêtin tehrîka xelkê û eşîretên Kurdan û bi van kirinên xwe jî Ingilîz û Iraq kirin nav tirs û meşgaleyan. Mûsilê ya xwe hesibandin û wisan bi Iraqiyan û bi taybetî jî bi xelkê Bakurê Iraqê têgihandin, ku eger bi xweşî ev cih ji wan re neyê valakirin, dê ew bi zora hêzên xwe yên leşkerî bistînin. Wan dihesibandin ku di dema rawestandina şer de (mutarekeyê de) Ingilîz bêşer û bi neheqî ketine nav Mûsilê, ji ber vê û gelek sebebên din ên aborî û siyasî neteweyê Tirk di dozkirina vê wilayeta han a bi qîmet de xwe xwedî maf dihesiband. Ingilîz jî ku di netîceya şoreşa Iraqê de ev meseleya han jî ketibû pêşiya wan, bi xurtî Feysel anîn Iraqê û ew kirin melik. Bi vî awayî, heta seviyekê agirê şoreşê tefandin û her di eynî van navan re bû ku Wezareta Ferîd Paşayê Damad li Stenbolê ket û di navbera Enqere û Stenbolê de bi saya wezareta cihnişînê Ferîd Paşa nêzîkbûnek bi hêvî ji bo bi hev re rêketin û îttîfaqê hat dîtin. Ji ber vê, bi alîkariya Ingilîzan, Mustefa Paşa Yamûlkî yê serokê Dîwana Ûrfî ya hejmara yekem ya dema Ferîd Paşa, bi lez di riya Sûriyê û Bexdayê re derbazî Silêmaniyê kirin. Ji bilî van, Şêx Mehmûd ku wê çaxê li Hindistanê bû, bi bahaneya lênehatina av û hewayê li wir, anîn Kûweytê. Bi kurtî dema Tirkan ji bo standina Mûsilê di meydana şer û siyasetê de dest bi xebat û hewildanan kirin, Ingilîz jî gav bi gav mijulê wê yekê bûn ku ji siyaseta xwe ya berê bifetilin.

Siyaseteke mulayîmtir a ku bi wext û demê re li hev bike dan ber xwe. Lê kirineke Hukumeta Enqereyê heta demek dirêj ji vê re bû dijîtiyek mezin. Li hemberî siyaseta Ingilîzan, kolonel 'Elî Şefîq (Ozdemir) Paşa yê behsa wî hate kirin -ji Çerkezên Misrê bû- bi yekîneyek biçûk ve, di 15yê hezîrana sala 1922an de hat Rewandizê. Yekî navê wî Remzî Beg kiribûn qaymeqamê Rewandizê û çend rojan berî Ozdemir gihîştibû wir û bi alîkariya Kurdên li wir, hakimê Ingilîzan ji Rewandizê derxistibû. Vê bûyera han, çi ji bo ku mesela standina Mûsilê bikeve serê xelkê û çi jî xwe nêzîkkirina bi ahalî û eşîretan û belavkirina propagandeyên xurt û bi tesir ên di derbarê Ingilîzan de, gelek kesan ji xelkê ber bi xwe ve kêşa û kir dijminê Ingilîzan û dostê Tirkan. Wekî din jî, yên bajarên dûr ên wekî Kerkûkê, Silêmaniyê, Hewlêrê û ciyên din rûdiniştin û ji îdareya Ingilîzan zulm dîtibûn an ji wan hez nedikirin, ref bi ref berê xwe didan Rewandizê û behs û xeberên rast û derew ji Ozdemir û Remzî Begê re dibirin. Ji wan, ji bo têkelhevî û alozî derxistina di nav bajaran û zêdekirina terefdaran ji bo Tirkan û nahezan ji bo Ingilîzan, dîrektîv û talîmatên devkî û nivîsandî yên taybetî distandin. Her kesî behsa Ozdemir Paşa dikir û navê wî li ser zimanê herkesî bû. Belavok û nameyên wî di nav hemî eşîretan de digeriyan. Gotina "cilxwar" ku ji dilxwazên Tirkan re dihate gotin, gotinek henek û tehnan bû ji aliyê welatparêzên Kurdan ve li wan hatibû kirin. Dijîtiya di navbera van dilxwazên Tirkan û welatparêzên Kurd ên dijminên Tirkan ji sînor derketibû.

Lê ya seyr ew bû ku wê rojê jî Ingilîzan bi eynî çavî li van cilxwaran û welatparêzên Kurdan dinêrîn û ew ji hev cihê nedikirin. Bi vî awayî di dawiyê de ev mufrezeya biçûk a Tirkan bi saya zîrekî û çalakiyên Ozdemir, bêyî perekî wan ê zêde yan desthilateke wan a xurt hebe, karîbûn li gelek ciyan eşayîr û ehalî ji Ingilîzan dûr bixin û di Wilayeta Mûsilê de siyaseta wan pûç bikin û têxin seviyek netirsê. Hinek ji eşîretan jî di vê dubendiya di navbera Ingilîzan û

Tirkan de hebû, tê de riya qazanc û menfeeta xwe dîtibûn. Bi riya fêl û fendên eşayîrî herdu mil jî dixapandin û ji wan îstîfade dikirin. Di vê nabênê de li lîwaya Silêmaniyê çend hedîse qewimîn. Beşek ji Eşîreta Pîşder di bin fermanderiya 'Ebbas Mehmûd Axa de ji aliyê Ozdemir ve hatin tehrîk kirin û êrîş birin ser Derbendê Ranyeyê û bi hêzên lîwayî yên Ingilîzan re dest bi şer kirin û ew ji Ranyeyê derxistin. Ehmed Begê Rîşîn ê yek ji wan mezinên Cafan, ji ber sebebê tehrîka kurên Osman Paşayê Caf hatibû girtin û li Silêmaniyê kiribûn bin çavdêriya hukumetê. Wî jî wan rojan ji Silêmaniyê baz da û çû ba Cafer Sultan ê xizmê xwe yê serokê Hewramanan. Hukumetê ji bo girtina wî mufrezeyek şand û di rê de rastî hev hatin, lê Mehmûd Xan qirê xist nav wan. Çend caran hêzên hewayî çûn ser Hewramanê jî, lê tu feyde nekir û di van êrîşan de nêzîkî heft an heşt firokeyên Ingilîzan ketin an hatin xistin. Kerîmê Fettah Beg ê serokê Hemawendiyan jî demek bû navbera wî û Ingilîzan xera bûbû û hêzên lîwayê li pê bûn. Ingilîzan jî van hêzên xwe gelek aciz kiribûn, ji ber vê xwestin li gel bikevin guftûgoyê, di dawiyê de biryar hat dan ku Kerîm Beg û Ingilîz li mala mudurê nahiyê berhev bibin. Kerîm Beg di rê de rastî heyeta Ingilîzan tê û dikevin nav guftûgoyan. Di navek re hinek gotinên wan tesîr li Kerîm Beg dikin. Ew û kurê xwe Sabir wan tevan dikujin. Di vê kuştina han de du zabitên Ingilîzan, yanî Kapitan Bond ê hakimê siyasî yê Çemçemalê û zabitekî din ê Ingilîzan ê serleşkerê lîwayê û Xefurê Xece yê ji xelkê taxek Silêmaniyê ku mirovekî maqûl û yekî nêzîkî Bond bû, tên kuştin. Piştî vê, hêzên liwayî yên Ingilîzan bi naçarî vedigerin Silêmaniyê û Kerîm Beg jî têlên xetê telgrafê dibre û berê xwe dide Rewandizê ba Ozdemir. Di navçeya Qeredaxê de jî Şêx 'Ebdulqadirê Sengaw (Gulleneber) bi darêzorê qaymeqamî dikir û guh nedida tu gotinekê. Di nav van têkelhevî û aloziyan de, xelkê bajêr û qemçek xwendevanên ku hebûn, şaş û ecêbmayî mabûn, serên wan gêj bûbû, hinek ji teqawîdên dewra berê û memûrên kevin ên li ser dewra Osmanî, bi grubek kesên serberedayî û nefama yên bajêr ketibûn ser ruhê lawên welatparêz û ew gêj û şaş kiribûn. Name û belavokên tehdîtkarî yên Ozdemir diavêtin malên wan. Naveroka van nameyan bi piranî tehdîdkirina xelkê bi hatina leşkerên Tirkan li Silêmaniyê û xeniqandina lawên Kurd ên welatparêz bû. Bi vî awayî dilxwazên Tirkan jehr kirin nav bîr û fikra xelkê û welatparêz li ber çavên gelek kesan sivik kiribûn û prestîja wan şikandibûn.

1) Mesela Simko

Dema ku li Silêmaniyê kesekî baweriya xêrê bi Mustefa Paşa nedianî û qîmeta wî ya siyasî hatibû ser pênc peran, ji aliyê Tirkan ve bûbû tiştekî mezin û sawm. Her wekî di rojek wiha de Cem'iyetî Kurdistan damezirandibû, rojnameya Bangî Kurdistan derdixist û vê jî tirsek wisan ji Tirkan re pêda kiribû ku êdî dixwestin wî ji ortê rakin. Bi serbarê van de, wê navê re kirinek Mustefa Paşa ya din bi temamî Tirk xistin nav tirs û endîşeyê, ew jî çûna wî ya ba Simko bû. Di sala 1922'an de, Îsmaîl Xan ê serokê eşîreta Şikakan ê bi navê "Simko" bi nav û deng bû, ji sînorê rojavayê Îranê ve şoreşeke mezin hilkir. Carek berî hemî tiştî çû ser Nastûriyan û ew bi awakî sawm û xerab şerpeze kirin û Marşem'un ê mezinê wan kuşt. Li ser vê bûyerê, çil hezar kes ji Nastûriyan an ji Asuriyan bazdan û hatin Iraqê û li Baqûbeyê bi cih bûn. Piştî vî karî, Simko hêzeke mezin da hev û di Îranê de ket destdirêjiyê û hemî wilayeta Urmiyeyê û beşeke mezin ji wilayeta Tebrîzê kir bin hukmê xwe. Ji ber şiddet û bêmerhemetiya Simko, tirseke mezin ket nav ahaliyê Azerbaycanê û ji hemî milan ve dest bi bazdan û valakirina cih û warên xwe kirin. Xelkê Seblaxê (Mahabadê), Serdeştê û yên derûdora wan jî wê demê welatê xwe di cih de hiştibûn û beşek ji van hatibûn Silêmaniyê. Me ji wan behsa şiddet û bêmerhemetiyên Simko dibihîstin. Wê demê şerê Tirkan û Yunanan bi germî dewam dikir. Ji ber vê, hereketê Simko û belavbûna nifûz, nav û dengê wî, Tirk xistin nav endîşeyê. Ditirsiyan ku ev hereketê han di riya komeleyên siyasî yên Kurdan re karektereke millî û siyasî werbigre û Kurdistana Tirkiyê jî bide ber xwe. Lê nedikarîn lez bikin û destê xwe dirêjî Simko bikin, çunkî bi Yunanan re li hev ketibûn û roj ne ew roj bû dijminan li xwe zêde bikin. Vê yeka han jî difikirîn ku bi dijiyatiya Simko dê rastî encamekê bên ku jê ditirsiyan, yanî bibin sebebê serhildana wilayetên rojhilatê. Bi van bîr û fikrên xwe heta demekê li gel Simko baş hereket kirin û xwe nêzîkî wî kirin. Qasî ku me seh kirin, alîkariya wî ya çek û cebirxaneyan jî dan û Simko bi van dostaniyan hat xapandin û bi handana Tirkan a ji bo armanca karên xwe jê re dikirin, hê zêdetir ket ser dilê Îraniyan û hêzên wan xist nav tengiyek mezin. Lê rewşek wisan çêbû ku Tirk ji nişkave êrîşê bikin ser Simko û hêzên wî belav bikin. Hukumeta Îranê leşkerekî mezin rêkxist û şandin ser Simko. Li hemberî vî leşkerê mezin û giran, Simko hêdî hêdî xwe kêşa ser sînorê Tirkiyê. Wî wextî Mustefa Paşa bi dizî Silêmaniyê terk kiribû û çûbû ba Simko. Hukumeta Mustefa Kemal ku tirsa wê gelek ji kirinên Mustefa Paşa hebû, ji vê çûna wî ya ba Simko û nêzîkbûna Simko ya li sinorê Tirkiyê, bi temamî ket tirsê. Serbarê van tevan de, Yunanî jî di vê navê re ketin pê sewdayeke nû. Ji bo tesîrê li ser rewşa Mustefa Kemal bikin, biryara standina Stenbolê dan û ji ber vê ketin xwe amade kirin û xwerêkxistina vê hereketê. Her çend Fransayê û Îtalyayê dest bi gef û tehdîtan kirin û biryar dan ku li hemberî hêzên Yunaniyan hêzên xwe bi kar bînin û wê riyê nedin ku Yunan biçin Stenbolê. Ingilîzan jî ji bo bi hêzkirina leşkerên dewletên sondxwarî hinek hêzên xwe yên din anîn Stenbolê, lê Mustefa Kemal ji wê ditirsa ku dê hîleyekê lê bikin û di navbera du agiran de, agirê "fitna" Simko û rojhilata Kurdistanê û agirê leşkerên Yunanan de bimîne û fêl û fendekî lê bikin. Di bin tesîra vê tirsa han de bi navê mesleheta Tirkiyê li hember Simko gelekî bêînsafane hereket kir. Jiber ku Simko her çend ji aliyê Mustefa Paşa ve ji bo vêxistina şoreşekê li Kurdistana Tirkiyê (rojhilat) hatibû handan û ji bo vê mebestê hinek pere û mucewherat jê re biribûn, lê Simko soz bi Mistefe Paşa nedabû û fikir û nêrînên wî red kiribûn. Li gel vê jî Mustefa Kemal ji tirsa hereketekî ji Kurdistanê, mil da ber xwe û bi dizî yekîneyek sivik şand navçeya leşkergeha Simko. Simko jî di demek wisan de ku ji Tirkan emîn bû û hêviya alîkariyê ji wan dikir, ket ber gulleyên tiving û narincokên wan û di vê êrîşbirina bi xwînavî de gelek mirovên Simko yên maqûl û jinek wî hatin kuştin û kurê wî Xusrew jî ji aliyê Tirkan ve esîr hat girtin, xezîne û baregeha wî jî talan kirin. Lê

Simko, bi birayê xwe û hinek kesên li derûdora xwe ve bi lez û bez xwe ji kuştinê rizgar kirin û xwe gihandin dora Rewandizê. Ew gruba xortên ku ji Silêmaniyê ji bo alîkariya Simko çûbûn Îranê, wan jî li Seqizê behsa vê serpêhatiya Simko seh kirin û bêhêvî paş de vegeriyan. Ji aliyê rojavayê ve jî leşkerên Mustefa Kemal di 26ê tebaxa sala 1922an de, dest bi erîşên ser leşkerên Yunanan kirin. Piştî ku li Dumlupinarê ew tûşî şikestinek mezin kirin, heta derûdora Uşakê li pê wan ketin û li vir piştî şerekî giran, leşkerên Yunanan cara duduyan xwe ranegirtin û berê xwe dan Îzmîrê. Leşkerên Tirkan di 9ê îlonê de ketin nav bajarê Îzmîrê. Ji aliyê bakur ve jî leşkerê Tirkan di 1ê îlonê de berê xwe da Îzmîtê û yek li pê yekî bajarên Bîlecîkê, Eskîşehirê û Kutahyayê girtin û di 11ê îlonê de çûn nav bajarê Bursayê û di dawiyê de jî, di 14yê îlonê de Mudanye jî ket destê Tirkan. Bi vî awayî di 20ê îlona sala 1922an de hemî Anadolu û qeraxên Behra Marmarayê ji leşkerên Yunanan hatin paqijkirin.

2) Mesela Mûsilê û Hukumeta Duduyan a Şêx Mehmûd

Wekî di behsên jorê de ji me re eşkere bûn, di sala 1921-22an de, ew ceribandinên ku ji bo şikestina Mustefa Kemal û hemberî Tirkan hatin kirin, qet bi ser neketin û Mustefa Kemal û hevriyên wî li hemberî hemî wan fitne, şoreş û bûyerên ji aliyê derve û hindur ve jê re hatibûn durûstkirin, bi nimûneyek wisan ku aqil tê de mat be, rizgar bû. Li hemberî hewildanên xelîfe û hêzên Hukumeta Stenbolê, li hemberî leşkerên Yunanan li Anadoluyê û li Trakyayê, li hemberî Fransiz û Ermeniyan li Kilîkyayê, li hemberî Ermeniyên Êrîvanê û li Qafqasyayê, bi kurtî li hemberî dek û dolabên Ingilîzan li Stenbolê, li Ewropayê, li Iraqê û Kurdistanê, bi wêneyek ji taqet û xîretê der muqawemet kirin û bi ser ketin. Vêca dema ku ew bi vî awayî bi ser ketin, hatin pêş û ketin zindîkirina mesela Mûsilê û dozkirina wê ji Hukumeta Ingilîz. Di vê navê re li Kurdistana Iraqê di destê Ingilîzan de tenê tiştek mabû ku biceribînin, ew jî çawan me li jorê behs kir, anîna Şêx Mehmûd û cara duduyan damezirandina Hukumeta Kurdistana Iraqê bû. Lê ev jî cardin wekî me behs kir, piştî bi tevayî hevsarê rêvebirinê ji destê Ingilîzan derketibû, hat kirin. Hukumeta sava ya Iraqê hê îdareya bakur û bi taybetî îdareya mintiqeya Silêmaniyê di dest de nebû û raste rast ji aliyê memûrên Ingilîzan ve dihatin meşandin. Ji ber vê, heta dahatiyên bûyer û hedîseyan bi awayekî resmî jê re nehatiba danîn, riya Hukumeta Iraqê ya pençeavêtina vê mintiqeya han tunebû. Ji bilî vê, hê Iraq negihiştibû seviyek wisan ku bikare zêdetir ji kar û barên jê re hatibûn danîn, bi karên girîng ên Kurdistanê ve jî rabe û wan bigre ser milên xwe. Ingilîz jî ji çend milan ve ketibûn nav tengiyê û dibû Kurdistanê vala bikin. Ew tengasî jî ev bûn:

Yek: ji bin derketina vî barê giran ê wan mesrefan ku pêwîst bû ji bo mayîna wan bi navê îşgalkirina wan wilayetan. Wê çaxê mîzana Dewleta Britanyayê ji ber mesrefên Şerê Cîhanê yê Yekem xwediyê wê îmkanê nebû ku bikeve bin barekî wiha.

Dudu: rizgarbûna ji mesrefa wan hêzan ku ji bo tefandina şoreş û fitneyên bêdawî yên Kurdên Iraqê pêwîst bû.

Sisê: hêminkirina wan Kurdên ku ji bin îdareya Ingilîzan xwe dabûn milekî û dilxweşkirina serhilderan bi anîna Şêx Mehmûd.

Çar: di Iraqê de dawîpeyanîna propagandeyên mezin ên Tirkan û bi taybetî di nav Kurdên Wilayeta Mûsilê de. Dûrxistina Ozdemir û hêza Tirkan a biçûk a ji Rewandizê û bi wasiteya hêzekê hindurîn a hukumeteke Kurdî, derxistina wan ji nav sînorê Iraqê.

Wê çaxê Şêx Mehmûd hê li Kûweytê bû. Di navbera wî û kesên bi nav û deng de name diçûn û dihatin. Berê jî, ji bo anîna wî û damezirandina hukumeteke Kurdî gelek mezbete ji Hukumeta Ingilîz re hatibûn dan. Kerîm Begê Fettah Beg jî tam wê navê re bû ku du zabitên Ingilîzan kuştin û navçe têkilhev kir. Vêca tev ev bûyerên han hatin ketin ser hev û bûn sebebê wê yekê ku Ingilîz ji bo anîna Şêx Mehmûd biryarê bidin. Şêx 'Ebdulkerîmê Qadir Kerem ku di dawiyê de navê wî bû Major Kerem, dostekî nêzîk ê Ingilîzan bû. Di mesela mezbeteyan de û di rêkxistina vê tertîbata ji bo doz kirin û anîna Şêx Mehmûd de, di bin re mijûl bû, roleke mezin li ser milan bû. Mustefa Paşa jî di vê temsîlê de xwediyê rolekê bû û alîkariya Şêx 'Ebdulkerîm dikir. Li Silêmaniyê nûnerê eşkere yê Şêx Mehmûd tenê birayê wî Şêx Qadir bû, lê ya ku bi rastî terefgiriya Şêx Mehmûd dikir, Hebsexana Neqîb a keçmama Şêx Mehmûd û jina Şêx Qadir bû. Vêca dema ku ji bo anîna Şêx Mehmûd ev haziriyên han dihatin kirin, Tirk li Rewandizê bi tevayî ketin nav hereketê, her wekî me di pêş de behs kiribû, dest avêtin li Silêmaniyê û gund û eşîretên derûdora wan navçeyan belavok belav kirin. Ji bilî van êrîş dibirin li ser wan kesan ku bi mesela Kurd mijûl dibûn û meyildariya Şêx Mehmûd dikirin. Propagande dikirin ku gelek nemaye bi leşkerekî giran ve vegerin Iraqê û Wilayeta Mûsilê bistînin. Serbarê ser de jî deng û behs belav bûbû ku beşekê ji Eşîreta Pîşder di bin serokatiya 'Ebbas de dê bikevin Silêmaniyê. Ingilîz ku ji xwe berî vê deng û behsê di nav nerehetiyeke mezin de bûn, bi sehkirina vê xeberê ketin nav tirs û dudiliyeke mezin ku gelek Kurdên din jî berên xwe bidin wan, derengî bimînin û bi vê hêza xwe ya biçûk a lîvayê, pêşiya şoreşeke mezin nekarin bigrin, bikevin nav rewşeke girîng û nerehet. Ji ber vê, bi lez biryar dan ku ji Bexdayê çend firoke ji wan re bên şandin û çiqas Ingilîz li Silêmaniyê hene, bi wan memûrên biyanî yên dabûn anîn ve biçin Bexdayê. Lê çi heye berê çûna xwe ji bo îdareya Silêmaniyê û ji parastina talan û diziyê, Şêx Qadirê birayê Şêx Mehmûd bi demî (muwaqet) tayînê serokatiya wergirtina tertîbatê û rêkxistina îdareya bajêr kirin.

Ya wê çaxê tirs jê dihat kirin, hatina Tirkan û Pîşderan ya ser Silêmaniyê bû. Ji ber vê, di cih de di avahiya Mekteba 'Edadiyê ya kevin de, ku demek bû kiribûn dayireya hakimê siyasî, di bin serokatiya Şêx Qadir de civînek mezin hat çêkerin û ji bo parastina bajêr ji êrîşên eşîretan an hedîse û bûyerek ku tê bibîra wan, ketin muzakereyan. Ew kesên ku dijîtiya tevgera Kurdayetiyê dikirin û navê wan bi cilxwar belav bûbû, xwestin dubendiyekê têxin navê û bibin sebebê têkçûn û belavbûna civînê. Kerîm Begê Fettah Beg jî ku piştî kuştina du zabitên Ingilîzan çûbû Rewandizê, ji aliyê Ozdemir ve hatibû xelat û perû kirin, li ser çûna Ingilîzan hatibû Silêmaniyê û di wê fikrê de bû ku li ser hesabê Ozdemir li Silêmaniyê şoreşekê hil bike. Li gor van tedbîr û planan, Tirkperwerên li Silêmaniyê miroveki xwe şandin Mekteba 'Edadiyê û civînê ji hatina Pîşderan û Tirkan agahdar kirin. Her çendîn ev xebera han rast nebû û ji bo têkelheviyê hatibû rêkxistin, lê hinek kesan bawer kiribûn û ji civînê derketibûn der û gelek ji wan kesên ku ewqas saf nebûn an mirovên bi dil û mêrxas bûn, biryara mayînê û tedbîr û rêkxistina Meclîsa Millî ya Demî ji bo îdareya Silêmaniyê û parastina bajêr ji talan û hedîseyan dan. Vê meclîsê jî di bin serokatiya Şêx Qadir de dan ava kirin. Lê hê civîn nehatibû belavkirin, hedîseyeke din rû da. Kerîm Begê Fettah Beg, bi xwe û çend mirovên xwe yên bi çekdar ketin nav civînê û Mustefa Paşa girtin û birin qonaxa hukumetê. Ji ber bahaneya ku ew ji aliyê Tirkan ve mehkumê îdamê ye, bi wasiteya mirovên xwe dest danîn ser û ew kirin bin çavdêriyê, da belav kirin ku dê wî bide destê hêzên Tirkan ên ji bo girtina Silêmaniyê di rê de ne. Lê ji bo ku êdî Meclîsa Millî ya Demî hatibû damezirandin û asayîşa bajêr ji parastina destdirêjiyan ketibû destê vê miclisê, bi awakî azayane biryar hat dan ku guh nedin berhelistên Kerîm Beg, lawên Kurd ên welatparêz bi merdane çûn ser qonaxa hukumetê û bi zorî Mustefa Paşa ji destê mirovên Fettah Beg rizgar kirin û birin mala wî.

Di muddetê navbera vê bûyerê û hatina Şêx Mehmûd ya Silêmaniyê de, ji aliyê Kurdan ve bû ciyê şahîne û dawetê. Berê valakirina Silêmaniyê ji aliyê Ingilîzan ve, ji bo çend rojan, ez ji ber sebebê paydosên mekteban, ji bo hinek şuxul û karan û berhevkirina aboneyan ji bo Bangî Kurdistan çûbûm Kerkûkê. Min li wir hinek abonetî berhev kirin, lê li ser bihîstina valakirina Silêmaniyê min xwest ez bi lez paş de vegerim. Xelk bi vî awayî bi çûna Ingilîzan ecêbmayî mabû. Ji ber ku xetên telgrafê yên ji aliyê Kerîm Begê Fettah Begê ve hatibûn qutkirin, hê nehatibûn çêkerin, riya danûstandinê nemabû. Xeberên rast ji Silêmaniyê nedihatin standin. Herkesî li gor dilê xwe behsa bûyerê dikir. Haya me jê hebû ku Şêx Mehmûd ji Kûweytê derketiye û hatiye Bexdayê û me ev yek jî seh kiribû ku bi Melik Feysel û Mendubê Samî yê Britanyayê re ketiye nav guftûgoyan. Lê xeberek ku dilê mirov pê rast be yan ciyê baweriyê be bi tu awayî bi dest nediket. Ji ber vê, ez gelek pejmûrde bûm û min dixwest ez demek zû vegerim Silêmaniyê û li gel Cem'iyetê li ser hinek kar û xebatan biaxivim. Vê navê re Seyîd Ehmedê Hencîre ji Silêmaniyê hat Kerkûkê û li mala Kerîm Begê Kerkûkîzade yê hakimê minferd bû mêvan. Ew ji aliyê Meciîsa Millî ve ji bo têgihiştina behs û xeberên Şêx Mehmûd û roja hatina wî ji Bexdayê ji Ingilîzên Kerkukê hîn be û hinek muxaberatên telgraf û telefonê li gel Bexdayê bike, hatibû şandin. Ev ji bo min firsetek baş bû. Piştî wî karê xwe tamam kir, ez di tîrmeha sala 1922an de, bi Seyîd Ehmed re vegeriyam Silêmaniyê. Ji xelkên gundan û derûdoran, ji eşîretan, ji wan kesên ku xwe wan rojan kes û kûsên Şêx Mehmûd dizanî, heşameteke gelek zêde rijabûn Silêmaniyê. Ez di timahiya wê yekê de bûm, ku di derbarê hinek kirinên di wan rojan de hewce bû bên kirin, guftûgo li gel Cem'iyetê bikim, qet nehatibû bîra min ku Cem'iyet bi îşareta Ingilîzan hatibû damezirandin û bi çûna wan wezifeyên wê temam bûbûn.

Lê piştî vê, ez baş bi qîmeta wan komeleyan têgihiştim ku ji aliyê çend kesan ve tên damezirandin û van xizmetan ji xwe re kirine kesp. Bi kurtî ji ber neşarezatiya min ji rewşê, gelek bi min ecêb dihat ku Cem'iyetî Kurdistan di ciyê ku zend û bendê xwe bide jorê û bixebite û li gor şert û mercên wê rojê programên xebatê yên nû rêk bêxe, xwe bi xwe û bêyî tu zorî û sebebek maqûl hebe, belav dike û xwe nêzîkî van bûyeran nake, ji Mustefa Paşa yê serokê Cem'iyetî Kurdistan re neyê gotin, ku di ciyê Cem'iyetî Kurdistanê berhev bike û muzakereyan bi wan re bike, wekî axayê gundekî bi pê Şêx Qadir ketiye û bi wî re mijûl e. Rojnameya Bangî Kurdistan, di ciyê rûpelên xwe zêde bike û di şûna hefteyî de bibe rojane, bi weşandina maqaleyên netewayetî û siyasî yek di pê yekê de, çavên millet veke, xwîna wan biherikîne, ruhê Kurdayetiyê bilind bike û hezkirina welat têke dilê wan, di ciyê Bangî Kurdistan li ser vê programa nû bimeşe û saheya xizmetê firehtir bike, bi carek kiş û mat bû û programa Mustefa Paşa yê xwediyê xwe bicih dikir. Min xwest ez aboneyî (kiriyarî) bişînim Kerkûkê ji xwediyê wan re, lê Mustefa Paşa xwest xwe nerehet bike, her çend min jê şerim dikir, cardin aboneyan da min. Ez bi van jî sar nebûm, çi di hêla Şêx Qadir ê serokê Meclîsa Millî ve û çi jî ji aliyê Mustefa Paşa bi xwe ve, min di derbarê komeleyê û rojnameyê de yek û du xebat kirin, kirinên wan rojan ku komele xwediyê bicihkirina wan dihat zanîn, min program ji wan re çêkirin, lê kesekî guhê xwe nedayê. Ji ber ku mîna tiştekî ecêb dihat ber çavên wan. Bi van û bi hinek rewşên din ku dihatin dîtin, her di rojên destpêkê de ji min re eşkere bûbûn ku vê carê jî em ê firsetê ji destê xwe birevînin û em ê tiştekî ji Kurdan re nekin. Çunkî dihat dîtin ku hinek kesên ku ne ehlên van karan bûn, bêguman nedikarîn hîm û bingehekê ji bo Hukumeta Kurd danin. Belko li ser hesabê Kurd û Kurdistanê temsîlek nû di destê wan de bû, li gel vê jî, feslek vê temsîla han ji wan kesan bûn ku ez jî pê hêvîdar bim û hîs bi germiya xwîneke taze bikim ku di damarên laşên min de ket gerê. Li mala Şêx Qadir civînek mezin hat rêkxistin û piştî guftûgo û muzakereyên dûr û dirêj, ji bo helkirina serhildana millî ya Kurd, biryara kongreyek giştî di Mizgefta Mezin de hat dan. Nêzîkî deh hezar kes di civînê de berhev bûn. Endamên Meclîsa Millî tev hatibûn û li ber wan xwendevanên dibistanan (kur û keç) rêz girtibûn, bi dengekî şêrîn û dilxweş stranên millî yên Kurdî dixwendin. Ez, bêşu'ur derketim ser kursiyekê û min gotarek welatparîzî ya dûr û dirêj xwend. Çepiklêdana xwendevanan ên bi dilekî saf û paqij hin zêdetir ez diherikandim û geş dikirim. Zêde nemabû xwîna laşê min de piştî gerimbûneke zêde û gerînek tund, bi hêz û ji nişka ve bisekine û ez dirêjê erdê bibim. Lê piştî vê êrîşa han heta Şêx Mehmûd hate Silêmaniyê, ji ber her çi tiştî be, min nekarî li serokê Meclîsa Millî Şêx Qadir an yek ji wan kesan binêrim ku mijûlê tertîbata programa hatina Şêx Mehmûd bûn. Heyeta Silêmaniyê di bin serokatiya Mustefa Paşa de mijûlê rêxistina tedarika seferê bûn. Li gel vê jî di nav bajêr de behs û xeberên hatina Tirkan û Pîşderan li ser Silêmaniyê bi germî dihatin belav kirin. Çend caran bi Tewfîq Wehbî û bi hinek zabitên Kurdan û lawên welatparêz re me hewil da ku em bigihin Şêx Qadir an Meclîsa Millî. Lê her carê bi bahaneyekê riya me hat girtin. Şêx Qadir, çareyên ji aliyê xwendewaran ve nedixwest û welatparêz jî dijmin dihesibandin. Mustefa Paşa jî ku wan rojan xwe nêzîkî Şêx Qadir kiribû, ji bo bîr û fikra xwe ew îdare dikir û ev herdu di wê baweriyê de bûn ku ev temsîla han heta dawiyê dê li gor programa Ingilîzan bê meşandin. Ji ber vê, her ji wê rojê şûn de, ketibûn ser bîra dûrxistina wan xort û welatparêzên ku dixwestin xizmeta Kurdan bikin. Qasî me bihîst, ji bo berhevkirina eşayîran, bi saya ew kesên ku di rojên wiha giran de fikra destxistina malên talanê bidest bixin û di riya şêx û paşan de 300 hezar rupiyên ku di xezîneya hukumdar de hebûn, hatibûn belavkirin. Tu şik tê de tune ku şêx û paşa jî di nav van kesan de hebûn. Cardin dibê mirov heqiyê teslîm bike, di hêla asayîşê de Meclîsa Millî feydeyek wê ya zêde çêbû, ji bo wilayeta Silêmaniyê di dewrek wiha bê hukumetî û nebûna hêzek resmî, riya tu cure bêqanûniyekê yan kirineke xerab nehat dan ku xelk jê aciz bibe.

Di vir de me dawî bi "munaqeşe"yê anî û me dest bi guftûgoyên di warê ew riya ku dibê em li ser bimeşin, kir. Vêca Şêx Mehmûd torbeyek tijî nameyên di navbera wî û Ozdemir Paşa de ku çûne û hatine, anî û ew dan min ku ez bixwînim. Min ew yek bi yek xwendin. Piraniya wan nameyan bi gotinên xweş, sozên bê esas û xapandin hatibûn tijî kirin. Tenê nameyek Ozdemir ku li gor tarîxa nameyê ya herî dawî bû, bala min kêşa û ji bo ku ez baş wê fehm bikim, min nekir nav ên din û min di destê xwe de hişt. Ev nameya han a dawiyê bi birek name û ewraqên din re bi heyeteke Kurd re şandibû Enqereyê û ji mezinên Hukumeta Tirk re hatibû dan. Ez bi xwe jî yek ji endamê wê heyetê bûm ku ji bo muzakera bi Hukumeta Tirk re çûbûm Enqereyê. Naveroka vê nameyê ji bo dahatiya Kurdan xwedî qîmeteke gelek girîng a siyasî bû. Bi taybetî ji bo jiyana Şêx Mehmûd bi xwe û riya li ser bimeşe. Ji naveroka vê nameyê dihat xuyakirin ku, Ozdemir bi şîfre ji Hukumeta Enqereyê re çend name şandibûn û netîceyên bîr û baweriyên xwe yên ku ji Hukumeta Mustefa Kemal re nivîsandibû, gihîştibû wê qeneetê ku di Kurdistana Iraqê de bi mercê ku di bin çavdêriya Hukumeta Tirk de be, ji bo dameziran-dina îdareyeke "muxtariyet ji Kurdan re" biryar bê dan. Ev Kurdistana han bibe walîtiyekî serbixwe ya wekî xidîwî û ji Şêx Mehmûd û nevî û nesla wî re bê dan. Ji bilî vê, Ozdemir di vê nameyê de ji Hukumeta Mustefa Kemal re dabû xuyakirin ku hêzeke mezin û leşkerekî ji çend firqeyan pêkhatî, li pişt sînor ji bo êrîşeke ser Mûsilê amade bikin. Lê, ji bo vî karî divê çaveriya encamê guftûgoyên heyeta ji bo dozkirina Mûsilê ya di bin serokatiya Ismet Paşa de çûne Lozanê bin. Pişt re nameyê bi vî awayî dom dikir: Eger hat û Kongreya Lozanê bi riya aştiyê biryara dana Mûsil ji Tirkan re bê dan, leşkerê Tirk bêyî şer dê vegere Wilayeta Mûsilê. Eger ev pêk nehat, bi zorî jî be Tirkan biryara dagîrkirina wê dane. Ji ber vê, rîca ji Şêx Mehmûd dikir ku vê firseta mezin a jê re pêkhatiye, ji destê xwe bernede û heta netîceya mesela Mûsilê tê zanîn, Şêx Mehmûd wê berê zehmet û hewlê Ozdemir a di nezdê Hukumeta Enqereyê de ji bo Kurdên Wilayeta Mûsilê serf kiriye, xwe û milletê Kurd jê bê par neke. Ozdemir di vê nameyê de pêşî behsa zehmetiyên xwe yên di vî warî de dikir û pişt re dihat ser behsa bîr û başiyên Tirkan ên li hemberî Kurdan û bi zimanekî sade û dîplomatîk ê gelek zana dom dikir û wiha digot: "ez gelek rîca dikim ku hê zû ye û firset ji dest neçûye, yek-du kesên ji Kurdên baş û yên tu bi wan bawerî, ji bo guftûgoyê helbijêre û di derbarê rastî û nerastiya van gotinên min û her wiha di derbarê ew rê û xeta Hukumeta Enqereyê ku di warê dameziran-dina îdareyek muxtarî ji bo Kurdan û ew peymanê ku dibê di navbera herdu milan de bê kirin, bişîne Enqereyê. Ew dê gelek pê xweş bin ku hinek bi lez û zû ev heyeta han biçe û ew li çaveriya şan-dina vê heyeta han in". Wê şevê me di vî warî de jî gelek guftûgo kirin û di netîceyê de me biryar da ku Şêx Mehmûd bi hemî awayî ji bo ra-girtina dostayetiya navbera xwe û Ingilîzan hewil bide û di ber vê re jî ew heyeta ku Ozdemir xwestiye, bişîne Tirkiyê. Heyetek din jî rêk-bêxe û bişîne Kerkûk û Bexdayê ku li gel Ingilîzan di derbarê daxwazên Şêx Mehmûd de ku me di pêş de behs kirin, guftûgoyê bike û mebest û fikra wan bizane. Eynî şevê me biryar da ku ew heyeta biçe Tirkiyê divê pêşî heta Rewandizê biçe û bi Ozdemir re muzakere bike û heta ji Silêmaniyê ji Şêx Mehmûd emrekî duduyan nestîne, neçe Enqereyê. Di wê sêetê de mebesta me bi çûna vê heyeta han a ba Ozdemir ew bû, ku Ingilîzan hişyar bikin û wan tê bigi-hînin ku êdî em gihîştine wê noqteyê, destê dostayetiyê ji Tirkan re dirêj bikin. Me wisan hesab dikir ku ev kirina me dê Ingilîzan bide sekinandin û li hemberî wê heyeta Kurd a dê biçe ba wan nerim bin û bi awakî wisan vegerin ba Şêx Mehmûd ku wî têke ser fikra emir-dana vegera wê heyeta ku çûbû ba Ozdemir. Çunkî biryara me ew bû, ku ji wê heyeta dê biçûya Rewandizê re talîmat bê dan xwe li wir derengî bêxin, eger hat û pêwîstî bi çûna wan a Enqereyê neke, li ser fermaneke ji Şêx Mehmûd, bi bahaneya guftûgoyê li gel Şêx Mehmûd vegerin Silêmaniyê.

* * *

BAJARÊ ENQEREYÊ

Çûna Min Ya Enqereyê

Sê roj piştî vê guftûgoyê, di roja 21yê sibata sala 1922an de, ez, Fettah Efendî yê Yuzbaşî (Fettahê Emîn 'Ettar) û Ehmed Teqî, berî ku roj derkeve em çûn mala Uso Axa û me civînek çêkir. Ji wir bêyî kesek pê bizane, bi çar siwarên din re me berê xwe da Rewandizê. Wî wextî Ranye di bin hukmê Şêx Mehmûd de bû. Taximek eskerên Hukumeta Silêmaniyê di bin fermanderiya mulazim Reşîd de, tê de bû. Li ser dayîreya hukumetê ala Kurdistanê hatibû daçikandin. 'Ebbas Mehmûd Axa ji Pîşder hatibû Ranyeyê û li ser mal û mîrata Fettah Beg -Xwedê jê razî be- rûniştibû. Şeva sefera xwe ya yekem me li mala 'Ebbas Axa derbas kir û serê sibê zû em ketin rê. Em hê nû ji kulanên Ranye derbas bûbûn, sê firokên Ingilîzan li me pêda bûn û bi ser me de dest bi çûn û hatinê kirin û demekê ji me dûr neketin. Gelek nizm difiriyan, wisan bû ku dikarîn me nas bikin, bi rastî em gelek tirsiyan û ji ber vê me da nav şiveriyan. Lê ne ji wan bûn ku em xwe jê biveşêrin, "belayekî bêpêsîr bû" li me qewimî bû û me serê xwe dikir ber xwe ku nêçîrvan me nebînin. Lê firoke cardin gelek bilind bûn û berê xwe dan ber bi Koyeyê ve û vêca me nefesek rehet stand. Piştî vê bûyerê em di riya çiyê re ji milê Qendîlê ve heta Rewandizê meşiyan û êdî em tûşî tiştekî wisan nebûn.

Li Rewandizê em li mala Hacî Nawras Efendî yê meşhur, lê li ser hesaba Ozdemir Paşa bûn mêvan. Bi rastî Ozdemir hişyar, jîr û zîrek bû, di derbarê kesên rêzê de, gundiyan û eşîretan heta tu bixwazî şareza bû û bi kirinên xweş, zimanê şêrîn û bi rabûn û rûniştina xwe ya camêrane, xelkê wan navçeyan kiribû hingustîla (gustîl) tiliya xwe. Xwe kiribû sofiyekî bi rî yê spehî, pak û temîz. Ji bo xeletandina xelkê nexwenda û saf, pênc ferz nimêjên xwe dikirin. Gelek ayet û hedîs jiber kiribûn û di nav sohbetên xwe de bikar dianî. Di nav xelkê de digeriya û yên cewherek tê de bidîtaya nêzîkî xwe dikir. Hewildan û xebateke gelek zêde dikir ku ji firsetan îstîfade bike, ber bi xelkê ve here û wan li xwe nêzîk bike. Ji hemî bûyeran îstîfa dikir û bi vê jî lêdigeriya ku hinek din pêş de biçe û zêdetir ji aliyê wan ve bê hez kirin. Bi rastî xwendewar bû, seviya milletê xwe dizanî û ji bo xizmeta mebesta xwe û hukumeta xwe ji seviya xwe dadiket xwarê û dihate ser seviya ku xelk li ser bû. Li jêr nedinêriya, wî dizanî ku dema ew wiha bike millet jî berjor nanêre û wî nabîne. Ji ber vê, li ser pêwîst e ku ji seviya xwe dakeve xwarê, bi kurtî karê wî bi millet hebû û dibû wan bi xwe ve girê bide. Timahiya wî di wê de tunebû ku bi gotin û xeberan çavê millet veke, teessûbî ji nav wan rake û wan biguherîne. Dema ku çavên min bi Ozdemir ketin, rewşa me hat bîra min û daxa dilê min nû bû ku li Silêmaniyê îhtiyaciya me bi serokekî rewşenbîr û welatparêz ê wekî Ozdemir hebû, lê bi destê me neket. Ez gelek bi mixabinî dibêjim ku rewşenbîrên me gelek ji wê dûr bûn ku li gor çarçeveya siyaseta wê rojê hereket bikin. Her çendîn em bi jiyaneke "demokratîk" ji hinek grubên paşdemayî û bêqîmet pêşdetir bûn û me xwe dabû hez kirin, lê em ji beşa piraniya milletê, ji şêx, hacî, mela, eşraf, dewlemend û ji reîsan gelek dûr ketibûn û heta em bûbûn dijminên wan. Ozdemir an jî bi navê din 'Elî Şefîq Paşa, eger ez xortekî xwendevar û xwedî zanyariyekî bilind nebûma, mimkûn bû ez jî pê bixapiyama û ew wek mirovekî saf û misilman qebûl bikira. Lê di guftûgoyên wî bi me re û muqayesa guftûgoyên wî yên bi ehalî û xelkê bi rêzê û nexwendevar re, ez têgihandim ku ew kesekî wisan e, di wê herêmê de yekî bêemsal ê tîkûtenê bê hesêb kirin. Her çendîn min bi çavekî din lê dinêriya, lê birûskên ronahiya çavên wî tu şik ji min re nehiştin ku ew nûnerekî gelek bi hûner e. Di çiyayên Rewandizê de bi cizmên rakêşandî, bi berdewamî, ji bo serhildana eskerî, bi unîforme û nîşanên zêrînî yên mîralaytiyê li ser milan, derdiket derve. Di nav xelkê de li ser navê serokekî Tirkan, ji rastî û misilmantiyê, bi lez hatina hawara feqîr û ketiyan, ji başî û camêrî û Xwedanasiyê diaxift û ew rojên borî yên Tirkan ên di vî welatî de bi van bîr û baweriyên xwe yên baş ji bîra xelkê dibir. Ji Ingilîzan îstîfade dikir. Ew Ingilîzên ku wê çaxê li hemberî vê siyaseta jîrane wekî Fir'ewnan hereket dikirin û bi hukmên dîktatoriyê welat bi rê ve dibirin. Ji bilî van jî, wekî me di pêş de got, Ozdemir wek emîrekî Kurdan dîwanxane û mêvanxane vekiribû, xwediyê sofreke baş û xwarinên xweş bû. Reîsên eşîretan, kesên maqûl, hatin û çûna nasan li ba wî hebû, li ser sofreya wî nan dixwarin û çay û qehwe vedixwarin. Bi gelek reîs û giregiran re dostayetî girêdabû.

Me ji mala Şêx Mehmûd ji xanima Ozdemir re hinek diyariyên zêr û ji aliyê Melik ve jî ji navdarên Rewandizê re topên qumaşên bi qîmet biribûn. Hemî Tirk di wê herêmê de dihatin nas kirin û xwe dabûn hez kirin. Bi çûna me ya Rewandizê û nêzîkbûna Şêx Mehmûd ya Ozdemir, ew li ber çavên xelkê hê zêdetir şêrîn bûn. Ji ber vê, bi vê çûna me tam ketin nav xweşiyê û gelek bi can û dil xizmet dikirin. Lê dilê me li ser tiştekî din bû û me fikra tiştekî din dikir. Piştî hatina me ya Rewandizê, gelo Ingilîzan dê li hemberî Şêx Mehmûd çawan hereket bikirana û dê Silêmanî biketa çi rewşê. Me pirsên wiha bi Ozdemir û zabitên Tirkan ên din re sohbet dikir û em li ser diaxiftin, ji me her yek bi awakî lêdikola. Ozdemir digot: "Eger hat û Ingilîz hêzek şandin ser Şêx Mehmûd ku ew nekare li hemberî wê bisekine, dibê ew bi hêzên xwe ve herêma Silêmaniyê terk bike û bê Rewandizê. Wê çaxê bi hêza Tirkan em ê li Rewandizê li hemberî Ingilîzan bisekinin û di dema gelek tengasî û pêwistî de em ê bi hev re paş de bikêşin û bên Tirkiyê". Ozdemir wisan dida xuyakirin ku vê yekê li hember hemî îhtîmalan hesêb dike. Hekene ew di wê baweriyê de bû ku di wextek wiha de ji Ingilîzan re dest nade hêzeke wiha mezin bînin ser Silêmaniyê. Eger hat şandin jî Şêx Mehmûd û Ozdemir bi alîkariya eşîretên Kurdan ku beşa piraniya wan bi wan re ne, dikarin li hemberî wan bisekinin. Heta dikarin Kurdistana Iraqê bi carekê rakin piyan û bikin li dijî wan û di netîceyê de wan ji Wilayeta Mûsilê derxin. Ev yeka han jî ji bîrê nediçû û digot: ji bilî van, firqek esker jî ji bo standina Mûsilê li milê din yê sînorê Iraqê amade kirine. Bi zor an bi aştî be, heta seeta ji bo êrîşbirina ser Mûsilê bistîne, amade ye ji bo bihêzkirina leşkerê Şêx Mehmûd û Ozdemir a yekgirtî bi hemî awayekî çek û esker temîn bike. Piştî van gotinên xwe, vedigeriya ser armanca Kurdan û Şêx Mehmûd û digot: eger bi xweşî bextê standina Mûsilê bi vî awayî rêk bikeve û netîce bigihîje wê noqteyê ku ev karê han ji bo leşkerê Tirk ê giştî nemîne, ev xizmeta han a mezin û bi qîmet a Şêx Mehmûd, dê di nezdê Hukumeta Enqereyê de bibe sebebê serkeftina hewl û xebata Ozdemir ku di bin xidîwtiya Şêx Mehmûd de damezirandina Hukumeta Kurdistanê di Iraqê de bicih be. Ji devê Fettah jî bêyî "evet efendim" (belê qurban) pê ve tiştek dernediket. Min dixwest ez bi Ozdemir bidim zanîn ku Şêx Mehmûd ne miroveki sava û saf e ku ji her duayekê re amîn bêje. Ozdemir xwe nêzîkî vê gotinê nekir, bi hemî awayî mesele dikêşa ser dîn û misilmantiyê. Min eşkere jê re got: Şêx Mehmûd jî wekî te difikire, sewdayê millet û Kurdîtiyê di mejiyê wî de tune û berî hemî tiştekî misilmanekî pak û dostekî Tirkan ê zêde germ e. Sohbeta me gihîşt dereceyek wisan ku êdî min jê re got: tu ji bo mebesta xwe dixwazî Şêx Mehmûd bikî Kurdekî wisan ku êdî bes bi pê xidîwtiya Kurdistanê ketiye! Piştre axaftina me pêş de çû û xwest min têbigihîne ku ez Kurdekî welatparêz im, yanî "Kurdekî dijminê Tirkperesta me" got: qasê ez dizanim Refîq Hilmî hez ji şairtiyê jî dike, çunkî tê bîra min ku min di rojnamekê de ev şi'ira Refîq Hilmî xwendibû:

Mesqenimdir, meskenimdir, medfenim
Kimse Kurdistanime yan bakmasin
Akmiyorsa çaxlayanlar Kurd için
Istemez min be'd asla akmasin

Dema ku ev şi'ira han xwend, ew kesên li wir bûn tevan berên xwe dan min û li hemberî vê keviravêtina Ozdemir rengê wan zer bû û bi berken li min nêrîn. Cara yekem bû ku min jî wekî Fettah got "belê qurban" (evet efendim)[136].

Em, şevekê bi Ozdemir re li mala yekî ji giregirên Rewandizê di ziyafetekê de bûn. Me di nav xwe de behsa ew firokeyên ku du roj berê niha çûbûn ser Silêmaniyê dikir. Tam wê navê re du siwarên Şêx Mehmûd ketin hindur û nameyek wî dan me. Yek ji ew belavoka ji firokê ji Şêx Mehmûd re hatibû avêtin jî di nav nameyê de bû. Ingilîzan di vê belavokê de Şêx Mehmûd tehdît dikirin û jê re nivîsandibûn ku divê bi xwe û bi heyeta hukumeta xwe ve, di riya Çemçemalê û Kerkûkê re biçe Bexdayê û xwe bavêje ber merhemeta Hukumeta Britanyayê. Şêx di nameya xwe ya ji me re nivîsandibû de digot: wî û Simko bi hev re li hemberî Ingilîzan tertîbatek baş kirine û pêwîstî bicih kirinê ye. Ji me re jî emir dikir ku êdî li Rewandizê çaveriya tiştekî nebin û bêsekin bikevin rê û herin Enqereyê.

Piştî vê nameya han, bi navê nûnertiya Tirkan û ji bo hevaltiya me ya bi rê de, ji aliyê Ozdemir ve Fewzî Beg ê yuzbaşî û Remzî Beg ê qaymeqamê Koyeyê û Rewandizê yê berê hatin amade kirin. Du roj şûn de heyeteke ji pênc kesan pêkhatî: ez, Fettah û Ehmed Teqî li ser navê Şêx Mehmûd û Fewzî û Remzî li ser navê Ozdemir amade bûn û çar neferên Tirk jî bi me re danîn û em di riya Derbendê û Zînowê Şêx re ketin rê. Ji ber berfa zêde û nebûna rê, me nekarî em raste rast ji sînorê Tirkiyê derbas bin. Bi taybetî ji ber zivistana giran a li milê Tirkiyê û nebûna rê, îmkana hatin û çûnê nemabû. Me biryar dabû ku em di Îranê re bi ser Urmiyeyê û Tebrîzê re biçin. Ji ber ku qasê dihat gotin, di vê riyê re tenê zehmetî ew bû ku mirov ji Zînowê Şêx derbas bûbûya û biçûya milê Îranê. Bêguman ev jî karekî sivik nebû. Çunkî nav û dengê Zînowê Şêx ê di navbera Rewandizê û Şinoyê li milê Îranê, bûbû mijara destanan. Sawm û girîngiya vî Zînowê qatîl, di çavê xelkê vê herêmê de ji nav û dengê Kotorê yê ba xelkê herêma Wanê, yan nav û dengê Derbendê Şepkeyê yê di çiyayên bilind ên Karpatê yê Balkanê çi bûn, ev jî ew bû. Ji ber vê, berê ku em ji Rewandizê bikevin rê, me kum û lepikên Kurdî ji xwe re standin û nalên heywanên xwe nû kirin. Ew neferên Tirk ên bi me re danîbûn, wan jî nal û bizmarên zêde û alet û edewatên nalbendiyê girtin ba xwe. Ji bilî wan, çend mirovên zexim û bi quwet ên rênas ketin pêşiya me û gundî hatin agahdar kirin ku di demên tengiyan de bigihin hawara me. Lê spas ji Xwedê re em ji Derbend bê zehmetî derbas bûn û berbanga êvarê gihîştin Zînowê Şêx. Ew Zînow qasê ku ji me re hatibû gotin, hemî zivistanan çend kes tê de telef dibûn û sir dibirin. Li gor gotina, ew kesên bi naçarî zivistanan riya wan tê re derbas dibe, kêm kes ji wan sax difilitin. Lê wekî tê gotin, Xwedê ji hemî derdekî re dermanek daye, tu şik di vê de tune ku Xwedê nîzamek kiriye nav tebîetê û qanûnek jê re daniye, yan jî wekî hinek feylesof dibêjin, zadeyî ne hêzeke kor e lê bê nêrîn. Li ciyekî wekî Hewza Amazonê ku nexweşiya ta û bayê bi riya heywanekî biçûk belav dibe, her di eynî ciyî de dara genegene (kînîn) hêşîn dibe ku berê wê dermanê ba û tayê ye. Qasî ez dizanim ev ne tiştekî tesadufî ye, belko kirinek ji destê wê tebîetê ye ku dibêjin ne kor e. Vêca piştî derbazbûna ji Derbendê, em gihîştin Zînowê Şêx, di deriyê vî geliyî de, yanî ev ciyê asê, di vê herêmê de bi navê zemheriya dema zivistanê bi nav û deng bû. Ji bo gihîştina hawara ew bextereşên ku bi naçarî di zivistanên wiha de diketin ser van riyên han ên bi sawm, xanedanekî Kurdê misilman û mêvandar li wir bicih nedibû û heresa lêqewimiyên serên van riyên asê û beşerxwer, nedigirt ser milê xwe. Di bin ba û baranê de em deh seet meşiyan. Vêca rewşa me ya di nav daketina wê berfê heta çokan bînin ber çavê xwe, wî wextî dê hûn tê bigehin ka gelo aramî û îstîrahet çiye. Li ber agirê pelên bê duman, di dîwanxaneke bêdeng, pak û temîz de rûniştin û vexwarina çayeke rengîn a germ a semawerê, xwarina tiştekî bi tam û xweş, demeke çiqas xweş e. Wê şevê piştî serma û zehmetiyên Derbend û aciziya peyatiya dûr û dirêj a di nav berf û keviyan de ya ji taqetê der, em li gundê Zînowê Şêx li mala Şêx Ubeydullahê neviyê Şêx Kemal ê bi nav û deng, bi bîhnvedan û îstîrahetek wisan ku heta mirinê tam û lezeta wê ji bîra min naçe, man. Me kincên xwe yên şilbûyî li ber agirê darên beroyê ziwa kirin, pişt re me di nav ava germ a hemamê de dest, pê û serê xwe yê tezî şûştin û xwîna germ di laşê me de dest bi gerê kir. Pişt re jî hinek derengî kebabên mirîşkan ên di tendurê de sorkirî ji me re anîn. Vêca nivînên hevrîşim ên pak û temîz ji me re hatin raxistin û qasek bi ser de neçû melekên razanê per û çengên xwe bi ser me de vedan û em ketin xewekî xweş a giran û agahê me ji dinyayê hat birîn. Dema ku me beyana sibê çavê xwe vekir, bûyerên roja borî weke xewnên şevan dihatin ber çavê me. Piştî çay û berçayek zêde a bijartî ya bi tam û lezet û vexwarina çay qahweke temîz, me dest avêt xwe da hev. Hewce bû em ji sînorê Îranê derbasî milê din bûna, ji bo vê jî dibû em ji gewriya bi sawm yanî Zînowê Şêx derbas bûbûna. Şêx Ubeydullah û Şêx 'Elaeddînê Xelan ê birayê wî, hemî tişt amade kiribûn. Xwarinek rêwîtiyê ya gelek zêde kiribûn nav xurcikên me. Êdî piştî me dîwanxaneya "Xatemê" Kurd bicih hişt, bîst siwarên xort ên wekî şêran ketin pêşiya me. Gav bi gav di nav berfa Zînowê Şêx de ji me re rê vedikirin. Wê rojê bi saya wan xortên pêsivik û mêrxas û xêra wê bîhnvedana me ya baş a li mala Şêx Ubeydullah, me riya bi sawm a Zînowê Şêx jî bê ziyan temam kir. Vê navê re cardin hişê min diçû ser tebîetê û min digot: tiştên wisan hene ku ji hinek kesan re gelek caran dibin sebebê bûyer û hediseyên xirab û malwêraniyê, lê li milê din eynî ev tişt dikare bibe sebebê firset û mecala qewmandina xweşî û rizgariyê ji hinek kesên din re, ku di goşeyek din û di ciyekî ku bibîr nayê de nin. Ew roj ku em ji Zînowê Şêx derbas dibûn, dilopên avê yên ji pozê me diweriyan, di nîvê rê de diqerisîn û xencerên cemedê jê çêdibûn. Lê li gel vê jî Xwedê em parastin ku tu tav li me derneket, heta em ji Zînow derbas bûn. Bêsekin befir dibarî û kufîniya bayê bû. Çunkî eger berf û ba bisekiniya û Xwedê neke, rojê ji bin ewran serî li me hildaya, ne mimkûn bû em bê zerar ji Zînow bifilitîna. Ji ber ku berf daketibû, li ser hev rûniştibû û kurşe girtibû, xwe li ber me radigirt û em wekî li ser caddeyê bimeşin bi wî awayî li ser dimeşiyan, di hewayê rojên wiha de sist nedibû. Caran wisan lê dihat em heta navranên xwe dadiketin, lê ji wî Xwedayî re spas ku ev asêtiya tebîetê wê rojê ji me re bûbû ciyê xêr û xweşiyê. Ji ber vê em wekî xezalên kişt û pêsivik dimeşiyan û bi vê çûne jî dê em ê nîvroyek zû ji sînorê Iraqê derbas bûna. Êdî tirsa me nema ku em ê bi şev li Zînow asê bin, ji ber ku di şevên zivistanên wiha de, mimkûn bû hirç jî nekare li Zînow bisitire. Roj, wekî ku dilê wê bi me şewitîbe, tîrêjên xwe yên şêrîn bi ser me de berneda û heta nêzîkî nîvroyê, pişt re ji pişt ewrekî sitûr serê xwe derxist. Lê ji pişt perdeya nazê weke xezalekê meşiya û ew poşiya li ser rûyê ewr hinek da milekî û goşekî ser û çavê xwe yê nazenîn nîşanî me da. Di navbera seetekê de wisan li me kir, Xwedê neke para kesekî. Bi wê qewmandinê ve ew ji wê behra berfê veresiya û bi ser me de hat, bi rastî ev ne ji wan tiştan e ku mirov bikare pesnê wê bide. Di dawiyê de bi alîkariya Xwedê em ji Zînow filitîn û gihîştin milê Îranê... Ji wan girên ku ber bi deşta pahn û bi dar a Şinoyê ve dirêj dibûn, bayekî hênik û xweş ê Îranê ser û çavên me dida. Êdî em ji wê astengê ber bi aliyê Kurdistana Îranê ve meşiyan. Piştî van herdu rojên giran û riyên nexweş, êdî me hespên xwe li pê xwe kaş dikirin... Lê piştî ku me demekê îstîrahet kir û ji xwarina xwe ya rêwîtiyê ku bi me re danîbûn xwar û cixara xwe jî kêşa, vêca ji bo ku hê şev bi ser me de negirtiye, bi naçarî me xwe avêt ser pişta hespên xwe û em giran û giran daketin xwarê. Me di wê deşta pahn û ya bi hezaran ji avên çeman, gul û giyayên şêrîn dagirtî yên Şinoyê û di bin tîrêjên germ ên xwînkelêniya Kurdistana Îranê de, bi siwarî rê dibirî û bi vî awayî em gihîştin derûdora pişta Şinoyê. Wê rojê destmala zêrîn a rojê ji ser serê min xalî nebû û xwişîniya avê wekî dengê bilûran û herikîna coyan wekî musîqayên xwezayî ji guhê min derneketin, hêşînahiya çîmenên wê deşta nazik te digot ferşên zumrûtî ne. Gulên renga reng ên rexên avan, perawêzên nexşîn bi wan ve dabûn. Bihara Kurdistanê bi hemî xweşî û spehîtiyên xwe raxistibûn ber çav. Hespên me bi rehwaniyên xwe yên bi kêf û xweş ve, tenê em pê dihesiyan ku dimeşin û rê ji ber me diçe. Tîrêjên rojê dema ku ji nav ewran wekî mirarî li rûyê van çîmenan dixistin, wekî pora xweşik a keçên xama hemî reng ji wan dirijiyan û bi zimanê halî didan zanîn ku axa şêrîn a Kurdistanê, hêjayê wê ye her Kurd xwe di riya wê de bext û feda bike.

Şino, li ser riya me bû, li ser milê destê rastê nêzîkî seetek ji riya me dûr bû. Ji ber vê em neçûn nav bajarê Şinoyê. Li ser rê di noqteyek de polîsên Îranê em dan sekinandin. Zabitê sînor ê xwedî rutbeya yuzbaşî (sultan), bi bahaneya pirsa ji mezinên xwe yên Şinoyê, dixwest me li wir bide sekinandin. Li gor gotina wî hê êvarê name jê re şandine û ew bi hatina me agahdar kirine. Me şeva xwe li wir derbas kir û îstîrahetek baş bû. Beyana sibê piştî çayvexwarinê ew nalên zêde yên bi me re hebûn, me bi wan, bi lez heywanên yuzbaşî yên pêxas nal kirin û bi navê bexşîşê jî me deh "taranî" dan du neferên li noqteyê û êdî bêyî em pirsa hatin an nehatina bersîvê ji mezinên Şinoyê jê bikin an musa'ede jê bixwazin, em siwarên hespên xwe bûn û ketin rê. Şineşina bayê beyana biharê bû û bîhna miskê ya gul û rihanên çiyan, ruhekî taze dida mirov. Di bin me de erdekî nerm û çîmenên kesk ên rengê mirarî, li qeraxên riyan di nav gul û çîmenan de xoşîniya avên paqij ên coyan û avên ji bin belekên berfê yên serên çiyan derdiketin û bi rengên xwe yên spî ve ber bi jêr ve dihe-rikîn. Çîlewîla teyrên renga reng û dengê bilbilan, di bin vê gumbeta şîn û bê serûbin a asîman de, dêmen û menzereyên wisan raxistibûn holê ku di tu dem û wextan de nedikarîn bên bibîra tu şairekî. Bi kurtî ez dikarim tenê gotinekê bêjim: tebîetê li Kurdistana Îranê mizgîniya hatina newroza pîroz dida me û ji Şinoyê pê ve em di nav goşeke cennetê de dimeşiyan.

Bajarê Urmiyeyê

Piştî derketina me ji Rewandizê, heft roj şûn de (heft qonax) em gihîştin bajarê bi nav û deng, Urmiyeyê. Di vê riya xweş û şêrîn de yên bi dilekî kul û birîn diketin ber çavê mirov, belengazî û feqîriya xelkê vî welatî bû. Nav û navan re em rastî karwan û rêwiyan dihatin, beşa piraniya van rêwiyan jin û mêrên rût, repitî û pêxwas bûn û bi perçeyên çat û telîsên qirêj hinek qismên bedena xwe pê girtibûn. Mirov ji birçîtî û nexweşiya vî xelkê bêkes fehm dikir ku ew ji bo ketina bin destê xwediyekî biyanî û xwînmij di vî halî de ne û pêwîstiya zanînê bi pisporî û zanîneke mezin nebû. Me ji hezaran yek nedît ku xwediyê cil û bergên nû bin an têr bin. Di vî welatê xweş û bi xêr û bereket de û di vê cenneta ser rûyê dinyayê de, mixabin cehennemek bû ji zindiyan re hatibû avakirin.

Urmiyeyê, bajarekî biçûk û xweşik ê nêzîkî gol an Deryaçeya Urmiyeyê ye. Xwediyê kulan û bazareke bi rêk û pêkî û paqij û av û hewayeke bar bû. Tê de hemî awa xwarin bi dest diketin. Ji karwanserayên mezin û xweşik dihat xuyakirin ku navçeke bazirganî ye û ji bilî vê jî navê merkeza wilayetê jî her Urmiyeyê ye. Karwan û çûn û hatinî di deryekî taybetî yê mezin re diketin nav bajêr û derdiketin, çarmedorê bajêr bi surhek hatibû rapêçandin. Xelkê bajêr bi Kurdî û Tirkî diaxiftin û hinekan jî Farisî dizanîn. Wextê desthilatiya Simko ev wilayeta han tev di bin hukmê Eşîreta Şikakan de bû. Lê gelek mixabin, ez dikarim bêjim ku gelek gilî û gazindên xelkê ji Simko hebûn. Di hemî firsetê de ji nîvê dilê xwe behsa bûyer û hedîseyên zorî û zordariyên Simko dikirin. Ez, li ser navê xwe ku ez Kurdek bûm, ev gelek li min giran dihat ku qehremanekî Kurd di welatê xwe de navekî wiha li pê xwe hiştiye. Li Urmiyeyê konsolosxaneya (şabender) Tirkan hebû û ji ber vê hewlê kar û barên sefera me ji aliyê konsolosê Tirkan ve dihat meşandin. Lê fermanderê navçeya Urmiyeyê gelek asteng ji me re derdixist û dixwest serê me biêşîne. Li gor gotina wî, di Herbiya Stenbolê de xwendibû û gelek ji Tirkan hez dikir. Wekî din jî heta tu bixwazî miroveki derewker û zimandirêj bû. Wisan ji min re derket ku li hember me Kurdan ne xwediyê fikreke baş bû û tiştên xerab di serî de hebûn. Sê rojên me bi derew û xapandina wî derbas bûn. Dema ku em gihîştin Urmiyeyê me hespên xwe firotin û me biryar dabû ku em bi vapurên Deryaçeya Urmiyeyê derbazî milê din bin. Min êdî bi temamî pes kiribû û taqeta min nemabû ku ez êdî xwe ragirim. Ji ber vê min biryar da ku derew û rastiyên vî fermanderî tecrube bikim. Wê êvarê jî em ji aliyê konsolosê Tirkan ve hatibûn vexwendin. Berî em biçin ba konsolos min nameyek biçûk ji walî re nivîsand û ew ji kirinên fermander agahdar kirin. Hevalên min dijîtî dikirin û nedixwestin ez nameyê bişînim. Lê min bi gotina wan nekir û min li ser navê xwe name bi polîsekî re ji walî re şand. Hevalên min ditirsiyan ku ev kirina min bibe sebebê xeyda fermander û paşdeketina sefera me. Me şeva xwe li otêlê gelek xweş derbas kir û xwarineke gelek xweş xwar. Derengê şevê yek ji wan karkerên otêlê hat ba me û got, fenmander li jorê ye û dixwaze yek ji we biçe balê û pê re biaxive. Di nav me de tenê Ehmed Teqî venedixwar û me ew şand balê. Gelek bi ser de neçû, Ehmed Teqî vegeriya û çend perçe kaxez di destan de bû. Walî bersîva nameya min dabû û di bersîva xwe de gelek bi zimanekî şêrîn û xweş pesnê min û hevalên min dida û silavên xwe pêşkêş dikir û wiha digot: "Ev yek gelek ciyê mixabiniyê ye ku di wextê de bi hatina we ez nehatim agahdar kirin ku ez wacibên mêvandariyê bicih bînim û bi dîtina we muşerref bibim. Eger leza we tune û hûn dikarin rojek din jî li vir bimînin, ez gelek kêfxweş dibim ku qet nebe tenê rojekê bi sohbeta we derbas bikim. Li gel vê nameya han ew kaxez û belgeyên pêwistiya we pê hene, hatine şandin. Ji bilî vê, keştiya 'Azadîstan'ê ku amade ye sibê û beyaneke zû bikeve rê, emir hatiye kirin ku heta hûn rê bikevin û biçin îskeleyê li hêviya we be û ciyên layîqê we ne ji we re amade bikin. Emir ji reîsê bajêr re jî hatiye kirin ku beyana sibê du paytonên taybetî bişîne otêla we ku hûn pê biçin îskeleyê". Bi rastî me tevan ji vê kirina şêrîn û mêrane, spasê walî kir û qet neketibû bîra me ku li hemberî nameyek bê qîmet a xerîbekî wekî min, waliyê Dewleta Îranê bi vî awayî hereket bike û vê camêriya han a mezin bi me re bike. Lê mixabin, şaşiyek biçûk bû sebebê şikestina kêfa me. Ev waliyê bi qîmet li ser nameya min, di cih de daxwaza fermanderê navçeyê dike û ew jî li gor ew belgeyên di destên me de bûn û me dabûn fermarder û nav û nîşanên me û sebebê çûna me(137) ya Tirkiyê tê de bûn, dide walî. Ew jî li gor ew navên min di nameyê de nivîsandibûn, emir dide û kaxezekê ji kaptanê geştiya Azadiyê re dide nivîsandin û ji bo me cih dide veqetandin. Lê wisan dixuya, ez ê nivîskarê nameyê, min navê xwe bi navên hevalan re nenivîsandibû, ji ber vê walî jî navê min di belgeyê de nenivîsandibû. Em, ku hewce bû di riya Îran û Qafqasyayê re di nav axa çend dewletên biyanî re darbas bûbûna, seferek dirêj li pêşiya me bû, ne karê eqlê bû ku em bi belgeyeke ne temam vê riyê bidin pêşiya xwe. Ji ber vê, min ji Ehmed Teqî re got, hewce ye em berî çûna xwe ya sibê spasî walî bikin û fermander jî tê bigihînin ku navê min hatiye jibîr kirin û emir bide ku navê min jî li ser belgeyê bê nivîsandin. Fewzî Beg, ku êvarê gelek hewil da ez vê nameyê neşînim, hilda û got, ev yek naxwaze, nabe cara duduyan em vê belgeyê paş de bişînin û navê te tê de bidin nivîsandin. Min jê re got: wê çaxê dibê ez li vir bimînim û ez neyêm. Ne karê eqile ku navê min di belgeyê de tunebe, ez ê bi pê we kevim û bêm. Me tevan xwest ku em wî têbigihînin û wî bêdeng bikin, lê ew ji wan nebû. Dema ku tiştek dikir serê xwe ne ji wan bû ku êdî derxe, dibû tenê gotina wî biçe serî. Min jî ji ber xatirê konsolos guhê xwe neda zimandirêjiya wî û Ehmed Teqî jî kaxezan hilgirt û çû ba fermander. Lê Fewzî nebirî û çiqas diçû ev kar bi pêş de dibir. Konsolos mirovekî gelek bi edeb û şermîn bû. Gelek pê ve mijûl bû û jê rîca kir, lê diyar bû ku serxweşiya giran ew kerr kiribû. Ez gihîştim wê qeneetê ku dixwaze min zêdetir bişkîne. Hekene ew kurê miroveki mezin bû û zabitekî bi nav û deng bû. Xwendegeha bilind xelas kiribû, bi almanî û Fransizî gelek xweş diaxfit. Me jî wekî wî vexwaribû û bi ser de jî em mêvanê wî bûn û pêwîst nebû ewqas ji sînorê edeb û nezaketê derkeve. Lê mixabin, van yekan qet neanî ber çav. Ez gelek li ber konsolos ketim. Rengê wî zer bûbû û zêde ber van kirinên wî diket, bi ken û gotinên xweş ve her mijûlê dilvekirîna min bû. Lê wî bêhişî da îspat kirin ku xwendin cewhera însanan naguher e û li ser vê, konsolos têgihîşt ku wî terbiyek baş nesitandiye. Çunkî piştî hemî ew bêşermî, zimandirêjî û dijûnên ji min re dan hê dilê wî rehet nebûbû, çiqas taqeta wî hebû gulmistek li min xist. Piştî vê êdî ew dinyaya ku ez tê de bûm, jê derketim çûm ketim dinyayek din û min xwe wenda kir ku ez di meclîsa însanan de rûniştime, ez bûm cenawerek û êdî çavên min tu tiştî nedidît. Min ewqas dît ku min Fewzî bi şeqam û sîlan kiriye bin masê û çi xwarin û vexwarinên li ser masê hene rijiyane ser laş û serê wî. Yek û du caran xwest ku bide xwe rabe û êrîşî min bike, lê hemî caran şeq û sile xwarin û di netîceyê de westiya û li ciyê xwe rûnişt. Piştî ku ez di şerê boksê de bi ser ketim, konsolos hat ba min û ji min re got: “wî bê edebî ev heq kiribû, bi rastî ez pê kêfxweş bûm û destên te xweş bin”.

Piştî vî şerê nexweş, konsolos bangî xizmetkaran kir û Fewzî birin odeyek din. Ew hay ji xwe nebû û ez nizanim ji şerman xwe bi vî awayî mirar kiribû yan tiştekî din. Em jî vegeriyan ciyê xwe yê raketinê.

Çûna Ji Urmiyeyê û Şerefxane

Serê sibê zû konsolosê Tirk, ku bi rastî nimûneyek hêja yê edebê bû, hat ba min û em çûn ciyê wî yê taybetî û me bi hev re çay vexwar. Qasek şûn de Fewzî jî hat û rica dikir ku îznê bidinê ku bê jorê.

Konsolos ji min pirsî û got: diyar e dixwaze aştî bi te re çêke. Min got: hewce ye ez wî aş bikim. Konsolos bi xwe çû û ew anî jorê. Gelek bi şermî hat destê xwe kir milê min û gelek loman li xwe kir û sond xwar ku êdî careke din areqê venexwe. Ser û çavên wî çend ciyan reş û hişîn bûbûn. Yek û du tiliyên destê xwe jî pêçabûn û digot, îhtîmal e ku şikestibin. Min jî dilê wî vekirî û xwest bidim zanîn ku kirinên şeva din nayên bîra min û mimkûn e min gelek vexwaribe. Pişt re jî em li hev hatin. Seetek şûn de jî em bi paytonê çûn îskeleyê yanî qeraxê Deryaçeya Urmiyeyê. Du seet şûn de kaptanê keştiyê ji bo xêrhatinê hat pêşiya me. Xortekî gelek zîrek û çalak bû. Di cih de em bicih kirin û keştî da xebatê û di nav Deryaçeya Urmiyeyê de ket rê. Em li ser wê sofreya ku kaptan ji me re amade kiribû, rûniştin. Ehmed Teqî ji xwe venedixwar. Ew û Fewzî bi hev re li kuncekî rûniştin û li behrê dinêrîn. Kaptan berê xwe da wan û got: ava Deryaçeya Urmiyeyê gelek tehl e û masî tê de najîn. Bi hejîna bayek sivik jî li hev dikeve û pêl radibin û rêwiyan dikin tengiyê. Gotina wî rast bû. Qasek bi ser de neçû pêlan û bagerê dest pê kirin. Ji bo ku dilê me negre, em daketin qata jêrê. Lê vê jî feyde nekir û serê me gêj bû û em vereşiyan. Li ser vê, me qasê nîv seetê xwe dirêj kir û cardin hişê me hat serê me. Pişt re tu ba nema û rûyê deryaçeyê weke eynekê dibiriqî û cardin me dest avêt xwarin û vexwarina meze û areqa xwe ya mayî. Hemî li ser hev em çar seetan li ser deryaçeyê man. Pişt re em gihîştin qeraxê rojhilatê deryaçeyê û li wir li îskeleya bi nav û deng a Şerefxaneyê, rojekê berî Cejna Remezanê em ji Azadîstanê peya bûn.

Ji Şerefxaneyê Çûna Şîsterê

Em li Şerefxaneyê nêzîkî îskeleyê li malekê peya bûn. Hê me nû nanê nîvroyê xwaribû û me dixwest ku em rakevin, zabitekî Îranê hat û bi navê fermander daxwaza serokê heyeta me kir. Ji ber ku tenê kincên Fewzî Beg lê bûn, me ew şand ba fermander û em jî ji ber bêsebriya bi hêvîmayîna wî, heta ew nehat raneketin. Seetek şûn de Fewzî hat û ji me re got: hewce ye em ji bo seferê xwe hazir bikin. Li gor gotina Fewzî, telgrafek ji bo girtina me ji fermander re hatiye ku me bigre û teslîmê Ingilîzan bike. Fewzî bawerî bi fermander kiribû ku ew hezkerekî Tirkan e. Çunkî ji Fewzî re gotibû: heta hûn ji Şerefxaneyê dûr nekevin em pirsa we nakin, pişt re jî em ê bersîva telgrafê bidin û bêjin: ne li vir in çûne Tebrîzê. Li wir jî dê serokkonsolosê Tirk riyekê ji we re bibîne. Ev gotinên bê me'ne neketin serê min û min dizanî ev hemî fêl û fend in. Hekene wan deman li Îranê tu deng û sewdayek Ingilîzan tunebû û di tu kuncek de nedihatin dîtin. Rûs, bi taybetî bakûr û bakûrê rojavayê de gelek teqeyan dikirin û dengê wan dihat. Tirkên Kemalîst jî ku dostên herî nêzîk ên Rûsên Bolşevîk bûn û tesîra wan li ser Îranê jî hebû, ji ber vê ne mimkûn bû Ingilîz bikarin bêyî belge û bi destê Hukumeta Îranê di demek wiha de tiştekî bi me bikin. Lê tiştek hebû, mimkûn bû ji bo fiyaqeyê yan muzirî yan jî bertîlê, ji aliyê hinek mirovên dereceyên duduyan de tiştekî wiha li me bê kirin. Em jî li hemberî van kirinan bêdesthilat bûn û ji bo ku em ji sefera xwe derengî nemînin, rojek zûtir rizgar bibin û bigihîjin mebesta xwe, me serî ji wan re tewand. Ji ber vê, me xwest em ji gotina fermander dernekevin û derengî nemînin û Şerefxaneyê terk bikin û biçin Şîsterê. Bi rastî me ev sefera han bêheq û bêsebeb dikir. Çunkî eynê rojê li ser Deryaçeya Urmiyeyê em rastî serêşî û dilheziyek zêde hatibûn û em gelek vereşiyabûn. Niha jî bêyî em hinek îstîrehet bikin an serê xewa xwe bişkînin, divê em bi keran an peyatî bikevin rê. Lê wekî min got, tu çara me tunebû, me ji bo pêdakirina çend hesp an keran mirov seferber kirin. Di navbera Şerefxaneyê û Tebrîzê de riya trênê hebû, lê ji ber Cejna Remezanê wê kar nedikir. Çûn û hatina di navbera bajaran de gelek zehmet bû. Em hemî ji nav ciyên xwe rabûn û me xwe da hev. Mirovê Îranî yê ku me ji bo pêdakirina heywan şandibû, ew jî bi du kerên kirêkirî ve hat. Me navbera Şerefxane û Şîsterê ji xwediyê keran pirsî, ji me re gotin: bi piyan çar seet e. Ji ber vê me biryar da ku em tişt û miştên xwe li keran bikin û em bi xwe jî bimeşin. Wext bihar bû, vê hewayê xweş xwîna mirov dikeland, ji ber vê me xwest em eşyayên xwe ji xwe re nekin bar û bi ser de jî nebin serbarê keran. Zabitekî Îranî jî li Şerefxaneyê bû û dê vegeriya Tebrîzê û şarezayê rê bû. Me ker bi wî mirovî re di pêşiya xwe de şandin û em jî bi piyan ketin ser riya rast û rewan a Şîsterê. Me ji bazara Şerefxaneyê hinek kişmiş û badem sitandibûn û di rê de dixwar. Min kişmişên wisan hê li tu derê nedîtibûn. Tecrubeyên min hebûn û min tu carî ji tu kesî texmînên rê bawer nedikirin. Dema ku digotin, navbera filan ciyî heta bêvan ciyî evqas seet in, hewcebû tu du qat an sê qatê wê danî ser. Ji ber ku heta niha çi tiştên di vî warî de min seh kiribûn, rast dernekitbûn. Wî ji me re got çar seet, lê em wê rojê yanzdeh seet di rê de man. Nêzîkî nîvê şevê, vêca em gihîştin Şîsterê. Gundên Îranê nediman gundên Iraqê. Li wir gelek gund hebûn ku ba me bajar dihatin hesibandin. Gelek gund ji navçeyên nahiyan û hinek jî ji navçeyên qezayên Iraqê xweştir û rêk û pêktir bûn. Di hêla paqijî û temîziyê de jî gundên Îranê ji gelek bajarên me baştir bûn. Nifusa hinek gundan digihîşt pênc hezar kesan. Hemî gund xwediyê bazar û dikanên rêk û pêk, çayxane û aşxaneyên pak û temîz bûn. Ew karwanserayên di hinek gundên Îranê de hebûn, di bajarên Iraqê de tunebûn. Şîster yek ji van gundan bû. Me ji ber westandin û tarîtiya şevê nikarîbû hemî bazar, dikan û karwanserayan bibînin. Lê ji wan pencereyên berê wan ber bi kulanan ve bûn, ji ronahiya çirayan, hinek nîşanên xweşik û rêk û pêk ên gundan û wêneyên xaniyên baş dihatin xuyakirin. Di çayxanekê de, ku em ji bo îstîrahetê sekinîn, wê çaxê şevê nêzîkî bîst kesan hê tê de bûn. Di gelek çayxaneyên gundên Îranê de aşxane jî hebûn û odeyên paqij û temîz ên raketinê jî tê de bi dest diketin. Çayxaneya me yek ji wan bû. Piştî nanxwarin û çayvexwarinê, eynî şevê me ‘erebek barê kirê kir û em derketin ser û em heta sibê bêyî xwe tevbidin raketin. Serê sibê nêzîkî xwirîniyê bû ku me dît ‘ereba me di Deşta Meyanduabê de tîrêjên rojê dibre. Di vê deşta han de ez ketim nav bîr û xeyalên xwe yên rojê berê yên Şerê Cîhanê yê Yekem. Hilmî Beg ê zabitê Tirkan, di Şerê Cîhanê yê Yekem de bi hêzek biçûk ve hatibû Îranê. Ji Baneyê heta Seqizê, Bûkan û Seblaxê bajarên xwarê yên vî welatî dagîrkiribûn û di her yek ji van bajarên Kurdistanê de, giregir û serokên Kurdan gullebaran kiribûn, bajaran talan û dewlemendên wan jî ceza kiribûn. Hemexanê Baneyî û serokên Bûkan di nav wan kesan de bûn ku ji aliyê Hilmî ve hatibûn gullebaran kirin. Vêca Hilmî bi vê yekê tenê nesekinîbû, berê xwe dabû Urmiyeyê û Tebrîzê û yek di pê yekê de avêtibû ser bajarên mezin jî. Min wê çaxê li Stenbolê dixwend, herroj li ser xerîteya Îranê ku bi pencereyên kitêbxaneyên Stenbolê ve hatibûn daliqandin, çi bajarê Hilmî Beg diket navê, aleke ji kaxezan çêkirî li ser dihat daçikandin, di wir de haya min ji bizava qehremaniyên Hilmî dibû û min di bin re ji bo serpêhatiya bêxwedî û bêdesthilatan rûndikan dirêtin. Ev zabitê han ê Tirk bi pê leşkerên Rûsan ketibû û li ser axa dewletek biyanî bajarên wê dewletê bi awakî eşkere li ber çavê dinyayê talan dikir. Mezinên wan dikuştin û xelkê wê rût û talan dikirin. Kesek tunebû pirs û hesabekî ji van kirinên wî bike. Ew kesên dihatin kuştin û talan kirin, hemî Kurd bûn. Lê bi destê kê ev yek dihat serê wan û tûşî vê felaketa han dibûn? Belê bi destê Kurdan bi xwe. Çunkî tenê yek Tirk di nav leşkerên Hilmî Beg de hebû, ew jî Hilmî Beg bi xwe bû. Yên din, yanî leşkerên Hilmî Beg ji serî heta binî hemî Kurd bûn. Hilmî Beg gelek li Tebrîzê nema û hêzeke siwarî ya Rûsan ajot ser û ji wir derxist. Leşkerên Hilmî yên şikestî ku tev Kurd bûn, di Deşta Meyanduabê de ji Rûsan zêdetir ji aliyê Kurdên malwêrankirî ve hatin şerpeze kirin. Ên ji destên wan rizgar bûn, di wê deştê de bûn qurban û goriya ba û bagera zivistanê. Bîr û xeyalên min tenê ji bo serpêhatiya Kurdên wê herêmê nebû, sebebek taybetî jî tê de hebû. Mele Se'dî yê xelkê Silêmaniyê ku di bazara Xefur Axa de dikanek wî ya etariyê hebû, gelek xweş şi'ir dixwendin. Bi taybetî şi'irên mesnewî. Ba wî hemî şi'irên mesnewî ayet bûn an mucize di wan de hebûn. Mele Se'dî miroveki nimêjker, misilman, bi edeb û xwediyê exlakekî baş bû. Min gelek ji vî insanî hez dikir, ez zêde diçûm dikana wî û wî ji min re mesnewî dixwendin û em bûbûn heval. Ev rebenê han jî girtibûn eskeriyê û di nav leşkerên Hilmî Beg de di vê deşta han de bûbû qurbana berf û bagera zivistanê. Ez, ku ketibûm deryaya bîr û xeyalan, dema ku ez bi xwe hesiyam, min dît, 'erebeya me di deriyê karwanseraya Meyanduabê de dadiket jorê. Em li çayxaneya karwanserayê peya bûn, di vê çayxaneya han de kêm kes li ser kursiyan runiştibûn. Ez qasek bi lênêrîna îraniyan ve mijûl bûm ku li ser sekoyên bilind û pan ên çayxaneyê rûniştibûn. Nav û navan re dema yekî nû dihat, pêlavên xwe derdixist û diçû ser sekoyê û rêz û hurmetek Îranî ji kesên rûniştî re dikirin û wan jî hemî bi hev re serê xwe ditewandin û silava wî digirtin û nargile û çaya rengê yaqutî ya kirtleme ji wî re jî dihat. Gelek kêfa min ji vî awayî li jor rûniştin, çayvexwarin û nargîle kêşandinê re hat. Ew kesên li jor runiştî yên xwediyê riyên sor ên henekirî ku li ser mehfurên renga û reng heleq digirtin, dîwarên li pişt wan jî bi cure û cure resim hatibûn xemilandin, ew hemî berên xeyalên taybetmendî yên dewlemendiyên Îranê bûn. Dema ku min li wan nêrî, meclîsa axayên Yeniçeriyan hate bîra min ku min ew li muzexaneya Stenbolê dîtibû. Me jî avgoşt (goştav) xwar û çaya kirtleme jî bi ser de kir. Lê dibê bê zanîn ku goştava me û avgoşta 'Eceman, herdu jî wekî hev in. Ew jî eynî ji goşt, duhn, pîvaz û biharatê tê çêkirin. Di kuncek çayxaneyê de ji bo çêkirina vê avgoştê ciyek taybetî hebû. Dizmencelên taybetî li ser agir rêz kiribûn û avgoşt tê de dikeliyan. Bihayê xwarinek wê rojê yek taranî (tehranî) 'Ecem bû ku nêzîkî bîst filsên Iraqî dikir. Mesrefa miroveki ya wan deman, bi xwarina avgoşt, pereyê çayê, nargîlê, fêkî û bexşîş ji du taranî derbas nedibû ku dikir çil fils. Mixabin ez hînî vexwarina çaya kirtleme nebûm, şekrê wan jî ne ji wê bû ku mirov têkira nav çayê. Ji ber ku şekrê kap bûn û di nav çayê de bi zehmet diheliya û tama wî jî ne wekî şekrê me bû. Ji ber ku wî wextî ji ber sebebê Şerê Cîhanê yê Yekem li Iraq û Îranê şekirê kap hebû. şekrê toz û spî jî zehmet bi dest diket. Min jî di xortîniya xwe de wekî gelek xelkên Silêmaniyê nargile dikêşand, ji ber vê, min ev firset dît û di wê çayxaneyê de nargilek xwest û bi kêf ew da ber nefesan.

Tebrîz

Ji Meyanduabê wir de, riya em jê hatibûn, diket ser riyek din, ji wir ber bi milê rastê ve yanî li milê rojhilat re mirov diçû Tebrîzê û li milê çepê re jî mirov diçû Culfayê ku diket navbera Îranê û Azerbaycana Rûsyayê. Her çendîn dibû em bi ser Culfayê re biçin Azerbaycanê, lê ji ber kar û barên pasaportan û derbasbûna ser axa wan wergirtina vîzeya Rûsan, pêwist bû em biçin Tebrîzê û nûnerên siyasî yên Tirkan û Rûsan bibînin. Ji ber ku em heta Tebrîzê bê pasaport hatibûn û ji Tebrîzê şûn de pêwistiya me bi pasaportên Tirkî û navên taybetî hebûn. Em ê li ser erdê Îranê, Ermenîstanê û Gurcistanê re, yanî Azerbaycan û Qafqasyayê re derbas bûbûna û biketina erdê Tirkiyê. Ji ber vê, em mecbûr bûn biçin wir. Ew 'erebeya em ji Şîsterê pê hatibûn, a bar û rêwiyên gundan û karkeran bû, em tê de gelek nerehet bûbûn. Ji bo vê me xwest ku eger paytonek bi destê me bikeve, em ê ji Meyanduabê bi wê biçûna Tebrîzê. Xwedê tagirê feqîr û rebenan e. Me paytonek dît û dê vala vegeriya Tebrîzê. Me ev firset ji dest berneda. Xwediyê paytonê bi kiriyek kêm jî razî bû. Eşyayên me ba Mehmûdê Xal man, mirovên Fewzî Beg jî di pêş de hatin şandin û em bi xwe jî siwarê paytonê bûn û ketin ser riya Tebrîzê. Ew roja ku em ji Silêmaniyê derketibûn heta vê seeta han, cara yekem bû bi siwariyek rehet em ji bajêr derdiketin. Bi banga êvarê ya hefteya duduyan a adara sala 1922an em ketin paytextê Sefewiyan. Em ji caddeke dirêj û fireh a Tebrîzê derbas dibûn. Me serê xwe ji paytonê derxistibû û li vî alî û wî aliyê kulanên Tebrîzê dinêrî. Di hemî milan de vizîna payton û otomobîlan bûn. Xelkekî zêde li ser kuçan û di caddeyan de diçûn û dihatin. Piraniya wan kincên rojavayî li wan bûn. Gelek xelkên rojavayê bi xwe jî di nav xelkê de dihatin dîtin. Dikan, maxaze û otêlên xweşik û mezin ên herdu milên caddeyan, seviya şaristaniyeta Tebrîzê radixistin ber çav. Wê çaxê Riza Pehlewî wezîrê şer bû û dest bi rêxistina leşkerekî nû kiribû. Nav navan re zabitên xwedî kincên xweşik û temîz li ber me re derbas dibûn û van jî bibîra mirov dianîn ku Îran bi hejarî û jariya xwe ve mijûl e û Riza Xan çavlêkeriya rizgarkerên zemanê xwe dike. Bi çavpêketina vî xelkê paqij û temîz û jiyana şaristanî li Tebrîzê, kinc û libasên me yên qirêj û gemarî hatin ber çavê me û me ji Xwedê xwest ku em demek zû xwe bigihînin otêlê û van kincan ji xwe bikin, şekl û şemalê însanan bi me bikeve. Me wisan hizir dikir ku çi kesên li me dinêrin, sedî sed bi me dikenin. Demek bû em di deşt û çiyayên Kurdistanê de, di navçeyên herî xweşik û ciwan ên rengîn û şêrîn ên tebîetê de dimeşiyan û me hîsa jiyaneke şairî û felsefî dikir. Ew yek nedihat bîra me ku em hinek li ser û çavên xwe binêrin. Me hîsa wê yekê nedikir ku ev tebîeta han a şêrîn û kevnefireh û mezin a rengîn dê bibe sebebê curm û bêqîmetiya me û bi me bikene, yan li hemberî wê kêfxweşî û lezeta ku me ji spehîtî, nîzam û pîvana wê distand, ew jî ji me qîmetekê bixwaze û li hêviya tiştekî be.

Em ji mebesta xwe gelek dûr ketin. Hinek caran, hinek tişt ne di daxilê îradeya mirov de ne. Ji ber vê, me jî li Tebrîzê xweştirîn cih ji xwe re bijart. Li Taxa Ermenîstanê û li Taş Maxazalari ku rêzên maxaze, dikan û otêlan li ser tertîbek nû yên kevirên spî yên mermer hatibûn çêkirin, ku jê re Taş Maxazalari digotin, li wir em li Otêla Grand bûn mêvan. Li Tebrîzê Ermenî gelek bûn û hemî bi hev re di Taxa Ermenîstanê de dijiyan û rêzên maxaze û dikanên Taş Maxazalari hemî yên wan bûn an di bin destê wan de bûn. Ji boyaxkerên pêlavan heta karên zêr û cewheran, ji karên mezin heta yên biçûk hemî di destê wan de bûn. Di Tebrîzê de xweştirîn jiyan dijiyan. Ji bilî van, di nav xwe de ji bo îdareya kar û barên xwe yên neteweyî rêxistinên civakî û yên ku komîteçiyên Taşnaq yan Taşnaqsiyon jê re dihatin gotin, ew jî di warê kar û barên siyasetê de ji bo neteweyê xwe têdikoşîn û ji xebata xwe paş de nediman, bi şev û bi roj di bizavê de bûn. Wê çaxê, Ingilîz li Îranê, bi taybetî jî li Tebrîzê xwediyê desthilatekê nebûn. Bi eksê wê, Hukumeta Bolşevîk a Rûsan ku dostê yekemîn û herî nêzîk ê Tirkan bû, wan deman li Îranê jî gelek bi rû bûn û gotinên wan derbas dibûn. Li gel vê jî, li gel Îbrahîm Beg ê mûlheqê eskerî yê girêdayê konsolosê Tirk ku ji bo wext derbaskirinê hatibû otêla me, bi dîtin û nasîna bi me re, bi lez vegeriya konsolosxaneyê û Şewket Beg ê alîkarvanê konsolos şand ba me. Piştî behsa dûr û dirêj a kirinên Komîteyên Taşnaqan ên Ermeniyan, ji me re got: ji ber dijminatiya vê komîteya han bi Tirkan re, em bi tu awayî baş nabînin ku hûn di vê otêlê de û di nav wan de bimînin. Ji ber vê, li ser daxwaza Şewket Beg, serê sibê me ciyê xwe bir konsolosxaneya Tirkan û ji wî ciyê xweş û mana li taxeke gelek seyr û sefa ya Ermenîstanê veqetiyan. Hûn rastiyê bixwazin, me jî hîsa tiştekî wiha kiribû ku Ermenî li pê me ne û car û caran ji dûr ve disekinin, bi hev re dikevin pise pisê û tiliya xwe dirêjî me dikin. Her di wê şev û roja ku em di otêlê de man, çend caran jî em pê agahdar bûn ku xwediyê otêlê û karkerên wê navnîşan, kar û sebebê hatina van zabitên Tirkan dipirsîn. Lê ez bi mebesta wan ji vê pirsînê tênegihîştim û min lêkolî, lê min tiştek jê dernexist. Vêca piştî du rojan çûna me ya konsolosxaneyê, em têgihîştin ku mana me li konsolosxaneyê bi awakî resmî dest nade û em nikarin di bin qeydê resmî de bimînin. Ji ber vê, her çendîn Îbrahîm Beg û Şewket Beg hewil dan, lê tu feyde nekir û ez û Fettah vegeriyan otêla xwe. Lê Ehmed Teqî, Remzî û Fewzî li konsolosxaneyê man.

Dema ku em li konsolosxaneya Tirkan bûn, serokkonsolosê Bolşevîkan bi wêneyek resmî hat ziyareta me û piştî vegera ciyê xwe, nameya ziyafetê ji me re şand û hemî kesên derûdora konsolosxaneya Tirk û Rûsan bi jinên wan ve bangî ziyafetê kirin. Wê şevê heta nêzîkî beyanî bi xwarin û vexwrinê me wextê xwe derbas kir. Kêf û xweşiya şeraba renga reng bendê civakî qetand û azadiya tebîetê bû hakimê wê şevê. Rûsî bi hemî cur mijûlê wê bûn ku me têkin bin bayê serxweşiyê û bîr û baweriya me hîn bin. Ji bo ku em mêvan bûn û eşkere bû ku jinên me jî li ba me nebûn, lê bi wêneyek bi edeb bi me re hereket kirin. Jinên memûrên konsolosxaneya Rûsî bûbûn hevalên sohbet û wext derbaskirinê, madam Guraxoyewa ya jina serokkonsolos hevaltiya min dikir. Ev jina han, hê di bihara ciwanî û dewra terr û tazetiya xwe de bû. Ne tenê bi min re hevaltî dikir, heta bûbû gula meclîsê. Bi tu awayî firset ne dida ku qedeha kesekî vala bimîne. Di germiya behs û sohbetê de, dema çavên wê bi qedehek vala diket, ji ciyê xwe radibû û tijî dikir. Bi vî awayî tiştek ji jinên din re nehiştibû. Ji bilî zimanê Rûsî û Gurcî, zimanê Fransizî jî dizanî û me bi hev re Fransizî diaxift û dixebitî ku wê şevê min hînê zimanê Rûsî bike. Me çi gotinên digot, ji min re werdigerand Rûsî û bi daxwazek rikoyî ji min dixwest ku ez wan tekrar bikim. Ehmed Teqî, li hemberî min rûniştibû û car û caran bi Kurdî gotinên têkel û pêkel ji min re digot. Lê min xwe lê aciz dikir û tif di devê min de hişk bûbû. Ez ji wê ditirsiyam ku Guraxoyewa bi mebesta wî têbigihê û tiştek bikeve ber dilê wê. Xanim, bi rastî fitnekûj û bi cîlwe bû. Ez ê reben ku wê demê ji ber vexwarina qedeh li ser qedehê hişê min di serê min de nemabû, bi hemî hêza xwe di wê hewlê de bûm ku şaşîtiyekê nekim û di vê îmtîhanê de bi ser bikevim. Min gelek zor dida xwe ku ez bizanim ez li ku me û ji bîra min neçe ku xortekî Kurd di îmtîhanê de ye. Bi vî awayî min karîbû ez berhelistiya du hêzên mezin bikim. Hêza giraniya vexwarinek ji sînorê der û hêza husn û efsûniya xanima hevala xwe. Li gel vê jî wê şevê şi'ira xweşik ê şairê bi nav û deng ê Tirk Celal Sahir hat bîra min ku dibêje:

"Letîf bîr kadinin sîneyî nezîhînde
Yatar sebr gîcecîk hangî izdirab uyumaz".

Wekî min got, min gelek bi hişyarî xwe ragirtibû. Hekene ew şev ji bilî Ehmed Teqî pê ve ku qet venexwaribû, hişê kesekî li serî nebû. Heta serokkonsolosê Rûsî wisan serê wî germ bûbû, êdî agahê wî bi wî nemabû ka gelo çi dike û wekî zarokên sava dest bi yariyan kiribû. Bê sekin diaxift, nizanim hinek caran tercumanê konsolosxaneyê axaftina wî wergerandiba Tirkî û navbir biketayê, hekene dor nedida kesekî û tim diaxift. wek mirovekî girtî di hepsê de ji Firdewsî re gotibû: "ji bo ku riyê te yê bitir eynî dimîne riyê bizna min, loma ez li te dinêrim."

Piştî nîvê şevê meclîsa şahî û kêfê yekcarî germ bû û êdî bi hêviya ku dawî bi kêf û şahiyê bê, Tirkan li ser şerefa Lenîn qedehên xwe rakirin û me tevan bi hev re qedeh birin serê xwe. Serokkonsolosê Rûsî li ser şerefa Şêx Mehmûd û pişt re ya Mustefa Kemal qedeh rakir. Wê çaxê hat bîra Tirkan an jî zora wan çû ku wan jî li ser şerefa Şêx Mehmûd qedehên xwe li qedehên din xistin û vexwarin. Me Kurdan jî li hemberî vê qedirgirtin û nazikiyê, ji şerefa Lenîn û Mustefa Kemal qedehên xwe rakirin û bi vî awayî seviya germbûna meclîsê hê bilintir bû. Edî belavbûn gelek di cih de bû, lê rê nediketê. Ji nişkave lambên konsolosxaneyê tefiyan û me ev ji bo xelasiya şevê firset zanî, lê konsolos tam bi eksê vê hêviya me kir. Lê êdî ez nemabûm. Xwedê kir Guraxoyewa ya jina serokkonsolos hat hawara min û got: eger tu bixwazî em dikarin hinekî li nav konsolosxaneyê bigerin. Min spasî wê kir û ez, ew û sekreterek wê, em bi hev re di nav hemî kuncek konsolosxaneyê geriyan. Meylek Rûsan a zêde di warê afirandinên sene'etê de hebû, ji ber vê çi ciyekî li ber çav biketa yan kunceke konsolosxaneyê ya em lê digeriyan, wêneyek dîrokî yan heykelek mezinên Rûsan danîbûn. Hinek ode ji ber şewqa hîva şevê ronî bûbûn. Ew ciyên ku me baş nedidîtin, bi alîkariya fenera destan dihatin ronî kirin. Jina konsolos li hemberî min ji sînorê der xweşik, şêrîn û nazik hereket dikir. Min jî heta ji min dihat bi edeb û li ser xwe li hemberî wê disekinîm. Qet ber bi siyasetê ve jî neçû, hemî gotinên me li ser axaftina hewa û tiştên li der û dorên me derbas bûn. Dema ku em vegeriyan ba hevalan, lambe vêketibûn. Heval jî êdî ji ber vexwarinê gêj bûbûn. Heyeta girêdayê konsolosxaneyê heta li ber derî em rêxistin û em bi otomobîlan vegeriyan ciyê xwe. Berê ku em ji konsolosxaneyê veqetin, sekreter ku xortekî Îranî û xwendayekî bilind bû, bi Farisî ji min re got: tu ji bo xwirîniya sibê mêvanê serokkonsolos î. Ez li ser vê vexwendinê sekinîm û di dawiyê de min baş nedît ku bê agahdariya hevalên xwe û bi serê xwe biçim ciyekî wiha. Ji ber vê min bi lez ew têgihand û bi wasiteya wî spasiyên xwe ji serokkonsolos re şand û xwest ku wî bi vî awayî têbigihîne. Lê sekreter serê sibê zû hat ba min û bi zimanekî gelek saf ket xapandina min û ji min soz stand ku em li mala wî û bi hev re xwirîniyê bikin. Me li mala sekreter heta esreke dereng, di derbarê Kurdistanê û Kurdên Iraqê de dûr û dirêj axift. Em li ser siyaseta dewletan a li hemberî vî neteweyê han, bi qasî ku me dizanîbû û karîbû em axiftin. Konsolos behsa siyaseta Rûsya Bolşevîk û bîr û baweriya vê dewleta han a sovyetî ya nû ya li hemberî hemî neteweyên cîhanê û bi taybetî li hemberî neteweyê Kurd ji min re kir. Lê ev nediket bîrê ku ev bîr û baweriya Rûsan a li hemberî neteweyên din, bi rastî eger awayê wî digot wisan jî bûya, me nedikarî baweriyê pê bikin ku li hemberî Kurdan jî di rojek wiha de li ser eynî wê bîr û baweriyê bin û bîr bi serxwebûniya Kurdistanê û bi azadiya neteweyê Kurd kiribin. Çunkî ew siyaseta ku wê rojê li hemberî Tirkiyê û Îranê dimeşandin, bi bîrlêkirina rizgarî û azadiya neteweyê Kurd re li hev nedikir. Ji ber ku yek ji wan sebebên herî mezin ê bi qîmet ê serkeftina hereketê Mustefa Kemal û serkeftina wî di şerê serxwebûniyê de, alîkariya Rûsan û niyeta paqij a Bolşevîkan a li hemberî şoreşgêrên Tirk bû. Yanî Mustefa Kemal pişta xwe neda Rûsan û ji bo pêkhatina karê xwe bi Ingilîzan re rê neket. Kurd neketin bîra Rûsên sovyetê û berê xwe nedanê. Lê tu şik di wê de tune bû ku cardin bi şertê ku feyde ji bo siyaseta Tirkên dostên wan ên wan rojan tê de hebûya û dijîtiyek ji bo siyaseta Ingilîzên dijminê herdu milan, Rûsan û Tirkan, xwe ji xapandina Kurdên Iraqê nediparastin û ev siyaseta han li dijî siyaseta xwe ya heyî ya bi Tirkan re hesab nedikirin. Tu şik tê de tune ku min baweriya di dilê xwe de bi awakî eşkere jê re venekir, lê ew bi wê yekê têgihîşt ku di vê meseleyê de çavên min li valatiyeke din e ku wî avêtiye pişt guhên xwe û ji min diveşêre.

Stenbol

Li Tebrîzê biryara me ew bû ku em di riya Qafqasyayê re ji ser Behra Reş biçûna Stenbolê. Ji ber ku Hukumeta Êrîvanê ya Ermenî û Hukumeta Tiflîsê ya gurcî yan Gurcistanê, diketin ser vê riya han û ev hukumetên han jî di bin çavdêriya Hukumeta Rûsî ya Sovyetî de bûn. Her çendîn serokkonsolosê Tirk pasaportên me hazir kiribûn, lê ji bo vîzeya van pasaportan pêwîst bû li hêviya bersîva têla serokkonsolosê Rûsî be ku ji Tebrîzê şandibû Moskovayê. Ger ev vîzeya han nebûya, em nikarîbûn bi ser Ermenîstan û Gurcistanê re biçûyana. Her çendîn ji ber bersîva vê telgrafa han em çend rojên din jî li Tebrîzê man, lê rojên me gelek xweş derbas dibûn. Terzî û pînedizên gelek baş li wir hebûn. Me ji xwe re kinc û pêlavên nû dan çêkirin û kalpaxên nû yên ji postên berxan kirî. Ev kalpaxên han xarê wan yanî devên wan teng û jorê wan a ba tepka serê wan pahn bûn. Tirkên Kemalîst ev derxistibûn û Mustefa Kemal jî dida serê xwe û wê çaxê li rojhilat bûbû mode. Bajarê kevn ê Tebrîzê û beşa wî ya nû, her çi ciyekî dîrokî, xweşik û spehî hebûn, em lê geriyan. Em ji xwarina rojavayê û bi taybetî katlîs ku tiştekî wekî kifte kebaba me bû, bêzar bûbûn. Ji ber vê, Mehmûdê Xal, min bi xwe re bir bazara Tebrîza kevin, nêzîkî nîv seetê em bi piyan meşiyan û heta em çûn aşxanek wekî kebabfiroşên welatê me. Li wir me pirinc û kebab xwar. Ev birinc û kebaba Îranê gelek bi nav û deng e.

Me Newroza Tebrîzê jî dît. Şahî û pîrozkirinên Îraniyan ên Newrozê bi nav û deng in. Wê rojê ez çûm qonaxa hukumetê û min merasima eskerî dît û min guh dane ew gotarên ku hatin xwendin. Awayê xwendina gotarên wan ecêb bû û dengekî taybetî ji wan derdiket û bi vî halê xwe diman melayên şiiyan. Huseyniyên Kazimiyeyê, Necefê û Kerbelayê serpêhatiyên 'Elî û Huseyîn dixwendin. Di hêla azadiya bîr û baweriya xelkê de, Tebrîz gelek pêş bû û meyla xortên ciwan û zabitan bi ser Riza Xan bû. Şah Ehmedê Qaçar li Parîsê mijûlê kêf û şahiya xwe bû. Lê textê Şah ji binî de dihejiya û çira nîvêşevê ya Şahînşahiyê ber bi beyanî ve diçû û li ber tefînê bû. Nêzîkî hemî xelkê bajarê Tebrîzê bi Tirkî diaxiftin û xwe Tirk û azerbaycanî hesab dikirin. Hinek jî xwediyê ruhê neteweyî û fikra niştimanî ya azerbaycanî bûn. Tiştekî ku gelek ciyê dax û kul ew bû ku zarokên bêkes û feqîr ên ji çavdêriya hukumetê bê beş, ew rêxistinên civakî yên ji bo kar û barekî wiha ku di nav Ermeniyan de hebûn, di nav xelkê li vir de tunebûn ku çavdêriya van cure kesên bêkes, feqîr û bindest bikin. Ji ber vê, ji van gelek ji rê derketibûn û ketibûn bin destê kesên ku ew ji bo şelandin û talanan bikar dianîn û bi vî awayî kesên ji xwe şermîn nedikarîn bi serbestî di kuçe û caddeyan de bimeşin.

Di wan panzdeh rojên xwe yên Tebrîzê de, em gelek geriyan û me gelek cih dîtin. Cara duduyan serokkonsolosê Rûsî û carek jî li mala sekreterê serokkonsolosê Tirk û du caran jî li konsolosxaneya Tirk em vexwendin. Li gor gotina Tirkan, Komeleya Taşnaqan jî gelek xwe ji me dûr dikirin û tirsa wan ji me hebû. Şevekê me bangî temsîleke ya ji bo alîkariya xwendevanên hêtîm ên Ermeniyan dihat çêkirin, kirin. Lê bi rastî temsîl bû, ne henek bû. Çi fen, şi'ir, zewqên berz û hêja yên neteweyê Ermenî hebûn, tevan raxistin holê û nîşanî me dan. Çi keçên ciwan ên Ermeniyan hebûn, çi xwendevan be yan ne be, tevan xwe weke bûkan xemilandibûn, çi ji destê wan dihat û çi tiştekî ku daxilê quweta wan de bû, ji firotina wan gulan bigre heta mucewheran, xerc dikirin û hemî îmkanên xwe ji bo pere berhevkirinê serf dikirin. Li xwarê, li ber derê salonê grubek musîqajen û yên bandoyê dixistin rêkxistibûn û bi hemî hûner û maharetên xwe ve perçeyên rojhilatê yên herî nû û xweşik lê dixistin. Xwîna Ermeniyên kal û pîr wek ya xortan diherikî. Di peredanê de bi hev re ketibûn cedelê û çavlêkeriyê, me jî alîkarî kir. Ji bilî vê bi rijandina rûndikên xwe ez beşdarê hissiyata wan bûm. Bi vê jî ez ne ji bo wan, lê ez ji bo me, ji halê Kurdê bêkes re digiriyam.

Êdî Moskova bersîva serokkonsolosê Tebrîzê dabû û em jî ji bo seferê ketin haziriyê. Me şeva xwe ya dawiyê li ser hesaba xwediyê otêla xwe derbas kir. Seetek piştî nîvê şeva 30yê adara sala 1922an, bi otomobîla ku konsolosxaneya Rûsî ji me re amade kiribû, em ketin rê. Di vê navê re em pê hesiyan ku em tam hînê vî bajarê han bûne û meylek me ya mezin ketiye ser. Berê sibê me Meyanduabê li milê xwe yê çepê hişt û di bin tîrêjên roja biharê û di bin heja bayekî hênik de, bi heşt kesan ve (sê Kurd, du Tirk û sê Rûs) em ketin ser riya mezin a di navbera Tebrîz û Culfayê.

Bajarê Culfayê

Ev bajar dikeve ser sînorê di navbera Îran û Ermenîstana Rûsyayê de û li ser Çemê Arasê ye ku di nav Tirkan de jê re "Kanli Aras" yanî "Arasa Xwînavî" tê gotin. Ji bo ku piştî Şerê Cîhanê yê Yekem di vê navçeya han de di navbera leşkerên Tirkan û Ermeniyan de kuştarên xwînavî qewimîne, ev nav lê hatiye kirin. Min, ji bo ku berê ev navê han sehkiribû, dema ku em gihîştin Culfayê, ez çûm ser qeraxê Çemê Arasê û min dest û çavên xwe tê de şûştin. Min xeyala wî şerê mezin ku di navbera Tirk û Ermeniyan de qewimî bû, anî ber çavê xwe û min guhên xwe dan ber nalînên wan xortên birîndar ên herdu milan û ez bi ser meytê kuştiyan re derbas bûm. Min mulahezeya wan kes û kûsan kir, wan bav û dayikan, xwîşk û birayên ew destgirtiyên ciwan ku çaveriya vegera wan lawên kuştî dikirin û agahê wan ji laşên wan ên sarbûyî tunebû.

Culfa, herêmeke Azerbaycanê ye û Çemê Arasê wê dike du beş. Em li Culfaya Îranê gelek mijûl nebûn, piştî ku li ber pira li ser Arasê cara duduyan ji aliyê memûrên Îranî ve li kaxezên me hatin nêrîn, em derbasî milê din yê pirê bûn. Ji wir em çûn Culfaya Rûsyayê yanî nav sînorê Hukumeta Rûsya Sovyetî. Zabitekî Rûsî li serê pirê sekinîbû, çante û eşyayên me ji aliyê memûrên gumrukê ve û kaxezên me jî ji aliyê zabitên sînor ve hatin kontrol kirin. Ji bo ku ji konsolosxaneya Rûsî şareza û zimanzan bi me re bûn, aciziyek wisan ji me re çênebû. Memûrên gumruka Rûsî wê çaxê li binên solan û goran û hemî ciyekî însanan bi awakî îtîna digeriyan. Lê li hemberî me hinek sivik hereket kirin. Nav kumên me û paxilên me negeriyan û solên me jî ji me nekirin. Culfaya Rûsyayê bajarekî biçûk û xwediyê caddeyên fireh û mezin bû. Maxaze û bazarên wî mezin û tijî eşya bûn. Her ji wir ve jinên gurcî yên xwediyê eslê ciwan û xweşik dihatin dîtin. Me yekem jina gurcî ya şêrîn, li gumruka Culfayê dît ku li çenteyên me geriya. Wê şevê em li Culfaya Rûsyayê man. Çend Tirkên Îranê yên ku li wir diman, esnafî dikirin, ew Rûsên bi me re bûn nas dikirin, wê şevê ziyafetek dan me. Şeva me xweş derbas bû. Hemî wan esnafan Rûsî dizanîn û bi me re jî bi Tirkî diaxiftin. Bi şev piştî germbûna serê me, bi votkaya Rûsî me dest bi dawetê kir. Wan esnafên Îranî jî Mustefa Kemal nas dikirin û stranên Tirkî digotin û pişt re jî: "Yaşa bîn yaşa, Mustefa Kemal Paşa" digotin. Ev yeka han di nav Azerbaycana Îranê û Rûsyayê de, me yekem car li Culfayê seh kirin. Bi govend û stranên germ, çepiklêdanên dûr û direj û qîreqîra zarokan dihat xuyakirin ku li hemberî Mustefa Kemal heta çi dereceyê pêwistî û hezkerî di dilê wan de hebû. Di vê herêma han de her çendîn pereyên Îranê û Tirkiyê jî dihatin xerckirin, lê kêrî tiştekî nedihatin û pereyê li wir ê eslî yanî rubleyên Rûsî xwedî rewac bû. Lê ferqa qîmeta rubleyê bi qîmeta wê ya rastî, wekî ferqa di navbera 'erd û asîman de bû. Me cotek pêlavên xwe bi hezar rubleyan dida boyax kirin. Eger dewlemendî li gor hejmara peran bûya, em jî wan rojan milyoner dihatin hesêbkirin. Dema em gihîştin Stenbolê di berîkên paltoyê min de 250 hezar ruble mabûn. Min jibîr kiribû ez xerc bikim. Lê ev nedihat wê me'neyê ku ez milyoner im. Niha jî ji bo bîranîn ew ruble li ba min in.

Tiflîs

Ew Rûsên ji Culfaya Rûsyayê bi me re hatibûn, piştî ku em bi memûrên sînor ên Rûsan dan naskirin û di trênê de cih ji me re veqetandin, wezîfeya wan temam bû û ew vegeriyan Tebrîzê. Em jî serê sibê li Culfayê bi trênê ketin rê û ji Nehcîwanê derbas bûn, nêzîkî taştê gihîştin îstasyona bajarê Êrîvanê. Ev bajarê han paytextê Hukumeta Ermenîstanê ya Sovyetê bû, diket milê rastê îstasyona trênê. Wextê me tunebû em biçin bibînin. Me li aşxaneke istasyonê nan xwar. Lê ji ber feqîrî, belengazî û perîşantiya hejar û rebenan, me nezanî ka me çawan xwar. Ji vî halê han dihat xuyakirin ku hukumeta nû ya Ermeniyan hê pê re negihîştibû dest bavêje rêk û pêkkirina kar û barên welat. Piştî li Êrîvanê xwirîniyek sivik a li ser piyan, em ketin rê û li istasyona Gumriyê, Ehmed Teqî, Fewzî û Remzî ji me veqetiyan û siwarê trêneke din bûn ku ji sînorê Tirkiyê derbas dibû û digihîşt Sariqamîşê. Çunkî mesela Simko ji Ehmed Teqî re hatibû sipartin û dibû ji bo guftûgoyê biçe ba 'Elî Se'îd Paşa yê serfermanderê leşkerê Tirkan ê rojhilatê. Pişt re di riya Trabzonê re dê bihata û bigihîjtiya me ku em ê bi hev re biçûyana Enqereyê. Em eynî wê rojê seet yanzdeh û nîvê nîvroyê, yanî piştî hereketkirina me ji Culfayê sê rojan, nêzîkî nîvê şevê gihîştin Tiflîsa paytextê Gurcistana Sovyetê. Bajarê Tiflîsê yek ji wan bajarê mezin ê herêma Qafqasyayê bû. Nêzîkî nîv mîlyon însan tê de dijiyan. Xweş, bi rêk û pêk û temîz bû. Di hêla avahî û şaristaniyetê de ji bajarên Ewropayê kêmtir nebû. Yekem îstasyona ku em lê sekinîn, ji otêla em ê tê de bimana, dûr bû. Ji ber vê em li wir peya nebûn. Lê hê di trênê de ji wê istasyonê heta istasyona din em bi mezintî, avahî û xweşikiya bajarê Tiflîsê hesiyan, ez gelek bêsebir bûbûm. Li Tebrîzê xwediyê Grand Otelê kartek dabû min û me jî biryar dabû ku em li Otêla Oriental a li mintiqeya Galawinskiyê bimînin. Me ji istasyonê otomobîlek girt û em çûn ciyê xwe. Lê xwediyê otomobîlê bi wî heqî ku me pê re bazar kiribû razî nebû û asteng derxist, ji ber vê em mecbûr man çi xwest me ewqas dayê. Ez eynî wê şevê pê hesiyam ku bi xweşiktiya bajarên mezin re, nexweşiyên wiha jî hene. Ji bilî vê, me li ber deriyê otêlê nêzîkî çarîk seetê îşaret û bangê wan herdu karkerên otêlê yên bêşerm kirin, lê herdu jî serxweş bûn û bi hev re şer dikirin û nedihatin derî li me venedikirin. Deriyê otêlê hesin bû û riya ketina nav otêlê jî tenê ew bû. Qet haya wan ji me tunebû, tenê qîreqîra wan bû û şer dikirin. Tu çara me jî tunebû, em hêviya însaf û merhemeta dawîlêhatina şerê wan bûn. Çunkî şev dereng bû û ew caddeya mezin a ev otêla han li ser, ji bilî tek û tûk însanan pê ve kesek nedihat û nediçû. Em şarezayê tu ciyekî nebûn, me eşya û çenteyên xwe danîbûn ber deriyê otêlê. Em bi xwe jî tîn, birçî û bêxew bûn, me nedizanî ka gelo em çi bikin. Dawiyê Xwedê merhemet xist ber dilê wan û şerê xwe dan sekinandin û hatin derî li me vekirin. Bi qedr û siyanet em birin hindur. Tiştekî ecêb bû, di bajarekî wiha mezin de, îdareya otêlek evqas luks ji aliyê du karkerên xwenenas û bêşerm ve bê meşandin. Heta wê rojê min otêlek evqas xweş û spehî nedîtibû. Pêwistiyek min a zêde bi tenêtiyê hebû. Min Mehmûdê Xal bi çentan ve ba Fettah hişt û ez bi yek ji wan karkeran re derketim qata duduyan û min odeke mezin a taybetî ji xwe re girt. Dema ku ez di merdiwenan re derketim jorê, min dît ku di goşeya qata duduyan de heykelê hirçekî heye, di cih de bibîra min ket ku eger Mehmûd bi tenê serê xwe ji vir derbas bûya, sedî sed wî yê ev wek hirçekî rastî bizaniya û ji tirsan dê paş de vegeriya. Merdiwenên wê jî gelek şimitok û paqij bûn û eger mirov bi hişyarî nemeşiya îhtîmala ketinê zêde bû. Ji ber vê, min bangî Mehmûd kir û jê re got, wextê tu bê jorê li pêşiya te hirçek heye, netirse ew heykelê hirçê ye, ne hirç bi xwe ye. Mehmûd bi cihkirina çentan ve mijûl bû. Bersîva min da, min hizir dikir ku dê ji min re xeberan bêje, lê dema ku hat jorê rengê wî zer bûbû. Min jê re got, te hirç dît? Ji min re got, baş bû te ez hişyar kirim, hekene bi rastî min dikarî milê xwe bişikanda. Wê çaxê min carek din qedrê fikirkirina xwe zanî û min biryar da ku gelek e mirov tu wextê seviya têgihîştina ew kesên mirov pê re hevaltî dike, jibîr neke. Li otêlê herkes raketibû. Ez ji karkeran hîn bûm ku wê şevê xwarin bi dest nakeve. Ez jî birçî bûm û xewa min nedihat, ji ber vê ez rabûm derketim derve. Ez nizanim wê şevê çi bi gurciyan hatibû, lê wisan dixuya, ji ber şahî û xweşiya vexwarina şeva borî, bêmecal ketibûn û raketibûn. Ji ber vê, tu hîs û deng ji wî bajarê mezin nedihat. Ez di caddeya otêl li ser hinek meşiyam, tu dikan an ciyekî vekirî yê xwarin û vexwarinê ber çavên min neketin. Lê wê şeva dereng, mirov tenê paqijî û temîziya ji hesabê der a cadde û koçan didît. Hekene bi hûnera Hukumeta Tiflîsê û ya belediyê nebûya, piştî şahî û kêfên ji biçûk heta mezinan ên ji hed û hesabê der ên heta nîvê şevê, bi vî awayî paqij nedima. Ev jî bi rastî ciyê spas û kêfxweşiyê bû. Min nediwêriya dakevim nav kulanan, ez ji rê wendakirinê ditirsiyam. Li milê din jî mezintî û firehiya koşk û emaretan, cih û cih baxçe û ciyên lîstikên zarokan, di hemî baxçek de û li hemî ciyekî bilind heykelên mezin û biçûk ên kesên naskirî yên zanistî û siyasetê hatibûn dagirtin. Min tam xwe jibîr kiribû, lê tam wê navê re ez bi dengê miroveki dirêj ê biçek hişyar bûm. Kalpaxekî spî yê mezin û qapotekî dirêj û fireh lê bû, bangî min kir. Ez di rê de ji hinek Ermenî û ʻEceman hînê çend gotinên Rûsî yên ku gelek pêwistiya mirov pê hene bûbûm. Lê min nedizanî ku gotina "dost" di ciyekî wiha de tê bikaranîn an ne. Xwedê ji min re yar derket ku Mecîd Ismaîl ê hevalê min ê sinifê, ji Rûsyayê ji esîrtiyê rizgar bûbû û vegeriyabû Iraqê û jê re "tewaroş/heval, dost" digotin. Min jî bi dengekî bilind bersîva wî da û got tewaroş û ber bi wî ve çûm. Ez li ber wî wek zarokekî bûm û serê min hinek bi ser navtenga wî diket. Dest bi axaftina Rûsî û gurcî kir. Min bi Tirkî, Fransizî û Ingilîzî jê dipirsî, lê me tiştek ji hevûdu fam nekir. Pişt re fîtikek lê da û miroveki din hat, wî hinek Tirkiya azerbacanî dizanî. Me ji hevûdu fam kir û ket pêşiya min ku dikanekê nîşanî min bide. Di rê de ji min re got, bi xwe bi eslê xwe Tirk e û xwediyê dikanê jî Ermenî bû û Tirkî dizanî. Şeraba baş û mirîşkên sorkirî hebûn. Min ew û ji bû ihtiyat hinek jî hêk û penîr kirîn. Bihayê tevan li ser hev bi perê Iraqê 750 fils girtin. Ji Tebrîzê şûn de dinya gelek sar bû û ji ber vê min paltoyekî dirêj û cêb fireh li xwe kiribû. Min xwarinên xwe kirin berîkên paltoyê xwe û şûşên şerabê jî dan ber singê xwe û berê xwe da otêlê. Min li otêlê têr xwarina xwe xwar û pişt re di nav nivîneke paqij, temîz û nerm de dest bi xewê kir. Roja din heta roj qederek li asîman bilind bû, pişt re ez hişyar bûm.

Serê sibê ji sefareta Tirkan zabitek hat, em birin sefaretê ba mûlheqê eskerî bînbaşî yê erkanê herb (zabitê kurmay) Mehmed Beg. Me berçayek bi hev re kir, ji bo ku serê sibê me xwirîniya xwe kiribû. Wê çaxê Muxtar Beg ê berpirsiyarê awarte yê Tirkan li Moskovayê bû û yekî navê wî Nebîl Beg li ciyê wî dinêriya. Otêla me ji sefareta Tirkan dûr bû. Nebîl Beg ji me re got, li wê mintiqê ji ber tunebûna kesên şerqê û zimanzan, hûn nikarin bisekinin. Ji me re got ku a herî minasib ew e ku hûn li sefaretxaneyê bimînin. Em pê razî nebûn û wî jî ji me re got, otêla me heye. Lê wî got, mintiqa otêlê ne baş e. Me got, çima? Ji me re got, jê re "Şeytan Bazarî" dibêjin, çunkî ji Tirkan bigir heta 'Ecem, Kurd, Rûs, Ermenî û ji hemî milletan tê de hene. Lê mirov çi bixwaze tê de bi dest dikeve û tu çi zimanê jî bixwazî tu dikarî biaxivî. Me got ji vê baştir dest nakeve û li ser vê me biryar da ku em ciyê xwe biguherne Şeytan Bazarî. Lê em şevek din jî li Oryental Otêlê man, ji ber vê me ev şeva xwe ya li otêlê bi Rûsan re derbas kir. Roja din li Şeytan Bazarî em çûn otêlek biçûk, wek otêla Heyderxan a Bexdayê. Ev otêla han a Mihemed Efendî yê Rîzelî bû. Bazar û dikanên li vir xwarina Bexdayê ya bi goşt û mast dianî bîra mirov. Bi rastî wekî navê xwe şeytan bazarî bû. Ji ber ku hemî fêlbaz û çavvekiriyên rojhilatê tê de berhev bûbûn û mijûlê bidestxistina nan û kespekî bûn. Mihemed Efendî yê xelkê Rîzeyê, esnafekî dewlemend û miroveki birêz bû. Me wextekî xweş bi xelkê re derbas dikir û tu heta bixwazî jî erzan bû. Xwarina êvaran nêzîkî du tehranê 'Ecem li ser me rûdinişt. Min di heyata xwe de tu carî ji tivrê hez nedikir, lê li wir her êvaran wekî meze tivir dixwar. Tivrê Tiflîsê ne wekî yê mebû, şêrîn û nazik bû...

Ev herêma han a deştî ku ber bi Behra Reş ve dirêj dibû, tenê Çemê Rêbûnê tê re derbas dibû û dirijiya Behra Reş. Erdê wê deşta bilind di wextê xwe de volkan bûye, lê agirê çiyayê wê niha tefiya ye. Hewayê wê gelek germ e, ji ber vê çeltîk, tûtin li wir gelek tên avêtin û pir rez û bax jî hene...

Di herêma Qafqasyayê de sê hukumetên girêdayê Sovyetê hene. Ermenîstan, Gurcistan û Azerbaycan. Paytextê Ermenîstana Sovyetê Êrîvan e, yê Gurcistanê wekî me got, Tiflîs e û yê Azerbaycanê jî Bakû ye. Bakû di hêla petrolê de gelek zengîn e...

Ev bajarên han tev bi xetên hesin bi hev ve girêdayî ne. Xetek riya trênê ji Tiflîsê diçe Moskovayê. Xetek din bi ser Gumriyê re derbasî Sariqamîşê dibe ku Ehmed Teqî û hevalên din tê re çûn...

Batûm

Em heşt rojan li Tiflîsê man. Pişt re em ji wir bi trênê çûn bajarê bi nav û deng ê Batûmê. Batûm niha iskeleke Cumhuriyeta Gurcistanê ya li ser qeraxê Behra Reş e. Navbera Tiflîs û Batûmê bi trênê 24 seet dikêşe. Berî em bigihîjin Batûmê em ji îstasyona Gutayisê derbas bûn. Berî êvarê em gihîştin Batûmê û li otêla Axa Patros bi cih bûn. Batûm jî wek Tiflîsê xwediyê caddeyên fireh û dirêj in. Lê xaniyên wê wek ên Tiflîsê ne bilind in û ji sê tebeqan derbas nabin. Batûm di wextê xwe de bajarekî herî mezin ê Împaratoriya Osmanî bû û navek re jî kiribûn ciyê rûniştina welîehdên padîşahan. Lê di çaryeka dawîn a sedsala 19an de, Rûsan bahaneyan bi Sultan 'Ebdulhemîdê Duduyan girtin û pê re ketin şer. Dewleta Osmanî vê carê alîkarî ji hukumetên rojava nedît û leşkerên Tirk şikestin, Rûs ji rojhilat û ji rojavayê ve ketin nav axa Osmanî û Qafqasyayê standin. Li ser vê, di navbera Hukumeta Osmanî û Rûsyayê de di sala 1878an de, Pêmana Ayastafanosê hat îmzakirin. Li gor vê peymanê û Pêmana Berlînê ku ev jî piştî Pêmana Ayastafanosê her di eynî salê de hat îmzakirin, bajarê Batûmê û bi gelek bajarên din ên Osmanî re ketin destê Rûsan. Vêca dema ku Rûsên Bolşevîk hatin ser hukum, herêma Qafqasyayê kirin sê cumhuriyet û bajarê Batûmê xistin ser Cumhuriyeta Gurcistanê.

Wê çaxê li Batûmê baxçeke gelek mezin hebû û dirêj dibû û diçû digihîşt heta ser qeraxên Behra Reş. Ez êvaran diçûm wir û min guhê xwe dida musîqayê. Ew kesên diçûn vê baxçeyê han, di muqabilê perekî hindik de tiştekî wekî bilêtan didan wan û ev bilêta han heta hefteyek derbas dibû. Ev baxçeya han gelek dirêj, mezin û xweş bû, mirov bi paytonan tê de digeriya. Keçên spehî û ciwan ên gurciyan çeşn û bezmeke din didan vê baxçeyê. Li vir, li ser spehîtî û xweşikiya van keç û jinan, qeneet ji min re çêbû ku sebebê wê ya herî mezin û girîng a vê spehîtiya wan, av û hewayê li vir e. Ez li Batûmê diçûm hemamê jî. Hemam ji odeyên taybetî pêk hatibûn û herkes bi serê xwe di odeyek de dima. Kiriya van odeyan bi seetan bûn, mirov bixwesta dikarî şev û rojekê jî tê de bimaya.

Ji Batûmê dibû em bi vaporê biçin Stenbolê, yanî em ê ji axa Rûsyayê derbasî axa Tirkan bûbûna. Ji ber vê pêwist bû pasaportên nû ji me re bên çêkirin. Di vê pasaporta nû de navê min hat guhertin û bû "'Elî Fayîq Beg" û navê Mehmûdê Xal jî bû "Hesen Efendî". Reqema pasaporta min 35 û tarîxa wê jî 15yê nîsana sala 1922an a rumî bû. Wê çaxê karbidestên Tirkan bi navê "Turkiye Buyuk Millet Meclîsî Hukumetî ewraq îmza dikirin. Heta ev formalîteyên han xelas bûn û me ji xwe re cih di vaporê de veqetand, hefteyek derbas bû. Em jî ji xwe re hinek bajarê Batûmê geriyan. Em di êvara 15yê nîsana sala 1922ê rumî de, li îskeleya Batûmê siwarê vapora Şefild bûn. Di qamareya sinifa yekem de heşt kes hebûn û ez û Fettah li gel wan bûn. Me xwarina xwe jî bi hev re li ser sofreyekê dixwar. Wekî Fransayê di ciyê avê de şerab datanîn ser sofreyê, av jî hebû, lê ji bo kibriyê kesekî venedixwar. Pereyên Ingilîzan derbas dibûn û kaptanê me jî Ingilîz bû, ji bilî wî, karker û tayfeyên vaporê hemî Yunanî bûn. Şevekê ji ber serêşiyê ez bi xwe hesiyam, dixuya ku min gelek votka vexwaribû. Ez tenê di odeya xwe de bûm û haya kesekî ji min tunebû. Ez hinek vereşiyam û min aspirînek xwar û hinek ser û çavên xwe şûşt. Min pencereya odeya xwe vekir, lê bayekî sar û gurr bi peşkên avê ve ket hindur. Min zû pencere girt. Pişt re dema ku min serê xwe ji deriyê odeya xwe derxist derve, dengê hinek kesan ji banê vaporê hat guhê min û tam di vê navê re yek ji karkerên vaporê derbas dibû pirsî, çi qewimî ye? Ji min re got: şukir em ji xerqbûnê xelas bûn. Nebêje qet haya min lê nebûye û nêzîkî çar seetan vapora me ji ber ba û bagerê di ciyê xwe de maye û ji bilî min xew bi çavê kesekî neketiye. Hemî rêwiyên vaporê derketibûn serbanê vaporê.

Êvara roja çaran em gihîştin Qawaqê, ku îskeleke bajarê Stenbolê bû. Li ber gewriya Behra Reş bi gurmîna dengê Allahûekber bi bîra me ket ku Remezan e. Hê qanûnên Îslamiyetê dimeşiyan, 'Ebdulmecîd xelîfe bû û hukmên dînî hê mabûn. Li gel vê jî Stenbol di destê hêzên dewletên sondxwarî de bû û destê xwe dirêjî hemî tiştî dkirin. Hatin û çûn di bin kontrol û çavdêriya wan de bû. Wê şevê nehiştin em biçin Stenbolê û li Qawaqê em ji vapora xwe derneketin derve. Heta vêxistina çirayê jî qedexe kirin û em di tariyê de di vapora xwe de man. Defterek bi min re bû û min roj bi roj bîranînên xwe dinivîsandin. Ez nizanim ji ber çi, ez gelek ketim wehm û tirsê û heta ku min deftera xwe îmha nekir, min rehet nekir. Beyana sibê ber bi derketina rojê em peya bûn. Memûrek hat û çar zabitên ji hêzên sondxwaran pê re bûn. Hilkêşiyan jorê û hatin nav vapora me. Ew ji bo kontrol û pirsan hatibûn. Li pasaportên me nêrîn û hinek pirs ji kaptanê me kirin û piştre xwestin li çenteyên me binêrin, me qet dengê xwe nekir. Lê dema çavên wan bi çenteyê biçûk ê devgirtî û muhurkirî ket, dev ji çenteyên din berdan û gotin ku hewce ye ev çenteya han bê vekirin. Me ji kaptanê xwe yê Ingilîz re got: nabe ev çente bê vekirin, çunkî ji Tiflîsê ji Wezareta Derve ya Enqereyê re hatiye şandin û ewraqên resmî ên sefareta Tirkiyê tê de ne. Dikirin ku zorê li me bikin, lê di nav xwe de lihev nekirin û bû şer û qelebalixa wan bi hev re. Piştre ji me re gotin, eger muhra resmî ya sefaretê li ser ewraqên we hebe, em çente venakin, em bi vê jî razî nebûn. Ji ber ku me nedizanî dê ev karê han çi cure pirsek bi xwe re bianiya. Muhra resmî ya sefaretê li ser çenteyê hebû û ev jî bes bû. Lê ger hûn rastiyê bixwazin, muhra li ser çenteyê hinek şikestibû û muhra wê baş nedixuya. Li gel vê jî piştî nîv seet munaqeşeya bi me re dev ji me berdan û rê dan me ku em biçin Stenbolê. Dema ku vapora me ket rê, ew şaşiya min ji bo deftera xwe kiribû ket bîra min. Min biryar da ku di yekem firsetê de ez rûnim û tiştên min nivîsandibûn, hê ji bîra min neçûne, careke din wan binivîsim. Em seet neh û nîvê sibê ji Qawaqê ketin rê û berê xwarina sibê em gihîştin ciyê xwe. Em çûn Sîrkeciyê otêla Meseretê, lê Fransizan îşgal kiribûn. Ji wir em çûn Osmanli Otelî. Min ku di dewra xwendevaniya xwe de Stenbol dîtibû, ez gelek bi mereq bûm ku careke din ew ciyên ku pêwendiya wan bi jiyan û rojên min ên wê demê ve hene bibînim. Ji ber vê, min musaede ji Fettah xwest ku îro dev ji min berde, ez ji xwe re li Stenbolê bigerim. Min di cih de berê xwe da wî ciyî ku cara yekem ez tê de bûbûm mêvan. Ew nêzîkî Sirkeciyê bû û jê re Tahtaqale digotin. Li Stenbolê ev ciyê han wekî Şeytan Bazariya Tiflîsê bû. Ez di vî ciyê nexweş ê wê rojê de hefteyekê mabûm û haletê zaroktî û biyaniyê gelek tesîr li min kiribû. Ez bi keran, bi hespan û bi 'erebeyan ji Silêmaniyê çûbûm Helebê. Ji wir bi trênê çûbûm Beyrutê û ji wir jî bi vaporê di riya Behra Spî re çûbûm Stenbolê. Ji bo wan rojan ev tiştekî kêm nebû. Ez ji welat gelek dûr ketibûm. Wê çaxê em ji Silêmaniyê bi keran û hespan di sê rojan de digihîştin Kerkûkê û di deh rojan de jî digihîştin Bexdayê. Li Bexdayê jî piştî deh, duwanzdeh rojan me dikariya ew westandin ji ser xwe biavêta û vegeriyana ser rojên xwe yên berê. Wê cara ku ez çûm Stenbolê, her roj bi ker û hespan, di heft rojan de em gihîştin Mûsilê, sêzdeh rojan jî riya Helebê kêşa û du rojan bi trênê riya Beyrutê û vêca ji Beyrutê bi vaporê piştî heft rojan em gihîştin Stenbolê. Eger em mijûliyên rê yên wekî îstîrahet û hêvîmayîna trên û vaporan jî bihejmêrin, ji Slêmaniyê heta Stenbolê du mehan dikêşand... Ji ber vê, cara ewil dema ku ez gihîştim Stenbolê, xem û derdan ez girtim. Berî hemî tiştî ez çûm çiyê kitêbfirotinê û min yek û du kitêbên Tirkî yên erzan standin. Yek ji wan çîrokên Donkîşot bû. Bi roj piştî qedandina kar û barên xwe dema ku ez vedigeriyam ciyê xwe, min ev çîrok dixwendin û bi xwendina van min xerîbiya welat jibîr dikir. Çîrokên gelek ecêb û xweş tê de hebûn. Dema min ew dixwendin, ez xwe bi xwe dikeniyam. Piştî ku ez têkilî nav alema Stenbolê ya wê rojê bûm, di vî paytextê bi nav û deng ê Împaratoriya Osmanî de, gelek bûyeran rûpelên dîroka jiyana min dagirtin ku ji bo xwendevanekî yan zarokekî wê dewrê kêm nebûn û qîmetek wan hebûn. Li ser nameya Kerîm Begê birayê Ehmed Axayê Kerkûkî yê xwediyê pêşî yê namilkeya Jînê (mebest kovara Jîn e- Z. A.) li Stenbolê, mamoste Necmeddîn Kerkûkî yê birayê mamoste 'Ebdulxaliq 'Eşîrî bû, ew yekem kes bû ku hatibû ba min. Bi saya vî lawê Kurd ê hêja û zîrek, ku pisporê zimanê xwe bû, min gelek Kurd nas kirin û piştî mana demeke gelek kurt, ez ketibûm nav rêzên wan xwendevanên Kurdan ku bi xwînpakî û bi bîr û baweriyên xwe yên baş ve hatibûn nas kirin. Wê demê xwendevanên Kurdan kêm nebûn û lawên Silêmaniyê di çavê lawên xwîngerm ên

Diyarbekrê, Tiflîsê, Xerputê û Erzirumê de xwedî ciyek bûn. Komeleya Hêvî (Hêwa), komeleya xwendevanên welatparêz ên Kurdên li Stenbolê bû. Mamoste Necmeddîn, beşa Îlahiyatê ya Daru'l-Funûn xelas kiribû û wê çaxê di yek ji wan mektebên Sultanî de mamoste bû û di Fakulteya Hiqûqê de jî dixwend. Ew kesên çavê wan bi wî diketin, di cih de pê dihesiyan ka ew çi Kurdekî bi agir e û kesek bi tenê serê xwe cesaret nedikir û nediwêriyabû xwe nêzîkî wî bike. Di hemî firset û ciyî de behsa Kurdayetiyê dikir û xortên Kurdan hişyar dikir. Bi keça waliyekî Tirk ê xelkê Bosnayê re zewicî bû. Berê rawestandina Şerê Cîhanê yê Yekem bi naçarî çûbû wir. Wê çaxê Bosna xistibûn ser Sirbîstana Yugoslavyayê. Pişt re tu deng ji mamoste Necmeddîn derneket û me nezanî ka çi pê hat. Vêca dema ku ez vê cara duduyan bi Fettah re gihîştim Stenbolê û me çenteyên xwe li Sirkeciyê li otêlekê danî, min musaede ji Fettah xwest û min dest bi gera wan ciyên di wextê salên xwendevaniya min de bûbûn dost û yarên min, kirin.

Wekî li jorê min behs kir, ez çûm Texteqeleyê, Çemberlîtaşê û apartmana Hacî Beg a li Gedîk Paşayê bû ku piştî girtina kolejan bi yek û du xwendevanên Iraqê re me wextê xwe li wir derbas dikir. Pişt re ez çûm Wezareta Herbiyeyê ya berê, Fatîhê, Ayasofyayê, Bab-i Alî, Sultan Ehmedê, Galatayê, Koce Paşayê, Beyogluyê, Taksîmê û siwarê vaporê bûm û çûm Kadikoyê Yildiz Sarayi ya dîrokî ya Sultan 'Ebdulhemîd. Bi kurtî wê rojê heta êvarê qasî ku min karîbû ez geriyam û geriyam. Ez li du ciyan; yek li ber deriyê kiraatxaneya Çemberlîtaşê û ciyê duduyan jî li ber apartmane Hacî Begê sekinîm û ew rojên min li wir derbas kiribûn hatin bîra min û çend rûndikên germ ji çavên min hatin xwarê. Apartman qet neguherî bû, tenê kiribûn ciyê paqijî û rastkirina kincan. Min pirsa Hacî Beg kir, ji min re gotin ku çûye Yunanîstanê, çunkî ew ji aîleyeke Yunanî bû. Ez êvarê vegeriyam otêlê, Fettah gelek bêsebir çaveriya min kiribû û ji min re got: ez çûm ba Muhyeddîn Paşa, wî ji min re got, niha ne rojek wisa ne ku hûn li Stenbolê bimînin, pêwîst e hûn demek zû bikevin rê û xwe bigihînin Enqereyê. Muhyeddîn Paşa yek ji wan generalên Mustefa Kemal bû û wê çaxê rêvebirê Stenbolê bû. Eynî wê rojê emir dabû vaporeke ji şirketa Xeyriyyeyê ku diçûn Îzmîrê, kamarayek ji bo min û Fettah amade bikin û em serê sibê pê bikevin rê. Ez gelek pê nexweşbûm ku di bajarekî wekî Stenbolê de tenê rojekê bimînim. Li milekî din jî kêfa min dihat ku wê rojê ez qederê deh rojan geriyam û min serî bi zêdetirê wan ciyan dabû ku min dixwest bibînim. Li gel vê jî, piştî nanxwarinê cara duduyan ez derketim derve û çûm çayxana Bexdayê ku wextê xwendevaniya me de Hebîb Axayê Sineyî dida xebatê. Ev çayxaneya han li Sirkeciyê hê mabû, lê xwediyê wê guherî bû. Ez li wir rastî Cemîlê kurê 'Elî Efendî yê zabitê muzîqayê yê xelkê Silêmaniyê hatim. Dema Cemîl wefat kir, di ordiya Tirkan de yuzbaşî bû. Ew birayê mamoste Îsmaîlê Heqqî Şaweys û muhendis Siddîq Efendî yê babê Nurî Şaweys bû. Ev zabitê han ê Kurd li ser rûpelên welatparêziyê xwediyê navekî naskirî û berz e. Dema ku Suleyman Nazîf Beg ê waliyê Mûsilê leşkerên Tirk şand ser Şêx 'Ebdusselam Berzanî -Xwedê jê razî be- Cemîl di nav vî leşkerî de zabitê topçî bû, li hemberî serokên xwe serhilda û topên xwe li dijî Kurdan bikar neanî. Ev Kurdê han ê bişeref, li ser vê bûyerê hat girtin û derxistin ber dadgehê. Lê ji dadgeha eskerî netirsa û ji bo rizgarkirina serê xwe ji gulleyên Tirkan, ji azayî û mêrxasiya xwe dev berneda û raste rast ji wan re got: "Ez Kurd im û ez ji bo wê nebûm zabitê topçî ku berê gulleyên topan bidim milletê xwe". Dema wî van gotinan kirin, wî baş dizanîbû ku cezayê vê gullebaran kirine, lê çi heye qederê ew ji gullebaranê rizgar kir, lê heta yek roj temenê wî hebû, bi çavê xayîntiyê lê dinêrîn. Di wextê xwe de zabitekî herî zîrek û bêemsal dihat hesibandin. Ji ber vê hevalên wî yên rutbeyên wan ji wî nizimtir gihîştin seviya generaltiyê, lê ew hê li Stenbolê yuzbaşî bû û di bin çavdêriya hefteyî de û bê kar bû. Wê şevê em bi hev re hinek geriyan û em çûn dikana Omer Efendî û min li wir destek kincên havînî, cotek sol, atqiyek û du baston standin, nêzîkî nîvê şevê em ji hev cihê bûn û ez hatim otêlê.

Bajarê Îzmîtê

Serê sibê zû îzbatekî Tirk hat û em birin vapora me û em bicih kirin. Piştî çar pênc seetan sefera li ser Behra Marmarayê, nêzîkî nîvroyê em gihîştin bajarê Îzmîtê yê biçûk. Yekî navê wî Nureddîn Beg, qaymeqamê Îzmîtê bû û em li otêla belediyê bicih kirin. Di vê navê re ji sefareta Afganîstanê mêvanekî din jî hat ba me. Fettahê hevalê min pê re ket nav behsa terfiyan, gelek bi perîşanî di her babetê de jê dipirsî, çunkî di ordiyê de yuzbaşî bû û dema wî ya terfiyê hatibû. Ez hinekî derketim ji derve, li milê din, tam li hemberî min, herdu milên rê goristan bûn. Dîwar jî li derûdora wê nehatibû çêkerin, lê ew dar û berên li ser goristanê dêmenekî şêrîn pêk anîbû û siyek xweş xistibûn ser. Min hinek wextê xwe bi xwendina nivîsên ser kêlên goran derbas kir. Ez ketibûm deryaya fikir û mulahezeyan. Tam vê navê re neferekî Tirk bi navê min bangî min kir û ez bi ser xwe ve hatim, nebêje ji bo taştê bangî min dikin. Bû şev û bi emrê Nureddîn Paşa yê Serokfermanderê Ordiya Yekem li gazinoya zabitan de ziyafetek dan me û li wir min Ehmed Fexrî yê mulazim ê neviyê Hacî Silêman Axayê Kerkûkî dît. Min û wî li Silêmaniyê di mekteba Reşîdiyye ya eskerî de bi hev re xwendibû. Her eynî şevê em çûn îstasyonê û Ehmed Fexrî bi me re heta wir hat. Em li wir siwarê trênê bûn û bi ser Eskîşehir û Polatliyê re gihîştin Enqereyê.

Enqere

Em gihîştin paytextê nû yê Tirkiyê. Me pê xwe avêtibû hefteya çaran a meha nîsanê. Germê dest pê kiribû. Wê çaxê kêmasiyên Enqereyê gelek bûn. Xelkê û hukumetê nû dest bi avakirina hinek avahiyan kiribûn. Hewl û hereketekî wisan li ber çav nediket. Nîşanên guhertin û inqilabê nedihatin dîtin. Sarîtî û dudilî, bêxwînî û terkexemiyê nediveşart. Rûyên geş û lêvên bi ken nedihatin dîtin. Ez di wan caddeyên dirêj û fireh de dimeşiyam û milê min bi milê kesekî nediket. Ez bêyî li derûdora xwe binêrim, ji vî milê rê derbasî milê rê yê din dibûm. Di nîvê rê de mirov bi rehetî dikarî biçûya û bihataya.

Ji bo rêkxistina trafîkê polîs nehitabûn danîn, ji ber ku pêwistiya wê nebû. Bi kurtî ev bajarê han di hêla dîmen û rewşa tebîtê de ji wan nebû ku bibe merkeza hukumeteke esrî. Kemalîstan jî heta wê rojê guhê xwe nedabûnê ku bi awakî wisan rêk bêxin û ava bikin ku bimîne merkeza hukumetekê. Xelîfe 'Ebdulmecîd li Stenbolê rûdinişt. Mustefa Kemal û heyeta wezaretê li Enqereyê. Ji ber vê, Enqereyê bi temamî temsîla merkeza dewletê nedikir. Stenbol gelek merkezên bingehîn ên dewletê ji destê xwe dikir. Merkeza bazirganî, siyasî û xwendinê hêdî hêdî dihatin Enqereyê. Rojavayiyan hê berê xwe bi tevayî nedabûnê. Aşxaneke baş, gazînoyek paqij û temîz, ciyekî wextderbaskirinê yê xweş, sînemayeke bi rêk û pêkî, kitêbxaneke mezin û ciyekî berhevbûnê yê temsîlê, baxekî geşt û seyranê li ber çavê mirov nediket. Mirov ecêb dima û nedizanî gelo çi bike û li ku wextê xwe derbas bike. Piştî nivroya 25ê nîsana sala 1922an, piştî eziyet û zehmetiyek dûr û dirêj em gihîştin otêleke li ser kulanek giştî û bê ehemmiyet û biçûk. Lê wan deman otêla herî baş a Enqereyê dihat hesab kirin. Lê çi heye ji garaja Bexdayê ya îro ya hinek paqij û pak baştir nebû. Tu şik tê de tune, bila qet neyê bîra we ku di otêlê de baweşîna ceryanî, dolaba qeşeyî yan telefon hebe. Ne tenê ev, heta ciyê serşûştinê jî tunebû. Nêzîkî êvarê Tewfîq Beg ê yawerê serokwezîr hat ba me û bi navê wezîr xêrhatinî da me. Wê çaxê Huseyîn Rauf Beg serokwezîr bû. Me biryar da ku serê sibê yawer bê û em bi hev re biçin dayîreya wezaretê. Şêx Mehmûd xirqekî post (kevil) yê gelek bi qîmet û hinek diyariyên din ji Huseyîn Rauf Beg re şandibû. Me ew jî danê ku ew şev bibe mala wî. Êvarê li aşxaneke nêzîkî otêlê me nan xwar. Baştirîn xwarina ku wê aşxanê çêdikir, mumbar (bumbar) bû. Me dest bi xwarinên hevîr û şêrînayên Tirkan kir. Xwarinên wan kêm bûn, lê temîz û erzan bûn. Piştî nanxwarnê, ez çûm çayxaneke ku wan digot, mirovên munasib û mezin tê de rûdinin, lê çi heye ferqa wê ji hemamên jinên me tune bû û riya çûn û hatinê tê de tunebû. Ez deh deqîqan zêde li piyan mam, heta ku kursiyek dan min. Bi hezar zor û zehmetiyan min kursiya xwe kir navbera du kursiyan û ez rûniştim. Şûşek çay ji min re anîn, lê cih tunebû ku mase danin. Min şûşa xwe girt destê xwe û rê tunebû ku mirov bikare çakêtê xwe ji xwe bike. Bi ser vê de jî garson got: "ka perê çayê bide", ez têgihiştim ku pêşî peran didin. Min şûşe da destan û heta ku bikarim destê xwe têkim cêba xwe û pereyan derêxim. Min lîrayek kaxez dayê û wî 95 quruş li min vegerand. Bi vê yekê min zanî ku şûşeyek çay pênc quruş e. Lê heta ev dan û standina han xelas bû, çaya min jî sar bû û kêrî tiştekî nehat, ez rabûm û derketim çûm derve. Wekî ku ez ji zîndanekê derkevim ji derve, min nefeseke kûr û dirêj kêşa û carek din ez neçûm çayxaneyên giştî. Serê sibê ku roja 28ê nîsana sala 1922an bû, Tewfîq Beg hat û em birin Wezareta Kar û Barên Derve. Dayire wekî xaniyek adetî bû. Tu dayireyên Bexdayê yên wê rojê bi wê dayîreya Wezareta Enqereyê re nayên muqayese kirin. Wê çaxê Ismet Paşa yê Wezîrê Kar û Barên Derve li Lozanê bû. Li wir Mihyeddîn Beg ê bînbaşî yê erkanê herb (kurmay) li hêviya me bû û em birin oda xwe û bi me re dest bi xeberdanê kir. Ew jî eynî li gor adetê siyasetvanên Tirkan, hat ser mesela dînê û di vî warî de zêde axift. Wisan dixuya ku ew jî di wê xeyalê de bû ku Kurd misilmanên saf û kêm aqil in, bi dîn tên xapandin û bi pereyan tên kirîn. Em dê ji ba Mihyeddîn Beg derketina û biçûna ba Huseyîn Rauf Beg. Ji ber vê, wî dixwest bîr û baweriya me fehm bike û li milekî din jî dixwest me bêxe ser riyekê û bi me bide zanîn ku divê em çawan biaxivin û ji bilî vê jî amade bin ji bo bîhistina gotinên serokwezîr. Mihyeddîn Beg ji me re behsa xeza û kuştariya gawur û paqijkirina welat ji kufrê kir û digot: "Tu şika me di wê de tune ku birayên me yên Kurd dê di bin ala Şêx Mehmûd de li hemberî Ingilîzan xeza bikin, welatê xwe ji gawuran paqij bikin, bi birayên xwe yên Tirk ên dînî re yekîtiyê çêkin û xwe bavêjin himbêza me. Eger bên bin siya ala Tirkan û vê xoşewîstî û birayetiya mezin a Tirkan bi dest xin û dê di bin baskên rast û xwedî dad ên Mustefa Kemal de ji acizî û nerehityê rizgar bibin".

Bi rastî ez ji van gotinan aciz bûbûm û ez têgihîştim ku bi riya van gotinên pûç û vala re dixwaze bi me bide zanîn û mebesta wî ew e, ku divê em bizanin rewş û hewayê Enqereyê tiştek e û rewş û hewayê Rewandizê tiştekî din e. Ew tiştên ku di bazara Rewandizê de difrotin me, hemî xapandina zarokan û hînîtiya gundiyan bû û li

Enqereyê bi dest nakevin û nayên firotin. Min baş dizanî ku bi van gotinan rewşa hukumetê ya hemberî me tîne zimên, lê li gel vê jî min mijara axaftinê guherand ser mesela Kurd. Mihyeddîn rûyê xwe qirmiçand û got: ka ez biçim ji serokwezîr re bêjim ku hûn ji bo dîtinê amade ne. Gelek bi ser de neçû, vegeriya û got: fermo kerem bikin. Lê berê xwe da min û got: "ez gelek rica ji te dikim, nezaketa rewşê bîne ber çav û li gor wê biaxive. Ez naxwazim dilê wezîr ji te bişkê. Nabe em bi propagandeyên bê esas ên Ingilîzan bixapin û riya yekîtî û birayetiyê di navbera xwe de rakin". Dema ku em çûn ciyê serokwezîr, me dît ku li hêviya me ye. Serokwezîr destê me toqa kir û bi germî xêrhatin bi me da û ji bo rûniştina me emir kir. Vêca bi xwe jî rûnişt û dest ji Silêmaniyê û ji Şêx Mehmûd bi pirsan kir. Me jê re got ku va du mehe em ji Silêmaniyê derketine û tiştên em dizanin kevn in. Ji ber vê, me jî dixwest em behsên nû yên di derbarê Silêmaniyê û Şêx Mehmûd de ji Enqereyê seh bikin. Bersîva min da û got: "Piştî derketina we, Ingilîzan ji Şêx Mehmûd xwestin ku ji Silêmaniyê derkeve û biçe Bexdayê. Diyar e ku gotina wan nekir û bi Ozdemir re li Rewandizê tertîbata parastina xwe standin. Li ser vê Ingilîzan Silêmaniyê bombe kirin. Min jî (yanî Rauf Beg) di cih de bi şîfre Ismet Paşa li Lozanê agahdar kir û min jê re got, di nezdê kongreyê de bi şiddet Ingilîzan protesto bike û ji wan re bêje ku ev karê han eksê netîceya kongreyê ya di hêla ragirtina statûkoyê de ye ku li ser biryar hatiye dan". Piştî vê Rauf Beg got: "Êdî ne mimkûn e careke din heta netîceya muzakereyên Kongreya Lozanê Ingilîz bikarin Silêmaniyê bombebaran bikin". Me jî jê spas kir û çenteya ewraqan a bi me re ya muhra wê nevekirî, dayê. Ji me re got: "Ez ê bi şev li mal bi bêhna fireh bixwînim û pişt re jî pêşkêşî hezretê Gazî Paşa (yani Mistefe Kemal) bikim. Lê çi heye niha Meclîsa Milletê ya Mezin ne di halê berhevbûnê de ye û di tehtîlê de ye, ji ber vê em di vî warî de nikarin tiştekî bêjin an tiştekî bikin. Bi taybetî Ismet Paşa jî li Lozanê mijûlê mesela Mûsilê ye û tu şika me di wê de tune ku doza Tirkan dê ser bikeve û Mûsil vegere himbêza dayika niştiman. Wî wextî diyar e ku Kurd jî dê bigihin armanca xwe û bi Tirkên birayên xwe yên dînî û xwediyê dîroka kevin re bibin yek û ji bin çengê xedir û bindestiya Ingilîzên gawur derkevin û rizgar bibin. Şêx Mehmûd jî ji bilî sewaba roja qiyametê, di dinyayê de jî dê bigihe berê vê qehremaniya xwe". Ez bi vê têgihîştim ku êdî wezîfeya me temam bûye û pêwîst e ku êdî heta Tirk bi xwe daxwaza tiştekî ji me nekin û karekî nespêrin me, em behsa mesela Kurd nekin û jibîr bikin. Ji ber vê, piştî vexwarina qehweyê û cigarekêşanê, bi hinek sohbetên vala em qasek din jî sekinîn. Pişt re Rauf Beg rabû ser piyan. Ev nîşana wê bû ku êdî dawî bi rûniştina me hatiye. Em jî rabûn piyan, lê berî em destê wî toqa bikin û ji balê derkevin, ji min re got: "ez ê îro xebera gihîştina we bidim Ozdemir û bila ew jî Şêx Mehmûd agahdar bike û tê jî bigihîne ku em bi şandina we gelek kêfxweş bûn. Bi taybetî bi wê yekê ku we biryar daye li hemberî Ingilîzan ji bo rizgariya Kurdan ji bin destê wan, xeza dikin û ev fedakariyek e. Silavên Gazî Mustefa Kemal û rêzên xwe pêşkêş bikim".

Vêca berê xwe da min û got: "Tu jî ji Şêx Mehmûd re nameke taybetî binivîse ku em çiqas bi hatina we û kirinên hêja û di cih de yên Şêx Mehmûd ên li hemberî Ingilîzan kêfxweş bûne û em bi hemî hêzên xwe ve ji bo alîkariya vê serkeftina han di vê xezayê de amade ne. Em ji bîr nakin ku li ser me ferz e em mûkafata xezaya wî bidinê û vê yeka han jî bizanin ku Meclîsa Milletê ya Mezin di tehtîlê de ye û bersîvên nivîsandinên din ên Şêx Mehmûd bi berhevbûna meclîsê û derketina encamên xebat û hewlên Ismet Paşa yên li Lozanê ve girêdayî ne...".

Tu şik tê de tune ku xwendevanên hêja, kakilê van xeberdanên serokwezîr ji min baştir tê digihin. Êdî me destê Rauf Beg toqa kir û em derketin derve. Yawerê bi me re hatibû, çû 'erebeyek ji me re anî û em siwar bûn vegeriyan otêla xwe.

Ez ji Fettah ecêbmayî mabûm, çawan ew gotin û propagandeyên li Silêmaniyê dikirin, yek ji wan di bîrê de nemabûn. Li hember vê rewşa han lêvên xwe ji ser hev hilneda. Ez ketim di nav xem û kulan de û min qasî du seetan bi Fettah re neaxift. Wî baş ez fehim kiribûm, lê hewl dida ku xwe bi tevayî eşkere neke û nedixwest ez têbigihim ku bi min re ne di eynî bîr û baweriyê de ye. Li ba min bi min re û li pişt min bi Tirkan re bû. Lê dema dihat ciyekî, her wext gotina dawiyê ji min re dihişt û xwe têkel nedikir.

Min li Enqereyê kesekî nas nedikir. Lê gelek nasên Fettah hebûn û bi saya wî de min jî çend kes nas kirin û di çend ziyafetên taybetî de min çend dostên baş bi dest xistin. Ji van ê herî baş û mêr, Hacî Şukrî Begê meb'us bû. Ew, yek ji Kurdên Tirkiyê bû. Mîralayekî kevin ê eskerî bû. Di Şerê Istiqlalê yê Tirkan de di Cebheya Rojavayê li Aydînê li hemberî Fransizan şer kiribû. Bi mukafata vê nêzîkî Mustefa Kemal bûbû û ew kiribû meb'us, yanî yek ji wan endamê Meclîsa Milletê ya Mezin bû. Lê wê navê re bi muxalefeta Mustefa Kemal re hereket dikir û bi eşkere di derbarê wî de xeber dida. Cara yekem bi Fettah re em dawetê mala xwe kiribûn û bi vî awayî nasiya min bi yek û du meb'usên Kurd re jî çêbû. Piştî wê şevê êdî Hacî Şukrî Beg ji min veneqetiya. Gelek rojan an ji bo xwarina sibê yan jî êvaran ez dibirim mala xwe û me bi hev re dûr û dirêj sohbet dikir. Bi saya vî zatî gelek tişt ji min re ronî bûn. Çend roj berî gihiştina me ya Enqereyê, kemîn li ber yek ji wan meb'usên Trabzonê danîbûn û ew kuştibûn. Çunkî ew meb'usekî ji muxalifiya Mustefa Kemal bû. Kuştina wî ji Mustefa Kemal dizanîn. Behsa vê bûyera han bi dizî dihat gerandin. Ew meb'usên ku şik ji xwe dikirin, neditirsiyan û gelek mêrxas bûn. Wisan dixuya ku hê Mustefa Kemal negihîştibû seviyek ku muxalifên wî gelek mezin bên ber çavan û tirsek wî ya zêde ji wan tunebû. Ew hemî hevriyên xezaya do bûn û her yekî ji wan xwe Mustefa Kemalek dizanî. Her çendîn Mustefa Kemal xwediyê piştivaniyeke zêde bû û hêz jî di destê wî de bû, lê muxalifên wî di nav hewleyan de bûn û bi hêvî bûn ku muwazeneyê bi dest xin. Bi wê yekê têgihîştibûn ku Mustefa Kemal biryar daye dê êrîşê wan bike û di mezhebê wî de lêborîn tune. Ji ber vê, hişyar bûn û xwe ji şaşiyan diparastin. Şukrî Beg, ji eşîreta xwe pênc Kurd li mala xwe bicih kiribûn. Ew tim bi şal û şapikên Kurdî bûn, xencer û dabanceyên xwe ji xwe nedikirin. Tivingên wan jî her tim li ber destên wan bûn. Şevê heta sibê bi dûr heresiyê dikirin. Şukrî Beg, xwediyê mal û jin nebû, tenê bi serê xwe bû, ji ber vê mirovên wî di mal de wî tenê nedihiştin. Lê li derve tenê digeriya. Lê bi şev qet dernediket ji derve. Qasî ku ez têgihîştim, Huseyîn Rauf Beg ê serokwezîr ku gotina "Gazî" ji devan nediket, bi hemî munasebetê bi rêz dihate ser ziman, yek ji wan muxalifê herî girîng ê Mustefa Kemal bû. Pişt re dema em vegeriyan, min di rojnameyan de xwend ku navbera Huseyîn Rauf û Mustefa Kemal têkçûye. Ji ber ku Huseyîn Rauf terefdarê xîlafetê hatibû naskirin. Ji bilî vê terefdarê Ingilîzan jî hesêb dikirin. Di wextê xwe de Huseyîn Rauf Beg zabitê deryayî bû û di Şerê Cîhanê yê Yekem de di Ordiya Hemîdiye de kar dikir û di Derya Spî, Sor, Ummanê, Xelîcê 'Ereb û di Derya Hindî de tenê bi serê xwe dihat û diçû û zerarekî gelek zêde bi gemiyên bazirganî û şerî yên dijminên Tirkan dabû. Navê Huseyîn Rauf bûbû navê qehremanekî xeyalî. Gelek tişt li ser dihatin gotin ku tu şika min di wê tune, gelek ji wan, ji nav xeyal û mubalexeperestên Iraqiyan derketibûn. Lê Huseyîn Rauf Beg qehreman bû û ev yek jî ji aliyê Tirkiyê û bi taybetî ji aliyê hemî Iraqiyan ve bi vî awayî dihat zanîn. Miroveki bejin bilind, reng genimî yê nêzîkî esmerî û çarmilî û bi sawm bû. Li gel wê ku yek ji wan serokê inqilaba Mustefa Kemal bû, lê wekî awayê mirovên berê û terefdarê ûrf û adetên kevin û li ser bîr û fikra hiştina xîlafetê bû. Piştgirên xîlafetê hê gelek bûn û piraniya wan di nav inqilabiyan de bûn. Ji ber vê Mustefa Kemal ji bo hildana xîlafetê gelek bi bê sekin hereket dikir û ji derûdora xwe jî sil dibû. Çîroka muxalifên Mustefa Kemal di mesela xilafetê de dûr û dirêj e. Di vê mesela girîng de Mustefa Kemal tenê li gor bîr û baweriya xwe bi rê ve diçû. Ji ber vê, gelek caran ketiye tengasiyên wisan ku ji hevalên xwe re derewan bike û ji xapandina wan pê ve çareyeke wî nemîne. Bekir Samî Beg ê Wezîrê Kar û Barên Derve yê Tirkiyê, piştî vegera xwe ji Ewropayê, partiyek damezirand û gelek ji muxalifên Mistefe Kemal ketin navê. Vê partiya han dixwest şer bê sekinandin, ji nermiya Fransa û Îtalyayê îstîfade bikin, peymana aştiyê ya ji aliyê dewletên sondxwarî ve tê çêkirin, divê îmza bikin û vê firsetê ji destê xwe nekin û Tirkiyê nefewtînin. Lê mezintirîn muxalifê Mustefa Kemal, Kazim Karabekir Paşa bû. Mustefa Kemal di wextê xwe de bi piştivaniya vî serokê mezin û hêja ku li hemberî Hukumeta Stenbolê serhilda, li Anadoluyê ma. Lê piştî ku zanî Mustefa Kemal li ser fikra rakirina xîlafetê ye, bû dijminê wî û bi eşkere muxalifiya wî kir. General Karabekir di Meclîsa Milletê ya Mezin de meb'us bû û bi ser de jî bûbû serokê wan kesan ku piştgiriya seltenet û xîlafetê dikirin. Rojekê namekê ji Mustefa Kemal re dişîne û wiha dibêje: " Destûra nû li gor şerîetê bi qanûnî û rastî nayê dîtin. Ji ber ku di derbarê karekî wiha girîng de bîra hemwelatiyan nehatiye pirs kirin û dengê wan nehatiye standin. Tu şik tê de nîne ku di helbijartina curê hukum de millet xwedî maf e". Di dawiya nameya xwe de dibêje: "Min biryar daye, ji bo nehiştina guherandina hukmê seltenetê bi cumhuriyetê, çi cure fedakariyek pêwîst be, ez bigrim ser milê xwe". Her wekî nivîskarê almanî Dagbert Fonmkoch bi xwe di kitêba xwe ya bi navê "Mustefa Kemal û Mesela Mezin(?)" di rûpela 313'an a wergera erebî de dibêje: "Kazim Karabekir Paşa, di ordiya Tirkan de xwediyê ciyekî bilind û hêja bû. Millet şarezayê zeka û zîrektiya wî bû. Ji ber vê jî pişta wî digirtin û di warê piştivaniya seltenet û xîlafetê û parastina wan ji destdirêjiya Mistefe Kemal, guhên xwe didan gotinên General Bekir Beg. Ji wan nebû ku bixwaze milletê Tirk li hemberî Mustefa Kemal rake û kesek tunebe dijîtiyê bike û yan pê wî nekeve". Vêca Mustefa Kemal ku van dizanî û şarezayê berzî û birêziya Karabekir bû, ji çavê millet û ordiyê fehm kiribû ku Gazî bi kêrî tiştekî nayê û dê tengî û asteng derxe, ji ber vê ji derew û hîlan pê ve tu çarek di destê wî de tunebû. Bi vî awayî bersîva Karabekir Paşa dida: "... Di wan qanûnên Meclîsa Millet danîne de, tiştek wisan tê de tune ku ji bo selteneta muqeddes û yan hîlafeta muqaddes bîhna destdirêjiyê jê bê. Yan jî hîsa handana ji bo cumhuriyetê jê bê kirin. Ev didin nîşandan ku em naxwazin seltenetê rakin û hukmê padîşahtiyê bi hukmê cumhuriyetê re biguherin. Wekî tê zanîn, em di dinyayek din de dijîn û ev ji min gelek dûr e... em di dinyayek xeyal û tirsê de dijîn...". Van gotinan tesîr kiribûn û Kazim Karabekir hatibû xapandin û nerm bûbû.

Piştî ziyareta Huseyîn Rauf Beg du rojan, yawerê wî hat otêla me. Ji me re got: "Biryar heye ku sibe êvarê hûn biçin Çankayayê ziyareta Gazî. Huseyîn Rauf Begê Serokwezîr seet pêncê paş nîvroyê li dayireya riyasetê li hêviya we ye û dê hûn ji wir biçin". Fettah ji kêfan nedizanî ka dê çi bike. Lê min di cih de biryar da ku eger ji min re pêk bê û ez bikarim bahaneyek baş pêda bikim, ez neçim vê ziyareta han. Li milê din jî dîtina mezinekî navneteweyî yê wekî Mustefa Kemal tiştekî kêm nebû û min dizanî di jiyana kesekî de ev cure demên han kêm bi dest dikevin û ev dikevin nav rûpelên dîrokê. Ji ber vê, ez ketibûm deryaya xeyalan û min xwe di dinyayek din de didît û min xwe mijûlê amadekirinê dikir. Ez li gotinan digeriyam û tişt diketin bîra min û ez difikirîm ka ez ê çawan biaxivim? Dê çawan bi min re biaxive û dê çi ji min bipirse? Li milekî din jî min biryar dida ku ez neçim, lê ez çi bêjim û bahaneyeke çawan bibînim? Va min bahane dît, dê bawerî bi min bikin an dê çawan ser şirovekin? Piştî vê dê tiştekî wisan bikin ku ez ji kirinên xwe poşman bibim an guhên xwe nadin min û bi çavekî sivik li min binêrin? Bi rastî heta roja din nîvroyê ez hezar tiştên wiha fikirîm ku dihatin bîr û xeyala min. Lê min jî nedizanî ka bi kîjan bîr û fikrên xwe hereket bikim û min çi dikir, min nedikarî li ser tiştekî biryar bidim. Di dawiyê de mesele bi xwe hel bû. Ji nişka ve lerzîn ket bedena min û piştî seetek û du seetan min tayek giran girt. Nêzîkî seet pêncan, dema ku yawer hat me bibe, ez ketibûm nav ciyan û Fettah çatek şil danîbû ser eniya min û yawer jî gelekî li ber min ket. Mixabin, ji bo ku min navê wî yawerê di bîranînên xwe de nenivîsandibû, di bîra min de nemaye. Wî, Fettah bi xwe re bir û piştî nîv seetê pisporek ji min re anî û derziya malaryayê li min da. Bi şev Fettah vegeriya û ji min re got: “Gazî silavan li te dike û daxwaza derbasbûnê dike. Pê nexweş bû ku te nedît”. Min jê pirsî we çi bi goftûguyê kir? Ji min re got: Ew tiştên ku Huseyîn Rauf Beg gotin, wî jî dubare kirin. Ji bilî vê, emir kir ku bi riya hêzên Ozdemir ên Rewandizê hinek diyarî ji bo Şêx Mehmûd bişîne û di rojên bên de çend reşaşên nû jî ji leşkerên wî re bên dan.

Mesela berhevbûna Meclîsa Millet karê îro û sibê nebû, hê gelek ji berhevbûna wê re dixwest. Kongreya Lozanê jî Xwedê dizane dê kengî û çawan biqede. Çunkî dewletên sondxwarî li fersetekê digeriyan ku mil bidin ber Tirkan. Ev cara duduyan bû Ismet Paşa diçû Lozanê. Berê vê, di 22yê teşrîna duduyan a sala 1922an de, carek din Kongreya Lozanê berhev bûbû û dewletên sondxwarî û bi taybetî Ingilîzan, hewil didan ku ew tiştên bi riya leşkerên Yunaniyan dest nexistin, di vê kongreyê de bi riya dîplomasiyê bikeve destê wan. Lê fayda wê tunebû û piştî du mehan muzakereyê di nîvî de hiştin û ji bo bi hêviya rojên bên cardin berhev bibe, belav kirin û Ismet Paşa vegeriya Enqereyê. Di kanûna paşî de ji bo carek din berhev bin, Enqere bangî muzakereyê kirin. Enqereyê careke din Ismet Paşa şand. Me, yanî ez û Fettah, me di 23yê sibatê ji Silêmaniyê hereket kiribû û em 25ê nîsanê gihîştibûn Enqereyê. Ismet Paşa hê li Lozanê bû û mazakereyan bi germî dewam dikir. Berhelistên zêde girîng li ser riya Tirkan nemabûn. Leşkerên Yunaniyan bi tevayî şikestibûn û ji erdê Tirkan hatibûn derxistin. Hukumeta Xelîfe li Stenbolê jar bûbû û ji hereket ketibû. Dewletên sondxwarî di bin de bi hev re rast nebûn. Fransa û Îtalya dixwestin alîkariya Tirkan bikin, Ingilîzan jî ji tirsa lihevhatina Mustefa Kemal bi Rûsan re, nediwêrî ji pêwîstiyê zêde Tirkan bi xwe bidin qebûl kirin. Ji ber van, di Kongreya Lozanê ya vê carê de, navê Hukumeta Stenbolê tunebû û behsa Pêmana Sewrê jî tunebû. Vêca mebest ji şandinê çi bû?... Ozdemir li ser teswiya Hukumeta Enqereyê dixwest wê çaxê me ji Ingilîzan dûr bixe û firseta wê yekê nede ku di dema muzakereya Lozanê de bi navê Kurd û Kurdistanê di Wilayeta Mûsilê de hereket biqewime û ev yek li dijî Ismet Paşa tesîrê mecraya muzakereyan bike. Ji ber vê, çûna me ya Tirkiyê ji Tirkan re tiştekî gelek bi feyde bû. Ji ber ku di demek wiha de ku dihat zenkirin dê Kurdên Iraqê bi Ingilîzan re hereket bikin, hukumetek Kurdî damezirînin, Ozdemir ji Rewandizê derxin û li ser hesaba Ingilîzan xizmeta mesela Mûsilê bikin, tev eksê vê derketin... Em şandin Enqereyê, Şêx Mehmûd li hemberî Ingilîzan serhilda û bi vî awayî bahaneya mesela Kurdistanê di destê Ingilîzan de nema. Gotinên Ismet Paşa li Lozanê yên di derbarê Mûsilê de ronî bûn. Vêca madem rewş ev bû, ji bo çi Şêx Mehmûd ev yek kir?! Belê ev ciyê pirsê ye. Bi taybetî ev pirsa han di dilê hemî Kurdekî dilsoz de heye. Ji ber vê ez jî pêwîst dizanim ku di vî warî de qasî têgihîştina xwe bidim zelal kirin û mejiyê xwendevanên birêz ronî bikim.

Dema ku Şêx Mehmûd hat Bexdayê, agahê wî bi rewşa Tirkan tunebû û bi temamî nedizanî ku rewşa Silêmaniyê çiye. Tenê dizanî ku li gor Pêmana Sewrê biryara damezirandina Kurdistanê hatiye dan û dewletên sondxwarî mijûlê sernixumandina Mustefa Kemal û ji holê rakirina hêzên Tirkan in. Wisan têgihîştibû ku Tirk dê Kurdên Iraqê jî wekî Kurdên Tirkiyê bixapînin, ji Ingilîzan veqetînin û bi xwe re bikin yek. Li Ewropayê di Konferansa Aştiyê de bêjin ku Kurdên Iraqê jî dixwazin bi Tirkiyê re ne û bi vî awayî daxwaza Wilayeta Mûsilê bikin. Bi vê jî serxwebûniya Kurdan û damezirandina Hukumeta Kurdistana Başûr pûç bikin. Vêca jê re hatibû gotin ku eger tu hêzên Ozdemir bi destê hêzên Kurdan ji Rewandizê derêxî û ji sînorê Iraqê dûr bêxî, ev dê bibe sebeb ku Ingilîz di Konferansa Aştiyê de bikarin dijîtiya îddîayên mafê Tirkan ê li ser Mûsilê bikin û li ser navê Kurdên Iraqê di riya bicihkirina bendên Pêmana Sewrê yên di derbarê Kurdan de û damezirandina hukumeteke Kurdistanê, Kongreyê îqna bikin ku Mûsil ji Tirkan re neyê dan. Lê piştî vegera Şêx Mehmûd ya Silêmaniyê, bi temamî ket bin tesîra cereyanek eksê vê.

Behsa serkeftina hêzên Mustefa Kemal û şikestina leşkerên Yunaniyan li hemî milî belav bû. Ozdemir di herêma Rewandizê, Koyeyê, Pîşderê û Silêmaniyê de xelk bi temamî ji Ingilîzan veqetandibû. Hêzên Ingilîzan Silêmaniyê bi firoke terk kiribûn û baweriya kesekî bi Ingilîzan nemabû. Wekî me di pêş de behs kir, gelek sebebên din jî wisan li Şêx Mehmûd kiribûn ku bîr û fikreke temam ji bo rojên bên bike. Di dilê xwe de hez ji Ingilîzan nedikir. Di şer, heps û esîrtiyê de gelek eziyet kêşa bûn û hedîse bi serî de hatibûn. Li milê din jî ew kesên rewş baş nedidîtin, wisan kirin serê wan ku di Konferansa Aştiyê de Tirk bi ser dikevin û Mûsilê digrin, ger hat tûşî dijîtiyekê jî bibin ew hêzên ku wan digotin pênç firqe ye û di bakûrê sînorê Iraqê de amade kirine, bi zorî dê bikevin Mûsilê û ew bigrin. Vêca li hemberî vê Tirkan jî bi riya Ozdemir û dilxwazên wî re, wisan kirin serê Şêx Mehmûd ku nebe gotina Ingilîzan bike û bi siyaseta wan bê xapandin û rê nede ew vegerin Silêmaniyê. Ger ev bên kirin, ev xizmeta te dê bêxêr nemîne. Çunkî Tirkan çi di Konferansa Aştiyê de û çi bi riya çekdarên xwe, digotin ku ger bê û Mûsilê bigrin, dê saya vê xizmet û alîkariya Şêx Mehmûd, wî bikin waliyê serbixwe yê Wilayeta Mûsilê yan xidîwî Kurdistana serbixwe ya başûr. Bi wî şertî ku ev xidîwtî wekî Xidîwtiya Mehmed 'Eliyê Mezin ê Misrî be û bi irsî ji zarokên wî re bimîne. Tiştekî eksê vê, dê Tirk Şêx Mehmûd ji hesaba xwe derêxin û dê wekî casûsekî Ingilîzan pê re hereket bikin. Vêca piştî vê û bi hewlên wan ên zêde, ne tenê dilxwazên Tirkan, heta şêhîna siyaseta Tirkan bi ser ket, ev yek rast hat zanîn. Vêca em jî bi pê vê armancê ketibûn û ji bo lêkolîn û teftîşa rast an nerastiya vê peymana Tirkan em şandibûn Enqereyê.

Vegera Min Ji Enqereyê Ya Silêmaniyê

Piştî ku li Enqereyê min bi rewşa bûyer û hedisan fehm kir, min biryar da ku hê ku zû ye ez vegerim Silêmaniyê. Li Enqereyê jî bêhna min gelek teng bûbû. Bi roj, gelek caran min wextê xwe li kitêbxaneyek li hemberî otêla me yan jî di otêlê de bi xwendin û nivîsandinê derbas dikir. Bi şev jî dema ez biçûma ji derve, yan min seranserê kuçeyên Enqereyê piyase dikir an jî ez diçûm mala Hacî Şukrî Beg. Di muddetê mana me ya li wir de, me ne ji hukumetê û ne jî ji kesekî din nîşana dostî yan îhtîmamekê nedît. Heta bangî me ji bo ziyafeteke çayê jî nekirin an em di ciyekî giştî de ji bo şahî û kêfekê hazir nebûn ku çavên me bi du kesan bikeve û em wan nas bikin. Me tu muessese ziyaret nekir an kesekî bi me re daneynîn ku me li çend ciyan bigerînin. Me kitêbxaneke giştî, Meclîsa Millî, idareya rojnameyekê yan antîkxaneke li Stenbolê, qet tiştek nedît û tiştek nîşanê me nekirin. Em wekî du kesên xerîb û rêwendakirî di goşeya otêlê de mabûn û kesekî li me nedipirsî. Rojekê di rojnameyek Enqereyê de berçavê min ket ku Ingilîzan bi hêzên xwe yên teyaran û bi alîkariya Asuriyan êrîşê Kurdan kirine û ew dane ber bombebaranan, jin û zarokên Kurdan raqewirîne û berê xwe dane çiyan. Li ser vê, min kaxezek ji Huseyîn Rauf Beg re nivîsand, tê de min lome kirin ku seetek zûtir riyek ji me re bê danîn û çareyek bê dîtin ku Kurd bi vî awayî şerpeze û perîşan nebin. Bi kurtî ez hinek zêde pêş de çûbûm û ji lîsan û çarçeveya dîplomisiyê dûr ketibûm. Ji ber vê, paşnîvroyeke dereng Huseyîn Rauf Beg hat otêla me, lê li ber derî sekinî bû û şandibû pê me. Ez çûm ber derî, min dît li ser piyan sekiniye. Tu otomobîl pê re tune, tenê mirovek balê ye. Piştî dest toqakirinê ji min re got: "Ez dibînim ku ew xeberên rojnameyan ên îro gelek tesîr li te kirine. Ji ber vê, min xwest ez bi xwe te bibînim û dilê te xweş bikim. Mesele ne bi wî awayî ye ku hatiye nivîsandin. Em hemî demê ji Ozdemir xeberan distînin. Rewşa Silêmaniyê û Şêx Mehmûd baş e û tu sebebek tune ku meraq bê kirin. Li gel van tevan jî min xeber ji Ismet Paşa re şand ku di kongreyê de giliya Ingilîzan bike û wan tê bigihîne ku eger dest ji Şêx Mehmûd bernedin û carek din bombebaran bikin, em ê emir bidin hêzên xwe yên navçeya Cizîrê ku bikevin nav Wilayeta Mûsilê û wê bistînin". Bi piyase li ser caddeyê em mil bi milê hev çûn û hatin. Gotinên serokwezîrê Tirkan nîşanên ruhekî demokrat bûn. Lê li pişt vê demokratiyê xwîna di demarên vî mezinê Tirkan de digeriya, her ew xwîn bû ku di demarên Enwer û Cemal de dihat û diçû. Min jê re got, gelo êdî pêwistiya min di mana Enqereyê de heye an na? Ji min re got: Ma tu çaveriya netîceya muzakeratên Lozanê û civîna Meclîsa Millet nakî? Min jê re got: ev kengî pêk tên? Ji min re got: ez nikarim bêjim kengî. Mimkûn e çend mehek bikêşin. Min jê re got: dê çi faydên van çend mehan mana min a ya li Enqereyê hebe? Gelo ne baştir e ez herim ba Şêx Mehmûd û ez wî têbigihînim ku çaveriya netîceyên muzakeratên Kongreya Lozanê û civîna Meclîsa Millet bike û li ser programa xwe bimeşe û ber bi şaşiyekê ve neçe. Xwe sar neke heta ku bigihîje armanca xwe û hêviyên xwe nebire û ji berên wan eziyet û fedakariyên kirine bê par nebe? Ji min re got: tu bawer dikî ku Şêx Mehmûd dikare ji me sar be yan pişta xwe bide me? Min jê re got: bi awakî zû ji vir, yanî ji Enqereyê yan ji aliyê Tirkan ve xwîna taze negre û di derbarê wan kirinên ku tên kirin de nav û navan re neyê agahdar kirin, sebebê bi encam negihîştina hewl û xebatên xwe ba we nezane û tê neyê gihandin, mimkûn e ku li wir yanî li Silêmaniyê bîr û fikrên wî biguherînin û têkin ser sewdayeke din. Ji bo vê jî dibê jê re heq bê dan, çunkî her wekî tê zanîn, hûn nikarin alîkariya çek û pereyan ya bi kêrî Şêx Mehmûd bê bikin. Ger di hêla siyasetê de jî bê piştguh kirin û belgeyek wisan nedine destan ku bikare Kurdan pê îkna bike û ew kesên terefdarên Tirkanin bi vê bide sekinandin, tu şik tê de nîne ku li hemberî Ingilîzan û terefdarên wan nikare xwe ragire û hevsarê kar ji destan derdikeve. Ev gotinên min bi Huseyîn Rauf Beg mantiqî hatin û gelek baş bi wan bawer kir, ji ber vê got: "bi rastî bîr û fikrên te baş in û di cih de nin. Ji ber vê ez jî hez dikim ku tu demek zû xwe bigihînî ba Şêx Mehmûd û wî bi van yekan têbigihînî û firseta wê yekê nedin ku xayîn wî ber bi şaşiyê de bibin û bixapînin". Li ser vê, em ji hev veqetiyan û min dest bi berhevkirina xwe kir.

Roja 15yê gulana sala 1922an (339ê rumî), li otêlê, Ehmed Fexrî yê mulazim ê kurê Ferec Efendî yê mirovê Reşîd Paşa, bi navê rêwîkirinê bi min re bû û em çûn istasyona trênê. Tirkan, xwe gelek siyasî û em jî ker hesêb dikirin. Hekene divê qet nebe ji bo ku min bixapînin dikarîn ji Şêx Mehmûd re kaxezekê bişînin. Vê deyne milekî, ne tenê kaxezeke resmî yan siyasî, kaxezek taybetî jî nedabûn min. Ji ber vê, beyana roja ez hereket bikim, ez çûm ba Huseyîn Rauf Beg û min bi xwe ji bo di rê de pirsîna memûrên Tirkan û nasîna min û ger hat ez muhtacê alîkariyekê bibim, belgeyek di destê min de be, min daxwaza belgeyekê jê kir. Her li ser piyan li ser kaxezeke ne resmî sê rêz nivîsandin û îmza kir û da destê min. Hacî Şukrî Beg şeva berî sefera min cardin ez dawetê ziyafetê kiribûm. Me bi hev re dûr û dirêj behsa serpêhatiyên Kurdan kirin. Nameyek û resmekî xwe ji bo Şêx Mehmûd da min. Ji bilî vê yek û du nameyên Fettah ên taybetî bi min re bûn û tê de gelek rîca ji Şêx Mehmûd dikir ku baweriyê bi min bike, guhê xwe bide pêşniyar û gotinên min û li gor wan bimeşe. Heta yek ji van nameyan bi hubra veşartî nivîsandibû, wî jî ez dixapandim. Lê li gel vê jî ez bi wan lîstikan û rewşa wî têgihîştibûm, min çêtir didît ku ez xwe xapandî bizanibim, ne zîrek û hişyar. Eger netîceya bûyeran û zeman ev bîr û fikrên min rast nederxista, mimkûn bû ez bêjim, ji ber van kirinên xwe yên vala û pûç dê min eksê wan bikolaya û bifikiriya.

Berê ez ji Enqereyê vegerim, ew roja Huseyîn Rauf Beg hatibû ba min, min ji 'Ebdullah Hilmî yê li Konyayê bînbaşî bû, nameyek girt û di nameya xwe de digot: eger ji min re dest dide, berê çûna xwe ez biçim Konyayê û serekî li wî bidim. 'Ebdullah Hilmî ku pişt re bû amirlêwa, zabitekî gelek rast, bişeref û dilsoz ê Tirk bû. Xizmê min û yê maliya min û di wextê xwe de di dibistana eskerî de mamostayê min jî bû. Li ber çavê Huseyîn Rauf name ji min re hat dan, wî bi çavekî pirsînî lê nêrî. Min fehm kir ku gelek lê ecêb hatiye ku bi postê name ji min re hatiye Enqereyê. Ji ber vê, min name nîşan kir. Name bi Tirkî hatibû nivîsandin û piştî ku xwend, got baş e, madem wihaye tu dikarî biçî Konyayê û qasek ba xizmê xwe bimînî. Lê ji bo ku min êdî biryara vegera xwe ya Silêmaniyê dabû, min xwest ez bi ser Konyayê re biçûma û min serekî jî li wan bidaya. 'Ebdullahê Hacî Heme Axa yê bûrayê min jî li wir esker bû. Ez hefteyekê li wir mam. Li Konyayê wê çaxê Mecîd Efendî bi navê Kor Mecîd bi nav û deng bû û Seyîd Sadiq Efendî yê mulazim ê mêrê Zekiye Xana xarziya Ehmed Muxtar Qazî û 'Ebdullah Beg ê serokê kevin ê firqa Kerkûkê li wir bûn û me hevûdu nas dikir. Her roj yekî ji wan ez bangî ziyafetê dikirim. Wê şeva dê min ji Konyayê hereket bikira, 'Ebdullah Hilmî li gazinoya eskerî ziyafetek mezin da me û bi vî awayî li îstasyona trênê ji aliyê hejmarek zêde zabitan ve bi wêneyek xweş ez hatim rêxistin. Di muddetê vê gera xwe de min çi dîtin, ez çûm li ku û min kî dîtin, min nivîsandin. Ez tenê behsa wan tiştan dikim ku ez li ba xwe yan di çavê xwendevanan de feydeke wan dibînim.

Edene

Merkeza wilayetek a bi eynî navî ye. Her çendîn av û hewayê vî bajarî germ e, lê ciyekî gelek xweş e û dikeve ser Çemê Ceyhûnê yê dirije Behra Spî. Mehmûdê Xal, qet Tirkî hîn nebû. Ez li otêlê raketibûm û ew jî çûbû derve ku ji xwe re bigere û li çayxanekê çayekê vexwe. Belgeyek kevin pê re bû û li gor wê ew esker û parêzgerê min bû. Polîsên sirrî wî digrin û tînin otêlê ba min. Lê haya min jê tunebû û ez raketibûm. Dema ez ji xew hişyar bûm, gelek bi hêminî polîs hatin ba min û bi edeb silav kirin û gotin ev mirov parêzgerê te ye an ne? Min got belê. Wan jî gotin, em dikarin belgeya te bibînin? Min kaxeza Huseyîn Rauf Beg nîşanî wan kir. Bi rastî ez bi hêvî nebûm ku wisan rehetî dev ji min berdin. Çunkî qet nîşanek resmî bi nameyê ve tunebû û min digot, gelo dê bawer bikin ew îmzayê li ser kaxezê yê serokwezîr e? Lê çawan çavê polîsên sirrî bi kaxezê ket, silaveke eskerî dan min û gelek bi edeb paşpaşkî vegeriyan. Min taze wê çaxê qîmeta girtina ba xwe ya wê nameyê zanî. Dema ku em gihîştin Osmaniyeyê bazirganekî Kurd ê navê wî Mehmûd Efendî li wir bû. Fettah ew nas dikir û ji bo me namek jê re nivîsandibû. Gelek xizmeta me kir û Kurdiyeke baş diaxift, egala sor li serê xwe dipêça û cubbe li xwe dikir. Wî jî ji tacirekî Tirk ê li Entabê re nameyek nivîsand û da min. Min li Enqereyê ji Huseyîn Rauf Beg pirs kiribû, gelo ez dikarim bi riya wan di riyek bêtirs re vegerim Iraqê yan na? Wî ji min re got: em dikarin heta nêzîkî sînor te bibin. Min jê re got: riya Mûsilê ji ber Ingilîzan ji min re dest nade. Ew riya em pê hatibûn Enqereyê, ji ber gelek lêgerînan em qet li ser nesekinîn. Vêca min dixwest bi ser Tirkiyê re raste rast, bêyî ku ez biçim Mûsilê vegerim Rewandizê. Lê Rauf Beg navê Rewandizê nedianî ser zimanê xwe û qet bi wî milî ve nediçû. Di dawiyê de min ji xwe re riyek bijart. Min jê re got: ez ê biçim Diyarbekrê, ew nêzîkî sînorê Iraqê ye. Ji wir şûn de ez ê ji bo çûna Rewandizê yan ciyekî din riyekê pêda bikim û pişt re di nav eşîretan re biçim Silêmaniyê yan ew ciyê Şêx Mehmûd li wir e. Ji min re got: Baş e. Pişt re min di dilê xwe de biryar da ku ez ê ji Diyarbekrê biçim Bedlîsê û ji wir jî derbazî Wanê bibim. Bi vî awayî her çendîn riya min dirêj dibe, lê ev dê bibe firsetek ku wilayetên rojhilata Tirkiyê bibînim ku welatê Kurdan e û bikarim hinek Kurdan jî bibînim û nasiyê bi wan re deynim. Ji ber vê, me li Osmanliyê riya trênê terk kir û bi dewaran em çûn Cebel Bereketê yê li ser sînorê Sûriyê. Cebel Bereket, herêmeke di bin hukmê Tirkan de bû û merkeza qezayekê bû. Ji ber sebebê şerê di navbera Tirkan û Fransizan de, ev navçeya han ava nebû û herêma han ciyekî çiyayî û hişk bû, xelkê wir diman durziyan. Ez çûm ba muteserrif, ew miroveki baş û bi terbiye bû. Min ji qaymeqamê Baxçeyê, bi riya 'Elî Saib Beg kaqezek wergirt. Min 'Elî Saib Beg li Enqereyê nas kir û meb'usê Urfayê bû. Berî wê zabitê cendirman bû. Di şerê istiqlalê de li herêma Entab û Urfayê li dijî Fransizan şerê çeteyî kiribû û bi nav û deng bû. Gelek nêzîkî Mustefa Kemal bû û yek ji wan endamê

Meclîsa Milletê ya Mezin û ba Mustefa Kemal xwediyê ciyekî bi bîr û bawer bû. Digotin Kurd e. Heta hinekan digotin Rewandizî ye û hinekan jî digotin Kerkûkî ye û min ji hinekên din jî seh kir ku digotin xelkê Mendelî ye. Dema ku ez ji Enqereyê cihê bûm, biryara helbijartina nû ya meb'usan dabûn. Ji ber ku nahezên Mustefa Kemal di meclîsa berê de zêde bûn û çavê hukumetê ditirsandin. Ji ber vê, wan dixwestin meclîsê ji nahezên Mustefa Kemal û hevalbendên wan paqij bikin an jî qet nebe hejmara wan kêm bikin. Ji bo vê yekê, ew kesên bi sedî sed jê bawer bûn, mufettiş tayîn kiribûn û ew dişandin herêmên helbijartinê. 'Elî Saîb yek ji van mufettişan bû ku ji bo rêkxistina tedbîran û serperiştiya helbijartinê çûbû herêma helbijartina xwe û herêmên derûdora wê.

Ez bi karwanê re ji Cebel Bereketê, di tarîxa 29ê gulana sala 1922an de hatim nêzîkî Baxçeyê. Karwan çarîk seet ji Baxçeyê dûr li ciyekî sekinî ku ji bo rê pêwistiya me bi cendirmeyan hebû. Min kaxezek nivîsand û bi kaxeza muteserrif re ji qaymeqamê Baxçeyê re şand û min jê rica kir ku yek û du cendirmeyan ji me re bişînin ku serê sibê bi me re bikevin rê. Nêzîkî êvarê qaymeqam bersîva nameya min bi cendirmekî re şand (29/30gulana sala 1922). Ji min re nivîsandibû ku va 'Elî Saib Beg ê meb'usê Urfayê li vir e û sibê zû seet sisiyan de (seetên Tirkiyê wekî yên 'erebî bûn) dê biçe Ulucakê, cendirme di bin destê wî de nin û dê bi wî re biçin û tu jî dikarî bi 'Elî Saib Beg re biçî. Riya me yek bû û wî jî digot bi hev re çûyîn saxlemtir û emîntir e û cendirme jî zêdetir dibin. Bi cendirmeyê re, bi taybetî ji min re cewab jî şandibû ku eger dixwaze dikare bê li vir û bibe mêvanê min û serê sibê zû bi 'Elî Saib Beg re bikevin rê. Ez di vê çûna xwe de dudil bûm û karwaniyan jî gotin ku riya me emîn e û pêwistiya cendirmeyan nake û ez jî neçûm. Serê sibê em ketin rê û du seet ji Baxçeyê dûr li ser rê em rastî çayxaneke hênik a havînî hatin. Em ji bo çayvexwarin û îstîrahetê li wir sekinîn. Tesadufî 'Elî Saib Beg jî li çayxaneyê bû û bangî min kir û ava sar û qehwe ji min re xwest. Pişt re em ketin behsa xeberdana mesela helbijartinê. Ez wê çaxê ne tenê xortekî xwîngerm bûm, belko min di gelek waran de gotinên bêtirs jî digotin û ba min wisan bû ku ez xwediyê bîr û baweriyekê me û nabe ez ji rastî û gotinên biheq xwe bidim milekî ku bi eksê bîr û baweriyên min bin. Eger xwendevanekî baş û xwediyê dîplomayek bilind ger ji riya heq û rastiyê derbiketa, wisan diket bîra min ku ji xwendina xwe îstîfade nekiriye û tiştê xwendî fehm nekiriye. Min wisan dizanî ku ez wan bi bîr û fikrên xwe bi zorî têbigihînim û heqîqetê ji wan neveşêrim û wan ji nezanînê rizgar bikim. Eger bê ne tenê di warê nezanînê de, belko ji ber tirs an timahî û yan jî mebestek din ku ji bo însanekî bi temamî şerm e, ji rastiyê dûr ketibe û riya şaşiyê girtibe, wekî xortekî lêborî û bi cerg û fedakar çavên xwe lê bigrim, wî hişyar bikim, têkim ser riya rast, riya mirovayetî û riya şerefê. Vê bîra han di wextê xortanî û pozbilindiyê de ez rastî gelek asteng û girêyan anîm û min gelek firset ji destê xwe kirin. Lê min ewqas zanî ku heta vê gava han min bersîvek ji vê bîra xwe ya ez jê poşman bim, nedîtiye. Tenê ev heye, tecrubeya zeman ya piçek giran û hêmin, dan û standina bi xelkê re ez hişyartir û emîntir kirim.

Min ji 'Elî Saib Beg pirsî, ev sefera we ji ber çiye? Ji min re got: em ê hukumetê helbijêrin. Min jê re got: hukumet namzetan datîne? Got: gelo çawan? Eşkera ye ku namzetan datîne û millet jî dibê van namzetan helbijêre. Min jê re got: madem wiha ye ji bo çi hûn navê wê datînin helbijartin? Ji min re got: baş e em navê wê deynin çi? Min jê re got: rastî navê vê "danîn" e. Ji min re got, li gor bîr û fikrên te dibê em çi bikin. Min jê re got: eger baweriya we bi millet heye û hûn jê dilxweş in ku ew ji vê hukumeta we hez dikin, wê çaxê pêwîst e hûn rê bidin bi bîrên wan û ew bi serbestî meb'usên xwe helbijêrin. Lê ger hûn ji millet ne emîn in û hûn dizanin ku ew tiştên hukumet divê, millet navê, di halekî wiha de jî du rê li ber we hene, yek: dibê hûn dev ji helbijartinê berdin û yên hûn ji xwe re baş dizanin helbijêrin û li Enqereyê berhev bikin, yan jî dev ji meclîsê berdin û bêyî meclîs hukumetê deynin. Ji min re got: li hemberî raya giştî ya cîhanê dewletek nû ya wekî Tirkiyê bêyî meclîs çawan dibe? Min jê re got: ji ber çi hûn meclîseke wisan berhev nakin ku ji nav millet derketibe. Wî ji min re got: "heta do ji nîvî zêdetir yê vî welatî di bin destê biyaniyan de bû. Îtalya, Fransa, Ingîltere û Yunaniyan her yekî li milekî ve welatê me îşgal kiribû. Heta Stenbol û xelîfe jî di bin hukmê dewletên sondxwarî de bû û bi emrê wan hereket dikir. Em dijminê millet û xayînê welat dihesibandin. Ji bo kuştin û fewtandina me leşkerên Yunanan û heta leşkerên xelîfe bi xwe dimeşiyan ser me. Wekî kesên qatil û serhilder hukmê kuştina me didan. Niha her di nav xwe de û li Asyaya xwînî, di vî welatî de ku xwîn û agir, bi bextkirina ser û malên xwe ji bin destên dijmin me derxistiye, bi hezaran xayîn û welatfiroş di nav me de hene ku dixwazin me ji hemî berên van hewl û xebatên me bêpar bikin, tu dixwazî em her wiha zû bixapin, pişta xwe bi wan girê bidin, ev milletê feqîr, nexwendî û hejar ku van cure mîkroban û van hemî cure welatfiroşan xwe tê de veşartine, ji wan re bêjin: fermo li gora dilê xwe û bi serbestî meb'usên xwe helbijêrin? Wekî tu dibêjî (mebesta 'Elî Saib Beg ez im) dibê em bi destê xwe kap (ben) têkin sitûyê xwe û xwe amadeyê îdamê bikin. Em vî welatî têkin bin destên wan ku li ser hesaba biyaniyên do kar dikirin?" Min jê re got: gotinên te gelek xweş in û di cih de ne. Lê li gel vê jî ez dibêjim ev ne helbijartin e. 'Elî Saib Beg, dema pê hesiya ez li ser bîrên xwe mam, hinek girj bû û xwest mijarê biguherîne. Got: "madem wiha ye, dibê yekî wekî te ku herhalde gelek in an dê çend heval û hemfikrên wî jî hebin, li Silêmaniyê li hemberî hukmê Ingilîzan çavên wan netirsabe û ji bo rizgariya welatê xwe hewlê dabe". Min jê re got: em hewlê wê yekê didin ku serxwebûnî ji Kurdistanê re bê dan. Ji min re got: "yanî di bin hukmê Ingilîzan de bimînin?" Min jê re got: niha em di bin hukmê Ingilîzan de ne, lê em naxwazin raste rast di bin hukmê Ingilîzan de bimînin, dê serxwebûniya me bê dan. Vêca ev serxwebûniya han jî wekî hûn dizanin li gor îmkan û mecala hêzên Kurdan û li gor wext û şertan diguhere. Ji min re got: "tu di dilê xwe de bi Şêx Mehmûd re yî?" Min got: ez wisan dizanim. Got: "çavên wî jî li serxwebûniya Kurdistanê ye?" Min got: ji min zêdetir. Wî got: "Şêx Mehmûd bawerî bi wê kiriye ku Ingilîzan soz danê û hukumetekê jê re damezrînin. Netîceya wê çi lê hat?" Min jê re got: jê re hukumet danîn. Wì got: "wezîrên we kî bûn?" Di vir de ez hinek sekinîm û pişt re min got, di hukumetek wiha biçûk de munasîb nehat dîtin ku unvanê wezîr bê bikar anîn, navê reîs li wan hatin kirin, wekî nimûne; reîsê maarif û reîsê maliye... navên wan pirsî... min ji bo ku nebêje gelek nexwendewar in, navê hinek kesên zana û reîsan têkel kir û got. Ji min re got: "Wisan dixuyê dê hûn li dijî Ingilîzan rabin û doza serxwebûniya Kurdan bikin? Ev ji Kurdan zêdetir Ingilîzperest in. Ev tev bi pereyên Ingilîzan ve girêdayîne û ev ew in û ev in..." piştî tev van gotinan û bêhnfirehî û nefesdirêjiyê, hê nebirî û gotinên xwe domandin û got: "hûn xwediyê xeyalên xav in û ew hewl û xebatên hûn ji bo serxwebûniyê dikin bê feyde ne. Mûsil, îro be yan sibe be dê her vegere himbêza dayika xwe ya niştiman (mebest ji dayika niştiman Tirkiye ye), wê çaxê yên bi navê serxwebûniya Kurd û Kurdistanê xizmeta siyaseta Ingilîzan dikin dê hesab ji wan bê pirsîn". Vêca xwe şidand û got: "tu çawan bi vê bîr û fikra xwe ya jehravî di vî welatî de digerî. Kê îzna te daye? Êdî ji vir şûn de ez nahêlim tu gavekê bavêjî. Ger tu biyanî nebûya niha min te kiribû qurbana gulleyeke dabanceyê." Min hê cih û seviya 'Elî Saîb ba hukumetê nedizanî û min jî hilda û gotê: bibexşîne, lê tu nikarî serê min bidî ber gulleyên dabanceyê. Çunkî ez bi dizî nehatime vî welatê han û bi îzna hukumetê û di bin agahdariya wan de di vî welatî re derbas dibim. A duduyan, nameya kesekî wisan bi min re ye ku tu endamekî vê hukumeta han nikare asteng û girêyan têke ser riya min. Wê çaxê 'Elî Saib Beg keniya û ji min re got: "ka em bizanin ev mirov kî ye?" Min jî nameya Huseyîn Rauf Beg da destan. Dema ku xwend berken bû û cardin kaxez da destê min. Ji min re got: "ez hê di serî de têgihîştim ku tu însanekî kêm tecrube û saf î, ji ber vê ez li te diborim, lê gelek e tu jî wê yekê bînî ber çavê xwe ku dijminên me zêde ne, welatê me hê bi temamî ji xeterê rizgar nebûye û ji biyanîperestan nehatiye paqij kirin. Ji ber vê, nabe di bin tesîra xortanî, xwîngermî û îlhama felsefeya azadîperestiyê de çi bê bîra te tu bêjî û eşkere bikî". Ji bilî vê, xwest ku bi temamî dilê min aş bike û tundî û tûjîtiya min a berê sist bike û bi min bide bîr kirin, got; "ez jî wekî te Kurd im û ez gelek ji milletê Kurd hez dikim. Lê ez tenê birayekî Kurdan ê dînî û niştimanî dizanim, ew jî Tirk in. Ji bilî Tirkan milletek tune ku qenciya Kurdan bixwaze. 'Ereb bi xwe di bin destê biyaniyan de ne û Ingilîzan jî Kurdên Iraqê ji ber mesela Mûsilê xapandine. Mebesta wan ji Mûsilê petrola Mûsilê ye. Dibê Kurd vê bizanin û bi gotina Kurd û Kurdistan û serbixwetiyê neyên xapandin û nebin çakûçê destê Ingilîzan". Piştî van nesîhet û pendan, kaxezek derxist û dirêjî min kir. Ev kaxez ji aliyê Mustefa Kemal ve ji hemî ew walî, fermander û karbidestan re hatibû nivîsandin ku dixuya dê 'Elî Saib Beg ew bidîtana. Mustefa Kemal doz li wan dikir ku hemî emrekî 'Elî Saib Beg dibê wekî emrê wî (yanî Mustefa Kemal) bizanin û li hemberî tu emrên wî nabe dijîtiyê bikin. Wî digot, 'Elî Saib Beg yek ji wan qehremanê dîroka milletê Tirk e. Di şerê istiqlalê de destê min ê rastê û birayekî herî bi qîmet û dostekî min ê giyanî û herî kevn e (yanî yê Mustefa Kemal).

Piştî du seetên ku min bi 'Elî Saib Beg re bi munaqeşe û dilmaniyan derbas kirin, wî xwest em bi hev re bi rê kevin. Lê bar bi me re hebû û Mehmûdê Xal jî li ser siwar dibû, ji ber vê me nedikarî bi 'Elî Saîb û siwarên wî re serî derxin. Min efuya xwe jê xwest û vêca ew ketin ser riya Ulucakê û me jî di riya Maraşê re berê xwe da Entabê.

Entab

Merkeza qaymeqamtiyek e û bajarekî biçûk û hewayê wî xweş e. Caddeyên wî rast û xweş in û bi kevirên wekî mermeran hatine çêkirin. Piraniya xaniyên wan jî li ser terzê Îranî yan Roman in, ji kevir an mermerên çargoşe hatine ava kirin. Min nameya Mehmed Efendî ji tacirê nasê wî re bir. Gelek qedrê min girt, em birin mala xwe û em bûn mêvanê wî. Ji mal, navmal û dîwanxaneya wî dihat dîtin ku miroveki navdar û xanedan e. Mal, zarok û derûdora wî heta tu bixwazî bi edeb û xizmetperwer bûn. Em du şev û du rojan li mala wî man, lê çavê me li rûyê zarokekî neket û dengê beşerekî neket guhê me. Bêyî ez bêjim an daxwaz bikim, her çi tiştên ji bo mêvanekî, bi taybetî ji bo kesekî ku şermîn be, tevan bê deng bicih dikirin. Çi kincên me, heta kiras û derpiyên me, dema dihatin şûştin,ûtû dikirin û solên me paqij û boyax dikirin. Hemama germ a hazir, şimikên wan ên hemamê, sabûn, lêfik û kîse, kincên şevê û taximên rîkurtkirinê bi awakî wisan rêkdixistin û amade dikirin ku mirov digot ew bi otomatîk bi xwe tên durûst kirin. Bi rastî ez ji wan du rojan ecêbmayî mam û min dixwest ez bêjim ku ez di malekî sîhrawî de dijîm. Bi şev em li dîwanxaneyê berhev dibûn û ferqek mezin di navbera hewayê li wir û yê Enqereyê de hebû. Enqere germ bû. Lê li Entabê em di hindur de rûdiniştin û radiketin. Xwediyê malê û mêvanên wî ku ji sê-çar kesan derbas nedibûn, hemî di yek babet kon de diman, fîstan û cubbe li wan bûn. Tevan nargîle dikêşan. Tiştê ecêb ew bû ku min jî wê çaxê wekî gelek xelkê Silêmaniyê nargîle dikêşa û nargileya min jî bi min re bû. Em li hemberî hevûdu rûdiniştin û me nefesan li nargîleyên xwe dixist û dest bi sohbetê dikir. Wan şevekê behsa şerê Tirkan û Fransizan kirin û êdî qet nebirîn. Li gor gotina wan, Entab demek dirêj bûbû meydana şerê Tirkan û Fransizan û gelek bûyer û hedîseyên girîng û derbederî bi serê wan de hatibûn. Behsa qehremaniya ‘Elî Şefîq (Ozdemir) û ‘Elî Saîb û mêranî û fedakariya xelkê Entabê ji min re dikirin û qet navbir nedixistin axaftina xwe.

Ji Entabê heta Diyarbekrê otomobîl hebû, min ji xwe û Mehmûd re du cih veqetandin. Çend rêwiyên din jî bi me re hebûn. Di nav wan de yek-du xortên ji Diyarbekrê jî hebûn. Di destpêkê de min nexwest ez bi wan re biaxivim, lê di rê de me hevûdu nas kir. Ew jî Kurd bûn û yekî ji wan sanewî temam kiribû û dikanek vekiribû. Di rê de em bi Kurdî (zazakî) û Tirkî ketin gotina stranan. Ez hinek tiştan ji wan hîn bûm û agahê min bi hewadis û bûyerên Diyarbekrê bûn. Li Diyarbekrê ziyafetek jî dan me û min çend xortên Kurd ên din jî nas kirin. Berî em bigihîjin Entabê, hevalekî min ê rê, ji me veqetiya û çû Maraşê. Min dizanî ku ‘Elî Kondoktorê hevalê min ê zaroktiyê li wir e. ‘Elî kurê Huseyîn Efendî yê birayê Huseyîn Nazim bû. Min û wî li Kerkûkê di dibistana îbtîdayî de bi hev re dixwend. Babê Huseyîn Efendî wê çaxê li Maraşê katibê bankê bû û jê re Huseyîn Efendiyê Bank digotin. Min gelek dixwest ez biçim Maraşê û ‘Elî bibînim, lê karwanê me ji wir derbas nedibû. Ji ber vê min jî ji wî hevalê xwe yê zaroktiyê re bi riya wî hevalê me yê rêwîtiyê nameyek şand. ‘Ebdullah Begê bavê Fayîq Bêkes ê şairê Kurd ê bi nav û deng jî wê çaxê li Maraşê bû.

Urfa

Em nêzîkî nîvroyê gihîştin Urfayê. Biryara me ew bû, piştî îstîrahetek û xwarinê em bikevin rê. Min xwest ez hinekî li nav bajarê Urfayê û bazara wî bigerim. Min berê xwe da dikana berberekî, dikan gelek temîz û xweş bû. Min xwest ez pora xwe jêkim. Wê navê re Mustefa Behçet ê yuzbaşiyê siwarî hat wir. Ez û Mustefa Behçet di dibistana 'edadî ya eskerî (lîseya eskerî) ya Bexdayê de bi hev re bûn û em hevalên hev ên gelek nêzîk bûn. Dema ku çavê wî bi min ket, ji şahiyan nezanî ka dê çi bike. Got: qet nabe tu îro biçî. Şand pê Mehmûd Samî yê yuzbaşî, ew jî li wir zabitê siwarî bû û li Bexdayê hevalê min ê dibistanê bû û me jê re "Pansa Samî" digot. Birayê 'Ezîz Efendiyê Selîm Axa yê xelkê Silêmaniyê, yanî 'Ezîz Efendiyê mamoste bû, ku jê re "Kurê Qoz" digotin. Xwediyê otomobîlê peya bû û got, hewce ye em otomobîla xwe hinek bişûn û hevalên din jî dixwazin îşev li Urfayê bimînin, vêca tu çi dibêjî? Min got, ji bo xatirê te ez jî dimînim. Gelek kêfa wan hat. Zabitekî din jî hat û hevalê Mustefa û Mehmûd Samî bû. Ew ji 'erebên Trablusê bû û kurekî xweşik û xweşsohbet bû. Ji min re gotin ku ew yawerê Ucimî (?) Paşa yê Se'dun e. Ucimî, piştî Şerê Cîhanê yê Yekem, Iraqê terk kiribû û ketibû pê Tirkan. Li hember vê wefadarî û xizmeta wî ji Tirkan re, li dorê Urfayê bax, baxçeyek û erd dabûnê û li wir dijiya. Gelek qedrê wî digirtin û biryar ew bû ku îşev em biçin ba wî. Lê em êvarê çûn çayxaneya ser ava ku dibêjin agirê Îbrahîm Pêxember tefandi ye. Li wir golek avê hebû û masiyên renga nerg tê de bûn û ji ber xatirê Îbrahîm Pêxember kesî dest lê nedida û zêde dibûn. Me demek xweş li wir derbas kir û tavahîvê jî bû. Pişt re me biryar da ku em biçin mala Mustefa û li wir rakevin. Jin û zarokên Mustefa çûbûn mala bavê xwe. Em wê şevê li wir raketin û serê sibê me berê xwe da Diyarbekrê. Heta Diyarbekrê tiştek wisan tune ku ez behs bikim. Tenê em li Sîwerekê sekinîn û em çûn çayxaneyekê. Ez li wir rastî 'Elî Yawerê kurê 'Ezîz Efendiyê Osman Axayê Xoce Efendî hatim. Li wir zabitê topçî bû û yek û du zabitên din jî li me berhev bûn. 'Elî Yawer bi zorî nan, kebab û mastê sar bi me da xwarin, me çaya xwe jî vexwar û em ketin rê. Ev riya han gelek bi kevir bû û hewa jî gelek germ bû û di roja 18yê hezîrana sala 1923an de (di vê tarîxê de şaşiyek heye, gelek e ev 1922 be -Z. A.) (339ê rumî), em gihîştin Diyarbekrê. Hevalên me yên rê yên Kurd gelek zor dan me ku em biçin mêvaniya wan, lê xwediyê otomomobîlê em rast birin mêvanxaneya eskerî, ji ber ku min seh kiribû ku tê de ciyê razanê yê baş heye û xwarinên xweş jî çêdikin.

Diyarbekir

Yek ji wan bajarê mezin ê Kurdistanê û navçeke dîrokî ya Kurdan e. Çemê Dîcleyê ji rojhilat ve ji kêleka Diyarbekrê derbas dibe. Bajar bi surhekê (bedenekê) hatiye rapêçandin. Demek dirêj nêzîkî 168 salan ev bajarê han merkeza dewletên Dostkî (Dostek) û Merwanî yên Kurdan bûye. Emîr Ebû 'Ebdullah Huseynu'l-Baz (Baz Ebû Şûca'i) ê bi nav û deng ku duyemîn hukumdarê Dostkiyan e, ji aliyê El-Qadir Bîllah ê xelîfeyê bîstûpêncemîn ê 'Ebbasiyan ve unvanê "Baz Ebû Şûca'i" jê re hatiye dan, ji Kurdên Hemidiyye bûye û li Diyarbekrê hatiye dinyayê (324ê koçî, 935ê zayînî). Navê Şah Ebû Şûca'i di xutbeyan de bi navê xelîfe re hatiye xwendin û sikka taybetî li ser navê xwe lê daye. Navek re Mûsil jî girt (373yê koçî, 983yê zayînî) û xwest biçe ser Bexdayê û Dîlemiyan ji wir derxe. Ebû 'Elî Hesen, piştî mirina xalê xwe Şah Ebû Şûca'i, ev welatê han ji Hemdaniyan parast û leşkerên belavbûyî yên Dewleta Dostkî ji nû de berhev kirin û rêkxistin. Ev serokê han ê qehreman ê Kurd, bi vê tenê nema, ji bilî girtina welatê xalê xwe, ji Wanê heta Mûsilê kir bin destê xwe û li Mûsilê bi navê xwe hakimiyeta xwe danî. Piştî wî, Ehmedê xarziyê Ebû Şûca'i û birayê Ebû 'Elî yê kurê duduyan ê Merwan derket ortê û di ciyê Dewleta Dostkî de di sala 402yê koçî (1011yê zayînî) de, Dewleta Merwanî (Merwaniyye) damezirand. Nêzîkî 52 salan di bin navê El-Meliku'l-'Adil Nasiru'l-Dewle Ehmed Bîn Merwan, di navçeya Diyarbekrê û Cizîrê de hukumdartî kir. Piştî wî, ev welatê han (Amed-Diyarbekir) di dema Şerên Tirkan û 'Eceman de, yanî di şerê navbera Sultan Selîmê Osmanî û Şah Îsmaîlê Sefewî de, bi ciyên din ên Kurdan re bê şer ket bin hukmê Tirkan (920ê koçî, 1514yê zayînî). Lê bajarê Diyarbekrê heta îro jî wekî bajarekî Kurd ma û gelek kesên bi nav û deng jê derketin û her yek li milekî di karbidestî, zanistî yan weltaparêziyê de kesên hêja û bêemsal ên Kurd bûn.

Li mêvanxaneya eskerî odeyek dan me û ji xeynî me zabitek jî tê de dima. Beyana roja duduyan, ez pê hesiyam ku ew jî ji Kurdên Bedlîsê ye. Kurekî bi edeb û bêdeng, lê haya wî ji tiştekî tunebû. Car caran ji ber xwe ve bi lehçeya xwe stranên Kurdî jî digotin. Min bi dil guhê xwe didayê, lê bi min re nediaxift, ji ber vê min tiştek fehm nekir. Her roj serê siban wextê çayvexwarinê jî me hevûdu didît û pişt re diçû ser karê xwe. Ew êvara ez gihîştim Diyarbekrê, ez gelek westiyabûm. Min şeva xwe li mêvanxaneyê derbas kir û ez neçûm derve. Roja din serê sibê mudurê îstîhbaratê şand pê me. Ez çûm balê. Navê wî Selîm Beg bû û rutbeya wî bînbaşî bû. Gelek hewil dida ku wekî centîlmenekî bi me re hereket bike. Ji min re got: ez gelek pê xweşbûm ku bêyî em bên ji te re bêjin, tu bi xwe li mêvanxaneya eskerî bûyî mêvan. Çunkî ji hemî ciyan baştir e û tu dikarî li gor dilê xwe tê de bimînî. Min nameya Huseyîn Rauf Beg dayê û li jorê wê li ser nivîsand ku "hatiye dîtin". Ji bo mesela vegera min ya Iraqê (Silêmaniyê) got ku riya Bedlîsê, Wanê û Şemizdînan ne xerab e. Ji min re got, carekê bêhna xwe vede, dê ez jî lê bifikirim. Diyarbekir, wê çaxê merkeza Cebheya El-Cezîreyê bû û Cewad Paşa yê bi nav û deng jî serfermanderê vê cebheyê bû. Piştî gihîştina min du rojan, li ser daxwaza Selîm Beg, min Cewad Paşa ziyaret kir. Lê ez ji çûna xwe poşmam bûm. Gelek hişk, bi kibir û pozbilind bû. Ev ew Cewad Paşa bû ku di sala 1924an de, ji bo mesela Mûsilê bi heyeteke lêkolînî re hat Iraqê. Car caran ji ber xwe ve min serek li Selîm Beg dida yan wî dişand pê min û ez behs û xeberên Iraqê, Silêmaniyê û Şêx Mehmûd jê hîn dibûm.

Li Silêmaniyê, di wextê hukumdartiya Osmaniyan de, zanistî li ber çavê hinek xortên wê rojê, beşa herî mezin dihat hesêb kirin. Ji bilî dibistan û hucreyên taybetî, çend dibistanên aîdê dewletê jî tê de hebûn. Ji 'Edadî ya Eskerî ya Silêmaniyê gelek xwendevan derketibûn û çûbûn Bexdayê û li wir piştî salek xwendinê çûbûn Dibistana Herbiye ya Stenbolê û bûbûn zabit. Gelek ji van jî ji Dibistana Erkanê Herb (Dibistana Kurmaytiyê raste rast dibûn yuzbaşiyên kurmay (kurmay yuzbaşî). Di sala 325ê rumî de, min ji Reşîdiyyeya Mulkiye ya Kifrê dîplomeya ibtîdayê wergirt, li ser daxwaza bavê xwe -wê çaxê li tabura seyyar ku di navbera Rewandiz û Seblaxê de li ser sînorê Iraq û Îranê bû- ez çûm Silêmaniyê û bi îmtîhan ez ketim sinifa duduyan a 'edadiya eskerî ku pênc sal bû. Gelek mamosteyên wê çaxê ji Kurdên Silêmaniyê bûn. Di nav van de yên eskerî Ehmed Begê Reşîd Paşa yê yuzbaşî, 'Elî Yawer ê Hacî Heme Axa yê mulazimê topçî, Nurî Weys, Fethî û Reşîd Zekî Kaban, yên sîvîl jî Mele Mihemmed Efendî yê mamosteyê Farisî, Şêx Mihemmed Efendî yê mamosteyê 'Erebî, 'Ezîz Efendiyê Osman Axa yê mamosteyê xet ku jê re Xwoce Efendî digotin, Mele Reşîd Beg û 'Ebdullah Efendiyê Paweyî tên bîra min. Hacî Qelender ê bi nav û deng jî li wir çavedêr bû û Salih Çawuş jî borezevan bû. Sala dawiyê ku em çûn sinifa sisiyan, sinifên çaran û pêncan birin Bexdayê. Dibistana me jî bi navê Reşîdiyyeya Eskeriyye kirin dibistaneke sêsalî ya serbixwe. Dema ku min ji Reşîdiyyeya Silêmaniyê dîplome wergirt û ez çûm Bexdayê, min ev sinifên xwe yên 'edadiyê jî li wir temam kirin. Berî Şerê Cîhanê yê Yekem salek û du salan, dibistaneke 'edadî mulkî li wir vekirin.

Nêzîkî çûna xwe ya Stenbolê, min bi yek ji wan mamosteyên Dibistana 'Edadî ya Bexdayê re şer kiribû, li ser vê, min xwe nexweş kir. Min şandin Nexweşxaneya Mecîdiyye û li wir, ez û Dr. Sefwet li dijî hev rabûn. Herdu cebheyan, dibistan û nexweşxane, dest bi dijminatiya min kirin. Bi raporeke heyeta tibbî, gotin ku nexweşiya wî ya dil heye û ji zabitiyê re bi kêr nayê û ez ji mektebê hatim avêtin (329ê rumî). Di Dibistana 'Edadî ya Bexdayê de heta wê rojê ne di hêla xwendin û ne jî di hêla rewş û tentêlê de min tu tiştekî nekiribû ku kesek gilî û gazindekî ji min bike. Ji ber vê, ji bo ku wan ez ji berê xwendina çend salan bêpar kirim û hevalên min ketin haziriya çûna Stenbolê, wekî ez tiştekî wenda bikim, ez gelek li ber xwe ketim. 'Ebdulletîf Begê kurê Aga Paşa yê mudurê dibistana me û gelek ji mamosteyan jî, bi taybetî doktorê dibistanê Samî Silêman ê Qolaxasi û 'Ebdulmecîd ê mamosteyê matematîkê ku dixwestin ez biçim dibistana erkanê, gelek li wan nexweş hat û xwestin hewil bidin ku qerarê biguherin. Her çendîn vê qerara han gelek tesîr li min kiribû û min dizanî qerar ne rast e û bi eşkere ew dixwazin milê min bişkînin, lê min di cih de biryar da ku ez riyeke din ji xwe re bibijêrim û li ser bimeşim. Ez di matematîkê de gelek baş bûm, ji ber vê ez ketim ser hewesa xwendina Dibistana Muhendisiya Bilind a li Stenbolê. Lê wan ji min re got, em ew kesên 'Edadî ya Mulkiye xelas kirine digrin, ji ber vê ez vegeriyam Silêmaniyê û min ew havîna xwe bi betalî derbas kir. Vêca sala hat ez çûm sinifa dawîn a 'Edadî ya Mulkiye û eynî salê min dîplomeya vê dibistanê wergirt û çûm Stenbolê (sala 330ê rumî). Ez hê nû gihîştibûm Stenbolê û diçûm dibistana muhendisiyê. Tam wê navê re Tirk li milê Almanan ketin şer. Bavê min zabitekî qidemlî yuzbaşî bû û ji Silêmaniyê şandibûn Baneyê, Îranê û Şefîqê birayê min ku gihîştibû sinifa pêncan a 'edadî, li Silêmaniyê bûbû mezinê malê û kiribûn mudurê dibistana 'Edadî ya Mulkiye. Li ser dewra me mudurê vê dibistanê Fayîq Wisal bû. Di nav mamosteyên me de jî yekî navê wî Osman Nurî yê xelkê Diyarbekrê hebû û diket dersa me ya 'Erebî. Ev birayê han ji meletiyê dihat û li wir hatibû perwerde kirin û piştre dibistan jî xwendibû. Piştî dibistanê mêzereke spî dida serê xwe û cubbeyekî reş ê kurt jî li ber dikir. Gotina "gîbî" ya Tirkî ku dihat me'neya "wekî", "kîpî" telafuz dikir. Ji ber vê me navê wî danîbû "Kîpî". Dema ku ez hatim Diyarbekrê mamosteyê min ê hêja Osman Nurî li wir bû. Xulusî Tiblîs ku di sala dawîn a Şerê Cîhanê yê Yekem de li Silêmaniyê sawcî bû, ew jî wê navê re li Diyarbekrê bû. Xulusî, hevalê min bû û me bi hev re şi'ir dinivîsandin û dişandin ji rojnameya Hewadîs û kovara Kewkebê Mearif re. Ev weşanên han li Kerkûkê dihatin weşandin. Ev herdu dihatin ba min û min dawetê ziyafetê dikirin. Bi taybetî mamoste Osman Nurî heta roja dawiyê ku min Diyarbekr terk kir, ji min cihê nebû û gelek bi dilekî xweş xizmeta me dikir. Ûrfî Begê Kurd jî ku demekê li Silêmaniyê mudurê tehrîratê bû, bi rastî edîb û şairekî mezin û bi qîmet bû, tenê kurê wî Awnî jê mabû, di mehkemeya Diyarberê de katib bû.

Min bi riya Xulusî Beg, Dr. Fuad nas kir. Xortekî hinek bejinkurt û rengê wî meylê spiyê û jar bû. Lê zîrek, çalak, bêtirs, mêr û welatparêzekî heqîqî bû. Xulusî bi xwe jî miroveki gelek baş, Kurdekî dostperwer û şairekî feqîr ê tabiî bû. Milletê xwe bêyî dek dolab gelek hez dikir, xwe nêzîkî karên zêde tehlîke nedikir. Ji ber vê, ji dûr ve Dr. Fuad nîşanî min kir û ji min rîca kir ku ez xwe nêzîkî wî nekim, çunkî di bin çavdêriyê de bû. Min Dr. Fuad ji dûr ve bi van gotinan nas kir: "îşte şum cûnun", yanî "ev dînê bê oxur". Min û Dr. Fuad, wê rojê ji dûr ve bi serê xwe silav li hev kiribû û hevûdu nas kiribû.

Tam wê navê re ji nişka ve lerza bayê tayê ez girtim û ez gelek bê hal bûm. Bi şev doktorê eskerî ji min re anîn û derziya malaryayê li min xist û reçete ji min re nivîsand. Serê sibê zû Mehmûd çû dermanxaneya belediyê dermanên min bîne. Dr. Fuad wî li wir dibîne. Dema Mehmûd dermanên min anî pusûleyek wî jî pê re bû. Seetek şûn de bi xwe jî hat, tenê Mehmûd li ba min bû. Derziyek li min xist û demek kurt ba min rûnişt. Behs û xeberên kul û derdên xwe ji min re gotin, bi awakî zelal min zanî ku nefesa dewletê li ser navmilên wî ne. Gelek eziyet û cefa dîbû û gelek bûyer hatibûn serî. Lê li gel vê jî wê çaxê hê doktorê belediya Diyarbekrê bû.

Nexweşiya min a malaryayê dom dikir, lê dema sist dikir ez diçûm ji derve. Ez rojek rastê Mustefa Şewqî hatim. Ji min re got, ji Îzmîrê tê û dê biçe Iraqê. Li gor gotina wî, ji hinek kesên nas ên Iraqê re hinek name û wêneyên Nureddîn Paşa ku pê re bûn dibir. Niyeta wî ew bû ku ji bo xatirê çavê reş ên Nureddîn Paşa li wir şer û astengan derxe. Mustefa Şewqî, Kurd gelek baş nas dikirin. Li Tirkiyê, qasî ku ez dizanim, zabitê redîfe (dewra eskeriyê ya duduyan- Z. A.) yan jî yê şubeyê bû. Gelekî hez ji methê xwe û derewan dikir. Dixwest ez jî bi wî re di riya Mûsilê re vegerim. Destpêkê ket serê min, lê dema min derew û gotinên wî yên mezin dîtin, min fikra xwe guherand. Ew, berî ku em bi rê kevin, bi wê riya guya Tirkan jê re hazir kiribû, çû. Me jî çend rojan piştî wî bi riya karwanan berê xwe da bakûrê rojhilat û piştî pênc rojan em gihîştin Bedlîsê. 'Ebdurrehman Begê Reşîd Paşa li Bedlîsê zabit bû. Bi zabitekî din re xaniyek kirê kiribûn, em çûn ba wan man.

Bedlîs

Li Kurdistana Tirkiyê bajarekî biçûk ê çiyayî ye. Ketiye navbera du çiyan. Bajar xweş e û li ser girekî ye. Xwediyê dêmenekî sipehî, xweşik û av û hewayê baş e. Niha merkeza wilayeteke bi navê xwe bi xwe ye. Navek re ev bajarê han jî merkeza emareteke Kurdî ya bi nav û deng bû. Emîr Şeref Xanê kurê Emîr Şemseddîn (Rojkî), di sala 1005ê koçî (1597ê zayînî) kitêba Şerefnameyê ya dîroka emareta xwe û mîrektiyên Kurdî yên din bi zimanê Farisî nivîsandiye. Bi xwe jî di dewra Sultan Muradê Sisiyan ê Osmanî de bûye emîrê Bedlîsê û qasek jî di koşka Şah Tehmasbê Sefewî de maye. Li gor Şerefnameyê, emîr û hakimên Bedlîsê ji nesla Nûşîrwan an ên hukumdarên Sasanî yên Kurd in. Di Şerefnameyê de li milekî dibêje: rastî ew e ku hukumdarên Bedlîsê diçin digihîjin ser Behramê kurê Camasbê kurê Feyruzê Sasanî yê Kurd ku di zemanê Qubad de Kesra hukumdarê Ermenîstanê û Şêrwanê bûye. Her di eynî vê Şerefnameya han a wergera 'erebî û di rûpela 391an de, tê dîtin ku ev xanedana han di tarîxa 1005ê koçî (1597ê zayînî) de, ku dawîpêhatina nivîsandina kitêba tarîxê ya Şerefnameyê ye, muddetê salên hukmên wan hemî bi ser hev gihîştiye 760 salan. Lê ew emîrên ku di vî welatî de yek di pê yekî de û bêyî navbir an sekin hukumranî kirine û Emîr Şeref Xan ew tev berhev kirine, hejmara wan gihîjtiye hejdeh (18) emîran ku li ser hev 450 salan di herêma Bedlîsê de bi serbixwe hukumranî kirine. Zanayê bi nav û deng Idrîsê Bedlîsî, bi şertê serxwebûniya mîrektiyên Kurdistanê ku emîrên Kurdan bi Sultan Selîmê Osmanî re rêkxist, di sala 920ê koçî (1514ê zayînî) de bi Osmaniyan re bûn yek û ev jî di Şerê Çaldiranê de bû sebebê serkeftina Sultan Selîm. Teymurê Kurgan (Teymurleng) ku di dema xwe de dinya ser û bin kir, hemî hukumdar û emîrên wê demê esîr girtin, padîşahê Osmanî Yildirim Bayezîd ku ew û Teymur ji eynî bingehê bûn, bi esîrtî di bin destê wî de mir, bi emîrê Bedlîsê Emîr Hacî Şeref Xan re gelek bi rêk û pêkî hereket dikir û ew nêzîkî xwe kiribû. Bi vî awayî gelek bajar û keleyên din jê re bexşî û xist ser welatê Bedlîsê. Mele Selîm ê bi nav û deng ku berî Şerê Cîhanê yê Yekem li Dêrsimê(?) (di vir de şaşiyek heye, gerek Bedlîs be- Z. A.) şoreşeke mezin a Kurdî rêkxistibû û li dijî Tirkan rabûbû, piştî şikestina Kurdan xwe avêt konsolosxaneya Rûsan a Bedlîsê. Heta Tirk daxilê şer bûn li wir ma û vêca dema ku Tirk û Rûs li hemberî hev beşdarî şer bûn û konsolosê Rûsan Bedlîs terk kir, Tirkan Mele Selîm girtin û di kulanên Bedlîsê de îdam kirin.

Ez û Mehmûd tenê şevekê li Bedlîsê man. Serê sibê bi riya neferekî 'Ebdurrehman Beg re, me hêstirek ji bo barên xwe kirê kir û em ketin rê. Di destpêkê de ji min re eşkere bû ku ew pereyên (80 mecîdiyên Tirkan) ku min dabûn vê hêstira han ji kîsê min çûbûn. Mixabin ew mirovê li gor gotina 'Ebdurrehman Beg ji beytariyê fehm dikir, ez xapandibûm û hêstirek jar û pîr ji me re kirrîbû yan firotibû me. Qonaxa me ya yekem Tetwan bû û roja duduyan jî em gihîştin Xelatê. Îbrahîm Efendî yê yuzbaşî (Îbrahîm Gudrunî) yê xelkê Silêmaniyê û birayê Ewnî 'Efendî, li wir reîsê şubeyê bû. Ji bilî vê jina wî jî keça Mele Emînê Delal bû û min ew hê di zaroktiyê de nas dikir. Li Kerkûkê bi dayîka xwe re gelek car dihatin mala me û em jî diçûn mala wan. Keçeke gelek xeberxweş û entîke bû. Ez li Xelatê çûm mala wan û me li wir firavîn xwar. Xurşîdxan, li gor gotina zaroktiyê; Xorşeya Mele Emîn, wêneyek xwe ya xweşik a bi şewqe û kincên Fransizî ve kêşa bû da min û min bir ji xizmên wê yên li Silêmaniyê re.

Xelat (Exlat)

Di dîrokê de xwediyê ciyek e. Di dewra Emîr Şeref Xan ê Kurd ê emîrê Bedlîsê û hevçaxê Teymurleng, Melik Eşref ê hakimê Urfayê û Herranê û kurê Selaheddîn Emîr Eyyub, Mecdeddînê birayê Şeref Xan hakimê Xelatê bûye. Sultan Celaleddînê kurê Sultan Mihemmedê Xwarzemşah ji tirsa leşkerên Cengîz Xan selteneta Îranê bicih dihêle û berê xwe dide Hindistanê û pişt re jî vedigere Îranê. Lê carek din nikare xwe ragire, diçe Qafqasyayê, Êrîvanê û Tiflîsê digre. Pişt re berê xwe dide Mîrektiya Bedlîsê û li Xelatê derûdora Mecdeddînê birayê Şeref Xan digre û demek dirêj di navbera leşkerên Sultan Celaleddîn û Kurdan de şer dewam dike. Celaleddîn, Xelatê digre û Mecdeddîn û Izzeddîn dixe zîndanê. Lê Şeref Xan bi leşker diçe ser û di Deşta Muşê de herdu leşker li hemberî hev radibin, piştî şerekî giran ê sê rojan diajo, Celaleddîn dişkê û vedigere Xelatê. Vê navê re leşkerekî Moxolan jî dikeve Êrîvanê, Celaleddîn jê ditirse û Izzeddîn û Mecdeddîn ji zîndanê rizgar dike, bi Şeref Xan re jî peymaneke aştiyê çêdike û keçeke xwe jî lê mehr dike.

Em roja sisiyan gihîştin Ercîşê. Li vir jî Baz Ebû Şûca'i yê Kurd hat bîra min ku çawan bi saya mêranî, qehremanî, egîdî û zîrektiya xwe dewleteke wekî ya Dewleta Dostkî damezirand û gihîşt seviya hukumdartiyê. Hat bîra min ku pişt re çend kesan li xwe berhev kir û dest avêt talanê û çi tiştê bi destê wî diket li hevalên xwe belav dikirin, bi vî awayî bû xwediyê leşker. Pişt re ket sewdaya mezintiyê û berê xwe da Ercîşê, yanî ev bajarê ku ez niha tê de me. Li vir ji bo girtina welatê Amedê (Diyarbekrê) dest avêt berhevkirina leşkeran û gelek bi ser de neçû Amed, Meyafarqîn û Nisêbîn girt. Li gel leşkerên Semamu'l-Dewle başûrê Wanê ket nav şerekî mezin û giran û ew li navçeya Bacalanê şikandin û bi pê wan ket heta Mûsilê û Mûsil jî girt (373yê koçî, 983yê zayînî). Vêca piştî vê ket sewdayê girtina Bexdayê û di netîceya gelek şer û qirênên di navbera Dîlemiyan û Baz de û hinek caran jî di navbera Baz û Hemdaniyan de, di şerekî de Baz ji hespê xwe ket xwarê û situyê wî şikest. Ebû 'Elî yê xarziyê Baz ku navê bavê wî Merwan bû, ciyê Bazê xalê xwe girt û di şûna Dewleta Dostkî de Dewleta Merwanî damezirand.

Bajarê Wanê

Em piştî qonaxa xwe ya Ercîşê, bi derbasbûna çiyan bi ser çiyan re, di roja 6ê tîrmeha 339ê rumî de gihîştin Wanê. Dema ku em gihîştin vî bajarî nêzîkî êvarê bû. Me dixwest em biçin otêlekê. Lê em çiqas geran û me pirsî tu otêl, xan an odek jî bi destê me neket ku em bigrin û tê de bimînin. Li milekî şer û şûrê di navbera Kurdan û Ermeniyan de ku hemî bi dek dolabên dewletê diqewimîn, li milekî din jî ji ber sebebê Şerê Cîhanê yê Yekem dagîrkirina vî welatî ji aliyê leşkerên Rûsan vę, ev navçeyên han, bi taybetî navçeyên Bedlîsê, Wanê, Geverê, Şemizdînan û Rewandizê hemî kavil û wêran bûbûn û kevir li ser kevir nemabûn.

Bajarê Wanê merkeza wilayetek mezin e û bi saya zîrektî û dewlemendiya Ermeniyan sen'et pêş de çûbû. Bi taybetî di karên zêr, zîv û şûşeyê de pêş bû. Wê çaxê dima gundekî talan û wêran kirî û tev li ser hev dused (200) mal tê de tunebûn. Wan û behra (gola) wê û ew çiyayên li pişta wê, menzereyên sipehî û xweşik bûn. Caddeyên wê yên rast, fireh û darkirî, xweşîtiya wê didan xuyakirin. Av û hewa wê ya saz û dêmenên wê yên gelek xweşik, bi nav û dengtir û şêrîntir bûn. Mixabin ew caddeyên rast, rêk û pêk, fireh ên di bin siya darên akasyan de paqij û hênik bû, lê di wan caddeyan de ji ber xalîtî, tenhayî û bêdengiya însanan, di rê de xewa mirov dihat. Em gelek dirêj nekin, me li ber dikanekê pirsa xaniyekî, odekê û ciyekî dikir ku em bikarin xwe tê de bisitirînin û aciziya xwe ya rêwîtiyê ji ser xwe bavêjin, lê wisan dixuya dê ciyek bi destê me neketa û em ê li kulanan bimana. Xwediyê heywanan jî çûbû û em di cih de hiştibûn. Bi hêviya otêl û mêvanxanekê me ew jî ji destê xwe kiribû ku em bikarin pê re biçin mala wî yan ciyê ew xwe bisitirîne. Lê gelo ciyekî wî jî hebû ku bikaribûya me tê de bihewîne?

Malarya min a li Diyarbekrê bi min ve dayî li min zivirî bû, hê dev ji min bernedabû. Heta em gihîştin Bedlîsê bê sekin hemî rojan bi min digirt û taqet ji min birîbû. Ji ber vê, heta Bedlîsê ew ciyên em bi piyan meşiyabûn, wekî min nedîtibe. Ez tenê wê dizanim, em nêzîkî Sêrtê dimeşiyan, lê Sêrt bajarekî çawan bû û me li wan deran çi dîtin, min tiştek nenivîsandibû û tiştek jî di bîra min de tunebû. Ew pênc rojên em di navbera Diyarbekir û Bedlîsê de bûn, tenê serpêhatiya rojek xwe min nivîsandibû. Gelek baş tê bîra min û li ber çavên min e, em di riya Weyselqeraniyê de bûn. Di nav karwanê me de, heywanekî sandoqek mezin li ser piştî hebû û serê vî heywanê jî xortekî biçûk dikêşa. Wan digot: jineke nexweş di nav sandoqê de ye ku mêrê wê li Diyarbekrê memûr e û wê dişîne Bedlîsê mala bavê wê. Xortê biçûk jî birayê jinikê bû. Çend caran dema rêketinê jinik li ber çavên min ket ku di nav sandokê de dirêjkirî bû, her çiqas nexweş û jar bû, lê dihat xuyakirin ku di keçîniya xwe de yeka şêrîn û ciwan bûye û wisan dihat ber çavên min ku berken dibe. Min qet bawer nedikir wisan zû bimre. Lê dema ku em gihîştin Weysilqeraniyê, birayê jinikê dest bi hawar, girîn û şînê kir, em pê hesiyan ku jinika belengaz miriye. Biryar hat dan hema li ser qebra Weyselqeranî bê veşartin. Min di dilê xwe de got, Xwedê bike îro lerz û ta min negre heta vê jina perîşan têkin qebrê. Diyar bû daxwaza min bicih bûbû. Me jina belengaz gihand ser mexberan. Wê rojê sê seet li ser piyan û li ber tavê ez çûm û hatim, lê ez qet pê nerehet nebûm. Piştî ku ez vegeriyam salona merqeda Weys, min ciyê xwe li ser sekoya salona merqedê raxist û ketim navê. Min ji Mehmûd re got, ka li gund hinek şîr an mast tune tu ji me re bikirî, birincê jî çêke. Ez heta ji xew hişyar bûm, destê min li ser dilê min bû û hêviya min ew bû ku ez bi lerza tayê nekevim. Ez di wê salona hênik de seetek razam, dema ez bi xwe hesiyam, laşê min sivik û rehet bûbû. Lê mixabin Mehmûd xwarin seqet kiribû û min tenê şîr û mast xwar. Bi rastî hat xeyala min ku êdî lerza tayê min nema be. Lê çi heye roja din dema wextê wê hat cardin bi pêsîra min girt û ez dam ber eziyet û cefayê. Navek re çavên min bi yek û du mirovên bi çakêt û pantol ketin ku bi wî kurê xort û karwaniyan re rûniştibûn û behsa jina mirî dikirin. Ew jî birayên wê jina belengaz bûn û ji Bedlîsê hatibûn pêşiya wan. Ji wan re gotin ku ji do ve ew teslîmê axê bûye, ev dêmenek bi kul, êş û bi tesîr bû. Min jî her bi wî awayî dirêjkirî çend dilop rûndikên germ rijandin.

Heta em gihîştin nêzîkî herêma Wanê min gelek kêm kiribû, ez gelek jar û zer bûbûm. Ji min re gotin, hewayê Wanê gelek xweş e, ez ê li wir baş bibim. Li gor gotina wan, dibû ez di Gola Wanê de sêbahî bikim. Lê va ez li wir nêzîkî rojavayê li ber deriyê dikanek ji bo pirsa ciyekî ku ez tê de rakevim û aciziya rê ji ser xwe bavêjim, yanî di behra fikir û xeyalan de ketibûm sêbahiyan. Lê Xwedê şand, nizanim çibû, Mecîd Emîn ê Kerkûkî li me pêda bû. Me hevûdu gelek baş nas dikir û li Kerkûkê nasiya me bi hev hebû. Em ketin hal û kêfpirsîna gurr û germ. Ez naxwazim serê we biêşînim, Mecîd got: qet cih bi dest nakevin, ez jî li dayira cendirmeyan radikevim. Çunkî fermanderê cendirmeyan xelkê Kerkûkê ye, miroveki gelek baş e û hemşerîperwer e. Hûn dikarin îşev li ba min rakevin, heta sibê em bikarin ciyekî ji we re pêda bikin. Ya Rebbî sed şukur ji te re, em ji vî halî rizgar bûn. Em wê şevê çûn dayireya cerdirmeyan. Mecîd xizmeteke gelek zêde ji me re kir û em hewandin. Mecîd an Mecîd Efendî yê kurê Emîn Efendî, di wextê Osmaniyan de li Kifrê mudurê Emlakî Seniyye bû. Bi xwe yanî Mecîd, dema ku ez li Kerkûkê mamoste bûm, dikanek vekiribû û ticaretê dikir. Pişt re ji Kerkûkê derketibû û çûbû ba Ozdemir. Dema ez li Enqereyê bûm, Ingilîzan Ozdemir ji Rewandizê derxistibûn û eskerên Ozdemir di herêma Şemizdînan û Başqeleyê de belav bûbûn û hinek ji wan jî hatibûn Wanê. Eshed Beg ê fermanderê cendirman ê Wanê, gelek ji van girtibû nav alaya xwe û ew kiribûn cendirme. Mecîd di nav wan de bû û di dayireya cendirmeyan de kiribûn katib. Beyana wê şevê ku me ba Mecîd derbas kir, ez çûm merkeza firqeya Wanê. 'Elî Riza Beg ê bînbaşî, erkanê herb ê firqeyê bû, gelek bi camêrî pêşwaziya min kir. Heta ez li Wanê bûm kirinên baş û mêranî bi me re kirin. Ji bo riya vegerê ji me re got: em ê ji kolordiya rojhilat re binivîsin û li gor emrê wî çi pêwîst be em ê bikin. Di roja 7ê tîrmehê de jê re nivîsand û di 14ê mehê de carek din nivîsandina xwe dubare kir. Wê çaxê 'Elî Se'îd Paşa fermanderê wê cebheyê bû û bi xwe li Sariqamîşê rûdinişt. Ehmed Teqî ku ji Qafqasyayê ji bo mesela Simko çûbû balê, hê li wir bû. Xusrewê kurê Simko yê esîr hatibû girtin jî ba 'Elî Se'îd Paşa bû û li wir xistibûn dibistana eskerî. Di vê navê re ku ez ba 'Elî Riza Beg rûniştibûm, cendirmekî pusûlek Eshed Niyazî ji min re anî. Tê de, piştî xêrhatinê, dinivîsand ku ji bo firavînê hêviya min e û nabe tu li tu ciyê binivîsî ku tu ji bo firavînê li ba min î. Ji bilî vê nabe li tu ciyekî dayîreyê bê zanîn ku em nasên hev ên kevn in, tenê em hemşeriyên hev in. Biryar da ku heta ez li Wanê bim, dayîre di bin emrê min de be û ji bo îstîrahetê ez dibirim mala xwe û bi rastî însanekî temam bû.

Piştî ku ez ji Bedlîsê derketim, lerza tayê min kêmtir bûbû. Dema ez gihîştim Wanê bi carekê nema û êdî min ta negirt. Min di Gola Wanê de sêbahî jî nekir, malariya min jî nema û ez ji wan nebûm ku di gol û di behran de sêbahî bikim. Çunkî min sêbahî nedizanî. Av ji çokên min derbas bûna, min nedikarî ez xwe tê de rabigrim.

Ez li Wanê baş bi xeber û hewadîsên Simko û Ozdemir agahdar bûm. Simko, piştî vegera xwe ji Silêmaniyê nêzîkî Serayê yê navçek girêdayê Wanê û di navbera sînorê Tirkan û Îranê de, bi xwe û qasî sed kesan ve di geliyekî de bicih bûbûn, Reşîd Cewdet û Fayîq Ismaîl jî li balê bûn. Ev herdu zabitên Kurd ji Silêmaniyê pê re hatibûn. Reşîd ji wir bi min re ket dan û standinê. Wî digot, Simko heta niha çaveriya netîceya hewildanên Ehmed Teqî yê li ba Se'îd Paşa ye. Gilî û gazinda wî dikir ku heta niha ne 'Elî Se'îd Paşa û ne jî firqeya Wanê bersîvên nivîsandinên Simko bi rast û rewan nedane û netîceyek bi dest nakeve. Çi 'Elî Se'îd û çi jî firqe, dixwazin Simko bê lam û cîm rabe û bête Wanê, yanî xwe bavêje bin însaf û merhemeta Tirkan. Simko nediwêriya vê yekê bike û xwe têxe bin destê wan. Mesela Şêx Mehmûd û Ozdemir jî bi ser neketibû. Ozdemir bi xwe û bi çeteyên xwe ve ji Rewandizê hatibû dûr xistin û belav kiribûn. Ji ber vê Simko dizanî ku biçe Wanê dê bikeve davikê. Di navbera firqe û Simko de jî, berê ez bigihim Wanê, muxaberateke dûr û dirêj hatibû kirin. Lê bê feyde û bê netîce mabû. Min, her çendîn ji 'Elî Riza Beg û Kenan Beg ê fermanderê firqeyê gelek rêz û qedir jî didît, lê min nedixwest ez têkilî mesela Simko bibim. Ez ditirsiyam ku bibim sebebê kirinekê ku ji netîceya wê poşman bibim. Cejna Qurbanê bi ser de hat û çû, Simko û 'Elî Se'îd Paşa telgrafên pîrozbahiya cejnê ji min re şandin. Simko dixwest ez biçim li balê. Berî vê carek û du caran ji firqeyê ber guhên min xistin ku ez biçim li ba Simko û wî hêmin bikim û bê Wanê. Lê min ji bo vê meseleyê lêborîna xwe ji wan xwest. Dema ku nameya Simko hat û xwest ez biçim li ba wî, firqe ev firset zanî û şandin pê min. Hemî muxaberatên navbera firqeyê û kolordiyê yên di derbarê Simko de hatibûn nivîsandin, danîn ber min. Firqe bi bîçimî li gel Simko bû. Ez jî li Wanê nêzîkî mehekê çaverê bûm ku alîkariya min bikin û di riyek emîn de min bişînin. Min bi xwe ji 'Elî Paşa re nivîsand. Ji min re digot, serî li firqeyê bide. Lê çi heye tiştek di destê firqeyê de tunebû. Pişt re min serî li walî da. Wî muraceet kir û jê re bersîv hat ku ger ez bi riya Şemizdînan re biçim baştir e û Fewzî Beg ê nasê min jî li wir e û dê alîkariya min bike. Lê îro û sibê digotin û tiştek nedikirin. Êdî ez ji canê xwe têr bûbûm. Tam vê navê re dema firqeyê behsa Simko kir, min di cih de biryar da ku biçim li ba Simko. Min dizanî Simko di nav eşîretên Iraqê û 'Eceman de xwedî nifûzeke mezin e û dikare min bigihîne sînorê Rewandizê. Min li Wanê ji xwe re şal û şepikên Kurdî dan çêkerin û min riyek kurt û biçûk jî berda bû. Min cejna xwe li mala şêxekî Kurd derbas kir. Ev şêxê han xelkê Kurdistanê yê ji aliyê me bû û bi Kurdiya Silêmaniyê diaxift. Li Wanê hinek derwêş û mûrîdên wî jî hebûn û min şik jî jê dikir. Lê gelek xizmeta min kir û ez di mala wî de ewqas serbest bûbûm, her wekî ez di mala xwe de di nav kes û nasên xwe de bim, min cejna xwe bi wî awayî derbas kir. Piştî cejnê ji firqeyê sê siwarên Tirk bi min re danîn û ez çûm ba Simko.

Dema ku ez li Silêmaniyê bûm, Simko ji Hewlêrê hatibû ba Şêx Mehmûd. Ew şeva ku Şêx Mehmûd ez bangî mala xwe kiribûm, wî û Simko bi hev re tedbîra sefera me ya Enqereyê kiribûn. Piştî ku her çendîn ji Rewandizê nameya Şêx Mehmûd ji me re hatibû û me jê re nivîsandibû ku li hemberî êrîşên Ingilîzan me tertîbatên xwe standine, lê piştî sefera me ya Enqereyê, Simko kengî û çawan hatibû vê navçeya han û Reşîd Cewdet li ba Simko çi dikir? Ji bo têgihîştina vê meseleyê, berî ku em herin ba Simko, ez ê behsa wê nameyê ji we re bikim ku Reşîd ji min re şandibû Wanê. Ev nameya han bi Tirkî gelek bi herfên hûrik û bi qelema kopiyê hatibû nivîsandin. Ji bilî kurtiyê, hinek ciyên wê têk çûbûn û niha jî di nav belgeyên min de ne û niha ez ê bi zerrebînê (mercek) bixwînim. Ez vê nameya han a jêrê ji we re werdigerînim ser zimanê Kurdî.

Ev nameya han di tarîxa 15.07.339ê rumî de hatiye nivîsandin.

"Birayê Gelek Hêja

Tu gelek bi xêr hatî. Înşaallah dê tu bi xweşî vegerî welatê xwe yê xoşewîst. Wekî ku ji aliyê cenabê we ve tê zanîn, em, piştî çûna we ji Silêmaniyê, pênc roj şûn de çûn Pîşder. Ez bi qebra bavê xwe û bi şerefa xwe dikim, haya min ji wextê hereketa me tunebû. Ew şeva ku beyana sibê me hereket kir, min seet dudu û nîvê şevê pê agahdar kirin, ji ber vê ew tiştên ji bo sefereke wiha pêwîst bûn, min gelek ji wan amade nekirin. Ji bo vê nabe tu li min bigirî ku yên min ji Rewandizê ji te re nivsandibûn ji sergêjî û serêşiyê ji bîra min çûn. Min heta sibê hewil da ku hespekî baş pêda bikim. Beyana sibê li milekî ji bo Îsmaîl Axa Simko û li milekî din jî ji bo xwe bi berhevkirina hinek tiştan mijûl bûm. Ji ber vê, ji bilî ew kincên niha li min e û ji destek kiras û derpê pê ve min tiştek bi xwe re hilnegirt. Heta min nekarî ez biçim û bizanim ka gelo zarokên te çi dikin. Bi rastî dibê tu li min biborî (li vir di nameyê de çend rêzan spî dihêle û pişt re diçe serî).

Ingilîzan yek û du caran Silêmaniyê bombebaran kirin, lê zerareke zêde nedanê. Mala we şukur selamet e. Wextê bombebarankirinê hinek ji xelkê çûn gundan, lê Ingilîzan belavok belav kirin ku zerar û ziyanî nagihînin ahalî û kesên bêguneh. Ji ber vê gelek ji wan vegeriyan. Di bombebaranê de ji feqîran jin, mêr û zarok nêzîkî deh kesan şehîd bûn. Di nav wan xaniyê wêrankirî de yên kesên naskirî wek xaniyê Hacî Emînê Kake Heme, xaniyê Kerîm Beg Xanzade Ciwanî û beşek zêde mala Hacî Mele Se'îd heye. Em dilxweş in ku di derbarê mala we de tiştekî wisan tune ku bibe ciyê meraq û nexweşiyê. Ji aliyê Şêx Mehmûd ve malumateke..."

Not: Di vir de bêyî temam kirina nameyê Bîranîn (Yadaşt) temam dibe. Êdî tu destnivîsek din ba min tune ku ez têkim ser Bîranînê (Tê xuya kirin ku ev not ji aliyê Pakîze Xanim a keça mamoste Refîq Hilmî ve hatiye nivîsandin. -Z. A.).

NOT:

Ev rêza ku nîvê wê di vir de ye û dawiya wê bi gotina "malumateke" diqede, diyar e dewama wê di defterek din de ye. Ew deftera bi destnivîs a li ba min, li vir diqede. Wek tê dîtin, piştî vê dest bi defterek din kiriye û Yadaşt bi vî awayî bi nîvî nehiştiye. Çunkî di sala 1955ê zayînî de dest bi vê defterê kiriye, yanî pênc sal berê wefata xwe. Ji ber vê nakeve aqilê mirov ku pênc salan vê rêza han a netemamkirî bi vî awayî nivçe hiştibe. Eger yek rêz jî nivîsandibe, eşkere ye ew rêz temamkerê vê rêza han a di nîvî de mayî ye. Lê mixabin ew rêz bi destê min neketiye û min nedîtiye. Her çend di vî warî de min gelek hewil da û ez xebitîm, lê bêfeyde man. Ji ber ku namexaneya bavê min ne li ba min e. Ya dest daniye ser û nahêle kesek bi tixûbê wê bikeve û di bin tînîtiya hîsa Ehrîmenî de ye û kesekî nêzîkî bavê me nake. Ji ber vê ji vê zêdetir ez nikarim tiştekî bêjim. Tenê ez dikarim bêjim ku ez ne tawanbarê netemamkirina Bîranînê me. Min gelek hez dikir ku di jiyana xwe de vê yadîgara bi qîmet pêşkêşî ew Kurdên hêja yên dilxwazên Refîq Helmî bûn, bikim ku hemî jiyana xwe ji bo ronîkirina asoyê jiyana wan û rastkirina bîr û baweriya wan û mafê wan amade kir.

Dr. Pakîze Refîq Hilmî

JÊRENOT:

(1) Li gor gotina mamoste 'Ebdulne'îm el-Elamî ku di El-Duhaya El-Selas de dibêje: bi xwe di nêz de şahidê vê bûyerê bûye û ev hedîseya han di roja duduyan a Cejna Qurbanê de qewimiye û du roj domandiye. Tahir el-'Emerî di Muqedderatû'l-Iraqû'l-Siyasiyye de dibêje: vê hedîseya han di roja yekem a Cejna Qurbanê de dest pê kiriye û sê şev û sê rojan ajotiye.

(2) Baha Efendî wê navê re li Mûsilê başkatibê Rejî bûye. Kurê 'Ebdullah Efendiyê Hacî Ibrahîm Efendî yê xelkê Kifrê ye.

(3) Waliyê Mûsilê yê wê çaxê Ferîq Paşa yê xelkê Helebê bû ku bi xwe jî endamê Partiya Îttîhad û Terakkiyê bû.

(4) Şêx Se'îd û kurên xwe li xaniyê Mehmed Paşayê Sabuncî yê li ser Caddeya Serayê û li hemberî mekteba 'edadiya kevin ku niha kirine Saneyê Şerqiyye, bûne. Lê kesên derûdora wan li xaniyekî nêzîkî xaniyê Şêx Se'îd bûne ku ew xanî bi xwe jî yê Mehmed Paşa bûye.

(5) Ew sê kesên han ev bûne: Reşîd Efendiyê Omerî, Şêx Ibrahîm Rumî û 'Elî Efendî yê îmamê Mizgefta Nebî Şît.

(6) Wê demê ji fermandarê taburê re, yanî ji amir feweeya cendirman re "tabur axasî" digotin.

(7) Ev, Xidir Hemawendî ku mamoste Mu'im behsa wî dike, Mehmûd Xidir ê Hemawendi ye, wê çaxê ew li Mûsilê bînbaşiyê cendirmeyan bû.

(8) Li gor gotina mamoste 'Ebdu'l-Mu'im el-Elamî, Şêx Mehmûd di dema êrîşanîna xelkê ya ser mala Şêx Se'îd û kuştina birayê wî, ew li mala Xidir Hemawendî bûye. Piştî êrîşker ji wir diçin mala Hacî Mehmed Çilîcadir, ew ji mala ku li wir in xwe digihînin qonaxa hukumetê.

(9) Ji bo dûr û dirêj behsa kirinên Reşîd Paşa û navên wan kesên hatine girtin û bi destê xwe tawanê îdamkirinê daye wan û encamên vê bûyera han, binêre: kitêba El-Duhaya El-Selas ya mamoste 'Ebdûlne'îm El-Xulamî.

(10) Lovalties Meapotamia Voleume 11, 1919-1920 A personal Historical Record. By Sir Arnold T. Wilson, M. P.

(11) Qasê ku ez dizanim, ev heyeta han ji Major Noel, du doktor, muhendîsek û ji çend neferên Ingilîzan pêk hatibûn û aşçiyek û çend xizmetkar jî bi wan re bûn. Lê tê gotin ku Major Danlis jî bi wan re bûye.

(12) Gundekî Şêx Mehmûd e, riya nîv seet ji Taslûçayê dûr e û dikeve ser riya Çemçemal û Silêmaniyê.

(13) Major Noel gelek baş Farisî û Fransizî dizanî. Li Îranê gelek mabû. Wilson ji nav bi hezaran zabitan ku di warê siyasetê de xizmeta Britanya Mezin kiribûn, ji Lichmen, Soane û Noel gelek razî bû û gelek methê wan dikir. Ew dibêje ku çîrokên serpêhatiyên Noel dikarin bi cildan kitêb tijî bikin û gotina xwe bi vî awayî didomîne: xwezî rojekê ji rojan wan binivîsanda. Li gor Wilson; mêranî, zîrekî û karzanîna van hersê zabitên han ciyê spas û methê ne. şarezatiya Lichmen di nav welatên 'Ereban de li ser Iraqê, yê Soane li ser Kurdistanê û yê Noel jî li ser erdê Îranê, ji Britanya Mezin re gelek bi feyde û bi qîmet bûn.

(14) Li gor gotina hinek Ingilîzan, Şêx Mehmûd kiribûn nûnerê hêzên Britanyayê yên li Kurdistanê.

(15) Reşîd Zekî Kaban, xelkê Silêmaniyê bû. Di dema Osmaniyan de yuzbaşî û di Mekteba Ruşdiyye ya Eskerî de mamosteyê me yê matematîkê bû. Di demên dawiyê de ez jî bi mamoste Reşîd Zekî re li 'Edadî ya Mulkiye de mamosteyê Fransiziyê bûm.

(16) Seyîd Ehmedê Berzencî jî berê di Mekteba 'Edadiyê de mamoste bû. Wê dewrê bûbû katibê taybetî yê Şêx Mehmûd. Di dewra hukumdartiya duduyan a Şêx Mehmûd de bû mudurê Parastina Giştî (emna giştî), piştî wê di Hukumeta Iraqê de bû mudur, pişt re jî bû qaymeqam û pişt re ji kar û barên hukumetê derket û kirin naîbê Silêmaniyê.

(17) Wekî me got, dema ku Noel hat Silêmaniyê ji doktorekî û muhendîsekî pê ve kesek pê re tunebû. Her çendîn Farisî dizanî lê pêwistê Kurdîzanekî bû ku zimanekî biyanî jî bizane. Ji ber vê, wê demê kesekî ku Ingilîzî bizane li Silêmaniyê tunebû û min jî Fransizî dizanî, Şêx Mehmûd emir da ku ez alîkariya wî bikim.

Ji bilî tercume û nivîsandinê, min dersên Kurdî jî jê re digot.

(18) Loyalties Mesopotocmia W-11. Arnold Wilson.

(19) Fayîq Tapo, Ehmed Fayîq Beg e ku dewra Osmaniyan de li Silêmaniyê endamê mehkemeyê bû. Navek re jî li Bexdayê mudurê tapuyê bû. Kurê Tewfîq Efendî yê xelkê Silêmaniyê û xarziyê Hacî Reşîdê Rêwî ye. Van dawiyan reîsê mehkema Kerkûkê bû. Çend sal berê niha mir.

(20) Ez di vir de rîcaya lêborînê ji wan kesan dikim ku îftîxarê ji kespa xwe dikin û ji bo pariyek nan an pişta xwe bi kîbîr û destdirêjiya xencerê girê nadin û nûkeriya kesekî nakin. Nebe ku bizanin ez îftîxarê bi wan xizmên xwe dikim ku baqal in, ez neynokê wan bi van xizmên xwe naguherim ku gotinên tucarî û mezintiyê bi wan ve danîne û yan mirovê hukumetê ne û ji bo qazanceke heram û neheq û yan ji bo alîkariyeke bêfeyde hezar caran sitûyê xwe li ber karbidestekî hukumetê xwar dikin.

(21) Cemîl Axa, dawiyê bû endamê Meclîsa Tesîs, dema ku Feyselê Yekem bû Melikê Iraqê Cemîl Axa jî bû naîb.

(22) Fettah Beg, xortekî nûtêgihiştî ji Silêmaniyê bû û hatibû wê navçeyê. Piştî hişyarî, zîrekî, çavtêrî û mêvandariya xwe bûbû yek ji wan mezinên Ranyeyê. Ev lawê han ê zîrek û xwedî cewher, piştî çend salan bi handana Ingilîzan hat kuştin.

(23) Şikandina nifûza Şêx Mehmûd, ji hakimê siyasî yê Silêmaniyê Major Soane bi xwe re hatibû sipartin û Bill jî li ser pêşniyara wî bi xwe, yanî yê M. Soane, mijûlê jiholêrakirina Şêx Emîn bû.

(24) Ehmedê Fettah Şeşxane.

(25) Kolonel Wilson bi xwe wiha dibêje: "Tirkan (mebesta Wilson ew Tirk in ku di bin serokatiya Ozdemir, yanî 'Elî Şefîq Beg ê Çerkezê Misrê de hatibûn Rewandizê) wisan dikirin mejiyê Kurdan, goya Ingilîz û memûrên Ingilîzan, Rûsan bi çi awayî bi wan re hereket kirine dê ew jî wisan bikin. Dikirin mejiyê wan ku dê ew di rojên dahatî de dest û piyên 'Ereb û kildaniyan bi wan bidin maçî kirin." Vêca piştî vê gotina xwe bi vî awayî didomîne: "mixabin kirinê zabitên Ingilîzan ên wan rojan û siyaseta li ser dimeşiyan wisan li Kurdan kiribû ku ev gotinên Tirkan rast derkevin."

(Loyalties Mesopotamia 1917-1920 P. 131).

(26) M. Soane di vê gera xwe ya Kurdistanê de zêdetir li Silêmaniyê û Helebçeyê mabû. Gelek baş bi Kurdî hîn bûbû. Ji bilî kitêba "To Mesopotamia and Kurdistan in Disguise" kitêbek li ser Gramera Kurdî jî nivîsandibû. Wilson, wekî me di beşa yekem a vê "Bîranîn"a han de jî behs kir, gelek methê Soane dike û dibêje: "Soane di derbarê mezhebê şii de jî xwediyê zanyariyek zêde ye."

(27) Roj nebû ji bo tersê heywanan ji çend gundan re ceza neyê dan. Dema ku Soane di nav bajêr re derbas bûya, dibû hemî xwediyê dikanan û bikir bi hev re ji ber ve rabûna piyan û ji silava wî re amade bûna. Rêbar jê re hatibûna vala kirin. Tiştek bi serê polîsekî de bihataya yan casûsek nexweş biketaya, ji mezin heta biçûkan dibû biçin mala wan û halê wan bipirsin û duayê xêrê ji wan re bikin... Heyyûm Efendî yê Cûhî (yahudî) ku di zaroktiya xwe de me bi hev re dixwend, kurê mirovekî hemal ê gumrukê yê durû bû. Wê çaxê bûbû komîserê mintiqa merkezê. Rojek tayê wî girt. Biçûk û heta mezinên Silêmaniyê hemî bi qefle qefle riya taxa cûhiyan dan ber xwe û çûn pirsa halê wî. Rojek ez û Macid Mustefa ji bo seyra wê dêmenê çûn, qet nepirsin em di rê de rastê gelek ji wan mirovan hatin ku xwe gelek mezin dizanîn û di derbarê Heyyum Efendî de bêqerar bûn û haya wan ji wan nemabû.

(28) Wekî min li jorê behs kiribû, li Hewlêr li ber çavê hakimê Hewlêrê û Mûsilê li ser gotineke pûç ez hêrs bûm û min bersîva wî da û jê re got: "Çavê xwe veke! Ez xulamê bavê te nîn im!" ("Ouvrez les yeux! Je ne suis pas serviteur de votre pér!")

(29) Goyan (Goyî), navê eşîretekî Kurdên Zaxoyê ye. Ev eşîreta han, ew Xiristiyanên di nav wan de dijiyan gelek aciz dikirin, ew wekî evdan dikirîn û difirotin. Kapitan Besn ê hakimê siyasî yê Zaxoyê bi handana keşeyên wan dixwest dijitiyek têxe navbera serokên vê eşîreta han a mêrxas ku bikare Xiristiyanan ji bin destê wan rizgar bike. Ji bo tolestandina van kirinên wî, di nîsana sala 1919an de li nêzîkî gundê Bêco, ku ji Balû dihat û dixwest biçe Mergeyê, rastê êrîşa vê eşîretê hat û ew kûştin û bi vî awayî şoreşeke ku çend mehan domand çêbû. Ev bûyera han li hemberî hakimekî siyasî yê Ingilîzan yekemîn serhildana Kurdên Iraqê bû. Ev yek bû sebeb ku ji hemî milên Iraqê ve, bi taybetî di Kurdistanê de, ew kesên ji Ingilîzan nerazî bûn yek, bi yek wan bi dest xin û bikûjin.

(30) Uso ji Yusuf tê. Ev Uso Axayê han, ku jê re Usoyê Keçel jî digotin, bi rastî însanekî baş bû û di nav kesên maqûl ên derûdora Şêx Mehmûd de eiyekî wî yê bilind hebû. Lê mixabin ew jî nexwendewar bû û yek ji wan kesê herî nêzîkê Şêx Mehmûd dihat hesêbkirin. Bi hemî awayî bibext, têgihiştî û zimanxweş bû. Ji başiyê pê ve fikra tiştekî nedikir. Rehmeta Xwedê lê be...

(31) "Ji dîrokê re!" Ev mezbeteya han îmzakirî, bi bersîva Ozdemir (bi mercên ji bo li-

hevhatina Kurd û Tirkan hatibû nivîsandin) di nav deftera destnivîs a Ozdemir bi xwe de hebû û xwediyê îmzeyan jî ev bûn: Simaîl Axayê Şikakî (Simko),, Babekirê Selîm Axa, 'Ebbas Mehmûd Axa, Salih Axayê Pîşder, Axayê Bayîz (Awcax) Heme Axayê Ewrehman Axa, Ce'fer Sultan (Hewraman), Emîn Mehmûd Axa (Hemawend), Mehmed Talib (Simaîl Ozêrî), ji Sadat qaymeqamê berê yê Şarbajêr Riza. Hamid Begê Mecîd Beg (Caf), reîsê Dawde 'Ezîz, 'Elî Hesen Axa (Zengene), Mihemmed Axa (Zengene), Rûstem (reîsê Roxzayî), Mihemmed (reîsê Şatirî), Mihemmed Hesen (reîsê Terxanî), Refet Simaîl Axa (reîsê Dawûde), Faris Axa (Beyat), Silêman Beg (Beyat), Sadiq Axa (reîsê Zend), Rûstem Axa û Ewrehman Axa (Palanî), Reşîd Axa (Palanî), Seyîd Xelîl Axa (reîsê Kakeyî), Mihemmed Salih Axazade (navê wî nîne?)

(32) Ji kitêba Loyalies Mesopotamia, Wilson.

(33) Ev kevirê han heta îro jî hê heye. Ew kesên ji gelî ji gundê Taslûçe derbas dibin, hinek li milê rastê yê rê wî kevirî dibînin ku jê re "Kevirê Şêx Mehmûd" tê gotin.

(34) Kirinên Muşir bûyera Geliyê Termopil xist bîra min. Dema ku min ev behsa han nivîsand tenê min fikra nivîsandina notek li ser Muşir Axa kiribû. Lê dema min ev rapora han xwend nota xweşik a Huseyîn Fewzî Beg ê muqeddim (dawiyê bû Huseyîn Fewzî Paşa yê Reîsê Erkan ê Ordiya Iraqê ket ber çavê min û di binî de wiha nivîsandibû: "dibêjin ku leşkerên Îranê diçin ser Yunanîstanê û li Tesalyayê dikevin ber devê Geliyê Termopilê, li Awindasê qehremanê Ispartayî bi 300 kesan ve tê û rê li wan digre û guhê xwe nade tehdît û êrîşên Şahê Îranê. Lê Afialtê Ispartayî rê nîşanê leşkerên Îranê dide û wan ji gelî derbas dike..."

(35) Rapora navê wê derbas bû, di sala 1926an de di hejmara 2an û sala 3an a kovara eskerî ya Wezareta Parêzgerî ya Iraqê de hatiye belav kirin.

(36) Ew yeka ciyê seyr û îbretê ew bû ku ew serok û reîsên bang dikirin, ji wan re digotin, li gor hejmara mirov û siwarên wan ên çekdar dê îhtiyaciya wan pêk bînin û pere û tiştên din bidin wan. Vêca yek ji wan tune bû ku mulahezeya rojên bên bikin û wê seetê tenê fikra zêde qazanc û standina pereyan dikirin. Vê yeka han jî bêyî ku qetreyek ava heya û şermê di rûyê wan de hebe digotin û deftera hesabê muhur dikirin û derdiketin der ve.

(37) Bawîl Axa, yek ji wan kesên rastbêj ê naskirî yê Rewandizê û bavê Nurî Efendî (Nurî Bawil) yê reîsê hêzên Rewandizê bû. Ev binemala han di bingeh de dijminê binemala Îsmaîl Beg û Se'îd Begê bavê Îsmaîl Beg bû û herduyan (Îsmaîl Beg û Se'îd Beg) bi destê vê binemala han û ji aliyê Nurî Bawil ve hatin kuştin. Mixabin hinek qenciyên Bawîl Axa jî li ser min hebûn.

(38) Seyîd Tahayê Şemizdînî, piştî Şerê Şêx Mehmûd şandin derveyê Iraqê, navek re kirin hakimê Rewandizê. Di dema şoreşa Şêx Mehmûd de dixwest wî bikin Hukumdarê Kurdistanê.

(39) Di wextê Tirkan de ji sinifa yekem heta sinifa duduyan ên 'edadiyê de Fransizî dihat xwendin. Dema ku Ingilîz hatin 'edadî nema, wê kirin îptîdayî û di ciyê Fransizî de cardin ji sinifa yekem ve dest bi xwendina Ingilîzî kirin.

(40) Firqeya hejdemîn a Ingilîzan ji Mûsilê bang kiribûn ku biçe ser Şêx Mehmûd, lê di nav xelkê de dihat gotin ku ev firqeya han ji Hindistanê anîne...

(41) Siddîq Efendî bi min re Farisî diaxift.

(42) Beyta dawîn a qesîdeya min a bi Tirkî ev bû:

Olmaseydi fikrime tehdide bahs muhdesim?

şimdî ta 'erşê Mecide çikmişdi ismim!

(43) Ew Ingilîzên ku piştî girtina Silêmaniyê ji aliyê hêzên Mehmûd Xanê Dizilî ve li Deboyê hatibûn ragirtin, bi emrê Şêx Mehmûd gelek baş li wan dihat nêrîn. Ji bilî vê, ji ber sebebê ku Şêx Qadirê Hefîd sîhsalarê leşkerê Kurd (serfermanderê giştî yê leşkerê Kurd -Z. A.) û hevalê Danielson bû, di mala xwe de û bi emrê Hebsexana rehmetî gelek caran nan û xwarinên gelek bi qîmet ên taybetî ji Ingilîzan re dişand Deboyê û nivînên pak û çi tiştên ku pêwistiya wan pê hebû ji wan texsîr nedikir û tu qedexetî li ser wan tunebû...

(44) Mesopotamia 1917-1920.

(45) Ev peymana han, di 11ê gulana sala 1920an de hatibû belavkirin, di 10ê tebaxa sala 1920an de ji aliyê nunerên Hukumeta Tirkan a Stenbolê, yanî bi Hadî Paşa yê ferîq û serokê Erkanê Herb, Reşad Xalis Beg ê musteşarê xariciyeyê û Riza Tewfîq Beg ê şair û feylesofê Tirk re hatibû îmza kirin.

(46) Em ê di ciyê wê de dûr û dirêj behsa vê muzakereya han bikin.

(47) Ev gilî, gazind û fendên di gotin û kiri-

nên A. Millerand û yên Bekir Samî de tên dîtin, li gor min, her pêwîstiya lihevhatinê didin nîşan, bi awakî wisan temsîla çekan bidin destê Tirkan ku li hemberî Yunaniyan bi zorî destê Ingilîzan ji hêzên wan bikin. Refîq Hilmî.

(48) Beşek ji vê behsa han a jorê kurtiya "Bîranînên Mustefa Kemalettîn Paşa" yê sefîrê Tirk ê Berlînê ye.

(49) Îbrahîm Efendî Heyderî, Şeyxu'l-Îslamê Osmanî yê xelkê Hewlêrê, wê çaxê li Stenbolê wekîlê Sedrezem jî bû. Emîr Alî Bedirxan (bavê Mîr Celadet, Dr. Kamran û Dr. Jirya Bedirxan) û Şêx 'Ebdulqadir ê endamê Meclîsa 'Eyan a Stenbolê bi navê nunerê Komeleya Tealî ya Kurdistanê kiribûn endamê komîteyê.

(50) Komeleya Tealî ya Kurdistanê, Komeleya Teşkîlatê Ictîma'iyye û Komeleya Istîqlala Kurdistanê.

(51) Memorandum Sur Les Revendications du Peuple Kurde.

(52) Lichmen, serokê ew leşkerên Ingilîzan bû ku di Şerê Cîhanê yê Yekem ê piştî mutarekeyê de, xwest Mûsilê teslîm bigre. Di navbera wî û 'Elî Ihsan Paşa de nexweşî çêbû û piştî ji Stenbolê emrê hukumetê ji 'Elî Ihsan re hat, Mûsil teslîmê wî kir. Vêca ev Lichmenê han, piştî şer bû hakimê siyasî yê Mûsilê. Nêzîkî salekê li wir ma û ji destê Kurdan rastê gelek tengeserî û astengan hat. Piştre şandin Dîlemê. Li wir ji aliyê Şêx Darî yê serokê Eşîreta Zubih û Şêx Xumeyyisê kurê Şêx Darî ve di 12yê tebaxa sala 1920an de di navbera Bexdayê û Fellûceyê de hat kuştin. Niha ji wî ciyî re Xanu'l-Neqezze tê gotin.

(53) Ev Kapitan Bill, piştre bû kolonel, ev, ew ne Kapitan Bill e ku li Koyeyê û Rewandizê hakimê siyasî û li Silêmaniyê alîkarvanê hakimê siyasî bû û di bendîxaneya Koyeyê de ez hepis kirim.

(54) Di wextê Tirkan de zimanê dewletê yê xwendinê Tirkî bû. Lê di hucran de li ba meleyan xwendin bi Farisî bû. Di nav bazirgan, taciran û piraniya xelkê de jî bi Farisî nivîsandin û şi'ir hûnandin belav bû.

(55) Meclîsa Idareyê ya Herêma Silêmaniyê di sala 1921-1922an de bajarê Silêmaniyê hat damezirandin. Di vê meclîsa han de: Heme Axayê Ewrehman Axa, 'Ebdûlfettah Çelebî, Cemal Irfan û Hacî Birahîm Axa endamên helbijartî yên bajêr bûn. Ehmed Muxtar Qazî, Siddîq Mezher ê serokê mehkemeyê, Salih Paşa, Kapitan Hullt ê muawênê hakimê siyasî, endamên tabîî yên bajêr bûn. Ji bilî van, Emîn Axayê Reşîd Axa yê Hemawendî (li ser navê Çemçemal), Heme Salih Begê Heme 'Elî Beg (li ser navê Şarbajêr), Hamid Begê Mecîd Begê Osman Paşayê Caf (li ser navê Helebçeyê) û Hemze Axayê 'Ewla ('Ebdullah) Axa (li ser navê Ranyeyê) endamên helbijartî yên vê meclîsê bûn.

Di dema helbijartina endaman de xelkê Silêmaniyê çend kesan heldibijartin û bi mezbeteyên cihê cihê navê wan didan hakimê siyasî. Navê min jî (nivîskarê vê bîrnanîna han) di nav wan de bû û dengê ji min re hatibûn dan ji yên din zêdetir bû. Lê berê kifşbûna netîceya helbijartinê, Cemal Irfan ku bi xwe jî yek ji wan kesê helbijartî bû, carekê û du caran hat ba min û li ser navê hakimê siyasî ji min xwest ku ez xwe paş de bikêşim û mezbeteya xwe nestînim. Li ser navê xwe bi xwe jî gelek hewil da ku min têbigihîne ku bi Ingilîzan re bi rê nekeve û xizmeta welatê me bi wan nayê kirin. Piştre Kapitan Hullt şand pê min. Bi êrîşek nerm û rîca, xwest min poşmam bike û ez xizmet bi riya xwendin û perwerdekirinê re bikim. Ji ber vê xwest mezbeta min ji min bistîne. Lê ev hewlê wî tu feyde nekir. Lê çi heye du roj piştî vê bûyerê, nemayek resmî ya bi îmzayê alîkarvanê hakimê siyasî (yanî bi îmzayê Kapitan Hullt bi xwe) ji min re hat û tê de digot: "ji ber ku tu şik tune bi riya ders gotin û perwerde kirin de xizmeta we ji xwendevanan re zêdetir e û ew ji vê xizmeta we gelek kêfxweş in, em xizmetek din nikarin bidin we û wê mezbeteya ku belge bû ku hûn ji bo Meclîsa Idareyê hatibûn helbijartin, me bikar neanî û betal kir...".

(56) Ev ew Kapitan Bond e ku heyeta şahîdan bir Bexdayê û di Dîwana Ûrfî de li ser Şêx Mehmûd şahidî kirin. Kerîm Beg, ew û zabitekî Ingilîzan ê din, Xefurê Xece yê xelkê Silêmaniyê û mirovê Bond kuşt û çû Rewandizê ba Ozdemir.

(57) Macid Mustefa û Tewfîq Wehbî, di Hukumeta Iraqê de baş bi ser ketin û herdu jî bûn muteserrif û wezîr. Niha Macid bi ticaretê ve mijûl e û Tewfîq Wehbî jî endamê Meclîsa Pîran (Meclîsî E'yan) e.

(58) Heme Dirêj, ku di zemanê hukmê M. Soane de bûbû Heme Axa,, berê mirovê mala Hacî Hesen Efendî bû. Dema Soane bi tebdîlê qiyafet û bi kincên xefyan ve hatibû Kurdistanê, Heme naskiribû û ew bi xwe re di nav hinek eşîretan de gerandibû.

(59) Ev kitêba han "L. Iraq et La Societe des

Nations", bi Fransizî ye û beşek ji vê kitêbê li ser mesela Kurdan e, min ev kitêba han di bin navê "Xulaşeyî Meseleyî Kurd" de wergerandiye Kurdî.- Refîq Hilmî.

(60) Bi kurtî ji kitêba Nîzamu'l-Intîdab a mamoste Mecîd Xidûrî hatiye girtin.

(61) Li gor gotina mamoste 'Ebdûlne'îm El-Xulamî ya di kitêba El-Duhaya El-Selas, ev şoreşên han ên jorê ku hemî ji aliyê Kurdên herêma Mûsilê ve û di bin serokatiya serokeşîretên Kurdan de hatine kirin, yek ferdek ji 'Ereban tê de beşdar nebûne û gelek ji van bi handan û bi destê komeleyên nehênî yên 'Elem û 'Ehed ve hatine rêxistin û meşandin. 'Elem, yekemîn komeleya nehênî û siyasî ye ku di sala 1914an de li Mûsilê hatiye avakirin. Pişt re di 24ê gulana sala 1919an de li ser biryara navçeyê ya giştî, komeleyê li Şamê navê xwe guherand û kir "Komeleya El-'Ehd".. Berê di programa vê komeleyê de bendek hebû û digot: "komele alîkariya fennî ya Dewleta Britanyayê qebûl dike." Lê piştî biryar hat dan û navê wê guherandin, ev benda han jî ji programa komeleyê derxistin.

(62) Li gor gotina mamoste Mun'em Xulamî, di dema şoreşa Kurdên Mûsilê yên dema Lichmen de, ji bilî Bill û Nolder, gelek zabit û hakimên ingilizan û bi hêzên xwe yên mezin ve, ku li jorê me behsa wan kirin, ji derveyê bi hezaran kesên wendayî û birîndar, nêzîkî 2 000 eskerên wan jî hatin kuştin...

(63) Liqê Komeleya El-Ehed a Mûsilê ku berê navê wê "'Elem" bû û piştî lihevkirina bi Istîqlal re û rakirina behsa standina alîkarî ji Britanyayê û di programa komeleyê de cîkirina li Iraqê hêviya danîna hukumete serbixwe, navê wê guherandin û kirin "El-Ehed"..

(64) Hemdî Paşa, yek ji wan kesê bi nav û deng ê Kurdê Bebe (Baban) bû. Di dema Osmaniyan de mufetişê adliyeyê bû. Dema ku li Iraqê bû û yekem car hukumetek niştimanî hat damezirandin, jê xwestin ku bibe wezîrê adliyê. Lê wî ev wezîfe qebûl nekir û heta mir neket bin wezîfeya xizmeta Hukumeta Iraqê. Hemdî Begê Baban, xizmê Hemdî Paşa ye û navek re li Bexdayê li Taxa Heyderxanê li mala Hemdî Paşa bi hev re rûdiniştin.

(65) Kerîm Beg, birayê Hacî Mele Se'îd û Ehmed Axayê Kerkûkîzade yê biçûk bû. Mekteba Hiqûqê ya Stenbolê xelas kiribû. Wê çaxê avukat bû. Pişt re bû serokê mehkemeyê. Li Silêmaniyê emrê Xwedê kir.

(66) Teyar Beg, birayê mezin ê Ehmed Muxtar Beg bû. Di cilda yekem a kitêba "Şi'ir û Edebiyata Kurdî" de, navê wî di nav şaîrên Kurd de derbas dibe. Teyar Beg, xetîbekî Kurd ê zîrek û hêja bû. Fransizî dizanî. Dema ku M. Soane bi kincên xefyan ve çûbû mala Osman Paşa, li wir Teyar Beg nas kiribû û di kitêba xwe de behsa zîrekî û zekaweta wî kiriye.

(67) Dema ku ez û Ehmed Axa çûn Bexdayê, Ewrehman Se'îd, Macid û Mehmûd Cewdet ê rehmetî di zîndanê de bûn. Lê dema ez vegeriyam Silêmaniyê ew berdabûn. Di damezirandina komeleyê de, wekî me li jorê behis kir, bi taybetî Macid û Mehmûd gelek bi germî alîkariya min kirin û di firehbûna vê komeleyê de rolek wan a girîng hebû...

(68) Necm, rojnameyek bi Tirkî bû û wê çaxê li Kerkûkê derdiket.

(69) Mimkun e ger firsetek bi destê min bikeve, ez bi dirêjahî behsa dest danîna li ser mûlkên Hemdî Begê û derketina wî ji Iraqê û jiyana wî ya bi eziyet û giran li Londrayê bikim.

(70) Mis Bill, ji sala 1916'an heta sala 1926'an li Bexdayê bi navê Sekreterê Kar û Barên Rojhilatê di dayîreya Mendubê Samî ya Iraqê, li Bexdayê li gel Sir Pers Koksy û Sir Hanri Dops kar dikir û di sala 1926'an de, li Bexdayê mir. Berî sala 1916an jî demek dirêj li deşt û berriyên Cezîra Iraqê, li Necdê, li Sûriyê û li Iraqê geştekê dûr û dirêj kiribû û şarezayê hemî behs û meseleyên welatên 'Ereban bû. Gelek giregir û serekeşîretan nas dikir.

(71) Birayê mezin ê Seyîd Ehmedê Berzencî bû.

(72) Şewketê mamê min (Xwedê jê razî be), di zaroktiya min de ji min re gelek baş bû, gelek bi kêrî min û birayên min hatibû. Navek re em di Mekteba Zafer de bi hev re mamoste jî bûn, heqê wî yê mezintî û hevaltiyê li ser me heye. Vêca ji ber ku, ji vê wêneya biçûk a dahatiya jiyana xwe pê ve tiştekî di cih de nehişt, min li ser xwe pêwîstî dît ku ji bo bîranîna wî van du rêzên han bêxim nav rûpelên van bîranînên xwe. Hekene ji vê pê ve tu mebestek min tune.

(73) Rûmî yan Rûmiyên Stenbolê ku di dewra telebetiya me de gelek ji wan li Stenbolê dijiyan û dixebitîn, tevan xwe Yunanî dihesibandin û piştî Şerê Cîhanê yê Yekem hemî çûn Yunanîstanê.

(74) Min ev behsa han bi kurtî ji kitêba 'Elî Tariq El-Hindî wergirtiye.

(75) Wê çaxê ji waliyê Besrayê re "Paşa" yan Paşayê Besrayê dihat gotin.

(76) Ji waliyê Bexdayê re jî Waliyê Iraqê digotin. Waliyên Mûsil û Besrayê di bin destê wî de bûn.

(77) Keştiyên waliyê Bexdayê tê me'neya keştiyên Hukumeta Tirk.

(78) Hersê wilayet: Besra, Bexda û Mûsil bûn, yanî hemî Iraq bû, ku jê re eyalet dihat gotin.

(79) Ev Rich, ew kes e ku di sala 1820'an de, di dewra Mehmûd Paşa yê Hukumdarê Baban de seyahetekê di nava Mîrektiya Silêmaniyê û Kurdistanê de kiriye û kitêbek di derbarê gera xwe de nivîsandiye.

(80) Kurd û Dawûd Paşa yê wezîr û waliyê Bexdayê: Dawûd Paşa, di sala 1816an de bi unvanê wezaretî kirin waliyê Bexdayê, yanî waliyê Iraqê (Bexda, Besra û Şarezor. Berî vê, li Bexdayê di dewra Se'îd Paşa yê walî de defterdar bû. Pişt re navbera wî û Se'îd Paşa xera bû. Li ser vê ket şikê û ji xwe tirsiya û Bexdayê terk kir. Lê nedizanî ka gelo dê bi ku de biçe? Tam vê navê re ji Silêmaniyê nameyek ji Mehmûd Paşayê Baban girt û çû Silêmaniyê. Mehmûd Paşa gelek baş pêşwazî û mêvandariya wî kir. Hinek ji mîrên din jî (yên wekî Silêman Paşayê Baban -mîrê berî yê Koyeyê û Herîrê) li dora wî berhev bûn, bi vî awayî bi alîkariya Mehmûd Paşa ji hemî milan însanan berhev kirin û bi navê Kurdên Baban û Kerkûkê nameyek nivîsandin û şandin Stenbolê.

(81) Mr. Longrigg, wiya Stephun Hemsley Longrigg, ku piştî hatina Ingilîzan li Iraqê, navek re li Kerkûkê kirin hakimê siyasî. Xwediyê kitêba "Çar Çerxên Dawiyê Yên Iraqa Nû" ye, ku wergera wê ya 'erebî ji aliyê mamoste Ce'fer Xeyat ve hatiye kirin.

(82) Gelek kesên ku dizanin Şêx Mehmûd bû sebebê neserkeftina Hukumeta Kurd, dibê ji van yekan ders bistînin û bizanin ku siyaseta Fransayê ya di derbarê Feysel a li Sûriyê, wêneyek siyaseta Ingilîzan a di derbarê Şêx Mehmûd de li Iraqê bû. Hekene, ew jî her wekî Feysel, leşkerekî mezin ji zabitan, siyasiyan û xwendevanên bilind pê re bûn û alîkariya wî dikirin. Ji bilî vê, li beramberê Goro tu asteng û girêyek çênekir û bi hemî awayî hewil dida ku pê re li hev bê. Lê cardin feyde nekir û Hukumeta Sûriyê ya serbixwe ket. Hukumeta Şêx Mehmûd jî, çawa dibû bila bûbûya eger damezraya û li derûdora Şêx Mehmûd kê hebûn yan çawan dibûn bila bûbûna (divê em vê jî bizanin ku kesên bi Şêx Mehmûd re ji wan kesan kêmtir nebûn ku li Sûriyê li derûdora Feysel bûn), netîceya hukumeteke Kurd her dê ew bûya ku bû. Ji ber ku, ew sebebên ku Hukumeta Kurd anîbûn holê, ji meydanê rabibûn û sebebên din ên wisan hatibûn pêş ku pêwîstî bi holêrakirina hukumeteke wiha bike. Vêca kirinên Şêx Mehmûd an lihevnehatina wî bi Ingilîzan re, bahaneya xerakirina wê bû. Wisan nebûya, gelek Kurd hebûn ku dikarîbûn li derûdora Şêx Mehmûd berhev bibin û bi hev re firsetê nedin kêm û şaşiyan û xizmeta welatê xwe bikin...

(83) Ji kovara Ayin Tarihi (Tarîxa Mehê). Ev kovareke kevin a Tirkan e û di zemanê Mustefa Kemal û di dema serhildana wî û şerê Tirkan bi Yunaniyan re derdiket.

(84) Ji wergera 'Erebî û ji kitêba Meseleyên Rojhilatê ya nivîskarê bi nav û deng E. Yung.

(85) Ev peymana han an îttîfaqa han ku bi îttîfaqeke nehênî Anglo-Fnansî weya Sykes-Picko tê bi nav kirin, Rûsên dewra Qeyser jî jê agahdar bûn û beşdarî kiribûn.

(86) Ew serokê Tirkan e ku bi navê Ozdemir Paşa hatibû nas kirin. Li navçeya Rewandizê ji bo Mustefa Kemal û Tirkiya nû propagandeyan dikir û kiribû mejiyê xelkê ku dê di netîceyê de Mûsil bibe ya Tirkan.

(87) Sadiq Efendî, xelkê Mûsilê bû û di dewra Osmaniyan de li Silêmaniyê başkatibê maliyeyê bû.

(88) Tirkan wê çaxê ji ber kirinên wî yên di dewra serokatiya Dîwana Ûrfî ya Stenbolê de, ji Paşa re "Nemrûd" digotin.

(89) Ji wergera 'Erebî ya kitêba Meseleyên Rojhilatê ya bi qelema E. Yung ê nivîskarê bi nav û deng ê almanî.

(90) Hebsexana Neqîb, keça Şêx Marufê Neqîb û kurmamê Şêx Mehmûd û Şêx Qadir bû. Bi rastî yek ji wan jinên şareza ya Kurd bû. Her çend nexwenda bû, lê heta tu bixwazî hişyar, zîrek û bifam bû.

(91) 12yê îlona sala 1922an.

(92) Kerîmê Hacî 'Ewla, wê çaxê li Kerkûkê hakim bû. Birayê biçûk yê Hacî Mele Se'îd û Ehmed Axayê Kerkûkîzade bû. Fakulteya Hiqûqê ya Stenbolê xelas kiribû.

(93) Piştî ku min hewl da ji bo pêşxistina Bangî Kurdistan û belavkirina wê li ser destûreke nû, ev hewlê min bi ser neket û rojname hat îhmal kirin, min ji Paşa re got ez ê aboneyan bişînim Kerkûkê. Bi vê razî nebû û min jî meqbuz jê

standin û pere dayê. Niha jî meqbuz li ba min in û min ew parastine.

(94) Li Bexdayê bi Şêx Mehmûd re li hev kiribûn ku Ozdemir û Tirkan ji Rewandizê derêxe.

(95) Siddîq Paşa yan bi navê din Siddîq El-Qadirî, xelkê Silêmaniyê yan wekî bi xwe dibêje ji gundê Mortke ye. Di dewra Osmaniyan de zabit bû. Di Şerê Cîhanê yê Yekem de bi tabûra xwe ve esîr ket destê Rûsan û ew şandin Rûsyayê. Li wir, dema ku şoreşa Sovyetê dest pê kir, di nav sefên Ordiya Spî de cih girt û beşdarî şer bû. Di bin fermanderiya General Orankel de li hemberî Leşkerê Bolşevîk şer kir û heta gihîşt rutbeya generaliyê. Lê piştî şikestina Leşkerên Spî û ji ortê rakirina xanedana Qeyser, ji Rojhilata Dûr vegeraye Bexdayê. Bi saya şarezatiya wî li ser zimanê Rûsî û bûyerên wî welatî, Dayireya Mendubê Samî yê Britanyayê di destpêkê de xwe nêzîkî wî kirin û ji bo wergerên ji Rûsî û tiştên din jê îstîfade dikirin. Vêca dema Şêx Mehmûd vegeriya Silêmaniyê, bi navê ku Kurd e, şarezayê ziman e û bawerî jî pê dikirin, şandin Silêmaniyê û di Hukumeta Kurdistanê de bû Mufettişê Umumî, lê demek kurt li ser vê wezîfeyê ma.

(96) Major Noel, ew zabitê Ingilîzan e ku di sala 1918an de hat Silêmaniyê û di dewra hukumdariya Şêx Mehmûd a yekem de muşawirê siyasî bû. Ev, ew Noel bû ku min li ser emrê Şêx Mehmûd dersên Kurdî jê re digotin. Min di warê wergerê de, bi taybetî ew ewraq û qeydên maliye û gumrukê ku ji Tirkî dihatin wergerandin ser Fransizî, alîkariya wî dikir. Bi hêvî bû ku ez pêre biçim Kurdistana Tirkiyê.

(97) Ji hukumdar re li mala Mîrza Ferecê Hacî Şerîf cih hatibû amade kirin. Ev xaniyê han dawiyê bû yê Mîrza Fettahê birayê Mîrza Ferec. Ev xanî dikeve teniştê xaniyê Mîrza Tewfîq Qezzaz û li hemberî mala Hacî Emînê Kake Heme ye.

(98) Piştî hatina Şêx Mehmûd ya Silêmaniyê, Bangî Kurdistan qasek din hat weşandin û pişt re di ciyê vê rojnameyê de Umîdî Îstîqlal hat weşandin. Ez, nivîskarê van bîranînên han, bi şairê navdar Şêx Nurî Şêx Salih re, ku ew û 'Elî Bapîr Axa ('Elî Kemal) jî nivîskarên Bangî Kurdistan bûn, me îdareya kar û barên nivîsandina Umîdî Îstîqlal jî girt ser milê xwe û di dawiyê de navek re jî ez bûm mudurê rojnameyê û sernivîskarê wê.

(99) Salih Zekî, li Urdunê di ordiya Tirkan de zabit bû. Piştî Şerê Cîhanê yê Yekem, dema ku Şêx Mehmûd ji Hindistanê vegeriya û ew li Akreyê kirin qaymeqam. Lê dema ku Şêx Mehmûd vegeriya Silêmaniyê, qasê ez dizanim Salih Zekî bê îzna hukumetê Akre terk kir û ji bo xizmeta Kurdistanê hat Silêmaniyê û ew kirin Reîsê Quwayî Millî yanî Wezîrê Bergiriyê.

(100) Bi Şêx Mehmûd re li hev kiribûn ku bi navê Reîsê Meclîsa Millî ya Kurdistanê îdareya kar û barên Hukumeta Silêmaniyê bigre destê xwe û di muqabilê vê de Ozdemir û Tirkan bi hêzeke millî ya Kurd -ku zabitên ordiya Iraqê ji bo damezirandina vê hêzê hatibûn- ji Rewandizê derêxe, bi gotineke din Iraqê ji têkelhevî û astengên Tirkan biparêze. Mesela Mûsilê li ser navê Kurdistanê ji Iraqê re bihêlin, lê li gel van hemî fedakarî û xwe bextkirinên ku ji bo qazanca wan dihatin kirin, heta Kerkûk û Hewlêr jî rast û durûst Kurd nedihesibandin û di bin re hewil didan ku neyxin bin hukmê Şêx Mehmûd û bi Kurdistana Iraqê ve girê nedin.

(101) M. Adamands, musteşarê pêşî yê Wezareta Kar û Barên Hindurî ya Iraqê, wan rojan li Londrayê gotareke xwe ya çapkirî ji min re şand ku di "The Middle East Iornal" de û di bin navê "The Kurds of Iraq" de hatibû belav kirin. Di vê gotarê de Adamands wiha dibêje: "Lê hewa xweş a çiyayên Silêmaniyê Şêx Mehmûd serbest kir. Ji ber vê çi sozên ku dabûn û çi teehhûdên ji mezinên Hukumeta Bexdayê re dabûn ji bîra wî çûn û gelek bi ser de neçû navê xwe danî 'Melikê Kurdistanê' û dest avêt daxwaza bajarên din ên Kurdan û hemî wê axa ku Kurdistan bi nav dikin û heta sînorê Cebel Hemrîn dirêj dibin...

(102) Di rûpela 84ê wergera 'erebî ya Tarîxa Iraqê ya M. Bill de wiha tê gotin: "Bi gihîştina me (gihîştina Ingilîzan) ya Mûsilê re, me dest avêt hînkarî û perwerdeyê, îro li Mûsilê heft dibistanên dewletê hene. Ji van sisê yên zarokên misilmanan in, çarên din yên her yek ji wan grubûn wekî kildanî, asurî, ye'qubî û cûhiyan in."- Ce'fer Xeyat. Di van gotinên M. Bill de derdikevin ku wan rojan li Silêmaniyê vekirina sê dibistanan kirinek kêm nebûye...

Eynî di vê kitêbê de, ku mamoste Ce'fer Xeyat kiriye 'Erebî, M. Bill di behsa hîndekarî û perwerdeyê de dibêje: "hejmara dewama xwendevanên di van dibistanan de, di navbera zarokên misilmanan û yên mesîhiyan de ferqek mezin heye. Çunkî ji heşt paran heft par ji rûniştiyên Mûsilê misilman in, di muqabilê dewama 791 xwendevanên dibistanên din, tenê 259 xwendevanên misilmanan diçûn dibistanên xwe. Vêca ji ber vê ye ku me li jorê got: vekirina sê dibistanan li Silêmaniyê ji bo wê rojê tiştekî kêm nebû. Gerek e ev jî ji bîra me neçe ku li Silêmaniyê hejmara xwendevanên di wan sê dibistanan de gihîştiye 800 xwendevanan û hê gelek kes jî bihêvî bûn ku dibistan ji wan re bên vekirin...

(103) Wî wextî programa Mekteba 'Edadiyê wekî ya îro nebû. Ya me jî programeke taybetî di destê me de tune bû, em li ser programa dema Osmaniyan dimeşiyan.

(104) Şêx Letîf niha di zîndana bajarê Besrayê de ye.

(105) Şêx Ehmed birayê Şêx Mehmûd bû. Di bûyerên Mûsilê de hat kûştin. Şêx Celal kurê Ayşexan e û ji Şêx Ehmedê mêrê wê yê yekem e. Vêca ji ber vê, Şêx Letîfê Şêx Mehmûd, bi Şêx Celalê Şêx Ehmed re, ji hêla dayîk de birayên hev in û ji hêla bav de jî kurmamên hev in.

(106) Arif Saîb, birayê Cemîl, Celal û Enwer Saîb e ku ew jî ji aliyê yekî ne zana û di dema têkelheviyên Kurdistanê û şoreşa yekem a Şêx Mehmûd de hat kûştin.

(107) Teyar Efendî, di zemanê Osmaniyan de sertehsîldarê lîwaya Silêmaniyê bû. Macid Mustefa, xarziyê Teyar Efendi ye. Teyar Efendî mirovekî gelek hişyar, zîrek û nivîskarekî bi Tirkî yê baş bû. Di zemanê hukumdartiya Şêx Mehmûd ya duduyan de, bû serokkatibê hukumdar û xwediyê desthilateke tam bû. Ew, yek ji wan musebiban bû ku Şêx Mehmûd kir davikê û ji Ingilîzan dûr xist. Tirkperestan jî bi saya Teyar Efendî xwe nêzîkî Şêx Mehmûd kiribûn. Teyar, ji bilî van, bi eksê dewra berê ku Şêx Mehmûd ji Hindistanê vegere, yek ji wan endamê naskirî yê komeleyên nehênî yên Kurdan bû, di vê dewra han de dest ji Kurdayetiyê berdabû û bûbû alîkarvanekî herî bi hêz ê Tirkan û Ozdemir.

(108) Ew komeleya ku li navçeya Silêmaniyê bû, gelek giregir û serokeşîretên Kurdan di nav de bûn.

(109) Şêx Reqîb, serokê Eşîreta Surçiyan bû

(110) Mîralay bi me'neya ze'îm e. Lê wek ku Tirkan di kadroyan de bi xwe çêkiribûn, rûtbeya Ozdemir qaymeqam yanî 'eqîd nîşan dabûn.

(111) Di namek resmî ya di bin hejmara 717an de û bi tarîxa 1/2/338 (rûmî) an de, ya ji aliyê Serokê Serkantiya Giştî Ya Erkanê şer ê Hukumeta Meclîsa Mezin a Millî ya Tirk ve ji Ozdemir Beg re hatiye nivîsandin. Di vê nameya han de ku bi îmzayê M. Kemal (Mustefa Kemal) hatiye îmza kirin, wiha dibêje: "Feysel ku li Iraqê îddîaya hukumetê dike, destê xwe dirêjî hinek ciyan kiriye ku beşek jê Wilayeta Mûsilê ye. Mûsil, eşkere ye ku welatê Tirk tê hesêb kirin û di nav sînorê mîsaqê millî de ye. Her wiha li derûdora Kurdistanê bingehên xerab daniye ku dixwaze destê xwe dirêjî nav sînorê millî bike û aloziyan derxe."

Bi vê nameya ku me çend gotin jê wergirtin û li jorê nivîsand, Ozdemir kadroyên teşkîlatê bi vî awayî xwarê nîşan daye:

Qaymeqamê fexrî: 1, ku Ozdemir bi xwe ev tijî dikir.

Bînbaşî : 1

Yuzbaşî: 6

Mulazimê ewwel: 6

Mulazimê sanî: 9

Wekîlê zabit: 6

Alîkarvanê memûrê hesabê: 1

Her wekî di vê cetvela han de derdikeve, fewca yekem a alaya sînorê Wanê ji 30/10/338an bi betaryek topên çiya re ji Başqeleyê xistibûn rê û di tarîxa 11/11/338an de gihîştibû Rewandizê û ev hêza han ji yên xwarê rêkxistibûn:

Hêza Fewcê:

Amir :1, zabit: 4, memûr : 2, namzed: 1, nefer: 98, dewar: 36

Hêza Betaryê:

Tiving: 82, Reşaşe (mîtralyoz): 2, zatit: 1, nefer: 27, heywan: 21, tiving: 18, topên çiya: 2, bombayên destavêj: 32.

(112) Behsa Şerê Kurdan û Ingilîzan li Derbendê, min di beşa çaran a Yadaştê de wekî min ji hukumetê sitandiye û sehkiriye nivîsandiye. Li vir yên min ji Ehmed sehkirine (ku bi xwe li wir bûye) ez dinivîsim.

(113) Dema ku Şêx Mehmûd hat Silêmaniyê, leşkerên Tirkan weya leşkerên wan Kurdên ku sondxwar û hevpêmanên Tirkan bûn, gihîştibûn dewr û piştîn Silêmaniyê. Ev ji wan gotinan jî derdikevin ku di dema hatina Şêx Mehmûd ya Silêmaniyê de ji aliyê Ozdemir ve hatibûn nivîsandin. Di vê nameyê de (Mûlheq 22 û tarîx 29/9/1338 rumî) Ozdemir wiha dibêje: "Ricaya min ji we ew e ku hûn mebestek xerab ji wê mufrezeya Tirk a min şandiye dora Silêmaniyê dernexin ku tiştek ketibe dilê me û em ketibin şikê ku Xwedê neke ji aliyê we ve tiştekî xerab rû bide. Me zû de ye dengê başî, rastî û wijdana we seh kiriye û em têgihîştine ku li hemberî dewlet û milletê (mebest dewlet û milletê Tirk e) pêwistiyeke

bi hêz û xoşewistiyeke we ya bêhed heye. Ji ber vê, navê we (yani navê Şêx Mehmûd) di dil û ruhê me de ciyekî bilind û hêja girtiye..." Di benda çaran a vê nameyê de, Ozdemir wiha dibêje: "Êdî ba me wisan e û ewqas sebebek tune ku mufrezeya me bête nav bajêrê Silêmaniyê yan na. Çunkî hatina we (yanî hatina Şêx Mehmûd) li ser kar, di hêla meslehetа dewletê û armanca welatparêzan de, ji bo me (yani ji bo Tirkan) bes e. Vêca heta nameya te (yani nameya Şêx Mehmûd) bigihîje me û ew siyaseta ku hûn dixwazin li ser bimeşin ji me re ronî bikin, dê mufrezeya me di ciyê xwe de bisekine ku niha li wir e. Eger hat we (yani Şêx Mehmûd) bi kêr û feyde dît, em dikarin heta derûdora Ranyeyê jî bikêşin". Piştî van gotinan Ozdemir ev daxwaz ji Şêx Mehmûd dikirin, ku li gor bîr û baweriya xwe û xeta tevgerê, demek zûtir ew bê agahdar kirin.

(114) Her çend bi rastî Tirk ewqas bihêz nebûn û li Rewandizê Ozdemir xwediyê eskerekî ewqas bi rêk û pêkî nebû ku pişta xwe pê ve girê bide û bikare bi serê xwe bê alîkariya Kurdan û di Kurdistanê de hereket bike weya dijîtiya Şêx Mehmûd pê bike. Belko di bin de demek dirêj bû, mijûl bû û ji hukumeta xwe rica dikir ku hinek eskerên din û qet nebe çend heb top jê re bişînin, lê hemî ev hewlên wî bênetîce man. Ji ber vê bi temamî hêviya xwe ji alîkariya hukumetê birî bû. Lê xelk û eşîretên Kurdan di bin tînîtiya du'ayan û metihkirina hêzên wî de, wisan li wan hatibû ku bi hezaran kes berê xwe didan Rewandizê û xwe diavêtin bin siya "Paşa". Van du'a û methên han tenê tesîr li Kurdan nekiribû. Zabitên ba Ozdemir bi xwe jî, yên wekî Remzî Begê destê rastê yê Ozdemir (ew, wê çaxê demek kirin qaymeqamê Tirkan ê Koyeyê) van du'a û methan tesîr li ser wan kiribû. Wisan ketibû hişê wan ku Kurdistan êdî dê ji Ozdemir û Tirkan re bimîne. Rast an nerast, dema em li rêzên xwarê yên ji nameke kevin a Remzî hatine wergirtin binêrin, em dikarin baştir bibînin. Remzî Beg di wê nameya ku di tarîxa 12/12/945an de, dema ku li qezayê Baxçeyê qaymeqam e û ji bo bîranîna rojên borî bi awakî şaîrane nivîsandiye, wiha dibêje: "Teşkîlata Ozdemir ji sînorên Kurdistanê yên başûr derbas bûn û gihîştin nêzîkî herêma Lahîcanê ku dikeve başûrê Gola Urmiyeyê". Her li gor vê nameyê, wê çaxê (yanî piştî ku Ingilîzan bi firokeyan Silêmaniyê terk kirin) bajar û herêmên Ranyeyê, Koyeyê, Qeledizê, Şarbajêrê, Bazyanê, Helebçeyê (Gulenber) û heta navçeya Silêmaniyê ketibû bin nifûz û desthilata Ozdemir. Ji bilî van, Remzî Beg wiha dibêje: "Ozdemir, ji van navçeyan re qaymeqamên bi kêr û xwedî desthilat tayîn kiribûn û ez jî (yanî Remzî Beg) kiribûm qaymeqamê Koyeyê". Vêca li gor gotinên wî (yanî Remzî yan Remzî Beg), êdî bajarên wekî Altinkoprîyê, Hewlêrê û Kerkûkê jî ketibûn bin tirsa êrîş û dagirkirina Ozdemir Beg...

(115) Tenê carek, dema ku ez di dîwana Şêx Mehmûd de teşrîfatçî bûm, Mustefa Paşa, Siddîq Paşa, Tewfîq Wehbî, Emîn Rewandizî û 'Ezîz Qezzaz hatin û min jî îzîn ji wan re xwest û çûn Şêx Mehmûd dîtin. Lê diyar bû ku nekarîbûn tiştekî jê hîn bin an bîr û baweriyên xwe pê bidin qebûl kirin.

(116) Ev çend rêz ji wê belavokê ne ku ez bê destlêdana şaştiyên gramatîkî yan ên din, di vir de wekî ku hatiye nivîsandin diweşînim (Mebest ji gramatîk û ji dest nelêdanê orîjînalê wê ya bi tîpên 'erebî ye-Z. A.). Ez bawerim ev ji aliyê Mustefa Paşa ve hatiye nivîsandin: "...Li pêş (dibê mebest li paş be ne li pêş) teşrîfa hezretê Hukumdarê Kurdistanê yê ciyê şukir û senayê, êdî millet ket nav refah û îstîraheteke wisan ku emsalê wê nehatiye dîtin û her wekî di hejmara 10an a Bangî Kurdistan de hatiye belav kirin, ji bo destpêkirina kar û avakirina Kurdistanê, Heyeta Ruesayê muhterem (mebest wezîr in an reîs in ku kabîneya hukumeta Kurdistanê pê hatiye damezirandin) bi îradeya bilind emir dan. Ev Heyeta Ruesa ya muhterem, ku ji zewatên xwedî îktîdar û namdar hatine hilbijartin, teşkîlateke muwaqet e.

"Heta wekî cenabê Mendubê Samî dewlet fehîmeyê Britanyayê ku li Bexdayê soz daye, muwafiqê xerîteya umum lîwa û qezayên Kurdistanê îlhaq biferme, wê çaxê bi saya îradeya hezretê hukumdar ê ciyê şukir û senayê, ji Kerkûkê, Erbîlê, Zaxoyê, Aqreyê, Amêdiyeyê, Duhokê, Selahiyeyê, Xaneqînê û navçeyên din ên Kurdistanê rîcal muhtereme de'wet û teşkîlateke daîmî dê bê îcra kirin..."

(117) Di kitêba "Iraq û 'Esbetu'l-Umem" de ku min wê bi navê "Xulaseyî Meseleyî Kurd" feslek wê ji Fransizî wergerandiye Kurdî, Seyîd Taha û Simko, du dijminên kevin ên Şêx Mehmûd dihesibîne.

(118) Tacirbaşî, kesekî ji tacirên herî bi nav û deng ê Seblaxê bû. Eslê xwe xelkê Silêmaniyê bû. Di Şerê Cîhanê yê Yekem de ji ber Rûsan bi mezinên Bûkan re hatibû Silêmaniyê û di xaniyê

Seyîd Ibrahîm Efendî yê bavê Seyîd Hekîm Efendi yê bavê Şakir Hekîm de rûdinişt ku li pişt Mizgefta Şêx 'Ebdullahê Hewlêrî yê bavê Ehmed Muxtar ê qazî de bû. Şakir Hekîm niha li Hewlêr mudurê tehrîrê ye.

(119) Şêx Mistefayê Neqîb, mamê Şêx Mehmûd û mêrê pêşî yê Behyexan bû.

(120) Ev rêzên xwarê Kurdiya nameke Tirkî ye ku di wextê xwe de bi navê Fermanderê Cepheyê Besrî Beg ê Serokê Erkanê Herb, bi îmzayê xwe ji Ozdemir re şandiye Rewandizê. Ozdemir ev nameya han di bin navê "wesîqe-9" di deftera xwe ya bîranînan de nivîsandiye:

Ji Qaymeqam Ozdemir Beg re

14. 6. 338 - Diyarbekir
Reqema Istixbaratê: 1745

1) Simqo (Tirkan ji Simko re digotin Simqo) mirovekî fêlbaz e. Ev xencera bi saya zîrektiya xwe de hilgirtiye, diveşêre ku heta dema wê bê. Ev mirovê han (yani Simko) fikra serxwebûniyê di mejî de ye. Mebesta wî ew e ji bo ku li Îranê desthilata xwe zêde bike, bi hêz be, bi me re têk neçe û bi vî awayî bigihîje meram û armanca xwe.

2) Serkeftina Simko û di nav eşîretên Kurd de bi vî awayî mezinbûna wî û destxistina desthilatê, ji bo hukumeta me ya millî (yanî Hukumeta Tirk a Mustefa Kemal) dest nade. Lê niha têkçûna me li gel Simko ji me re jî (ji bo Tirkan) baş nîne. Eger hûn bikarin (yanî Ozdemir bikare) û hewl bide ku bi propagande û belavkirineke wisan ku eşîretan pê bixapînin û bikin dijminê Simko, bi rastî hûn xizmeteke mezin ji bo hukumetê bicih dikin. Yanî wekî ku hûn dikarin bêjin: Simko bi pereyên Ingilîzan vê şoreşa han dike û ji bo qazanca xwe û xizmeta Ingilîzan xwîna Kurdan dide rêtin.

3) Ev mufrezeya han ku ji vir hatiye şandin, dê biçe Colemêrgê. Piştî gihîştina we (yanî Ozdemir) ya Rewandizê û cîbûna we li wir, li gor rewş û pêwîstiya xwe, tu dikarî fermana hereketê ji bo hatin an nehatina vê mufrezeyê ji Rewandizê re bidî.

4) Heywanên me yên kirêkirî (wasitên neqliyatê) nînin ku em top û mîtralyozan (reşaşe) pê bişînin. Em ê hewil bidin ku van jî bicih bikin.

Bi navê Fermanderê Cebheyê
Reîsê Erkanê Herb -Besrî

(121) Wesîqe: 10, bersîva şifrekê ye ku di derbarê xwarin û îstîxbaratê de ye. Di tarîxa 27. 6. 338 û hejmara 1684an de, ji Ozdemir re hatiye nivîsandin.

(122) Ev nameya han di tarîxa 8. 8. 338an û di bin hejmara 29an de ji aliyê Ozdemir ve ji Cewad Paşa yê Fermanderê Cebheya El-Cezîreyê re nivîsandiye. Di bin "Wesîqe: 13an de di deftera xwe ya bîranînan de not kiriye.

(123) Ev nameya han di tarîxa 15. 9. 338an de ji Rewandizê ji Şêx Qadirê wekîlê serokê Hukumeta Kurdistanê re hatiye nivîsandin. Di bin reqema "Wesîqe-18"an de, di deftera bîranînên Ozdemir de hatiye not kirin.

(124) Li Silêmaniyê ku ji bo damezirandina Meclîsa Millî di avahiya Dibistana 'Edadiyê de berhev bûbûn, dengê gihîştina leşkerên Tirkan a nêzîkî Silêmaniyê hat belavkirin û Kerîm Begê Hemawendî, Mustefa Paşa girt û hepis kir. Ev deng û behsên hatina Tirkan propagandeyên Tirkperestan hatibûn qebûlkirin. Lê va di vê nameyê de derdikeve ku rast e û Meclîsa Millî asteng derdixistin pêşiya Tirkan û hatina wan ya nav bajêr... .

(125) Siddîq Mezher, paşa nebû û wê çaxê li Silêmaniyê reîsê mehkemeyê bû. Lê Siddîq Paşa ku bi navê "Qadirî" dihat naskirin, Mufettişê Umumî yê Kurdistanê bû.

(126) Ev komeleya han a nehênî (Kerkûk Mudafa'ayî Huqûq Cem'iyetî) ji aliyê wan kesan ve hatibû danîn ku xwe Tirk dihesibandin. Beşek ji van jî ku Kurd bûn, gelek sebebên wisan di meydanê de bûn ku alîkariya Tirkan bikin û ji bo serkeftina siyaseta Tirkan hewil bidin. Her çendîn nameya Komeleya Parêzgaranê Hiqûq di destê me de heye, lê ji bersîva Ozdemir a di tarîxa 19. 1. 339an û ya hejmara 91an ya bi şifre (tîp û hejmara nehênî) ji wan re nivîsandiye, em tê digihin ku naveroka nameya komeleyê çi bûye.

(127) Ozdemir, ew tiştên ji Şêx Mehmûd re nivîsandibûn, ji komeleya nehênî ya Kerkûkê re jî şandibûn. Yanî ew nameya bi riya Fewzî Beg (yuzbaşî), Remzî Beg ê qaymeqam û Ehmed Teqî re ji Şêx Mehmûd re şandibû... .

(128) Cem'iyetî Mudafa'ayî Hiqûq.

(129) Ev bawer pê kiriyên han ji du Tirkan (Fewzî Beg ê yuzbaşî û Remzî Beg ê qaymeqam) û ji Kurdekî (Ehmed Teqî) yanî ji sê kesan pêk hatibû.

(130) Berî niha me behs kir ku mebesta

Ozdemir ji vê Heyeta Temsiliyye ew cure hukumet bû ku di wextê îşgalkirina beşek welatê Osmanî ji aliyê dewletên biyaniyan de, ji aliyê Mustefa Kemal ve hatibû damezirandin û piştî paqijkirina Tirkiyê ji van hêzan bûbû Hukumeta Meclîsa Mezin a Milletê yani "Buyuk Millet Meclîsî".

(131) Seyîd Taha van rojan hatibû Bexdayê. Di derbarê vê hatina Seyîd Taha de, M. Bill wiha dibêje: "... Talih baş lêanî û dema ku tam têkelheviyên Silêmaniyê dest pê kiribûn, Seyîd Tahayê Şemizdînî gihîşt Bexdayê...". Vêca piştî behsa Seyîd Taha û bav û bapîrên wî dike û dibêje: çawan berê Şerê Cîhanê yê Yekem dostê nêzîk ê Rûsan bû û dixwestin wî bikin serokê Kurdistana serbixwe ku wan dixwest di bin çavdêriya xwe de çêkin... û vêca vedigerîne û dibe û tîne û wiha dibêje: "... Mebesta Seyîd Taha ya bi vê hatina xwe ya Bexdayê, ew bû ku ji karbidestên Ingilîzan daxwaz bike ku di bin çavdêriya Britanyayê de û Kurdistana Îranê jî tê de, Kurdistanek bê ava kirin. Lê me bi eşkere ew têgihand ku di warê Kurdên Îranê de û cihêkirina wê ji Îranê, nabe ji Ingilîzan hêviya alîkariyê be, em gelek li ser vê sekinîn, lê hêviya xwe ji vê nebirî û ji me re got: ger Ingilîz jî alîkariya Kurdan nekin an astengan bînin ser riya Kurdan, tu çare nîne, her dibê Kurdên Îranê ji wê îdareyê bên cihê kirin û bikin ser Kurdistanê...". Piştî van gotinan Bill wiha dibêje: "Li gel vê jî, hat ser wê yekê ku ji bo alîkariya me çi ji destan bê dê bike, bê wê ku ji bo wê Kurdistana ku bi xwe û hevfikrên wî li ser biryar dane, ji têkoşîn û hewildana wê xwe bidin alîkî. Vêca wî jî ji Ingilîzan daxwza çend tiştan dikir...".

Ev rêzên han ên jorê ji kitêba M. Bill a Fesûl Min Tarîx El-Iraq El-Qerîb, rûpel: 109an a wergera 'Erebî ya mamoste Ce'fer Xeyat hatine wergirtin. -Refîq Hilmî.

Not: Ew tiştên ku Seyîd Taha ji Ingilîzan daxwaz kiriye, di wergera kitêba M. Bill de hatine nivîsandin. Lê ji bo ku me di cilda duduyan a beşa sisiyan de behsa wan kiribû, em hewce nabînin careke din li vir behs bikin.

(132) Şêx Heme Xerîb, wisan dixuyê agahê wî ji wê tunebû ku di vê navê re 98 nefer di bin destê Ozdemir de bûn û çi hewlên ji bo şandina 150 neferên din ji Fermanderiya Cebheya El-Cezîreyê dida, ser neketin an jê re bicih nekirin.

(133) Ricaya min ji melayên rasteqînî û hêja ew e ku bawer bikin min ji hemî kesî zêdetir bi çavekî hurmet li wan nêriye û ez li wan dinêrim. Lê ew kesên ez li vir behsa wan dikim, bi rastî jî mela nebûn... -Refîq Hilmî.

(134) Ev, ew meclîs e ku piştî Ingilîzan Silêmaniyê terk kirin ji bo parastina bajarê Silêmaniyê û biserûberkirina emniyetê di bin serokatiya Şêx Qadirê birayê Şêx Mehmûd de hatibû damezirandin.

(135) Gelek ecêb e ku di demek wisan de, Tirkên Rewandizê bi hemî awayekî mijûlî xapandina Şêx Mehmûd bûn. Ji bo ku bikarin ber bi xwe ve bikêşin û bikin dijî Ingilîzan, bi xwe û bi ew Kurdên bi wan re, çarmedora wî girtibûn. Ingilîzan bawerî bi Fettah kiribûn ku Hukumeta Enqereyê ew ji ordiyê avêtiye, ji ber vê rê danê ku vegere Silêmaniyê ba Şêx Mehmûd. Safîtiya Ingilîzan û bawerkirina wan bi tiştekî wiha û xapandina wan bi awakî sivik û rehet, bi rastî ciyê heyret û ecêbî bû. Belê wekî di dawiyê de derket, Hukumeta Enqereyê biryar dabû ku ji xizmatiya Fettah a bi Şêx Mehmûd re îstîfade bike û rê jê re bê dan ku bikare bi ser Mûsilê re vegere. Ji bo ku şandina wî bidin veşartin jî dan belav kirin ku guya Fettah li Tirkiyê bi mesela Kurdî ve mijûl bûye. Ji ber vê teqrîrek jî di derbarê wî de nivîsandin û ji bo bigihên armanca xwe, pêşî girtin bin çav û pişt re jî şandin Enqereyê û sozên terfî û tiştên din jê re dan. Di dawiyê de bi talîmatên ji bo îqnakirina Şêx Mehmûd û rakêşana wî ber bi Tirkan ve û di vî warî de alîkariya Ozdemir şandin Silêmaniyê. Piştî ez çûm Tirkiyê, haya min ji van bûyeran çêbû û ez pê agahdar bûm.

(136) Ev şi'ira Tirkî ya min bû, min wê di beşa Tirkî ya Bangî Kurdistan de weşandibû. Me'neya van herdu beytên han ev e:

"Kurdistan ciyê ji dayîkbûyîna min e, welatê min e, gora min e

Ji ber vê ez naxwazim kesek bi çavekî xwar lê binêre

Ew avên ji çiyayên Kurdistanê eger ji bo Kurdan naherikin

Bila qet tunebin, ez naxwazim, bila êdî neherikin.

(137) Em, li gor ew belgeya di destê me de bû û li Rewandizê ji aliyê Ozdemir ve hatibû nivîsandin, zabitên Tirk bûn ji bo îznê diçûn Tirkiyê.